普通高等教育“十一五”国家级规划教材
国家级精品课程教材

高等院校本科财务管理专业教材新系

高级财务管理
理论与案例

Advanced Financial Management
Theory and Case

（第五版）

杨雄胜 熊焰韧 主编

东北财经大学出版社
Dongbei University of Finance & Economics Press
大 连

图书在版编目（CIP）数据

高级财务管理：理论与案例 / 杨雄胜，熊焰韧主编．—5版．—大连：东北财经大学出版社，2025.1.—（高等院校本科财务管理专业教材新系）．—ISBN 978-7-5654-5448-6

Ⅰ. F275

中国国家版本馆CIP数据核字第2024C951Y0号

东北财经大学出版社出版

（大连市黑石礁尖山街217号　邮政编码　116025）

网　　址：http://www.dufep.cn

读者信箱：dufep@dufe.edu.cn

大连东泰彩印技术开发有限公司印刷　东北财经大学出版社发行

幅面尺寸：185mm×260mm　字数：810千字　印张：33.75　插页：1

2025年1月第5版　2025年1月第1次印刷

责任编辑：王　莹　吴　茜　责任校对：一　心

封面设计：张智波　版式设计：原　皓

定价：72.00元

教学支持　售后服务　联系电话：（0411）84710309

如有印装质量问题，请联系营销部：（0411）84710711

第五版前言

《高级财务管理：理论与案例》教材自2003年出版以来陆续收到不少读者对本书的反馈意见，其中既有兄弟院校师生在本科或会计专业硕士研究生（MPAcc）、工商管理专业硕士研究生（MBA）等财务管理相关课程中使用本书的心得体会，也有不少实务工作者对本书给予的完善性建议。继2008年南京大学“高级财务管理”课程被评为国家级精品课程之后，本书也入选了普通高等教育“十一五”国家级规划教材。

基于教学实践，我们把本书第三版的修订重点放在了补充各章应用性案例上，这些鲜活的本土案例受到本科生、会计专业硕士研究生（MPAcc）和工商管理专业硕士研究生（MBA）的欢迎。“十四五”开局之年，国内和国际局势发生了很大变化，我们在广大读者和出版社同仁的敦促下对教材进行了大幅修订，本书第四版在理论与案例方面都作了全新的尝试，因此，第四版面世后广大师生在给予好评的同时，也给我们提出了很多非常好的建议。党的十八大以来，在以习近平同志为核心的党中央坚强领导下，在习近平新时代中国特色社会主义思想科学指引下，党和国家事业取得了历史性成就、发生了历史性变革，党的二十大后，习近平总书记明确提出新质生产力这个概念和发展新质生产力这个重大任务，新时代赋予了我们新的使命，我们精益求精地修订本书，在满足广大读者以及新时代中国高校财务管理专门人才培养对现代财务管理知识客观需要的同时，努力为第二个百年奋斗目标贡献智慧力量。

2024年，为更好地满足财务管理人才培养要求，我们再次着手修订教材，本书第五版把坚持马克思主义指导地位，坚持正确的政治方向和价值导向，坚持把立德树人、为党育人、为国育才作为修订方针；把体现先进的教育理念，适应高等教育多样化人才培养的要求，融理财主体价值观塑造、财务管理知识传授和能力培养、专业赋能与科学素养训练于一体，激发教师与学生的创新潜力作为修订方向；把准确阐述本课程的基本概念（理论）、基础知识、基本方法，体现新知识、新成果，探索自主财务管理知识体系，体现中国经济发展和科技进步对财务管理人才培养的新要求作为修订目标。围绕着构建人类命运共同体和坚持长期主义价值观两大主线，本着守正创新，推动学科交叉、产教融合、科教融汇的理念，本次修订对理论篇进行拓展的同时也对章节作了调整，理论篇由七章拓展为九章，同时，我们对案例篇的案例进行了扩充和更新，删除部分陈旧的案例，引入更多体现新经济、新知识的本土案例，并在每一章后增加了“学思践悟”“互动习题”等栏目，增强了教材的互动性和趣味性。

本次修订团队由华东地区高校长期从事高级财务管理教学的一线教师组成，既体现了南京大学学科特色，又吸收了兄弟院校先进智慧和经验，发挥了高校强强联合的优势。各章编写分工如下：第1、2、10章由南京大学杨雄胜教授编写，第3、11章由南京林业大学邓德强教授编写，第4、12章由南京大学熊焰韧副教授编写，第5、13章由安徽工业大学章铁生教授编写，第6、14章由扬州大学李志斌教授、刘珊珊老师和南京林业大学邓德强教授共同编写，第7、15章由南京财经大学张萍副教授和刘雪娟老师共同编写；第8、16章由南京财经大学李翔教授编写；第9、17章由南京大学林树教授编写。最后由杨雄胜教授和熊焰韧副教授共同完成统稿工作。

在本书编写过程中，一些同行的研究成果给予了我们很多启发，成为我们写好这本书的精神食粮。他们是：厦门国家会计学院黄世忠教授、东北财经大学刘明辉教授与张先治教授、中国证券监督管理委员会陈毓圭教授、中国人民大学王化成教授、对外经济贸易大学张新民教授、上海财经大学张鸣教授、北京大学陆正飞教授、北京工商大学谢志华教授与王斌教授、暨南大学宋献中教授、西南财经大学赵德武教授、南开大学刘志远教授、中国会计学会周守华教授、广州大学魏明海教授、江西财经大学张蕊教授、南京大学李心合教授。在此谨对他们致以深深的谢意。同时，对曾于本书第一版成稿时给予多方指点的东北财经大学谷祺教授与欧阳清教授、中国人民大学王庆成教授、西南财经大学郭复初教授，表达我们的特别尊敬和感谢之情。我们也要感谢在本次修订过程中南京大学会计学系费蕾、任怡晨等研究生和南京大学2021级财务管理专业的本科生在资料整理和习题编撰中所付出的艰辛劳动。特别感谢东北财经大学出版社各位编辑在本书出版过程中为保证教材质量作出的积极而有效的努力。对于广大同仁的支持与鼓励，我们将以对财务管理理论与实践的持续深入研究进而不断完善本书的实际行动予以回报！

欢迎各位专家与读者对本书提出批评和建议。来信请寄：210093，南京市汉口路22号，南京大学商学院，熊焰韧收。电子邮箱：xiongyr@nju.edu.cn。

编 者

2024年10月

目 录

理论篇

案例篇

理论篇

1 公司治理

导入案例　公司领导薪酬咋这么高?

2003年9月17日，纽约证券交易所时任董事长兼CEO理查德·格拉索（Richard Grasso）因不合理巨额薪酬曝光而被迫辞职。格拉索是唯一一个从交易所底层做起的领导，在纽约证券交易所工作已达35年。他仅有中学学历，8月间获得了一份令世界上每个人都瞠目结舌的天价薪酬合同。按此合同，格拉索到2007年退休时，将获得1.88亿美元的收入，这还不包括未来4年他每年140万美元的工资和最低100万美元的奖金。人们发现，格拉索的总薪酬超过了纽约证券交易所过去3年盈利的总和。纽约证券交易所在全球的主要竞争对手，如纳斯达克证券交易所、伦敦证券交易所、东京证券交易所等九大交易所负责人的薪酬加在一起也不及格拉索一人所得。尽管纽约证券交易所的2 800多家上市公司中近一半是在格拉索任期上市的，而且在“9·11”事件中纽约证券交易所在格拉索的领导下表现得很好，4天后就恢复了交易。但面对离奇的薪酬合同，人们已彻底忘掉了格拉索取得的辉煌业绩，而代之以铺天盖地的谴责声。人们都在追问：是谁决定了这份天价合同？原来这份薪酬合同是由公司薪酬管理委员会决定的，而6名薪酬委员都必须通过董事长提名。事实终于真相大白，原来格拉索是自己决定了自己的天价薪酬合同。华尔街顿时为之哗然。美国最大的公共养老基金——加州公务员退休基金、富达基金、BGI等一致要求格拉索下台。9月17日下午4时15分，纽约证券交易所董事会召开紧急会议，以13∶7的投票结果同意格拉索辞职。

无独有偶，2008年3月，中国平安2007年年报披露，董事长马明哲年报酬6 000多万元，每天薪水约18.12万元。一石激起千层浪，顿时在中华大地上引发了一场关于中国公司高管到底值多少钱、高管薪酬谁说了算等问题的大争论。马明哲的运气比格拉索好，他至今仍稳稳地坐在平安集团董事长的职位上。人们反复讨论，银行高管自己给自己定天价薪酬，道理何在？同期160多家中央企业负责人最高月薪酬为118万元。

2008年3月4日至19日，TCL通讯（2618.HK）先后11次在二级市场回购股票5 063万股，耗资1 600万元，主要用于3月11日公布的大规模股权激励。按此计划，激励的员工达1 200人以上。公司试图以此挽回低迷的股价和管理层士气，进而提升公司业绩。但高管们拿到了较高的薪酬后，是否肯定能带来公司业绩的提升？不得而知。国内外公司实践也未提供确切的证据。

看来，公司里面确实存在着不少我们一时看不清，说不准，但至关重要的问题。公司领导的任用激励只是这些问题的冰山一角。这些问题的聚焦，正是本章所要讨论的核心——公司治理。

1.1 公司治理概述

1.1.1 公司治理的含义

要理解公司治理的概念，首先必须知道公司[①]的含义。我们知道，公司是一个典型的营利组织，其存在并发展的唯一动力及目标是获取利润。尽管以利润为目标的公司理论遭到了诸多批评，而且公司实践也暴露出了追求利润所带来的负面作用，如生态破坏、资源浪费、商业欺诈等。但不可否认，利润高低仍是评价一个公司成败的重要标准。只是公司追求利润的同时也应该讲求商业道德，并切实履行社会责任。

那么，为什么叫"公司"？主要在于这一组织所需的资本和人力以全社会为获取空间，其产品和劳务又是为全社会所需的。既然资源的用途及目标都以全社会所有人为落脚点，那么，"公司"的称谓就理所当然了。公司这一基础性质，决定了公司从发起到营运的各个阶段，均应以维护全体出资人、员工及消费者的利益为立足点和行为准则。但在具体实务中，相对于一个特定企业，出资人（包括股东和债权人）、员工及消费者（主要指客户）的利益往往存在此消彼长的关系。例如，股东需要高回报，但员工的高收入与客户期望的产品高质量、低价格以及债权人对风险的忌讳相冲突。显而易见，股东与这些方面利益矛盾的存在，是引发现代公司一系列问题的重要原因，例如，劳资矛盾、产销矛盾和信用风险等。而且，公司的日常控制权掌握在一批经理人员手中后，又在上述矛盾基础上增加了一种对现代公司生存发展至关重要的矛盾：经理与股东的矛盾。因此，现代公司已处于各种利益关系矛盾之中。如何协调这些利益关系，使之统一服务于公司的长远发展，成为现代公司成长发展中必须解决的一个根本问题，形成了公司治理的原始含义。公司自诞生之日起，上述矛盾就或多或少地存在着，这决定了公司治理是伴随公司生命始终的一种内在需求。

协调公司各种利益关系是现代公司管理的首要任务，而这一重要任务一般是通过财务管理职能的充分作用而完成的。相应地，现代公司财务也分成了两块：以企业现金流转为主体，科学地规划、平衡、组织公司的现金流量、流向、流速和流程，最终实现公司现金可持续流转，形成了所谓的中级财务管理的各项具体内容；以企业现金流转中所涉及的各种利益关系及其矛盾为主线，有效地协调、平衡、理顺公司的财务关系，最终建立公司利益相关方共赢机制，实现公司的"长命百岁"，从而形成了我们通常所说的高级财务管理的具体内容。由此可见，公司治理是高级财务管理必须遵循的基本原则，公司治理的基本理论是建立高级财务管理理论与方法体系的基本依据。

1.1.2 公司治理的理论基础：公司是一组权利的集合

公司为什么需要治理？道理与人为什么要上医院一样简单。一般认为，人上医院是因为人生病了，人生病必须到医院找医生看病，然后按医生开出的处方吃药，方能治好病。现在人们对上医院的理念有所进步，即人的日常保健也要上医院，定期体检并接受医生建议，改善你的饮食起居及日常工作状态，会使你活得更健康。因此，现代医院对人类而

---

① 本书中公司与企业两个名词作为同义词，在使用时不加区分。尽管两者存在差别，例如，公司肯定是法人组织，但企业不一定是法人组织，而且，公司的英文是 corporation 或 company limited by share 而不是 company，因为 company 并不一定是法人，只是执行商业活动的人的集合体，而 corporation 才是"永久持续并能独立承担责任的由自然人组成的法律上所拟制的人"。

言，除了传统的“治病”功能外，还有“保健”的功能。公司治理对现代公司也具有两种功能：传统意义上的“治病”和发展意义上的“保健”。如上所述，公司中存在着各种利益关系。如果这些利益关系不协调甚至矛盾重重，会对公司日常经营产生破坏性影响，最终危及公司生存，这时的公司就是“生病”了。公司为了理顺各种利益关系，必须经常了解自身的利益关系状况，及时化解可能产生的利益矛盾，使公司利益关系各方基本上处于一种较为满意的状态，从而实现公司的“健康长寿”，这就是公司意义上的“保健”。

要协调公司的利益关系，首先要认识公司一些主要的利益关系。公司的利益关系，来自组成公司各种资源及能力的权利，以及这些权利之间的关系。公司资源及能力，集中表现为三种原始状态——作为决定企业存在根本原因的客户，作为决定企业具备法人资格和经营条件的出资人，作为决定企业成为经营实体并顺利运作的员工，以及由上述三种原始状态组合而形成的公司第四种但却是最为重要的资源及能力——作为决定企业成败的经营者。公司的利益关系是指客户、出资人、员工、经营者的权利及组合。由此可见，尽管公司是法人组织，但其利益关系却更多地来自并取决于与公司有利益关系的自然人的利益及行为倾向。

1）出资人权益

公司的出资人主要指股东与债权人。对公司股份拥有所有权的人叫股东，对公司债务拥有所有权的人叫债权人。出资人对公司拥有权利的基础是财产权。

（1）财产权

公司财产通常称为“资产”。资产是企业拥有的或控制的能用货币计量并带来经济利益的各种资源。因此，作为企业资产，在法律意义上，必须是企业拥有或控制的，在管理意义上，必须是能用货币较为明确地计量的，在经济意义上，必须是能给企业带来经济利益的，主要表现为在本期及以后较长时期都能为企业带来较为确定的现金流入。企业拥有或控制的资源，从法律意义上最终归属于股东和债权人，即出资人对企业财产拥有最终所有权，亦即财产的清偿权和剩余财产的索取权。债权人对企业拥有还本付息的强制要求权，企业若不能还本付息，债权人有权申请法院判决企业清算，并以财产变现偿还债务本息，这就是债权人对企业财产的清偿权。企业经营终止，财产清偿完各种偿还支付义务后剩下的部分，应全数归全体股东所有，各股东以其拥有企业股权份额享有分配权，这就是股东对企业剩余财产的索取权。但若企业对债权人已履行了还本付息的义务，且又未终止，则资产的使用配置完全由企业自主决定，任何债权人或股东都无权以债权人或股东的身份直接支配企业财产，这就是企业的法人财产所有权。

从完整意义上说，企业财产权包括请求权、处置权、使用权、豁免权。请求权分为财产占有、使用、管理及收益分配四个方面。处置权主要包括财产转让、赠予、废弃及控制排他四个方面。使用权主要是指财产的消费决定权。豁免权是指使财产不被征用或征收的权力。从历史角度看，企业财产可基本分为所有权与经营权，请求权的一部分（占有与收益分配）与处置权属于所有权，而请求权的另一部分（使用、管理）与使用权、豁免权属于经营权。出资人作为公司的所有者，在实践中有三个方面的职能：提供资本、负责决策及日常经营。在工业革命之前，这三项职能都由出资人一人承担。工业革命以后，在整个19世纪中，企业出资人执行前两项职能，雇用经理执行第三项职能，即最初意义上的“两权分离”。进入20世纪，由于公司出资人日趋分散而只行使第一项职能，公司经理执行第二项与第三项职能，从而形成了现代意义上的“两权分离”。这样，理论上的公司财产权利概念，在实践中已普遍地具体化为“所有权”与“经营权”概念，而出资人的权利已被确认为企业的“所有权”。

企业的所有权在财务理论中一般具体化为“股权”（所有者权益）与“债权”（负债）。企业财产权之所以这样构成，完全由于企业经营对财产需要的时间特征。企业经营永久性的财产需要，不论是有形物资，如设备、材料，还是无形资源，如技术专利，必须有长期稳定的出资渠道，从而形成股权。为了保证企业生产经营的正常进行，公司股权除法律规定外，一般只能转让，不能退还。企业为了适应市场需要，会产生一些不定期的甚至是临时的财产需要，社会为之开辟了一些短期、临时的融资渠道，从而形成了公司的负债。为了强化对企业的经营效率及效益的约束，公司对负债必须承担到期还本、定期付息的责任，否则会面临法律诉讼甚至清算风险。不仅如此，公司负债还有内部制衡以保证经济资源配置效率的作用。如上所述，股东身份一旦形成，其股权只能转让不能退还。这样股权对经营者的制约变得不够有力，股东尽管可以用投票表决的方式来解聘不满意的经营者，但由于表决已被实践证明对经营者并不会形成有效的制约作用，因此，不能有力地督促经营者把提高经济资源配置效率放在自己工作的首位。于是，企业引入了债权人制度，一旦不能还本付息，可以依法对企业提出诉讼甚至清算，这样就会给经营者带来内在压力。由于企业资产（不论是股权还是债权形成的）往往是融为一体的，经营者对债权的尽责自然也带来了对股权的尽责。在财务实践中，正确地设置股权并取得债权，协调好与股东和债权人的关系，是实现财务目标的重要环节。

（2）股东权益

股东权益是现代公司制度本质的产物。现代公司的本质，概言之可以表述为独立的人格（法人）和独立的财产（法人财产权）。股东作为公司的主要投资者，他（她）不直接拥有公司的财产，股份并不代表拥有多少公司资产，不是代表金钱的数额，而是表明某股东在公司利益里的份额标准。股东对公司经营承担的是有限责任，即以其出资额对企业承担民事责任。在实践中，股份是股东权益的核心，但股东权益的含义要较股份广泛得多，还包括一些非财产性权利，如表决权、知情权等。从概念上分析，我们可以把股东权益定义为股东在公司里拥有的各种法定权利的总和。这些权利包括自益权与共益权两类。

① 自益权，是股东在公司获取自身利益的权利。股东行使自益权，只是为了维护或实现自己在公司里的法定经济利益，包括股利分享权、剩余财产索取权、认购新股优先权、股份处置权（转让或赠予）。这些权利的行使往往代表股东在公司自身利益的变化，因此，只能由股东本人或股东委托他人行使。这些权利的行使只影响特定股东在公司里的权益，而不影响其他股东权益。

② 共益权，是股东在公司里为保障自身利益而行使的各种参与决策控制、行政监督、战略规划等的权利。在现代公司里，股东的身份已比较复杂，不只是一个简单的出资人，而已具体化为委托人、受益人、旁观者、政治参与者、公司利益守护人或监护人、管理层合作者等一系列身份。股东身份的极大丰富，完全是现代公司股份高度分散及证券市场发达的结果。这表明，股东权益不只是表现在对公司经济利益的分享上，更重要的是表现在事前、事中、事后对公司资源运用的决策指导、有效控制和日常监督等

方面，从而形成了股东权益的共益权。共益权是股东干预、参与和监督公司经营的权利，包括股东大会表决权、临时股东会请求权、召集权、提案权、质询权、查阅权等。行使这些权利一般要求股东具备必要的道德与业务素质，在当今股权高度分散的条件下，为适应股东素质参差不齐、地点分布散乱的特点，各国均对公司提出了建立独立董事制度的要求。由公司聘请德才兼备、公众形象较好的专业人士和社会名流，担任公司的独立董事，切实地履行股东权益中的共益权。股东共益权的行使，一般通过股东大会及董事会等组织形式实现。

（3）债权人权益

债权人除了具有要求企业必须履行还本付息承诺的权利外，还有对拥有债权的公司进行日常监督的权利。

一般而言，不论是从商业银行取得的长期、短期负债，还是发行债券形成的公司债务，或者是在交易中借助于商业信用形成的往来性质债务，都含有特定的用途和理由。那么，公司负债后，必须使债权人知道负债的用途及原因，以及该用途及原因是否得到了保证或兑现。债权人应切实行使对公司的各种监督权，减少并控制自己在企业中的债权无法回收的风险。

2）客户权益

企业权利究竟是什么？在理论上并没有确定的答案，大致上有两大观点：其一，企业的权利是为股东获取最大回报，反映在财务目标理论上就是股东价值最大化。这种理论的依据主要在于股东是公司唯一的法定所有人，公司本身就是股东创办的并由其提供最重要原始资本（注册资本），公司最终的盈亏责任也是由股东承担的。因此，公司必须以股东利益最大化为自己的行为准则和经营目标。其二，企业的权利是保持公司的可持续发展。可持续发展包括生存与增长两个方面。企业的可持续发展，就现实方面来说，并不仅仅取决于股东一方，还取决于客户、员工及社会等各个方面。只有这几个方面的利益都得到适度满足，公司才有可能生存并实现真正有效的增长。这就形成了利益相关者价值最大化的财务目标理论。不难发现，上述两种观点是不同的。在实践中，股东的利益与客户、员工及社会的利益往往是此消彼长的关系，股东利益的最大化，并不一定带来客户、员工及社会利益的适度满足。两种理论究竟哪一种更合理？已有的实践并没有提供确凿的证据。但我们还是可以大致上作个概括：在商品奇缺、生产严重不足的经济环境下，企业生产出满足社会需要的商品是最重要的，则股东价值最大化成为财务目标就比较合理了；在商品比较充裕、生产已表现为过剩的经济环境下，市场需求对于企业生存发展是第一位的。可以说有了市场（生产订单）企业就有了一切。此时，客户价值最大化作为财务目标就成了一种明智的选择。在劳动力市场发达但高素质劳动者难觅的条件下，一个企业的成败，不论处于买方市场还是卖方市场，要赢得市场并实现持续发展，必须拥有一批高素质的员工并赢得他们对企业的忠诚。此时，员工价值最大化作为公司财务目标是理性的选择。由此可见，公司财务究竟以何方利益最大化为基本目标，在实践中并没有一个固定的答案，而要视企业所处的特定环境而定。

整个20世纪是现代财务理论与实务快速发展并成型的时期。这一个世纪的大部分时间，制造业是多数国家和地区经济增长的主要动力。产品供不应求使商品很大程度上成为一种稀缺资源，产品一旦出厂就被抢购一空，生产的利润水平较高，推动制造型企业获得了更快的发展。而产品一旦出厂，其成本和使用中的各种风险就转嫁给了零售商和批发商这类中间商甚至是用户，制造商只关心自己的生产流程、成本，从而形成了以产品为导向的消费主义时代特征，整个经济由制造业决定。不难想象，此时财务理论和实践发展最快的领域无疑是制造业，而卖方市场的环境，决定了股东价值最大化必然成为财务的基本目标。

但是，从20世纪末开始，整个世界经济发生了彻底转型，卖方市场不复存在，同一功能的产品充斥市场，消费者在购买时可以有很多的选择，整个社会进入了买方市场时代。面对市场竞争日趋激烈、制造业利润不断下降的现实，许多制造业企业开始转变经营理念，由提供产品转变为提供服务。这种转变带来了经济理论的更新。按传统的观念，产品一经销售，其所有权包括一切风险就随之转移至买方。这一点现在已无法成立：产品的所有权永远是制造产品的企业的，买方只需要其功能。客户从市场上购买的是功能服务，而不是什么产品。这样产品使用中功能服务的风险还是由产品制造商承担。因此，客户对制造商提供功能服务（依附于特定产品）的满意程度，对于企业市场份额的保持和获取至关重要。公司经营的核心是客户需要的满足程度，公司持续发展的基础是客户对企业的满意和忠诚。这决定了客户价值最大化成为公司财务的基本目标。

忠诚的客户愿意与公司建立稳定的关系，他们会在同一公司购买更多数量的产品，并源源不断地购买公司的其他产品、服务和售后支持。有了这样一群被锁定的客户，公司就可以避免产品同质化的趋势和被迫卷入价格战。因为其客户对竞争者的入侵具有较低的敏感性。实践表明，忠诚的客户是公司获取长期稳定的收入和利润的源泉，他们对公司的支出会随时间的推移而加速增长。研究结果表明，只有4%的不满意客户曾经向为他们服务的公司抱怨过，而其他96%的客户并不会抱怨，他们对公司不满唯一的表达方式就是改投其他公司的怀抱。而且，不满意的客户中有91%是永远不会再光顾原来的公司的，还会向其他8~10人讲述他所遇到的问题。每一个客户的遗失会使另外大约50人听到对公司不利的口头广告。因此，不满意客户的丧失，不但使公司浪费了为吸引新客户而作的初始投资，而且加大了公司获取新客户的成本①。

（1）客户权利来源——客户让渡价值

按美国营销学权威菲利普·科特勒（Philip Kotler）教授的定义，“客户的让渡价值是指总客户价值与总客户成本之差。总客户价值就是客户期望从某一特定产品和服务中获得的所有利益。而总客户成本是在评估、获得和使用该产品和服务时引起的客户预计费用”②。科特勒教授用图1-1直观表述了客户让渡价值的含义。

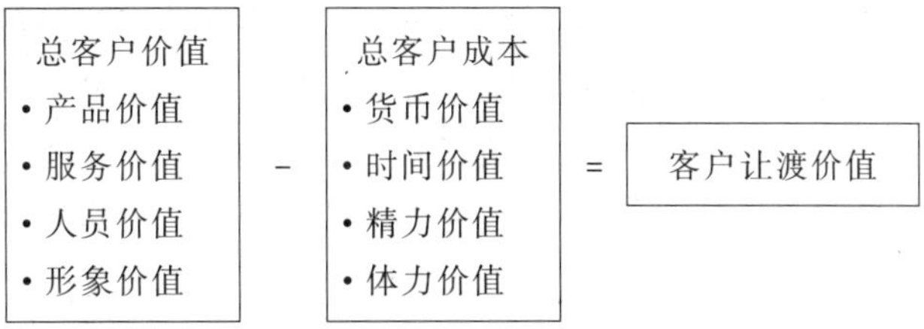

图1-1 客户让渡价值的来源

① 达切思. 企业运营与顾客价值［M］. 侯佳奇，译. 北京：机械工业出版社，2003.
② 科特勒. 营销管理：分析、计划、执行和控制［M］. 梅汝和，梅清豪，张桁，译. 上海：上海人民出版社，1999.

客户也是价值最大化的追求者。客户追求的价值最大化就是让渡价值最大化。这一目标的实现离不开公司产品与服务的全过程支持。离开公司的产品与服务，客户让渡价值也就不可能成为现实。问题在于，客户让渡价值的最大化并不等于企业价值的最大化。因为客户与企业毕竟是两个利益主体，企业价值的最大化集中表现为企业的可持续发展，但这与客户让渡价值最大化并不是同义的。实践中，片面地追求客户让渡价值最大化，企业价值就难以最大化，甚至会危及企业的长远发展。

（2）客户权利在企业中的表现——客户资产

由上述分析可知，公司必须对客户让渡价值进行透彻的理解，从而确定企业的经营战略，使企业价值最大化与客户让渡价值最大化尽可能地保持协调一致。具体做法就是对客户价值与客户成本的具体内容识别、计量并管理，从而使公司以经济的方式实现客户价值最大、客户成本最低，从而把客户让渡价值转化为公司的客户资产。客户资产可定义为能够使公司与客户价值均最大化的经济资源。一般而言，这种经公司转化的客户资产分为三类：价值资产、品牌资产和维持资产。价值资产是客户对企业产品或服务的客观评估，体现在产品的质量、价格、便利性等方面，直接表现为满足客户低成本使用的需要。品牌资产是客户对企业产品或服务品牌的认同程度，是企业带给客户的使用产品或服务过程中的安全、自我欣赏及形象等方面的满足感。维持资产是客户对企业产品或服务的忠诚度，是企业通过高质量、好品牌的产品与服务，采取忠诚回报、特殊奖励及团队联谊等方式，培养起来的客户对企业及产品与服务的认同及忠诚。企业拥有客户资产的规模及质量，直接决定着企业能否实现可持续发展。

（3）客户权利与公司财务管理

以客户价值作为财务目标，就意味着客户资产及资本的管理成为财务管理的重要内容。虽然客户资产中存在着一些难以在财务上计量的因素，例如，客户满意度对公司价值的影响就无法准确计量，但是，客户资产的取得、维护及扩大过程中，企业均会收入与支出财务资源，结果的好坏也可以通过财务状况、经营成果及现金流量等财务管理工具计量和反映，从而决定了以客户价值作为财务目标不但理论上有据，在实践中也是可行的。传统的财务理论在这方面几乎空白。为此，公司必须建立客户资产账户，并确立相应的客户资本科目，从而扩大理财的视野，挖掘理财的深度，通过客户资产资本账户的平衡优化两者的关系，把公司的财务管理建立在以客户价值为中心的基础上。这样，客户资产及资本指标的改善，就能成为未来财务管理评价业绩的重要指标。

3）员工权益

公司的一切活动都是由员工完成的，员工行为成了决定公司成败的重要因素。在过去经营规模小、经营范围窄、经营产品种类少、制造工艺简单的条件下，对生产经营进行管理并不复杂，对员工的监控和指导无太大难度，因此，员工行为对公司的影响较容易控制，员工并不成为生产经营的核心资源，尤其是在机械化生产流水线及标准化管理后，一名员工与一台机器并无不同。但随着企业经营规模的扩大，经营范围日益广泛，经营的产品不但种类多而且经常调整，制造工艺日益复杂，制造及组织管理技术难度日趋提高，生产经营第一线人员主动性、积极性及负责精神对一个公司的成败起了决定性作用。在这样的条件下，怎样调动员工的积极性、使员工具有认真负责的态度，最终创造性地为公司服务，就成为现代企业管理必须解决的一个重大课题。这一客观要求集中反映在财务上，即员工利益成为理财的立足点，或者说，员工价值最大化成为公司财务的基本目标。在企业中，员工权益表现在两个方面：取得薪酬和精神满足（如图1-2所示）。

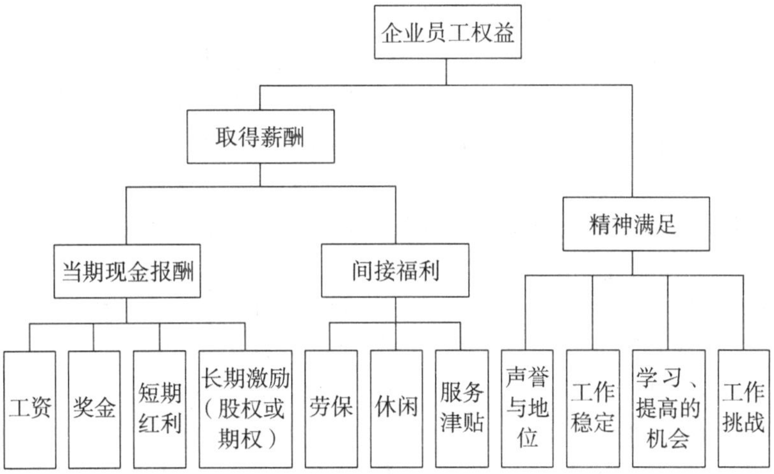

图1-2 员工权益构成示意图

对于薪酬的本质，不同的人出于不同角度，有不同的看法。从字面上看，薪酬的意思是平衡、补偿，有明显的交换的意思。有些人认为，薪酬是上级对下级的施舍，但更多人认为，薪酬是劳动力获得的补偿或劳动的报酬。社会学者往往把薪酬差别看作是公平与否的标准。对于股东而言，薪酬是激励经营者和雇员的手段；对于企业而言，员工薪酬费用是利润的减项。在实践中，我们宁愿把薪酬看作一种激励员工和衡量公平与否标准的结合体。为此，形成了两种基本的企业薪酬制度：主体薪酬制度与客体薪酬制度。

（1）主体薪酬制度

主体薪酬制度立足于薪酬主体自身的基础、素质及内涵，决定薪酬水平。目前，主要有依据职位、技术、能力三种，即按照员工所担任的职务高低、技术等级或能力强弱决定具体员工的薪酬。这也是现在大多数企业普遍采用的薪酬制度。这样的薪酬制度与科层制的组织机制相适应，但主观性较强，对员工的激励作用有限，而且在公正性方面难以得到保证。

（2）客体薪酬制度

客体薪酬制度依据员工的工作业绩来决定薪酬水平。只要选择的绩效指标恰当，计量绩效指标合理，计量结果真实，这种薪酬制度就能调动员工的积极性和责任感，也比较公正。但在实践中，选择合适的绩效指标一般难度较大，很多企业往往采取主观决策，从而使这种制度在执行中出现与预期不一致的结果。加上企业员工之间本来是互相合作协调的关系，有些员工活动是很难单独计量成果的，便产生了“搭便车”之类的代理问题，使基于绩效的薪酬制度效果不彰。

企业根据自身生产组织的特点以及经营管理战略，依据客体与主体两种基本薪酬原理，设计、确定适合自身要求的具体薪酬制度。

（3）基于员工价值的财务管理

传统的财务管理把员工权利看成是企业的费用，这与当时的经济环境相适应。但是，现代公司的成败一般取决于员工，尤其是一批知识型员工积极性、创造性和负责精神能否充分发挥。为此，就有必要把员工价值最大化作为公司理财的基本目标。员工价值最大化作为财务目标，是将员工价值的增长与公司价值的增长有机结合，使公司价值增长建立在员工价值增长的基础上。为此，首先要转变理念，将员工薪酬概念转化为人力资本概念，从而使企业对员工的付出，不再是费用，而是一种投资。员工在企业中获取的薪酬，是个人人力资本供企业使用的一种回报。这样，员工个人人力资本只有紧紧地依附于企业并积极作用才能实现增值保值，从而使员工利益与企业利益融为一体。其实，除股东拥有企业所有权这一企业制度外，很早以前，就存在着客户拥有企业所有权和雇员拥有企业所有权两种企业制度。据伯利和米恩斯考察，早在1919年，美国公用事业就盛行客户所有权制度。1919年之前，美国有89家公司实行了雇员持股计划，而1919年增加了24家，1920年增加了46家，1923年增加了多达51家。尽管他们认为，美国公司股权下放给雇员与客户，是美国当时沉重的联邦附加税带来的后果，但是，这毕竟打破了只有出资人才是公司所有者的传统企业模式，为今天客户和员工成为公司股东提供了很有力的历史证据①。

人力资本概念引入财务管理意味着传统财务管理“资本”概念将被赋予崭新的含义。大家知道，传统财务理论中的资本主要是股东的，而股东只是企业的出资人。一旦引入人力资本概念，财务理论中“资本”的主要所有者已不是传统意义上的企业“出资人”，而是现代意义上的企业“出知人”，即知识型员工将成为公司资本的主要所有者。在这样的企业制度下，员工是为自己创造价值，员工价值将决定企业价值，员工价值能否得到保证，直接决定了企业能否实现可持续发展。必须看到，这样的企业制度不会从企业成立伊始就存在，它只是企业发展到一定阶段，知识型员工已成为公司价值创造的核心力量时才会出现。因此，员工价值成为公司财务的基本目标，必须经过一个过渡期，把企业由传统的财务原型逐步转化为知识资本型。在国外，一般的做法是从每年税后净利中，拿出一定份额奖励给知识型员工以一定价格购买公司原有的股份，被购买的股份强制老股东等份转让。这样，只有不断地成为公司的知识型员工，才能不断地扩大新股份，保住老股份，从而最终使拥有公司股份的所有者都是知识型员工。当公司完成了这种转换，员工价值最大化作为财务目标就成为一种必然的选择。

以上我们分别考察了出资人、客户、员工这三个公司价值的基础，并描述了这三个价值主体在公司的权利表现。总括而言，出资人价值最大化是现代公司的一个经典模型，它蕴含着现代公司治理的全部命题。因为，出资人高度分散后，如何保证公司控制权完全掌握在一部分非出资人（经理）或极少数出资人手中后，公司还以全体出资人价值最大化为经营理财的出发点和终点，是现代公司发展中悬而未决的一大难题。毫不夸张，现代公司产生的所有问题，究其根源，都是源于所有权为多数人拥有但经营权为少数人控制。将来财务即使转型为客户与员工价值最大化模型，这种多数人利益与少数人利益的矛盾还是存在的。可以认为，只有解决好这种多数人与少数人利益的矛盾问题，现代公司及财务管理才有真正成功的希望，才真正有可能实现企业的可持续发展。公司治理，正是试图解决公司成长发展中这一根本问题而产生的一种制度，我们应从这一战略高度来定位并在实践中重视公司治理制度的建设。

---

① 伯利，米恩斯. 现代公司与私有财产［M］. 甘华鸣，罗锐韧，蔡如海，译. 北京：商务印书馆，2005.

4）投资者利益、客户利益、员工利益在一般现代企业中的关系

目前，大部分公司可以说既不符合单纯的投资者价值模型，也不符合单一的客户价值或员工价值模型，而是符合三种价值模型交织在一起的混合模型。现实中的投资者、客户、员工价值三者之间的关系如图1-3所示。

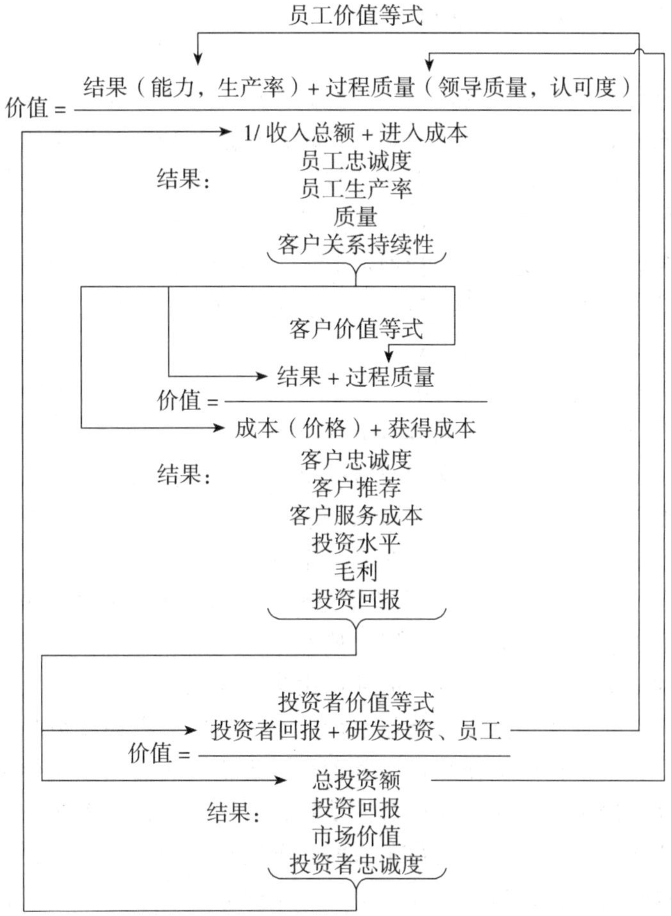

图1-3　投资者、客户、员工价值混合模型

1.1.3　人性假定与公司治理的行为准则

如上所述，公司虽然是法人，但公司实际运作过程中各种权力的行使却都掌握在自然人手中。尽管我们已明白法人具有法人财产权，这种财产权表现为投资者一旦出资后，不得对企业具体资产的使用指手画脚，只能通过股东大会、董事会等方式来表达自己的意愿。公司的法人财产权，主要包括下列内容：一是公司对全体股东出资形成的全部资本及相应的财富享有财产所有权；二是公司依法享有他物权（如担保物权）；三是公司按照合同约定所享有的债权；四是公司依法享有具有财产内容的知识产权。公司法人财产权只是规范了出资人与企业的关系，但这些法人财产权的行使，又会落到掌握公司实际控制权的经理手中。如此看来，公司法人的权益其实都是由自然人行使的，公司权益的维护离不开自然人的能动作用和积极负责精神。公司治理，可以说是为了保证各自然人真正地对公司权益切实负责而相应建立的一整套制度。公司的权益尽管有很多复杂的内容，但归根结底，最核心的应该是公司的可持续发展。公司治理就是要让每位自然人都能按公司可持续

发展的要求去从事经营及决策。但是，每位自然人的需求和动机及道德素质均不相同，如何让这些不同类型的自然人自觉地遵循公司治理的基本原则，是公司治理所要解决的一个根本问题。为此，公司治理就有必要熟悉并尊重自然人的心理特征和行为习惯，研究自然人的人性特征，揭示对公司治理有指导意义的占主导地位的人性特征，从而制定公司治理准则，在实践中努力提高公司治理的有效性。

1）人性假说

财务管理所有业务都是金钱的进出与花费、激励，与各方面经济利益直接相关，是考验并体现人性最充分的领域。正确认识人类在财富创造与分配过程中的人性特点，并因势利导尊重人类在集体组织活动中，关心、计较、实现自身经济利益的人性规律，有助于保证财务管理的质量与效率。熟悉、了解、尊重并恰如其分地利用企业经济活动与组织管理中人类自利与行为倾向，是现代财务管理从业人员必须具备的重要能力。

企业经济活动中人们追求利益行为，一般表现出以下主要特征。

（1）有限理性（bounded rationality）

有限理性，是指人们在经济活动中对自己与他人各种行为及后果的认识，往往是不充分、不全面的。有限理性是1982年经济学诺奖得主赫伯特·西蒙（Herbert Simon）提出的思想，指出人类认知能力并非无限这个明显的事实。人们在认知与计算能力以及记忆能力等方面，都不可能无所不知、无所不能、永不忘记。人们在经济活动中，由于这些缺陷的存在，从而导致了很多行为往往难如人意。在企业财务决策与控制中，尽管我们要求以最大努力并尽可能负责任，但真正追求的只能是相对合理，而不可能一味地追求收入最高、成本最低、占用最少、利润最大、资金周转最快。

为弥补有限的记忆力不足，充分挖掘并利用各种标准化信息（主要是会计信息）的功能与渠道，并善于驾驭现代信息化工具与手段以及网络，努力提高企业财务管理的理性能力与水平。但是，日常工作中即使强化了各种补救措施，我们只能改善而不能消除人类经济行为的有限理性的局限性。在具体理财活动中，我们往往在判断和决策环节，面临人们有限理性带来的认知分歧以及人为利益矛盾的各种挑战。即使我们开发了各种分析决策模型，并采用了高水平的计算机软件，准备了高质量的数据库，我们仍不能在财务决策与控制过程中，真正有效地解决有限理性的局限性问题。

有限理性在平时财务管理中会使人们带有实际判断偏见。财务管理实践主要营造无偏见工作氛围，从而使人们对每一个实际财务业务的判断偏差，控制在不影响正常财务管理顺利进行的水平与状态。针对这方面，理论界已提供了一些有助于解决该难题的工具与方法，具有代表性并应用得比较普遍的，是卡尼曼和特沃斯基提出的模型，简称前景理论。

（2）有限意志力（bounded willpower）

有限的意志力，是指财务活动出现一定场景，人们会作出一些有违常识的事情。例如，很多人本来不喜欢喝酒、抽烟，但为了迎合客户、供应商、银行等相关人士，在制度容许的标准与范围内，企业有关员工就必须学会抽烟、喝酒。当在财务管理过程中坚持理性一再碰到困难，而且又未获肯定时，财务管理人员可能变得不再过多地坚持理性。认识并承认人类的有限意志力，在财务管理过程中，就必须对该鼓励的及时予以奖励，对该惩罚的应该铁面无私。同时，对一些模糊不清的业务，如果属于大体具有理性性质的，就要明确予以奖励；但对于明显有违理性的行为与问题，即使制度无明确规定，也应该旗帜鲜明，予以抵制。如此，就可以有效降低有限意志力在财务实践中的负面影响。

（3）有限自利（bounded self-interest）

有限自利，是指多数人的效用函数具有一个共同的重要事实：在某些场合下，对于别人，甚至是陌生人，他们在乎，或者装作在乎。与简单的利他主义说法不同，有限自利是指人类的善良天性使其对自己牟取私利的动机、冲动与行为，感到不好意思，甚至羞耻，从而使自我谋利行为适可而止，甚至直接中止。比起传统经济学的假设，有限自利拥有广泛得多的情境范围，且这种有限性发挥着普遍而广泛的作用。财务每项业务都与人们切身经济利益直接相关，经常表现为对个人金钱的直接影响，因此，公平、正义的要求变得特别重要。有限自利，行为意义上是指人们关心自己是否被公平对待，而且也希望公平对待那些其他做事公平的人。充分尊重并利用人类的这种同理心，是现代财务管理从基本制度设计到具体管控实务都应做好的一项带有战略意义的工作。

如何在财务管理实践中充分地尊重并积极利用以上人性特征？首先，只要在法律与制度规定中，要求行为人去判断某个不确定事件的概率，与判断行为相联系的有限理性就会发挥作用。其次，如果要评价结果，与决策行为相联系的有限理性肯定发挥作用。当决策结果具有跨时期性质时，有限意志力应得到重视并做好面对工作，通行的做法是其中的收益与发生的成本予以严格对应。最后，有限自利主要适用于一方明显偏离惯常或普遍的做法的场景，在这些情况下，通过让相关方获取或付出金钱的方式去奖励“公平”或惩罚“不公平”行为。

（4）财务管理应用人性规律的原则

财务管理尊重并充分利用以上人性规律，必须遵循一些实务原则。

第一，资源使用弹性原则。如果激励与处罚力度增强，对具体财务的引导与规范作用肯定会提高。但是，这种资源使用的强度，与财务行为的改善度，在数据上并不呈线性关系。这样的数量关系，在不同企业，以及企业不同时期，是不一样的。财务管理必须对这种数量关系进行动态分析，以积累经验数据，发现数量关系规律，最后摸索形成有效服务于高质量财务管理要求的变量因素关系数量控制模型。

第二，关注有效成本原则。财务管理对人性规律的尊重与运用，必须关注发生的相关成本。这里的相关成本，不仅考虑确定的财务投入，还要考虑这种财务投入的内部效应与外部效应，即财务投入给企业凝聚力与社会声誉带来了什么样以及什么程度的影响。为此，决策者将权衡机会成本和支付成本，但必须舍弃沉没成本。从而对每一个财务支出都作出针对性分析与评估。

第三，充分开发利润机会原则。资源将向最有价值的方向流动，这是市场经济天性使然。这也意味着，任何资本实体拥有资源的能力，经受着市场竞争的动态冲击。做得好，为市场青睐，则拥有越来越多的资源；做得差，为市场所遗弃，已有的资源会快速离开企业。如此一来，世界上每个资本体，事实上只是做着一件共同的事情：不断识别、开发并有效利用市场盈利机会。财务管理在某种意义上，就是为企业拥有这样的能力而不断赋能。如此，充分认识人性规律，努力培育通过财务使企业不断赢得新市场空间以增强盈利能力，就成为财务管理的主攻方向。在这方面，财务管理要确立三个观点：①市场确实是一个包容度很强的场所。哪怕是涉世未深的参与者以很低的本钱进行交易，也有可能产生预想不到的结果。②如果市场参与者可以自己决定他们的估值，结果可能和经济学理论的预测差异很大。③任何一个努力进行自我定价的市场参与者，都能够找到满意的买方（卖方），这也印证了市场是一个“好心总会有好报”的地方。

当然，财务管理适应人性规律，在实践中一般会明确规定一些禁止事项。这些禁止事项，往往来自企业以往的经验教训，也取决于对企业现有能力短板的清醒认知。

2）公司治理准则

公司治理是全社会所有公司共同面临的难题，因此，有必要在社会范围内统一明确所有公司在治理方面的一些基本要求、做法及必须遵循的原则，由此产生了公司治理准则。一般而言，现有的公司治理准则主要明确以下问题：董事的权利和股东的权利、董事会的作用和义务、董事会的结构及董事会决策原则、董事的薪酬及其与业绩的关系、财务报告与审计、内部控制和风险管理、股东的作用以及董事会与股东的关系、伦理道德与社会问题及公司的社会责任。可以看出，现有的公司治理准则主要针对股东价值最大化的公司模型。公司治理集中关注公司权利的归属及应用，包括：在公司里谁拥有决策权？执行的权力和采取的决策代表着哪些人的利益？这些权力的执行是否恰当？各种利益相关者的权利是否得到体现及如何体现？如何切实保护公司利益相关者的权利？

经济合作与发展组织（OECD）作为一个权威性的国际组织，于1999年在全球范围内率先发布了影响极为深远的《OECD公司治理原则》，并于2004年对其加以修改充实后进一步明确了公司治理的一般原则。这一原则大体包括六大方面：确保有效公司治理框架的基础；股东权利与关键所有权的功能；平等对待股东；利益相关者在公司治理中的作用；信息披露与透明度；董事会责任。这一原则为世界范围内公司治理原则的确定提供了可资借鉴的框架和基调。

作为现代公司主要发源地的英国，虽然没有明确地提出公司治理准则，但早在1992年，就发表了世界上第一份研究公司治理原则的文件——《卡德伯利报告》（Cadbury Report），提出了公司治理的最佳做法，并在1998年颁发，于2003年修订了《公司治理联合准则》，对公司治理提出了下列具体要求：

➢至少半数的董事会成员应该是独立执行董事；

➢一个公司的首席执行官不能同时担任同一个公司的董事长；

➢董事长的任命应该是独立的；

➢公司股东可以任命高级独立董事；

➢董事会应当对自己的绩效采取正式和严格的评价方式；

➢机构投资者在评估投资对象的治理状况时，应当避免采用简单判断对错的方式；

➢公司在招募新董事时，应采用严格、正式、透明的程序；

➢非执行董事只能在工作6年后才能重新任命，并要经过“独立严格审核”；

➢非执行董事继续任职必须在工作9年后；

➢排名前100位公司的董事会不应当同意一名全职董事同时接受多于一个的非执行董事或董事长职位；

➢高管人员的薪酬应与公司和个人的绩效相关。

在美国，1933年的《联邦证券法》对公司的市场透明度及应提供的财务信息提出了强制性要求，但对公司董事会的功能并未产生多少影响，只是2002年7月颁布的《萨班斯-奥克斯利法案》，对董事会承担的信息披露及内控责任作出了严格的规定，才引起了公司对其治理问题的普遍重视。

在中国，对公司治理问题的认识较晚。2002年1月，中国证监会颁发了《中国上市公司治理准则》，对中国上市公司的股东与股东大会、控股股东与上市公司、董事与董事会、监事与监事会、绩效评价与激励约束机制、利益相关者、信息披露与透明度等提出了明确的原则性要求。中国的国有企业试图通过建立外部董事为主的董事会制度逐步完善中国国有企业的治理结构。

3）公司治理的基本框架

在世界颇有代表性的英美企业形成了盎格鲁–撒克逊式公司治理框架（如图1–4所示）。

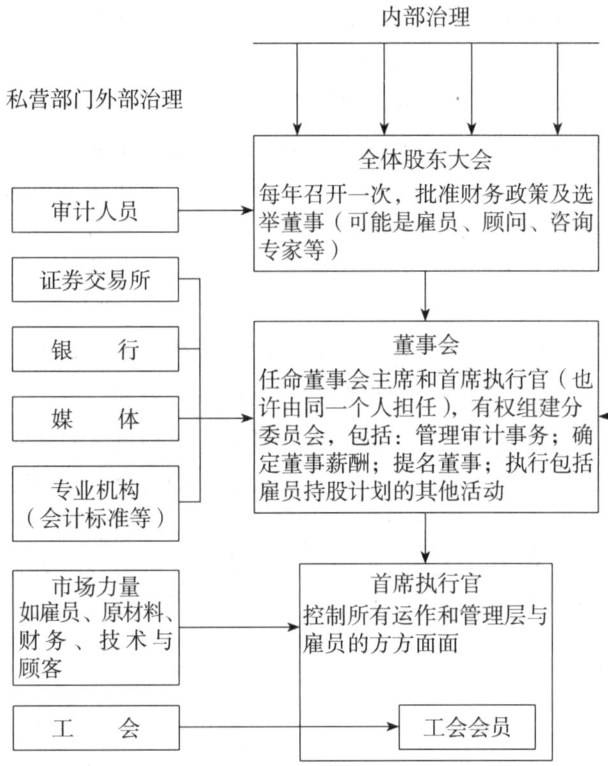

图1–4　盎格鲁–撒克逊式公司治理结构

1.2　公司治理对象的基本特征

1.2.1　企业与利益相关方关系分析基本框架

如果我们把公司看作是各种契约的节点，那么，公司治理就是为了解决这一节点上面临的两个令人头疼的问题：联结的稳定性（时间）和联结双方的切实履行承诺（诚信）。在这一过程中，有四个因素影响这种联结的稳定性和践约性。这四个因素分别是期限、回报、损失风险和控制。

期限是指契约关系的时间长短是固定的和事先确定的。时间越长、事先越明确，企业契约关系就越稳定，相互信任和负责的可能性就越大。回报指一方从契约关系中获得的任何东西。很显然，回报越高、越确定，契约关系越稳固。损失风险就是契约关系双方所面临的各种不利影响的可能性，不同的自然人对风险的敏感程度是不一样的，但对损失的敏感却是共同的。一般地，损失风险越大，契约双方中途毁约的可能性就越大，这种契约关系就具有高度的不稳定性。控制是指契约双方在多大程度上对公司拥有决策权。控制权的配置决定了企业契约各方关系的稳定程度，也决定了契约各方的相互信任程度。在这里，实现权、责、利的对称匹配，并在公司契约关系网中保持应有的透明度，是实现公司契约关系长期稳定的关键。

1.2.2 股东与企业

1）期限

股东与公司的关系在期限上几乎是开放的。股东只是公司的“酒肉朋友”，而绝不是“患难之交”。很少有股东会与企业共患难。企业迅速发展，股东会大量涌入，一旦有什么“风吹草动”，股东可能是企业利益关系各方中“溜”得最快的一方。这一点在上市公司中表现得特别明显。对于上市公司的股东，特别是那些自然人股东，他们主要看中的并不是企业的长期发展，而是股票价格的大起大落，以便赚取大额的差价。但在家族型企业或非上市公司中，股东离开企业的现象就较少。这里既有权益认同的原因，也有其股权转让不如上市公司股票买卖那么便利的原因。显然，上市公司股东恶炒公司股价的行为，既对上市公司发展不利，也对证券市场的有效性产生了严重的破坏。为了克服股东的这种缺陷，证券市场大力发展了机构投资者。机构投资者为中小投资者提供分散风险、理性投资的手段，它代表中小投资者们的利益，将他们的分散投资集中起来进行投资和管理，以追求投资收益的最大化。在中国，典型的机构投资者就是各类证券基金。机构投资者一般由职业操守良好、业务素质较高的证券投资人士（如基金经理）负责基金的投资。基金经理投资前，一般要听取专业分析机构的意见，并对拟投资的上市公司从多个层面进行分析，尤其关注公司长远发展的基本面，从而促使公司更关注长期经营的成功。机构投资者通过投资运作，给一些急功近利、短期化行为的公司发出了强烈的信号，督促其改变经营理念，更多地注重公司的持续发展。

2）回报

在回报方面，股东在公司可取得两种回报：每年公司的现金分红及卖出股票时所取得的资本利得或损失。不同的股东对两种回报的态度有所不同。有些股东看重现金分红，“两鸟在林，不如一鸟在手”，他们不愿把利润留在公司里用作发展。而在实践中，经营者们也暴露出了不愿分红，想尽可能多地占用公司现金支配权的倾向。这一问题更加剧了股东对公司的分红要求。显然，这样的关系使股东与经营者双方的信任日趋淡化，更不利于公司的可持续发展。为了解决股东片面强调现金分红而经理设法不进行现金分红的矛盾，现代财务理论提出了“自由现金流量”的概念，用于协调股东与经理在公司实现利润后是否应进行现金分红及分多少现金红利这一问题的对立关系。自由现金流量，就是公司当年实现经营活动现金净流量，扣除来年资本性支出的必要数额后的余额。自由现金流量为协调股东与经理在现金分红问题上的矛盾提供了有效的工具，成为判断一个公司现金分红是否恰当合理的一个标准。

3）损失风险

在损失风险方面，股东回报具有高度的不确定性。如上所述，股东回报包括每年现金分红及股票变现时的价差。其实在实践中，股东回报还包括一种期望或比较差额。例如，两个股东投资两个公司，甲股东投资100元从甲企业得到现金分红10元，而乙股东投资100元从乙企业只得到了7元的现金分红。那么，乙股东有理由认为自己无形之中损失了3元的现金收入。同理，A股东投资10万元购买A公司的股票，半年后取得股票差价1万元，而B股东同样投资10万元，购买B公司的股票，半年后赚得股票差价2万元，则A股东肯定认为自己投资A公司损失了1万元。当然，一个股东判断自己投资的完全损益，还可能以全社会股东的平均收益水平来估算。上例中，若社会平均年现金分红是15%，所有公司股票半年平均涨30%，则甲、乙股东与A、B股东都可能认为自己投资亏了（表现为少赚钱)。其中，甲、乙、A、B分别亏了5元、8元、2万元、1万元。当一个公司发展极不稳定，或者公司虽然基本面很好，但缺乏应有的透明度，投资者根本看不清公司时，股东与企业的关系就变得不稳定了，股东对企业的各种猜测便会油然而生，从而给公司理财带来意想不到的负面影响。正因为如此，对上市公司的信息披露，国家制定了严格的规定，从而强制要求上市公司必须向社会公开有关信息。在实践中，一些公司意识到信息透明的价值，会在法规要求披露信息的范围之外，自愿披露一些对投资者正确认识公司有用的信息，从而减少股东对公司损失风险的误判，稳定公司与股东的关系。

4）控制

股东在公司里有没有真正代表其利益的人，对公司与股东的关系会有很大的影响。若股东本身就是大股东，在选派股东代表、决定董事和总经理、聘请独立董事及外部审计机构等方面拥有绝对的话语权，那么，该股东与公司的关系就很稳固。而且该股东一旦发现其他股东试图危及他的这种“大股东”地位，就会运用各种手段（如毒丸计划）设法保护自己的这种地位。在现代公司，实际控制权事实上一直掌握在大股东手里，中小股东利益的保护就成了证券市场所要解决的一个难题。建立独立董事制度，强调董事会中设立更多的外部董事，可能就是为了减少大股东对中小股东利益的侵害。但在另一种情形下，股东已完全把公司控制权交给经理们行使，则会产生严重的代理问题，从而使全体股东利益得不到应有的保障。为了激励经理尽心尽力地为全体股东谋利，现代公司设计了对经理们极具诱惑力的薪酬与股票期权计划，即通常所说的“金手铐”，使经理们的利益与股东利益更为一致，从而在公司与股东关系的稳定上发挥一定的积极作用。而机构投资者的兴起，也大大减少了管理者的代理行为，经理们也开始意识到吸引更多的机构投资者成为自己企业的股东，已成为衡量一个上市公司好坏的重要标志。而若能做到这一点，必须自觉地按公司制度的要求善待股东，使机构投资者都成为积极的投资者，鼓励其关心、关注、支持公司的经营发展，让其享有充分的知情权、决策权和查询权，从而让股东对企业越来越放心，这样公司与股东的关系就牢靠了。

由此可见，公司与股东在期限、回报、损失风险及控制这四个要素上存在着利益摩擦，而且不同性质的股东及与企业利益相关的其他方，在这四个方面也存在着不同的心态和看法，从而使公司与股东的关系也变得较为复杂和微妙，这直接影响着公司的可持续发展。因此，在协调公司与股东的关系方面，公司治理需要做的工作有很多。

1.2.3 债权人与企业

1）期限

公司债权人一般有三大类：经营交易债权人，如应付货款债权人；机构贷款人，如银行借款债权人；公司债券持有人，即应付债券持有人。从期限来分析，以合同方式产生的债务责任总是有指定的还款日期的。当然，还有一种特殊负债，即企业利用透支来短期融资，但这绝对是短期的。如果公司财务管理能力较强，对外经营的商品与服务较多，有众多的客户和供应商，那么合理利用商业信用会使公司形成一笔经常占用的短期负债。例如，公司的应付账款大于应收账款，这个差异就意味着企业取得了一笔短期不用归还和付息的负债。若公司能合理安排供应及付款，企业就可能形成一项经常性的短期负债，这一数额还比较稳定，是企业基本上不用考虑还款和支付任何利息的负债。这些负债会降低公司的财务费用。企业也可以出于降低融资成本的考虑，将长期负债短期化，例如，两年期借款可变成一年借一次，或半年借一次，这样可大大降低利息开支。

不过，公司负债中还有一种期限可能不确定的负债。例如，可转换债券规定多少年到期后企业以约定利率付息并还债，债权人也有可能把企业债券以一定折价比例转化为一定数量的股票。这样债权就转化为股权，从而具有了股权无期限的特征。

2）回报

从回报上看，债权人的回报非常直观：利息，这是毫无疑义的。但应看到，债权人往往还有一种更重要的回报：业务或关系。例如，企业向某银行借钱，该银行答应借款的条件是结算业务或存款业务都交由该银行办理，或者银行放贷给企业，企业会在一些其他方面回报银行，如解决其职工家属子女的工作问题、以较低的价格向其销售公司的产品、使其对公司紧俏商品具有优先购买权等。企业与债权人的关系并不单是一种借贷关系，很可能还是一种商业伙伴关系。因此，对债权人在公司债务问题上的回报，要作通盘考量。同时，付息的标准很可能是一个浮动的价格，这样，回报不但要考虑时间，还要考虑数额。例如，银行透支如果在规定时间内补上就可不付利息或少付利息，超过时间企业会承受高昂的利息支出，而且银行透支是有额度限制的，超出额度透支，公司会承受奇高的利息开支。在中国，银行商业化程度还不高，历史赋予银行的国有企业的身份短期内很难消除，企业得到银行贷款，不只是一种商业行为，还可能是一种非经济因素作用的结果，亏损企业用银行贷款支付职工工资就是一个例子。这表明，中国企业债权回报是个非常特殊的问题，有时很可能债权会面临与股权一样的风险，即银行的贷款很可能成为不良资产，贷款企业永无还款能力，除非破产清算，但破产清算在中国目前还不是一种简单的企业行为，银行对企业清算还债的要求往往难以兑现。

3）损失风险

损失风险在中国企业中表现得尤为突出。虽然企业在负债时已作出了明确的还本付息的承诺，但这种承诺会随着时间的延续、条件的变化而无法兑现。就国际惯例而言，一个公司的经营性负债，特别是商业负债的支付期绝对不能超过一年。对于超过一年的应收账款，债权人一般可全额计提坏账准备，但目前我国《企业会计制度》规定，对于三年以上的应收账款，企业才可以百分之百计提坏账准备。其实超过约定还款期的负债，逾期越长，债务人还款的意识会越淡薄，若逾期太长，催收欠款会非常困难。因此，出于对损失风险的担心，中国商业银行对企业借款的要求越来越苛刻，这导致了企业间频繁相互担保去贷款。其实从全社会角度看，这样贷款的风险非但没有降低，反而上升了。因为这种做法很有可能因个别企业支付能力不足而使多个企业产生偿债危机，从而扩大了企业支付能力不足的危害面。

4）控制

从控制的角度看，债权人为了规避公司资金流动性不足的风险，除了在发生债务交易之前对负债企业进行严格的信用评估和审查外，还要求企业提供相应的质押、抵押或担保，同时，还对负债是否按借款用途使用实行严格的监督。但是，中国社会讲究人情关系，政府与市场的关系尚未完全规范，一些债权管理规范在实际执行时或多或少地打了折扣，使得制度层面貌似严格的控制措施，在实践中变得形同虚设而无法发挥作用，最终债权人往往成为“弱势者”。且一个银行有很多的客户，银行因客户的分散化而放松了对每一个客户的严格监管，从而削弱了债权人对企业应有的控制。此外，银行的专业人士在业务素质和专业能力方面可能存在着不足，银行监管人员根本不了解一些客户的生产经营活动，而且个人一些蝇头小利的满足可能使其对客户的风险视而不见、见而不报，甚至由于缺乏专业知识在贷款合同签订时就为银行埋下了增加不良资产的祸根，在实际贷款合同的执行中，也无法准确地进行风险评估，最终的结果只能是银行积下一大堆的不良资产。处于新兴市场与转型经济的中国，各企业均不同程度上面临着脱胎换骨的挑战，这对中国企业的债权人来说，更是一个严峻的现实。如何恰当处理中国企业与债权人的关系，督促债权人与债务人切实把握自己的身份、角色，履行自己应尽的职责，都是公司治理应解决的问题。

企业负债后，股东心理会发生变化。公司没有负债的条件下，股东有积极性去严格地督促经营者，以免自己在企业的利益受损。但负债后，公司决策权掌握在股东手里，债权人实际上把自己的资财委托给公司股东决策，这样无形之中助长了股东用债权人的钱去冒风险的心理。在有限责任制度下，股东以其出资额对公司承担民事责任（包括亏损赔偿责任），一旦公司发生亏损，亏损已使股本所剩无几时，股东往往会利用负债进行经营冒险。这样做，一旦成功，一切好处全归股东，而失败的责任则主要由债权人承担。经营失败后，即使债权人申请破产清算，也不会对股东在企业的权益产生多少实质性影响。因此，对企业净资产已接近零的公司，债权人要格外小心，或者不予借债，或指定担保人并获认同后才予借债。这表明，债权人不但同公司经理，而且同公司股东均存在着利益冲突。

当企业遭受不可预见的打击而丧失偿债能力时，债权人申请企业清算已无任何意义，不但对负债的收回毫无作用，而且也排除了以后能收回负债的任何可能性，更主要的是树立了债权人的负面形象，社会各界可能会因此认为债权人毫无商业头脑和道德。在这样的背景下，债权人无可奈何的处理方式，不是对企业债务进行重整，就是对企业实行债转股。

1.2.4 董事与企业

世界上大部分公司几乎都通过公司章程把管理公司的权力授予了董事会。然而，公司的日常决策可以通过董事会或股东大会的方式行使公司权利，但执行决策即日常生产经营活动却是通过由董事会任命的经营班子运作的。这样，董事会决策的有效性就显得非常重要。为了保证董事会决策真正地充分体现公司可持续发展的根本要求，减少与公司有直接利益关系各方的自利影响，公司董事会通常要求配备一定比例（如在中国上市公司独立董事及外部董事不得少于董事会总人数的三分之一）的独立董事及外部董事。由于独立董事与外部董事在公司内不存在任何利益（只拿固定津贴，不拿报酬，津贴与公司业绩好坏无关），加上其较高的专业知识、管理技能和良好的社会声誉，其行使董事职能能最大限度地实现公司的基本目标——企业价值最大化。独立董事与外部董事在公司起着两个关键性作用：一是当执行董事执行管理职责时，为其提供支持和协助，包括提供专业建议和培养与其他组织的关系；二是监督高管人员执行董事会的各项决策，包括检查管理层的表现以确保公司经理层以全体股东利益、现行法规要求、公司经营要求和道义来开展各项业务。当公司表现欠佳时，独立董事可能会提出撤换公司高管的建议。

1）期限

一般的公司董事都有确定的任期，并有明确的绩效考评目标。任期制的优点是便于考核业绩，从而在任用方面有确定的依据，不足是容易产生短期行为，使不同董事的任期之间丧失连续性，从而不利于企业可持续发展目标的实现。通常一名董事的任期为3年，独立董事连续任期不得超过6年。董事尤其是公司的董事长及CEO严重失职，股东或独立董事可以通过临时股东大会予以解聘。但做到这一点往往较难。因为公司董事长及CEO与股东存在千丝万缕的关系，又可以利用在位职权优势去拉拢股东，而且股东又不愿轻易更换董事长与CEO，从而决定了更换董事长与CEO绝非易事。此时，公司董事会可能不会采用投票表决方式，而是通过给予董事长与CEO较多优厚离职待遇的方式，让董事长与CEO主动申请辞职。这就是所谓的“金色降落伞”。怎样督促处于任期制下的董事长与CEO及董事会，真正地按公司可持续的目标作出决策并指挥日常经营，是现代公司特别关注并需要通过治理制度的建立予以解决的重要问题。

2）回报

公司执行董事的回报包括固定报酬与浮动报酬两部分。在现代公司，董事的固定报酬一般不高，其报酬的绝大部分是浮动报酬。浮动报酬与公司的绩效紧密挂钩，以引导公司董事把公司绩效置于各项工作的首位。公司的外部董事与独立董事的回报一般与公司绩效不相关，他们只领取必要的董事津贴，而且这些津贴必须向社会公开。除向社会公开的董事津贴外，外部董事与独立董事不得从企业获取任何经济利益。这样做的原因有以下几点：其一，聘用其担任公司独立董事或外部董事，属于对其能力和声誉的充分肯定，会给其带来很多其他方面的效应，包括经济收入效应。这已算是财务激励，再给予报酬，则会产生重复激励问题。其二，若把他们的报酬与公司绩效挂钩，则容易使其与执行董事形成一个利益共同体，将架空执行董事按全体股东利益行使职权，进行有力监督的职能，违反了设立独立董事与非执行董事制度的初衷。其三，把独立董事与外部董事的报酬与公司绩效挂钩，会诱使他们深陷于公司的业务中而不能自拔，丧失工作的独立性，同时，使独立董事与外部董事无暇干好自己的本职工作，导致许多组织不允许自己的员工兼任其他公司的独立董事或外部董事，从而很难找到担任公司独立董事与外部董事的合适人选。

3）损失风险

公司执行董事面临的损失风险是公司经营不确定可能导致其自身价值的贬损，而独立董事与外部董事面临的损失风险则是公司治理方面的失误或丑闻将使他们名誉扫地，从而严重损坏他们的职业声誉和社会形象，影响其日后的职业发展。此外，公司董事，包括独立与外部董事，可能会面临法律诉讼的风险。当公司未履行法定的财务信息披露义务，或提供的对外公开的各项信息虚假而对投资者行为产生误导时，投资者会把公司董事们告上法庭，而公司的全体董事必须承担相应的法律责任。公司执行董事与独立董事、外部董事在损失风险这一方面是一对矛盾。执行董事为了保住自己的财富，可能会采取各种手段掩盖经营不佳的真相，而独立董事及外部董事为了维护自己的声誉，会千方百计地抵制这些手段以保证把公司的真实信息公之于众。但在实践中，执行董事会对独立董事与非执行董事采取收买行为，以大量支付或其他利益输送的方式，让独立董事与非执行董事对其掩盖企业真实信息的做法睁一只眼、闭一只眼，甚至于沆瀣一气，共同欺骗社会公众。

4）控制

公司董事，尤其是独立董事与外部董事在多大程度上真正地履行其法律赋予的职责，取决于其对公司是否具备应有的控制力。在现实中，确保独立董事与外部董事真正行使法律赋予的职责的控制力往往不存在。首先，公司独立董事与外部董事多数是公司董事长与CEO挑选的，则独立董事与外部董事真正地保持其业务上的独立性，可能会面临丢失饭碗的风险，从而决定了独立董事与外部董事在一些关键性问题上不敢开罪于董事长与CEO。其次，独立董事与外部董事真正地履行法律赋予的职责，需要他们对任职公司投入较多的时间与精力，但他们往往有自己的本职工作而且很忙，因此，他们根本无法腾出时间和精力来对任职公司作必要的了解。这样，他们在董事会上真正地履行职责时就缺乏必要的信息。独立董事与外部董事在作出很多决策时，往往不了解其复杂的背景与过程，那么，切实地履行法律赋予的职责也就成了一种空谈。机构投资者的兴起，大大改善了独立董事与外部董事履行职责难的状况。他们往往会向执行董事与非执行董事提供他们掌握的大量的公司内外部信息，大大提高了独立董事与外部董事履行法律赋予的职责的能力。因此，使独立董事与外部董事在法律制度和工作条件上切实履行法律赋予的职责，成为现代公司治理制度所应解决好的一个重大问题。

为了确保董事为全体股东利益及公司可持续发展积极工作，世界上一些国家开设了董事责任保险，即由公司向有关保险公司投保，当公司董事因履行职责而面临经济赔偿时，由保险公司负责赔付，而不由董事本人承担。公司发展会面临很多的不确定性，随着市场竞争的日益激烈，这种市场带来的经营不确定性将更为复杂，董事们再高明和负责，也不能对企业面临的各种风险作出丝毫不差的判断，经营决策的失误有时难以避免。若一味地追究董事经营决策失误的责任，就会导致董事们为求稳妥而不愿去冒任何风险，从而严重影响公司的快速发展，容易使企业错失很多发展的良机，也不利于董事们聪明才智及积极性、创造性的充分发挥。为董事们开设保险险种，使董事们因经营决策的一些难以避免的失误产生的赔偿由保险公司支付，使董事们可以大胆地行使自己的职责，没有后顾之忧。当然，保险公司赔付的前提是公司董事们真正履行了以下义务：遵章守法；忠实追求公司利益最大化；勤勉不偷懒；善意行事，无明显私心。

1.2.5 经理与企业

经理是公司各项决策的执行者，对实现公司目标起着关键性作用。但经理与企业经营发展又存在着非常复杂而微妙的关系：一方面，企业快速发展能提高经理的身价，使其拥有更广阔的发展空间；另一方面，企业可持续发展与经理快速提高身价存在着严重矛盾，经理希望公司出现尽可能快的短期增长以快速提升自身的价值，但过快的短期增长往往使公司丧失可持续发展的优势。因此，把经理自身价值的提高与企业价值的增长有机地协调起来，成为现代公司治理应解决的一个现实问题。

1）期限

许多公司高管人员的聘用合同是1年期或2年期，从而决定了公司与经理的关系很难具有长久性。为此，一些公司在保持管理者聘用合同1年或2年一签的做法的同时，采取一些辅助性措施，使这些高管人员在短时间的任期内不断地为企业长远发展着想。例如，公司在新高管人员进入企业时就实施员工福利计划，规定高管人员可以工资报酬的一定比例参加，公司再配以等额支付作为投资。高管人员在企业工作满若干年后（一般为5年）连本带利一并返还给本人。高管人员在公司工作不满规定期限而退出企业时，公司只负责归还其本人工资参加福利计划的部分，而公司配额部分不予归还。而且，高管人员工资参加福利计划的比例，会随其工作年限的增加而有序提高。这样，高管人员工作年限增加，工资报酬水平相应增加，参加员工福利计划的比例也在提高，经理参加员工福利计划的总额快速增加，公司为之配套的数额也快速增加。显然，经理工作年限越长，最终得到的员工福利报酬会越多，从而可以鼓励经理在公司长期工作。但是，公司对每位经理都有严格的行为规范标准和绩效考核要求，经理必须严格遵循行为规范并完成绩效考核指标，才能保证下一年被留用及升职提薪。这样，公司就很好地解决了经理行为短期化问题。在一般情况下，经理参加员工福利计划，往往是自愿的，公司不强求经理参加。

2）回报

公司对经理的回报表现在两个方面：经济待遇和权力。经济待遇表现在经理所取得的工资收入及各种期权奖励、公司分红、福利计划兑现上。权力则表现为赋予经理各项业务开展的决定权。例如，采购物资、销售产品、工程建设等具体活动开展的决策，一般由经理作出，从而会给经理带来建立各种各样社会关系的机会，而这些机会未来极有可能会给其本人带来经济利益。各种费用的发生，在预算内皆由经理直接审批，则在这些费用发生过程中，能给经理带来一些直接或间接的经济享受及利益。例如，业务招待费的使用，就为经理解决或许本应由他本人付款的私人请客费用提供了方便，至于利用公务活动的超豪华享受，已是各国企业经理较为普遍的做法。公司经理在公司的回报还有另一种形式——个人身价的提升。公司业绩的快速提高，不但给经理带来企业付给其的各种现实与未来收入，还可带来其在市场上身价提升的好处。很可能因为某经理经营企业的业绩快速提高，带给市场其拥有较强的经营能力的信号，从而使规模更大、品牌更响、经济待遇及社会影响更好的公司来高薪挖角，并且不惜为他向现在的企业支付高额的离职补偿金，以诱使他立即跳槽。公司对经理的这些回报举措，使不少经理产生了“管理腐败”（过度的公款消费和职务消费）和见异思迁的想法。为此，如何培养经理对企业的忠诚度并节制其权力，被列入了公司治理的重要内容。

3）损失风险

对于经理而言，与公司关系最大的损失风险表现在三大方面：解职风险、诉讼风险和身价损失风险。经理聘用合同一年一签，最多两年一签，那么，只要公司对经理不满意，就很容易采用不续签聘用合同的方式开除经理，甚至会因对经理的极度不满而以各种借口在聘用合同未到期之前提前解聘经理。经理若不负责任，会遭到公司渎职等方面的法律诉讼，从而给经理经济与名誉两方面带来严重损失。公司若经营得非常不好，即使公司董事会对经理不加处罚，市场也会对其作出强烈反应，使经理自身价值严重缩水，甚至于一旦被解职，没有任何企业再敢聘用他。事实表明，一个被解职的经理，很难得到其他企业董事会和股东们的尊敬和信任。

4）控制

经理实质上是公司的实际控制人，他们掌握着企业各项业务的第一手信息。于是这种信息优势又可能使经理们欺骗董事、股东以及社会公众，从而产生了所谓的“内部人控制”问题。由于经理的目标与公司基本目标并不一致，内部人控制往往使经理实现了自身利益最大化，而严重地危害了公司的可持续发展。如何有效地遏制内部人控制问题，是现代公司治理所担负的一大任务。

控制经理利益的恶性膨胀而损害公司利益，现代公司一般采取两种做法：①激励，即通过股票期权的方式，把经理自身利益与公司的长远发展捆绑在一起，使经理丧失损害公司利益的内在冲动。②制裁。对严重损害公司利益的经理，处以严厉的经济制裁，甚至向法院提起诉讼，让其承担刑事责任。但是，这些措施往往效果不好。西方企业实施了经理股票期权制度，但“管理腐败”的势头并未得到遏制。原因在于，从股票期权中，经理只得到了部分利益，而且这种利益还要延期兑现，到时真正有多少利益还是一个未知数，而“管理腐败”却让其得到全部好处，并且本期就如数兑现。用股票期权的方法让经理们克服内部人控制问题，无异于缘木求鱼，甚至有点与虎谋皮。至于采取制裁的方法更是行不通。一般的经理都非常精明，他在损害公司利益的时候，已经对现行的法律规定作了透彻研究，即使你发现了很明显的损害了企业利益的行为，但付诸法律诉讼，法院可能找不到适当的法规对经理作出判决，最后只能对经理做些不痛不痒的道义谴责而已。

经理侵犯公司利益的问题也不是无法可解的。首先，机构投资者兴起并积极发挥其作用，更多地参与了公司日常活动，使公司经理的很多行为已置于股东的有效监控下，从而使经理侵犯公司利益的行为在即将发生时就被有效制止。其次，市场的内部与外部因素对经理行为产生了有效制约。市场的外部因素是指经理人员有到更好待遇和声望的公司工作的强烈愿望，而要实现这一点，他们就不能在现在岗位上侵犯公司利益。内部因素是经理在现在企业的晋升愿望和管理人员之间的相互监督制约，即公司内部控制制度对经理行为产生了有力的导向和制约作用。即使是公司的CEO，也不能超越这种内部因素的作用而为所欲为。因为CEO的不端行为，会影响整个公司经理阶层的社会形象，引起下属经理的强烈不满，从而导致他们“起哄”，要求撤换CEO。再次，商品市场对经理人员的行为也起到了矫正作用，一个对企业利益极不负责的经理，必然会疏远客户，失去市场份额，从而使他们名声大受损害。最后，公司控制权市场对经理每时每刻都产生警示作用。如果一家公司被一个自负自私、不诚实又缺乏能力的经理经营，它的资产利用效率肯定低下，公司市场价值将被低估，很快会成为其他企业收购的对象，从而使经理的地位受到威胁。

1.2.6 员工与企业

员工与公司之间的关系是双向的：企业需要优秀员工，优秀的员工需要优秀的企业。成功的企业会拥有一大批忠诚的优秀员工，而成功的员工是在卓越的公司中谋取了一份长期工作的合同。

1）期限

员工与企业的关系并不确定，可能是长期稳定的关系，也可能是一种随时分离的极不稳定的关系。公司雇用员工，时间长短孰好，并没有固定答案。以前日本企业实行终身雇用制，据说大大激发了员工对企业的责任感和主动性，从而使日本企业具有竞争力。但现在又说日本企业终身雇用的做法，使员工失去了创造性和工作激情，不利于企业发展。在这方面，采取统一模式肯定行不通。可以这样认为，对于企业必不可少的员工，由于他们拥有非常专门、精深、企业特别需要的技能，企业必须对这些员工提供无固定期限或终身雇用的合同，以保证他们工作的稳定性和安全性，使其有精力和时间不断地提高自己的技能，更有效地服务于公司，为提升公司产品、服务的竞争力作出持续贡献。对于一些企业在劳动力市场可以随时招聘到的员工，由于他们的技能具有高度的可替代性，企业没有必要为其提供长期雇佣合同，只能提供一年一期或两年一期的聘用合同，以促使其在企业珍惜上班的每一天，在企业指定的岗位尽职尽责，积极发挥作用。

2）回报

员工的报酬要视员工的性质而定。对于那些企业发展必不可少的员工而言，公司提供的回报可以看作公司在人力资本方面的一种长期投资；对于那些企业在劳动力市场随时可招聘到的员工，公司提供的回报是公司经营产品服务活动中发生的人工费用。不难推论，作为人力资本的投资，应越大越好，因为这将为公司的将来提供巨大的经济利益。作为人工费用，因为直接影响本期财务业绩，应在现行法律允许的范围内合理地进行控制以降低企业的成本。员工在公司取得的回报，在结构上包括固定与变动两部分。固定部分为工资，变动部分为绩效回报。在实践中，完全采取固定工资会降低劳动效率，从而削弱公司竞争力，但完全采取浮动报酬，也会破坏员工之间应有的团结协作，产生不必要的生产摩擦，最终影响公司竞争力。可行的办法是把固定工资与变动报酬结合起来，使回报制度既激发员工的积极性，又促进团队合作，从而不断提高公司的市场竞争能力。

3）损失风险

员工在企业工作的时间越长，其离职的损失就越大，但若一名员工经常跳槽，会导致企业反感，难以找到理想的新企业工作岗位。因此，员工在企业的损失风险集中表现在离职成本上。一般而言，大龄员工不愿意轻易跳槽，而年轻员工却热衷于不时变换工作单位和岗位。为此，为老员工提供相对稳定的工作岗位，使其避免变动工作的风险，增强其工作的稳定性和安全感，可以对企业产品服务质量的提高产生明显的效果。对新员工，应尽量安排一些流动性和挑战性都较强的工作，以打消其短期跳槽的念头，使其形成相对稳定的工作技能和相对成熟的心智模式，最终成为使公司价值持续提高的生力军。在中国，这方面的问题尤为突出。我国劳动力严重过剩，这使就业市场的竞争空前激烈，一些好企业的工作岗位一般会有成千上万个员工来竞聘，这加剧了员工的损失风险，使一些大龄员工面临过早离岗的风险。这不利于企业的长远发展。一个员工在企业工作的时间越长，经验会越丰富。因此，可以认为，老员工都是公司的宝贵财富，对公司价值创造具有不可替代的重要作用。设法留住优秀的老员工并让其充分发挥作用，是公司能否具有较强竞争力的一大保证。为了适应中国劳动力市场严重供过于求的现实，同时，为了使劳动力配置制度成为提高公司竞争力的重要方面，一些企业在对员工建立直观、透明、实用的业绩评价标准的同时，实行企业员工一定比例内部短期待岗制度。每年考核处于落后的一定比例的员工，一年内不予上岗，实行内部待业；在岗的员工一年后再行考核，落后的一定比例的员工在家待岗，原内部待业的那一部分员工上岗。这样在企业内部，就形成了全体员工积极负责的气氛，有效地保证了公司的市场竞争力。

4）控制

员工在多大程度上对公司决策拥有发言权，对员工价值的实现和公司价值的提升都是至关重要的。现代公司一般通过职工代表或职工董事、监事等方式，为员工参与公司决策，监督企业行为提供制度性保障。但实践表明，这些方法的作用并不明显，员工囿于个人的利益及见识的局限，难以在公司决策和监管过程中充分准确地表达全体员工的基本意愿。可行的出路在于为全体员工开辟参与公司决策、实施经营监管的通道。例如，通过网络设置“董事长、总经理信箱”“员工信箱”“匿名论坛社区”等，让全体员工实时了解公司决策及经营情况，及时发表意见，听取员工来自第一线的反映和呼声，及时答复并解决。这样就能赋予员工企业主人的现实感受，同时，把企业各项活动置于全体员工的监督之下，可以大大地减少公司决策与经营的失误和片面性，真正地实现公司价值的全面提升。当然，企业对参与决策、反映问题的员工，要有明确的奖励制度，使全体员工切身感受到公司价值因自己的努力而增长，个人可以直接从这种增长中分享到应有的权益，以鼓励并激发全体员工参与决策、关注经营的热情，从而把员工价值与企业价值自然地融为一体。

1.2.7 客户与企业

客户是企业的衣食父母。公司只创造了成本，利润是客户赐给企业的。客户与企业的关系，在传统财务理论中未得到应有的关注，以至于把对公司价值具有决定意义的客户无情地排除在公司价值分享视野之外。

1）期限

客户与公司的关系能否稳固，取决于企业是否拥有忠诚的客户。但是，客户的忠诚又是很不可靠的。一旦遇到了一个产品价格更便宜、质量更好的公司，客户就会远离你。此外，中国的本土企业还面临着一些新奇的“洋品牌”冲击的风险。为此，中国企业必须做好企业设计工作，以稳定客户与公司的关系。企业设计是对企业战略的一种总体性概括，它涵盖了企业怎样选择客户，怎样确定并区分产品的价格，怎样确定哪些是企业本身承担的任务，哪些是企业应该外包的业务，怎样配置企业的资源，怎样走向市场，怎样为客户创造使用价值，以及怎样获取利润等一系列问题。企业设计是实现与客户保持稳定、长期的关系从而培养客户忠诚度的重要途径，其一般过程及具体内容见表1-1。

表1-1 企业设计的一般过程及内容

步骤（要素）	解决的问题	具体内容
客户选择	我希望为哪些客户提供服务？	我能够为哪些客户提供价值？哪些客户可以让我赚钱？我希望放弃哪些客户？
价值获取	我将如何获得盈利？	如何为客户创造价值，从而获取其中的一部分作为我的利润？我采取什么样的盈利策略？
产品差异化战略控制	我将如何保护利润流？	客户为什么要购买公司的产品？我的价值判断与竞争对手有何不同？哪些战略控制方式能牢牢锁定我所重视的客户？
业务范围	我将从事何种经营活动？	我将提供何种产品、服务，满足客户需求？

2）回报

公司对客户的回报主要有产品和服务，以及配套的优惠待遇。例如，可以更便宜的价格购买本公司的其他产品、服务。公司提供给客户的回报需付出成本，因此，公司必须对从客户处取得的总收入与总支出作综合比较，以确定客户的盈利性。为了解决客户回报，公司要以尽可能低的成本提供产品与服务，同时，要实现经营模式的转换，由过去的提供产品、服务等为主要任务转向以为客户提供解决方案为主要经营任务的商业模式。为此，在解决客户回报这一问题上，公司主要需解决以下三个问题：①帮助客户了解他们所要面对的问题和机会；②帮助客户评价各种解决问题或利用机会的方案；③和客户合作创造和提供独特的解决方案。这种商业模式的转变，适应了客户基本理念的更新。客户已明白，购买商品本身的价值远远不及使用商品所产生的价值。客户购买的不是产品与服务，而是产品与服务各种具体的功用，对这些功用的满足程度才是客户购买及支付决策的决定因素。因此，客户对公司所要求的回报，已不再是产品与服务，而是产品、服务所体现的功用的质量及性价比。这决定了公司价值实现已不在产品与服务的销售环节，而在产品与服务交由客户使用的整个过程中。显然，这种理念的转变，对财务管理产生了直接影响。确认企业价值的实现，以收入和利润或现金流量作为衡量标志的传统做法，显然落后于客户回报的现实要求。为此，财务管理需要对企业未来能力（所能满足客户所需功用的业务）和能力载体（企业多大程度上能很好地提供满足客户所需功用的业务）作出精确的规划，并对如何把这种业务有效地传递给目标客户作出清晰描述（价值如何创造并向客户传递）。

3）损失风险

在传统意义上，客户在公司的损失风险集中表现在产品服务质量差、售后服务跟不上或使用成本过于高昂上。随着公司价值理念的转变，客户损失风险的含义也发生了相应变化，表现为公司提供的解决问题方案在实用性、先进性和引导性方面给客户带来的不利后果。例如，对于解决问题的方案，公司锁定的目标与其实际发挥的作用之间发生偏差，从而使客户对解决问题方案的应用产生了极大的抵触情绪。一瓶护肤品，公司在广告中明确地告诉客户会产生明显效果，但客户购买使用后发现效果几乎没有，就会对产品功用产生怀疑，从而降低继续使用公司产品的信心，更不要奢望客户会重复购买该产品或尝试公司其他产品。由此可见，在新的商业模式中，客户对公司价值实现的敏感性更强，决定性作用更明显，已真正成为公司价值创造与实现的主体。公司必须认清这样的事实，把客户价值置于战略及各项业务经营的首位，使公司价值与客户价值高度地统一起来。

4）控制

在新型的商业模式中，客户对公司价值的控制将变得具有决定性作用。一旦客户感觉不好，则即刻停止使用公司的解决方案，公司价值创造与实现活动立即中断。而在传统的商业模式下，由于客户购买产品和服务后即实现了公司价值，客户在使用过程中对公司产品、服务的不满意只影响该客户是否继续购买公司产品与服务，而对本期公司价值的创造与实现不会产生任何的影响。此时，特定客户对公司价值的创造与实现的影响只是间接的，而且可能是无足轻重的。因此，如何及时感知客户需求，正确引导并满足客户需求，已成为未来公司价值能否实现持续增长的关键，从而为现代公司治理的发展指明了一个努力方向。

关键词

公司治理　股东权益　债权人权益　客户权益　员工权益　人性假定　公司治理准则　公司治理基本框架　公司治理对象

思考题

1.什么是公司？什么是公司治理？公司为什么需要治理？

2.公司治理的理论基础是什么？出资人、客户、员工和投资者的权利或权益具体指什么？

3.有哪几类人性假定？公司治理的各方符合哪些人性假定？

4.公司的利益相关方有哪些？其各拥有什么样的权利或权益？

5.薪酬的本质是什么？有哪些不同的观点？谈谈你的看法。

6.试论述经理与公司之间的微妙关系，分析经理报酬与企业绩效之间的关系理论，为正确处理经理与企业的关系提出建议。

7.比较公司内部治理结构与外部治理结构，企业治理模式有什么新发展？

学思践悟

1927年，毛泽东同志在江西省永新县三湾村，领导了举世闻名的“三湾改编”，其中一个关键措施是把支部建在连上，使党组织深入基层。毛泽东打过一个比方：党支部就是连队的心脏……把连队党支部建好，让连队的心脏坚强地跳动起来，才会使党的血液流遍我们这支队伍的全身。连、排、班是军队系统的基层组织，三湾改编之后，解放军逐步做到了连有支部、排有小组、班有党员。党的组织就像是毛细血管一样，布满了军队肌体的各个部位。

传统军队最强调论资排辈，在国民党军队中，军官高高在上，奉行“五皮主义”（即皮鞭、皮包、皮枪套、皮马鞭和皮武装带），普通士兵则军装单薄，穿着草鞋，还常常被克扣军饷。这种情况下，士兵对军队是缺乏基本的信任感和归属感的，打起仗来队伍很容易溃散。三湾改编确立了一项保障措施，即在部队内部实行民主制。建立士兵委员会，代表士兵发表意见，并行使监督权，譬如委员会检查伙食账目，这就杜绝了贪污、克扣等国民党军队难以克服的痼疾。实施官兵平等，生活待遇和着装上，官兵一致，没有特权。上井冈山后，冬季物资匮乏，从军长到普通士兵都是“红米饭、南瓜汤”，身上只有两层单衣。解放军还坚决废除了旧军队流行的体罚制度，干部不许打骂士兵、不许枪毙逃兵，革命靠自愿。当兵吃不了苦，只要不带枪、不投敌就可以回家。

三湾改编真正从组织和制度上协调了军队组织所有成员的利益，解决了全体组织成员利益一体化问题，使得每位成员为组织奋斗时也能实现个人利益，助推组织目标的实现，这也是公司治理所追求的基本目标。如果将解放军组织比作一家公司，三湾改编实际上完成了现代公司治理的基本任务，不仅从政治上、组织上保证了党对人民军队的绝对领导，而且是我党建设新型人民军队最早的一次成功探索和实践，标志着毛泽东建设人民军队思想开始形成。

延伸阅读文献

1. 克劳斯，沃特．公司法和商法的法理基础［M］．金海军，译．北京：北京大学出版社，2005.

2. 克拉柯，迪恩，奥利弗．公司的崩溃［M］．薛云奎，主译．上海：上海人民出版社，2006.

3. 埃尔斯沃斯．公司为谁而生存［M］．李旭大，译．北京：中国发展出版社，2005.

4. 柴芬斯．公司法：理论、结构和运作［M］．林华伟，魏旻，译．北京：法律出版社，2001.

5. 孟克斯，米诺．监督监督人：21世纪的公司治理［M］．杨介棒，译．北京：中国人民大学出版社，2006.

6. 徐焰．解放军为什么能赢：写给新一代人看的军史［M］．广州：广东经济出版社，2012.

拓展材料

1. 云顶财说丨叶丰滢，黄世忠等：碳排放权会计的历史沿革与发展展望

2. 云顶财说丨黄世忠：支撑ESG的三大理论支柱

互动习题

第1章即测即评

2 资本与忠诚：现代财务管理的基石

导入案例1　Aktiva积极型的公司治理

Aktiva是一家私人投资控股公司，1989年创立于斯洛文尼亚，目前，总部在荷兰的阿姆斯特丹。2004年，集团公司资本为6亿欧元，旗下30家企业分布于全球14个国家，直接或间接控制着120亿欧元的总资产。2000年，为了提高集团管理能力，Aktiva公司针对传统的以股东价值最大化为单一目标的治理模式的不足，借助于引入平衡计分卡，在公司治理上采取了更为开放和积极的策略，将股东价值、客户价值和员工价值三者全面融入企业价值模型，使公司治理在为实现企业价值最大化目标提供有效保证的过程中，彻底颠覆了以往股东价值、客户价值和员工价值此消彼长的思维逻辑。三方利益通过治理机制的合理设计和规范运行实现了真正的一体化。Aktiva公司积极治理战略框架如图2-1所示，其平衡计分卡体系见表2-1。

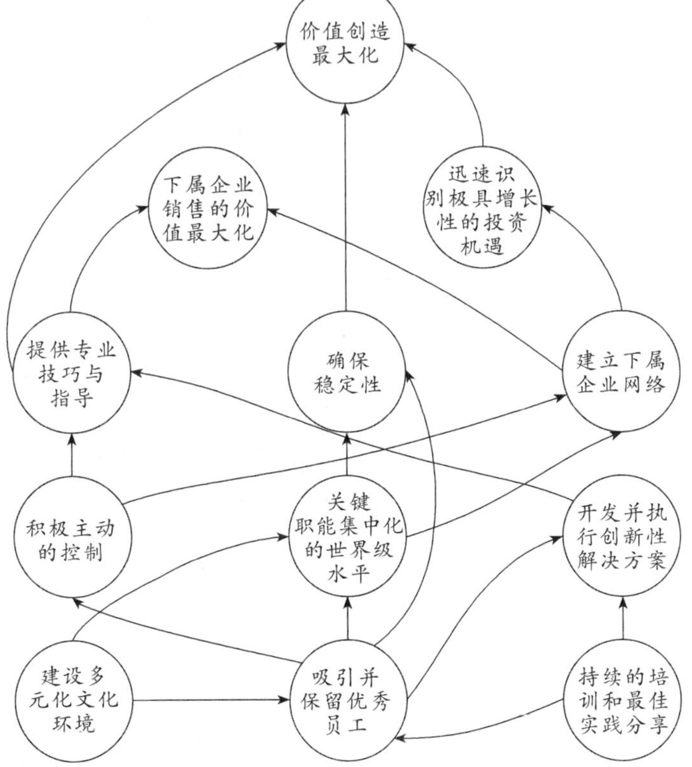

图2-1　Aktiva公司积极治理战略框架

表2-1 **Aktiva公司平衡计分卡体系**

维度	目标	指标
财务	价值创造最大化	净资产增长
		内部投资回报率
	下属企业销售的价值最大化	下属企业溢价净值
	迅速识别极具增长性的投资机遇	新投资者的数量和质量
		新合作伙伴实现的业务数量和价值
客户	提供专业技巧与指导	主要控股企业对专业技巧增值的领悟
		新概念的实施数量
		每项实施的平均时间
	确保稳定性	现金危机
		信用额度（等级）
		保持长期良好关系的金融机构数量
	建立下属企业网络	新目标关系户的数量和质量
		每个公司将关系户转化为长期关系的数量
		每个企业之间共享的关系户的数量
内部流程	积极主动的控制	所有层面聚焦战略并开发平衡计分卡的数量
		积极治理小组识别的新业务机会数量
		积极治理小组减少的损失量
	关键职能集中化的世界级水平	税收占利润的百分比（最优税收结构）
		交易产生的现金量最大化
		金融产品的成本减少量
	开发并执行创新性解决方案	被评估的解决方案数量
		首次实施的数量
		新方案实施的满意度
学习与成长	建设多元化文化环境	跨国团队的数量
		与本公司有业务关系的国家数量
	吸引并留住优秀员工	高端人才数量
		员工满意度及保持率
		成功识别“明星”员工
		成功管理业绩不佳的员工
	持续的培训和最佳实践分享	被识别的具有培训与发展需求的员工数量之比
		来自外部培训所产生的新观点数量
		每名员工提出的内部培训建议数量

Aktiva公司的积极治理取得了骄人的成绩。1998年，公司的净资产回报率是-2%，而经过几年的积极治理后，2003年公司净资产回报率是12%。对此，Aktiva集团总裁Darko Horvat发出了如下感慨：公司实施平衡计分卡，即采取积极治理策略前，增长速度尽管不慢，但存在着明显不足——过分关注单一的财务性关键绩效指标（KPI）的风险，增长肯定难以持续；实施平衡计分卡后，把管理与治理的着眼点从单一的面向股东利益的财务指标拓展到客户、员工和经营过程三个方面，使企业战略及其实现成为股东、客户和员工的共同利益。这样做不仅决定了财务的成功，更为集团未来发展提供了保障。

Aktiva公司的案例事实上表明了一种趋势：公司治理从单一的对股东价值的追求演化为对股东价值、客户价值、员工价值的全面追求，这正是现代企业制度日益完善并具有更强生命力的一大进步，从而大大丰富了现代企业财务理论及实践①。在第1章介绍公司治理的基本含义和原则精神后，本章追溯现代财务管理的基石，关注资本与忠诚这一命题。

导入案例2　揭开资本背后的秘密：其实小米汽车根本不靠卖车赚钱

2024年3月28日，小米汽车正式发售，标志着小米“人车家”全生态最后一块拼图的完成。小米汽车一经上线便被抢购一空，截至4月24日，小米SU7锁单量75 723台，交付量达5 781台，成绩瞩目。然而，根据花旗报告，小米汽车预计2024年每卖一部SU7将平均亏损6.8万元，整个造车业务合计亏损41亿元。雷军也透露：“今天纯电轿车（市场）从来没有听说有任何一家（企业）是挣钱的，基本上，离谱的一辆车会亏十几万。”雷军预计小米将继续亏损5年，那么，为什么大众公认的“外观媲美保时捷，性能堪比特斯拉”的小米SU7还要选择亏钱卖呢？无独有偶，拼多多4年亏了140亿元，京东12年亏了300亿元，滴滴6年亏了500亿元，美团8年亏了1 155亿元。但让人匪夷所思的是，拼多多创始人黄峥身价却是4 500亿元，京东创始人刘强东身价1 550亿元，滴滴创始人程维身价300亿元，美团创始人王兴身价1 200亿元，并且他们背后的投资人个个都赚得盆满钵满，也就是说公司越亏钱，投资人反而越赚钱。这背后的原因到底是什么呢？换言之，资本到底是如何赚钱的呢？

下面我们举一个例子来说明其中的逻辑。假设X刚成立了一家公司C，目前，所有项目都处于萌芽阶段，还没有能够盈利的产品，但此时X的资金已经耗尽，且公司C不满足银行贷款的条件，于是X找到天使投资人，出让20%的股权，并获得500万元融资，那么此时公司C的估值就是2 500万元（500/20%）；到了A轮融资时，X再次出让20%的股权，并获得风险投资机构2 000万元融资，这时，即使公司C仍然在亏欠，但其估值已达到1亿元（2 000/20%），那么，天使投资人手中20%的股权就从500万元升值至2 000万元；到了B轮融资时，X又一次出让20%的股权，并获得了5亿元融资，这时，公司的估值就上涨至25亿元（5/20%）。如果此时天使投资人选择卖出手中全部的股权，那么，他最初投资的500万元就溢价到了5亿元，上涨至最初投资的100倍；如果天使投资人选择继续持有公司C的股份，等到C轮、D轮的投资人继续拉高公司估值，直到公司C成功上市了再卖，那么，他赚到的钱就更多了。而此时公司C的成立时间可能还不到10年，甚至可能仍然在持续亏损。

① 卡普兰，诺顿．组织协同［M］．博意门咨询公司，译．北京：商务印书馆，2010.

这就是为什么亏了1 155亿元的美团上市后，红杉资本投资的100万美元赚到了80亿美元，同样亏了300亿元的京东上市后，今日资本投资的1 000万美元也赚了24亿美元，这就是资本运作的秘密。投资人投资不是为了公司的分红，而是想把公司的估值拉高，在最高点时卖给后面的投资人，最后靠股权溢价和市盈率赚钱。换言之，投资人真正关心的是公司能不能快速地做大上市，比起通过赚钱的项目靠分红慢慢收钱，他们更想要的是通过值钱的项目靠溢价快速变现，这才是资本赚钱的最快路径。

回到开头提到的小米汽车，在股权结构（如图2–2所示）中，虽然有两家“小米汽车”公司，但通过查询社保可以看出，小米汽车科技有限公司才是小米汽车的真正运营实体，被小米科技有限责任公司100%控股。雷军将其持有的小米科技有限责任公司的股权全部质押给小米通讯技术有限公司了，而小米通讯技术有限公司由Xiaomi H.K.Limited 100%控股，这家香港公司最终由小米集团100%控制。换言之，小米汽车科技有限公司实际是由小米集团通过协议控制的，二者并不存在直接的股权关系。通过分析其股权结构，我们不难发现，小米汽车从成立开始就是奔着独立上市去的，小米汽车不靠卖车赚钱，投资人也不靠分红赚钱，而是想通过股权溢价实现价值倍增。

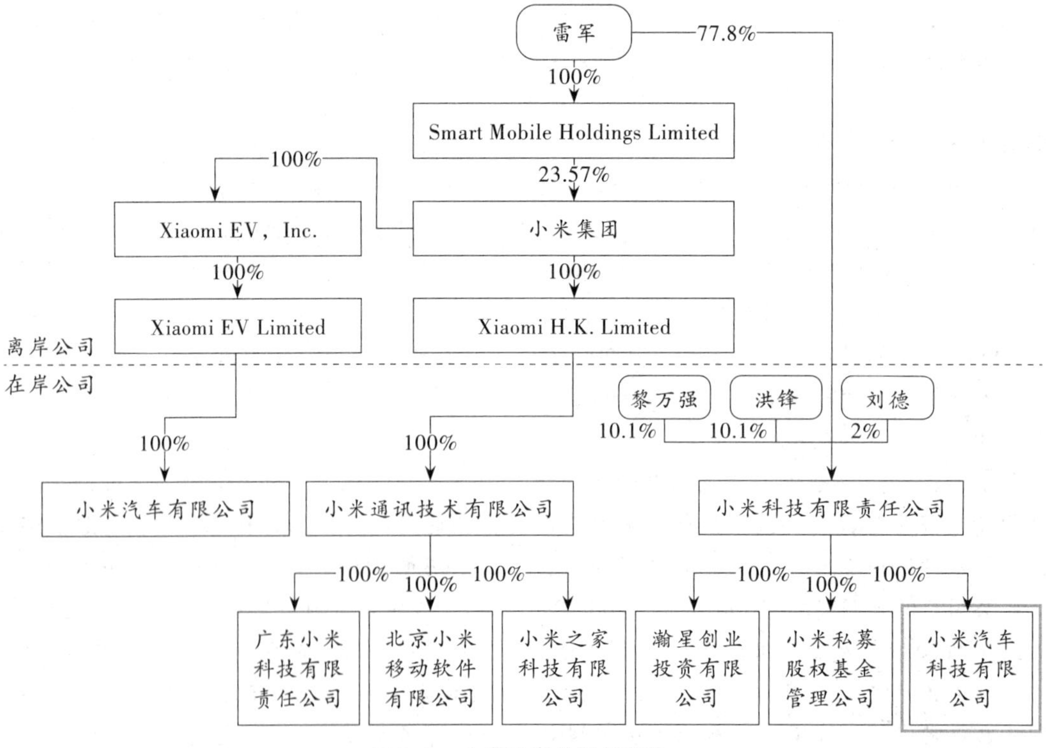

图2–2　小米汽车的股权结构

小米汽车的案例实际上表明了一种现象：目前以资本为核心的财务理论与实务已经逐渐背离了公司资本的本质要求。资本概念的核心要点之一就是“可以生产”，即所有资本都必须具有生产与销售具体产品或服务的能力，这些产品与服务都应该为人类生存发展所需要。然而，通过现有财务会计估值方法，公司可以通过多轮融资不断拉高估值，甚至公开上市，这样的公司虽然给资本带来了巨额收益，但却并不一定真正具有卓越的创造价值的能力。资本可以“空手套白狼”，即使无资本也能赚大钱，现在所谓的“资本经营”实际上已经背离了公司资本的本质要求，最终使得现代财务会计陷于困境且越陷越深。

财务管理需要回归公司资本本质要求。为了实现这一目标，企业家与投资人必须树立正确、全面、合理的资本观。首先，应正确认识资本的概念和本质要求，突出“服务生产”的基本宗旨，让资本具有价值创造的能力；其次，应从全局角度思考和实践资本观，将组织、社会和生态环境纳入资本增值的考量范围，最大限度地增加全社会，乃至全世界的利益；最后，应摈弃“三无”占主导的西方资本观，使资本有边界、有限度、有底线，赋予资本社会属性，使之为服务社会、创造价值、互利共赢而存在。

2.1 公司资本的基本理念

资本一定意义上是现代企业的灵魂，它成为奠定现代公司制度的基石，也是现代财务管理的基础概念。可以认为，资本属性决定了现代企业的基本性质，资本理念孕育了现代财务管理理论与实践。因此，公司治理是否恰当，一个公司财务管理水平高低，主要看实践中是否真正充分地体现了“正确、全面、合理”的资本理念。这也是提高公司治理水平和企业财务管理能力的基本途径。

2.1.1 正确的资本观

对于资本，目前存在着不同的定义。按经典的说法，资本是带来剩余价值的价值，由此形成了比较务实的说法：资本是以获利为目的的货币或“本钱”。这里，“本钱”既有货币的意义，也包括人与物的功能与专长或特定竞争力、能力。这样的资本概念强调两点：一是有具体、确定的所有者。所有资本都具有明确的所有者。二是可以为所有者带来利益。这种利益，可以是货币回报，也可以是具体的产品与服务，还可以是精神层面的价值，例如，声誉、权力、心理愉悦等。在现代，资本的形成一般都来自所有者成功的过去，这样的资本，必须投入到生产物质与精神产品与服务的具体活动中，才能发挥功能作用。资本实现自己职能作用，必须借助于各类主体——企业与事业单位。因此，理解资本的现实概念与具体理论，必须而且只能通过对现实经济活动的观察与思考，才能得到正确的认识。

作为财务管理理论与实践的核心，资本的概念突出了以下几个核心要点：

（1）人拥有。资本必须有确定无误的所有者，可以是自然人，也可以是法人，甚至是特定的民族、国家。这种所有权利益的维护与权益的保护，对资本实际功能的正常作用至关重要，也成为现代财务理论与实践的主要动力与目标。

（2）可交易。具有自由转让的功能，决定了资本必须能定价，能在市场上自由流动，从而使资本具有资源优化配置的内在追求。这也是财务管理赖以发挥功能作用的依据所在。

（3）可抵押。不论有形物资，还是无形的声誉信用，作为资本必须具备可抵押的能力。这是现代经济活动正常运行的基本前提。整个社会经济运行链条的顺畅流转，全赖于各经济主体资本具有可靠的可抵押能力。甚至可以说，全社会信用制度建设，是建立在各微观主体资本具有必要的可抵押能力基础之上的。而全社会的信用制度，正是整个市场经济顺利运行的基本前提。这方面能力的培养与发展，成为现代财务管理的重要任务。

（4）可以生产。凡是资本，必须具有生产与销售具体产品、服务的能力，这些产品、服务不管有形还是无形，应该为人类生存发展所需要。这是现代财务管理的理论基础与实践原则。离开生产，脱离了产品与服务，资本就成了无源之水，无本之木。财务必须以始终服务生产为基本宗旨。

（5）确定的具体财产。凡是资本，不管以有形还是无形的形式存在，都必须有确定的具体财产作为自己的物质内容。确定的具体财产，是指具有产权保障的实物、知识，包括数字、权利等。随着人类社会经济的进步，创造价值的主要因素及结构在不断变化，由创造更多使用价值，到赢得更多的消费者，发展到目前为人类社会贡献更多的知识，资本存在的主体内容越来越丰富，资本计量与管理变得越来越复杂，越来越艰难，从而为现代财务管理发展指明了方向与具体路径。

（6）货币价值。所有资本都必须具有可用货币计量其价值的功能。资本价值的最终意义，是只有货币计量才能得以证明自身确实存在。而且，这种货币计量具有社会可比性和可验证性的特性。公允、可靠的货币计量，是现代资本范畴最为本质的一个特征，也可以说是其存在的一种内在要求。由此，货币价值已成为现代财务管理的必要条件或假设前提。对货币价值的正确定义与衡量并创造尽可能多的货币价值，正是现代财务管理所担负的重要使命和具体任务。

2.1.2 全面的资本观

现代资本观，是从“货币观”基础上发展起来的，其具体内容已远较“货币观”丰富。从主体而言，可以分别表现出个人（财产与人力）、组织、社会（全人类物质与道德精神文明）、生态环境四个层级的资本观念。

1）个人或个体资本观

这是最传统也是目前最普遍的资本观。这样的资本观，完全来自财产个人所有权与个人人权的神圣不可侵犯，这一人类共识，体现了经济学“人自利”的基本假设。这样的资本观，在现实中强调两点：对各具体主体而言，出资人利益最大化是压倒一切的最高目标；对个人而言，追求自身利益最大化是天经地义的。现代西方占主流地位的财务管理理论与实践，正是建立在个人资本观基础之上的。现行财务管理理论与实践，以片面的个体资本观为理论基础，从而导致了资本实体过程时常陷于困境之中。通常，资本实体包括两个核心要素：物与人。人包括出力贡献知识所有者与出资所有者，均对创造价值发挥关键作用。目前，把前者归入成本费用，后者拥有了对利润的独享权，从而人为造成了知识所有者与资本所有者的对立矛盾，导致资本实体创造价值丧失了内在活力。有人把现行做法命名为“货币资本中心论”，并对此作了极其生动的批判：“资产负债平衡表揭示了一种‘资本中心论’的偏见。它的结构是：资产=负债+权益。资产负债平衡表最有意思的地方在于它必须平衡，也就是左右两边必须完全相等。每种资产或者被公司直接拥有（这可以用权益来代表），或者有债务在支撑着它（用负债方代表）。负债和权益加起来就等于资产总额。在资产负债平衡表上，股东的形象用‘权益’项来代表，想当然地体现了他们所拥有的东西（实际上他们拥有的太多了，一整个公司的价值都归他们）。但是雇员们压根没在平衡表上出现。他们好像并不存在——就像平民在贵族行列内没法生存一样。当公司四处寻找并攫取对它来说有价值的东西（也就是资产）的时候，雇员恰恰被忽略了。像‘我们的雇员是我们最宝贵的财富’这样的话语，说说是可以的，但是在会计科目中根本就没法体现。如果事情真如说的那样，解雇工人就会被看作是公司资产的大规模损毁，而不会被看作是削减了那些令人讨厌的费用金额。在会计账上，雇员们没有任何价值。货币有价值，物品有价值，点子和知识有价值，甚至像商誉这样虚幻的东西也有价值。而相比之下，雇员们却只有负的价值：他们在收支流量表上体现为费用。而对待费用只有一种态度：尽量地削减它。如果说资产负债平衡表隐藏了雇员方的话，那利润表就将他们看作是公司的敌人。理由很简单：付给雇员的每一美元都不能再付给股东作为分红。而法律作为公正的准绳，却认为公司需要最大化'股东'回报。每当雇员要求加班费用、工资上调或者是福利待遇的时候，他们就被看作是公司的敌人，其存在可能会撼动公司的根基。"[①]。

2）组织或法人主体资本观

这里所说的主体，是指各类法人。法人组织尤其是现代公司的产生，是社会经济与政治文明进步的产物，标志着人类对合作共赢与可持续发展的高度认同和自觉追求。因为所有主体都由两个以上甚至众多的个体组成，而且各个个体与法人主体之间存在着自由组织，而不是强制终身固定的关系（契约内除外），所以，个体的利益与主体的利益往往不一致，而且形成冲突。如此可见，主体资本观与个体观截然不同。主体资本观强调，法人主体利益最大化是现实资本的基本目标。由此决定了法人组织的每个个体以及法人组织经济活动中涉及的所有其他法人组织与个体，在资本实务中均服从并服务于主体法人利益最大化目标。目前，非营利组织与政府机关财务管理，比较接近主体资本观的基本要求。

3）社会资本观

通行理论中，把社会制度与公共产品、社会心理、道德伦理与信用等，作为社会资本范畴的具体内容予以概括。立足财务管理理论与实践，我们倾向于资本主体即资本考虑问题的基点，来区别不同的资本观。具体而言，从自然人、法人、整个民族与国家、自然生态（整个人类社会）这四个层面，如何实现相应的利益最大化，就形成了个人、主体、社会、自然这四种基本的资本观。因此，社会资本观，是从民族国家整体利益角度，来开展各种资本活动的。财务管理所有制度设计与业务活动，均必须以最大限度增进所在民族与国家利益为基本目标，这样的财务管理更多地接近政治学范畴。

4）自然或生态资本观

这样的资本观，也可以说是可持续发展资本观。资本实体活动，表现为利用现有的各种资源提供满足人类各种现实需要的产品与服务，这一过程，对人类生存的基本环境肯定会产生程度不同的直接影响。道理显而易见。生态环境是人类社会生存发展的前提保障，对人类生存发展具有无可争议的约束作用。人类进行经济活动，根本目的无非是为了过上美好生活，但这样的美好生活，必须置于生态环境的容许之下。不然，人类为追求美好生活而进行的各类经济活动，就会成为对生态环境的恣意挑战，最终结局必定为自然无情淘汰。这显然不是人类社会所需要的状态与结果。为此，人类历经了农业社会、工业社会，现正迈入信息社会，科技革命进步带来了物质财富的极大丰富，市场经济又给人类带来了更广泛的物质享受，但生态环境到现在似乎已到了不堪人类再任性发展的极限。气候变化、地震、海啸、水资源枯竭、空气与土壤污染、物种蜕变等，不仅直接威胁着当今人类，而且也摧毁了各种对人类而言来之不易的文明，使我们数代人辛勤努力的结果付之东流。为此，严格控制所有经济活动对生态环境的不利影响，已成为需要全人类齐心协力共同努力的一个艰巨任务。所以，自然生态资本观的确立，对经济活动影响生态环境作出能动、积极的计量、控制与改善，已成为现代财务管理理论研究与实践探索的重大而首要的课题。

---

① 凯利．资本的权利是神圣的吗？[M]．黄佳，等译．北京：中信出版社，2003：9-10.

2.1.3 合理的资本观

合理的资本观，是指怎样基于资本现状而把资本导向更健康的方向，与正确的资本观、全面的资本观不同。正确的资本观，解决了资本成长发展的大方向问题；全面的资本观，解决了资本成长发展的定位和格局问题；合理的资本观，则解决如何正视资本现实，有效提升改善资本品质的问题。

货币成为一般等价物，不但给人类社会生活带来了极大的便利，也直接改变了人类天性。资本市场在现实中成为人性表现最直观和直接的舞台（平台）。现实中，货币实际上成为人类能力的记分牌，已成为人类能力的最核心体现。只要人拥有足够多的货币，任何合理的需求都可以随时得到满足。由此，货币成了一个人的人生安全感、自豪感、幸福感的全部，人们可以倾其一生，去做各种各样的努力，全部目的就是为了拥有更多的货币。最终，很多人都陷于货币拜物教，即马克斯·韦伯所言：人好好活着是为了挣钱，而不是挣钱是为了好好活着。货币成为一般等价物，使人类时常处于把手段当成目的的幻觉中。这样的处于灵魂迷失状态的人们，恰恰是形成资本实体的主角，从而给日常的资本实务带来了诸多非理性冲击，使资本在运动过程中经常出现偏离理性要求的行为。

如前所述，马克思在分析资本主义制度的过程中，认为资本生活充分体现了人性。他以人类思想批判者与创造者的身份，带着极度愤怒的口气，揭示了资本表现的资本家“三无”本性：①无止境。逐利无边界，哪里赚钱，资本就流向哪里！西方盛行着一种说法，资本无国界，它在全世界寻找赚钱的机会。在资本家眼里，只有利益，没有道义。②无限度。盈利能力越强越好。资本回报率再高也永远赶不上资本回报的需求高。在资本市场上，市盈率即公司股价与每股盈余的比是多少合适呢？尽管理论上有合理市盈率一说，但现实中，贪婪的人们创造了一万乃至两万市盈率的壮举，可想而知，人们对盈利水平的期望已到了极度疯狂的程度。如果说资本回报水平多高为好，数学上只有一个“无穷大”的概念可能才是比较恰当的答案。③无底线。只要能赚钱，可以什么都无所谓。马克思在《资本论》第1卷引用1860年《评论家季刊》转引登宁当时的判断：只要有300%的资本收益率，资本就敢犯任何罪行，甚至冒绞首风险也在所不惜①。时至今日，人类已创造了多种我们前辈们无法想象“只能意会，不能言传”和以“讲不完的吸引眼球的故事”为核心竞争力的盈利模式，也开发了很多冠以“金融创新”之名、自诩增强风险管控、所谓巧夺天工的“P2P”工具与技术，加上传统的企业拉郎配式并购、梦幻般的资产减值测试、雾里看花的合并报表、鬼斧神工的盈余管理……这些创造的利润率，已经是300%的N倍，实际过程中，可以“空手套白狼”，即无资本也能赚大钱，美其名曰“资本经营”。为了赚钱，人们已经把道德底线抛到了九霄云外。

显然，合理的资本观，就是从根本上扭转目前“三无”占主导的西方资本观，变为“三有”资本。

1）资本有边界

任何资本，都依托着一定的人与物。只要人与物一定，则必然在知识能力与功能、用途、质量方面，存在着边界。这种人的知识能力与物的功能、用途、质量上匹配而形成的生产、销售产品与服务的能力边界，再辅之以产品与服务市场需求对接后形成的组织生产

① 马克思．资本论（第一卷）[M]．郭大力，王亚南，译.上海：人民出版社，1975：168；174-175；829.

模式，就形成了资本边界。在这个意义上，所有的资本都必然是产业资本，金融资本只能是产业资本的后备军。是产业资本决定了金融资本，而不是相反的。但现代金融资本主义，恰恰违反了以上原理，所以导致经济泡沫、产业空壳，给社会经济健康稳健发展带来了冲击。为此，需要形成对资本实体的获利能力作出规范计量的制度，形成标准指标与计量口径，从而形成企业资本实体，即“资产报酬”指标。它在日常会计上就是“息税前利润”，即EBIT，把EBIT与资本实体（总资产规模）作比较，就产生了资本实体获利能力指标，通常称为“资产报酬率”，即ROA。依此产生动态与目标以及行业、地区、时期等众多的ROA，可以大体上分析一个资本实体的创造价值的能力与水平以及竞争力、发展前景，也可以对社会资源配置的结构调整与流向、流量、流速作出分析，同时，通过金融行业利息水平合理性评估更好地发挥利率对资本市场的引导与调节作用。就理论而言，金融行业的利率，不应该高于同期资本实体的ROA。

2）资本有限度

资本无限度追求回报，在工业革命成功的初期，即在整个社会总体处于短缺经济条件下，供应严重不足，高盈利能刺激高产出，从而尽可能在短时间内满足更多的需要，缓解短缺矛盾。在这样的背景下，资本追求尽可能高的回报，对微观与宏观均有益处。即使如此，我们还是假定，对于取得高回报的这些企业主，巨额利润满足其正常消费后的剩余，会全部作为生产投资，用以增加企业产能，以满足更多的需要。这也是亚当·斯密经济学的基本假设。但事实上，取得巨额利润回报的企业主，往往会在日常消费之外，花大量的钱财用以“奢侈”（桑巴特语）或“炫耀性消费”（凡勃伦语），从而在浪费大量社会财富的同时，也严重败坏了整个社会风气，出现了社会整体性堕落。因此，现在我们回顾以往的历史，即使在短缺经济条件下，这种巨额资本回报，无论对当事者健康幸福而言，还是对整个社会文明进步而言，都是不利的。何况，现在我国与西方发达国家一样，已进入了经济过剩时代，很多产能与产品，市场上已得不到订单，过去高速经济增长与房地产、资本市场轻而易举赚大钱的时代已一去不复返了，立足产业发展要求资本形成合理回报，是我国财务管理理论与实践首先要作出研究并探索答案的重大课题，也是中国企业走向世界应具备的盈利观和资本观。

3）资本有底线

18世纪工业革命吹响了人类创造物质财富能力高速增长的进军号。事实上，工业革命确实给人类带来了物质条件的极大改善和人类生活质量的明显提高，马克思把这样的功劳，记到了资本主义甚至是资产阶级的账上。资本在这个阶段，自然获得了任性野蛮生长的条件。21世纪，我们回顾资本已经过去的200多年历史，尤其是从西方帝国主义开始全球殖民、经济全球化至今的历史，不难发现，资本的全球流动，也把资本固有的一些本性带到了全世界各地。这种资本国际流动的潮起潮落，也让饱受资本洗涤后的国家与人民，好好回味个中的酸甜苦辣。资本盈利拉动经济繁荣而给人类带来物质财富的快速巨大丰富，这是每一个人感同身受的事实。但资本无底线盈利，带给社会的不健康心理污染，进而从精神层面给人类带来健康生活的挑战更是严峻而痛苦的。目前，国际盛行的会计与财务管理理论与实务，恰恰就是在这个时期成型而变成了国际认同的标准框架与内在结构。当我们今天冷静地看待以资本为核心概念及范畴，搭建而成的现代财务管理理论与方法时，应该抱着务实而开放的心态，认真地提炼保留其积极合理盈利的成分，干脆利落剔除其“三无”，尤其是“无底线”的成分，在财务管理中唤起人们对道德与社会资本的重视与管控，从而真正赋予资本社会属性和道德情怀。

那么，怎样才能让资本有“底线”？根据马克思在《共产党宣言》中对资本发展属性的方向性定位，让资本实体的所有人，不仅拥有个人独立利益身份，还要有客观不可或缺（推卸）的社会地位，从而使资本不再是一种个人力量，而是一种社会力量，是为全体人民谋切身利益的积极的力量。其实，资本的这种社会属性或社会力量，在以往实践中已事实存在。马克思在《政治经济学批判》中，对生产社会化以后资本实体活动与具体行为产生的影响，作出了今天看来仍然很精辟和符合事实的分析：生产社会化使生产过程需要越来越多的人和机器，当然也需要越来越多的资本投入，资本内在构成要素的物质内容之间的关系变得越来越复杂。对此，马克思认为，随着复杂性和互联性的提高，劳动力个体作为财富来源的相对重要性将会逐渐下降，重要的是多人合作形成的知识和技能的利用。生产过程的决定因素，既不是“劳动时间”本身，也不是“劳动强度”，而是工人在劳动过程中运用的复杂的机器作业、工作能力、同事关系网络，这些才是财富的主要来源。这种“公众生产力”，需要经历强化和重塑的社交进程。以计算机网络为工具，产生的复杂社会合作形式，不仅提高了劳动分工的效率，同时，也加速了社会沟通，促进并实现了知识的共享。资本实体所有成员，可以在不同的工厂间流动、传播新的实践经验和工作见解；工程师和经理们与承包商、消费者，乃至竞争对手由此可以进行磋商。如此，通过机器、运输以及新型的人际交往，创造了一个互联互通共享共赢的社会互动网络，从而自然唤醒了本来就隐藏于资本灵魂深处的社会属性。

但是，目前的会计与财务在这方面显得反应迟钝。从历史来看，通过19世纪末期的管理革命，现代企业形成了科层制的组织模式及福特制生产模式与泰罗制管理模式。按照钱德勒的分析，支持这三大模式的，是以成本会计为基础的现代管理会计。这样的管理会计制度立足于生产过程的任务细分，可以根据产出所消耗的生产时间量（主要是劳动时间以及其他各项成本）计算出每项工作的劳动生产率和附加价值。这种方法的适用前提有两个：其一，由于劳动时间在生产成本中占据很大份额，测量劳动时间的生产率可以为生产流程的有效管控提供大量的有用信息；其二，泰罗式的管理组织方式将生产分为若干独立的工作任务，这些任务的生产率需要一些标准的设置来衡量。但是，现代典型的企业，随着无形资产对价值创造作用越来越关键，上述前提不再重要。首先，劳动时间在生产成本中仅占很小的份额，在所有的企业日常开支中，机器维护、物流费用、专利费用，以及无形资产等各项费用已成主导。其次，生产的创新性与灵活性以及品牌效应，需要各类沟通交流过程，跨越了原来互相分离的工作任务和职能部门，画地为牢计量业绩的成本会计制度成了顺利实现这种转型的障碍。最后，创新性、灵活性或者品牌的打造，与生产时间的投入量之间根本不存在直接的线性关系。这决定了，现行的会计制度所奉行的原则与框架，即以独立单元——责任单位的形式，来测度和比较生产过程中所耗费时间的生产效率，已很不合乎时宜了。由此，让我们不得不去回顾20世纪30年代起，会计行业一些小众企业开始的计量改革探索，即所谓的“精益会计”或者说“价值流分析”。在日本也叫“行动会计”。它通过众多的指标来获得每个业务或作业效率的信息。这一观念侧重于立足整个生产流程的效率，而不仅仅局限于某个单一的环节。较早出现的全面质量管理（TQM）原则依据众多的量化指标来测评质量并为之提供测度基准。这样的会计制度，突出了个体对整体的作用、贡献以及具体方式，从而有效地培养了资本实体全体成员的组织归属感、全局观以及主动奉献精神，为资本社会属性的回归奠定了心理认同与需求基础。

强调合作与整合社会资源能力，是赋予资本社会属性的有效手段。为此，要加强对资本社会属性的管理，核心工作是以组织活动与行为为主体，建立每个组织成员的“个人口碑”。个人口碑，就是精确地核算个人对组织价值创造的具体贡献以及贡献的质量。个人口碑越好，个人就为组织赢得更多社会资本作出了贡献，个人与组织将得到更多的信任；每个人都对组织作出贡献，则无形中形成了一个组织公约，从而使得每个人都愿为组织创造更多的价值；每个人以自己的能力为组织创造的独特价值，则激发每个组织成员不断提升自我，以提高自己在公司价值创造中的地位和影响力，从而使组织拥有越来越强的盈利活力。把这样的理念，应用于社会视角的组织盈利观中，那么，资本的社会属性就在财务管理实践中得到充分体现，资本就不再无底线，而是富有良知的。

2.2 财务管理目标的核心内容：赢得忠诚

2.2.1 公司价值取决于社会认同

一个成功的企业，会把客户、员工、股东视作自己的生命寄托。盈利只是企业珍惜这种生命寄托的表达方式。企业的目的不是获取利润，而是赢得客户、员工、股东的忠诚。为了充分体现这样的理论，管理实务中把所有客户、员工、股东都视为企业的顾客，这些顾客与企业之间存在着共生互动关系，而且这种关系又具有双向选择性质。企业应该把良好的客户、员工、股东牢牢地吸引在自己的平台上；而优秀的顾客当然会选择给自己带来最佳利益的企业作为自己贡献资源与能力的对象。在现实生活中，能让企业对顾客、顾客对企业同时满意的标准只有一个：尽可能多的现金流入，通俗地说，就是“赚钱”。因此，现金流转就成了驱动企业赢得忠诚度的核心按钮。展开分析，现金流转在忠诚、价值、利润之间建立了内在联系，从而激活了企业创造价值的神经网络，形成了以忠诚度为核心目标的公司管理新模式（如图2-3所示）。

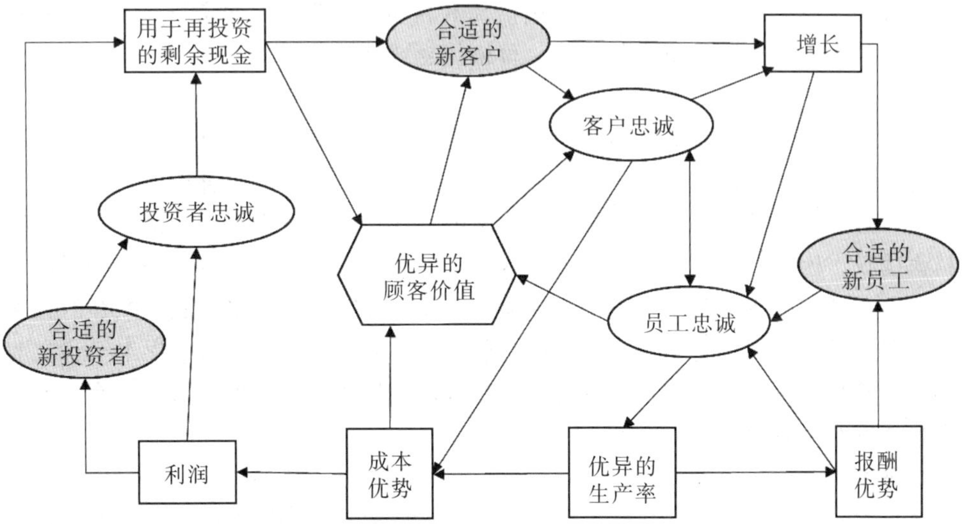

图2-3 以忠诚度为核心目标的公司管理新模式

基于忠诚度公司价值管理制度，客户、员工、股东都自然成为企业的顾客，企业的目标就是持续为顾客创造价值，在激发企业创造价值能力与活力方面会产生以下积极效应：

第一，公司拥有的高品质客户越来越多。良好的消费者形象与口碑，带来了公司收入增加、市场份额扩大。公司的产品与服务性价比高，对客户具有较大的选择权，完全可以将人力、物力用于服务那些最为有利可图的、日后最有可能诚心配合的客户群，从而形成给企业带来稳定现金流入并实现进一步可持续业务增长的客户群。

第二，公司有了可持续的业务增长，即可吸引并留住优秀的员工。公司始终如一地向员工提供富有挑战性和待遇丰厚的工作，则员工在工作中自然倍感自豪和满足，从而对公司拥有越来越强的忠诚度。长期员工逐渐了解并熟悉了公司的长期客户，则大大提升了员工在自己岗位工作中为企业创造更多价值的可能性，如此，创造了客户和员工同向忠诚企业的良好局面。

第三，忠诚企业的长期员工在降低成本、改善质量方面积累了丰富经验，能有效提升客户的价值内涵并且产生卓越的生产力。较高的生产效能与质量，使公司有条件实施优厚的报酬政策，并向员工提供更好的工具和培训，这又反哺员工生产力、报酬增长和忠诚程度。

第四，生产力持续改善，形成竞争对手难以匹敌的成本优势。有了显著的成本优势，加上规模日益壮大的忠诚的高品质客户群，产生了让投资者难以抗拒的利润，从而使企业拥有了强有力的融资能力。

第五，忠诚的投资者，可以保持公司组织的稳定，降低资本成本，确保公司具有可靠的资本来源，从而为企业可持续发展奠定了基础。

由此可见，利润在新模型中虽然不是核心问题，但至关重要。公司足够赚钱，表明拥有了市场竞争力，有了钱才能对员工、顾客和投资者的忠诚行为给予应有的奖励。

1）公司忠诚度的衡量

从价值管理内在要求出发，忠诚度是一个可以明确定义并予以正确计量和有效管理的指标。简言之，忠诚度是指顾客为提升企业盈利能力作出的贡献程度。一个顾客对企业盈利能力的贡献，是顾客带给企业收入与企业给予顾客投入之差，即：

顾客贡献=带给企业收入-企业给予投入

计算式中，顾客带给企业收入主要包括基本利润、营业收入增长、成本节约等；企业给予投入包括争取维护顾客付出的成本、价格优惠或特殊奖励。

（1）争取顾客所需的成本

为获取新顾客，每家企业都得先行投入资金。这些成本包括：针对新顾客展开的广告宣传，向新顾客推销所需的佣金，销售人员的管理费用，引进人才补助等。

当然，这方面的费用通常并不是非常清晰的。在广告和咨询等行业里，资深经理亲自制定销售建议，因此，他们的时间便是获取顾客的投资之一。请潜在的顾客吃饭也是一种投资，不管被请客的人到头来是否购买企业的产品。在零售行业里，获取顾客的成本还包括降价吸引新顾客的费用，以及设立新的分店的费用（包括该分店做到保本经营之前的亏损）等。无论什么行业，只有把所有为获得顾客而支付的费用都算进去，才能对争取新业务的完整成本心中有数。

（2）基本利润

顾客带给企业的现金流入，肯定要高于企业为该顾客相应付出的现金支出。其差额就是基本利润。显然，留住顾客的时间越长，赢取这个基本利润的时间也越长，该顾客的投资对企业价值的贡献就越大。

（3）按顾客数量计算的人均营业收入增长幅度

留住高品质顾客，会给企业带来营业收入的增长。为此，需要计算每个顾客对营业收入的影响。计算顾客人均的营业收入增长效应，实际操作起来有一定困难。为了获得准确的资料，企业必须分门别类地掌握来自各种顾客的年度收入数据。目前来看，有条件积累这方面数据的公司不是很多。它们通常仅仅是把现有的顾客基数按时间阶段分成几组，然后再测算出当年来自每个组的收入情况。其结果只是一条逐渐增高的粗线，每条粗线代表一组顾客给公司带来的收入数，但并不能满足我们了解每个顾客数据的需要。实务操作中为弥补这一不足，往往辅之以顾客停留时间，把顾客停留时间与年购买额挂钩，据此匡算每个顾客给企业带来了多大的营业收入增长。但这种分析比较粗糙，有必要补充流失顾客分析，以正确把握顾客生命周期利润。根据顾客生命周期确定收入增长趋势，需要特别注意不能满足于作预测，更需要管理。例如，信用卡公司发现可以让自己的忠诚顾客加速周转，从而增加由忠诚带来的利润。该公司运用积分奖励和优惠价格，鼓励持卡人多用卡、勤用卡，结果发现绝大多数顾客持续成为企业客户，不消几年就带给公司丰厚的盈利。

（4）顾客成本

顾客逐渐熟悉、适应一个企业后，就自然而然形成了对企业的信任与依赖。时间一长，顾客不会对企业产生无理要求。在逐渐熟悉了公司的各种产品之后，客户便不再过多地依靠公司员工来了解情况、获得咨询了，从而可以降低企业经营成本。客户与企业相互协作，交流日久，必能产生巨大的生产力优势，从而直接引起劳动与交流沟通成本下降。如此，企业就自然获得了成本优势。企业应该明白，对于优秀员工的离职或平庸员工的懈怠，企业将付出高昂的代价。例如，一个优秀的营销人员辞职，就需要企业付出很高的成本来培养一个新员工，同时，又要承受员工流失带来的营业收入下滑的风险。因此，对于降低成本而言，客户忠诚与员工忠诚一样举足轻重。

（5）价格优惠或特殊奖励

通常，老客户支付的价格实际上要比新客户的高。有的时候这是因为试销的折扣价只对新客户有效。零售商、期刊社、出版社、草坪服务商、定做衬衫制造商等在推出新产品时无不运用这种优惠价格。老客户常常因此愤愤不平，他们觉得自己才有资格享受优惠待遇。实务中更常见的是客户自主选择价格。如有些零售商向全体客户发放一种优惠券，同样发现成熟的客户反而不像新客户那么喜欢使用。有关研究表明，在一位老客户的购物筐里，降价处理品仅占很小的一部分。

老客户比较熟悉公司的办事程序，也了解所有系列产品，这种关系为企业忠诚度管理创造了发挥积极作用的机会与空间。但现在几乎所有企业会计，一般都无力提供评估这种优惠价格效应所需的基本信息。习惯做法是把已有的为测算产品系列盈利率而收集的信息加以重新整合而已。也就是说，先按产品分类将利润一一相加，然后根据具体产品的销售情况计算出某个或某一类客户带给公司的利润。这样做，事实上把优惠券与其他价格折让混为一谈，将所有客户等同看待，而不考虑每个客户实际的付出。其结果是，企业过高估计交易的数量，同时，模糊了客户关系的质量。这种做法的另外一大缺点，是无法确定超值价值的分配问题。长期客户带来了优异的价值，那么以额外服务及优惠价格的形式予以返还时，应当如何计算其相应价值呢？如今有许多企业对其最好的客户偏偏收费过高，原因即在于它们没有意识到这些客户为其贡献的实际利润率有多大。

企业认真准备好了以上“争取顾客所需的成本、基本利润、营业收入增长、经营成本、价格优惠”等一系列因素有关的数据，才能准确把握顾客的生命周期利润模式。揭示了企业的顾客生命周期利润模式，就具备了顺利实施企业忠诚度管理的基本条件。

2）忠诚度测量与管理模型

（1）忠诚度测量体系（如图2-4所示）

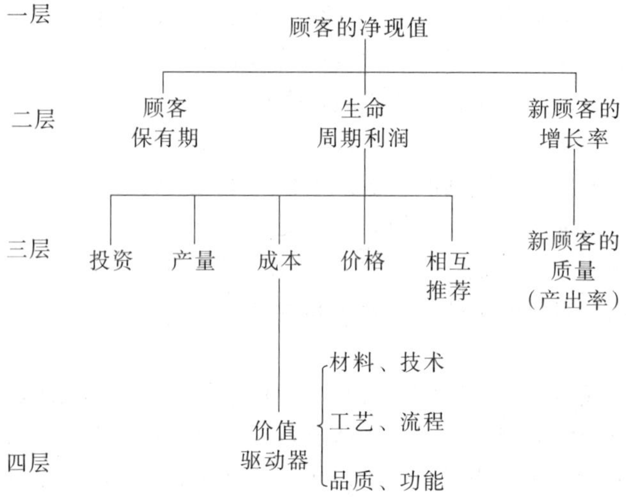

图2-4　忠诚度测量体系

这样的体系结构，把顾客的现有净值放在首位。“顾客净现值”不像更为常见的术语“顾客的终生价值”那么顺口，后者最为普遍的概念是，顾客一辈子能给公司带来的收入流，其对应的概念是为了争取顾客而进行投资带来的利润净值。以上分析框架第二层次是构成顾客净现值的三种测量数值。其中：第一项是一个人作为某个公司的顾客的时间长度，第二项是他作为顾客的一生当中带给公司的利润，这两项均与现有的全部顾客存量直接相关。第三项是未来岁月里获取顾客的速度，顾客的净现值应该包含预期中的新顾客的价值流。

只要比较确切地解决了顾客的时间长度、终生现金流以及新顾客增长率三个关键指标，就可以计算现在顾客的净现值了。

第三层次重点是对生命周期利润驱动因素追溯，揭示投资、产量、成本、价格、品牌感染力诸因素对生命周期利润的贡献方式与份额。第四层次是企业价值内核——成本决定因素的细化分析，从而对企业价值的决定性因素管控，作出方向、重点、技术与力度、程度、精度方面的系统指导，立足材料、工艺、组织、流程、业务组合、品质功能等基本要素，建立公司价值忠诚度管控模型。

（2）建立基于忠诚度的价值管理系统

明确了忠诚度测量系统，就要利用测量出来的数据，对企业忠诚度作出有效管理。根据忠诚度与企业价值创造之间的内在联系，描述、理解并计量这些因果关系，对于成功地管理企业价值创造过程以及增长周期是至关重要的。正确利用测量图表所列的各种数据，就会发现增长周期包含了三个决定性要素：客户、员工和投资者（典型的是股东）。以上测量方法，将以这三大要素为对象测算并以报告书形式反映各自对企业创造价值能力的贡献。每份报告包括两个组成部分，类似于一般财务会计报表中的资产负债表和利润表。只不过这里的资产负债表中，资产包括了人力资产，把人也视作企业资本的组成部分。与此同口径，以一种价值流报告书来取代收入报告书，以便反映出驱动人力资本资产负债表的原动力。第二份报告书将不仅测量流向投资者的价值量（在传统的收入报告书上这被称为“利润”），还将测量人力资本资产负债表的其他五种价值流：从公司分别流向客户和员工的价值，从客户、员工和投资者分别流向公司的价值。这意味着，每个要素与另外两个要素互为因果，公司因此可以系统地管理整个生态意义上的价值创造过程。

实际过程中，从公司流向顾客和从顾客流向公司的两股价值流，并不是相互独立存在的。这两个价值流好比接在同一个龙头上的两根水管，都从同一个价值源抽取价值，而定价是分割两者的阀门。流向顾客的价值量等于某一产品或服务的总值减去价格。流向公司的价值量等于价格减去成本。显而易见，提高价格将会增加流向公司的价值量，同时，减少流向顾客的价值量；降低价格则会产生相反的效果。但是假如我们放弃短期行为，转而采取一种长期的标准，某种奇迹便会发生：一位顾客在较长周期里，或者说正是因为成为公司顾客周期的延长，二加二就可以大于四，等于五甚至等于六会成为常态。

图 2-5 展示了成本、价格与顾客价值三者之间的动态关系。当然，图中的价格上限应有度，过高会失去顾客，完整价值就是这层意思。

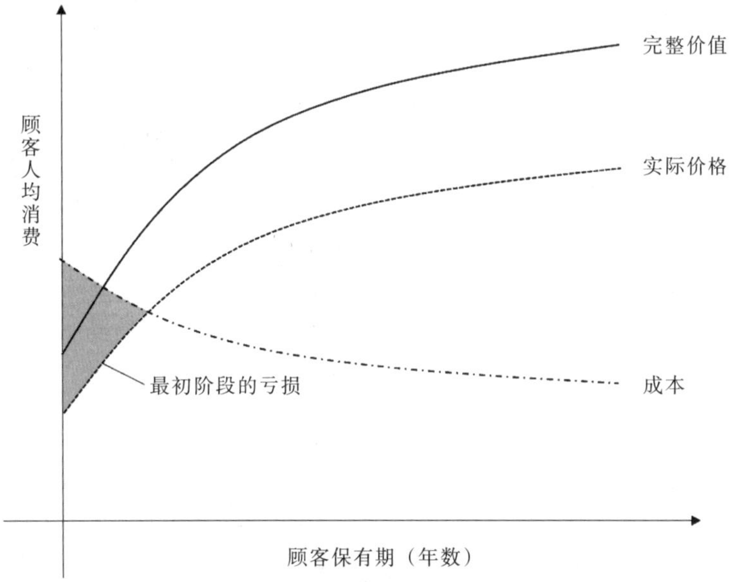

图2-5　成本、价格和顾客价值之间的关系

图 2-5 表示了这种动态的关系。最上面的粗线称为“完整价值”，如果价格高于此线，则顾客就会叛逃，因为他们得到的价值少于他们支付的价钱。完整价值和实际价格之间的差，便是消费者价值增值。当然，介于价格和成本之间的差额便是利润。以上图示精彩之处，在于随着时间的推移，三条线之间逐渐拉开了距离。随着学习的加深、关系融洽，向顾客提供服务的成本会逐渐减小。与此同时，顾客对其供货商越来越了解，作为一个消费者也越来越成熟，所以得到的完整价值是逐渐上升的。换句话说，就是随着时间的推移，成本将下降而价值在增长，因此，利润和消费者获得的价值也将增加。一般来说，这意味着价格将会上涨。随着顾客越来越成熟，所有上述因素及其效应必将发挥综合作用，创造出更大的利润率和价值幅度来。

不管我们是否诚心追求，上述效应总归会发生的，只不过程度不同而已。公司为了激发这种效应，必须以基础顾客的净现值最大化为现实目标，一般采取三种做法。第一，在不减少提供给顾客的价值的条件下，另行寻求降低成本的办法。第二，在成本增加的条件下增加提供给顾客的价值，只要增加的成本小于增加的价值即可。第三，调整价格以实现利润最大化，不管价值部分有无相应的增加。但是，需要牢牢地记住：只要价格超过了顾客接收到的完整价值，这个顾客就会流失，从而把未来的一股价值流一并带走。因此，每逢价格上涨接近完整价值，质量或服务方面出现一些临时性或偶然性的问题时就会引发顾客流失，则竞争对手就会乘虚而入。公司财务管理通过建立适用本企业价值创造内在结构要求的管控模型，精准把握价值管控的重点、难点、节点以及分寸，可以最大限度地提高企业创造价值的能力。

2.2.2 财务管理基本工具：忠诚度管理基本报表①

1）客户价值资产负债表与价值流报表

客户价值资产负债表与价值流报表的基本格式如图2-6所示。

客户价值资产负债表

客户种类	人数	占营业收入比例	净现值
开始时	—	—	—
+新客户	—	—	—
+增量者	—	—	—
-减量者	—	—	—
-流失者	—	—	—
=结束时	—	—	—

客户价值流报表

价值主张
- 目标客户
- 价值内容
- 测量的标准与手段
- 优势的决定因素

提供给客户的价值

项目	本公司	竞争对手 A	竞争对手 B	竞争对手 C
价格	—	—	—	—
质量	—	—	—	—
保持率	—	—	—	—
市场份额	—	—	—	—
获取	—	—	—	—
产出	—	—	—	—

从客户那里得到的价值

项目	本公司	竞争对手 A	竞争对手 B	竞争对手 C
新客户的净现值	—	—	—	—
现有客户的净现值	—	—	—	—
流失客户的净现值	—	—	—	—
客户人均利润	—	—	—	—
客户人均营业收入	—	—	—	—
流失的客户的质量与新客户的质量的比	—	—	—	—

图2-6 客户价值资产负债表与价值流报表

① 本节基本思路参考了：莱希赫尔德．忠诚的价值：增长、利润与持久价值背后的力量［M］．常玉田，译．北京：华夏出版社，2001.

图2-6中，基础客户分为新客户、增量者、减量者和流失者。“增量者”是指目前已有的客户中那些购买量多于前几年的客户；“减量者”是指现有客户中那些目前的购买量少于前几年的客户。“流失者”是指以前购买，现在不购买企业产品或服务的客户。一旦把全部客户分成上面的四个部分，企业可以看到它们各自带给公司的收入增长情况。结合这些情况，加上对未来新客户带来的现金流的预测，就可以算出现有的基础顾客的净值了。如果长时期地追踪这些内容，公司能找到管理变革的种种机遇。对基础顾客的净现值变化情况进行逐年分析，即可发现相对于新客户和增量者的数量减少而言，整个客户流失率到底有多大。假如新客户和增量者的数量下降是一个价值1 000万元的难题，而现有客户流失率是个价值2 000万元的难题，就看出孰轻孰重了，安排投资时也就明白了孰先孰后。如此，客户资产负债表便发挥了它的作用。

但仅满足于客户资产负债表，仍不足以管好公司的整个价值创造流程。在此基础上，还需要对公司流向客户并从客户流向公司的价值量，作出清晰完整的记录，形成客户价值流报表。流向客户的价值流，对所有企业来说都是需要关注的最为重要的因素。价值流报表的第一部分，主要披露企业提供客户价值的主要内容以及衡量标准、市场竞争优势的决定因素，为理解企业创造价值的基本内容提供具体依据。价值流报表的第二个部分列出了一些关键性的测量数据，用以测算公司产品或服务的相对价值。一个明显的测量数据便是相对于竞争对手的产品定价。另外一些测量数据是对各项关键性质量指标的标准化的统计数值。在有些企业里，准时正点是个关键性的指标；而在别的一些企业里，关键性的指标则是可靠性。另外一些企业又会认为时髦和特色是其驱动价值的主要动力。有的时候，测量数据十分简单明了，例如，打了多少次电话才说上话，解决一个索赔用了几天时间等。有的时候，需要动点儿脑筋才能找到合适的测量手段。基于客户资产负债表与客户价值流报表可进一步加工出两个统计指标，一是客户增加幅度（gain rate），即新增加的客户数量与现有基础顾客之比，二是客户获取率（yield rate），即最后实际成为客户的人数占所有争取过的总人数之比。客户增加幅度大，说明公司有关价值的主张是优秀的，尤其是客户保持率也很好的情况下更是如此。如果一家公司要改善自己的生产率水平，那么，客户数量上的增长是绝对需要的。基于忠诚的管理工作并不仅仅是要留住现有的客户，同样重要的是争取到合适的新客户。因此，客户增加幅度和获取率可以很好地测量公司在这一方面的努力。客户价值流报表反映从客户流向公司的价值流，即第三部分时，客户获取率依然十分有用。最值得关注的当然是客户资产负债表的客户净现值，但要知道每个客户数据又往往十分困难，因此，需要一组概括性的数据，以便判断对哪些要素有必要进行进一步的深入研究。客户获取率高的话，说明公司至少还是正在吸引着它所喜欢的那种类型的客户。相反，如果客户获取率很低的话，那么“高流失率”风险就会增大。为了测量从客户流向公司的价值流量，客户人均利润（公司得到的、按客户数量平均计算的人均利润）和客户人均收入（是指按客户人数平均算出的公司的收入，不是客户自己的人均收入）是两个非常实用的数据。有些公司得到的新客户，每年的具体数量会不一样。对此，应当按时间分段进行计算和分析。比方说，如需研究第三年期的客户（指一个顾客从第一次购买公司产品或服务算起的第三个年度全年中该顾客在同一家公司的消费）带给公司的人均利润和收入，则需排除所有其他时间段的客户，以免影响到基础客户数量和其他人均数据的计算。最后一个数据是“流失的客户的质量与新客户的质量的比”，这个指标也很有用。一般而言，流失的客户属于质量差、价值低的一类，而新客户的净现值则很高。这是理想状况，但可惜这种情形并不多见。较多公司遇到的情况与此恰恰相反：流失者高于新客户素质。

通过以上分析，企业十分清楚自己要追求什么样的客户、知道自己如何才能为他们创造出满意的价值，并给雇员和投资者找到了需配合的对口内容。这样，有效地协调了创造价值过程中的主要利益关系。

2）员工的价值资产负债表与价值流报表

员工价值资产负债表显示了全体员工的数量、流动情况、新招人员、跳槽而去的人员等情况。员工价值流报表也是价值主张。你可利用自己有关价值的主张和命题来确立目标员工，确定关键的价值尺度，解释员工如何才能赢得优异的报酬，概括性地阐述一下公司采用的经济策略，以帮助大家创造并分享剩余价值。至于实际应用的测量手段，最佳方式仍然是观察员工的保持率和获取率，基于这种行为的原动力（包括工资水平、按小时计算的报酬增长率、公司对员工在培训方面的投资、公司对劳动工具的投资、有关改善工作环境的投资力度等）计算概括性的统计数值。格式如图2-7所示。

员工价值资产负债表

员工	人数	百分比
开始时	—	—
+新聘员工	—	—
-流失员工	—	—
=结束时	—	—

员工价值流报表

价值主张

- 目标员工
- 价值内容
- 优势的具体内容或决定因素

提供给员工的价值

项目	本公司	竞争对手		
		A	B	C
报酬（按小时计）	—	—	—	—
新员工	—	—	—	—
5年工龄的员工	—	—	—	—
培训	—	—	—	—
工具	—	—	—	—
产出率	—	—	—	—
保持率	—	—	—	—

从员工那里得到的价值

项目	本公司	竞争对手		
		A	B	C
员工人均营业收入	—	—	—	—
1年工龄	—	—	—	—
5年工龄	—	—	—	—
跳槽者	—	—	—	—
员工人均利润	—	—	—	—
1年工龄	—	—	—	—
5年工龄	—	—	—	—
跳槽者	—	—	—	—

图2-7 员工价值资产负债表与价值流报表

员工价值流报表应当跟踪每组雇员的保持率和生命周期生产率曲线（即学习曲线）。企业应当跟踪那些生产率高于、低于平均数的员工的流失率，并把年资和经验考虑在内。同时，公司需要拿这些测量指标去与那些招聘来源相同或相似的竞争对手进行对比。

3）投资者价值资产负债表与价值流报表

投资者价值资产负债表与价值流报表的格式如图2-8所示。

投资者价值资产负债表

投资者类别	人数	百分比	占金额总数的比例
开始时	—	—	—
+新投资者	—	—	—
+增量者	—	—	—
-减量者	—	—	—
-流失者	—	—	—
=结束时	—	—	—

投资者价值流报表

价值主张
- 目标投资者
- 再投资最低预期回报率
- 目标持股期望
- 伙伴关系的主要特征

提供给投资者的价值

项目	本公司	竞争对手 A	竞争对手 B	竞争对手 C
利润/现金收入	—	—	—	—
资本净收益	—	—	—	—
红利	—	—	—	—
股本增值	—	—	—	—
行业地位	—	—	—	—

从投资者那里得到的价值

项目	本公司	竞争对手 A	竞争对手 B	竞争对手 C
流失率	—	—	—	—
你的股票	—	—	—	—
对方的证券组合	—	—	—	—
平均持股时间	—	—	—	—
半衰期	—	—	—	—
再投资率	—	—	—	—
目标投资者（占全体投资者百分比）	—	—	—	—

图2-8 投资者价值资产负债表与价值流报表

投资者的价值资产负债表和投资者价值流报表，不要求报告所有的投资者，而是把他们分为四种类型：新投资者，不断增加持股量的投资者，逐渐减少持股量的投资者，以及流失者。此报表功能是帮助企业创建一个稳定的、流失率低的投资群体。

投资者的价值流报表首先需要说明公司对于投资者的价值主张，指出公司的目标投资者是什么样的人，他们的价值所在，公司的管理方打算如何吸引他们等。价值主张清楚了，公司也就明白了自己需要关注投资者哪些方面的统计数值。大多数公司对比同类投资在其他公司的情况而跟踪自己公司所派发的红利数额和股价的增值情况，还应该测量股价的长期驱动力，充分利用市场这个磅秤，以确定一家公司产生现金流并予以重新投资的能力，同时，它所投资的项目应看其是否持续地产生优异于其他公司的资本回报。这样看来，一家公司必须测量的对象，便是它自己生成现金流的速度，以及这笔现金经重新投资后获得的回报率。当一家公司计算资本成本时，必须既考虑投资者的价值又考虑投资者的稳定性。而测量投资者稳定性的指标应当包括半衰期、翻仓率或持有公司股票的平均持股时间。为了更好地把握现有投资者的素质及今后可能的忠诚度，还应该测量投资者更换自己全部投资组合的频率。公司的管理层需要了解公司的股份有多少掌握在目标投资者手中，观察其中价值投资者的比重。

2.2.3 建立满足忠诚度管理需要的会计制度

推行忠诚度管理，面临的最大而且最直接的障碍是，目前企业领导和财务管理职能部门工作人员，日常应用的收入与费用以及利润观念，与忠诚度管理所倡导的理念格格不入，甚至判若云泥。其实，收入与成本两者之间具有必然的因果性，但在时间对称与数量比例上又是一种非常复杂的关系，实践中，我们满足于针对其中的一个（无论哪一个，只要不是两者兼顾）作单方面决策，其结果必然带来经济活动内部不协调，难以实现预期效果。众所周知，员工或者控制着成本的大部分内容，或者代表了主体成本的组成部分，而员工对顾客服务的优劣往往直接影响着企业收入的主要部分。所以，企业需要端正理念，不能再把收入和成本看作互不相干的两回事了，更不能再把它们当作两股泾渭分明的现金流。在当今社会，员工已是一股对企业的收入和成本同时发挥着决定性作用的重要力量，应将员工与客户、出资人利益实行捆绑管理。

长期以来，传统的制造业已习惯于把生产与销售割裂开来进行管理。在工厂里，由于一台机器加工多少个零件是可以计数的，因而可以用以测量生产效率。制造商只需看住机器与产品的比例就能降低成本。可在现代的服务经济中，推动成本上升的主要因素已是以知识与技能为基本特征的无形资产，即关键决定因素是人而不再是机器，员工工作时必须在两种利益之间寻求平衡：一是尽量减少为每个客户花费的时间，从而降低平均每笔交易所需要的成本。二是对每位顾客多一分耐心，使其多获得一点儿价值，从而有可能创造更多的收入。在这种情况下，要提高生产率就得作出动态权衡和折中：员工必须明白自己工作中内含的能完全控制的经济有效性因素，还必须充分了解客户的需求、口味和偏好。员工在经营与组织管理中，只有充分具备并同时发挥以上两种技能，才能最大限度地为每个客户创造并提供价值。以银行业为例，出纳员既可以快速办理存放业务，这样客户不用排长队，也可以多花一些时间和精力为客户提供相当个人化的信息和服务，尤其是对账上余额较大的客户。大多数银行一直是在强调出纳员的人均交易量并以此来降低成本的，其结果往往是服务质量的下降和收入难以增长。

一方面，忠诚度管理同样重视这些指标，只是更为强调生产率的全范围衡量指标，即员工人均收入。例如，在零售行业里，许多公司主要以店面的单位面积或店员人均销售额和回头客业务比重作为估算指标。公司把这个数字打印在每个店员的工资条上，再把全体店员的业绩排行榜张贴在公告栏的醒目位置。这么一来，店员们便会为了争取回头客而千方百计地为客户提供优质服务。由于将客户回头率与每个店员的营业总额直接挂钩，就可以有效地减少店员对商品的虚假推介和被动服务客户等现象。因此，忠诚度管理要求公司为了确保这类指标行之有效，必须掌握员工产出的价值总额，而不能仅仅计算销售数量。因此，对员工生产率的要求，应该从客户角度衡量其创造的价值，而不是公司职工付出的时间，营业收入总额才是理所当然的计算标准。由此带来了公司职工以最大限度地为顾客创造价值为工作目标，不管他们是通过降低成本做到的还是通过增加公司产品或服务的价值做到的。只有当员工的人均营业收入总额增加，员工的报酬和公司的利润才有可能增加。这样在基本制度层面，鼓励员工始终关注并控制自己的努力给公司营业收入和成本带来的双重变化，从根本上保障了生产率提高对公司价值创造的直接作用。

另一方面，传统的效率管理主要依靠成本核算。而大多数企业成本核算很明显停留在“福特制”批量生产与“泰罗制”标准化管理水平上。这一管理思路带来了许多问题，其中最大的挑战是把工人看作可以随意更换的替代品。其结果是，员工对企业缺少了归属感，员工之间互不协调，其工作中只关心影响切身利益的有关指标，而对这些指标对企业价值的影响既不知道，也不想关心。到头来，这些企业遭到了忠诚度管理企业的市场清算。亨利·福特的T型汽车就碰上了这种事：它价格出奇的低，可是样式单一、颜色经年不曾变化。于是，当通用汽车公司推出更多的车型时，福特汽车公司的“市场老大”地位就丧失了。总而言之，倘若企业一味专注于削减成本，把降低成本当作头等大事，必定会严重忽视人的作用，进而变得不再灵活、缺乏创新。

对于服务行业或知识为主的企业来说，测量员工个人学习曲线，要比考察所谓的公司学习曲线更有意义。学习曲线，代表了产量提高与成本降低的关系，会计上也称成本习性。就绝大多数的职业而言，在员工就业的最初几年中，这个曲线的弯曲度还是相当大的。因此，学习曲线具有强烈的个性化特征。只有认识并有效管理了员工个人的学习曲线，才有可能对整个公司的学习曲线作出有效利用。改善学习曲线的途径只有两个。一是增大曲线的弯曲度，二是提高雇员的忠诚程度，从而延长这一曲线。增大曲线的弯曲度，主要还是在曲线的垂直方向上打主意，例如，重新设计工艺流程、实现自动化等。在银行业，取款网点实现自动化之后，每个员工可以承担更多的工作，所以可以减少门市员工的数量。曲线的垂直干预提供了重要的业务机遇，企业自然应当放手追求。企业通过垂直干预，可以促进员工尽快熟悉业务，从而提高他们的生产率。但是，若不与横向投资结合起来，垂直投资仍将一事无成。横向投资是指上述的第二条途径，即提高员工的忠诚程度，让他们来之则安，安之则学，并在学习曲线上越爬越高。

许多公司更愿意让员工上手就干，不太在乎职员是否忠诚，这样忽视了一个事实：没有忠诚作保障，公司在员工熟悉业务上的投资往往是多此一举、劳民伤财的。说到底，一家公司的生产率是其全体员工积极提高个人生产率后的平均数。在垂直方向作了大量投资，目的在于提升生产率曲线，但是假如你的员工未能待上足够长的时间进行学习并且把学到的东西应用到工作中去，生产率提升的愿望会落空。忠诚亦如逆水行舟，不进则退。然而许多垂直干预，例如，自动化、随之而来的裁员或岗位轮换，往往会降低员工的忠诚度，缩短员工的平均服务期限，造成生产率和学习曲线的双重下滑。个人的生产率是员工勤奋工作与其聪明工作的乘积。在某种程度上讲，公司有可能运用恐惧感和安全感来强迫人们更为卖力地工作。但是，如果员工属于知识型人士，那么只有在他们拥有工作的使命感与自豪感，并且贡献得到承认，从而能直接分享工作成果的时候，才会更加积极、主动、负责地努力工作。事实证明，大部分员工的聪明才智，并不是来自企业制度化培训，而来自自身丰富的实践。如果员工对企业缺乏应有的忠诚，工作时间得过且过，那么，员工和公司双方都不会实现优异的生产率，一些表面的良好生产率，解决不了提高企业价值的基本面问题。

以忠诚度管理为核心的企业制定自己的竞争策略时，无不以追求较为久远的优势为目标。它们认识到，取得并保持优异的生产率的唯一途径，便是真正分享由此直接带来的收获，这样可有效激励员工把公司当作久留之地，从而可以大显身手，切实提升企业的效益。

如何有效管理影响生产率的消极因素？关键是需要熟悉并正确应用企业顾客流失因素分析图（如图2-9所示）。

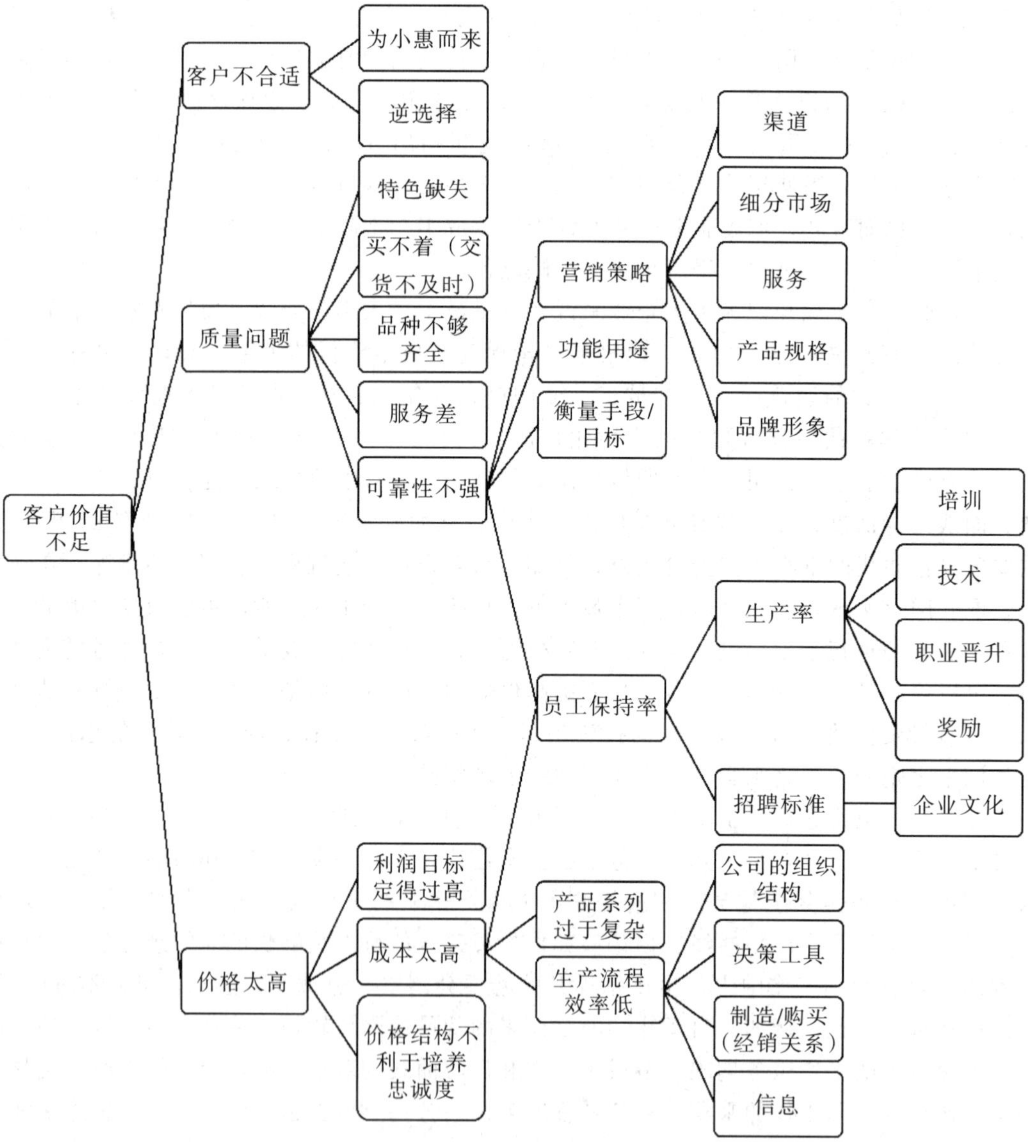

图2-9　企业顾客流失因素分析图

用好此图，分四步：第一，召集企业核心管理骨干5至10人，并推荐了解实情，认真负责的一线代表参加，了解公司创造价值过程何以乏力。第二，清楚流失客户，不把精力浪费在无利可图的客户身上。第三，每位经理承包10至25名流失客户，试验所有解决方法，分享最佳解决问题的方案。第四，集体制订行动方案，明确预算、责任人以预期完成时间与质量、数量要求。在日常管理中，要加强对忠诚度管理失败与失误的监测，及时找出客户的目标群体，观察、分析他们各自的流失率，对创造价值具有重要意义的顾客群，要开展一些针对性工作，有效控制流失率。

确保较高的生产率需要企业付出艰苦而认真的努力。忠诚、动机、学习、分享价值、利益协调等，所有这些都是必不可少的要素。减轻生产率影响因素的消极作用，可做好两步工作。第一步，认识到成本与收入是相互联系的，而联系双方都是公司员工。员工是增加公司营业收入的唯一动力，为了降低成本而损害他们的利益是本末倒置。正确的目标不在于降低单位产品的成本，而在于降低成本占收入的比例。第二步，正确理解并认真面对第一步的全面含义。企业如果真想提高员工的忠诚程度以提高生产率，必须尽其所能鼓励员工个人的学习提升，同时，协调好员工与公司的利益关系。这么做的一条最佳的途径便是允许员工在增加公司净收入（增加收入扣除相应成本）的前提下，无止境地增加其个人收入。

员工为公司创造的利润总额，等于他们的生产率曲线与其所得报酬的曲线之差。在实行忠诚度管理的企业里，获得报酬和实现生产率同升同降，荣辱与共。于是，员工个人势必总是想方设法，力图提升他们的生产率。而在另外一些不以忠诚度为管理核心的公司里，报酬高低取决于职位高低或者任期长短，结果是员工并不清楚目前所领薪水是否真与自己对企业盈利所作贡献相匹配，平日学习也就更为关注升迁，而不那么在乎生产率了。总之，对企业而言，忠诚的客户、忠诚的员工、忠诚的投资者，三者缺一不可。否则，整个“基于忠诚的管理”体系只能是画饼充饥。

忠诚度管理让我们明白，争取并夯实完善合适的客户、员工和投资者所需要的条件，会给企业价值创造带来巨大的动力，客户、员工和投资者的忠诚程度相互之间在功能作用上是相辅相成、相得益彰的关系。当代企业时刻面临死亡的威胁。我们当然可以把这看作是经济领域里自然选择产生的必然结果。如果企业未能适应变化着的环境，它们便会消亡或者被消灭。为此，企业必须培养并强化自主意识，认真做好忠诚度管理，善于从自己的失误、失败中学习，不断实现自我超越，才可以自主地主宰自己的命运。财务管理无疑是企业实施忠诚度管理的最重要领域。

关键词

正确的资本观　全面的资本观　合理的资本观　客户忠诚　员工忠诚　投资者忠诚　顾客价值资产负债表　顾客价值现金流报表

思考题

1. 一个公司财务管理水平的高低主要体现在哪些方面？具体有哪些表现？

2. 企业赢得忠诚度的核心是什么？它如何在忠诚、价值、利润之间创建联系？

3. 顾客价值是如何随着时间变化的？为创造更大的利润率和价值幅度，公司可以怎么做？

4. 企业推行忠诚度管理在现实中有哪些障碍？克服障碍的方法有哪些？

学思践悟

“建设一个什么样的世界，如何建设这个世界”是人类社会永恒的命题。习近平总书记深刻把握人类社会历史经验和发展规律，从中国与世界的共同利益出发，提出了构建人类命运共同体的重大倡议，回应了各国人民求和平、谋发展、促合作的普遍诉求，充分展现了大国领袖的世界情怀和责任担当。

当今世界正经历百年未有之大变局，和平与发展仍然是时代主题。同时，国际环境日趋复杂，不稳定性，不确定性明显增强。世界经济低迷，保护主义、单边主义抬头，气候变化，人类面临众多需要共同解决的难题。在巨大挑战面前，各国人民越来越意识到彼此之间需要相互联系、相互依存，人类命运共同体理念更加深入人心。为积极应对气候变化，中国提出碳达峰、碳中和目标。这一方面是实现可持续发展的内在要求，另一方面也是中国作为负责任大国履行国际责任、推动构建人类命运共同体的责任担当。中国在国际舞台的表现，使得构建人类命运共同体理念得到国际社会的普遍认同。人类命运共同体理念已然成为推动全球治理体系变革、构建新型国际关系和国际新秩序的共同价值规范。

“构建人类命运共同体”的中国方案引领全球治理新秩序，在微观层面的公司治理中，同样有所体现。有效协调公司现金流转中涉及的利益关系，并使之服务于组织长远发展，不仅是公司财务管理的目标，更是现代公司成长中必须妥善解决的治理问题。请读者结合人类命运共同体的理念深入思考“公司治理的目标”并拓展对现代公司资本本质内涵问题的认识。

延伸阅读文献

1. 上海证券交易所研究中心．中国公司治理报告［M］．上海：复旦大学出版社，2003.

2. 赛德勒．如何做到基业长青［M］．李宪一，译．北京：中国市场出版社，2008.

3. 今坂朔久．行动会计：行动选择的经济计算［M］．魏广才，等译．北京：机械工业出版社，1987.

3. 芬克斯坦．成功之母［M］．俞利军，译．北京：高等教育出版社，2008.

4. 赫伯德．毒苹果［M］．洪懿妍，译．北京：东方出版社，2008.

5. 瓦林．商业协奏：如何成为数字时代的商业领袖［M］．郑适，编译．北京：清华大学出版社，2007.

6. 莱希赫尔德．忠诚的价值：增长、利润与持久价值背后的力量［M］．常玉田，译．北京：华夏出版社，2001.

7. 钱德勒．看得见的手：美国企业的管理革命［M］．重武，译．北京：商务印书馆，2017.

8. 习近平．论坚持推动构建人类命运共同体［M］．北京：中央文献出版社，2018.

拓展材料

1. 杨雄胜等：会计基本理论基础与结构再认识（上）

2. 杨雄胜等：会计基本理论基础与结构再认识（下）

互动习题

第2章即测即评

3 价值评估

导入案例 GE的价值评估与价值管理

1878年，“发明大王”爱迪生创立了爱迪生电力照明公司。1892年，爱迪生电力照明公司与汤姆森-休斯顿电气公司合并，通用电气公司（General Electric Company，GE）由此诞生。1981年4月，年仅45岁的杰克·韦尔奇（Jack Welch）成为通用电气公司历史上最年轻的董事长和首席执行官。韦尔奇就任之时，他的前任琼斯留给他一艘巨大的企业航空母舰——3A的信用等级、年收入超过27亿美元的业务群、高达22.5亿美元的自由现金流，以及40.4万人的庞大雇员群体。就在大部分人认为GE是一个不断创造企业价值的超级公司时，韦尔奇却认为GE仅仅是一个联合大企业，而不是一个高度整合、战斗力强大的多元化企业集团。尽管GE的业务群数量庞大（当时GE的事业部总数达到了64个），但各事业部的情况却参差不齐——固然有很多不断创造价值的明星类（star）和现金牛类（cash cow）业务，但不创造价值，甚至减损企业价值的问题类（question mark）和瘦狗类（dog）业务也有很多。对于GE的状况，韦尔奇已经忍无可忍。他认为，笨重的GE已经越来越跟不上时代变革的脚步，而保留那些既占用资金，又不能创造价值的业务是极其愚蠢的。他希望“这个公司能够像一艘快艇，迅速又灵活，能够在风口浪尖之上及时转向”，“在必须变革之前就作出变革”，极力推动GE进行脱胎换骨式的革新。

经过大量调研并结合GE的条件，韦尔奇确定了GE的三个重点业务群：①核心业务群，包括照明、大家电、电动机等；②高科技业务群，包括医疗器械、电子、工业材料等；③服务业务群，包括信托投资、信息技术等，并将资源优先提供给重点业务。GE计划通过内部发展、收购使重点业务强大起来，使其所有的业务都是全球“数一数二”的超重量级选手，而其他的事业部就要被砍掉——整顿、关闭或出售。在韦尔奇的领导下，通用电气进行了大量的内部整合工作和外部并购活动，其中包括收购了动力研究院、劳动保险公司、沃德信托投资公司等，同时，也出售了探路者矿业公司以及家用器具业务等。

在其任内，韦尔奇领导GE进行了大约1 000笔企业交易（仅在1998年度就投资210亿美元收购了108家公司），削减了10万名员工，并大力推进“六西格玛”的严格质量标准。韦尔奇大刀阔斧的变革行为也为自己获得了“中子弹杰克”的“恶誉”①。然而，GE的成绩为韦尔奇作了最好的证明：以前GE旗下仅有照明、发动机和电力3个事业部在市场上保持领先地位；而在韦尔奇的领导下，已有12个事业部在其各自的市场上数一

① 韦尔奇裁掉了大量员工，就像中子弹攻击一样，所到之处无人生还，而对建筑物和设施破坏很小，也没有造成长期的不良影响。

数二，如果单独排名，通用电气有9个事业部能入选《财富》世界500强。在韦尔奇执掌通用电气的19年中，公司迅速发展，并因此连续多年在美国《财富》杂志“全美最受推崇公司”评选中名列榜首。显著的成绩使得韦尔奇被誉为“世界第一CEO”。韦尔奇很反感“中子弹杰克”这个绰号，他认为自己所有行为都是战略性的，出售公司业务部门和并购新的业务都是建立在价值评估的基础上的，都是为了不断增强GE长期的价值创造能力。

2001年，韦尔奇卸任CEO，接替他的是杰夫·伊梅尔特（Jeff Immelt）。提起伊梅尔特，不得不提到GE的金融业务，这个成立于1905年，作为韦尔奇最喜爱的业务之一的GE金融，在2000年拥有超过3 500亿美元的资产，甚至贡献了超过40%的营收。伊梅尔特执掌GE的十数年里，积极扩张金融业务，使得其风险资产规模迅速扩大，金融业务逐步成为GE的业务重心。2008年金融危机爆发后，GE金融大受打击，公司股价一落千丈，甚至依靠美联储才得以存活。伊梅尔特对GE金融的价值管理被质疑是失败的，因为GE的本质是制造业，但却让金融业务成了核心，丢掉了创新的基因，过于追求快速的价值创造，反而欲速则不达。随着监管的加强和政策的收紧，GE金融难以顺利发展，于2013年开始被逐渐剥离。

伊梅尔特在任期间，另一件比较重要的事是2015年GE斥巨资收购阿尔斯通电力业务。在发展清洁能源的大趋势下，伊梅尔特依然认为传统能源还会是GE能源业务价值创造的引擎，因而继续向传统能源领域投资。在2015年之前，GE曾花费超100亿美元收购传统能源公司，而并购价格已超过了其企业本身的价值。收购阿尔斯通电力业务后，GE能源业务不仅没有得到增长，还负担了大量无法解雇的员工，导致了2017年GE电力股价暴跌，并造成巨大的现金流压力。

2017年，执掌GE16年的伊梅尔特卸任，GE医疗部门负责人约翰·弗兰纳里（John Flannery）担任新的CEO。弗兰纳里开始对GE进行瘦身、重组，确定GE的航空、电力和医疗为三大核心业务，并关闭盈利不佳的业务。很遗憾，弗兰纳里所领导的变革仍没能拯救GE于泥潭之中，在GE市值跌破1 000亿美元后，他便失去了职位。14个月的CEO生涯使弗兰纳里成为GE历史上在位时间最短的CEO。2018年10月，公司董事拉里·卡尔普（Larry Culp）继任成为GE新董事长兼CEO。当然，上任后他依然要面对公司债务、现金流等问题。GE未来的改革转型和价值创造仍有很长的路要走。

无论是韦尔奇，还是他的后继者们，虽然几代领导人都紧跟时代潮流进行企业价值创造，但是，他们也面临着如何坚守核心业务、避免过度扩张、顺势完成核心业务转型等问题。其中，GE金融的失败伏笔恰恰是在韦尔奇时代埋下的。GE企业价值评估和价值创造仍在不断探索中。

那么，何谓价值评估和价值创造呢？韦尔奇和他的后继者们的价值管理实践似乎告诉我们：面向未来、持续不断的动态创新是企业价值评估和价值创造的底层逻辑。本章将从价值评估的原理出发，探讨价值评估的经典模型以及基于价值评估的价值创造活动等内容。本章致力于将价值评估与价值创造结合起来，使价值评估不仅成为对企业价值估值的方法与工具，而且成为企业价值创造活动的新管理理念和整合系统。学习完本章的内容，你可能就会理解GE在韦尔奇时代的成功，以及在韦尔奇之后诸多继任者的艰难探索了。

3.1 价值评估概述

企业价值评估是财务管理的重要内容之一，也是企业进行财务管理活动，增加企业价值的重要方法和途径之一。在本节中，我们将探讨价值评估的基本含义、价值评估的一般原理、价值评估的发展历程，以及价值评估的作用等内容。

3.1.1 价值评估的含义

在进行价值评估之前，我们首先要弄清什么是公司价值。首先，公司是一个客观存在于经济生活中的实体。它是集合了土地、劳动力、技术、资本和企业家才能等要素资源的综合体，在承担市场风险、追逐利润的同时，为社会提供产品和服务。其次，公司不仅仅是一个经济组织，还是一个法律主体、资产主体、经营主体，以及市场主体等。因此，公司本身就是一个复合的概念。同样，公司价值也是一个复合的概念，从不同的视角都会有不同的公司价值概念。现代主流观点认为，公司价值是由公司未来获利能力决定的。因此，公司价值是公司在未来各个时期产生的净现金流量的现值之和。公司的未来获利能力包括公司现有的获利能力和潜在的获利机会。前者是指在公司现有的资产、技术和人力资源的基础上，已经形成的预期获利能力；后者是指公司当前尚未形成获利能力，但以后可能形成获利能力的投资机会。所以，公司价值是公司现有基础上的获利能力价值和潜在的获利机会价值之和。由此可见，公司价值是一定阶段体现和影响公司生存和发展的内部因素与外部因素的融合体，是体现公司整体获利能力的综合性指标。

公司价值具有如下几点基本特征：

（1）公司价值具有多种表现形式。公司价值一般表现为五种形式。

① 账面价值，是公司在一定时点上资产负债表所显示的资产总额，是公司所有投资者（包括债权人、股东）对于公司资产所有权的价值加总。

② 市场价值，是公司股票的价格与公司债务的市场价值之和，是将公司视为一种可在公开市场交易的商品，在供求关系的作用下所确定的价格。

③ 公允价值，是交易双方在完全了解有关信息的基础上，在没有任何压力的情况下，自愿进行交易的价格。在市场完善的情况下，市场价值常常是公允价值的良好替代。

④ 清算价值，是指在企业出现财务危机，破产清算时，把企业的实物资产逐个分离，单独作价的资产价值，是一种基于公司非持续经营条件的公司价值类型。

⑤ 内在价值，是公司未来产生的现金流量的折现值，是一种强调公司盈利能力的公司价值类型。

（2）公司价值是一种多因素决定的综合价值。公司作为一种特殊的商品，其价值既受内部因素的影响，也受外部因素的制约。内部因素表现为公司的经营管理、公司盈利、公司成长，以及公司风险。它们可能是公司的优势因素，也可能是公司的劣势因素，影响着公司内部价值的大小。外部因素包含各种环境因素（比如政治、自然环境、技术、经济与人口等）、行业因素和市场因素等共同影响因素。它们可能为公司实现价值增值提供机会，也可能对公司产生威胁，导致公司价值减少。公司价值是由这些内外因素共同决定的，这些要素价值的强弱，决定公司价值的大小。

（3）公司价值体现了时间价值与风险价值。公司价值强调的是在风险和收益均衡的条件下的公司长期、可持续地获取现金流量的能力。

（4）公司价值具有不同的价值导向层次：经济价值、社会价值、生态环境价值。经济价值方面，公司经营过程中要降低成本，增加收入，实现盈利；社会价值方面，公司在为社会提供好的产品和服务的基础上，应积极履行社会责任，如照章纳税、保护员工利益、践行公益，以及促进就业等；生态环境价值方面，公司的发展离不开资源的消耗和对环境的破坏，习近平总书记强调要推动构建"人类命运共同体"，加强"生态文明建设"，企业应加强排放废弃物的处理，资源循环利用，达到低碳减排的绿色生产目的，最终实现企业的可持续发展。

公司价值评估就是以公司整体为对象，对公司未来产生现金流量的长期、可持续能力作出估算，为投资者和管理层等相关主体提供改善决策的信息，实现衡量和管理公司价值的目的。公司价值评估不是将公司内部各项资产价值进行简单地加总，而是考虑各项资源要素的共同作用带来的公司整体盈利能力。首先，公司价值评估是在综合考虑公司全部资产要素、未来现金流量、公司战略竞争力、抗风险能力等诸多因素的前提下进行的。因此，公司价值评估具有综合性。其次，公司价值是未来现金流量的现值，需要准确预测公司现金流量、折现率、公司价值增长期等信息，不仅要考虑公司有形资产对公司价值的影响，还要考虑核心竞争力、商誉等无形资产的重要作用，不仅要考虑公司内部的微观影响因素，还要考虑公司外部的宏观政治、经济、生态环境因素。由于公司价值评估涉及众多的因素，所以它不是一个绝对准确的数值。公司价值评估更主要的任务是为公司决策提供相关信息，实现公司价值的创造与增值。

3.1.2 公司价值评估的一般原理

公司价值评估就是要对公司未来长期、持续产生现金流量的能力进行评测。这种评估的原理来自对价值创造基本规律的正确认识。因此，必须研究价值创造的基本原理，从而探讨公司价值评估的理论基础。为简便起见，我们以一个简例来说明公司价值创造与评估的一般原理。

王明拥有一家小型陆运物流公司，他该如何评估公司的财务结果呢？我们应当计算他的投入资本收益率，然后把它与投资其他领域（如股票市场）可能取得的收益率相比较，来看看所取得的收益是否划算。王明的投入资本收益率是18%，而股票市场的投入资本收益率是10%。他的公司经营得不错，因为他的投资收入比投资于其他领域的可能收入要高。那么，王明的投入资本收益率是否已经最大化了呢？这家物流公司的其中一条业务线的投入资本收益率只有13%，如果他把这条业务线关闭的话，其平均的投入资本收益率就会提高。但是，从价值创造的角度来看，他关心的不应该是投入资本收益率本身，而应该是投资收益（相对于投资成本而言）和资本额的综合指标，该指标就是经济利润。经济利润等于投资资本收益率与资本成本之差乘以投入资本。就王明这个案例来看（见表3-1），经济利润是800万元。他如果把低收益的业务线关闭，平均的投入资本收益率会上升，但经济利润会下降。这条业务线的投入资本收益率虽然比王明所拥有的其他业务线低，但却高于资本成本。经营的目标是要使经济利润最大化，而不是使投入资本收益率最高。因此，王明不应该关闭那条低收益的业务线。

表3-1　　　　**王明物流公司的财务分析**　　　　金额单位：万元

项　目	投入资本收益率	资本成本	差异	投入资本	经济利润
整个公司	18%	10%	8%	10 000	800
除低收益业务线以外	20%	10%	10%	7 000	700

随着物流公司的发展，王明想发展航空运输的新业务，因为对投入资本有新要求，经济利润在未来几年将会发生下滑（如图3-1所示）。那么，如何权衡短期的经济利润下滑和长期的经济利润改善呢？

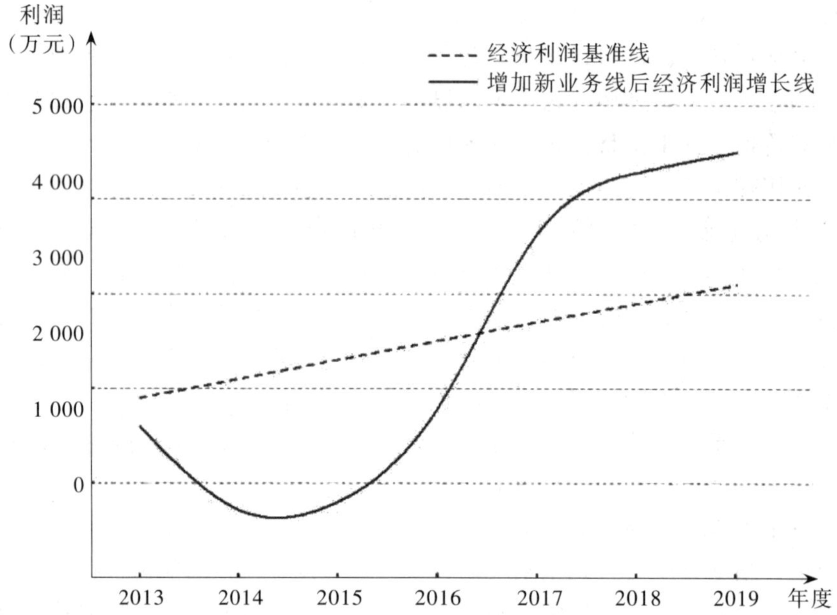

图3-1　王明的新业务

我们要运用折现现金流量法（discounted cash flow，DCF）来分析王明的新业务，用10%对预测的现金流量折现，公司目前的折现现金流量为5 300万元，新业务的折现现金流量为6 200万元，因此，新业务是有利可图的，用同样的资本成本对经济利润的折现值加上投入资本的和与DCF计算的结果是相等的。

随着公司融资量的增大，王明的第三个举措是让公司上市。这便需要应用价值评估的决策原则来同时管理真实市场和金融市场。股票的价格是通过投资者对股票价值的看法确定的。投资者的交易是基于他认为目前的股票价格是高于还是低于股票的内在价值来进行的。内在价值是基于公司未来的现金流量和收益能力来确定的。从实质上来看，投资者所购买的，是他们认为公司在未来可能取得的绩效，而不是过去的成果。如果公司实际的绩效与预测相同，股东的收益就会等于机会成本。如果该公司的绩效比预测的要好，股东的收益率就会超过10%。如果该公司的绩效比预测的差，股东的收益率就会低于10%。投资者取得收益的驱动因素，不仅包括公司的绩效，还包括对绩效的期望。因此，需要同时在真实市场和金融市场中对公司的绩效进行管理。如果在真实市场上创造了很大的价值，但没有达到投资者的期望，投资者还是会失望的。王明的任务就是要使公司的内在价值最大化，并适当地管理金融市场中投资者的期望。

随着网购的迅速普及和蓬勃发展，王明物流公司的航空运输快递业务在运输速度方面为公司带来了巨大的竞争优势。同时，随着公司规模和客户数量的不断扩大，公司逐渐成为物流行业的翘楚。但是，公司的发展也存在诸多挑战，运输产品的过度包装、包装物的回收率低等问题给生态环境带来了巨大的负担，同时，交通运输工具产生的大量尾气同样也显示出物流行业对于生态环境的不友好。

党的十八大作出“大力推进生态文明建设”的战略决策，积极推动各行各业朝着环境友好型企业转型，走可持续发展道路。国家邮政局将“绿色邮政”列入2016年十大重点工作，积极着手推广绿色包装。同年，王明的物流公司响应号召，生产了一批可循环利用的纸质包装盒，提高了包装盒的硬度。虽然成本是传统塑料包装袋的10倍，但至少可循环使用5到6次。然而，从试用情况来看，大多数客户出于自用或保护隐私等原因不愿将包装留给快递员，这批硬纸盒的回收利用率只有2%到3%。虽然这次的环保尝试没有得到顾客的广泛响应，但王明物流公司的生态环境价值得到了初步体现。王明意识到，光靠包装盒的环保创新远远不够，于是牵头成立了公司的可持续发展部门，为绿色环保目标不断进行新的尝试。2020年9月，习近平总书记指出“中国将力争于2030年前实现碳达峰、2060年前实现碳中和”。通过运用绿色包装、绿色运输、绿色转运等途径，王明的物流公司实现了覆盖物流生命周期的温室气体减排。在包装方面，公司致力于可持续包装产品的研发和应用，积极与上下游产业链合作，从包材制造商到物流企业，从消费者到回收企业，推动绿色包装在全社会循环利用。在陆运方面，公司持续推动新能源车辆的投入和使用。在航空运输方面，通过更新优化航路，减少能源消耗，保卫纯净蓝天。在转运方面，公司积极打造绿色产业园，合理布局仓库空间，促进快递中转效率与节能效益的提高。在办公方面，公司积极倡导绿色办公、节能环保文化，有效推动共享办公与常态化远程办公，提升办公空间使用效率。一系列的环保举措，使得王明物流公司的生态环境价值和企业声誉进一步提高。为直观地展现公司为改善生态环境作出的努力，王明物流公司发布了2020年可持续发展报告。报告显示，2020年公司通过绿色包装减少温室气体排放约6.8万吨，通过绿色运输减少温室气体排放8.2万吨，可再生能源发电量约1 600 000千瓦时，新能源车辆投放约20 000辆。这一连串的数字，不仅是王明物流公司生态环境价值位居全国企业前列的最好佐证，也体现了其对能源的高效率利用。仅可再生能源发电和新能源汽车投放，就为王明物流公司创造了近千万元的成本优势，温室气体排放的减少，也为企业节约了环境治理支出，进一步提高了企业经济价值。

2020年开始，全世界遭遇了严峻的疫情。疫情对整个中国社会发起了一项艰难的挑战。相比王明物流公司在2019年财报中披露的创历史新高的业务增长速度，其在疫情期间承担的社会责任更值得称道。企业社会责任（CSR）的内涵从最初狭义的对员工雇用、工时、安全生产的责任，到如今对员工、顾客、供应商、投资者、股东、社区、自然环境等所有涉及决策和行动的相关主体的责任。王明物流公司第一时间宣布捐助3 000万元人民币用于购买救援物资，支援抗疫。同时，联合航空运输业务、国际运输业务、同城急送业务等部门，保障医疗、防疫物资的国际采购与国内运输，累计驰援航班近200班次，陆上运输超2 000车次，合计为湖北运输超15 000吨物资和近1亿件包裹。在新冠肺炎疫情最严重的时期，线下商超店面全部关停，王明物流公司的员工却依旧工作在一线，为居家隔离的居民派送防疫物资，为社会的有序运转贡献必不可少的力量，是企业社会价值的良好体现。王明物流公司长期在客户中形成的“诚信”“可靠”的品牌形象在疫情之下的社会责任承担中更深入人心，企业声誉和顾客品牌忠诚度的提高，是业务收入不断增长的基础，不少网友表示“冲着这批第一时间捐赠的物资，我也要选择王明物流”。2020年度的财报也证明了这一点，在竞争对手纷纷受到疫情影响，经济利润较前一年出现明显下滑之时，王明物流公司的业务收入保持着“一枝独秀”的高增长率，经济价值再次提升。

王明公司的案例说明了价值创造及评估的要点：

（1）在真实市场，价值创造应通过获取高于资本成本的投资收益来实现。

（2）高于资本成本收益的投资越多，创造的价值就越大（即只要投入资本收益率高于资本成本，业务的拓展就能创造更大的价值）。

（3）选择能使预期现金流量现值或经济利润现值（无论选择这两个中的哪一个，结果都相同）最大化的战略。

（4）理论上，股市中公司股票的价值等于其内在价值，内在价值以市场对公司未来绩效的期望为基础。期望的变化对股票收益的决定作用有时甚至超过了公司的实际绩效所起到的作用。令人遗憾的是，现实中的市场对公司未来绩效的期望可能就是一种有失公平的估计。

（5）企业价值可以从经济价值、社会价值、生态环境价值三个维度进行评估。

（6）企业为生态环境和社会作出的环保创新支出和公益支出在短期内会降低经济利润，却能在长期反哺经济价值，践行企业社会价值和生态环境价值。

3.1.3 公司价值评估的作用

公司价值评估是一项综合性的要素评估，是对公司整体经济价值进行判断、估计的过程。价值评估可以应用在一系列任务中，但是它所起到的作用对于不同的主体是不同的。下面，我们将分别从公司投资者，公司产权交易者，公司管理者，以及其他利益相关者四个主体的角度介绍价值评估的作用。

1）价值评估对公司投资者的作用

对于公司投资者，尤其是那些价值型投资者和长期战略投资者，价值评估在他们的投资决策中起到了关键性的作用。价值型投资者认为，公司价值可以通过财务指标（如成长预期、风险预测和现金流量预测）反映出来。任何偏离公司内在价值的股票价格都是低估或高估的表现，而那些被低估的股票正是他们投资的重点。长期战略投资者主要从事一些自己非常熟悉的业务，并尝试购买那些被低估的公司的股票。他们常常对这些公司的管理施加影响，从而改变公司财务和投资决策。通过公司价值评估，认识到公司存在的风险与其真实的价值，从而理性地作出投资决策，规避公司存在的较大风险，减少冲动的行为所带来的不可挽回的损失。价值评估可以帮助投资者避免陷入所谓“讲故事”式的“商业模式”陷阱中，这种商业模式以一个完整的、看似完美的故事吸引投资者的关注，甚至忽悠投资者进行投资，而价值评估可以为投资者提供一个理性的评估方式，充分认识到真正的风险与收益，从而避免陷入陷阱。

2）价值评估对公司产权交易者的作用

在公司并购过程中，价值评估对于公司产权交易者进行正确的分析和决策起着核心作用。在收购活动开始前，并购公司或个人首先要评估目标公司的合理价位。同样，在接受或者放弃某个标价之前，目标公司也要对自己有一个合理的定价，也需要进行价值评估。

在并购交易中，还有另外一些特殊因素需要考虑。首先，在并购决策之前，一定要先考虑到两家公司（目标公司和并购公司）的合并会对两家公司的总价值产生什么影响。其次，管理变革和目标公司资产的重组也会对公司的价值产生重大影响，所以在制定一个合理价格的时候应该考虑这些因素，尤其在敌意收购中更应全面考虑。因此，通过对公司价值的评估，有助于产权交易者对公司的前景与存在的风险有一个清醒的认识，并作为确定交易价格的基础。只有充分分析了公司的价值状况之后，才能准确地把握住交易机会，掌握交易主动权，尽可能地降低由此带来的风险。

3）价值评估对公司管理者的作用

对公司进行价值评估，有利于公司内部的经营管理层进行决策，提高管理效率。以开发公司潜在价值为目的的价值管理正在成为现代公司经营管理的新方向。公司价值管理更加注重对公司整体获利能力的分析和评估，从而制定和实施合适的经营发展计划以确保公司的经营决策有利于增加公司价值。在这一趋势下，公司管理人员将不再满足于反映公司历史的财务数据，而是更多地运用公司价值评估的信息展望公司的未来，提高公司的未来盈利能力。价值管理以提高公司价值为目标，从战略高度对公司各项资源进行整合、优化与开发，推动公司整体价值的持续增长。为满足价值管理的需要，管理者需要评估公司价值，评价管理效果并推行激励计划，最终实现公司价值增值。这样，价值评估的应用领域便从并购交易拓展到了公司价值管理。

因此，管理者首先要清楚财务决策、公司战略与公司价值之间的关系。一个公司的价值与其下列决策是直接相关的：采纳哪些投资项目，如何筹措到所需要的资金，采取合理的股息政策等。理解这些关系是作出提高公司价值的决策和进行明智的资产重组的关键。

4）价值评估对企业其他利益相关者的作用

企业的价值评估有利于满足其他利益相关者的期望，此处的其他利益相关者包含政府、社会和生态环境等。对于政府而言，企业的价值评估有利于考量企业的整体盈利能力，有利于政府对于企业的管理与监督。对企业整体盈利能力的考量有助于政府制定长期产业规划和相应的支持性政策。对于社会而言，企业的价值评估有利于社会各利益相关者通过向企业投入各自拥有的资源与企业建立利益关系。企业通过分配股利、支付利息、发放薪酬、缴纳税费等方式向各利益相关者给予回报，满足各利益相关者的需求。生态环境方面，企业价值评估有利于企业制定可持续发展战略，在追求自身利益最大化的同时履行环境责任，实现良好的生态环境绩效，获得长久发展，追求利润的同时保证发展质量，有效提高企业可持续价值。

3.1.4 公司价值评估的发展演进

价值评估理论与方法产生于19世纪末20世纪初的并购行为，并随着人们对公司价值概念理解的不断深入而逐渐发展成熟。公司价值评估的发展演进大致经历了四个时期。

1）价值评估的萌芽期

19世纪60年代，随着西方国家工业化的开始，公司并购活动日益活跃。美国首先掀起了历史上第一次并购浪潮，并在1898—1903年间进入高峰期。横向并购（即生产同类产品的公司间并购）成为当时并购的主流。由于企业股票需要上市、投资银行资金的投资以及收购经纪人的重视，公司价值开始成为人们关注的核心，从而产生了对公司价值评估的强烈需求。在公司并购活动中，并购价格是并购双方关注的焦点问题，在很大程度上决定了并购活动的成败。只有确定一个买卖双方都能接受的价格，并购活动方能完成。这一价格的确定，除了取决于并购双方讨价还价能力的大小之外，实质上更依赖于并购双方对公司价值的评估。这一时期，公司价值表现为交换价值或公允市场价值，公司价值评估服从或服务于公司的兼并收购或者股权转让。在这些活动中，公司交换价值或公允市场价值如何确定，成为并购或股权转让成败的关键。资产的价值资料易于取得，且比较明确，因而以资产价值来确定公司价值显得比较容易，且易于被并购双方所接受。因此，账面价值法成为当时评估公司价值的主流方法。

2）价值评估的成长期

随着经济活动与金融活动的不断发展，两者的关系日益密切，出现了由经济货币化向经济金融化过渡的趋势。公司管理当局所控制的资源已不仅仅是实物性资产，往往更多地体现为证券化的资产和负债，如股票和债券。证券市场的发展为许多公司实现直接融资提供了可能。股权投资人和债券投资人成为公司资产索偿权的持有人。公司管理者对公司管理的关注已经远离了生产和经营过程而转移到了公司各种金融资产的市场价值上。随着投资者数量的日益增多，上市公司的经营行为和理财行为迅速在公司股票价格上得到体现。科学合理的管理行为会提高公司的股票价格，低劣不合理的管理行为会降低公司的股票价格。公司股票价格的变化直接导致了投资者（既包括股权资本投资者，也包括债权资本投资者）投资财富的增减。人们将公司价值理解为对公司的投资价值，投资获利水平不是取决于公司在以往时期里所获得的收益，而是取决于公司在未来时期里可能获得的收益（现金流量）。"购买股票就是购买公司的未来"已经成为业内人士的共识，公司的可持续性发展成了投资者和公司管理者所关心的核心问题。

经济金融化在奇迹般地提高了整个经济系统流动性的同时，也带来了不容忽视的风险。它可以在一夜之间给人们带来巨额财富，同时，也可以使亿万资产顷刻间化为乌有。因此，对公司风险的界定、度量及控制就成为一个极其关键的要素。公司要想求得长远发展，必须在风险与收益之间进行科学的权衡。由于风险因素的加入，使人们逐渐意识到利润最大化已经不再是公司的最终目标，现金流量成为公司价值的衡量尺度。这个时期折现现金流量法的评估思想获得了普遍的认可，但在具体操作上，预期现金流量和公司可持续发展年限的确定以及折现率的选择还存在很大问题。

3）价值评估的成熟期

著名经济学家莫迪格利安尼和米勒于1958年发表了具有里程碑意义的学术论文——《资本成本、公司财务和投资管理》。他们对投资决策、融资决策与公司价值之间的相关性进行了深入研究，并为公司价值研究提供了方法论。他们的研究发现，在无税的条件下，公司价值与融资决策无关。公司价值的大小主要取决于投资决策。在均衡状态下，公司的市场价值等于按其风险程度相适合的折现率对预期收益进行折现的资本化价值。夏普的资本资产定价模型（CAPM）用于对股权资本成本的计算，大大提高了折现率确定的理论支持。对于加权平均资本成本问题，人们逐渐认识到，与未来财务决策及现金流量相关的不是账面价值的权数，而是市场价值的权数。折现率的研究方面的进展，提高了折现率与价值评估的相关程度。

20世纪80年代兴起的高科技革命，引起了知识经济的全面崛起，从而对公司价值评估技术提出了新的要求。在信息电子和生物制药行业，它们虽然微利甚至还未达到盈亏平衡，但其股票市价却高得惊人，究其原因是潜在的投资机会在起作用。20世纪70年代发展起来的期权定价理论就可以很好地对公司这种潜在的获利机遇进行评估。运用期权定价技术来调整按现金流量贴现法评估的公司价值，无疑会使公司发展机遇这一要素在公司价值中得以充分体现，从而使评估值进一步趋向合理。

4）价值评估的新发展

随着公司内外部环境的重大改变以及企业管理理念的转变，公司越来越强调价值管理，公司价值理论已经成为公司管理理论的核心内容。价值管理思想不断被管理者接受和运用，传统的价值评估已无法适应公司价值管理的需要，其内涵和方法都需要重大转变。传统的价值评估是公司投资者（包括债权人）为加强公司内部经营管理而产生的。对公司的评价主要来自外部的债权人和不参与管理的投资者，由于他们对公司生产经营过程存在着信息不对称，投资者主要依据公司的财务会计资料和管理控制资料等评价经营者的业绩。而现代公司的物质资产已逐步失去了其独一无二的光环，决定公司竞争力的核心资产可以是价值形成过程中的任何一种要素。核心资产的所有者以及其他利益相关者按照他们的谈判能力共同影响公司价值，不同的利益相关者分别参与到公司价值形成过程的不同阶段，要求绩效评价从不同角度、不同层次对公司作出全面的、综合的评价。也就是说，评价范围应是公司整体价值创造的全部过程。因此，传统绩效评价的内涵得到了拓展，已经演变为从公司内部对公司价值进行评价——公司经营价值评估。价值评估已成为现代公司管理者评估、管理和作出决策的重要工具，也是考评管理者绩效的重要手段。在价值管理背景下，公司价值评估越来越远离了资产定价层面，而更多赋予了价值管理的重要内涵。通过价值评估，一方面可以让投资者了解公司的价值，同时，也让管理者了解其价值管理活动是否实现价值增值，经营价值评估的结果还能为公司经营绩效和实施激励计划提供重要标准。因此，价值评估由并购交易的主要环节进而发展成为公司价值管理的重要组成部分。当前，公司所追求的不只是经济价值创造，其更应关注可持续价值。公司的可持续价值是企业经济价值、社会价值、生态环境价值三者的统一，即在公司发展中不仅关注经济发展能力所创造的价值，也追求对于利益相关者需求的满足，并且重视生态环境保护。随着人类面临更多的经济、社会、生态环境日益严峻的挑战，公司愈加注重其可持续价值，这促进了公司价值管理从经济价值管理向可持续价值管理的深入发展。

3.2 价值驱动因素与价值评估模型

纵然价值评估已经发展成为公司价值管理的重要内容，但分析影响公司价值的诸多驱动因素以及对公司价值进行衡量仍然是公司价值评估活动的主要目标之一。本节将从影响公司价值的主要驱动因素出发，探讨公司财务管理活动与公司主要价值驱动因素之间的关系，并介绍目前主流的价值评估模型。

3.2.1 不同视角下的价值驱动因素

随着公司价值内涵的不断拓展，价值链分析原理为公司价值评估提供了新的思路，即通过利用“价值链”工具来分析和寻找公司价值创造的整个链条中的主要驱动因素，进而评估公司价值。公司价值的创造归根结底是通过一系列活动产生的，而公司为客户、股东、员工，以及其他各类利益相关主体创造价值的一系列经济活动构成了整个价值链条。

因此，分析公司价值的驱动因素成为公司价值评估的关键。

在价值评估过程中，通过对价值驱动要素的分析，不仅有助于管理者认识价值创造过程、识别关键价值驱动要素、合理安排各种资源，而且可促使管理者将管理重心转移到公司的价值创造上，加强对价值增值活动和非增值活动的管理，推动公司价值最大化目标的实现。因此，在提出公司价值评估模型之前，有必要分析公司的价值驱动因素。公司价值驱动因素，就是指能够影响和推动公司价值创造的主要因素。根据价值链分析原理，从不同的视角都可以发现不同的价值驱动因素。下面，我们将从公司发展环境视角、公司管理活动视角、公司理财视角分别探讨公司价值驱动因素。

1）公司发展环境视角下的价值驱动因素

作为一个参与市场竞争的经济主体，公司无时无刻不受到外部环境因素和内部环境因素的影响。这些内外部环境因素形成了对公司价值的作用合力。

（1）外部环境驱动因素

在市场经济中，公司处于激烈竞争的外部环境之中，存在诸多公司价值的驱动因素：

① 政治环境因素，包括国家法律、法规、方针、政策、政治局势、执政党派纲领等；

② 社会环境因素，包括社会风俗、社会发展趋势、价值观、社会结构、消费者心理等；

③ 经济环境因素，包括国民经济运行态势、利息、通货膨胀率、汇率、宏观经济政策等；

④ 科技环境因素，包括新思想、新材料、新设备、新工艺、新技术、新方法等；

⑤ 行业竞争环境因素，主要指由于供应商、购买方、潜在进入者、替代产品生产者和行业内现有竞争对手所共同决定的行业竞争程度。随着市场竞争越来越激烈，公司面对的将是越来越复杂和不确定的外部环境。面对着现实的外部环境，公司只能主动地去适应外部环境。在现有的外部环境中，公司需分析在环境中自身所具有的优势和劣势，作出切合实际的战略选择。

⑥ 生态环境因素。出于对自然资源的保护，应对气候变化和可持续发展的要求，企业逐渐由高污染、高消耗的粗放式发展转变为低能、低耗的绿色发展模式，以此降低成本、提升效率、实现资源的循环利用，最终建立良好的声誉、增强投资者的信心、提升企业的市场价值。

（2）内部环境驱动因素

现实中的同一行业不同公司之间的效益差别有时会大于不同行业之间公司的效益差别，这足以说明公司内部环境对公司价值的重要性。不同的公司可能面临类似的外部环境，但不同公司的内部情况却千差万别，从而导致公司价值的巨大差异。因此，从公司内部挖掘公司价值创造的驱动因素至关重要。公司内部环境驱动因素包括：

① 物质资本。物质资本是公司提供产品和服务的基础条件，也是公司投资项目决策所重点关注的内容。通过向顾客销售产品和服务，投资项目可以产生公司现金流量，进而增加公司价值。

② 人力资本。随着公司理论与实践的发展，人们越来越重视人力资本在公司价值创造中的作用，尤其在新经济条件下的公司中，人力资本对于公司价值创造的作用远远大于物质资本。

③ 技术条件。无论是产品、服务成本的降低，还是产品、服务质量的改进，都依赖技术水平的提高。显然，技术水平的提高将极大地提升公司价值。

④ 管理方法。为了提升公司价值，不断涌现出了一些新的管理方法和技能，如全面质量管理（TQM）、作业制成本管理（ABM）、业绩评价中的平衡计分卡（balanced scorecard）、企业资源计划（ERP）等。这些先进的管理方法极大地提升了公司的管理效率，进而实现了公司价值创造。

⑤ 组织制度。技术条件与管理方法能够真正实现价值创造的功效，需要建立在科学、高效的组织制度上。

2）公司管理活动视角下的价值驱动因素

从公司管理活动的视角来看，创造公司价值的驱动因素主要包括公司战略、公司治理、管理控制与作业控制。公司战略、公司治理、管理控制与作业控制对公司价值具有综合性的作用。公司战略是公司价值创造的决定性因素，是公司价值创造的源泉。它能对公司价值产生持续重大的影响，并能长期提升公司价值。公司治理是公司价值创造的制度保障因素。它通过治理结构来推动公司各个利益主体和谐、积极地促进公司战略实施，实现公司价值创造。管理控制与作业控制从战略执行以及作业管理方面去实现公司价值。

（1）公司战略

公司战略是公司最重要的管理活动之一，会对公司价值形成和创造产生重要的影响。公司战略可以通过行业吸引力分析，选择投资溢价为正的业务或投资项目，或者进入有吸引力的行业或市场来制定。当投资收益大于投资资本成本时，投资才能创造价值。当投资溢价为负时，公司投资便减少公司价值。当选定一个有吸引力的行业或市场后，公司需制定正确的竞争战略，力争超越竞争对手，获得比较竞争优势。公司相对于竞争对手越强，持续的时间越长，公司持续盈利的时间越长，创造的价值就越大。现代公司所面临的环境复杂多变，面临着诸多不确定的内外因素。因此，可充分利用公司战略柔性来应对环境不确定性。公司战略柔性是指公司可以通过有效的战略管理将经营风险和不确定性转化为价值创造的机会。不确定性越大，公司战略的柔性越大，公司管理当局越有可能获得价值创造的机会，获得创造巨大实物期权价值的机会。例如，公司管理当局运用丰富的经验、知识、技能，通过行业吸引力分析、竞争地位分析和价值链分析，扩大在能创造价值的业务单位上的投资，减少在毁损公司价值的业务单位上的投资或进行业务剥离。通过公司战略柔性的实施，公司可以获得价值创造的机会。

（2）公司治理

公司治理是公司利益相关者（如投资者、公司管理层、员工）之间相互约束、相互控制、有利于公司实现价值创造的一系列制度安排。公司治理通过绩效考核、薪酬规划、投资者关系管理来促进公司价值创造活动的贯彻和实施。建立绩效考评体系的关键是要建立反映公司价值创造的核心指标，如经济增加值（EVA）、市场增加值（MVA）、股东价值增加值（SVA）、股东总收益率（TSR）等。这些指标可以分别从不同角度衡量公司价值的增长情况。在绩效考核的基础上，通过科学、合理的薪酬规划整合公司投资者和公司管理者的目标不一致性，减少委托-代理成本。通过工资、奖金、津贴与股票期权相结合来吸引、维系、激励管理者，使其目标集中在公司价值创造上，平衡股东和管理者之间长期利益和短期利益的不一致性。随着资本市场的发展，投资者关系管理也对公司价值创造产生重要作用。公司管理当局向投资者解释公司的战略、发展愿景、运营情况，以及公司的战略行为对公司发展的影响，使投资者对公司的发展前景有一个正确的判断，增加投资者对公司的信任及对公司未来现金流量的预期，使公司有一个良好的内外部发展环境。

（3）管理控制

管理控制就是以公司价值最大化为出发点，执行、监督、控制公司发展战略而进行的一系列管理活动过程。公司管理层作为管理控制的主体，重要职能在于对公司制定的战略予以执行、控制。如果说公司战略的提出、制定可以保证公司沿着公司价值最大化方向前进的话，那么管理控制就是执行、落实、控制公司发展战略，使公司价值最大化的加速器。

（4）作业控制

作业控制可以确保各项具体业务活动能充分有效地完成，其步骤一般相对稳定，进行决策和行动持续的时间通常也比较短。作业控制主要由公司中层管理者以下的员工来完成，所面对的主要是公司内的日常业务和事项。与管理控制一样，作业控制从具体业务层面实现了公司价值的创造。

3）公司理财视角下的价值驱动因素

公司理财是实现公司价值创造的基本途径之一。公司财务理论认为，公司价值是公司未来自由现金流量的折现值。按照美国“股东价值之父”阿尔弗洛德·拉帕波特提出的分析框架，公司价值的一般模型与驱动因素如图3-2所示。

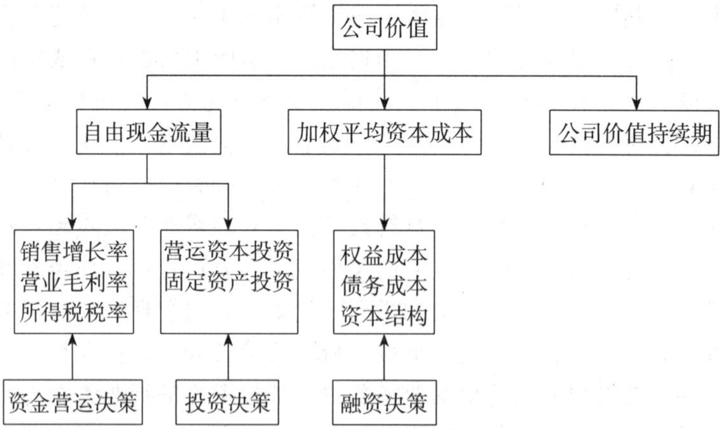

图3-2 公司价值的一般模型与驱动因素

从以上模型可以看出，公司价值，就是公司经营所取得的全部净现金流量按照风险利率进行折现后的现值，是公司取得持续现金流量综合能力的体现。公司通过获取高于资本机会成本的投资收益来实现公司价值创造。当投资收益大于资本成本时，公司创造了价值，而当投资收益小于资本成本时，即使公司的利润为正数，也是处于价值耗损状态的。

同时，上述模型也说明了公司理财视角下的价值驱动因素：销售增长率、营业毛利率、所得税税率、营运资本投资、固定资产投资、权益成本、债务成本、资本结构，以及公司价值持续期。公司理财主要包括筹资管理、投资管理与资金营运管理三部分。在上述模型中，公司资金营运管理活动涉及销售增长率、营业毛利率、所得税税率，而销售增长率、营业毛利率可体现公司现金流入情况，所得税税率则体现了公司现金流出情况。另外，投资管理活动所涉及的营运资本投资和固定资产投资对于形成公司自由现金流量也发挥着关键的作用。融资管理活动所涉及的权益融资、债务融资以及两者的资本结构问题，共同决定了公司加权平均资本成本的大小，进而影响了公司价值。

公司理财视角下的诸多价值驱动因素共同指向三个关键的公司价值评估成分：自由现金流量、加权平均资本成本和公司价值的持续期。公司自由现金流量，是指由公司的经营活动所产生的，是公司全部现金流入扣除付现费用、必要的投资支出后的剩余部分。它是公司可以提供给所有投资人（包括股权投资人和债权投资人）的现金流量。自由现金流量是公司价值的根源，其变化代表着公司实际的、可控制支配的财富的变化。公司价值本质上是投资者对公司自由现金流量追索权的大小，公司价值也取决于它在当期以及未来创造自由现金流量的能力。加权平均资本成本，是指所有资本来源按照各自筹集成本及市场价值为权重的加权平均资本成本。加权平均资本成本的高低取决于所有公司索偿权持有人对公司收益及风险的度量和权衡以及各自资本占市场价值的权重。加权平均资本成本是公司经营收益的最低标准，是公司选择投资项目的重要标准。公司资本成本是公司融资决策的结果，对公司资本成本的管理就是对公司的融资管理。公司价值持续期则要求公司价值创造应着眼于未来长期的可持续性，而不能局限于短期现金流量的增加或减少。公司保持正的净现金流量的时间越长，公司的价值就越大，公司价值与正的现金流量的持续时间正相关。

3.2.2 公司财务活动对价值评估的影响

根据上述公司价值的一般模型与价值驱动因素，公司价值评估的三个关键成分包括自由现金流量、加权平均资本成本和公司价值的持续期。公司的基本财务活动（投资活动、融资活动和资金营运活动）与这三个关键评估成分紧密相关，公司财务活动对价值评估有着至关重要的影响。

1）公司财务活动对自由现金流量的影响

公司价值是由公司产生现金流量的长期能力所驱动的。公司的财务活动可以通过以下的方式来增加公司自由现金流量。

（1）通过资金营运活动来提高现有资本的收益率，进而提高公司自由现金流量

在预期营业利润增长率相同的情况下，投入资本收益率越高，公司的自由现金流量就越大。公司可以通过改善资金营运活动来提高公司的税后投入资本收益率：

① 通过加快资金周转（如加快应收账款的回收，提高存货周转速度以及高效率使用现有固定资产等），实现用最少的资本存量产生最大的销售收入；

② 通过提高营业利润率，从而实现每单位销售收入所产生的经营利润最大化；

③ 通过税收优惠政策和税收筹划，实现公司实际所得税支出的减少。

（2）通过投资活动使新增投入资本的收益率超过加权平均资本成本

良好的投资决策是公司价值创造的源泉之一。如要实现公司价值创造，公司新增投入资本的收益率必须超过加权平均资本成本，否则就会损害公司价值。因此，公司是否创造价值以及创造多少价值主要取决于所投资项目的税后投入资本收益率与加权平均资本成本之间的差额。公司在进行新增投入资本决策时应充分收集信息，对项目的可行性进行反复论证，用多种方法对项目进行评价，避免评价方法本身的缺陷对项目评估结果的影响，综合考虑各种因素，确保在分析中包含那些能削弱或增强现存或其他潜在项目价值的经济因

素所产生的影响。

（3）通过资金营运活动和投资活动来实现公司增长率的提高

公司增长率包括公司的销售增长率和公司投入资本增长率。只要新投入资本的收益率大于用来对现金流量折现的加权平均资本成本，增长率越高，价值就越大。公司可以通过以下活动来提高公司增长率：

① 通过对新项目的投资决策，在确保新项目投入资本收益率大于加权平均资本成本的前提下，提高资本投入的增长率；

② 通过对营销宣传费用（如广告费等）的持续投入，提高营销水平，促进销售收入的增长。

2）公司财务活动对加权平均资本成本的影响

公司的加权平均资本成本主要受到公司筹资活动的影响。有效的筹资政策能够合理地确定公司各项资本的来源以及其在总资本中所占的比重，从而使得公司维持一个较低的加权平均资本成本水平。公司的筹资活动可以通过以下两个方面降低公司的加权平均资本成本：

（1）降低个别资本成本

资本成本是选择资金来源、确定筹资方案的重要依据，公司力求选择资本成本最低的筹资方式。股票筹资的资本成本比较高，长期借款的筹资成本较低，长期借款利率一般低于债券利率，且由于借款属于直接筹资，筹资费用也较少。短期负债筹资的成本较低，其利率低于长期负债。公司应根据自身生产经营状况，权衡风险因素，选择适当的筹资方式，降低个别资本成本。

（2）优化资本结构

资本结构对公司价值创造有重大影响，因为债务的资本成本要比股权的资本成本低得多。因此，较多地举借债务，公司的加权平均资本成本将趋于下降，就可以实现价值创造。但是，负债率的提高会增加公司的财务风险，进而提高投资者对公司的报酬率要求，造成资本成本的提高。因此，提高公司价值的关键途径在于根据公司的经营状况维持适度的债务资本与权益资本结构比，强调公司资本结构优化，融资管理、资金管理能力持续提高。在实践中，公司往往是在探寻一个最佳资本结构区间，使公司的加权平均资本成本较低，同时达到公司价值创造的目标。

3）公司财务活动对公司价值持续期的影响

公司价值创造要求公司必须可持续发展，保持更长的竞争优势期间，仅仅追求某一时期内的现金流量最大化对公司价值的创造并无益处。没有公司的可持续发展，就无法真正实现公司价值创造。因此，公司的财务活动应注重长期产生的现金流量。公司财务活动可以通过以下两个途径保持公司更长的价值持续期间：

（1）尽量延长获得正的净现金流量的时间

通过提高产品质量和服务水平、开发新产品、降低成本、增加现有商品的附加价值、增强公司盈利能力等方法来创造比竞争对手更多的现金流量。当这些努力超过竞争对手时，公司价值就增加了。长期保持竞争优势的企业要同时实现不低于竞争者对消费者剩余的满足，又能获得更多的销售利润。决定创造价值的消费者效用价值和生产成本又取决于企业在市场竞争中的产品差异化定位、成本定位及经济规模定位，而这些都与公司的财务战略紧密相关。因此，只有公司财务战略制定得当并认真执行才能延长获得正的净现金流量的时间，保持公司长期价值持续期间。

（2）公司财务活动应符合可持续发展观

纵观企业的诞生与发展史，企业与经济、自然及社会之间的协调发展一直贯彻其中。然而，传统的发展观念漠视了企业与自然、社会的紧密联系，而主要强调企业的经济特性。在传统的发展观下，人们习惯地把企业看作是一种创造经济财富的机器和工具，即企业是“经济型企业”。当人类发展进入新千年后，全球变暖、资源短缺等自然问题为人类与企业的可持续发展敲响了警钟。另外，企业理论的最新发展也证明了企业发展不仅要考虑自然与经济因素，还需要将社会这一重要因素纳入企业可持续发展的整合系统。在这样的背景下，传统的企业发展观已明显不适应现实和理论的需要，传统的企业发展观应当让位于企业可持续发展观。公司财务活动只有从经济、社会和自然三方面进行综合考虑，方可实现公司的可持续发展，实现公司价值持续期的不断延伸。

3.2.3 公司价值评估的基本模型

在价值评估实践中有大量不同的模型，这些模型从简单到复杂，对于价值确定常常有着不同的假设前提，但是它们也有一些共同的特性。按照一般分类标准，可以把价值评估的模型分为三种：第一，现金流折现模型，依据预期的未来现金流量现值评估一项资产的价值；第二，经济利润模型，利用经济利润的折现值来评估公司价值；第三，相对价值模型，寻找确定可比资产，根据某个共同的变量，如收入、现金流量、账面价值或销售收入，通过可比资产的价值来估计标的资产的价值。

1）现金流折现模型

现金流折现模型（discounted cash flow model，DCFM），以反映现金流量风险的折现率对未来时期预计的现金流量进行贴现，以确定其资本化价值。这个估价模型很好地体现了公司价值的本质，即公司价值是公司未来经营现金流量的折现值，是公司整体获利能力的一个综合量化表现。现金流折现模型以持续经营假设为基础，重点关注公司未来获利能力。该模型的应用对象主要是以下两种：一是应用于企业并购活动中并购双方对目标企业的价值评估，并以此作为并购价格谈判的基础；二是应用于管理层对企业的价值的计量，并据此作出科学、合理的管理决策，促进实现企业价值最大化。以下为现金流折现模型的基本公式：

$$价值=\sum_{t=1}^{n}\frac{CF_t}{(1+r)^t}$$

式中：n为资产的收益年限；CF_t为第t年的现金流量；r为反映现金流量风险的贴现率。

将现金流折现模型用于公司估价，需要解决的主要问题是公司自由现金流量数额及时间分布如何估计，以及相应的折现率如何确定。

公司自由现金流量（free cash flow for the firm，FCFF）等于公司的税后净营业利润（NOPAT）加上非现金支出，再减去流动资金、土地、厂房和设备以及其他资产的投资。它不包括任何与筹资有关的现金流量，如利息支出、红利等。

$$FCFF=EBIT\times(1-T)+D_c-CE-\Delta WC$$

式中：EBIT为公司息税前营业利润；T为所得税税率；D_c为非现金支出（如折旧等）；

CE为公司资本性现金支出；ΔWC为公司营运资本净增加额。

上述公式中的EBIT×（1-T）即为NOPAT，而CE+ΔWC-D_c则为公司的净投资额。这样公司自由现金流量的公式可以表述如下：

FCFF=NOPAT-I

式中：I为净投资额。

或者：

FCFF=NOPAT×（1-IR）

式中：IR为投资率，即每年再投资占税后净营业利润的比例。

由于投资率（IR）、公司税后净营业利润的预期增长率（g）、新投入资本收益的预期收益率（ROIC）之间存在如下关系：

g=ROIC×IR

则自由现金流量公式可以转化为：

$$FCFF=NOPAT\times\left(1-\frac{g}{ROIC}\right)$$

表3-2为Magic公司2020年的实际自由现金流量以及2021—2025年预测自由现金流量。表中的流动资金净增加额是公司在一定期间投入营业流动资金的金额，其可根据公司资产负债表计算获得，等于本期净流动资金总额减去上期净流动资金总额。资本支出包括新的和重置的土地、厂房和设备的费用，其可根据资产负债表和利润表进行计算，等于土地、厂房与设备净额的增加值加上本期折旧费。

表3-2 **Magic公司预期自由现金流量计算** 单位：万元

项目	实际值	预测值				
	2020年	2021年	2022年	2023年	2024年	2025年
营业收入	13 822	14 797	15 550	16 312	17 455	18 191
减：营业成本	12 480	13 147	13 822	14 503	15 530	16 181
EBIT	1 342	1 650	1 728	1 809	1 925	2 010
减：现金税	403	516	542	569	607	634
NOPAT	939	1 134	1 186	1 240	1 318	1 376
加：折旧	822	867	911	956	1 020	1 065
减：流动资金净增加额	129	116	28	29	40	32
资本支出	1 268	1 239	1 315	1 267	1 322	1 499
自由现金流量	364	646	754	900	976	910

在公司自由现金流量折现模型中，自由现金流量反映的是公司经营所产生并且可以向包括股东和债权人在内的公司所有资本供应者提供的现金流量。为了与自由现金流量的定义相一致，用于自由现金流量的折现率应反映所有资本供应者的机会成本，机会成本应按他们各自对公司总资本的相对贡献加权，得出加权平均资本成本（WACC）。某类投资者

的机会成本等于投资者从同等风险的其他投资中可望得到的收益率。公司自由现金流量折现模型的一般公式如下：

$$V=\sum_{t=1}^{\infty}\frac{FCFF_t}{(1+WACC)^t}$$

式中：V为公司价值；$FCFF_t$为第t期期末所能得到的企业自由现金流量；WACC为公司加权平均资本成本。

根据对FCFF增长轨迹假设的不同，公司自由现金流量折现模型有如下的两种不同形式：

（1）固定增长比率模型

假设FCFF按照固定的比率保持增长并且WACC保持不变，则公司价值为：

$$V=\frac{FCFF_1}{WACC-g}$$

式中：$FCFF_1$为第1期期末公司自由现金流量；WACC为公司加权平均资本成本；g为公司自由现金流量的固定增长率。

【例3-1】若某公司2020年的自由现金流量为400万元，从2021年开始，公司进入稳定增长期，预计年增长率为7%，公司的加权平均资本成本为13%，则公司价值为：

$$V=\frac{FCFF_1}{WACC-g}=\frac{400\times(1+7\%)}{13\%-7\%}\approx 7\ 133.33\text{（万元）}$$

（2）两阶段增长模型

根据对FCFF增长阶段的划分，可以有不同的阶段模型，但最常见的是两阶段模型。在两阶段模型中，公司未来现金流量被划分为两个阶段：一个阶段为调整阶段，此时公司的增长比率很不稳定，可能是超额增长，也可能是平稳增长，或者增长比率处于严重的波动状态；另一个阶段为稳定阶段，公司的经营发展情况比较稳定，比如说有稳定增长比率。这时，公司价值为两个阶段价值的和。

公司价值=明确预测期内现金流量现值+明确预测期后现金流量现值

$$V=\sum_{t=1}^{n}\frac{FCFF_t}{(1+WACC)^t}+\frac{FCFF_{n+1}}{WACC-g}\times\frac{1}{(1+WACC)^n}$$

该公式中的$\frac{FCFF_{n+1}}{WACC-g}$，为明确预测期后现金流量现值，也可以称为企业的连续价值（continuing value，CV）。由于，

$$FCFF=NOPAT\times\left(1-\frac{g}{ROIC}\right)$$

则CV又可以表示为：

$$CV=\frac{NOPAT_{n+1}(1-g/ROIC)}{WACC-g}$$

式中：$NOPAT_{n+1}$为明确预测期后第一年税后净营业利润；g为扣除调整税的净营业利润的预期永续增长率；ROIC为新投资净额的预期收益率；WACC为加权平均资本成本。

【例3-2】如表3-2所示，Magic公司2021—2025年预测自由现金流量分别为646万元、754万元、900万元、976万元与910万元。

其中，2025年为明确预测期后的第一年，从2025年开始，公司进入稳定增长期，NOPAT增长率保持为4%，加权平均资本成本稳定为6.7%，新投入资本收益率预测为

17%，则公司的连续价值为：

$$CV=\frac{NOPAT_{n+1}\times(1-g/ROIC)}{WACC-g}=\frac{1\ 376\times(1-\frac{4\%}{17\%})}{6.7\%-4\%}\approx 38\ 972\text{（万元）}$$

公司价值的计算见表3-3。

表3-3 **自由现金流量法下Magic公司的公司价值计算** 金额单位：万元

项目	自由现金流量	折现系数	自由现金流量的现值
2021年	646	0.937	605
2022年	754	0.878	662
2023年	900	0.823	741
2024年	976	0.772	753
连续价值	38 972	0.772	30 086
公司价值			32 847

现金流折现模型重点关注公司未来获利能力，能够适用于那些具有较高财务杠杆比率或者财务杠杆比率发生变化的公司。然而，现金流折现模型在实际应用时必须满足一个假设前提：公司经营持续稳定，未来现金流量序列可预期且为正值。另外，使用WACC法确定贴现率必须具备经营风险相同、资本结构不变及股利分配制度稳定的严格假设。这些假设的存在使得该模型在价值评估实践中往往会因一些特殊情况而受到限制：①无法对当前经营困难的公司进行评估，因为这些公司的当前现金流量或收益往往为负，而且可能在将来的很长一段时间内仍为负；②没有考虑公司在不确定性环境下的各种投资机会，而这些投资机会将在很大程度上决定和影响公司的价值；③无法对拥有某种无形资产的公司进行评估，因为这种无形资产目前尚未利用，造成了现金流量难以估计。

针对现金流折现模型未考虑公司未来发展机会的不足，国外学者提出了期权定价模型。该模型是对标准现金流折现模型的调整。这种调整使管理者能随着信息量的增加对决策进行相应的调整。

期权价值评估的方法通常分为四个步骤。第一步是利用传统的现金流折现模型计算无灵活性的项目基本现值。第二步是把折现现金流量模型扩展为事件树，使用明确的价值、客观概率和加权平均资本成本表示项目价值的变化。由于模型仍然不包括灵活性，依据事件树，项目的现值应等于第一步计算出的现金流折现的价值。第三步是识别可以取得的各种灵活性来源，但对这些来源要建立明确的决策树。每个节点都可能有多种灵活性来源，对这些来源要建立明确的优先顺序规则。第四步是认识灵活性对项目风险的影响。这就是说，经风险调整的折现率不再是第一步所用的加权平均资本成本，而应采用期权定价的证券组合，对具有灵活性的项目进行评估。

2）经济利润模型

经济利润模型（economic profit model，EPM）的基本思想是企业在任何期间创造的价值（经济利润）不仅必须考虑到会计账目中记录的费用开支，而且要考虑业务所占用资本的机会成本。该模型的优势在于能突出地显示公司是否在赚回其资本成本，它与现金流折现模型推导出的最终价值完全相同。经济利润衡量的是公司在某一期间所创造的价值，是指从超过投资者要求的报酬率中得来的价值，也称经济增加值。

经济利润模型的应用对象主要是评估企业目前为股东创造价值的能力大小。对投资者来说，利用经济利润模型能更准确地评估企业真正的价值。

经济利润模型的适用条件是：①只适用于有限的企业，而不能适用于金融机构、周期性的企业、新成立的资源公司等。金融机构的资本金有其特殊的法定要求，同时，把贷款总额作为使用资产将高估资本成本，导致评估结果产生偏差；周期性企业和新成立公司利润波动太大，可能引起经济利润数值偏差。②适用于评估单一年份的企业价值增加。这一点现金流折现模型无法做到，现金流折现模型不能通过实际自由现金流量和预计自由现金流量的比较来了解公司的发展情况，因为任何一年的自由现金流量都取决于固定资产和流动资金投资，而这些投资的随意性极强。管理者只要拖延投资，牺牲长期价值创造，便能很轻易地改善某年的现金流量状况。

表3-4为Magic公司2020年的实际经济利润以及2021—2025年预测经济利润。表中的土地、厂房与设备净额以及营业流动资金可根据资产负债表计算获得，投入资本（年初）为上年末土地、厂房与设备净额与营业流动资金之和。年资金费用等于投入资本（年初）与加权平均资本成本乘积。NOPAT的计算可参照表3-2。

表3-4 **Magic公司预期经济利润的计算** 金额单位：万元

项目	实际值	预测值				
	2020年	2021年	2022年	2023年	2024年	2025年
土地、厂房与设备净额	5 824	6 143	6 456	6 773	7 231	7 552
营业流动资金	288	404	432	461	501	533
投入资本（年初）	6 150	6 112	6 547	6 888	7 234	7 732
加权平均资本成本	7.30%	6.70%	6.70%	6.70%	6.70%	6.70%
NOPAT	939	1 134	1 186	1240	1318	1 376
减：年资金费用	449	410	439	462	485	518
经济利润	490	724	747	778	833	858

经济利润法认为，公司的价值等于投入资本额加上预计经济利润现值，即：

公司价值=预测开始时的投入资本+明确预测期内经济利润现值+明确预测期后经济利润现值

$$=IC+\sum_{t=1}^{n}\frac{EP_t}{(1+WACC)^t}+\frac{EP_{n+1}}{WACC-g}\times\frac{1}{(1+WACC)^n}$$

式中：IC为预测开始时的投入资本；EP_t为第t期的预测经济利润值。

公式中的$\frac{EP_{n+1}}{WACC-g}$即为连续价值（CV）。用经济利润法估算的连续价值并不表示公司在明确预测期之后的价值。相反，它表示的是明确预测期结束时公司投资资本增加的价值。

经济利润连续价值虽然与现金流折现法计算出的连续价值不同，但在预测的财务绩效相同的情况下，公司价值是相同的。经济利润连续价值的推荐公式为：

$$CV=\frac{EP_{n+1}}{WACC}+\frac{(NOPAT_{n+1})(g/ROIC)(ROIC-WACC)}{WACC(WACC-g)}$$

式中：EP_{n+1}为第n+1期（即明确预测期后第一年）的预测经济利润值；$NOPAT_{n+1}$为明确预测期后第一年的税后净营业利润；g为税后净营业利润的永续增长率；ROIC为新投资净额的预期收益率；WACC为加权平均资本成本。

【例3-3】如表3-4所示，Magic公司2021—2025年预测经济利润分别为724万元、747万元、778万元、833万元与858万元。

2025年为明确预测期后的第一年，从2025年开始，公司进入稳定增长期，NOPAT增长率保持为4%，加权平均资本成本稳定为6.7%，新投入资本收益率预测为17%，则公司的连续价值为：

$$CV=\frac{EP_{n+1}}{WACC}+\frac{(NOPAT_{n+1})(g/ROIC)(ROIC-WACC)}{WACC(WACC-g)}$$

$$=\frac{858}{6.7\%}+\frac{1\,376\times\frac{4\%}{17\%}\times(17\%-6.7\%)}{6.7\%\times(6.7\%-4\%)}\approx 31\,240\text{（万元）}$$

与例3-2相比，Magic公司的经济利润连续价值低于现金流折现的连续价值，这是由于没有考虑到预测期后的第一年（即2025年）的投资资本。经济利润连续价值加上2025年初的投资资本，得出总的连续价值与现金流折现法计算的连续价值正好相同：

投资资本$_{2025}$+经济利润连续价值=7 732+31 240=38 972（万元）

公司价值的计算见表3-5。

表3-5　**经济利润法下Magic公司的公司价值**　金额单位：万元

项目	经济利润	折现系数	经济利润的现值
2021年	724	0.937	678
2022年	747	0.878	656
2023年	778	0.823	640
2024年	833	0.772	643
连续价值	31 240	0.772	24 117
预测开始时的投入资本			6 112
公司价值			32 846

将表3-3与表3-5的各项进行比较，在考虑了小数计算偏差的情况下，现金流折现法和经济利润法对Magic公司的公司价值的估算值是相同的。

3）相对价值模型

相对价值模型（relative value model，RVM）就是依据可比资产的价值确定估价标的资产价值，通过一些共同的变量，比如收入、现金流量、账面价值或者税收来比较两个公司价值。例如，用行业平均市盈率来评估公司，其前提是该行业中的其他公司和该公司是可比较的，而且这些公司在一般情况下存在着合理的市场价格。另外一个得到广泛使用的比率是价格/账面价值比率，公司的出售价格低于账面价值时，通常认为其价值被低估了。价格/销售收入比率也是用于评估公司股权价值的一个比率，就是用所有类似公司的平均价格/销售收入比率来评估公司的价值。除了这三个得到广泛使用的比率之外，在评估分析中还会使用其他的一些比率，如价格/现金流量比率、价格/股息比率和市场价值/重置价值比率等。

相对估值模型主要应用于投资者和分析师对于企业的价值评估，因其操作简便和易于理解，在实践中得到了广泛应用。

相对价值模型的适用条件是：①满足市场有效性假设。市场现有交易价格在整体上能够反映资产的真实价值。②需要选择一个适当的可比公司以及合适的参照比率。不同企业股票的价格之间不具有可比性，要想对市场中的可比公司进行价格比较，必须对市场价格进行标准化。③市场上有足够的可比公司用于比较。尤其在金融市场上有大量的有交易的可比公司的情况下，能够迅速地评估公司和资产的价值。

对于可比公司的选择，首先要选择同行业的企业，并且产品类型以及企业的市场地位要大致相同，其次，企业的资产结构以及财务指标要大致相同（财务指标主要包括企业偿债能力、营运能力以及获利能力指标）。对于参照比率的选择，有以下两种主要的方法：第一，依据公司基本面进行选择。这个方法是将评估的公司的比率与公司的基本面相联系，即收入和现金流量的增长率，分红比率和风险。它最大的好处是能揭示这些比率和公司特征之间的关系，使评估师能够随着公司特征的变化预测比率的变化。第二，依据可比公司的情况进行选择。估计标的公司比率的第二个方法就是了解可比公司相应的比率。这个方法的关键是如何定义可比公司。从理论上讲，在选择影响变量时，可以采用简单（使用行业平均值）的变量，也可以采用复杂（通过多元回归模型定义和控制相关变量）的变量。

（1）市盈率法

市盈率法是相对价值模型中最为常用的方法之一，其假设如下：①公司的连续价值等于未来净利润的一定倍数；②具有类似的增长潜力、股利支付率和股权资本成本的公司会具有类似的市盈率，所以，目标公司的股权价值可以用每股盈余乘以可比公司的平均市盈率计算获得。

市盈率法的基本模型如下：

$$目标公司每股价值=可比公司平均市盈率\times 目标公司的每股净利润$$

其中：

$$市盈率=\frac{股票当前市价}{每股净利}=\frac{股利_1/每股净利_0}{股权资本成本-增长率}=\frac{股利支付率\times(1+增长率)}{股权资本成本-增长率}$$

市盈率法适用于连续盈利并且公司个别风险与市场系统风险差异不大的公司，因此，其不适用于出现亏损以及个别风险较大的公司股权价值评估。

【例3-4】A公司拟进行整体资产评估，评估人员采用市盈率法评估公司股权价值。评估基准日为2020年12月31日。评估人员在同行业公司中选择了6家可比上市公司，分别计算了可比公司2020年的平均市盈率（见表3-6）。A公司2020年的净收益为1 000万元。

表3-6 **6家可比公司市盈率**

项目	M_1	M_2	M_3	M_4	M_5	M_6	平均
市盈率	16.7	15.5	35.5	18.9	20.1	17.9	20.77

6家可比公司2020年的平均市盈率为20.77。值得注意的是，可比公司M_3的市盈率明显高于其他可比公司，因此，应从可比公司中剔除。剔除后的5家可比公司的平均市盈率为17.82。

A公司的股权价值=1 000×17.82=17 820（万元）

（2）市净率法

市净率法假设股权价值是净资产的函数，类似公司有相同或相似的市净率，市净率越大，股权价值越大。因此，目标公司的股权价值可以用每股净资产乘以平均市净率计算获得。

目标公司股权价值=可比公司平均市净率×目标公司每股净资产

市净率法适用于拥有大量资产、净资产为正的公司。市净率法不受“公司净利润为正”的限制，从而弥补了市盈率法的缺陷。

（3）市价/收入比率法

市价/收入比率法假设影响公司价值的关键变量是销售收入，公司价值是销售收入的函数。在其他条件不变的情况下，销售收入越大，公司价值越大。

目标公司股权价值=可比公司平均收入乘数×目标公司销售收入

其中：

$$收入乘数=\frac{股权市价}{销售收入}=\frac{每股市价}{每股销售收入}$$

由于公司的个体差异始终存在，如果仅仅采用单一指标进行评估，在某些情况下可能会影响评估结果的准确性。因此，在使用相对价值模型法评估时，除了选取多个可比公司样本外，还可以采用多种可比指标进行综合评估。

【例3-5】B公司拟进行整体资产评估，评估基准日为2020年12月31日。评估人员综合采用市盈率、市净率以及市价/收入比率评估公司价值。评估人员选择了4家可比公司，分别计算了其2020年的市盈率、市净率以及市价/收入比率（见表3-7）。

表3-7 **市盈率、市净率以及市价/收入比率**

项目	M_1	M_2	M_3	M_4	平均
市盈率	16.8	15.3	19.1	18.1	17.325
市净率	2.4	2.6	2.1	1.9	2.25
市价/收入比率	1.2	1.3	1.4	0.9	1.2

假设B公司2020年的净收益为1 900万元，年末账面净资产为16 000万元，年销售额为32 000万元，则利用可比公司平均比率可以计算出B公司股权价值（见表3-8）。

表3-8 **B公司的综合价值评估** 金额单位：万元

项目	B公司数据	可比公司平均比率	B公司股权价值
净收益	1 900	17.325	32 917.5
净资产	16 000	2.25	36 000
年销售额	32 000	1.2	38 400

将得到的3个B公司股权价值评估参考值进行算术平均或加权平均，即可得到B公司股权价值。若本例采用算术平均，则B公司股权价值为35 772.5万元。

3.2.4 公司价值评估模型的新发展

1）互联网等新兴业态企业价值评估模型初探

伴随着数字经济、平台经济等的快速发展，以互联网、大数据、人工智能为代表的新一代信息技术正在加速与实体经济相融合，促使传统产业不断向数字化、网络化、智能化转变，由此涌现出大批以互联网企业为代表的新兴业态企业。互联网企业以互联网为基础，主要通过互联网或互联网相关产品、服务获取全部或部分收益，如电子商务、影音视频、即时通信、门户网站等。广义的互联网企业包括基础层互联网企业、服务层互联网企业和终端层互联网企业，狭义的互联网企业仅包括第三类，主要在前两类企业提供支持的基础上，凭借其搭建的平台为客户提供服务。与传统产业相比，互联网企业赢者通吃，规模性、创新性较强，资产结构中多为无形资产，企业生命周期不完整、技术更迭快、马太效应明显，具有高度的灵活性和不确定性。

当下，互联网企业数量大幅增长，企业间经济活动和资本运作越来越广泛，所以对这类企业作出合理的价值评估就显得愈发重要。但由于互联网企业的自身特性，传统的估值方法在此存在着一定的限制。首先，互联网企业建立时间较短，业务更新快，商业模式创新频繁，缺乏相同或相似的可比企业，故市场法应用受限；其次，互联网企业资产特殊，多数资产属于无形资产，不具有实物形态，很难衡量企业的资产价值，即财务报表上的资产不能反映企业的现实情况，以至于资产法也无法应用；最后，互联网企业具有高风险、高收益的特征，技术和用户需求在不断地发生变化，难以预测企业未来的现金流量，使得权益法的应用也受到限制。

基于互联网企业独特的价值特征和比较新颖的商业模式，其价值评估应根据企业的核心价值因素，运用合理的评估方法，使估值结果更加科学合理。互联网企业的价值评估主要受用户价值、商业盈利模式、规模经济效应以及创新驱动等因素的影响，其中，用户的体验尤为重要。互联网行业竞争激烈，用户的选择范围很广，故用户数一定程度上就反映了企业的影响力和价值创造能力。从用户的角度出发，新经济下对互联网企业的估值方法包括梅特卡夫定律、DEVA模型、曾李青定律、国泰君安模型等，其中，比较经典的估值方法是股票价值折现分析法（discounted equity valuation analysis，DEVA），一经提出便很快成为了互联网估值领域的参考标准之一。

DEVA模型最早由摩根士丹利的分析师Mary Meeker在1995年提出，她认为互联网企业本身就具有很强的轻资产性，它的盈利特征与传统的企业大不相同，这种不同主要体现在其盈利模式的多元性和间接性。并且，互联网公司在发展过程中，用户资源始终是最主要的价值源泉。在某种意义上，进行深入挖掘并有效利用用户资源能够增加企业的收益，进而增大企业价值。该模型的理论依据为连接用户数量和企业价值的梅特卡夫定律和揭示信息技术进步速度的摩尔定律，认为公司的价值会随着用户数量的增长，呈现平方增长的态势，而非简单的线性增长。其公式表达为：

$$V=M\times C^2$$

式中：V为互联网企业的价值；M为单个用户的初始投入成本；C为单位经济周期内的用户价值。

【例3-6】T公司为一家互联网企业，截止到2023年12月31日，T公司公开披露的注册资本为13.1482亿元，公司总注册用户数量达到1.4亿个，用户访问T公司产品的平均载入时间为2 553ms，则有：

单个用户的初始投入成本（M）=1 314 820 000÷140 000 000=9.39（元）

单位经济周期内的用户价值（C）=140 000 000÷2 553=54 837.44614（元/毫秒）

故2023年12月31日T公司的价值为：

$V=M\times C^2=28\ 237\ 096\ 237$（元）

DEVA模型主要的观点是企业价值与每个用户投入的初始成本、每个用户价值的平方成正比例关系，投入的初始成本抑或是用户的价值越大，企业的价值也越大。

DEVA模型的关键点主要有：第一，根据企业用户之间的互动关系，用户之间构成了网络节点，用户之间就可以相互连接沟通，每个用户都可以成为信息的接收者和传播者。因此，企业的附加价值会因用户的增加而持续增加，且附加价值与用户数量的平方成正比。第二，单个用户投入成本与用户价值之间为指数关系，当用户规模达到一定程度时，企业价值不会因为单位固定成本的线性变动而线性变动，而是指数变动，因此，互联网企业在成立初期都会通过大量的免费商品和服务来扩大自己的用户规模。该模型的优势在于考虑了单个用户的初始投入成本和单位经济周期内的用户价值，与传统的评估方法相比能够更加直观地反映影响互联网企业的价值核心因素，因此，常被作为互联网企业估值的基础理论模型，为以后的进一步研究指明了方向和路径。

2）公司可持续价值评估模型初探

1987年4月，世界环境与发展委员会（WCED）发表了《我们共同的未来》（Brundtland报告），推动了“可持续发展”一词的产生。报告中，可持续发展被定义为既能满足当代人的需求，又不损害后代人满足其需求的能力的发展。可持续发展价值主要涉及三个维度：经济价值、社会价值和生态环境价值，企业可持续发展价值则是企业经济、社会、生态环境三个方面的综合价值。

目前，企业经济价值评估方法较为成熟，如现金流折现模型、市场价值评估模型、期权定价模型和经济附加值模型等。但仅仅进行经济价值评估并不能有效衡量企业的可持续价值，因此，需要在经济价值评估模型的基础上，增加企业社会价值和环境价值的评估，从而计算企业的可持续价值。以下参考李伟阳和肖红军（2011）、孔晓旭和郭毅（2017）等的企业价值评估方法，探讨在传统企业经济价值评估的企业自由现金流量模型的基础上，社会价值和生态环境价值调整后的企业可持续价值评估。

第一，通过设计并筛选相关性指标的方法对企业的社会价值和生态环境价值进行量化评估。鉴于企业对利益相关者履行社会责任的过程就是创造其社会价值的过程，因此，履行好社会责任可以有效提升企业自身的社会价值。作为企业经济价值的计量模型，自由现金流量模型已经体现了股东、债权人（即货币资本利益相关者）价值。那么，企业社会价值主要包括企业为其他关键利益相关者创造的价值，例如：人力资本利益相关者（员工、管理者等）价值；交易型社会资本利益相关者（客户、供应商等）价值；制度型社会资本利益相关者（政府、社会团体等）价值。企业的生态环境价值包括企业绿色生产价值、企业生态环境治理价值以及资源的综合利用价值三大方面，其共同反映了企业在生态环境方面的价值体现。我们可以构建社会价值和生态环境价值的评估指标体系，见表3-9。

表3-9 **企业社会价值、生态环境价值的评估指标体系**

一级指标	二级指标	三级指标	指标说明
社会价值	人力资本利益相关者价值	员工价值	员工工资占收入比、员工满意度等
		管理者价值	管理层薪酬、离职率等
	交易型社会资本利益相关者价值	客户价值	产品质量保障、客户满意度等
		供应商价值	款项结算及时等
	制度型社会资本利益相关者价值	政府责任价值	税金及附加、所得税税率等
		社会公益价值	社会捐赠支出率、文化教育投入等
生态环境价值	绿色生产价值	生产排放的减少	单位产值废气排放的下降、单位产值废水排放的下降等
		能源使用总量和强度控制	单位产值能源消耗降低、可再生能源和清洁能源消费量占能源消费总量比重等
	生态环境治理价值	生态环境投资	环保设备研发与投资等
	资源的综合利用价值	污染物处理	污水集中处理率、废气排放处理率等
		废弃物再利用	固体废物综合利用率等

第二，通过使用模糊综合评价法和层次分析法对企业社会价值、生态环境价值指标进行分析和计算，获取评价结果。层次分析法可以构建评价模型并确定各评价因子的权重，之后再使用模糊综合评价法确定各评价样本的得分，从而得到企业社会价值、生态环境价值对企业可持续价值的调整系数。

具体步骤如下：

①层次分析法

通过建立层次结构，获取权重向量：

$$A=[a_1, a_2, a_3, a_4, \cdots, a_n]$$

②模糊综合评价法

建立函数将统计评价值归一化，进而构建评价矩阵：

$$R=\begin{pmatrix} r_{11} & \cdots & r_{1n} \\ \vdots & \ddots & \vdots \\ r_{m1} & \cdots & r_{mn} \end{pmatrix}$$

根据评价指标间的关系，建立模糊层次分析模型：

$$B=AR=[a_1, a_2, a_3, a_4, \cdots, a_n]\cdot\begin{pmatrix} r_{11} & \cdots & r_{1n} \\ \vdots & \ddots & \vdots \\ r_{m1} & \cdots & r_{mn} \end{pmatrix}=[b_1, b_2, b_3, b_4, \cdots, b_n]$$

通过专家打分获得向量 $V=(0.1, 0.2, 0.3, \cdots, 1)^T$，可以将评价确定为百分制，并设定评价结果为S（S=B·V）。S为百分数，表示企业社会价值、生态环境价值对企业整体可持续价值的调整系数。

构建企业可持续价值评估模型。考虑到企业社会价值、生态环境价值对企业整体可持续价值的调整系数，在传统企业经济价值评估的企业自由现金流量模型的基础上，衍生出企业可持续价值评估模型：

$$V=\sum_{t=1}^{n}\frac{FCFF'_t}{(1+WACC')^t}+\frac{FCFF'_t/[WACC'-g_n(1+S)]}{(1+WACC')^n}$$

其中：

FCFF′表示企业社会价值、生态环境价值调整后的自由现金流量，计算公式如下：

FCFF′=息税前利润×（1-所得税税率）×（1+S）+折旧-（资本性支出+净营运资本增加）

WACC′表示社会价值、生态环境价值调整后的加权平均资本成本，计算公式如下：

WACC′=借款利率×（1-所得税税率）×资产负债率+ECC′×（1-资产负债率）

其中，ECC′表示社会价值、生态环境价值调整后的股权资本成本，计算公式如下：

ECC′=无风险利率+（市场平均收益率-无风险利率）β/（1+S）

3.3 基于价值评估的价值创造

随着对公司价值以及价值评估认识的不断深化，公司价值评估已不仅仅是对公司价值创造预期结果进行度量，更是分析公司在价值创造过程中的有关信息、管理公司价值创造活动的重要手段和途径。进行公司价值评估需要分析公司的价值活动以及影响公司价值的诸多驱动因素，通过价值评估可以进一步明确公司的哪些活动创造价值，其创造的价值有多大，哪些活动不创造价值或损害企业的价值，其损害的价值有多大。如此分析，不仅可以促进对公司价值的管理，而且使得价值评估的结果更为客观、准确。因此，价值创造与价值评估是一种动因与结果的关系。对于价值创造活动的管理（即价值管理）与价值评估息息相关：价值评估服务于价值管理，缺少了公司价值评估，进行价值管理就缺少了赖以决策的信息基础。本节从公司价值创造中的战略规划、财务控制、绩效管理、投资者沟通，以及企业社会责任履行等五个方面介绍公司价值评估与公司价值创造的紧密联系。

3.3.1 基于价值评估的战略规划

战略规划应以公司价值创造为核心。首先，需要从战略分析开始，也就是要以价值评估的视角来分析公司现有战略是否能够创造公司价值。如果不能，则需要以价值评估为重要的工具来构建一个新的替代战略。如果公司现有战略能够实现公司价值创造，那么就需要通过价值重组分析和价值链优化来为公司持续进行价值创造提供保障。公司价值评估活动一直嵌合于价值重组分析和价值链优化之中。通过价值重组分析可以寻找到公司内部的重组机遇，发现价值创造的可能途径。价值链优化是在重组分析的基础上，识别出增值流程与非增值流程，并提出优化的策略。

1）战略分析

公司现有战略是否成功、有效，关键在于该战略能够给公司带来价值的创造。评价公司现有战略能否实现公司价值创造，可以借助迈克尔·波特所提出的行业吸引力分析模型进行分析。

在行业吸引力分析模型中（如图3-3所示），影响行业吸引力的因素包括外部环境力量和行业内部竞争力量。外部环境力量包括政府管制、社会环境、科技环境、全球化，以及经济形势，而行业溢价（投资收益与资本成本之间的差额）则是由五种行业内部竞争力量所决定的：两个来自纵向的竞争（买方的议价能力和卖方的议价能力），另外三个则是来自横向的竞争力量（替代产品的威胁、新进入者的威胁和原有同业公司的竞争）。上述的内外部影响因素相互作用，共同决定了公司在某一时点、某一行业的吸引力。行业吸引力代表了该行业的价值创造潜力。行业价值创造潜力对公司价值创造有巨大影响。处于上升行业的公司，创造更大价值的概率就大，即使其在该行业中经营一般，也会由于该行业的上升而获益。相反，如果处在一个下降的行业，公司创造较大价值的概率就小，要创造与上升行业中相同的价值，必须付出更多的努力。

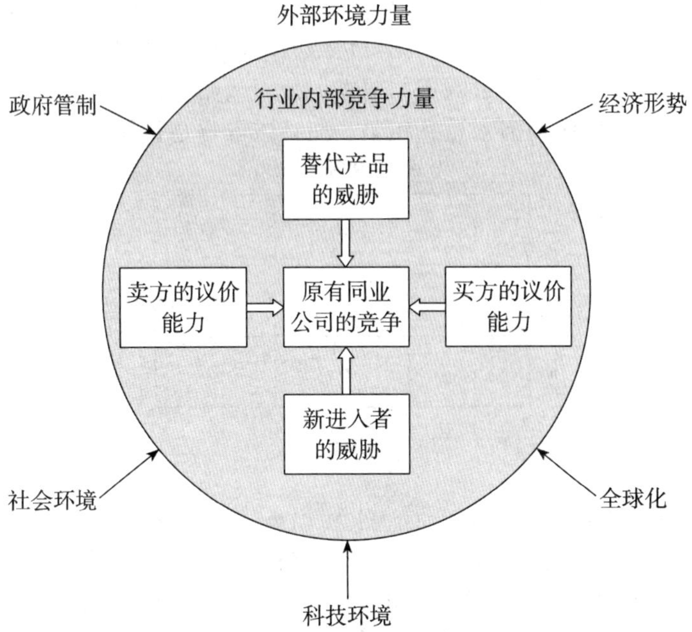

图3-3 波特的行业吸引力分析模型

另外，要想提高公司价值创造的潜力，还得关注公司在所处行业中的竞争地位。只有占领一个恰当的竞争地位，才能轻松面对来自客户、供应商、替代产品以及同业公司的负面影响。在公司业务层面上，波特发现了两种获得和保持这种竞争地位的一般性策略，它可以使业务面临的市场竞争强度降低。这两种一般策略是：①在某些关键特征上使产品差异化；②取得相对于其他竞争者的成本优势。将这两个竞争手段和业务单位的战略目标结合起来，就形成了著名的一般竞争战略（如图3-4所示）。

基于价值评估的战略分析，就是要识别、评估和采纳那些能够使投入资本收益率超过资本成本的战略，并且在尽可能长的时间里创造并保持竞争中的优势地位。战略分析首先

		竞争优势的来源	
		具有顾客认同的独特价值	成本最低
战略范围	广泛（全行业）	全面差异化	总体成本领先
	狭小（仅为部分）	部分差异化	部分成本领先

图3-4　波特的一般竞争战略模型

是确定公司现有战略的价值和所有竞争优势的来源（如产品差异化、低成本、定价策略、市场状况等），之后需要确定是否应该采用替代战略（或战略组合），而采用替代战略的前提是替代战略能够带来更高的公司价值。在战略分析的这个过程中，需要掌握公司运营的状况、战略特点，尤其是公司价值变化等有关信息，而价值评估正好能提供战略分析需要的诸多信息。通过价值评估与战略分析，可以增加对公司内部和外部信息的了解，并且把这些信息转化成包括经济、市场以及财务策划等在内的规划，确保公司的资源能够恰当地运用于有竞争优势的领域里。公司战略与公司价值创造紧密相连（如图3-5所示）。良好的战略设计决定了企业基本的价值创造模式，决定了企业宝贵的资源分配，从而决定了企业长期获取现金流量的能力和保持长久竞争优势的可能性。公司决定从事的经营活动在一定程度上也影响融资决策，进而影响资本成本。公司战略与公司价值的现金流量、资本成本和竞争优势期间等价值驱动因素息息相关，而且该影响是长期的。

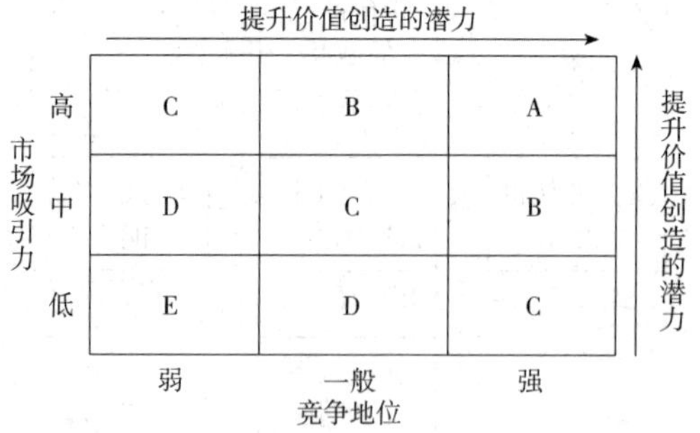

注：

A.价值创造潜力极大（很高的可持续利润和增长）。战略：提高利润和扩大市场份额。

B.价值创造潜力较高（保持正溢价）。战略：选择性增长。

C.价值创造潜力较低（取决于可持续现金流的状况）。战略：重视现金流并关注溢价。

D.有毁损价值的危险（很低或负的溢价）。战略：改变战略或竞争地位。

E.毁损价值（溢价为负）。战略：除非竞争地位可以改善，否则应将其剥离。

图3-5　公司战略与公司价值创造

2）价值重组分析

在进行战略分析以后，公司管理者需要从公司价值重组的角度来分析公司价值创造的能力。公司可以从六个方面进行价值重组分析（如图3-6所示）。首先要了解公司目前的市场价值，然后评估公司的现有价值以及在内部改进、业务出售、价值增长、财务改进能够带来增值等情况下公司的潜在价值。所有这些价值与公司的市场价值相比，就能估计出在经过彻底重组后投资者可能得到的收益，就能对公司的业务状况以及价值创造的可能途径有清晰的认识。

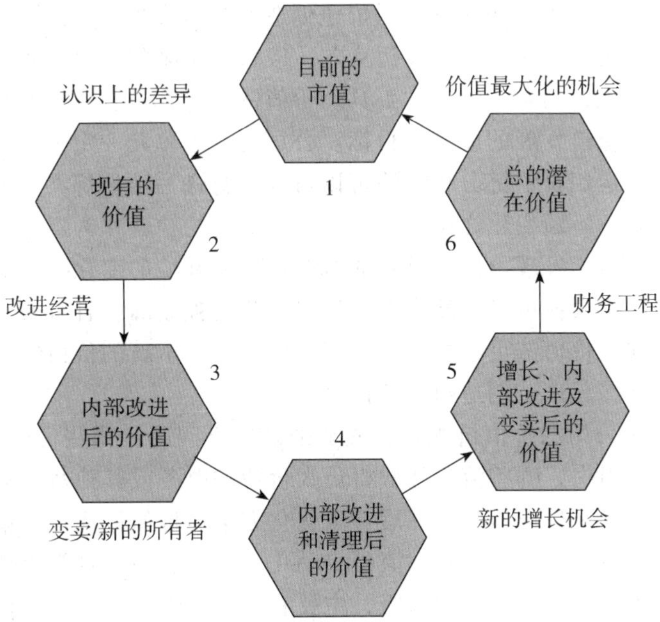

图3-6 价值重组分析六角形

公司首先要对各个业务单元进行评估，这种评估是以预期的未来现金流量为基础的，然后对每个业务单元的资本成本进行估算，区分出核心业务单元与非核心业务单元。核心业务单元即创造价值和现金流量最多的单元。需要确定该业务的关键绩效指标，促进业务的增长，并在业务下滑时为创造价值而进行管理。经过内部改进，潜在的内部价值会有所提高，接下来要作一些外部改进，比如出售一些不景气、非核心的业务。不景气的业务单元有可能正在毁损核心业务单元创造的现金流量，将其出售，公司价值会立即得到提升。接下来，公司就可以寻找新的增长机会，这些新涌现的机会必须能为公司的未来发展提供动力，同时也有利于现有业务的扩展。这些业务即使没有产生正的现金流量，也可能已经有了一定的客户资源和营业收入。最后，公司要寻求财务改进，即优化公司的财务结构。若公司能产生大量而稳定的自由现金流量，不妨尝试提高负债比例，以充分利用举债筹资的税收优势，为实现价值最大化目标而努力。

利用价值重组分析图可以寻找到公司内部的重组机遇。这种以价值为核心的做法要求管理者更好地了解公司的能力、资产以及这些能力和资产在哪些业务中最为宝贵，要确保在围绕这些能力制定行动计划前，充分认识这些能力在提高利润率、增长率等方面能起到的作用，即为创造价值提供多大的可能性。

各业务单元的管理者也需要把关注的焦点集中在他们所经营的业务的关键绩效指标上——是数量的增长，利润的提高，还是资本的利用？每个人都习惯于注重利润的提高，但在未来，真正重要的是价值及投入资本收益率的增长。这就意味着有时要放弃过去大家都习以为常的经济增长，要开展具有长远意义的研发或广告宣传活动。这可能会导致目前的收益降低，但会使公司长期创造价值。

3）价值链优化

要对公司价值实施有效的管理，必须对公司价值创造的过程有深刻的理解，针对价值创造的每个活动实施全面的过程管理。价值链管理把对公司价值创造的研究深入到公司自身以及其所在的生存环境中，深入到公司价值创造的具体过程中。

价值链分析法是美国哈佛大学教授迈克尔·波特提出来的，是一种确定公司竞争优势及寻找竞争方法以增强公司实力的基本工具。价值链始于客户，终于客户。对客户实际需求的绝对重视，是价值链发展的原则和目标。公司的业务单元一定处于某条完整的价值链的一个或多个环节，运用价值链分析方法可以对其进行进一步精炼，以实现价值最大化。

由于经营环境处于不断变化之中，公司要将价值链的检验作为经常性的工作，以纠正价值链中的不适合环节，发现价值链重组的机会。经营环境的变化、产业结构的调整、新技术出现的扰动等，都会使市场上新出现许许多多相对独立的，且具有一定比较优势的增值环节。于是就出现了价值链重组的机会，即可以设计一个新的价值链，通过市场选择最优的环节，把它们连接起来，创造出新的价值。

那么，如何优化公司的价值链呢？首先要清楚以下问题：哪些价值流程能增加价值，哪些流程会造成价值损失，哪些流程能取得更大价值的财务或其他数量化的杠杆。哪些流程能为持续价值创造提供最佳机会，然后寻求优化方案。价值链优化的策略大体可以分为三大类。一是简化，主要是指使现存的流程自动化及缩减公司的日常管理费开支。通常简化适用于渐进式改进。二是业务流程重组，主要有三种策略：①将几段价值流程合并，减少流程环节，提高流程效率；②将某一段流程打破顺序、重新构造、整合新的流程模式，以团队方式开展工作；③将连续或平行式流程改为同步工程。三是战略性重构，这是一种广义的、全面的价值链优化，意味着公司经营方式的根本改进。

在制定价值链的优化方案时，公司要根据价值链与公司战略及价值创造活动的相关性来选择不同的价值链优化策略。与公司价值创造高度相关的关键价值链，其优化策略是进行持续的、渐进的改进；远未达到预想状态的关键流程，其流程优化策略是采取根本性的、迅速的改革；与公司战略高度相关的非关键因素，其流程优化策略是尽量减少投资或外包；与公司战略不一致的非关键流程，其流程优化策略是转移到能够带来更高附加值的其他公司。

公司为保持领先水平而进行价值链的升级、更新和改进的成本是巨大的，因而在价值链优化和价值创造的决策中，存在着这样一个规律：价值链改进的范围越大、程度越深，公司获得的潜在价值收益就越大，同时，成本和风险也就越大。

3.3.2 基于价值评估的财务控制

基于价值评估的财务控制是指以价值创造为核心，通过编制与公司价值评估相对应的预算体系，对组织内部的财务管理活动及其效果进行衡量和校正。因此，基于价值评估的公司财务控制的第一步是要建立起相应的财务预算体系，第二步则是以此预算体系为标准，对公司财务活动进行有效的控制。

1）预算管理

加强财务预算管理是为了突出价值创造对公司运营的牵引作用。科学地编制财务预算，并据此进行有效的财务控制，是实现理财目标的重要途径和措施。从某种意义上讲，没有科学的、高水平的财务规划，便没有理性的、高水平的理财活动。正确的理财目标首先应当体现在财务预算中，并据此规划科学的理财行为。财务计划与预算实际上是对理财目标实现路径的一种设计和规划。公司价值的评估（现金流量的预测、资本成本的估计、公司价值的控制措施等）只有通过财务预算的方式才能够成为公司进行价值创造的基本依据和重要技术。

基于价值评估的预算管理就是通过价值驱动因素来进行资源配置管理。著名学者David Otley认为，预算管理是为数不多的几个能把组织所有关键问题融合于一个体系之中的管理控制方法之一，基于价值的预算管理是与现代公司制度下的法人治理结构相匹配的管理制度，是确保公司战略实现的实施方案与保障体系，是涉及公司方方面面的目标责任体系，也是整合公司实物流、资金流、信息流和人力资源流的必要经营机制。财务管理制度应以基于价值的预算管理思想和框架为依托，实现财务管理的全过程、全方位、全员的特性。

要使预算在公司价值创造中发挥更大作用，迫切要求改进传统预算模式与方法，包括保证预算制定的过程能够适应不断变化的经营环境，采用高水平的财务模型来拓展年度预算的框架，建立以价值增值为目标的预算程序，确认和监督公司的价值创造活动的全过程，建立预算与战略计划的联系等。具体而言包括以下方面：①将传统的预算方式转化为一种以作业单元和价值链为基础的分析工具，用以衡量公司所开展的各项工作；②通过良好的预算技术，使公司既定的衡量尺度从现行的财务报告具体科目转变为公司的预算目标指标，并与战略充分对接；③建立精巧的预算数据模型，描绘经营管理行为的偏差与年度经营目标之间的关系；④分解和评价产品在每一个环节和工作中所形成的“经济增加值”。

2）财务活动控制

对于财务活动的控制应以公司价值创造为目的。任何一项公司财务活动都要从其对价值产生的影响出发来进行相应的控制。公司管理者需要以公司价值评估中的关键评估要素（现金流量、加权平均资本成本以及公司价值持续期）为重点，控制和衡量财务活动。

公司的财务活动包括投资、筹资，以及资金营运活动，公司正是通过这三类活动来影响其价值驱动因素创造价值，从而实现公司价值最大化的。良好的投资活动、筹资活动、资金营运活动会增加公司的自由现金流量，降低加权平均资本成本，并延长公司竞争优势期间，从而提升公司价值。

投资活动是公司价值创造的源头，投资决策的成功与否将从根本上决定公司发展的命运。投资活动包括长期投资决策和短期投资决策，即资本预算决策和营运资本决策。资本预算决策至关重要，它将决定公司的持续发展能力，也指导着公司运营的方向，公司在作出决策时必须慎重，综合考虑多种因素，运用正确的评价方法，从而得出正确的决策。营运资本决策主要是选择现金、有价证券、应收款和存货的水平以及各种短期筹资的水平及结构，即安排好流动资产和流动负债，使得资金最有效率地使用，从而提升公司价值。

资金营运活动是公司创造价值的动力，也是公司正常运作的关键，根据公司业务单元的特点，要规划出与公司价值驱动因素相对应的关键绩效指标，从而指导、衡量和评价业务单元的价值创造。资金营运活动应体现价值链的优化。价值链是由一系列诸如设计、生产、营销、服务等基本活动及各种辅助活动联合构成的价值流程系统，也可以视为实现价值传递与增值的链条，优化价值链可以提高所有相关流程的净增加值，从而增强公司的价值创造能力。

融资活动会影响公司的资本成本，因此，必须制定合理的融资决策，即明确融资规模、融资方式、融资成本、融资时机等，努力降低个别资本成本，优化公司资本结构，从而增加公司价值。负债融资与权益融资的资本成本是不同的，公司要根据实际情况，选择最佳的筹资方式，从而增加公司价值。只要公司在客观上存在一个最佳的资本结构，就需要对股权融资与债务融资比例进行调整，达到资本成本与风险的最佳配置，从而最大限度地提高公司的价值。

3.3.3 基于价值评估的绩效管理

公司一旦明确了应该通过战略规划以及财务控制来创造价值，紧接着面临的挑战就是如何对公司以及个人进行管理，如何利用价值评估的方法来分析公司与个人实现价值创造的成果，并与相应的目标相比较。这些挑战都需要进行有效的绩效管理。绩效管理是公司价值创造的一个关键环节，因为通过这个过程可以把价值标准、价值驱动因素和目标转换为日常决策和每天的行动。成功的绩效管理至少包括以下两个层面：第一，要有与价值创造相联系的绩效评价体系；第二，要有相应的激励制度。

1）绩效评价体系

绩效评价体系是管理部门进行管理的重要工具，对其进行恰当的选择和正确的实施有助于价值创造活动的开展。绩效评价指标体系应该与企业价值相关，集中体现企业价值。衡量某项指标设计得成功与否，主要看其是否如实地反映了企业价值。例如，以投资收益率作为绩效评价指标，可以在一定程度上体现企业价值。但如果单纯追求投资收益率，可能放弃收益率较低但仍然高于平均资本成本的投资项目，而这些项目仍然可以作为创造价值的源泉。所以，应该从价值创造的角度设计能够致力于长期的、创造财富的绩效评价体系。

首先，可以建立基于价值驱动因素的财务绩效评价体系。公司可以通过两个步骤建立这样的评价指标体系。第一步，理解公司业务的经济联系，并确定潜在的价值驱动因素与相对应的财务指标。这个阶段的核心工作是建立业务单元的价值树。价值树是一种系统方法，通过这个方法将公司价值与价值驱动因素联系在一起，将价值驱动因素与财务绩效指标和经营指标联系在一起。图3-7显示了一家制造公司的简化版的价值树。第二步，确定最高优先级的价值驱动因素与相应的财务指标。价值树上的每一个枝都是一个潜在的价值驱动因素。在对公司价值完全分解后，会得到大量的价值驱动因素和相应的财务指标。然而，管理层并没有精力实际关注全部的财务指标。因此，需要筛选出对公司价值影响最大的一些驱动因素。这个过程可以通过建立折现现金流量模型，测试业务单元价值对于每个价值驱动因素变化的敏感度，结合实际用以改善公司经营的可操作性，确定公司财务绩效的主要评价指标。

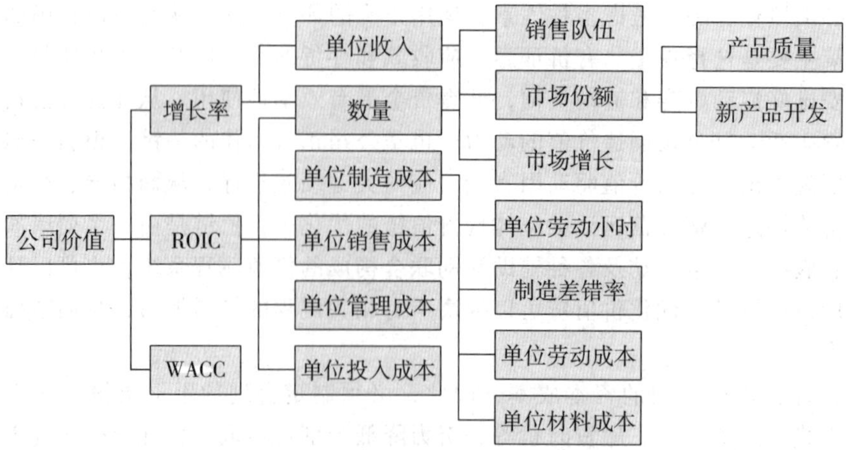

图3-7 简单的价值驱动因素树

其次，还可以借助平衡计分卡来确定非财务绩效评价体系。除了财务指标以外，平衡计分卡还包括顾客、企业内部业务流程以及企业学习与成长三个维度。顾客维度侧重公司对客户的管理。各企业与其财务目标相联系，想要获取长远的、出色的财务绩效，就必须创造出受顾客青睐的产品或服务。顾客维度可以用“市场份额”“顾客留存率”“顾客获得率”“顾客满足程度”“顾客给企业带来的利润率”等指标来评价。企业内部业务流程维度包括创新、经营和售后服务三个方面。可以用“新产品在销售额中所占的比重”“专利产品在销售额中所占的比重”“开发下一代新产品的时间”等指标评价创新，用“产品维修率”“机器设备完好率”等指标来评价经营，用“服务反应周期”“售后服务的一次成功率”等指标来评价售后服务。企业的学习与成长维度可以用“员工工作能力”“员工的劳动生产率”“员工的培训与提升”来评价。

2）激励制度

公司价值创造主要通过投资项目及其实施来实现，但任何价值创造活动都是由特定的人去完成的，公司价值最终都通过公司的管理者和雇员创造。所以，为实现最大的公司价值创造，公司必须设计恰当的薪酬方案，以通过奖励管理者和雇员所创造的价值，激励管理者和员工达到最优的努力水平。

（1）高级管理者的长期激励

公司的高级管理者是那些管理行为具有高度的综合性，对公司的整体表现产生主要影响的管理人员。公司高级管理者的首要职能是实现公司价值最大化。公司价值最大化是个长期过程，高级管理者的决策对公司有长期的影响，所以对高级管理者的激励应该以长期激励为主。

个人薪酬一般可分为三个部分，即固定的基本薪酬、基于当期业绩的奖励和基于长期业绩的长期激励。经验数据表明，越是高级的管理者，其薪酬中长期激励薪酬的比例越大。对以首席执行官为首的高级管理者的长期激励的基本目标是使其与股东利益一致，即最大限度地满足激励相容约束。公司高级管理者处于公司委托-代理链的上端，前面是所有者或其代理机构的董事会，后面是中层的运营管理者。高级管理者的行为与公司价值高度相关，而其行为很难观察，单纯依靠增加监督来达到降低代理成本和减轻信息不对称的目的是不合适的。因此，通常的思路是让高级管理者参与公司剩余的分享，使高级管理者与股东利益一致。在对管理者进行长期激励的工具中，最经常使用的是股票期权。

一般的股票期权是根据管理者的业绩授予其在未来某一时间按照当前价格购买一定数量的本公司股票的权利。但是股票期权也受很多因素的限制，如不能将市场整体的波动和行业的波动信息过滤掉，并且被授予者只享受市场价值上升的收益，而不承担市场价值缩水的风险。为克服这些缺陷，产生了多种演进股票期权形式，如指数期权、溢价期权、杠杆性期权等。

（2）营运管理者的中长期激励

营运管理者是大型公司的执行管理者，是事业部或分公司等利润中心的管理者。营运管理者是公司价值的具体执行者，但其行为的影响又是局部的，所以不能按公司整体价值来衡量其业绩。另外，公司的营运部门一般不是直接上市的，没有直接的市场价格信息来衡量价值创造。与以公司首席执行官为首的高级管理者相比，公司营运管理者的社会财富禀赋较少，风险承受能力也低一些。这就决定了对营运管理者的薪酬激励要采用中长期激励相结合的方法。

股票期权之类的长期激励工具对营运管理者而言是有局限的。标准的营运管理者薪酬构成也分三部分，即固定的基本报酬、与业务单元业绩挂钩的年度奖金、股票期权等长期激励。但长期激励的作用是有限的，因为单个营运管理者对公司整体成功或股票价格的影响是有限的。因此，运营管理者的薪酬应该以业务单元业绩为基础的年度奖金为主。基于价值创造对营运管理者进行薪酬激励的基本原则也是看价值创造的大小，可用衡量公司价值创造的指标进行衡量，如股东价值增加值（SVA）、经济增加值（EVA）等。

（3）操作型员工的基于价值驱动因素的短期激励

操作型员工的行为一般只影响个人的业绩表现，对公司价值的影响是局部的，以价值创造为基础的薪酬规划只能建立在价值驱动因素上。根据其所在岗位和部门的目标，其所能影响的价值驱动因素进行薪酬激励。

操作型员工的激励要以短期激励为主。一般来看，操作型员工的社会财富禀赋较低，风险承受能力较低，不愿意承受长期激励的风险。另外，操作型员工的行为具有较强的可观测性，其影响一般也是短期的。操作型员工是公司委托-代理链的终端，与上一级委托-代理链的信息不对称问题不十分突出。

对操作型员工短期激励的业绩指标较少地涉及财务指标，更多地采用与业务有关的指标。如对销售人员的激励指标，就不应该用销售利润率之类的财务指标，因为其行为不能影响销售利润率，而应该采用个人销售额、新顾客开拓率、客户保持率等。

3.3.4 基于价值评估的投资者沟通

前面介绍了怎样通过战略规划、财务控制以及绩效管理，以公司价值评估为主要管理思路，进行公司价值的创造。不可忽略的是，公司价值创造的另一个要素就是确保公司的股票市场价格正确地反映其创造价值的潜力，这点对公开上市的公司尤其重要。

虽然首席执行官和首席财务官花费了大量时间与投资者进行沟通，而且所花时间的比例还在不断提高，但是他们常常对所消耗的时间以及和投资者互动的效果感到失望。由于股权激励以及控制权市场的压力，管理层极其关心公司的股价，始终担心股价不够高，或者市场不能充分理解他们的公司。

公司需要一个系统化的方法与投资者进行有效的沟通。通过与投资者进行高效的沟通，可以帮助公司的内在价值与公司的股票市场价格保持一致。股票价格与内在价值的协调应该是投资者沟通的核心，而不是单纯地追求最高股价。如果公司的股价超过了其内在价值，当市场了解公司的绩效后，其股价最终会下跌。如果股价过高，可能会鼓励管理者采用激进的短期策略去支撑股价，如降低能够创造公司长期价值的资本投资或研发投资等。但股价下跌后，员工士气受挫，管理层必须面对董事会的质疑。另外，股价太低会面临并购的威胁。

有效的投资者沟通至少应该能够做到以下几点：①投资者沟通战略应该基于价值评估，也就是要彻底地对市场价值进行分析，并对公司内在价值进行细致的评估；②公司向投资者传递的信息应该与公司根本的战略和绩效保持一致；③通过公司财务报告以及其他方式，向投资者提供公司经营业务所涉及的价值评价因素、相对应的财务指标以及评价公司和个人绩效的结果，也就是公司要保持高度的透明度；④进行投资者沟通首先需要了解公司的投资者，并评价哪些投资者最为重要。

3.3.5 基于价值评估的企业社会责任履行

前文讲述企业从价值评估的视角出发，先进行战略规划，再通过编制与公司价值评估相对应的预算体系，对组织内部的财务管理活动及其效果进行衡量和校正，之后对价值评估进行绩效管理，最后对市场价值进行分析，与投资者进行沟通。企业价值是多重利益主体贡献的结果，因此，除了以上四个方面，企业还需要履行社会责任。

企业社会责任是指企业在创造利润、对股东承担法律责任的同时，还要承担对员工、消费者、社区和环境的责任。首先是员工方面，企业主动承担对企业员工的社会责任，改善员工的工作环境，提高员工的工资福利待遇，并保障他们的劳动安全，这样会带动员工的工作热情，提升价值的创造。其次，企业对消费者的责任包含两个方面。一方面，企业对消费者的最基本责任，即向消费者提供生产与销售安全并且品质好的产品。消费者购买企业提供的产品是为了满足自己的物质和精神需求，而如果企业向消费者提供了有安全隐患的产品，不仅消费者的消费需求得不到满足，还可能导致人身伤害和财产损失；若企业提供了品质差的产品将会影响消费者对于企业的信任程度。另一方面，企业应尊重消费者的知情权和自由选择权，使消费者尽可能多地了解企业的产品，在公平交易的前提下自由地选择产品。以上两点不仅可以树立企业良好的形象，也可以在声誉保障的同时为企业创造更多的价值。再次，社区方面，企业应积极支持社会公益事业，这将提升公众对于企业的信任度，有利于树立良好的企业形象，提高企业的长期价值。以上三个方面属于社会层面，而最后一个方面是生态环境方面，企业应积极响应国家“双碳”目标的号召，在提供产品和服务的过程中贯彻落实绿色理念，实施资源节约与环境保护计划，减少环境负面影响。

综上所述，公司价值评估与公司价值创造活动息息相关，图 3-8 可以直观地显示两者的关系。

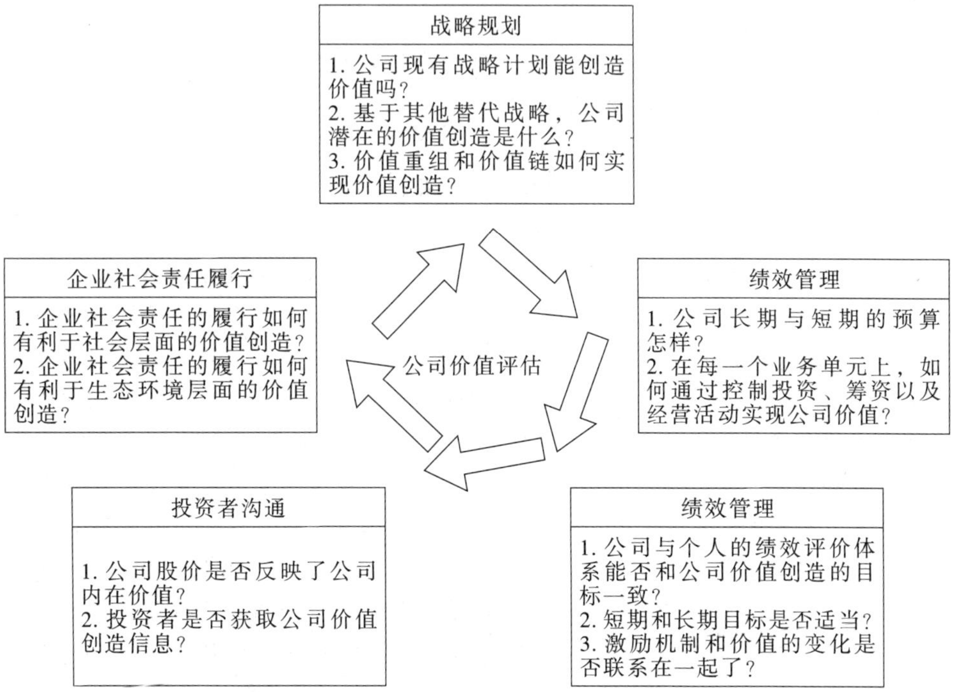

图3-8 公司价值创造过程与公司价值评估

关键词

公司价值　价值评估　价值驱动因素　现金流量　现金流折现模型　经济利润　经济利润模型　相对价值模型　战略分析　价值重组分析　价值链优化　预算管理　财务活动控制　绩效评价体系　激励制度　投资者沟通

思考题

1. 价值创造与评估的基本要点有哪些？你认为其中的哪点最为重要？为什么？

2. 你认为价值评估的发展趋势是什么？为什么你有这样的判断？

3. 如果你是一个上市公司的董事长，请问你最关注的公司价值驱动因素有哪些？为什么？再如果你是CFO，又会怎样呢？

4. 请你比较一下现金流折现模型、经济利润模型和相对价值模型的优缺点，以及其各自的适用条件。

5. 请思考一下，低成本战略和差异化战略在竞争优势、产品种类、营销特点方面的异同，并探讨这两种主要的竞争战略如何创造公司价值。

6. 有人认为，公司出售的业务部门一定都是不能创造公司价值的业务部门，你怎么认为？

7. 对于竞争对手的价值链，企业是否应该进行分析？如果要分析，那么对本企业的价值创造有什么样的作用？

8. 如何保证预算制定和财务控制的过程能够适应不断变化的经营环境？

9. 基于价值创造的绩效评价指标和激励制度应该具有什么样的特征？

10. 投资者沟通的主要目的是什么？

学思践悟

从2007年党的十七大报告提出“要建设生态文明”（Ecological Civilization），2012年党的十八大报告从经济、政治、文化、社会、生态文明五个方面制定了新时代统筹推进“五位一体”总体布局的战略目标，到习近平总书记在2017年党的十九大报告中提出要“加快生态文明体制改革，建设美丽中国”，再到习近平总书记2021年在主持中共中央政治局第二十九次集体学习时强调“要完整、准确、全面贯彻新发展理念，保持战略定力，站在人与自然和谐共生的高度来谋划经济社会发展”，中国特色社会主义生态文明建设不断提速，取得了举世瞩目的建设成就。

减少温室气体排放、积极应对气候变化，已成为全球共识。2020年9月，中国向全球宣誓，二氧化碳排放力争于2030年前达到峰值，努力争取2060年前实现碳中和。这一宣誓意味着碳排放权交易在促进碳减排、助力碳中和方面的价值得到凸显。2021年7月16日，全国统一碳市场正式启动，发电行业已经率先启动上线交易。根据相关要求，“十四五”期间石化、化工、建材、钢铁、有色、造纸、航空等高排放行业也将陆续纳入全国碳市场，到“十四五”末期，一个交易额有望超千亿元的全球最大碳市场将在中国建成。

习近平总书记指出：坚持节约资源和保护环境的基本国策，坚持节约优先、保护优先、自然恢复为主的方针，形成节约资源和保护环境的空间格局、产业结构、生产方式、生活方式，统筹污染治理、生态保护，应对气候变化，促进生态环境持续改善，努力建设人与自然和谐共生的现代化，这意味着中国企业的发展进入了崭新的发展阶段。绿色生产、低碳化日益成为中国企业发展的刚性约束，势必给企业价值创造带来一系列新的挑战。如何在“五位一体”总体布局下实现企业价值创造？如何在兼顾经济价值、社会价值和生态环境价值平衡发展下，实现企业可持续价值的不断提升？这些问题都是新时代企业价值评估和价值创造的新问题，值得我们深入探索。

延伸阅读文献

1. 斯迪克兰德．战略管理［M］．段盛华，等译．北京：北京大学出版社，2000.

2. 海尔菲特．财务分析技术——价值创造指南［M］．张建军，译．北京：中国财政经济出版社，2001.

3. 科普兰，科勒，默林．价值评估——公司价值的衡量与管理［M］．郝绍伦，谢关平，译．北京：电子工业出版社，2002.

4. 考夫曼．价值管理［M］．贾广焱，李一川，译．北京：机械工业出版社，2003.

5. 波特．竞争战略［M］．陈小悦，译．北京：华夏出版社，2005.

6. 赫斯特．价值评估——为股东价值进行投资评估［M］．宋云玲，纪新伟，译．北京：经济管理出版社，2005.

7. 马丁，佩蒂．价值管理——公司对股东变革的反应［M］．娄芳，译．上海：上海财经大学出版社，2005.

8. 斯罗斯，韦斯特菲尔德，乔丹．公司理财精要［M］．张建平，译．北京：人民邮电出版社，2006.

9. 科勒，戈德哈特，威赛尔斯．价值评估——公司价值的衡量与管理［M］．高建，魏平，朱晓龙，等译．北京：电子工业出版社，2007.

10. 金旼旼．通用电气：成也韦尔奇，败也韦尔奇［N］．中国证券报，2018-03-10（A08）.

11. 张恭杰．通用电气“金融之火”从未“熄灭”［N］．中国会计报，2019-10-18（9）.

拓展材料

中国资产评估协会官网

互动习题

第3章即测即评

4 增长管理

导入案例 五谷道场——藐视商业常识的悲剧①

1999年，王中旺筹措170万元资金建成了第一条方便面生产线。当时，全国方便面企业超过1 000家，"康师傅"和"统一"占据80%的市场份额，近百家区域品牌把持剩下的20%市场。这时，有一种既可干吃也可泡吃的方便面刚刚问世，王中旺迅速抓住这一商机，2000年底，也就是推出新产品15个月后即实现单月销售额1 000多万元，全年销售额1亿多元。这一成功使王中旺总结出一个信条：差异化+快速扩张。

随着中低端方便面市场竞争日趋激烈，国内众多厂家陆续萎缩、倒闭。王中旺意识到必须走彻底差异化的道路，才能领先。而此时公司也有不少的资金积累。2003年，王中旺赴日本考察，看到日本超市出售"非油炸"方便面，他决定在国内高端市场推出这个全新的产品。2004年，王中旺以其掌握的中旺集团为主体，成立了由中旺集团控股80%的北京五谷道场食品技术开发有限公司，全力运作五谷道场品牌非油炸概念方便面。

但是，五谷道场毕竟是一个全新的品牌，国内消费者对于"非油炸"概念闻所未闻，"非油炸"的口感又不如"油炸"的，如何让市场接受？除了采取全新的、强大的营销声势外，别无选择。

2005年初，在投资1.6亿元的北京生产基地开工不久，五谷道场以每天往央视砸进100万元，总额1.7亿元的超级"炸弹"在全国掀起史无前例的"轰炸"，"非油炸，更健康"的口号响彻中华。

随即，王中旺采取"只计成功，不计成本"的营销策略。2005年11月，五谷道场在全国12个中心城市集中上市。仅仅4个月迅速在全国遍地开花：国内分公司38个，员工2 000人，办事处80家。一年后，在国内媒体发布的2006年中国成长百强企业中，五谷道场的控股母公司中旺集团以2 003.27%的成长速度高居冠军，五谷道场和王中旺成为全国的明星企业和明星企业家。

然而，突然迸发出的巨大市场需求令王中旺骑虎难下，除了不断增加资金投入，增加生产基地，似乎别无选择。仅北京一个生产基地，最高峰时就有8条生产线同时生产。巨额的免费派送成本和持续扩张带来的管理漏洞不断销蚀大量资金。为了迅速抢占终端市场，五谷道场承担了产品进入商场、超市的全部进场费用。

2006年夏天，五谷道场开始力不从心。"欠薪"的消息接踵而至：员工工资、经销商

① 李红兵．五谷道场：一出藐视商业常识的悲剧［N］．南方周末，2008-01-24.

的报销费用和货款大规模被拖欠。与此同时，银行贷款也开始到期，资金问题在短期内集中爆发。

2006年11月，中旺集团成立了战略管理临时委员会，开始调整管理架构，撤销各地分公司，同时，大幅度削减办事处员工数量。2007年1月，王中旺提出将“不计成本，只计销量”的发展策略转变为“稳健多盈”。

然而此时，王中旺已经无力让五谷道场刹车：要解决断货危机就必须继续开足马力组织生产，继续生产就必须继续投入资金。而截至2007年底，当上海黄浦区人民法院为解决欠薪诉讼赴北京五谷道场总部执行资产查封时，五谷道场的账面资金仅剩区区75元。企业如何谋求持续健康的增长方式？这正是本章所关注的。

4.1 财务增长管理的理论基础

4.1.1 企业增长管理的理论发展

学界一直在探究“企业的本质”，最先试图打开这个“黑箱”的学者是科斯（1937），他质疑新古典经济学的完全竞争市场假设，认为交易费用的存在导致企业的出现，企业是市场价格机制的替代物，能节约某些市场的交易费用。威廉姆森（1985）指出影响市场交易费用的因素可分成两组：第一组为“交易因素”，尤其指市场的不确定性和潜在交易对手的数量及交易的技术结构（指交易物品的技术特性，包括资产专用性程度、交易频率等）。第二组为“人的因素”，有限理性和机会主义。他指出，机会主义行为、市场不确定性、谈判及资产专用性的存在都会导致市场交易费用提高，从而把“交易”真正作为可分析的一种经济学工具。

资源理论和能力理论则从另一个角度认识企业的组织特性，强调企业从环境中获取资源功能的重要性。

企业理论的演进与发展如图4-1所示。

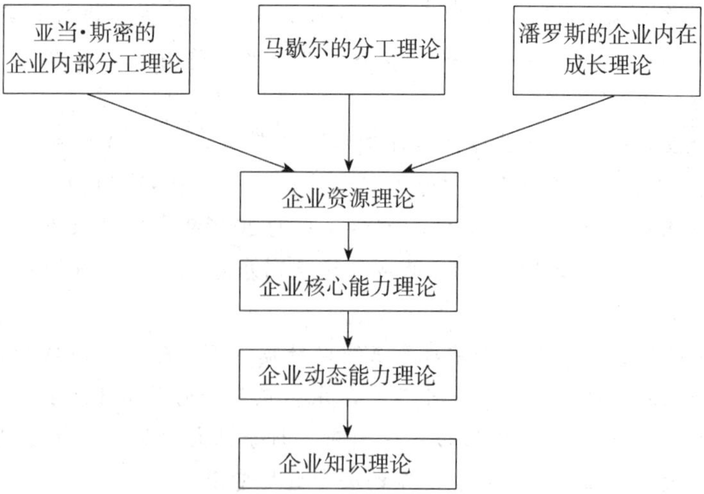

图4-1 企业理论的演进与发展

4.1.2 企业资源理论

企业资源理论由著名学者伯格·沃纳菲尔特（Birger Wernerfelt）于1984年提出，认为企业竞争优势和盈利水平之间的差异是由企业所拥有的资源及资源的特性决定的。资源就是包括有形资产、无形资产和组织能力的综合体系（Barney，1991）。该学派的基本理论前提是：决策是在组织内部发生的，决策处理的是组织面临的环境，管理在决策过程中起着重要的作用。资源依赖模式源于两个假设：一是维持组织的运行需要多种不同的资源，而这些不同资源不可能都由组织自己提供；二是组织的正常运行是由多种活动构成的，而这些活动不可能都在组织内进行，因此，企业或组织必须依赖环境以求资源，同时，必须依赖其他企业的活动来维持正常运行。但是，该理论并不排斥企业积极主动面对环境的可能性。

资源依赖理论和交易费用理论的共同点在于认同企业与市场（或环境）的价值置换功能，企业或组织与环境有确定的界面，发生在界面间的资源交流，在交易成本理论看来是一种弥补企业或市场功能失灵的价值转移活动；而按资源依赖理论，则是企业通过内部的权力安排结合外部的群体需要，选择组织所需要的资源。

由此可见，企业与市场（或环境）的边界是存在的，但是对于企业边界的划分依据、企业的特性和真实内涵，则是以上两种理论所难以解释的；而基于熊彼特经济发展周期理论的演进经济学和基于资源的企业能力理论，认为企业是以自有资源存量为基础的，并通过资源流量的增加借以形成异质性能力，企业是能够提供优越租金的唯一资源组合（Dierickxand Cool，1989；Barney，1991），由于外部环境的变化对所有企业都是同质的，各个企业的分化、兴衰和发展，尤其是具有竞争优势的企业最终要依赖组织内的特定资源和能力。因此，企业绝非新古典经济学所假设的同质性生产“转换器”，也不仅仅是规模不一的生产函数，而是以资源为基础的能力体系的反映，各个企业均有自身的边界、规模和功能。

4.1.3 企业能力理论

1）理论发展的过程

企业在多大范围内存在，存在的理由是什么，企业多元化的逻辑起点是什么，这正是企业边界要解决的问题。演进经济学派认为企业之所以存在，是因为它具有区别于其他企业的异质性或特质性能力，这并不能通过交易从市场取得，企业的首要问题是解决“生产什么”和“怎样生产”的问题，围绕这些决策和组织活动，形成了企业的能力体系（Eliasson，1990）。企业的能力是以知识为基础的一系列共同价值系统、管理者所拥有的独立管理诀窍（Spender，1989）。

伴随企业知识和技能的积累，企业的能力也得到提高和扩张，原有的个人能力（例如，领导抉择行为）演变为组织的程序化活动，在降低当事人抉择成本的同时，也产生了扩大生产规模和多元化发展的内部张力，表现为通过兼并和收购等途径转移过剩的生产能力，或者对其原有的惯例进行复制，推动企业的成长（Penrose，1959）。在能力转移或惯例复制的过程中，常常伴随着某些能力或惯例的适应性调整或创新性变化（Winter，1995），从而导致核心能力的变化。

企业是对市场机制或市场能力的替代，企业或者利用成本比较优势将市场功能内部化，或者具有无法从市场获取的能力，无论是企业固有的核心能力，还是企业内部衍生或通过市场通道获取的附属能力，都需要通过内部的协调机制与企业的各种要素结合起来，形成企业的能力体系。

综上所述，企业能力体系包括三层含义：第一，若以能力为核心来认识企业，企业的本质是一个能力体系；第二，企业实际拥有的能力决定了企业的边界和多元化的可能性；第三，企业的能力体系是一个动态演进过程，随着时间的推移和学习、吸收组织内外的知识，尤其是意会知识，企业的能力体系将不断变化。

2）核心能力——企业竞争力源泉

对企业能力体系的战略研究中，最早出现而又历时最长的概念是“核心能力”（Selznick，1957；Andrews，1971；Collisand Montgomery，1995；Henderson，Cockburn，1994；Hofer，Schendel，1978）。核心能力的定义是企业持久的异质性能力，这种能力可带来超过平均水平的经济收益（Makadok，Walker，2000）。博格勒和托马斯（1994）认为，具有核心能力的企业应该超过仅仅能够高度熟练地实施核心技巧的企业，在认知方面具有三个特点：一是处理不利组织问题的方式和惯例；二是在单一环境、技术、组织动力和产业市场相互作用中，运用价值系统指导行动；三是对程序性行动和组织能力方面的认识都是通过学习不断积累的，并且为了取得竞争优势，不断地改变以指引企业的技能。

核心能力像一种技能或行为要素一样反映了管理者的知识、信息和思想过程，它必须是稀缺的，如果对于所有参与者而言都是必需的资源或保护所有参与者的壁垒，并不能将本企业与其他企业相区别，那么这些资源和壁垒就不构成企业的核心能力。

核心能力强调企业需要集中它们的核心技巧和能力。拥有有价值的、稀缺的资源和能力的企业至少可以获得短期的竞争优势；如果其他竞争企业在模仿这些资源和能力时面临成本劣势，那么，拥有这些能力的企业就将获得可持续的竞争优势（Barney，1995）。通过开发和利用唯一的核心能力，企业试图和竞争对手相区分并战胜它们。由于历史性（路径依赖）和不确定性的制约，所有企业所选择的特定路线对于它的下一步行为具有深远的影响（Thomas，1994），因为管理者在某一时点的选择受到过去决策的限制，前一选择常常为后一选择堵塞了通道。因此，资源和核心能力之间的关系也受到该因素的约束，增加、积累某种特定资产（或能力）依赖于这种资产或其他相关资产的既有水平（Dierricks，Cool，1989）。如果运用企业能力充当催化剂，则可以提高资源的利用率，减少企业进化所需的时间和成本（Verdin，Williamson，1992）。

普拉哈拉德和哈默则在研究日本企业成功之道的基础上，提出了核心能力的另一种表述方法，认为核心竞争力是企业向客户提供附加价值的一组独特技术和技能，核心竞争力能使企业不断进行产品创新和市场开发，在开发核心竞争力的过程中经常使得企业成功地组织转型，但是核心竞争力也极易丢失（Prahalad，Hamel，1990）。普拉哈拉德和哈默将企业看作一棵大树，核心竞争力是树根，企业通过协调各种不同产品的技能并使各种技术分支合成一个整体，最终形成果实——企业的最终产品，参与市场竞争。

为什么企业的核心能力难以模仿或损害呢？原因之一是这些核心能力是企业自己发展起来的，与企业本身具有不可分性。作为企业能力基础的知识和技能，通过与企业的人力资源或其他实物资产的结合，在组织协调机制的作用下，得到了积累并改变着企业的资源结构，最终改变了知识积累的方向。如果企业能有效地规避历史性和不确定性的负面影响，企业的核心能力就可以通过正向叠加，形成自我增强的驱动器。世界著名企业在其发展历程中都形成了其独特的核心价值观（见表4-1）。

表4-1 **世界著名企业核心价值观**

企业名称	核心价值观
松下	产业报国、光明正大、亲和一致、奋斗向上、礼节谦让、顺应同化、感激报恩
华为	成就客户、艰苦奋斗、自我批判、开放进取、至诚守信、团队合作
索尼	体验以科技进步、应用与创造造福大众带来的真正快乐；不跟随别人，但是要做不可能的事情；尊重、鼓励每个人的能力与创造力
IBM	给予每个员工充分的考虑，花更多的时间令顾客满意，坚持到底把事情做好、所作所为追求完美
微软	创新、多元化和包容性、社会责任感、慈善人道、环境友好、计算可靠
福特	人员是我们的力量源泉，产品是“我们努力的终端成果”
摩托罗拉	精诚公正、以人为本；为用户提供品质超群、价格公道的产品和服务，满足社会需要

资料来源　丁政. 核心价值观——企业文化的“核动力”源［J］. 中外企业文化，2004（10）：5-7.

黄牡丹. 华为技术有限公司的核心价值观解析［J］. 产业与科技论坛，2021，20（11）：73-75.

时德生. 跨国商务中的文化维度理论——以微软和亚马逊为例［J］. 中国商论，2019（13）：101-102.

由于经济行为和环境的动态变化，对企业来说，某一状况或某一时点所形成的核心能力，在另一时点可能并不适用，难以增加企业资产。能力作为一种无形资产，与其他有形资产一样，其价值会随时发生变化。因此，核心能力需要持续的训练和积累以维持企业的适应性，将核心能力视为企业资产并进行连续的再投资是十分必要的。

在这一过程中，一般有三种战略选择：一是显著地改变即将过时的能力组合，即创新；二是改变顾客偏好或努力影响市场需求，即引导；三是减轻环境的压力，比如从新科技中寻求政府的保护，即减压。

一般而言，企业的目标是寻利，即利润最大化，旨在通过企业内部的能力配置，形成异质性核心能力，在市场竞争中取得竞争优势及其导致的经济租金最大化。在企业的寻利过程中，典型的经济租金形式有三种：一是“李嘉图租金”，来源于资源稀缺性；二是“张伯伦租金”，来源于高进入壁垒的垄断租金；三是“熊彼特租金”，来源于不确定性很高的复杂环境中承担风险的创新活动。

三种经济租金的获取都离不开企业的知识和技能，熊彼特租金更要求企业家具有创新精神，有意识地通过“创造性毁灭”过程，重构企业的资源和能力。对于如何获利，企业能力理论认为：企业获得经济租金不仅是因为它们拥有更好的资源，而且因为它们能够更好地使用它们拥有的资源。一家企业不仅要拥有技术方面的工程师，拥有工程方面的能力，还必须建立有效使用这些技能的制度（如隔离机制），设置阻止模仿的进入壁垒和运行壁垒。进入壁垒是在产业层次上对整个产业的保护，防止新的进入者；运行壁垒是在战略集团层次上保护某一产业的一系列企业不受其他现有企业的侵犯；隔离机制则在企业层次上允许企业不同于其他企业。尽管隔离机制加之资产专用性可能会限制企业本身（比如离开某一产业的转换成本极高。或难以在产业中改变企业的位置或具体特点），产生“路径依赖”性，但要有效阻止其他企业的模仿和跟随，必须建立隔离机制。

尽管企业拥有的资源和能力是创造超额利润（经济租金）的必要条件，但并不一定是充分条件，要确保持续获利，必须有使得其能力区别于其他企业的独特化（而不是与之相同）的隔离机制。如果一家企业能够很容易地模仿其他企业，那么，后者所获取的超额利润将很快消失。Mahoney和Pandian（1992）认为，隔离机制来源于交易成本经济学的关于资产专用性和有限理性的假设。资产专用性是由于各个企业能力体系的结构不同，企业的资产存量使其在现有领域形成沉没成本，在对于其他企业的进入形成资产壁垒的同时，也使得企业本身的资产和能力在原有基础上继续进化。有限理性是指企业认识的限制和信息的缺乏，只能在有限的选择机会中作决策。二者使得个别企业的经营领域和竞争范围与其他企业（包括竞争性、替代性企业或战略集团）在事实上区别开来。企业的隔离机制越有效，面对的竞争压力就越小，就越可能在有效的细分市场上，提供满足顾客需求的差别化产品或服务，获取尽可能多的消费者剩余；加之自有的核心能力得到有效的屏蔽和强化，资源和能力的优势可以成功地转化为超过产业一般收益的生产者剩余，消费者剩余与生产者剩余一同构成企业的经济租金。

3）动态能力理论——企业可持续竞争的保障

企业的核心能力在环境发生变化时，很容易表现出某种抗拒变化的惰性，即所谓“核心刚性”。一些企业在获得核心能力的同时可能因为核心刚性而丧失竞争优势。

1997年，Teece，Pisano和Shuen提出“动态能力”。组织的惯例决定了企业独特的能力，由于改变惯例的成本高，企业不会经常改变惯例。企业往往根据外部环境变化对惯例作出适度的微调，然而这种微调使得企业很难在环境动态变化的进程中作出重大变革。因此，为获得持久的竞争优势，企业需要能够进行“创造性毁灭”的动态能力。

动态能力的战略强调企业必须适应不断变化的环境，不断更新。提高和更新能力的方法主要通过技能的获得、知识和诀窍的管理、学习。动态能力是指企业组织长期形成的学习、适应、变化、变革的能力。动态能力战略强调两个方面：第一是动态，即企业必须具有不断更新自身整合重构内外部组织技能资源的能力去适应变化的市场环境；第二是能力，即战略管理在更新自身以满足环境变化要求方面具有关键的作用。

动态能力主要包括三方面的内容：组织惯例、技能和互补资产。由于组织能力包含大量企业特定的隐性知识，所以，特定企业的组织能力是难以被复制和被模仿的。企业动态能力理论不仅从深层次认识到企业竞争优势的根源，而且认识到为适应不断变化的市场环境，企业必须不断地更新自身能力，发展新的能力。

4）企业知识基础论

隐藏在企业能力背后并决定企业竞争优势的关键是企业掌握的知识，尤其是很难被竞争对手所模仿的隐性知识以及与知识密切相关的认知与学习。企业的知识必须满足有价值、稀缺性、不能完全被模仿和不能完全被替代四个条件。事实上，无论是能力理论还是基于资源的企业理论都强调企业的能力来源于企业的“独特资源”，这种“独特资源”正是企业所拥有的难以交易和模仿的知识。可以说，资源理论和能力理论最终都走到了企业知识这一轨道上，企业知识理论认为企业是知识的集合体，组织知识尤其是隐性知识，是企业核心能力的基础，核心能力是企业独具特色并为企业带来优势的知识体系，而且要随着环境的变化不断更新、提升。

格兰特（Grant）将企业视为知识协调机构，认为企业所扮演的主要角色是将存在于许多个人中的专业知识进行整合，然后将整合的知识转化为产品或劳务。企业知识理论强调组织学习和知识联盟是建立并不断强化企业核心能力的主要途径。关于组织学习，企业知识理论认为，隐藏在核心能力背后并决定核心能力的是企业掌握的知识，而知识是通过不断地学习而得到的。如果把组织中的个人通过学习获得知识和经验称为能力“基因”，那么，企业组织中的一个团队通过学习而形成的知识体系就构成了单面核心能力，而整个组织的学习则整合构成能力体系，形成企业整体核心能力。

企业知识是高度情境化的，具有意会性和离散分布性的特征。知识的意会性是指知识的不可完全表达性，它意味着企业知识是通过特定实践获得的，并且其使用对企业内部环境具有高度的依赖性。知识的离散分布性是指企业知识不可能以集中的形式存在于某一单个头脑中，而只能由那些处于特定情境的个人或团队分散化掌握。企业知识的意会性和离散分布性，决定了其具有难以转移性和不可模仿性，也决定了企业的异质性，因而该理论将其作为竞争优势的源泉。

4.1.4 财务增长管理

1）可持续增长

增长与发展似乎是相同的概念，人们往往也从增长的意义理解和解释发展。在现实中，不计成本片面追求产值、速度就是增长与发展不平衡、不充分的表现。增长不等于发展，但发展不意味着不要增长。增长同发展的目标紧密相连，是促成发展的基本动力，为实现发展的其他目标提供物质基础。在宏观经济层面，衡量经济发展质量的标准包含经济发展的有效性、协调性、创新性、持续性、分享性和稳定性等方面。落实到微观企业，则要注意根据自身发展阶段、规模等因素制定增长和发展目标，在获取增长的经济效益的同时，也要关注社会效益和生态效益的实现，积极履行社会责任。

从财务的角度看，增长并非顺理成章，需要进行有效管理。快速增长会使公司资源趋于紧张，可能引发破产，正如本章开篇的五谷道场的案例；而增长过慢则会招致股东和董事会的不满，并且面临被其他企业并购的危险。

成长期的公司能够实现快速增长且前景可观，需要经常启动外源融资，仅仅依赖公司内部资源的积累会限制公司的增长。从财务角度看，在不需要耗尽公司财务资源的情况下，存在公司销售所能增长的最大比率，我们将其定义为可持续增长率。在不发行新股也不过多借入债务的情况下，公司最多能实现可持续增长率。

假设公司有固定的资本结构和股利政策，同时，管理层不能或者不愿意发行新股，但可以借债。增加销售需要投入营运资本并提高产能，其来源只能是留存收益或新的债务；进一步考虑，资本结构固定，增加债务需要以权益的增长为前提，不难得出，权益的增长限制了销售的扩张，所以，可持续增长率即为股东权益增长率。

以 g^* 代表可持续增长率，可持续增长率公式即为：

$$g^* = \frac{\Delta E}{E_{bop}} = \frac{R \times I}{E_{bop}} = R \times ROE_{bop}$$

其中：E代表股东权益，加下标bop代表期初的股东权益；R代表留存收益率，等于1-股利支付率；I代表利润（收益）。

可持续增长率的公式将公司增长与财务资源相联系，表明其应当等于公司销售的实际增长率，否则公司就必须调整。比如，公司实际增长超过其可持续增长时，可以改善经营（提高收益）或调整财务政策（提高留存收益率等）。所以，在增长管理中，管理层应当追求经营战略、增长目标和财务政策的平衡。如果公司增长过快，即实际增长率超过其可持续增长率，管理层应当关注扩张所需资金的来源；如果公司增长缓慢，实际增长率不及可持续增长率，管理层就必须关注如何支配多出的现金。

2）新兴互联网企业增长

互联网改变了存在于商业模式各个环节的信息流动，不断驱动新的商业模式产生和发展。互联网企业能够通过平台快速为大量客户提供服务，边际成本几乎为零，在直接和间接网络效应的加持下表现出典型的“赢家通吃”竞争格局。这样的竞争格局下，互联网企业追求流量、追求大众注意力，前期通过免费来吸引用户创造流量，之后通过延伸价值链或其他增值服务创造价值，最终实现盈利，这种回报和投入不对称的“烧钱”增长方式逐渐成为了互联网企业发展的均衡解。

我们尝试从财务的角度理解互联网企业，进一步改写可持续增长率公式：

$$g^* = P \times R \times A \times T_{bop}$$

其中：P为利润率；R为留存收益率；A为总资产周转率；T代表资产权益比，加下标bop代表此处的资产权益比以期初股东权益计算。

改写后的可持续增长率的公式进一步说明了可持续增长率取决于公司的经营业绩（利润率和资产周转率）和财务政策（留存收益率和权益乘数）。但这对新兴互联网企业来讲仍然不够，它们遵循着与传统企业大相径庭的“用户获取-用户激活-用户留存-收入”发展逻辑。可持续增长方程依赖“产品-收入”的线性增长模式，最终落脚于利润；而新兴互联网企业则要经历“用户-收入”的曲折转化过程，更加关注收入。而且，互联网企业之间业务有所差异，对应的增长方程也不尽相同，它们有共同的增长推手，比如新用户获取、高激活率、高留存率等，但每个企业都有特定的推手组合。

对于C2C电商平台（如eBay、淘宝等）来说，增长公式如下：

总商品增长数量 = 发布物品的卖家数量 × 发布物品数 × 买家数量 × 成功交易数

而对B2C电商网站（如天猫、亚马逊等），增长公式如下：

收入增长 = 垂直扩张 × 每个垂直市场的产品库存 × 每个产品页的流量 × 购买转化量 ×
平均购买价值 × 重复购买行为

传统企业同时作线上购物网站时，线上部分的增长公式可能会是这样的：

增长量 = 安装量 × 月活跃用户数 × 消费用户数 × 平均订单金额 × 重复购买率

显然，即使互联网企业增长有着相同的推手，我们也很难像观察传统企业那样为互联网企业总结出一个普适的增长公式，在解释互联网企业增长方面，财务学还有不少需要探索的空间。

4.2 公司并购与资产重组

4.2.1 公司并购

1）并购的发展历程

从商品经营到资本运营，是企业家经营理念的质的飞跃。从各国经济发展进程来看，也证明了促使大企业产生的主导方式是企业间的兼并与收购。世界经济的发展史其实就是一部很好的企业并购史，同时，也是一部企业集团的发展史。

（1）第一次并购浪潮

第一次并购浪潮发生在19世纪与20世纪之交，其高峰时期为1897—1903年。这次并购浪潮成就了美国工业的雏形，使美国大部分工业企业完成了现代化结构，使美国特大型企业超过300家，国民经济的集中程度大大提高，因而被认为是诸次并购浪潮中最重要的一次。经过这次并购，出现了美国钢铁公司、美国石膏肥料公司、杜邦公司、美国烟草公司、美国糖果公司、美国橡胶公司等特大型公司，特别是1898年摩根成立的联合钢铁公司，成功收购了全美五分之三的钢铁企业，之后组建了一个拥有超过10亿美元资本的巨型钢铁工厂，显著提高了行业聚合度。

（2）第二次并购浪潮

第二次并购浪潮发生在20世纪20年代。第二次并购浪潮的一个显著特征就是反托拉斯法变为阻止垄断的主要手段，迫使大公司并存竞争，以扩大公司规模为主要目的的横向并购受到反托拉斯法的限制，大公司的纵向并购成为企业并购的主要形式。另外，在股票市场的带动下，中小企业间的并购活动异常活跃，共有万余家零售商进行了并购。尽管如此，大公司的纵向并购仍然是第二次并购浪潮的主流。在第二次并购浪潮中，公用事业也经历着更显著的并购，在美国至少有2 750家公用事业进行了并购。与大规模公司并购相适应，银行业也进行了大规模的并购活动，至少有1 060家银行进行了并购。

（3）第三次并购浪潮

第三次并购浪潮始发于第二次世界大战结束并延续至20世纪50至60年代，持续时间长、规模大。跨行业、跨国的混合并购成为此次企业并购的主流，这主要得益于当时更加严格的反托拉斯法的限制。1950年塞勒-凯弗维尔法案的通过使得20世纪60年代的反托拉斯气氛更为浓烈，联邦政府采取了强硬的反托拉斯姿态，强烈谴责水平和垂直并购。有扩张意图的公司的唯一出路就是形成企业集团。仅1967—1969年这三年高峰期中，美国就完成企业并购10 858起，从而使500家最大企业实现了集团化发展战略。然而，企业集团的形成并不能增加行业聚合，因此，第三次并购浪潮虽然并购规模空前，但是不同行业的竞争程度并未改变，这与在行业中导致大量企业聚合的第一次并购浪潮形成了鲜明对比。这次并购促进了企业管理的发展与现代化的跟进，提出了日后备受公司关注的战略管理问题。

（4）第四次并购浪潮

第四次并购浪潮始于20世纪70年代中期，并延续到80年代，其动因来自美国企业日益减弱的市场竞争力，需要从并购中寻求变革；同时，当时的美国政府信奉的自由与解除管制原则，也给并购活动提供了适宜的土壤。第四次并购浪潮以超强并购为特征，20世纪80年代，某些国家最大的公司变成了并购目标，如1981年美国杜邦公司以80亿美元收购大陆石油公司，1984年德士古石油公司以101亿美元买下格蒂石油公司，1984年加利福尼亚美孚石油公司创纪录地以185亿美元的巨额费用兼并了海湾石油公司。这次兼并浪潮所带来的深远影响是：第一，它使很多公司重新审视公司战略问题，并清醒地认识到多角化经营并不一定是明智的策略，将公司战略集中于相关产品并力图谋求规模效应可能更为有效；第二，它使美国公司通过并购行为来取得国际市场的产品竞争力，因此，并购目标已不局限于国内市场，更着眼于国际市场，跨国公司规模日益扩大，经营帝国大量形成。

（5）第五次并购浪潮

这次并购风始于1992年，并延续至今。伴随着1993年起美国经济的复苏和回升，高新技术应用日益普遍，信息革命的到来，以及世界经济一体化步伐加快，都要求企业通过并购集中资本、加强国际竞争力。这次并购浪潮以强强并购为主要特征，敌意并购相对减少，战略并购成为主流，企业开始寻求扩展新市场或追求潜在的协同效应。同时，第五次并购浪潮也是一次名副其实的国际化的并购浪潮。在欧洲，第五次并购浪潮事实上是从1998年开始的，到1999年，欧洲并购交易的价值几乎与美国持平。亚洲的并购交易价值和数量也开始显著地增加，其中，大部分交易发生在日本。加拿大的并购数量在整个20世纪90年代一直呈现平稳增长的态势，在2000年却一下子猛增至之前的两倍多。

世界著名企业集团的发展史告诉人们，实现资本增值是企业经营的目标。商品经营和资本运营都是实现这一目标的手段，但资本运营可以更高效、更快速地实现这一目标。因此，现代企业发展史实质上就是一部资本运营史。

2）并购对象选择和效果评估

公司要实施并购战略，首先要解决的问题就是并购对象的选择。选择一个适合自己的并购对象是并购成功的关键。

（1）并购规划

公司对并购对象的选择应当以规划为基础，规划在并购活动中起了支撑性的作用。在当今这个变化极快的社会环境中，规划的作用更加突出。规划迫使管理层清晰地阐述所有的关键假设，并以他们所选的战略为前提，根据环境的变化不断地反省和调整原有假设，重新评估新的战略战术以适应新形势。

规划阶段由制定商业战略和收购计划两个阶段组成，促使收购流程中后续阶段的产生。与此相反，策略计划，也称为实施、行动或操作计划，详细地说明了战略是如何实施的。收购计划是一种策略计划，主要说明商业计划中为实现某一战略在收购方面具体的构成要素。策略计划往往是非常具体和高度结构化的，注重短期效果，通常由公司相关职能部门制定。根据企业组织的规模，策略计划将规定公司每一个职能部门或商业团体的一系列具体的行动，诸如营销、生产、研发、工程和财务与人力资源等部门通常分别有着不同的计划，这些不同的计划详细说明了每一个职能部门是如何实施战略的。策略计划应当包括明确定义的行动、实施这些行动的时间表、所需的资源及负责确保在预算内按时实施完成这些行动的责任人。

并购仅仅是实施商业战略的许多可选战略的一种。是否决定并购通常取决于是否想要获得控制权，并购是否能比其他可选战略更快地实现公司所希望的目标。一旦公司认定并购是实现商业计划中规定的战略的关键，就将开始制订并购计划。

并购计划应当被视为辅助实施商业战略的策略计划，集中于策略制定。并购计划包括管理目标、资源评价、市场分析、明确具体化的策略或行动、完成并购的时间表和完成并购所有事项的负责人姓名。

并购计划可以通过管理目标和在计划中定义的策略向负责并购事项的人员传达高级管理层的优先选择。目标具体说明了管理层对并购的预期，策略为如何管理并购流程提供了指导。这个指导包括详细说明选择潜在并购目标的条件和进行敌意并购的意图。此外，策略还表明管理层选择支付的方式（股票、现金或债券），接受每股收益稀释的意愿，是首选股票还是资产购买，及对竞争者接触的限制。

（2）并购对象的搜寻和筛选

在决定以并购来实现企业集团的战略目标后，接下来要做的就是根据已经制定的商业战略和并购计划来选择并购的对象。在这一环节中，公司一方面要制定寻找的战略，按照标准寻找目标公司；另一方面要建立筛选的标准，初步锁定并购目标。

成功的并购者总是在不断地寻找并购的良机。如总部设在纽约的Cypress公司，虽然一年可能只会进行两三次收购活动，但其搜寻的对象可能会有500个之多，仔细考察过的会占其中的25%。对大量的并购机会进行考察评估有两个好处：一方面，它使公司了解到目前存在何种并购机会，其代价又是怎样的；另一方面，它也使公司能够更好地评估不同的并购机会的价值。

面对一个令人振奋的并购机会时，公司经常会犯的一个错误就是将既定的并购战略丢在一边。其实，并购应当成为公司发展战略的核心环节，并与整个集团战略相匹配。锁定自己并购的战略重点，公司需要拥有既懂得公司运营之道，又擅长并购运作的人才。

选择何种企业作为企业集团的成员，是公司并购成功的关键。因此，在选择并购对象时应当慎之又慎，从公司的需要和选择对象情况两方面综合考虑，挑出备选方案。

开始寻找潜在的收购对象的标准不宜过多，主要的标准包括行业、地理位置和交易规模。交易规模最好是用公司愿意支付的最大收购价格来表示，即可以用最大收购价格与收益、账面价值、现金流之比、销售收入比例或最大收购价格的绝对金额来表示。

由于初步寻找只应用了相对少的主要标准，初始潜在收购对象的数量是很多的，需要使用额外的第二种选择标准来缩短这个名单。应当谨慎地限制所使用的第二种选择标准，太多或太少的选择标准会极大地影响通过这个筛选流程的潜在收购对象的数量。主要挑选标准可以参考行业内某个细分市场、细分市场内某个产品线、公司的利润率、杠杆程度和市场份额等几个方面，进而锁定目标公司。

（3）目标公司的调查

为确保并购的成功，公司必须详细调查二次筛选后的目标公司，以便选择合适的并购事项与制定并购后的整合策略。并购调查内容广泛，具体的调查内容取决于管理人员对信息的需求、潜在目标公司的规模和相对重要性、已审计的和内部财务信息的可靠性、内在风险大小以及所允许的时间等多方面因素。

①目标公司出售动机的审查。一般来说，目标公司是不愿意主动出售自身的，往往会有各种原因。认真对此加以审查，有时会得到意想不到的收获。关于目标公司出售的动因，归纳起来有以下几点：第一，经营发展需要。一些目标公司并不是经营管理不善，而是企业的大股东急需大笔资金投入以发展企业，才出售企业股权。对于这种情况，如有把握投入资金后，能重新整顿财务，进而重振雄风，将是一个极佳的投资收购机会。而且卖方急于出售，谈判时容易占上风。第二，经营效益低下。在这种情况下，由于目标公司已被认定整体性价值不高，常被买方以购买资产的方式接手。收购者如有足够的实力，能给目标公司输入经营能力和管理活力，并有技术和设备的支持，那么经营不善的公司，也是极佳的收购对象。第三，目标公司调整多角化经营方向。当公司处于调整多角化经营方向的转轨时期，常将获利不佳的子公司卖掉，而收购获利较佳的公司，甚至将目前获利尚佳

但未来预期不好的子公司趁目前的行情较好，高价出售，而并购一些未来看好但目前尚在萌芽期的新公司。

②法律方面的审查。这不仅包括国家对产业的一些相关规定、标准审查，而且还包括目标公司的章程、合同契约等审查。

首先，公司必须谨慎检查目标公司组织、章程中的各项条款，尤其对于重要的决定，像合并或资产出售的表决，必须得到百分之多少以上股权持有者的同意，方可进行的规定更应该密切注意，以避免并购过程中的困扰。对于公司章程来说，是否有特别投票权的规定及限制也应该加以注意。还应对股东大会及董事会的会议记录加以审查；如果是资产收购，还应取得股东大会同意此项出售的决议文件。

其次，公司应该取得目标企业的主要财产清册，了解其财产的所有权、使用限制及价格，并了解投资情况及公司财产投保范围。同时，公司还应从目标企业取得所有权证明，而且对于目标公司在经营上使用的一些资产，还应注意该类契约的条件是否有利。

再次，公司要审查所有对外的书面合同。对于所有的使用外界商标及专利权，或授权他人使用的权利义务约定，应注意控制权改变后合同是否仍然有效。对租赁、代理、借贷、技术授权等重要合同，应注意是否会因控制权变更而使对方要求解约，并了解其影响程度。在债务方面，应审查一切目标公司所牵涉的重大债务，注意其偿还期限、利率，及债权人对其是否有任何限制。对于其他法律事项的审查，如目标公司外部加工及与下游代理商、上游供应商合同上的权利义务规定、员工雇佣合同、与银行的融资合同等是否合理，保险合同的条件、合同履行以后并购企业是否仍可以继续，均应调查清楚。

最后，公司要对目标公司过去所涉及的诉讼案件加以了解，弄清这些诉讼案件是否会影响到目前和将来的利益。

③营运状况的调查。对目标公司营运状况的调查，主要依据公司的动机和策略的需要，调查并衡量目标企业是否符合并购的标准。如果公司想利用目标企业的现有营销渠道来为整个企业集团扩展市场，则应了解其现有的营销和销售组织及网络、主要客户及分布状况、客户满意程度和购买力、主要竞争对手的市场占有率等情况；在产品方面，则应了解产品质量、产品竞争力大小、新产品开发能力等情况；还要了解目标企业在生产、技术、市场营销能力、管理能力以及其他经营方面与本集团的配合程度有多高。除要对上述情况进行调查外，更重要的是要查明并购后原有的供应商及主要客户是否会流失。如果并购的目的是想利用目标公司现有的生产设备及其他设备，则应注意了解这些生产设施是目标企业自己的还是租赁的、其账面价值和重置价值、目前的使用状况、是否有其他用途等；还可以将公司自己设立的同类工厂与并购目标公司相比较，看一看在资金、时间方面损失程度有多大，能从并购对象那里得到哪些由自己设立同类企业所得不到的好处。

考察的时候，公司应特别注意站在战略的高度，动态地观察，全面地确定目标公司目前所处的位置和未来的发展潜力。以此框架来评估一个公司，是基于把目标公司作为某一特定市场中的积极参与者，对目标公司的整个市场地位和战略形态作出更深入的评估。通过评估，试图发现目标公司中存在的可以实现战略的驱动因素，从而在并购后规划出根据上述驱动因素寻找的发展路径，进而实现整个企业集团的战略目标。

④财务审查。财务审查是实施集团并购战略前的一项重要作业，公司要防止目标企业提供虚假或错误的财务报表。在审查的过程中，目标企业常被迫将财务报表作重大调整，

这些都足以影响交易条件。审查目标公司财务报表的过程，常常可以发现很多目标公司未透露的事宜。例如，通过查核公司的律师费支出并向律师查访，就能发现未透露的法律诉讼案件。此外，通过一般的财务分析，仍然可以找出一些可疑之处，如通过各种周转率的分析，可发现有无虚列财产价值或虚增收入等现象。

在资产科目的审查方面，一般应收账款按其可回收性估计，列出适当的备抵呆账，存货则注意有无计提足额的跌价、呆滞、损坏准备，长期股权投资应注意被投资公司的财务状况等，至于土地、建筑物、设备及无形资产的价值评估，可依双方事先同意的评估方式作调整。

在负债方面，对于未评估或评估不足的负债应予调整（如退休金、产品服务保证）。年终资金、利息支出等，应按权责发生制基础评估调整。若有些负债到期未付，则应注意债权人法律上的追索问题及额外利息的支付；进行税务审查，确定应交税款的数额及应由谁来缴纳，过去是否存在偷漏税的情况；注意目标公司是否有对其他人借贷的担保承诺，是否有可能会因负连带责任而招致额外的损失；最后，公司应该尽可能查明所有未记录的负债，进而要求目标企业开具证明，保证其若有未列负债出现应自行负责。

此外，公司还应审查目标企业在未来是否存在重大支出的需要，如工厂迁址和扩建、新产品开发等。对于涉及国际业务的目标公司，还应注意审查汇率变动、外汇管制和利润汇回等问题。

（4）并购效果的价值评估

并购中的企业价值评估是公司制定合理支付价格范围的主要依据，评估的结果直接关系到并购交易的成败。

①评估企业集团自我价值。确定本企业集团的价值是公司实施并购的基础，在整个并购过程中地位十分重要。没有对自身价值的评估，就无法评价不同的并购策略给企业集团带来的价值有多大，也就无法制定适当的并购策略。

②评估目标公司的价值。评估目标公司的价值在集团并购中十分关键，它是制定收购支付价格的主要依据。在选定并购目标，对目标公司充分调查的基础上，才可进行价值评估。一般情况下，目标公司不会接受低于自身价值的价格，公司必须在目标企业价值的基础上，再多支付一部分溢价，溢价部分的多少则需根据具体情况具体分析。

③评估协同效应。对并购后企业集团的未来经营、盈利状况进行合理的预测，有助于有效地评估协同效应，从而更好地评估并购后整个企业集团的价值。

获得协同效应，是企业集团实施并购的主要目的。协同效应必须大于零，企业集团才有并购的必要性。协同效应的大小是决定并购成败的关键，许多并购者就是对协同效应过于乐观、没有恰当评价，支付了过高的溢价，甚至超过了并购的实际协同效应，导致并购失败的。

④评估并购后企业的新价值。在对协同效应进行仔细评估的基础上，可以更加合理地预计并购后企业集团的经营情况，以尽量精确地评价并购后企业集团的新价值。并购后企业集团的新价值，减去并购前并购双方的价值之后，可得出并购的协同效应的数值，将二者进行分析验证，可以确定协同效应的最终结果。在制定支付价格时，协同效应即为溢价的上限，超出这个范围，只能放弃对目标企业的并购。

⑤分析并购的可行性。假设并购方为A，目标公司为B，并购后的新企业为（A+B），

对它们进行价值评估，评估出的价值分别为V_A、V_B、V_{A+B}，A并购B所需支付的价格为P。公司判断并购可行，首先必须满足两个条件：

第一，$V_{A+B}>V_A+V_B$。并购后新企业的价值应大于并购前并购双方独立经营的价值，即并购产生的协同效应要大于零。这是并购可行与否的基础条件，否则并购就毫无意义。V_{A+B}与（V_A+V_B）的差距越大，并购对双方越有利，实施交易的可能性就越大。

第二，$V_{A+B}-(V_A+V_B)>P-V_B$。“$V_{A+B}-(V_A+V_B)$”为并购所产生的协同效应，“$P-V_B$”是购买价格相对于目标公司价值来说的溢价部分，此条件表明：协同效应应大于支付溢价。一般情况下，$P-V_B>0$，购买价格要大于目标公司的价值，否则目标公司不会同意出售，而且，通常公司要支付的溢价可能很高才会和目标公司达成协议。但是，溢价部分不能高于并购所能带来的协同效应，否则并购对公司毫无意义。

对于并购者来说，协同效应与支付溢价的差额越大，并购的潜力越大。公司应该充分利用谈判技巧，降低购买价格，支付的溢价越少，整个并购交易的价值就越高。

判定并购可行后，方可着手实施并购，包括制定价格、谈判签约、筹措资金、支付等具体操作过程。

3）并购风险控制

并购风险与并购收益相伴而生，并购在为企业集团带来巨大收益的同时，也带来了各种并购风险，如果不予以关注和控制，将会增加并购失败的概率，极大地抵减并购的价值。

并购中的风险多种多样，分类方法也有很多。我们按照并购活动的事前、事中、事后风险，将公司在并购中可能面临的风险分为评估风险、交易风险和整合风险三类。

（1）并购前的评估风险

当公司拟通过并购活动来实现自身战略时，需要解决的首要问题便是并购的目标公司是否值得并购、价值几何。解决这个问题的最直接的方法就是进行并购评估。评估在并购活动中的重要地位由此可见一斑。然而，并购的评估也是一项高风险的活动，评估得不准确给公司带来的最直接影响就是在目标公司定价问题上抱有过于乐观的假设，以致支付了过高的溢价，提高了收购失败的可能性。因此，对并购评估风险的控制格外重要。从评估风险的成因来看，可以将评估风险分为两类：信息不对称风险和估价风险。

①信息不对称风险。信息不对称风险，指的是在收购兼并的整个过程中，并购公司对目标公司的了解与目标公司的股东和管理层相比可能存在严重的信息不对称。主要体现在如下方面：对并购对象的真实盈利状况缺乏深入了解；对并购对象的资产质量缺乏深入了解；对并购对象的或有事项不清楚。

为保证并购交易的“公正、公平、公开”，提高并购的成功率，公司对并购对象信息的充分了解是至关重要的。在并购之前，公司需要对并购对象进行尽职调查。这里需要特别指出的是，在尽职调查的时候要注意以下两点：一是在考察财务事项时，公司除了对目标公司财务报表仔细研究外，还需要依靠各种渠道（如其供应商、客户、当地税务机构、其他中介机构）进行全面的研究，力争了解公司的相对真实情况；二是公司应客观评价自身对并购对象的信息掌握是否充分，存在偏差的可能性有多大，以及不同程度的信息不足对其价值会造成怎样不同的影响，尽量避免因信息不足而造成损失。

②估价风险。公司在作出并购决策时，必须对本集团的资金、管理等进行合理的评

价，以决定自身是否有足够的实力去实施并购。这有利于其与并购后新企业集团的整体绩效进行对比，考察是否产生了财务协同效应。而公司对本集团实力、目标企业价值和财务协同效应进行事前评估时就面临了估价风险。估价风险主要体现在评估技术的选用、主要参数的预测和协同效应的确定是否有效等问题。

事实上任何一种企业价值的估算方法都有其适用的范围和局限性，所以应根据目标企业的具体情况选择适当的测算方法或测算方法的组合。对不同方法的选用应主要根据收购的动机而定，并且综合考虑目标公司上市时间长短、盈利变化趋势、有无可对比公司等多种因素。在实践中可将各种方法交叉使用，从多角度评估目标公司的价值，以降低估价风险。

对于参数和协同效应的预测方法，既有高度复杂的计量经济预测技术，也有简单直接的预测方法，但不论如何估计，一定要考虑的因素就是在客观的前提下进行，从而提高估计的准确性。

由于企业情况的多样性、复杂性和不确定性，估算的一些假设条件与实际情况或许会有很大差异。因此，企业价值的量化估算方法所能提供的结果充其量只是给出企业价值的一个范围，作为投资价格制定的参考。在实际运作过程中，还需要对影响企业价值的一些主要因素进行充分、详尽的分析。

（2）并购中的交易风险

公司对并购对象进行评估后，就要进入并购的实际交易阶段。在这一阶段所面临的交易风险中，最主要的是合同风险和财务风险。

①合同风险。在合同的谈判和签约阶段，并购双方对涉及各自切身利益的问题，如并购方式、并购价格、支付方式、人员安排等进行一番激烈的讨价还价，而讨价还价的结果在很大程度上取决于并购双方的实力以及双方对并购的迫切程度。如果并购公司实力不足或者目标企业对并购的态度冷淡，谈判将是比较艰难的，而结果也往往是并购公司的让步较大。如果目标企业不愿意被并购，还会动员一切力量进行抵制，甚至采取一系列反并购措施进行对抗，这种反并购不仅会使主体企业遭受重创，也往往会使并购失败。

一旦双方经过充分协商后达成一致意见，那么下一步就是合同的签订。而合同一经签订，便具有法律效力，有关资产的产权也随之转移，同时，相应的责任也由主体企业承担。在交易条款中，有时就会存在一些“陷阱”，即交易条款风险。当然，并不是所有“陷阱”均是并购中的某一方故意而为之的，也可能是双方的疏忽造成了重要遗漏。如果在签订合同时，并购双方考虑欠周，则会引发由此带来的合同风险，并导致双方在后期的合作中产生争执。

合同的风险，很大程度上都是交易谈判时埋下的隐患。因此，要控制风险，首先要控制的就是交易谈判的过程。与其他的交易谈判相比，大型企业的并购谈判显得更复杂、不确定性更大。

②财务风险。一般而言，并购行为需要大量的资金支持，即便是承债并购，也不过是把资金支出后移到一定时期而已，这对集团来说意味着较大的财务风险。

公司并购需要大量资金。公司如何利用公司内部和外部的资金渠道在短期内筹集到并购所需的资金，是并购活动能否成功的关键。由于方方面面的原因，筹集巨额资金有相当大的难度。因此，公司在确定了并购资金需要量后，就应着手筹集资金，从时间上和数量上保证并购资金的到位，降低融资风险。

并购活动会占用公司大量的流动资产，从而降低其对外部环境变化的快速反应能力和适应调节能力，增加运营风险。这在现金支付方式中表现得尤为突出。现金支付工具的使用，是一项巨大的即时现金负担，受到公司自身现金头寸的制约。如果公司的现金流量安排不当，就会使流动比率大幅度下降，从而带来资产的流动性风险，影响短期偿债能力。一般来说，并购完成后，并购双方短期内很难产生协同效应，实现并购双方资源共享互补，因此，若不事先对此予以关注，将来受流动性风险困扰的可能性就比较大。

如果公司采用债务融资方式或者杠杆收购的并购方式，则意味着冒更大的风险。杠杆收购是指并购公司通过举债获得目标公司的股权或资产，并用目标公司的现金流偿还负债的方法。杠杆收购旨在通过举借债务解决收购中的资金问题，并期望在收购后获得财务杠杆利益。一般来说，在杠杆收购情况下，并购公司的自有资金只占所需资金总金额的很小比例（20%~30%），而投资银行的贷款和向投资者发行的高息风险债券则占收购资金总额的很大比例。公司如采用此法收购，由于高息风险债券的资金成本很高，而并购后目标公司的未来现金流量具有不确定性，杠杆收购必须实现很高的回报才能使企业集团获益，否则企业集团可能会因资本结构恶化，负债比例过高，甚至付不出本息而破产倒闭。因此，杠杆收购的偿债风险在很大程度上取决于整合后的目标公司是否有稳定足额的现金净流量。

（3）并购后的整合风险

公司取得对目标公司的控制权，仅仅是并购成功的第一步，而并购后的整合则是决定能否完全实现并购目标的关键环节之一。并购后的整合能够通过加强优势和弥补不足来增加企业资源的价值，通过减少冗赘提高运营效率，通过履行对利益相关者的义务来保证职责的实现。更为重要的是，整合能够使并购后企业集团中的每个人有一个共同的目标，从而有助于企业员工拥护而不是抵制并购后的组织变革。然而整合过程也存在很大的风险。

并购双方之间的政治斗争会消耗大量的时间和精力，影响企业各项经营活动的展开，斗争的结果往往是有部分高层管理人员离开合并后的企业集团，导致资源的流失；由于文化、管理风格、制度、机会等方面的不兼容，以及企业高层权力斗争中的权力重新调整，影响部分管理和技术骨干的发展和能力的发挥，结果往往是有一部分骨干离开企业，这也是人力资源外溢的具体表现；每个企业都有一定的文化传统，企业文化一旦形成，就有一定的稳定性和惯性，对外来的文化会很自然地作出抵御的反应，文化冲突不但会破坏组织资源（包括组织凝聚力、组织学习模式、内部组织之间的联结模式）以及组织知识等，而且还会形成不同的利益团体，这些利益团体之间的矛盾冲突强化了整合的难度，其影响将是长时期的、破坏性的，如员工的消极怠工、对制度推行的恶性抵制，严重影响生产的正常进行；企业之间的并购本来是出于资源互补的需要，但结果可能会由于人员的剥离或人员被动外流，带来战略性资源和能力的流失，给企业带来巨大的损失。所以，从企业实际并购过程来看，并购交易是比较容易的，难就难在并购后的整合管理。波特（Porter，1987）对《财富》世界500强公司所作的研究表明，由于并购后双方大多不能很好地进行整合，在收购5年之后，70%以上的公司又把这些业务不相关的企业剥离了出去。

因此，对并购整合阶段所隐含的风险若无深刻的认识或未采取有效措施加以处置，会使并购后的企业集团陷入一片混乱之中。

4）反并购措施

花开两朵，各表一枝。对于被并购标的，股东利益假说（shareholder interests hypothesis）认为，敌意收购发起者缺乏长远目光，只关注短期价值，不利于公司长期发展。实践中公司的反并购措施可以分为预防性和主动性两类。

（1）预防性反并购措施

预防性反并购措施的目的是降低潜在收购者发起敌意收购的可能性，常见的措施包括：

① 毒丸计划。标的公司面临敌意收购时，发行可以降低敌意收购方预期价值的证券，比如允许股东在面临敌意收购时低价获取公司股票的认股权证、允许债权人在发生敌意收购时可以要求立刻兑付的公司债券等，以此增加并购方的并购成本。

② 超级多数条款。各国证券法都会要求公司章程中说明在面临重要决策（比如被并购）时股东投票程序和所需要的股份数量。超级多数条款下，批准并购需要更大比例的投票权和赞成票，比如2/3、80%甚至95%，使得股东大会批准该项目非常困难。

③ 分层董事会。分层董事会的作用是改变董事会任期，使得任何一个年份只有一部分董事需要改选，延缓并购方实现控制的时机，可能延误有效整合，从而削弱并购动机。

④ 公平价格条款。公平价格条款也是对公司章程的修改，要求并购方购买少数股东股票时以特定的公平市场价格支付（给定价格或按PE等确定的价格），增加并购方成本。

⑤ 发行双重股票。将公司股票分为具有不同投票权和股利的两类股票，增加管理层投票权。典型做法是发行具有超级投票权的特别股票，拥有十倍甚至百倍于普通股的投票权，通常不允许在市场上交易且股利较低。

⑥ 金降落伞。金降落伞是指标的公司控制权转移时公司高级管理层能够获得巨额补偿的合约，补偿计划范围进一步扩大就会形成包含全体管理层的银降落伞，甚至包括全体职员的锡降落伞。

（2）主动性反并购措施

① 绿色邮件。绿色邮件就是被并购标的向敌意收购方支付款项使其放弃并购的做法，因美元是绿色而得名，实际是以并购方放弃并购为条件的溢价股票回购行为。

② 白衣骑士（white knight）。标的公司要求关系较好的第三方公司以较高的价格提出收购要约来对抗敌意收购方，此时的第三方公司即为白衣骑士。白衣骑士会抬高敌意并购方并购成本，且在并购方进一步抬高价格时起到套期保值作用。如若敌意并购方并购失败，标的公司会由白衣骑士接管，收到更多资金，而且可以保留原有员工和发展战略等。

③ 资本结构调整。抬高公司杠杆用于支付股利或回购股票能够降低标的公司的吸引力，能够获取多重防御效果。其一，降低标的公司融资能力，防止敌意收购方利用标的公司举债；其二，股利发放或者回购能够使股东获得变现的好处，提升股东好感度；其三，新债务具有税盾效应，其现金流出也能激励管理层努力工作，提升公司经营绩效。

4.2.2 资产重组

1）资产重组的定义

资产重组是指对各企业的资产边界进行重新划分，对生产要素进行重新配置，通过资产结构的战略调整，提高资源要素的利用率，实现企业资产最大限度的增值。它是企业集团为了实现一定的目标，即获取利润及股东投资回报率最大化，充分利用资源以及应对日益激烈的市场竞争而经常采取的一种企业运作方式。资产重组对资源合理配置、产业结构调整及国有经济布局都具有重大意义。

2）资产重组的三个层面

资产重组包括母公司（总公司）、子公司（分公司）和母子公司（总分公司）三个层面的资产重组。因为三个层面所处的地位和作用不同，所以资产重组的动因和方式也存在着较大差异。

（1）母公司（总公司）层面

母公司或总公司在企业集团当中处于神经中枢的重要地位。一方面，它负责企业集团整体的战略部署，对各附属企业进行指导；另一方面，它对各子公司或分公司直接起到示范性作用。同时，企业集团的整体核心竞争力在很大程度上就集中于母公司或总公司层面。因此，母公司或总公司资产配置合理与否，将直接影响企业集团未来的发展。

母公司或总公司资产配置不合理的表现形式多种多样，实行资产重组时应该具体问题具体分析，对症下药。例如，母公司存在着较高业务关联度的某些部门均集供、产、销三大功能于一体，这样就存在大量业务重复、资源浪费的问题，从而使得企业运作成本（费用）较高，降低了公司的整体效益。面对这种情况，母公司可以分别成立“供、产、销”事业部，将原来各业务部门重复的资产重新整合在一起，这样往往能收到提高资产利用率的功效。鉴于母公司层面的资产重组与一般公司资产重组存在较大相似之处，在此就不再赘述。

（2）子公司（分公司）层面

子公司在整个企业集团中处于战略执行层次的地位，其经营合理与否、有序与否，将直接影响集团的长期生存和发展。因此，集团公司应该根据市场环境的变化，审时度势，当发现子公司的经营有碍于集团整体战略的贯彻与实施时，就要及时采取相应措施，对其实施有效的资产重组。一般而言，子公司的经营运转与企业集团整体战略不相协调通常表现为以下几方面：

①子公司之间存在业务重复

子公司之间存在业务重复，一方面容易引发子公司之间的内部冲突，一旦处理不当，将会对整个企业产生严重负面影响；另一方面不利于各子公司集中资源优势，发展核心业务。

为解决子公司间业务重复，集团应协调各子公司实行资产置换或转让，使相同或类似的业务或资产集中由一家公司进行经营，以发挥规模效应，降低成本，提高效益。

②追求规模效益

当公司所处的是规模效益型行业时，子公司或分公司过于分散将不利于生产规模效应的发挥，进而降低经济效益，损害本可以获取的价值，影响整体战略的最终实现。

这种情况下，一般可以采取将子公司整体或部分合并的重组方式，整合内部资源，以追求生产的规模经济效应。

③寻求协同效应

当附属公司经营的业务存在某种横向或纵向联系，即两者业务存在协同效应，并且这种协同效应带来的收益大于重组（后）成本时，可以考虑对附属公司进行资产重组。

面临这种机会或困境，可以开展以协同关系为纽带的资产重组，比如将附属公司整体或部分资产进行合并整合。

(3) 母子公司（总分公司）层面

企业整体作用的发挥在很大程度上取决于母子公司或总分公司两者之间的“联动效应”。可以说，母公司或总公司就好比人大脑的神经中枢，子公司或分公司则好比人的各个功能器官（单位）。人要正常行动，人脑神经中枢和各个功能器官必须协调统一；否则，人表现出来的行为将会“丑态百出”。上升到企业经营的层面，如果母子公司或总分公司之间不能发挥应有的“联动效应”，两者上下脱节，附属公司各自为政，必将严重影响整体战略的实现。

一般而言，阻碍母子公司或总分公司之间联动效应的发挥通常有以下情形：母公司“架空”，子公司“失控”。

当母公司或总公司被“架空”以后，就失去了对各个子公司或分公司的有效控制，整体战略就难以在各子公司或分公司层面得以贯彻，从而使得企业成为一盘散沙。

要扭转母公司被“架空”的不利局面，在母子公司之间实行资产重组进而对母子公司之间的权责利进行重新调整就显得非常必要。大致可以按照如下思路进行重组：对全资或控股子公司可以通过撤换管理层的方式来收权，也可以视实际情况撤销子公司或分公司的法人资格；对参股或联营企业可以采取变更持股比例的方式，要么通过收购或增资扩大持股比例成为控股股东，要么选择退出。

4.3 紧缩与整合社会资源

4.3.1 公司紧缩的必要性

众所周知，“大”只是企业发展的手段，“强”才是企业发展的终极目标。顺应大势的增容和有的放矢的紧缩，都是公司正常的调整行为。美国剑桥战略咨询公司总裁詹姆斯·穆尔发表的“商业生态系统”理论颇有新意。根据这个理论，各个企业自成一个“生态系统”，企业群体构成更大的“生态系统”。“商业生态系统”需要持续更新，兼并就好比是系统的增容更新，紧缩则好比物种的优化组合。显而易见，公司并购与紧缩可以并行不悖。

公司紧缩好似人体减肥，要去掉臃肿失效的部分并把淤积的脂肪转化为能量，以求得更灵活与更合理的组合，是公司“强身健体”的有效途径。公司紧缩的必要性主要体现在以下两个方面：

1) 解决“器官”的超负荷运转

一个公司的技术实力、市场能力、资金实力、知识积累能力和管理能力等是决定这个公司应该有“多重”的基础因素。当感觉到企业这些“器官”超负荷运转时，特别是“外部营养”的来源——市场不能给公司提供足够养分时，就应该考虑公司的“减肥”问题了。太多集团的失败，是因为无限制扩张所引起的，而它们又对自己“器官”的负载能力估计过分乐观。

2) 提高反应和应变能力

有一个形象的比喻：恐龙灭亡，是因为它的身体同脑子相比变得越来越大，其神经通路的传导作用越来越迟钝。公司也一样。是否具备快速反应和灵活应变的能力，决定着公司的生死存亡。人们所公认的全球竞争的法则，历来都是快的击败慢的，勤于发明的战胜懒惰的。企业要实现“快”与“勤”，就必须经历紧缩这一关。

由此可见，通过紧缩，可以提高企业管理、决策与生产的效率，实现真正意义上的经济优化。在世界经济全球化、管理与生产信息化的时代，巨型的跨国企业集团日益增多，适当紧缩对巨型企业集团而言具有特别的意义。伴随着现代信息技术的发展，裁员已经开始成为很多公司的选择，波音公司、瑞士银行等都加入了这一行列。公司的“减肥”日渐成风。

4.3.2 公司紧缩的措施

公司紧缩既不能为了减少成本，举起大刀一路砍过去，不管三七二十一，不光减去对企业无用的“赘肉”，甚至减去了企业的骨头和神经；也不能紧抱着“减员”不放，忽视其他。事实上，公司紧缩未必一定要减少开支，而主要目的应该是减掉那些不能产生效益的因素。裁员只是紧缩的一种，对人员和机构作调整、把不该花的钱放到该花的地方，也是一种紧缩方式。如果能把“肥肉”转化成“肌肉”，即便体重没减，企业的身体素质也会提高，集团也会变得更加强大。常见的紧缩主要从以下几个方面进行：

1）组织减肥

（1）检测组织是否肥胖的指标

企业集团随着经营规模的扩大而日趋复杂，横向联系与上下沟通管道发生阻塞。因此，透过员工意见反馈与问卷调查，将更明显看出此种病症迹象。而用人费用的增大与每人纯益金额的减少，将可列为集团减肥的重要指标。

（2）强健组织的具体对策

①建立有效运作的系统型组织。系统型组织是在组织全系统下由多个子系统构成，各子系统是由部、科工作单位所编成的，各子系统均具有一定的目的及功能，必须相互调整，发挥棒球比赛的自动补位功能。与系统型组织相对的是人海战术型组织。人海战术型组织强调上司与部属之间的命令贯彻，适合于技术层次要求不高的公司。相比之下，系统型组织更强调子系统之间的横向联系，协调沟通，在经营环境迅速变化的今天更为适用。

系统型组织的功能如下所述：

第一，业务的推动与情报的交流，促进横向联系渠道的畅通。

第二，管理者的监督范围扩大，例如，过去人海战术型组织的层级为总经理→经理→处长→科长→副科长→组长→班长，层层节制，沟通管道偏重直线联系。而改用系统型的组织时，为达成系统的目的及机能，由各子系统有关人员，包括管理及技术人员召集开会，集思广益，共同研拟具体对策。

第三，组织的目的及机能非常明确，排除过剩及不必要的工作。

第四，打破组织与组织之间的本位主义。

第五，彻底执行分层负责，授权委让。

第六，透过横向的紧密联系，共同激发新产品的开发、新营业方针的订立、新情报系统和新物流系统的搭建等创新求变的改革措施。

②有效运用利润中心、事业部、项目小组等扁平化组织。利润中心、事业部及项目小

组与工作团队等扁平化组织，是组织减肥的有力武器。以项目小组为例，它是为新产品的开发、新工作计划、新客户开发等项目达成目标临时编成的活动小组，排除了年资深浅及本位主义的偏见。如新产品开发的项目小组，所构成的人员包括研究所、工厂的生产部门及营业部门与企划室等单位，充分发挥组织系统化的功能，在新产品开发的初期阶段，以研究者及技术者居多，而迈入商品化的阶段，则有更多的人员参与，包括广告部门。达成其目的后，此种项目小组就自动解散了。

项目小组具有下列的功能：

第一，为了要达成某一项目的，召集有关部门，诸如生产、营业、财务、资财等部门人员临时编组，打破以往本位主义的陈旧观念，即每个项目都是仅在本部门领导下开展的模式。

第二，现有的产品如需设计改善可依赖原有的设计部门而无须另行编成项目小组，然而开发新产品时的情况则大不相同。为了其系统目的的达成，由研究、设计、生产技术、销售、广告、资材等单位临时编成项目小组，透过各自机能主义的系统思考，展开新产品的开发活动。

第三，实施客户核心团队经营模式有利于为客户提供更好的服务。即公司以任务编组方式组成的团队（team）为客户服务，并由一位获得授权的队长（leader）统筹负责。在这种情况下，客户可以从中得到业务咨询、软件开发、技术支持、系统维护等全套服务，客户的任何问题都可在团队的协助下实时获得解决。

2）人员减肥

（1）检测人员是否肥胖的指标

① 用人费。用人费，指薪资、奖金、加班费、退休金预提、劳保费、保险费、福利安全费、差旅费、交通费、邮电费、教育训练费等用人所耗费的支出。对于相同的公司职工来说，用人费越高，公司就越有“肥胖”的可能。

② 用人费负担比率（用人费/边际利益×100%）。边际利益，即销售净额与变动成本之间的差额，与附加价值（销售净额-材料费-委托加工费）意义极为相似。在我国台湾地区，一些公司的用人费负担比率达到40%以上，就意味着用人费负担沉重。

③ 其他。透过单元效率的指标，诸如每人销售额、每人附加价值、每人边际利益、每人用人费、每人纯益额、每元用人费的收益性（每人纯益额/每人用人费）均可了解该公司是否需要实施人员减肥。

（2）强健员工的具体对策

具体对策包括选择、训练、奖励和重新规划工作。以下详细说明。

① 选择。选择就是决定由谁来做某些工作、加入某个团队或负责某项任务。选择包括决定公司要任用谁、晋升谁、找谁来接管某个职位以及要谁离开。因此，对于需要减肥的公司来说，“减员”不是目的，只是一种手段；真正的目的是选择能胜任的员工。肥胖的公司必须树立合理的用人标准，精减业务流程，保留和选择能胜任工作的员工，提高工作效率。

② 训练。训练可能是来自充满挑战的工作、同事的影响或者是正式的训练课程。公司可以通过训练提升员工素质，提高公司的生产效率；员工也都会因为个人或专业上的成长，而获得动力与改善。如果组织将员工的成长视为首要任务，并支持实施所有可能增进

员工技能与知识的方法，就会增强这种成长学习的风气。

③ 奖励。组织的奖励制度，是员工行动的依据与动机来源。组织可以就员工的忠诚、努力与工作绩效来奖励员工。奖励制度可以将员工本身的动机与组织的需求有效地结合在一起。当组织可能步上安逸与肥胖之路时，奖励制度可以吸引员工辛勤地工作。奖励制度决定了员工与组织如何双赢。组织奖励可以是有形的，也可以是无形的。有形的奖励包括金钱与额外奖赏，例如，旅游或特别的活动。无形的奖励包括赞美、肯定、安全感与归属感。真诚、持续、值得信任的无形奖励，通常比有形奖励更有影响力。

④ 重新规划工作。重新规划工作有助于精减员工。重新规划工作，使每个人的工作丰富化（job enrichment）和扩大化（enlargement），有助于提高员工的工作绩效。改为实行扁平化的组织架构，或将责任分摊到较低层的员工身上，有助于加速决策过程，使之尽可能作出正确的决策，从而实现透过组织制度精减人员。通过机器设备自动化的引入，直接大幅削减用人费，而且由于各工程的运转均采用自动化机械，更能减少颇多不必要的检查工时，使产品合格率大为提高。

公司还可以借重新规划工作来改变员工。目标和方针的改变，也等于修正了工作内容。若公司重新界定工作内容与行动，也就改变了对员工期望的导向。例如，组织可能以团队工作的形式，来取代个人工作的模式，因为客户希望同时得到多方向的服务。

3）文化减肥

（1）文化减肥的困难

组织文化就像是组织的基因，它会形成一些不成文的规则，让组织决定要如何定位自己。文化决定了某些议题的重要性，例如，客户满意度、诚实度、授权、肯定、学习、敏捷度、竞争、公司政策、时下的管理方式、卖力工作、控制成本、短期财务目标、重点、风险接受度，以及团队工作等。组织对上述各议题的重视程度，会显现在价值观、工作形式与风格上。不适当的价值观、工作形式与风格，都会导致“胖嘟嘟”的组织文化。

肥胖文化本身就有一种惯性，并不容易改变。一方面，文化肥胖的公司会认为自己做得很好，看不到自己的缺点，而外在环境也没有客观的标准来告诉公司什么时候形成了肥胖文化；另一方面，尽管有的时候公司已经察觉自己发胖了，但是由于员工乐于享受“胖嘟嘟”文化所带来的利益而不愿意改变现状。毕竟文化影响员工，也只有员工才能影响文化。组织文化的未来是胖是瘦，完全操纵在员工的手上。

（2）文化减肥的具体对策

① 建立组织文化的目标。不管组织是环肥还是燕瘦，都必须设定组织文化的目标，并决定该目标要修正还是维持下去，这些都是不容易的工作。组织文化是否以客户为重？是否尊重员工？愈来愈多样化的客户需求，是否必须以分工式的工作形式与风格来对应？组织文化的目标应当根据组织目标确定。

② 传达组织喜好的价值观、工作形式与风格。组织文化的目标需要重复而坚定地不断传达。传递组织文化的方式有很多种，包括领导人的公开演说，主管指导，员工之间的日常活动，以及员工与他人的互动。当展现强劲实力的员工受到奖励时，强健的价值观、工作形式与风格就会成为组织精神的一部分。一旦强健的价值观、工作形式与风格受到赞扬，肥胖的价值观就会被质疑与扬弃。

③ 将组织所希望的文化融入个人行动。组织的政策与行动必须一致。如果组织言行

不一，就会让员工产生嘲讽的心态。如果组织的言行一致，则其价值观就会愈来愈受到强化，并达到宣传效果。事实上，如果员工无法真正落实强健的组织文化，则组织文化就无法长久维持强健的状态。要彻底改变组织的文化，必须依靠员工身体力行。

④ 奖励增强组织文化的行为。强健的文化会奖励强健表现的行动。组织褒奖那些落实组织文化的价值观、工作形式与风格。对企图减肥的肥胖组织来说，必须奖励强健的文化模式，扬弃肥胖的文化模式。

4.3.3 整合社会资源

1）业务外包的理念

业务外包又称资源外包，它是将一些传统上由企业内部人员负责的非核心业务以外加工方式外包给专业的、高效的服务提供商，以充分利用公司外部最优秀的专业化资源，从而降低成本，提高效率，增强自身竞争力的一种管理策略。业务外包结束了自给自足的组织模式，把非核心技术工艺的大部分业务分包给别人，而在核心技术上区别于竞争对手，这已成为全球成功企业的共同做法。

业务外包推崇的理念是，如果我们在企业的"价值链"中的某一环节上不是世界上最好的，并且也不是自己的核心竞争优势，同时，这种活动不至于把我们与客户分开，那么，应该把它外包给世界上具有核心竞争优势的企业去做，这样有利于企业更多地创造价值。也就是说，首先要确定企业的核心竞争优势，并把企业内部的智力和资源集中在那些具有核心竞争优势的活动上，然后将其余的业务外包给最好的企业。

由于企业的能力与资源多寡各有不同，如今，没有任何公司可以什么都做，而且都做得好。所以，必须集中资源与力量，选择一个或几个力所能及或专长的领域，并在该领域形成技术优势和规模优势，成为该领域的领导厂商，否则，只有退出该领域，将此业务外包给其他厂商。经济学中有一个"木桶原理"，它指出，木桶的最大盛水量不是由组成木桶的最长的桶板决定的，而是由最短的桶板决定的，要增加木桶盛水量，必须将短木板加长，企业竞争优势的决定也符合该原理。企业竞争能力的大小是由所有生产要素中最薄弱的要素决定的，企业自己要将每个薄弱要素都做到和最好的一样好是不太可能的，外包就是一种很好的解决方案。它将企业这个"桶"打散，将那些"短板"抽出，由外面的"长板"替代，然后再将自己的和外面提供的所有长木板捆绑在一起，这样，企业的竞争能力就和最长木板决定的容量一样了。由于"外包"企业比非"外包"企业减少三分之二的财务麻烦，使欧美企业"外包"规模年增长率达到35%。高技术企业，特别是信息技术企业的"外包"比例是最大的，几乎占总"外包"的30%，属于制造业务的"外包"占25%，人们预测几年后高科技企业将会达到50%。

业务外包的发展将对我国传统的经营理念产生强烈冲击，对我国企业经营的调整产生影响。我国许多企业的经营理念仍是建立在"自力更生"的基础之上的，以标榜"小而全""大而全"感到自豪。对自身利益的考虑和对别人的不信任，也使得我们往往是自己能做的事情要自己做，哪怕自己做得不好，自己做的费用比别人多得多，也要自己做。

2）影响业务外包的主要因素

企业在开展业务外包时主要考虑四方面的因素：

① 财务方面。财务方面的考虑是选择外包的主要原因，外包可以削减开支，增强成本控制，同时，外包供应商的专业化程度较高，能够达到规模经济，因而注定成本更低、

效率更高。从经济学角度上讲，能够增加全社会的财富。

② 技术方面。外包可以改善技术服务，提供接触新技术的机会，使企业内部人员能够更注重核心技术活动。通过业务外包，企业可以将价值链中的每个环节都由世界上最好的专业企业完成。

③ 企业战略方面。业务外包既可以使企业特别是大企业能够适当缩小规模或停留在较小规模上，保持敏捷性，克服由于规模经济所产生的大企业的常见弱点；又可以提高管理效率，使经营管理者可以从日常事务工作中解脱出来，考虑企业的战略发展业务。例如，微软公司的技术也是通过业务外包的方式来实现的。

④ 业务方面。业务外包可以让企业注重核心业务，专注于自己的核心竞争优势，这也是业务外包的最根本的原因。按照现代管理理论的观点，任何企业中仅作后勤支持而不创造营业额的工作都应外包。外包既可以将自己的全部智力和资源专注于核心业务，又可以获得更高效率、更低成本的专业化服务，可以从总体上降低企业的运作成本，提高运营效率，同时，还可以转嫁风险。由于技术成本和复杂性正在增加，技术变化非常迅速而市场又非常容易失去，企业投资于非自身核心竞争优势的业务领域存在巨大的风险，最好的办法是将风险转嫁给外包供应商。

3）企业实施业务外包的步骤

企业实施业务外包，通常需要经过三个阶段：

第一阶段是企业的内部分析和评估。在这一阶段，企业的高层管理者主要是确定外包的需求并制定可供实施的策略。要从外包中获得效益，企业的最高决策层必须采取主动的态度，因为只有最高决策层才具有外包成功所必需的视角和推动改革的力量。例如，在制定外包策略时，就要考虑如下问题：明确企业的经营目标和外包之间的联系；明确企业中哪些业务领域需要外包，通过外包能为企业带来什么好处；与企业员工进行开诚布公的沟通，因为能否取得员工的支持对能否顺利实施外包至关重要。

第二阶段的任务是评估企业自身的需求，并选择生产或服务的提供商。企业的高层管理者听取来自内部或外部专家的意见，在综合各方面的意见之后，写出详细的书面材料，其中包括商业信誉、质量要求、交货期、服务等级、需要解决的问题、价格以及详尽的需求等。实行业务外包，制定一份阐明预期成果的文件是必不可少的，与此同时，还应当考虑会发生的变化和潜在的问题，并商定一个处理这些变化和问题的程序。这样才能保证业务外包健康进行，收效显著。在这一切都准备就绪之后，按照自己的需求去寻找最合适的厂商并签订合同。

第三阶段就是外包的实施和管理阶段。给管理人员灌输新的思维方式，业务外包并不意味着某项工作不重要，外包也不是放弃责任，作为外包方在本阶段要保持对外包业务施行的随时检测和评估，并保证与提供商的及时沟通。同时，企业应按照实行业务外包的新要求，对过去传统的营销关系结构、管理结构进行必要的调整，调整不但包括与承包商及通过承包商与广大客户的关系调整，也包括对内的业务外包专门管理和对外的业务外包专项管理的调整。特别是在人力资源管理上，既牵涉到利益关系结构调整，又牵涉到管理结构调整。另外，既需要合同和商业信誉维系双方的利益，也不应忽视双方之间的充分沟通、理解、协调和建立相互信任，因为任何合同条款不管有多详细，都不能穷尽外包服务过程的全部问题，这就需要双方经常进行有效沟通，对这些问题予以特别重视。

4.4 首次公开发行与再融资

4.4.1 IPO的定价与折价

首次公开发行的股票在我国通常被称为“新股、原始股”。首次公开发行（initial public offering，IPO）是指符合发行条件的发行人，第一次向社会公众投资者公开发行证券（通常是普通股）的行为。在国外亦称为无前例发行（unseasoned offering）。

1）IPO的定价

IPO定价是指在新股进入市场之前的定价，是对即将进入市场的股票价值的事前判断，是一种不完全信息条件下的博弈行为，这就决定了要十分精确地确定新股发行价格是相当困难的，也是不太现实的。然而新股发行价格的确定是新股发行中最基本和最重要的环节和内容，新股发行价格的高低决定着新股发行的成功与否，也关系到各参与主体的根本利益，并影响到股票上市后的具体表现。

对发行人而言，发行价格的高低直接决定其筹集资金计划的完成情况和发行的成本，而且也影响公司的未来发展；对承销商而言，发行价格的高低决定了它的成本效益水平；对投资者而言，发行价格既是投资欲望转化为现实的决定因素，同时又是投资人未来收益水平的决定性因素。

发行价较低时，新股发行较容易、顺利，然而若发行价过低，则可能损害原有股东的利益，而且募集资金量少，发行公司的筹资需求难以满足，不利于公司的长期发展；若发行价过高，则将增大承销商的发行风险和发行难度，并且也会增大投资者的成本，抑制投资者的认购热情，从而最终影响到发行公司的筹资需求。

（1）IPO定价的基本原则

IPO定价的基本原则主要有四个：

第一，内在价值原则。股票价格是对未来收益的贴现值，若股价不能反映股票的内在价值，或者说，股票定价与股票内在价值的偏离度过高，就可以认为该股票一级市场的定价机制存在一定的偏差。股票的发行价格应该反映股票的内在价值，一般可用现金流贴现法、相对估价法、经济附加值法等方法进行计算。

第二，市场化原则。股票的发行价格应以市场化取向为原则来确定，充分反映市场的供求关系，使股票的供给和需求达到均衡，以准确地反映市场对股票价值的认可，也就是说，股票发行价格应考虑发行时整体股票价格水平、供求状况等，兼顾各方利益。一方面，新股发行定价必须考虑能否满足发行人筹资需要。筹集企业所需的资金是发行人发行新股的目的之一，因此，新股发行定价应考虑发行人的筹资需要，最大限度地满足发行者的筹资需求。若新股发行价格过低，在发行量不变的情况下，则企业筹资规模会比较小，这不仅损害了原有股东的利益，也不利于公司成长。另一方面，新股定价必须考虑投资者和承销商的利益。出于投资成本考虑，投资者希望新股价格低，若新股发行价格太高，将会增加其投资成本，打击其投资信心，同时也增加了承销商的发行责任和风险，给二级市场增加压力，从而损害上市公司的形象，降低上市公司再次增资扩股的能力。一般来说，定价是否合理，在股票上市后一段时期即能表现出来，大幅度的涨落均系不正常，上涨5%~20%通常被认为是比较正常的。如果定价不留余地，则股票上市后在二级市场的定位将会发生困难，影响公司的声誉。因而新股发行价格的确定要注意给二级市场的运作留有适当的余地。

第三，符合国际惯例与我国国情相结合的原则。一方面，证券市场的发展有其内在的规律和基本模式，我国证券市场也必须遵循这种规律和模式，因此，我国股票发行价格的确定应引进国际惯例，尽量与国际通行做法相一致，以便于保持可比性。另一方面，我国的经济发展和证券市场的发展都有其特色，与发达国家的证券市场环境明显不同，尤其是我国的证券市场建立不久，与其他成熟的证券市场相比，仍然存在许多不足，某些市场信号并不能反映真实情况，加上我国股份制企业的特殊性（改制设立），所以价格制定要在符合国际惯例的条件下，照顾到我国的具体情况，不能盲目照搬。

第四，定性与定量相结合的原则。股票价格有其特殊性，其构成因素大多无法确定或很难确定，因此，在价格制定中，应充分考虑影响新股的可量化因素和不可量化因素。对可量化因素进行定量分析，而对不可量化因素则进行定性分析，将定量分析和定性分析有机结合起来，才能准确合理地制定价格。

股票发行价格受到国家宏观经济环境、企业行业特点、公司财务状况、公司基本情况等各方面因素的影响，因此，新股定价是一个比较复杂的系统工程，需要价格制定者运用定价原理，结合企业的实际情况，综合考虑市场环境，经过科学的定价程序，才能得到一个相对合理的发行价格。

（2）IPO定价的评判标准

评价新股发行定价的好坏，首先要看新股发行价格的确定是否遵循了上述新股定价的原则，因为这些原则是新股合理定价的前提和基础，通常只有遵循了上述原则，所确定的新股发行价格才较为科学、合理。

新股发行定价的好坏，最终还是需要用未来的实践加以检验，即用发行成功与否来检验。发行成功了，就可以认为定价是合理的；发行不成功，无论是多么完美的定价理论得出的定价也不能被认为是合理的。但怎样才算“发行成功”？国外的标准较为简单，主要是考察上市首日的股价上涨幅度，若上涨幅度为5%~20%，则认为发行成功；若上涨幅度小于5%，则认为IPO定价偏高，发行不成功；若上涨幅度大于20%，则认为IPO定价存在明显低估的情况。

根据我国资本市场的状况，如果新股定价满足以下条件，则定价较合理：

① 发行公司能够据此价格按计划顺利筹集到理想的资金数量，这就说明投资者对新股定价是基本认可的。

② 承销商不存在被动余额包销行为。被动余额包销，是指承销商没有将股票完全发售出去而不得不包销余额的行为。一方面，余额包销意味着新股发行价格过高，不被市场认可；另一方面，余额包销不仅要占用承销商的大量资金，而且也可能导致承销商成为发行公司最大的股东，造成股权结构不合理，发行公司甚至会受到承销商的干预等。

③ 在所确定的新股发行价格下，新股上市首日涨幅为40%~60%，若低于40%，则认为IPO定价过高；若高于60%，则认为IPO定价存在明显低估的情况。这一标准考虑了我国的新股上市首日涨幅平均达100%的现实和国外的成功经验。当代著名投资家、美国金融学教授阿科波尔（Arkebauer，2002）认为，新股定价在比真实市场价值低15%~30%（即折扣率）的水平上，会刺激投资者的投资欲望。

(3) IPO定价的程序设计

按国际通行做法，新股发行价格的确定一般分两步：一是进行股票估值或公司估值。对发行公司进行估值，国外有多种成形的理论和模型，如现金流贴现模型、经济附加值模型、相对估价模型等，这种估值必须建立在对发行人的深入了解和对行业进行全面分析的基础上，主要目的是确定股票的内在价值，新股发行价格就是以该价值为基础确定的；二是发现股票市场价格。这种价格的发现主要是建立在充分的询价和竞价机制上，其中竞价机制中具体定价方式有多种，包括网上竞价、网下竞价等。只有将股票价值发现和价格发现结合起来，最终才能得出合理的市场化的发行价格。

参照国际上的IPO定价流程（程序），结合我国证券市场的具体情况及实践经验，我国企业IPO定价可分为以下几个步骤进行：

第一，应用定价模型计算出新股发行理论价格。选择股票估值基本指标，应用定价模型确定新股发行的理论价格，是新股定价的整个过程中最为关键、最为复杂的一环，所确定的新股发行价格不仅是整个新股定价过程的基础，而且会在以后步骤中对新股发行价格的修改和调整产生影响。

第二，对发行公司的特殊性因素和其他不可预见性因素进行适度调整。新股发行公司必然存在一定的特殊性因素，通过一些单纯的指标或模型计算所确定的新股发行价格或价格区间，难以包含所有关于发行人、承销商等的信息，比如特殊的股本结构、表外资产、不可计量的债务等。

一般情况下，在第一步所确定的新股发行理论价格的基础上，还需要根据发行公司的特殊性和其他不可预见因素，对新股发行价格进行适当的调整。在实践中，可以根据事件影响方向，主观地调高或调低定价、扩大或缩小定价区间。实施该步骤的质量效果，主要取决于承销商在事前对公司、市场所进行的调查与分析的质量，而对新股发行价格的具体调整幅度，则更多地取决于定价人员的经验与判断。

在特殊的证券市场环境下，一些不包含在新股发行理论定价指标中的不可预见因素，往往也会对新股的市场定位产生极大的影响，从而导致最终的市场定价远远偏离所计算出的新股发行理论价格。这些不可预见因素主要包括二级市场可能出现的突发性变化等。某些政策性因素也会对市场产生极其深远的影响。

第三，通过路演、询价、竞价等办法，最终确定新股发行的理论价格。运用固定价格、累计订单或混合定价方式，将经过第二步调整后的新股发行价格或价格区间通过路演、市场询价等，获得投资者认可的同时，充分了解市场需求和评价，从而最终确定新股发行价格。在竞价方式下，将经过第二步调整后的新股发行价格或价格区间作为竞价的底价，通过法人、中小投资者或两者共同竞价，按照事先确定的竞价规则，最终确定新股发行价格。

2）IPO折价

IPO折价（IPO underpricing，也称IPO抑价）是指股票在IPO后第一天的收盘价格远高于发行价格的现象。IPO折价现象是目前理论和实践中公认的难题，在学术上，有从各种不同角度解释的理论；在实际上，各个国家发行制度和发行市场本身都存在着差异。中国IPO折价问题的特殊之处在于：中国IPO折价水平远远高于其他国家（包括发达国家和发展中国家）。

IPO折价理论主要包括：非对称信息理论、对称信息理论和分配理论。

（1）IPO折价的非对称信息理论

IPO折价的非对称信息理论认为，IPO折价的关键在于IPO发行人、承销商和投资者之间存在非对称信息，从非对称信息角度解释IPO折价的理论主要有四种：信号传递理论、逆向选择理论、信息显示理论，以及委托-代理理论。

① 信号传递理论。信号传递理论的基本观点认为，由于发行者与投资者之间存在信息不对称，投资者在购买一级市场股票时会面临柠檬市场问题：只能买到质量较差的企业的股票。因此，为了解决柠檬市场问题，高质量企业故意折价销售，以显示自己的质量。Welch（1989）模型的基本结论是，一级市场存在两类发行企业，高质量企业和低质量企业，发行者自己知道质量而投资者不知道企业质量。当一级市场价格为平均价格时，投资者只能买到质量较差的企业的股票。为了与低质量企业相区别，高质量企业折价销售它们的股票，以显示它们是高质量企业。而当市场投资者知道它们是高质量企业后，高质量企业则可以利用续发股票的方式获得收益，以弥补初始折价销售股票的损失。低质量企业也可以模仿高质量企业的战略。但是即使低质量企业模仿高质量企业的定价，市场上的投资者也有一定概率发现它们是低质量企业，低质量企业模仿高质量企业战略总是存在较大的成本。所以，高质量企业通过折价能与低质量企业相区别，显示企业质量。

② 逆向选择理论。逆向选择理论的基本观点认为，一级市场的投资者之间存在信息不对称，部分投资者了解企业质量，而部分投资者不了解企业质量。处于信息弱势的企业在一级市场竞价时，面临"赢者的诅咒"问题，仅仅买到一级市场上质量较差的企业的股票。为了让处于信息弱势的投资者购买股票，发行企业只能折价发行股票。Rock（1986）证实了模型化发行市场"赢者的诅咒"的想法。基本观点是：一级市场存在两类投资者，一类为信息优势的投资者，清楚了解企业未来现金流状况，另一类是信息弱势的投资者，不知道企业未来的现金流状况。信息弱势的投资者购买一级市场股票，往往购买到质量较差企业的股票，导致损失。为了鼓励信息弱势投资者购买，弥补其可能的购买损失，发行者只好折价发行。在Rock模型的基础上，Cater和Manaser（1990）考虑了承销商声誉对于折价的影响，其基本观点是：声誉好的承销商出于自身声誉的考虑，只会选择承销那些质量高和风险小的企业的股票。于是，承销商的声誉机制会起到筛选作用，降低投资者的风险。所以，承销商声誉可以减轻一级市场上投资者之间的信息不对称，减少折价发行。

③ 信息显示理论。信息显示理论的基本观点认为，发行者（承销商）与投资者之间存在信息不对称，发行者不了解投资者的购买意愿。为了让投资者自己显示自己的购买意愿，发行者必须利用分派股权的权利和定价的权利，对于显示很强购买意愿的投资者进行补偿，折价销售。Spatt和Srivastava（1991）的信息显示模型证明固定价格销售或者折价销售是最优的。基本观点是：由于信息不对称的存在，为了使购买意愿较大的投资者如实报告自己的购买意愿，必须对他们支付信息租金。如果仅仅利用固定价格发行股票，则发行者不能充分利用给定信息结构下的信息，可能不能实现收益最大化；如果利用增广的价格机制，即在固定价格机制之前再加一个廉价交谈，则发行者能够实现最优机制设计的结果——收益最大化。其基本原理在于，在第一阶段，发行者和投资者各自报价，第二阶段，发行者根据投资者的报价确定发行价格和哪些投资者获得购买股票的权利。由于第一阶段投资者的报价仅仅影响是否有权购买股票，所有的投资者都会如实报价；在此基础

上，发行者根据第一阶段投资者的报价，可以确定最优价格，实现最大收益。

④ 委托-代理理论。委托-代理理论的基本观点认为，发行企业和承销商之间存在信息不对称，发行企业无法观察承销商的努力，因此，为了让承销商努力，必须允许承销商折价发行股票。Baron（1982）模型认为，承销商与发行企业存在利益冲突，承销商更加在乎自己的声誉以及发行是否能够成功，而发行企业关心发行收益的最大化。同时，发行企业的利益与承销商的努力正相关，并且发行企业无法观察承销商的努力。因此，为了激励承销商努力和获得相应的发行收入，有必要允许承销商折价销售。Muscarella和Vetsuypens（1989）对Baron（1982）的委托-代理的折价理论实证检验发现，如果发行者和承销商之间信息不对称为零，则相应的折价水平比较低。他们考察了美国1970—1987年，38个投资银行自己在一级市场发行股票的折价情况，发现投资银行自身在一级市场发行的股票折价程度大于其他类型的股票折价。Michel和Ljungqvist（2001）在Baron（1982）的想法的基础上，结合Rock（1986）的想法，认为IPO的折价取决于发行者折价的激励，而发行者的激励与发行者参与IPO的程度负相关；IPO的折价有利于促进IPO的销售，降低IPO的销售成本，而IPO的促销可以降低市场的不确定性和风险，从而降低折价程度，因此，IPO折价与IPO的促销是相互替代的。在Rock（1986）模型的基础上，Michel和Ljungqvist（2001）得出IPO的营销成本是发行者参与IPO程度、不确定性以及股票的稀释程度的递增函数，IPO的折价水平随着IPO的营销成本的增加而降低，随着发行参与IPO的程度的增加而降低。

（2）IPO折价的对称信息理论

IPO折价的对称信息理论从对称信息角度解释IPO折价，认为IPO折价关键在于法律成本和市场交易成本，从对称信息角度解释IPO折价主要有两种理论，法律成本理论和市场交易理论。

① 法律成本理论。法律成本理论的主要观点为，一级市场发行价格较高时会导致事后有更高的可能性卷入法律官司，为了避免法律官司和保险的需要，折价发行股票。Tinic（1988）在Rock（1986）的模型中引入法律成本。但是，Hughes和Thakor（1992）发现如果考虑时间一致性和理性预期假设，则法律成本不会导致折价。其原因在于如果投资者预期发行者会折价销售，则二级市场价格下降不会导致法律官司，而理性发行者预期到这一点则不会折价发行。为了在理性的框架中，考虑法律成本导致的IPO折价，Hughes和Thakor在Tinic（1998）模型的基础上，引入承销商的类型，即市场存在长期承销商和短期承销商。短期承销商只在乎眼前利益，不计较法律成本，因此，总是溢价销售IPO，而长期承销商在乎长远利益，会考虑法律成本。所以，在一级市场总是存在溢价销售的股票，投资者如果在未来发现在一级市场购买的收益远远低于预期值，则诉诸法律。考虑到高价格导致更大的被起诉的可能性，而被起诉的承销商要承担巨大的法律成本，承销商有折价发行的积极性，降低承担法律成本的可能性。Drake和Vetsuypens（1993）根据Tinic（1988）的理论获得实证检验结论，折价越大的发行者被起诉的可能性越低，他们发现实证结果与预测相反，IPO折价随着起诉的可能性增加而减少。Lowry和Shu（2002）指出Drake和Vetsuypens（1993）的结论存在内生性问题，因为被起诉可能性较高的发行者，或者风险较大的发行者可能折价越大。Lowry和Shu根据美国1988—1995年的数据发现，美国IPO的公司涉及法律成本巨大，平均大概为发行额的

11%。因此，他们认为IPO折价的一个重要原因在于减少法律成本。为了检验IPO折价的法律成本理论，他们采用联立方程组，考虑IPO折价和法律成本之间的互动关系。他们的基本结论为，如果仅仅简单考虑IPO与法律风险的关系，IPO折价水平随着法律风险的增加而降低；如果考虑两者的相互作用，他们发现IPO折价水平随着法律风险的增加而提高；而法律风险随着IPO折价水平的提高而减少。

② 市场交易理论。市场交易理论的基本观点认为，发行者在一级市场的收益与发行者在二级市场的收益是相互作用的，一级市场的折价可能是考虑二级市场的收益导致的。Boehmer和Fishe（2001）正式模型化了市场反馈理论，其基本观点是承销商折价销售股票，可以导致二级市场交易活跃，承销商获得更多交易佣金收益，但是折价则降低承销商的承销收入。因此，折价的关键在于一级市场的承销收入与二级市场的交易收入的折中。具体而言，一级市场的折价和二级市场的投机需求都是内生决定的；折价水平随着承销商收入的增加而降低，随着二级市场交易收入的增加而提高；二级市场投机需求随着承销商收入增加而减少，随着二级市场收益的增加而增加。

（3）IPO折价的分配理论

IPO折价的分配理论主要关注发行累计投标询价制度本身与折价的关系，主要是发行者和承销商的歧视性分配的发行股票与一级市场折价的关系，主要理论有信息显示理论、代理成本理论、投资者歧视和产权结构理论。IPO折价的分配理论是在IPO的非对称信息理论和对称信息理论基础上发展起来的，因此，在一定意义上它涵盖了部分关于信息非对称和对称的解释。

① 信息显示理论（information processing theory）。信息显示理论的基本观点认为，投资者比承销商具有信息优势，为了激励投资者如实报告自己的信息需要折价，而歧视性分配和发行可以降低激励成本和折价水平。Benvensite，Busaba和Wihelm（1996）考虑承销商的二级市场价格支持与IPO折价的关系，基本观点是：承销商的二级市场价格支持制度与IPO折价是相互替代的获得投资者信息的手段。具体来说，承销商为了获得投资者对于IPO评价的信息，必须让投资者获得信息租金，折价发行。但是，由于承销商缺乏事前承诺能力，总是有向市场与信息优势投资者高报IPO价值的激励，因此，承销商无法实行灵活的价格机制，从而导致更大的折价水平。为了避免承销商操纵信息，承销商必须承担稳定二级市场价格的义务，当二级市场价格低于IPO的发行价格时，承销商有义务从二级市场以发行价从投资者手中重新买回股票。但是，如果所有投资者都会从价格支持中获利，则承销商从有信息优势的投资者获得信息的成本就会增加。因此，为了降低激励成本，承销商实行歧视性的价格支持，只有那些有信息优势的投资者才能获得价格支持的期权，在二级市场价格下降时可以IPO的发行价卖给承销商。

② 代理成本理论。代理成本理论的基本观点是，IPO折价水平与企业治理环境有关，发行企业的决策者与发行企业的利益不一致，与发行制度中承销商决定IPO分配的权利相结合，导致企业的IPO折价。Loughran和Ritter（2001）在解释IPO折价水平随时间变化时认为，IPO折价水平变化的关键在于发行企业的目标发生了变化，而不是发行企业的风险变化与发行企业的决策者承担的发行成本的变化。他们认为，20世纪90年代以来，IPO的决策经理的目标发生变化，不再重点关注IPO的发行收入，而在于发行能带来私人收益。而发行企业决策者目标的变化主要通过两个效应起作用，一是分析师效应，二是旋转

效应。分析师效应是指在IPO中，承销商的分析师的作用越来越大，是否有顶级的分析师成为承销商选择的关键因素。其原因在于：一方面，20世纪90年代以来，IPO的价值主要是发行企业未来可能带来的现金流价值，而不是目前资产的价值，所以需要顶级分析师分析企业未来的现金流；另一方面，20世纪90年代以来，顶级分析师的分析和评论对二级市场股票价格的影响越来越大。旋转效应是指20世纪90年代以来，发行公司的决策者可以利用折价销售IPO，将企业资产转移到自己腰包中。20世纪90年代以来，许多企业的决策者都在主要的投资银行设立自己的私人账户，直到IT泡沫结束才被明令禁止。这些私人账户为承销商与发行公司的决策者合谋创造了很好的条件，两者共同操纵IPO的发行价格，折价发行，折价销售，而后承销商利用分配IPO的专有权利，将部分IPO转移到这些私人账户中。所以，IPO分析师效应与旋转效应相结合，企业的决策者与企业利益不一致，决策者与承销商合谋转移企业资产。在以上分析的基础上，Loughran和Ritter得出结论，承销商的声誉对于IPO折价水平的影响随着时间变化而变化：20世纪80年代，IPO折价水平随着承销商声誉的提高而降低；90年代至IT泡沫时期，IPO折价水平随着承销商声誉的提高而提高；后IT泡沫时期，IPO折价水平随着承销商声誉的提高而降低。承销商的声誉的时间考虑是解释IPO折价水平变化的主要因素。Loughran和Ritter（2002）将行为金融和代理成本相结合，引入期望理论解释IPO折价，期望理论认为发行者之所以默许IPO的折价关键在于IPO折价总是伴随着发行者财富的意外增加。他们认为，发行者不仅关注IPO是否折价，而且关注IPO给他们本身持有的股票带来的价值变化。只要IPO导致他们持有股票的价值的意外增加大于可能IPO折价导致的财富损失，则发行者默许折价。而根据代理理论，发行者与承销商存在利益冲突，承销商利用IPO折价，不仅可以降低承销成本，而且可以获得间接收益，歧视性分配IPO可能带来二级市场股票交易的手续费增加。根据期望理论，承销商和发行者根据承销过程获得信息部分调整IPO的价格——IPO价格部分调整，因为IPO价格的完全调整会导致发行者的意外收入降低。由于IPO价格部分调整的原则，当整个市场显示利好消息，所有的IPO仅仅部分调整其发行价格，同样由于市场利好使得发行者因持有发行企业的股票而使意外收入增加，为了分派市场带来的利益，通过更大的折价，投资者和承销商都获得利益。因此，市场利好使得IPO折价更高。同时，由于IPO的发行上存在时间重叠，所以市场的利好导致IPO折价之间显示很强的自相关，即IPO折价的共同波动现象。

③ 投资者歧视。投资者歧视的基本观点是在累计投标询价方式IPO的过程中，承销商歧视不同的投资者，即对于机构投资者和个人投资者区别对待，而这种投资者歧视与IPO折价存在密切的关系。

④ 产权结构理论。IPO的产权结构理论的基本观点是，发行企业利用询价制度选择投资者，改善企业的产权结构，而同时为了激励更多的投资者参加IPO，对IPO进行折价销售。Booth和Chua（1996）认为，IPO折价与发行企业对于分散的产权需求有关。为了分散企业产权，保证企业股票在二级市场有足够的流动性，发行企业必须选择合适的投资者。而为了能够选择合适的投资者，必须有足够的投资者参加IPO，即必须有足够的超额认购倍数。而投资者要参加认购IPO，必须获得关于IPO的足够信息。投资者为了获得关于IPO的足够的信息，必须花费一定的信息成本。因此，为了补偿投资者收集信息的成本，IPO必须折价销售。

4.4.2 上市公司再融资方式

1）国际市场上市公司再融资的不同方式

由于上市公司产业发展或资本运作的需要，在证券市场进行再融资是上市公司筹集资金的最佳方式之一。在国际市场上，再融资的方式主要有增资发行、供股发行、可转换债券、认股权证、配售和分拆等六种方式。其中，供股发行即配股，配售即定向增发。在成熟的国际证券市场上，上述六种基本方式又可以派生出多种衍生方式和金融工具，而且在不同的国家和地区的不同时期，其运作的方式、范围及影响也有所差异。

增资发行（SPO）是与初始发行（IPO）相对应的证券发行方式，在国外证券市场中泛指除IPO之外的上市公司再次发行股本证券，其含义基本上与我国的上市公司增发新股概念相同。这一增发含义以美国为典型代表，而英国则以比例配售新股的增发方式为主，与我国的配股概念相对应。上市公司增加发行新股经常与上市公司的收购、拆股行为联系在一起，尤其在英国和美国的证券市场，上市公司在收购一家公司后，会发行新股筹集资金或置换被收购公司的原有股权，这时有可能并不涉及现金的流入。从国际市场来看，二次发行新股是指上市公司在其初次发行之后再次发行新股。为了实现增资以扩大生产或改进技术或者实现发起人股东将其所持有的股份变现，上市公司可以再次向社会公众发行股票。

供股发行是与英美法系国家及部分大陆法系国家和地区广泛实行的授权资本制紧密关联的。实行授权资本制的国家和地区，公司资本总额可以预先登记，但不要求发起人或股东在公司设立时全部认足或募足，未予认购的部分，则授权上市公司董事会根据需要随时发行。其注册资本仅仅是公司预计发展的规模和政府允许公司发行资本的最高限额，并不要求公司股东一次全部认缴。如公司首发（IPO）只发行部分的实际资本，剩下的部分可在适当的时候二次发行，即供股发行。这可以为公司实施经理人员股票期权（ESO）、员工持股计划（ESOP）和管理层收购（MBO）等提供股票来源。

认股权证（warrant）是一种权利契约，支付权利金购得权证的一方有权（非义务）于契约期间或契约到期时，以事先约定的价格买进（或卖出）事先约定数量的标的证券，认股权证的交易即为决定是否买卖特定标的证券的这种选择权的交易，其实质为一种期权的买卖。认股权证具有衍生性、收益性、流通性和不稳定性等特点，同时，也是一种短期的融资工具。1992年至1996年间，我国证券市场曾推出过认股权证的交易，然而因各种因素未能得以持续发展。

分拆即分拆上市，是指上市公司将一部分资产从原有的公司分离出来，组成一个新的公司并发行股票认购原有的资产，同时，向公众发售新股的一种再融资方式。如TCL集团拟分拆TCL移动到中国香港上市。海外的可转换债券融资方式与国内情况大致相同，但其债券的种类更丰富，转换条款也更灵活。

从国外证券市场的实践来看，上市公司通过上述六种方式进行再融资是证券市场中常见的现象。世界主要证券市场上，上市公司再融资的数量和金额都巨大，如美国从1991年到1999年所发生的再融资总量已经超过了过去20年的总和，在这期间，美国共有5 212家公司进行过再融资，涉及金额高达2万亿美元。但不同的国家再融资的主要方式也不一样。英国的再融资方式为增发新股，而在加拿大、欧洲和大部分亚太地区国家的证券市场中，比例配售仍为主要的再融资方式，即我们通常所说的配股，实行比例配售的融资方式有实施时间短、见效快的特点，有时，股票进行比例配售再融资只需要几分钟即可全部完成。

2）我国多层次资本市场建设现状

我国证券市场融资相对规模与国际市场的水平已经比较接近。就目前我国股市的情况来看，我国上市公司整体素质参差不齐，效益好、有发展潜力的上市公司较少，在证券市场投机成分较重的情况下，股价的高估就在所难免，降低了资本市场对投资者的吸引力。此外，投资者参与股市所获收益的主要来源是二级市场上股价的波动，而非上市公司分红所得，因此，一旦上市公司再融资后业绩增长不能跟上股本的扩张速度，就无疑会使公司的股价大打折扣。随着中国经济的蓬勃发展，我国证券市场的投资理念将逐渐成熟，再融资规范将日趋完善并成为保障证券市场发挥资源配置功能的主要手段之一。

国际证券市场上可供选择的上市公司再融资方式具有多样性的特征，且每一种基本方式又派生出多种衍生方式和金融工具。例如，在美国，上市公司再融资途径除了上述三种途径外，还有期权、抵押债券、可转换优先股等，可选择性很大。

相对而言，目前我国再融资途径仍较少，上市公司再融资主要通过增发、配股和发行可转换债券三种渠道。同时，上市公司再融资的选择在不同时期有显著特征：（1）1998年以前再融资主要以配股为主，1990—1997年，上市公司共进行了466次再融资，其中，配股386次，增发B股79次，发行可转换债券1次；（2）1998—2001年，三种再融资方式并举，上市公司共进行了655次再融资，其中，配股565次，增发80次，可转换债券10次；（3）2002—2005年，增发和可转换债券逐渐占据再融资主体地位，上市公司共进行增发49次，募集资金381亿元，发行可转换债券21次，募集资金223亿元，配股46次，募集资金118亿元。2005年开始，随着我国股票市场股权分置改革的深入进行，认股权证这种方式又重新进入人们的视野。因此，可以通过政策创新，增加再融资的方式，一方面为上市公司提供多样的再融资方式，另一方面也丰富了证券市场的投资工具。

2008年之后，股权分置改革基本完成。在服务股改中，证券行业也借此良机开启了资产证券化征程，上市券商队伍扩大为行业更好服务资本市场打下了良好基础。2009年10月30日，酝酿十年的创业板正式推出，一方面为高科技企业提供融资渠道，另一方面亦通过市场机制，有效评价创业资产价值，促进知识与资本的结合。

2012年11月8日，中国共产党第十八次全国代表大会在北京召开。大会明确提出，要“加快发展多层次资本市场”，成为之后资本市场发展的主题。2014年，有着中国纳斯达克之称的新三板在全国范围内推开，短短一年半的时间，挂牌企业数量就超过沪深交易所上市公司总数，成为全国最大的基础性证券市场。新三板“低门槛、包容性、规范性”等一系列重大创新，可以看作全面实行注册制的预演，从一定程度上缓解了大量创新型、创业型和成长型中小微企业的资本运作需求，但远远不能解决中小微企业融资难、融资贵的问题。为了探索拓展中小微企业股权融资渠道，各地陆续批设了一批区域性股权市场（俗称“四板”）。在支持中小微企业多样化融资、推动中小微企业规范运作、增强金融服务普惠性等方面发挥了积极作用，成为我国多层次资本市场构建中不可或缺的一部分。

随着中国经济的持续发展和创新型经济体系的逐步建立，融资及投资需求日益显现出多样化的趋势。多层次资本市场建设也在不断推进。2019年，证监会在北京召开全面深化资本市场改革工作座谈会，提出了当前及今后一段时期资本市场改革12个方面的工作

（“深改12条”），标志着资本市场改革已经进入新周期，其中，最引人关注的便是设立科创板、试点注册制。

2018年11月5日，国家主席习近平出席首届中国国际进口博览会开幕式并发表主旨演讲，宣布在上海证券交易所设立科创板并试点注册制，这是中国资本市场发展进程中的标志性事件。

“注册制的改革可以很好地改进资本市场的质量。”穆迪首席信用官Richard Cantor指出，注册制的IPO流程可以在建立更好的披露制度、会计、尽职调查和投资者保护等方面，起到正向的作用，增强执行的可靠性，降低风险。注册制的巧妙之处在于，一方面推动解决发行人与投资者信息不对称所引发的问题，另一方面又规范监管部门的职责边界，避免监管部门的过度干预，不再对发行人背书，避免道德风险。企业以往业绩、未来发展前景，都交由投资者判断和选择，让市场各方充分博弈，发挥好市场在配置资源中的决定性作用，有助于加快资本形成与流转，增强服务实体经济能力，促进创新创业和健全现代市场体系。

科创板不仅是“注册制”的试验田，而且是支持“硬科技”企业利用资本市场做大做强的主战场。自2019年7月22日科创板正式开市，到2023年7月21日科创板开市四周年，已有546家公司在科创板挂牌，总市值突破6.95万亿元，成绩亮眼。546家科创板公司主要集中于重点支持的六大产业领域，具体比例如图4-2所示。

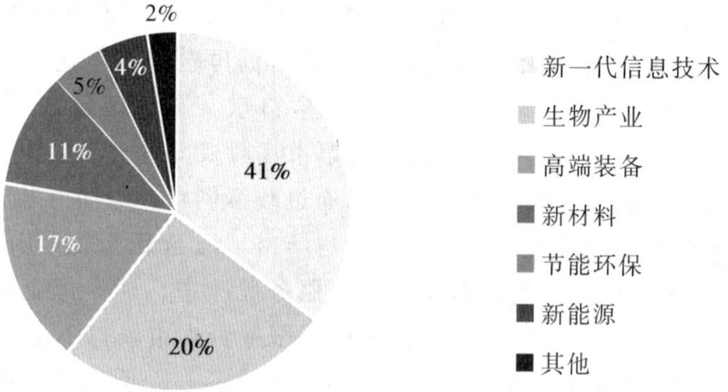

图4-2 科创板开市四周年，上市公司主要集中于六大产业领域

“十四五”规划纲要草案已明确提出全面实行股票发行注册制。注册制在科创板落地实施开局良好，运行平稳，效果初显，这些增量改革必将促进存量市场发展。当然，注册制试点时间不长，有关制度安排尚未经历市场周期和监管闭环的检验，有的新制度、新办法仍需磨合优化，实践一段时间后需要对注册制试点进行评估和改进，总结推广可复制、可推广的经验，为全面推进注册制改革创造条件。

党的十九届五中全会提出，全面实行股票发行注册制，建立常态化退市机制，提高直接融资比重。2021年政府工作报告也提出“稳步推进注册制改革，完善常态化退市机制”，明确这是“十四五”开局之年资本市场实现高质量发展的战略目标和重点任务。上市公司退市制度是资本市场的基础性制度，不仅对于优化资源配置、提升上市公司质量、保护投资者权益发挥着重要作用，而且对于防范股市泡沫、加快市场出清、化解市场风险具有现实意义。

2020年12月31日晚，沪深交易所分别正式发布退市新规，新增交易类、财务类、规范类等退市指标，缩短了退市流程。2021年初实施以来已见到实效。但总的来看，我国股票市场“吐故纳新”能力与成熟市场存在较大的差距，退市制度的运行效果亟待提升，“退市难”问题依然存在。

2021年9月2日晚，国家主席习近平在2021年中国国际服务贸易交易会全球服务贸易峰会致辞中宣布，继续支持中小企业创新发展，深化新三板改革，设立北京证券交易所，打造服务创新型中小企业主阵地。北京证券交易所将“以现有的新三板精选层为基础组建”，总体平移精选层各项基础制度，并同步试点证券发行注册制。北京证券交易所仍是新三板的一部分，与创新层、基础层一起组成“升级版”新三板，聚焦服务创新型中小企业，实现与沪深交易所错位发展，不仅可以承载更大的融资规模，畅通资本流通机制，还可以为这类中小企业构建更为有力的信用增长通道。中国多层次资本市场的建设取得了很大的进展，但仍然存在许多问题，其全面完善任重而道远。

3）我国上市公司再融资方式的比较分析

配股、增发以及可转换债券是上市公司通常采用的三种再融资方式。这三种再融资方式有以下几个共同点：

（1）配股、增发以及可转换债券三种再融资方式，都是在核准制框架下，由证券公司推荐、发行审核委员会审核、发行人和主承销商确定发行规模、发行方式、发行价格、证监会核准等组成的证券发行制度。

（2）三种再融资方式都对净资产收益率有最低的要求，且投资者都要以现金方式认购，强调同股同价等。

这三种再融资方式尽管存在一些共同之处，但是也存在诸多差异，这些差异是上市公司选择再融资方式的主要依据。配股、增发、可转换债券的主要差异如下：

① 融资条件不同。为了保证资金的有效使用及安全性，监管层分别通过净资产收益率、以往分红情况及融资时间间隔等严格规定了再融资的硬性指标。就净资产收益率要求而言，监管层对上市公司发行可转债的要求最高，增发的要求最低。如配股和增发要求“公司最近3个会计年度加权平均净资产收益率平均不低于6%”（增发还有放宽要求的例外条款，即如果不满足6%的条件，但公司具有良好的经营与发展前景，且增发完成当年加权平均净资产收益率不低于发行前一年的水平的，也可增发）。可转债则要求“最近3年连续盈利，且最近3年净资产利润率平均在10%以上；属于能源、原材料、基础设施类的公司可以略低，但是不得低于7%。”

② 就融资前是否有现金分红而言，发行可转债对现金分红的要求比发行新股要严格。配股和增发要求披露公司现金分红信息，对于最近3年未分红派息但能给予合理理由的，原则上仍可配股或增发。而发行可转债要求最近3年，特别是近1年必须有现金分红。因此，若上一会计年度有现金分红，才可以考虑发行可转债，否则只能考虑通过配股或增发融资。

③ 就融资时间间隔而言，发行可转债更具优势。配股距前次发行至少应间隔一个会计年度，增发只要求距前次发行的时间间隔至少1年，而发行可转债就没有时间间隔要求。

④ 就融资规模而言，一般来说，增发融资规模最大。三种方式中，配股要求配股总额一般不得超过总股本的30%；发行可转债的上限为发行后资产负债率不高于70%，且累

计债券余额不超过公司净资产额的40%；增发目前尚没有具体的融资规模限制，而即使考虑到监管层加强对增发监管的因素，增发也可能是融资规模最大的一种再融资方式。

⑤ 就发行定价而言，可转债发行定价稍高，增发次之，配股略低。为了迅速完成配股，上市公司倾向于将配股价定得低一些；而增发则一般以发行日前一个交易日的收盘价或距发行日最后若干个交易日平均收盘价为基础，按照一定的折扣比例来确定。可转债发行价格的确定一般以公布募集说明书前30个交易日公司股票的平均收盘价格为基础，并上浮一定幅度。

⑥ 就融资后的经营压力而言，配股和增发有摊薄作用，都可能导致公司当年的每股收益和净资产收益率下降，未来是否具有较强的盈利能力也是上市公司需要考虑的，如配股当年加权平均净资产收益率不得低于银行同期存款利率，增发后应实现盈利预测80%以上，否则应予以说明或公开致歉。因债息具有税盾作用，发行可转债对公司当年每股收益和净资产收益率影响不大。另外，配股和增发可补充公司资本金，风险较小，而发行可转债则需考虑到期末转换债券的还本付息问题，财务压力较大。

⑦ 就大股东控制权而言，如参与配股，则对控制权不会有太大的影响；增发的股权稀释作用较为明显；可转债对股权的稀释是逐步的。

⑧ 就融资后财务成本而言，股权融资的财务成本明显高于债权融资。原因是上市公司以现金分红且股息是税后支付，可转债的利息率较低且债息是税前支付。另外，如果资产负债率较低，为优化财务结构，宜选择可转债融资；如果资产负债率较高，偿债压力较大，则应选择股权融资。

通过以上的比较分析可见，三种再融资方式各有不同特点和优势，适合不同情况下企业发展的需要，上市公司进行再融资时应当根据实际情况选择适当的再融资方式，而不是单纯依赖于股权融资，甚至是哪种方式门槛低就采用哪种。

关键词

资产重组　并购风险　公司紧缩　业务外包　IPO

思考题

1.收购进程中，对目标公司进行价值评估需着重考虑哪些因素？

2.何谓IPO折价？如何解释IPO折价现象？

3.什么情况下企业要考虑收缩？可以考虑采取哪些收缩措施？

4.为了防止企业被恶意收购，我们可以采取哪些措施？

5.我国主板、创业板、科创板有哪些区别？企业选择上市板块时参考的依据有哪些？

学思践悟

2021年3月，两家世界500强企业中化集团和中国化工集团宣布合并了。合并前，中化集团在世界500强中排109位，中国化工集团排在164位，合并后的新公司将向着全球化工巨头的目标吹响冲锋的号角。

中国化工集团的业务范围包括化工材料、化工装备、石油加工和炼化、种子和化肥、农药等农用化学品。长期以来，中国在种子和农用化学品中也面临着“卡脖子”的问题，很多专利都掌握在6家外国巨头手里，它们是美国孟山都、瑞士先正达、美国杜邦、德国拜耳、美国陶氏化学和德国巴斯夫，中国只能严重依赖进口，而种子和农用化学品与14亿中国人民的粮食安全息息相关，这个“卡脖子”的后果比其他领域更加严重。

面对“卡脖子”的僵局，一时打不进去，中国化工就采取收购的办法。2006年开始，中国化工就在全球布局，陆续收购了法国、英国、德国、意大利和以色列等国领先的10家化工公司；2017年又突破欧美重重阻碍收购了瑞士国宝级企业先正达，成交价格430亿美元，成为当时中国最大的海外收购案例。收购完成以后，全球农化行业格局发生了颠覆性变化，从长期由欧美巨头垄断，变成中国、美国、德国三足鼎立的格局。中国化工的一系列并购也保障了14亿中国人民的农业的安全，为今后我国在这一领域推进研发奠定了基础。

其实，早在2015年中国化工就完成了对意大利倍耐力轮胎的收购，一举成为这一领域的巨头，英国《金融时报》撰文惊呼“中国并购王”来了！

在海外并购过程中，中国国有企业之所以有这样的实力和魄力屡创佳绩，归根结底是我们有先进的社会主义制度、广阔的国内市场和先进的制造能力作保障。

根植于中国这个世界经济增长最快的国家，也是唯一在高端产业与发达国家全面竞争的发展中国家，中国企业正在各个领域不断打破欧美的工业霸权，实现科技强国的中国梦。

延伸阅读文献

1.高根．兼并、收购与公司重组［M］．朱宝宪，吴亚君，译．北京：机械工业出版社，2004.

2.维格里．增长的细节［M］．张猛，译．北京：机械工业出版社，2008.

3.索洛．增长论［M］．任峻山，吴经荃，译．北京：经济科学出版社，1988.

4.艾伦．研发组织沟通［M］．余江，译．北京：知识产权出版社，2008.

5.希金斯．财务管理分析［M］．沈艺峰，等译．北京：北京大学出版社，2009.

6.宁南山．未来站在中国这一边：产业升级引领中国未来［M］．北京：红旗出版社，2020.

拓展材料

汤谷良，张守文：企业高质量发展要求与财务管理转型方向

互动习题

第4章即测即评

5 司库管理

导入案例　构筑智慧司库生态　塑造价值管理新势能①

中国广核集团（简称“中广核”）是伴随我国改革开放和核电事业发展逐步持续发展的中央企业。以“发展清洁能源，造福人类社会”作为使命，经过40余年的不断发展，公司优化构建多元化的“6+1”产业体系。这一体系涵盖了核能、核燃料、新能源、科技型环保、产业金融非动力核技术应用和数字化等广阔领域。

公司自成立以来一直高度重视资金管理，并持续改进资金管理体系，建立了涵盖银行账户、资金预算、支付结算、筹融资等全方位的资金集中管理框架。然而，随着国内外经济形势的变化以及集团业务的持续扩张，传统的资金管理模式已难以满足集团公司发展的需求，在资金管理方面面临三大挑战：一是“视野受限”，面临着信息获取的局限性，无法及时获取业务前端的信息，业务财务难以融合；二是“运用不足”，资金配置与业务规划的协调程度不够，未能充分实现与产业协同的最佳效果；三是“管控乏力”，在面对日益复杂的项目投资风险、资金流动性风险，以及不断演变的市场风险的情况下，集团公司缺乏整合一致且高效的管理机制，以及全面系统的风险评估体系。

为解决上述问题，中广核采取了主动变革的措施，重新定位财务管理理念，以“统筹规划、稳步推进、技术赋能”为核心思路，致力于构建集中化、数字化和智能化的司库体系，并规划了传统资金管理向集中型、价值型和智慧型司库的演进路径。

自2008年起，中广核便开始实施“资金管理一体化”运作模式，为集中型司库的建立奠定了基础。随着这一模式的深化，集团实现了管理的集中化、操作的统一化、资源的整合化，以及信息的集成化，从而在资金安全、融资管理和外汇运营等司库核心领域获得了显著提升。在这一阶段，集中型司库体系充分满足了中广核多元化发展的资金需求，并将有助于集团的资金管理与金融服务与时俱进，实现更加稳健和可持续的发展。

凭借集中型司库建设的坚实基础，中广核司库体系持续专注于创造价值，以“赋能业务成长、驱动价值创新、筑牢风险防线”为主线，不断深化业财的融合发展，实现资源配置优化、业务管控科学化、考核导向明确化，以实现更高效，更有利可图的运营和发展。2018年，中广核正式引入“价值型司库”管理概念，并逐步形成价值型框架，在这一基础上，持续挖掘司库体系对集团公司全局战略规划的深度支持。

2023年底，新一代数字化“智慧司库系统”全面上线运行，数字化应用覆盖集团全

① 陈德邵．构筑智慧司库生态 塑造价值管理新势能——中国广核集团有限公司智慧型司库高质量建设实践[J]．中国总会计师，2024（3）：20-22.

范围、全业务、全流程，财务分析、战略布局、资本运营、财务数字化等工作取得卓越成效，为集团公司的可持续发展提供了坚实支撑，有效提升了集团公司的竞争力、创新力、影响力，使得整体的财务管理水平跃上新平台，标志着中广核的财务管理体系正式迈入智慧型新阶段，开启了数智融合支撑价值创造和战略决策的新篇章。

中广核智慧司库系统的建设发展告诉我们，传统的资金管理模式已经难以应对现代经济形势的变化，公司未来的发展需要向司库管理体系转变。

5.1 司库管理概述

5.1.1 司库的含义

“司库”一词最早在隋唐时期出现，意为主要掌管一国财政收支、国库出纳和仓储管理等事项的部门或机构。20世纪40年代，司库概念被运用到企业管理，一方面，司库被认为是企业资金、资产或资源的统称；另一方面，司库也被认为是管理企业部分资金、资产或资源的岗位或部门。在国务院国资委《关于推动中央企业加快司库体系建设进一步加强资金管理的意见》（国资发财评规〔2022〕1号）中首次对司库作出定义，指出司库体系是企业集团依托财务公司、资金中心等管理平台，运用现代网络信息技术，以资金集中和信息集中为重点，以提高资金运营效率、降低资金成本、防控资金风险为目标，以服务战略、支撑业务、创造价值为导向，对企业资金等金融资源进行实时监控和统筹调度的现代企业治理机制。推进司库体系建设，是为了推进中央企业资金管理的进一步强化，全面提升财务管理的效益、效率和智能化水平，加快培育具备全球竞争力的顶尖企业。

5.1.2 司库的本质和内涵

作为一个关键的财务管理职能，司库在不同的视角下具备多重本质和内涵。司库的角色已不再局限于传统的资金管理，而成为企业中负责战略性资金决策和风险管理的重要角色之一。在当前商业环境下，围绕企业司库的本质与内涵，形成了现金、财务、业务、金融、生态五个视角的解读。这些不同视角的解读折射出司库在不同领域和层面上的职责和影响，以应对日益复杂和多元化的商业需求。在以下讨论中，我们将探索这些视角，并深入了解司库的多重本质和内涵，以全面把握司库管理的重要性和价值。

1）现金视角下司库的本质和内涵

从现金视角来看，司库的本质和内涵可以从以下几个方面来理解：一是现金管理，司库的核心职责是管理组织的现金资产。这包括监控现金流入流出、管理银行账户、进行资金调度和预测、制定现金预算等。司库需要确保组织有足够的现金流动性，以满足日常运营和业务需求。二是风险管理，在现金管理过程中，司库需要识别、评估和管理与现金相关的各种风险。这包括市场风险、流动性风险、信用风险、汇率风险等。司库需要采取相应的风险管理策略，以保护组织的现金资产并最大限度地减少潜在的风险损失。三是投资管理，除了管理日常现金流动，司库还负责组织的投资管理。这包括决策如何有效地配置剩余现金资产，以获得最佳的投资回报。司库需要进行市场研究、投资分析和资产组合管理，以确保投资组合的安全性和盈利性。四是管理银行关系，司库需要与银行建立并维护良好的合作伙伴关系，以获得优惠的银行服务、提高资金管理效率，并及时了解银行业务和金融市场的最新动态。司库需要与银行进行资金结算、账户管理和资金融通等合作。五是内部控制，作为现金管理的核心部门，司库需要确保内部控制的有效性。这包括建立适当的授权和审批制度、制定现金管理政策和程序、实施风险监测和内部审计等，以确保现金资产的安全性、准确性和合规性。综上所述，司库是指一个组织中负责管理和监督现金流动的部门或职能。

2）财务视角下司库的本质和内涵

从财务视角看，司库是一个组织负责管理和监督财务资产和负债的部门或职能。司库的核心职责是管理组织的资金流动。这包括监控资金流入流出、管理银行账户、进行资金调度和预测、制定资金预算等。司库必须确保组织有足够的资金流动性，以满足日常运营和业务需求。在资金管理过程中，司库应识别、评估和管理与财务资产和负债相关的各种风险。这包括市场风险、信用风险、流动性风险等。司库需要采取相应的风险管理策略，以保护组织的财务资产并最大限度地减少潜在的风险损失。除了管理日常资金流动，司库还负责组织的投资管理。这包括决策如何有效地配置剩余资金，以获得最佳的投资回报。司库需要进行投资分析、资产配置和风险管理，以确保投资组合的安全性和盈利性。司库在财务视角下还负责管理组织的资金融通活动。这包括与银行和其他金融机构进行融资和融资安排，以满足组织的资金需求。司库需要评估融资选项、协商融资条件，并确保融资安排符合组织的财务目标和策略。作为财务管理的核心部门，司库需要确保内部控制的有效性。这包括建立适当的授权和审批制度、制定财务管理政策和程序、实施风险监控和内部审计等，以确保财务资产和负债的安全性、准确性和合规性。

3）业务视角下司库的本质和内涵

由于企业业财融合程度的不断加深，司库从业务视角强化了协同增效和管控价值。传统上，财务信息与业务信息割裂，导致司库的资金管理与业务活动脱节。随着企业业财融合程度的加深，精益资金计划和业财融合机制的应用使司库管理逐步延伸至前端业务经营，并以深入业务的方式统筹资金资源。业务视角下的司库旨在实现业财一体化，将资金管控与业务活动紧密衔接。新技术的运用进一步强化了资金资源与业务活动的关联性，不仅满足了战略和业务发展的资金需求，还实现了贯穿业财前后端的资金资源集中管控、统一调配和高效周转，有效降低了业务活动的合规风险和经营风险。

4）金融视角下司库的本质和内涵

司库的发展与企业集团构建金融体系密切相关。早期，小规模企业内部的金融业务相对简单，信息技术不发达，没有形成完整的金融体系。随着企业规模扩大，集团化经营模式的出现以及信息技术的不断发展，企业集团的金融业务日益丰富。为了更好地管理集团的金融资源，企业集团开始采用内部银行和内部结算中心等体系行使司库职能，最终发展成为金融视角的司库体系。从金融视角来看，司库是企业集团对自身及其成员企业的全部金融资源（包括财务资源）进行集中管理、配置、使用和监管的管理体系，旨在规避和防范金融风险，提高金融运行效率，有效支撑企业集团发展。

金融视角的司库具有以下三大特征：

一是管理对象全面。涵盖企业集团的全部金融资源，包括现金、有价证券、信贷资产、保险资产、应收款项等金融资产，以及长短期借款、应付债券、应付款项、吸收存款、担保等金融负债。二是交易平台功能。作为企业集团内部金融市场的运营基础，为企业集团内部所有金融主体和金融资源提供交易平台。三是信息平台整合。作为统一的虚拟信息平台，对企业集团的所有金融资源进行集中管理、配置、使用和监管，实现司库的目标。

5）生态视角下司库的本质和内涵

从生态视角来看，司库可以被视为组织生态系统中的一个关键角色，负责管理和协调资金流动和资源分配。在生态视角下，司库的本质和内涵可以从以下几个方面来理解：一是资源管理。司库作为组织资源的管理者，负责管理和协调资金流动和资源分配。他们需要确保资源的合理利用和分配，以满足组织各个部门和项目的需求，并为组织的可持续发展提供支持。二是生态平衡。司库需要在资源分配中维持生态平衡。他们要确保资源的合理分配，避免资源过度集中或浪费，促进资源的平衡和可持续利用。司库还需要考虑组织的长期发展目标，通过有效的资源管理来实现生态系统的健康和稳定。三是合作伙伴关系。生态视角下，司库需要与内部和外部的利益相关者建立合作伙伴关系。他们与各个部门、团队和合作伙伴进行沟通和协调，以确保资源的共享和协同利用。司库还需要与金融机构、投资者和其他利益相关者建立良好的合作关系，以获取支持和资源。四是可持续发展。作为组织生态系统的一部分，司库需要关注组织的可持续发展。他们需要考虑资源的长期供应和利用，制定可持续的资金管理策略，促进环保和社会责任，并在资源分配中保持生态系统的健康和平衡。五是创新和适应能力。生态视角下，司库需要具备创新和适应能力，不断探索新的资源管理方法和工具，适应不断变化的市场环境和技术趋势。司库还需要监测和评估生态系统中的变化，并及时调整资源分配和管理策略。

5.1.3 司库管理的含义

司库管理是一种管理活动，其核心是资金的管理活动，并且以金融资源的合理配置和资金的集中管理为工作重心，为了达成战略目标、实现价值创造，集团在当前资金集中管理达到一定水平后，进一步融入信息化、数字化和智能化的手段，以及更符合管理现状的制度流程设计，实现资金管理能力的进一步提升。

1）司库管理是在资金管理基础上的升级，体现在理念、管理和技术三个方面

（1）理念升级。司库管理在理念上强调整体和战略性的资金管理。传统的资金管理主要关注日常的流动性管理和资金调度，而司库管理更注重整体资金战略的制定和执行。司库管理强调将资金管理纳入组织的长期规划，并与组织的战略目标相一致。它强调风险管理、价值最大化和可持续发展等方面。

（2）管理升级。司库管理在管理方面强调跨部门合作和综合性的管理能力。传统的资金管理通常由财务部门独立负责，而司库管理鼓励与其他部门和利益相关者进行紧密合作。司库管理需要与市场部门、采购部门、风险管理部门等进行协调和沟通，以确保资金管理与整体业务运营的协调一致。此外，司库管理还需要具备战略规划、风险评估、决策制定等综合管理能力。

（3）技术升级。司库管理在技术方面借助先进的技术工具和系统来支持资金管理的决策和执行。传统的资金管理通常依赖于传统的财务系统和手工处理，而司库管理借助计算机技术、数据分析、人工智能等先进技术来提高效率和准确性。例如，使用财务管理系统、风险管理工具、流动性管理模型等来辅助决策和监控资金流动。

2）司库管理在财务、企业和产业链三个层面发挥不同的作用

（1）财务层面。在财务层面，司库管理主要关注资金流动、资金风险管理和资金优

化。司库管理通过有效的资金管理和流动性规划，确保组织具备足够的资金来支持日常运营和投资活动。他们负责管理现金流、预测资金需求、进行资金调度和投资决策，以最大程度地提高资金的利用效率和收益率。此外，司库管理还关注财务风险管理，包括外汇风险、利率风险、信用风险等，通过采取风险对冲和管理策略，减少潜在的财务风险。

（2）企业层面。在企业层面，司库管理扮演着战略性的角色。他们通过制定和执行资金管理战略，为企业的长期发展提供支持。司库管理参与企业的战略规划和决策，确保资金战略与企业战略相一致。他们与各个部门合作，协调资金需求和项目投资，促进资源的合理配置和利用。此外，司库管理还参与并推动企业的可持续发展，关注环境、社会和治理等方面的影响，并在资金管理中纳入可持续性的理念。

（3）产业链层面。在产业链层面，司库管理发挥着供应链金融和风险管理的作用。他们与供应商和客户建立合作伙伴关系，提供供应链融资服务，以支持供应链的稳定和发展。司库管理还关注供应链的风险，包括供应商的信用风险、市场需求的波动等，通过风险管理和资金调度，减少供应链的不确定性和风险。司库管理也可以在产业链中协调各个环节的资金需求和资源分配，促进产业链的协同发展和增值。

5.1.4 司库管理的职能

关于企业司库的具体职能，两个著名的世界性资金管理行业协会团体，美国的AFP协会（The Association for Financial Professionals）与英国的ACT协会（Association of Corporate Treasures）有不同的观点。AFP认为，企业司库面向企业和其他机构提供综合性财务和金融服务，具体职责包括财务规划及财务分析、流动性管理、企业投融资决策、风险管理与养老金管理、内外部银行关系管理、制订和执行司库政策与程序等。ACT认为，企业司库职责涵盖五个核心要素：公司理财、资本市场与融资、现金与流动性管理、风险管理、司库运行与控制。

国内，在企业司库管理发展初期，其职能被理解为广义的资金集中管理。目前，我国企业司库管理职能主要涵盖：现金与流动性管理、营运资金管理、供应链金融、投融资管理、风险管理、金融机构关系管理、决策支持与信息管理等内容。具体内容如下：

1）现金与流动性管理

司库管理负责监控和管理组织的现金流动，确保有足够的现金流来满足日常运营和业务需求。他们制定现金流预测和流动性规划，并执行资金调度和管理措施，以优化现金的利用效率和最大限度地减少流动性风险。

2）营运资金管理

司库管理关注组织的营运资金管理，包括应收账款、应付账款、存货和其他短期资产与负债的管理。他们制定策略和措施，以最大程度地减少资金占用和风险，并优化营运资金的周转周期。

3）供应链金融

司库管理在供应链金融方面发挥作用，与供应商和客户建立合作伙伴关系，提供供应链融资服务。他们通过供应链融资工具和技术，促进供应链的稳定和发展，支持供应商的资金需求，同时，管理供应链中的风险。

4）投融资管理

司库管理负责组织的投融资管理，包括资本预算、融资策略和投资决策等。他们进行市场研究和投资分析，制定投资策略，并管理组织的资金投资组合，以最大化投资回报，并平衡风险和收益。

5）风险管理

司库管理承担风险管理的职责，包括市场风险、流动性风险、信用风险等。他们进行风险评估和监测，采取风险对冲和管理策略，以减少潜在的财务损失和风险暴露。

6）金融机构关系管理

司库管理通过建立和维护与银行和其他金融机构的合作关系，进行资金融通和相关业务。他们管理银行账户、进行资金结算、融资安排等，并与金融机构进行谈判和合作，以满足组织的资金需求。

7）决策支持与信息管理

司库管理提供决策支持和信息管理，通过收集、整理和分析财务和市场数据，为管理层提供决策所需的信息和分析报告。他们运用信息技术工具和系统，管理和维护财务数据，以支持有效的决策制定。

5.1.5 司库管理的相关理论

1）代理理论

代理理论（agency theory），由詹森和梅克林于1976年提出，后发展成为契约成本理论（contracting cost theory）。这一理论建立在非对称信息基础上，在现代企业制度下，由于股权分散，过度分散的所有者无法像过去的企业主那样直接管理，需要委托给专职经理人进行管理。因此，作为所有者的代理人，专职经理人获得了企业的经营管理权，成为了企业实质上的决策者。在所有权与控制权分离的企业制度下，由于代理人目标函数与委托人目标函数不一致，代理人未必总会按照委托人利益最大化的目标来行事，代理问题因此而产生。

代理理论关注组织内部的代理关系，即代理人（如公司高管）代表委托人（如股东）进行决策和行动。在司库管理中，代理理论可以解释资金管理中的代理问题。司库管理人员作为代理人，负责管理组织的资金，但他们与委托人（如股东）之间存在信息不对称和利益冲突。代理理论提供了一种理解和解决代理问题的框架，例如，设计适当的激励机制和监督机制，以确保代理人的行为符合委托人的利益。

2）价值链理论

价值链理论是迈克尔·波特（Michael Porter）提出的，用于描述企业内部各个环节的活动如何为企业创造价值。在司库管理中，价值链理论可以应用于衡量和优化资金管理过程中的价值创造。司库部门通过合理的现金流管理、优化资金利用和风险管理，为组织创造降低成本、提高效率和增加价值的机会。

通过深入分析企业的价值链，识别其中的关键活动、效率优势、创新点以及差异化优势，就能够较为全面地把握企业的核心竞争力。这对于企业制定有针对性的竞争策略非常关键。它不仅帮助企业评估核心竞争力，还能帮助企业实施有效的成本控制和经营战略。

3）信息不对称理论

信息不对称理论是由三位美国经济学家——约瑟夫·斯蒂格利茨、乔治·阿克尔洛夫和迈克尔·斯彭斯提出的经济学前沿理论，分析了信息不对称对市场交易和效率的影响及解决办法。该理论认为，在市场中，卖方掌握更多商品信息，可通过传递可靠信息从中获益；而买方则努力从卖方获取信息。企业集团内部也存在信息不对称问题。现代企业管理体制下，所有权与经营权分离，缺乏有效的信息共享平台，导致成员公司（代理人）掌握更多资金使用等信息，而母公司（委托人）掌握更多资金筹集和分配信息。

集团公司和成员公司之间信息不对称造成资金使用效率低下，具体表现为：成员单位从各自的利益出发，不完全遵照总部的政策进行财务管理，总公司无法及时获取真实准确的财务信息，导致企业集团对分、子公司财务监控弱化，集团资金使用分散，资金的流向和流速无法随时掌控，资金成本高，财务风险大。集团总部财务监控成为事后监控，无法对成员单位进行有效监管，造成费用支出失控；成员单位可利用手中权力，侵吞转移公司资产，谋取利益等。为解决集团内部信息不对称问题，企业集团可进行资金集中管理，将集团投资决策权、筹资决策权、收益分配权集中到公司总部，同时，对集团成员企业的现金流转进行监控，能够对成员单位的经济行为进行约束监管，对子公司的财务资源进行管理和控制，最终实现企业集团资本保值增值。

根据信息不对称理论，司库管理体系的职责是搭建信息共享平台，全面了解集团内部资金流动情况，避免下属单位伪造信息导致资源浪费，从而提升集团整体的资金管理能力。信息不对称理论的最重要的应用领域是企业理论和研究市场失败。该理论是对传统经济学的重大创新，为分析市场经济运行提供了全新视角。同时，这一理论不仅扩展了洞察市场经济的理论维度，还为发展中国家在体制改革和政策制定方面提供了有价值的参考。它丰富了传统经济学的理论框架，为转型经济国家的发展实践提供了具有启发性的指引。

4）内部资本市场理论

20世纪中期，伴随着世界经济格局的变化，企业通过并购和合并形成了集团公司。与此同时，企业与外部资本市场的契约签订造成了额外成本，降低了资源配置效率，促进了内部资本市场的兴起。内部资本市场理论认为，组织内部可以被视为一个类似于外部资本市场的系统，不同部门或子公司之间进行资金的调动和分配。在司库管理中，内部资本市场理论可以解释资金在组织内部的配置和分配。司库部门可以扮演内部资本市场的角色，通过资金调度和投融资决策，将资金从高效率的部门或项目转移到低效率的部门或项目，以最大限度地提高组织的整体价值。

根据内部资本市场理论，司库管理是企业实现高质量发展的重要支撑，需要从制度、流程、技术等多维度持续优化和创新，为集团提供精准高效的资金管理服务。

5.2 司库管理的发展

5.2.1 西方国家司库管理简史

西方司库管理发展历程主要有以下几个阶段。

第一阶段是萌芽阶段。在企业司库管理的萌芽阶段，一项创新的金融服务模式——锁箱服务，于1947年被美国无线电公司（RCA）采用。这一服务的目的是加快公司的现金回收，并优化由此产生的收益。具体而言，锁箱服务实现了每日由银行直接开箱，处理客户支票并即时结算，再通过电汇将货款快速拨付到企业所在地的银行，通过租用各大城市邮政专用信箱，在当地银行开设分行存款户的方式。这一过程在缩短邮寄支票时间和企业处理支票时间的同时，显著提高了企业回收现金的效率，使企业在处理、储存、结算收入等方面的工作能够更加快速地完成。所以，锁箱服务被认为标志着一个萌芽状态的企业仓库的管理意识。20世纪60年代中后期，西方国家科技发展迅速，金融市场达到空前繁荣。与此同时，企业的投资环境也变得更加复杂，面临的风险也随之增加。在这样的背景下，投资管理成为了企业财务管理的核心环节。这些变化进一步加剧了对有效现金管理的需求，从而推动了司库管理的全面发展。

第二阶段是快速发展阶段。1973年，以美元为中心的布雷顿森林货币体系崩溃，原来的世界货币体系也因此瓦解，从而引发了全球性的经济危机。同时，金融市场调控力度开始减弱，新的短期货币工具如雨后春笋般出现，美国经济已经陷入衰退。在这样的背景下，企业集团现金管理部的职能也从最初的现金核算和归集，扩展到现金收支管理、资金获取、账户头寸控制、头寸集中，以及银行关系维护等多个方面，其专业化程度显著提高，但这些现金管理职能，从组织结构上看，还是归会计部门管理。进入20世纪80年代，从基础现金管理领域向更广泛的综合管理领域转变，企业集团的现金管理职能得到进一步拓展。特别是随着金融市场的放开和货币市场的快速发展，公司一体化管理中的关键一环——司库的职能日益重要。在这一时期，司库管理发展的一个标志性事件是1979年英国企业司库协会（Association of Corporate Treasurers，ACT）的成立。同年，美国也成立了NCCMA协会（National Corporate Cash Management Association），标志着欧美发达国家司库管理行业体系的正式形成，并开启了司库管理全球快速发展的阶段。

第三阶段是成熟阶段。自20世纪90年代起，经济全球化、跨国公司的兴起、电子商务的发展，以及国家法律法规体系的完善，都极大地影响了司库管理的职能。司库部门不再孤立，而是与企业的其他部门建立了更紧密的联系，司库管理的独立性和专业性日益突出。特别是跨国公司，它们开始通过建立全球司库中心来执行资金集中的战略职能，这标志着全球司库管理市场已经开始形成并逐步走向规模化和专业化。在建立全球司库管理体系的过程中，跨国公司通常会根据自己的业务特点来分步骤实施，可能会选择建立全球司库管理中心、区域司库管理中心或者采用适合当地业务单元的模式。对于许多企业而言，尤其是在境外资金管理的初期阶段，建立区域司库管理中心是一个常见的选择。区域司库管理中心通常承担着结算中心、融资中心、资金管理中心等多重职能。而对于跨国企业来说，选择合适的地理位置对于资金运营至关重要。在选择区域司库管理中心的地点时，需要综合考虑多个因素，包括与客户和目标市场的接近程度和操作便利性、良好的法律和监管环境、稳定且有利于企业发展的政治环境、有利的商业环境和税收环境等。这些因素都将对司库管理的效率和效果产生深远影响。

随着企业司库职能的不断演进和提升，特别是在西方发达国家，企业集团内部的司库职能结构正经历着显著的变革。根据美国的例子，我们可以看到资源分配的重心正在逐步转移。过去，大约80%的部门和人力资源被投入到日常的经营操作中，15%用于分析和研究，而仅有5%被用于战略规划。然而，这一格局正在悄然改变，现在的资源分配模式是，大约20%的资源仍然用于经营操作，但分析和战略规划的资源占比分别提升至30%和50%。这种变化意味着司库部门在企业中的角色和重要性正在发生根本性的转变。司库不再仅仅是执行日常财务操作的部门，而是成为了企业战略规划的核心参与者，甚至是决策过程中的“神经中枢”。司库部门正在从传统的财务职能中解放出来，更多地参与到企业的战略决策和长远规划中，这反映了司库部门在现代企业中的战略地位日益显著。

5.2.2 中国司库管理简史

与西方国家如英美相比，中国企业司库管理的发展步伐显得较为缓慢，并且存在一定的差距。现实中，集团公司的资金管理水平参差不齐，大量企业面临着诸如资金管理分散、使用效率低、信息透明度不足、缺乏有效监管、资金配置不合理以及整体财务风险增加等多重挑战。观察国内情况，企业集团开始实施司库管理的实践相对较晚。资金管理的发展历程经历了从简单的资金归集到成立集团财务公司，再到财务公司司库化的转变。目前，国内企业对于构建司库体系仍在摸索中，尚未形成统一的做法。通常情况下，是集团的资金管理部门或财务部门担当主导，组织工作组来推进司库管理体系的构建。综合来看，国内企业司库管理体系的建立大致可以分为三个发展阶段，这些阶段反映了企业在这一领域的逐步探索和实践。

在开始阶段（1999—2004），发生了一系列重要事件，标志着司库管理的起步。这些里程碑事件包括工商银行在1998年推出网络结算服务、花旗银行在1999年将现代现金管理理念引入中国市场、建设银行在2003年承建了国内首个大型的司库服务项目——通用电气现金管理服务项目，以及东风汽车公司在2004年实施了国内首个大型企业司库管理建设项目——资金集中管控。同时，从2000年开始，中国的一些大型国有企业集团，如中石油、中海油、中化等，开始探索和实践集团资金集中管理。然而，由于中国金融体系尚未完全开放，以及长期以来财务管理主要以会计为中心的思维模式，司库管理的理念并未被中国政府监管机构和大多数企业集团所广泛接受。银行在推广现金管理产品和系统时，更加注重现金管理部分，但往往没有将整个司库管理职能与公司的管理战略提升相结合。中国目前仍实行货币管制和限制跨境现金流动，金融市场仍在发展之中。这一时期企业集团资金管理岗位往往大多数还是由财会人员兼任，集中化程度较低，信息化水平不高，集团资源浪费严重，资金部门信息滞后，管理权限靠后，工作被动，无法作出准确现金预测，资金配比失当。与此同时，国内银行相关的配备服务没有完全到位，一定程度上影响着集团司库专业职能的发挥。

第二个阶段是我国企业司库管理的探索期（2005—2020）。在此期间，有几个关键事件影响了司库管理的发展。2005年，国家外汇管理局发布了“浦九条”，这是国内首个旨在促进企业外汇资金集中运营管理的条例，使得跨国公司能够通过委托贷款每日合并外币资金。随着人民币跨境交易的增加，资本项下的严格管制政策可能会逐渐放宽，允许国内与国际资金池的无缝对接。2006年12月，外资银行开始全面提供人民币服务，这不仅加剧了银行间的竞争，也推动了集团公司司库服务的进一步发展。然而，2008年的美国次贷危机引发的全球金融危机对全球金融市场产生了深远影响，也对中国的企业司库管理产生了重要影响。危机之后，全球经济复苏的不确定性增加，欧洲债务危机持续恶化，外汇和股票市场波动加剧。在这种情况下，国际化企业集团对于全球资金控制和运营以及风险防范的需求日益增长。同时，全球流动性过剩和新兴经济体的利率上升也带来了新的挑战。在国内，货币和信贷的快速增长虽然提供了充足的资金，但也导致了通货膨胀预期上升和资产市场泡沫的风险。外汇市场的波动加大，跨境人民币业务取得了突破性进展，外汇管理改革也在稳步推进。中国人民银行连续上调了准备金率和利率，标志着从“适度宽松”的货币政策转向了“稳健”的货币政策，并开始了加息周期。与此同时，许多公司面临着资金使用效率低下和资金闲置浪费的问题，这加剧了对企业资金管理的需求。信息技术的快速发展和国际信息标准化进程为企业集团司库管理提供了强大的基础支持。2009年，中国人民银行推出了电子商业汇票系统——ECD，为我国企业司库管理系统的构建提供了有利条件。这一系列的事件和发展趋势共同推动了企业司库管理在中国的发展。

这一时期，随着中国金融市场的不断成熟，国内银行业开始寻求业务模式的转变。从依赖传统的存贷差业务，转向以现金管理业务为核心的中间业务，将传统的存贷基本业务与创新的中间业务相结合。在此过程中，银行推出了多种创新型产品，包括跨行系统、企业理财、账户监管、银企互联、现金管理、电子银行，以及供应链金融等，这些产品均属于司库管理的业务范畴。银行司库业务能力的优劣逐渐成为衡量银行对公业务能力和自身持续发展能力的重要指标之一。2007年2月，中国银行成立了国内首个以司库命名的部门。该部门依托中国银行全球范围内的服务网络、高效的业务流程和强大的科技实力，利用其在国际结算方面的传统优势，创新推广了出口收入存款的境外跨境资金归集模式。通过全球现金管理平台，中国银行实现了企业境外资金的及时回笼，为客户提供高效、快捷的跨境现金管理服务。自2010年起，中国企业的司库管理进一步发展，一系列政府监管部门的举措，如原银监会的加强流动性监管1号令、中国人民银行的《非金融机构支付服务管理办法》，以及网上支付跨行清算系统的推出，都体现了政府对司库管理的高度重视和积极推动。这些政策的实施，不仅规范了市场，也促进了中国企业司库管理的形成和发展。

第三个阶段是我国企业司库管理的深化阶段（2021年至今）。自2021年起，中国企业在司库管理方面开始注重利用资金资源来优化对内对外资源的管理。这一转变主要集中在解决企业供应链上下环节以及与金融机构之间的交易、资金流动同步、资金安全，以及信息化需求，以实现企业资金运作和业务流程的高效整合。这一趋势在2022年1月得到了进一步的强化，当时国务院国资委发布了《关于推动中央企业加快司库体系建设进一步加强资金管理的意见》。该文件强调了司库体系建设的重要性，要求在系统中整合资金管理、风险控制，并实现业务与财务、制度体系、管理机制与信息系统的全面融合。这一系列措施标志着司库管理建设内容和目标的发展进入了一个新的阶段，为提高企业资金运作效率和风险管理水平提供了明确的指导方向。

5.2.3 司库管理历史发展的驱动因素

区别于传统的现金管理方法，企业司库管理是为了满足企业集团公司对资金集中管控的需求而引入的一种管理方法。它从战略的角度将资金视为企业资源，并进行合理配置，以有效应对变化的金融环境下的金融资产风险。这种转变不是一蹴而就的，而是一个逐渐发展的过程。国内外企业司库的历史表明，这种转变通常受到一些驱动因素的推动。这些因素促使企业司库管理从传统的财务管理职能中分离出来，并使司库管理岗位逐渐成为企业和银行必不可少的管理职位。这些驱动因素主要有：

1）司库管理主体的发展

随着企业规模的扩大和业务复杂性的增加，企业对资金管理的需求日益迫切。企业内部逐渐设立了专门的司库部门或职能，以提供更专业、高效的资金管理服务。司库管理主体的发展推动了司库管理的理念与实践的不断深化和完善。

2）信息技术的不断革新

随着信息技术的快速发展，金融行业和企业能够更有效地管理和处理大量财务数据。电子银行系统、自动化工具和现代金融技术的引入，使得司库管理的操作更加便捷、准确和实时。信息技术的不断革新为司库管理提供了更多工具和手段，提高了资金管理的效率和质量。

3）经济全球化发展

经济全球化使得企业面临更广阔的市场和更复杂的商业环境。企业需要面对跨境资金流动、汇率风险、流动性风险等挑战，因此，司库管理在跨境资金管理、风险管理和流动性管理方面的作用日益凸显。经济全球化的发展推动了司库管理从国内范畴扩展到国际范围。

4）经济危机和利率的市场变化

经济危机和利率的市场波动对司库管理产生了重要影响。经济危机暴露了企业对风险管理和流动性管理的不足，加强了企业对司库管理的重视。同时，利率的市场变化直接影响了企业的借贷成本和投资回报，促使企业更加关注利率风险管理，提高资金的投资效益。

5.2.4 司库管理的发展阶段[①]

企业智能司库管理主要可以归纳为以下三个发展阶段（如图5-1所示）：

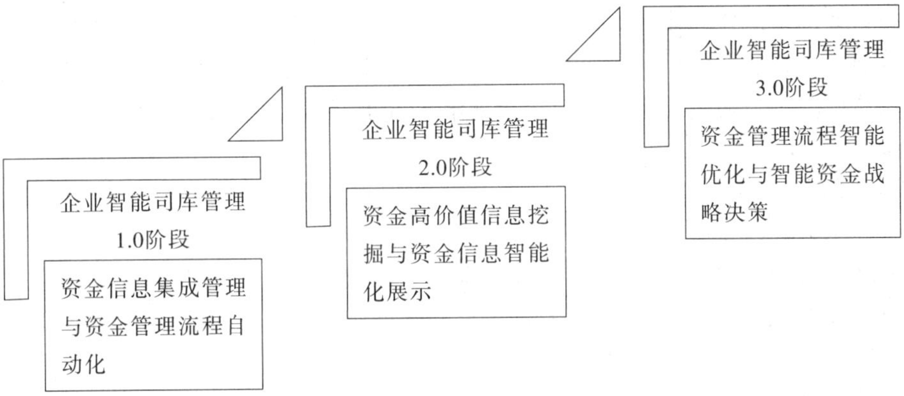

图5-1 企业智能司库管理发展阶段

1）企业智能司库管理1.0阶段

该阶段主要实现资金信息集成管理和资金管理流程自动化。通过云计算和API等信息系统集成技术，企业可以直接使用智能司库管理系统，集中监控境内外账户、资金和票据资源，并实时了解内部金融资源流动、外部经济和政策变动等信息。此外，通过机器人流程自动化应用，实现了资金结算、归集、下拨和银企对账等司库管理业务的自动化处理，降低操作错误率，提高处理效率，使企业能将更多资源用于资金数据分析流程。

2）企业智能司库管理2.0阶段

该阶段注重资金高价值信息挖掘和资金信息智能化展示。通过规则引擎、大数据分析和数据挖掘等技术，帮助企业抓取、整合、处理和分析历史资金资源流动、外部经济市场变动等结构化和非结构化信息，实现资金异常流动变化和资金风险的预警。预测企业未来资金流、资金缺口风险、利率和汇率敞口，并自动计算投融资利息、提醒投融资工具到期。同时，通过智能驾驶舱、全球资金看板和自然语言理解等技术，实现企业金融资源信息的多维度可视化展示，帮助用户进行智能化、个性化的信息查询和展示，为企业战略决策提供支持。

3）企业智能司库管理3.0阶段

在该阶段，资金管理流程智能优化和智能资金战略决策是关键。通过引入深度学习技

① 刘佳慧，刘勤．企业智能司库管理研究［J］．管理会计研究，2022（3）：8-16．

术，如神经网络，资金管理流程可以进行自我学习和自我优化，实现智能化的资金管理，更好地满足企业战略需求。利用大数据分析和专家系统等技术，结合企业内部资金资源数据、业务数据和外部行业数据，进行全面挖掘和分析，模拟人类专家推理过程，智能推荐资金投融资配置和风险对冲方案，为企业管理者提供科学决策支持。决策者可以根据企业的实际需求选择和调整相应方案。随着智能技术应用程度和业务流程优化的深入，部分业务将逐步由机器智能代替人工进行智能决策，使企业战略决策从传统的财务经验驱动向智能系统驱动转型，提升核心竞争力，实现智能化价值创造。

5.2.5 司库管理未来发展方向

未来的司库管理将在产融生态创新、数字技术与产业数字化融合以及全球市场经济持续发展的推动下，逐步实现业务、数字和全球化的发展。

1）走向业务

随着企业的全球化和业务多样化，司库管理将不断拓展和创新其业务范围。除了传统的资金流动性管理、风险控制和投资管理，还将关注更广泛的领域，如供应链金融、企业融资和结算服务等。通过提供全方位的金融解决方案，司库管理将成为企业发展和运营的重要支持者。

2）走向数字

信息技术的快速发展将推动司库管理的数字化转型。通过采用人工智能、区块链、大数据分析和云计算等技术，司库管理可以实现更高效、准确和安全的资金管理和风险控制。数字化工具和平台的应用将提供更多自动化和智能化的功能，帮助企业实现实时监控、预测性分析和决策支持。

3）走向全球

随着经济的全球化和金融市场的互联互通，司库管理将更加注重全球视野和跨境业务。跨境资金流动、外汇风险和国际支付将成为司库管理的重要议题。同时，司库管理也需要更加关注全球经济和政策变化对企业的影响，加强风险管理和应对能力，确保企业的资金安全和稳定。

5.3 司库管理体系的构建

5.3.1 司库建设的动因

企业集团进行司库建设，对企业集团的金融资源进行统一管理和调配，有其现实的管理需要和经济考虑。

1）资金调度的需要

传统的分散式资金管理模式往往导致集团内部各成员单位各自为政，资金分散，使用效率低，成本高。建立司库管理体系，可以集中管理集团的资金资源，优化资源配置，降低资金成本。通过司库系统，集团可以实现资金的统一调度和管理，避免资金闲置，提高资金的使用效率。集中资金管理可以更高效地进行资金分配，确保各业务单元及时获得所需资金支持。集中管理和调度资金可以更好地识别和控制金融风险。司库系统可以实时监控资金流动，及时发现和应对潜在风险，维护集团资金安全。司库系统提供的资金调度信息和分析数据，可以为集团的战略决策提供有力支持。通过对资金流动的全面掌握，集团可以更好地进行财务规划和投资决策。随着企业集团规模扩大和业务复杂化，传统的资金管理方式难以应对多变的金融环境和市场需求。司库建设能够提供更灵活和高效的资金调度机制，适应企业发展的需要。

2）风险管理的需要

通过司库系统，企业集团能够集中监控和管理财务风险。集中化的资金管理使得集团可以更全面地了解和控制各类金融风险，包括市场风险、信用风险和流动性风险等。司库系统提供实时的数据分析和报告功能，有助于及时识别潜在风险。通过对资金流动、汇率变动、利率波动等关键指标的实时监控，企业能够迅速采取应对措施，降低风险暴露。在分散的资金管理模式下，各单位可能会采取不同的风险管理策略，导致整体风险管理不一致。司库系统可以统一制定和执行风险管理策略，确保集团内部风险管理的统一性和有效性。集中管理的司库系统能够更灵活地调配资金资源，快速响应突发事件。例如，在金融市场波动或突发资金需求时，司库系统可以迅速调整资金配置，确保集团的资金链安全。司库系统有助于集团遵守各类金融法规和内部控制要求。通过集中化管理，集团可以更好地进行内部审计和合规检查，减少因违规操作带来的法律和财务风险。司库系统可以支持各种对冲工具和保险机制的使用，例如，外汇对冲、利率对冲等。通过这些金融工具，企业能够更有效地管理市场风险和财务风险，减少财务波动对企业经营的影响。司库系统可以帮助企业进行风险分散和控制，例如，通过建立资金池和多元化投资组合，降低单一风险事件对集团整体的冲击。

3）经济利益的需要

通过司库系统集中管理集团资金，可以优化资金配置和调度，减少各成员单位之间的资金闲置和重复融资需求，从而降低整体资金成本。例如，集团内部可以实现内部融资，减少外部借款的利息支出。司库系统能够使资金在集团内部得到更高效的利用。通过资金池管理和内部借贷机制，集团可以更灵活地调配资金，确保各业务单元在需要时能够及时获得资金支持，从而提高整体资金的周转率和使用效率。集中管理现金流可以更准确地预测和规划集团的现金需求和盈余。这有助于集团在不影响正常经营的前提下，最大化闲置资金的投资收益，增加集团的整体经济效益。通过集中采购和融资，集团可以利用其规模优势，与供应商和金融机构谈判更优惠的条件。例如，集中采购可以获得更低的采购成本，集中融资可以获得更低的贷款利率和更好的融资条件。司库系统提供的集中管理和实时监控能力，可以提高财务透明度，避免资金流失和管理漏洞。这种透明度和控制能力有助于减少财务风险和不必要的经济损失，提高集团的经济效益。通过司库系统，集团可以更好地进行资金的投资管理。集中管理的资金可以用于短期投资或者其他高收益的金融工具，增加集团的投资收益。集中管理的资金和经济资源可以更好地支持集团的战略发展目标。例如，集团可以迅速调集资金用于收购、兼并和新的业务拓展，从而实现更快速的经济增长和竞争力提升。集中管理可以帮助集团在不同地区之间进行税务优化，减少税务支出，提高整体经济效益。

4）决策信息的需要

司库系统提供实时的财务数据和资金流动信息，对于高层管理人员作出及时、准确决策至关重要。通过实时监控和报告，管理层能迅速了解集团的财务状况和资金使用情况，作出更明智的决策。司库系统整合各部门和子公司的财务数据，提供全面的财务分析和报告，包括预算执行、现金流预测、资金使用效率等，支持战略规划和运营决策。司库系统配备决策支持工具，如财务模型、风险评估和投资回报分析，帮助管理层进行定量分析，选择最优方案。历史数据和趋势分析揭示潜在问题和机会，减少决策失误的风险。在快速变化的市场中，司库系统支持战略调整，根据资金状况调整投资、融资和成本控制。系统优化资源配置，通过分析投资回报率确定资金优先支持的项目。司库系统提高财务透明度，帮助管理层清晰了解财务健康和风险状况，作出明智决策。根据财务数据和分析评估各部门和子公司绩效，改进管理，提高整体运营效率和财务表现。

5.3.2 司库管理的构建

企业司库管理体系的构建应以实现资金运营管理的规范高效、金融资源管理的精益有效、资金风险管控的严格合规、战略决策支持的可靠有力为目标。管理保障方面，应从管理模式、组织架构、流程和制度入手，并借助“信息技术+数据技术”作为能力支撑，重点落实资金运营、资源管理、风险防控、战略决策四大核心模块中的管理职能，构建一个资金集约管控中心、金融资源协同中心与资本决策支持中心，为企业的高质量发展奠定坚实的管理基础。具体建设框架见图5-2。

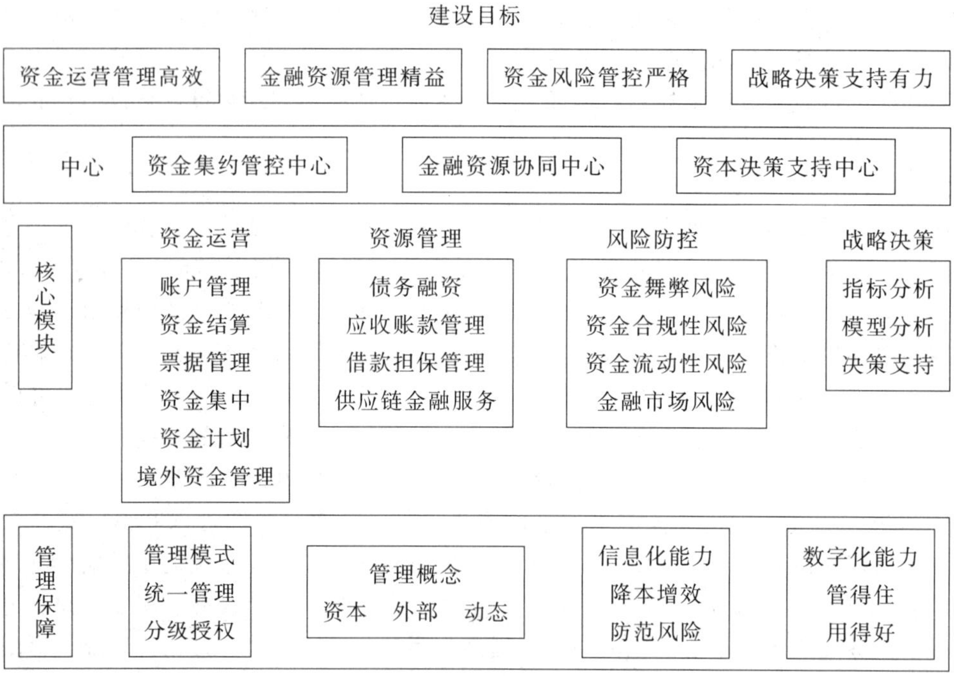

图5-2 司库智能管理体系构建要素图

1）四大核心模块

(1) 资金运营

该模块是企业通过司库管理实现资金等金融资源“可视化、可控化、高效调度、合理使用”的基础，具体涵盖以下六项职能：

① 账户管理。账户管理是司库管理中的基础环节。它包括开设和管理企业的银行账户，确保账户的合规性和安全性。智能管理体系可以利用信息技术和自动化系统，实现账户的集中管理、实时监控和控制，提高账户管理的效率和准确性。

② 资金结算。资金结算是司库管理的核心活动之一。它涉及企业与供应商、客户以及其他相关方之间的支付和收款。智能管理体系可以通过电子支付、自动化结算系统和智能合约等技术手段，实现资金快速、安全和准确的结算，降低结算风险和成本。

③ 票据管理。票据管理是指对企业所涉及的票据（如支票、汇票、承兑汇票等）进行管理和控制。智能管理体系可以利用数字化技术和智能合约等工具，实现票据的电子化、自动化处理和追踪，提高票据管理的效率和可靠性。

④ 资金集中。资金集中是指将分散在不同账户和地区的资金集中到一个中央账户进行统一管理和运营。智能管理体系可以利用集中资金管理平台和智能调拨系统，实现资金的集中控制和调配，提高资金利用效率和风险管理能力。

⑤ 资金计划。资金计划是司库管理的重要环节，它涉及对企业未来一段时间内的资金需求和资金来源进行预测和规划。智能管理体系可以利用数据分析和预测模型，辅助企业制定准确的资金计划，提高资金管理的精确性和决策效果。

⑥ 境外资金管理。境外资金管理是指企业对海外子公司或海外业务的资金管理和运营。它涉及跨境资金流动、外汇风险管理和国际支付等方面的问题。智能管理体系可以提供跨境支付和结算解决方案、外汇风险管理工具和实时监控系统，帮助企业有效管理境外资金，降低风险并提高效率。

（2）资源管理

该模块是指通过系统化的方法和工具，对企业的财务资源（如资金、资产、负债等）进行全面的规划、监控和调度，旨在优化资源配置，提高资金使用效率，支持企业战略目标的实现。旨在充分挖掘资金等金融资源的价值，提高资金使用效益并降低资金成本，具体包括以下四项职能：

① 债务融资。企业应全面整合内外部金融资源，分析融资主体的资金需求与融资能力，匹配合理的融资方式和期限结构，提升融资资源利用效率。同时，利用完备的司库信息系统，实施融资业务的全流程在线管控，及时监控融资规模、利率、到期日等指标，预警重大融资成本和债务结构风险。

② 应收账款管理。企业应加强应收款项全流程的风险管控，促进资金快速回笼，提升资金流动性。前期与业务部门协同建立完善的客户信用评价和授信机制；中期依托司库系统实时监控客商信用和应收账款数据，预警逾期风险；后期落实应收款清收责任制和激励约束机制，分类推进欠款清收并采取有针对性的保全措施。

③ 借款担保管理。企业需建立完善的借款与担保业务全生命周期管理机制，明确集团内部的权限、利率、费率等标准，梳理流程职责，加强预算、合规和风险管理，构建“全程化、可视化、规范化”的借贷担保体系，防范信用及代偿风险。

④ 供应链金融服务。企业应建立规范化、标准化的供应链金融服务管理体系，依托服务平台打通资金流、信息流、业务流，整合产业链资源，提供应收账款融资、存货质押融资等多元化金融服务。同时，利用交易及信用数据，开展服务对象筛选、风险评估等，有效贯通供应链金融全流程，提高服务质量和效率。

上述四大职能模块，助力企业充分发挥资金等金融资源的价值，切实提升资金使用效益和运营水平。

（3）风险防控

企业应依托完善的司库体系，构建四大类资金风险的专项管理机制，形成事前预警、事中监控、事后分析的闭环式风险管理体系。

① 资金舞弊风险。资金舞弊风险是指企业资金在流转和使用过程中可能遭受的欺诈、盗窃、内部人员不当操作等风险。为了防范资金舞弊风险，司库管理需要建立严格的内部控制制度，包括审慎的授权和审批程序、有效的风险监控和内部审计机制，以及合适的技术和系统保障。

② 资金合规性风险。资金合规性风险是指企业在资金运作过程中可能面临的违反法律法规、政策规定或合同约定的风险。司库管理需要严格遵守相关法规和规定，确保资金的合法性和合规性。这包括合规的资金结算、合规的境内外资金管理、合规的票据管理等方面。

③ 资金流动性风险。资金流动性风险是指企业在资金运营过程中可能面临的资金缺乏、周转困难或无法及时满足支付需求的风险。为了防范资金流动性风险，司库管理需要合理规划和管理资金流动，确保企业有足够的流动性储备，并进行有效的现金流预测和管理。

④ 金融市场风险。金融市场风险是指由于市场波动、利率变动、外汇风险等因素导致的资金价值波动和损失的风险。司库管理需要密切关注市场动态，进行风险评估和管理，采取合适的风险对冲和套期保值策略，以降低金融市场风险对企业资金运营的影响。

通过上述四类风险管理机制的构建，企业能够筑牢资金安全防线，确保资金运营各环节合法合规，提升整体运营水平。

（4）战略决策

该模块具体包括以下三项职能：

① 指标分析。指标分析是基于已有数据和指标进行定量分析的过程。通过对关键指标的收集、整理和分析，可以了解和评估当前的财务状况、资金风险、投资回报等情况。指标分析可以帮助决策者更好地了解企业的现状和趋势，为制定战略决策提供数据支持和依据。

② 模型分析。模型分析是利用数学模型和统计方法来模拟和分析不同决策方案的结果和影响。通过建立相应的模型，可以对不同的决策选项进行评估和比较，预测其潜在效果和风险。模型分析可以为决策者提供定量化的决策依据，帮助评估不同决策方案的优劣，并选择最佳的决策路径。

③ 决策支持。决策支持是指利用信息技术和决策工具来辅助决策制定的过程。这包括使用决策支持系统、数据可视化工具和预测分析等方法，为决策者提供直观、准确和及时的信息。决策支持可以提供决策者所需的可靠数据和分析结果，帮助其更好地理解和评估决策情景，并作出明智的战略决策。

通过指标分析、模型分析和决策支持这三项职能的应用，司库管理可以更科学、客观和有效地进行战略决策。这些方法和工具可以提供决策制定所需的数据支持、定量分析和决策辅助，帮助决策者降低不确定性，增加决策的准确性和可信度。

2）如何构建

（1）建立资金集中管理模型

明确资金集中管理目标和需求，如降低利息支出、减少账户数量、提高资金利用效率。收集相关数据，包括各部门或子公司的现金流、账户余额、交易数据，以及银行账户信息、费率结构和汇率。确保数据的准确性和完整性。设计资金集中的结构和架构，确定层级和流动路径，选择资金集中工具和技术，如现金池、跨境资金集中、现金集中账户。建立资金集中管理模型，使用电子表格、数据库或专业财务软件。模型计算和显示资金集中的效益、费用、风险等关键指标，并支持决策分析和模拟场景。评估和优化资金集中管理模型，根据实际情况调整和优化资金集中结构、资金调拨策略和模型算法。实施资金集中管理模型，确保流程、政策和技术支持有效应用。建立监控机制，定期检查和评估模型绩效，进行必要的调整和改进。

（2）建立资金风险管理体系

首先，对资金风险进行全面的识别和分类，包括市场风险、信用风险、流动性风险等。评估和量化已识别的资金风险，考虑风险的概率和影响程度。制定相应的风险管理策略，如设定风险限额、建立风险控制措施、制定投资策略等。建立有效的风险监控体系，包括风险指标、风险警示线、风险报告和风险仪表盘等。采取风险控制和管理措施，如风险分散投资、风险对冲、建立流动性储备等。提供培训和教育，增强相关人员对资金风险管理的理解和意识。确保风险管理策略和措施的执行和遵守，建立跨部门和跨层级的沟通机制。定期评估资金风险管理体系的有效性和适应性，进行必要的改进和调整。

（3）建立司库信息化系统

① 确定需求和目标。明确司库信息化系统的需求和目标。这包括提高资金管理效率、优化流程、增强风险控制、提升报告和分析能力等。明确需求和目标有助于指导后续的系统设计和实施。

② 系统规划和设计。根据需求和目标，进行系统规划和设计。这包括确定系统的功能模块、流程和数据结构，以及选择适合的技术平台和工具。考虑到司库管理的特殊需求，可以选择专业的财务软件或定制开发的解决方案。

③ 数据管理和集成。确保有效的数据管理和集成。这包括建立数据存储和管理机制，确保数据的准确性、完整性和安全性。同时，需要与其他系统（如财务系统、交易系统等）进行集成，以实现数据的无缝流动和共享。

④ 功能开发和定制。根据司库管理的业务需求，进行系统功能的开发和定制。这包括现金流管理、银行关系管理、资金计划和预测、风险管理、交易执行等功能的开发和配置。确保系统能够满足司库管理的特定要求。

⑤ 系统实施和部署。在完成系统开发和定制后，进行系统实施和部署。这包括安装和配置硬件和软件、数据迁移、系统测试和调试等。确保系统能够正常运行并与相关的业务流程和系统进行协调。

⑥ 培训和支持。为相关人员提供系统培训和支持。确保使用者能够熟悉系统的操作和功能，并能够有效地利用系统进行司库管理工作。建立相应的支持机制，包括用户支持、故障处理和系统维护等。

⑦ 定期评估和改进。定期评估司库信息化系统的绩效和适应性，并根据实际情况进行必要的改进和调整。这包括系统性能优化、功能扩展、安全升级等。持续的评估和改进有助于保持系统的有效性和可持续性。

（4）搭建先进的司库管理平台

① 确定需求和目标。明确司库管理平台的需求和目标。这包括提高资金管理效率、优化风险控制、加强数据分析和报告能力等。确立明确的需求和目标有助于指导后续的平

台设计和实施。

② 技术架构规划。根据需求和目标，进行技术架构规划。考虑到先进的司库管理平台应具备高性能、可扩展性和安全性等特点，选择适合的技术框架、数据库和云服务等。确保平台能够满足未来的业务增长和技术发展需求。

③ 数据集成和管理。确保有效的数据集成和管理。这包括建立数据接口和集成机制，与内部和外部系统进行数据交换。同时，建立数据仓库和管理系统，确保数据的准确性、完整性和安全性。考虑使用先进的数据分析和挖掘技术，以提供更深入的洞察和决策支持。

④ 功能模块开发。根据司库管理的业务需求，进行功能模块的开发和定制。这包括现金流管理、资金计划和预测、银行关系管理、风险管理、交易执行等功能。确保平台能够支持全面的司库管理流程和操作。

⑤ 用户界面和用户体验设计。设计直观、易用的用户界面和用户体验。考虑到司库管理人员的需求和使用习惯，设计简洁清晰的界面，提供个性化的配置和定制选项。确保用户能够方便地访问和操作平台，提高工作效率。

⑥ 安全性和权限管理。重视平台的安全性和权限管理。采取必要的安全措施，包括数据加密、身份验证、访问控制等，以防止数据泄露和未授权访问。建立灵活的权限管理机制，确保各级用户能够获得适当的数据和功能访问权限。

⑦ 实施和监控。在完成平台开发和定制后，进行实施和部署。确保平台能够正常运行，并与相关的业务流程和系统进行协调。建立监控和维护机制，定期检查和评估平台的性能和可靠性，并及时处理问题和优化平台。

⑧ 持续改进和创新。持续改进和创新是搭建先进司库管理平台的关键。定期评估平台的绩效和用户反馈，并根据实际需求进行必要的改进和创新。关注行业趋势和新技术的发展，及时引入新功能和技术，保持平台的领先地位。

5.3.3 司库管理建设的三个核心问题

1）管理理念变革

资金是企业的血液，健康的资金流对于企业集团的生存和发展至关重要，因此，资金成为企业集团会计核算和财务管理的重要内容。20世纪90年代后期，伴随着经济全球化进程推进，跨国企业集团向全球扩张，为了满足跨国经营的需要，金融产品推陈出新，从单一的资金扩展到了电子货币、保函、信用证、短期融资券、股票、基金、掉期、远期外汇等。因此，“资金”概念已经不能反映新形势下的财务管理需要，而“金融资源”则更加能够全面反映这种资源的本质。特别是随着互联网、云计算、大数据等技术的发展和在金融行业的应用，金融资源的形态发生了根本性的变化，从实物逐渐变成了互联网中流淌的信息，传统的结算和交易逐渐变成了互联网上的电子交易，结算和交易的速度从几天逐步缩短到实时。中国企业集团金融环境正在发生着前所未有的变化，因此，财务管理的理念也应随之而变。

此外，企业集团的金融资源也在不断发展，除了上述财务型金融资源外，还在集团框架内出现了实体金融资源，如财务公司、信托公司、企业银行、保险公司、租赁公司等。因此，对于成长和发展中的企业集团来讲，财务管理理念需要从资金管理向金融资源管理转变。

2）司库组织设计

当企业集团的金融资源不再限于相对单一的资金，其管理组织的设计与创新也势在必行。从跨国企业集团的经验来看，司库组织的职责正从单纯的资金管理扩展到全面的金融资源管理。在企业集团发展的初期阶段，资金管理相对简单，通常没有专门的组织负责这项工作，资金管理只是财务部门的一项职能。在传统的资金管理模式中，各成员单位的资金管理分散，导致资金分散、效率低下、成本高昂。随着企业集团资金管理的不断深入，传统资金管理模式已经不能满足企业集团资金管理的需求，需要将资金管理职能从传统的财务部门分离出来，在集团总部成立资金管理中心或者金融资源管理中心，为整个集团成员提供共享服务。目前，从我国企业集团的管理实践看，结算中心、财务公司等都属于资金管理中心。司库管理模式下的专业组织不仅具有管理资金的职能，而且还有管理除资金外其他金融资源的职能。

3）管理内容

企业集团在不同发展阶段，司库管理的目标和内容不尽相同，并随着管控需求的变化而不断调整，本书根据跨国企业集团的管理实践提出以下基本目标与内容。企业集团借助互联网环境，通过建立金融资源管理组织——司库，统一管理现金、保函、信用证、远期外汇、证券等财务型金融资源，并统一管理实体型金融业务，从而有效防范和控制金融风险，确保满足生产经营需求，促进产融结合，不断提升跨国企业集团的核心竞争力。金融资源管理的主要内容包括以下五点。

（1）流动性管理。流动性管理是指有效管理组织的现金流和资金位置，以确保满足日常业务运作和支付需求。流动性管理包括现金流预测和计划、资金调度和优化、短期投资和借款管理等。通过精确的流动性管理，可以最大程度地提高资金利用效率，降低融资成本。

（2）投融资管理。投融资管理涉及组织的资金投资和融资活动。在投资方面，司库需要评估不同的投资工具和资产类别，进行投资组合管理，并根据风险和回报制定投资策略。在融资方面，司库需要评估不同的融资渠道和产品，进行融资结构优化，并确保融资成本和风险可控。

（3）风险管理。风险管理是指识别、评估和控制与司库管理相关的各种风险。这包括市场风险、信用风险、流动性风险、操作风险等。风险管理需要建立适当的风险管理框架和政策，并采取相应的风险控制措施，如风险监测和报告、风险限额和限制、风险对冲等。

（4）决策支持。司库管理需要提供决策支持的信息和工具，以帮助管理层作出更准确、更有利的决策。这包括提供准确、及时的财务和风险指标报告、开展分析和预测、进行场景模拟和压力测试等。决策支持的信息和工具可以帮助管理层深入了解司库管理的情况，制定合适的策略和决策方案。

（5）延展性业务。延展性业务是指司库管理参与其他相关业务的活动，如外汇交易、衍生品交易、资金融通等。这些业务可以提供额外的收入和风险管理机会，但也需要仔细评估和管理相关的风险。司库需要制定相应的政策和流程，确保延展性业务的合规性和可持续性。

关键词

司库　司库管理　司库的发展　司库的构建

思考题

1. 什么是司库管理？它与传统的财务管理有何不同？
2. 司库管理的职能有哪些？司库管理涉及了哪些理论？
3. 司库管理中常用的工具有哪些？这些工具如何帮助企业实现资金的有效管理？
4. 面对全球化和数字化趋势，司库管理面临哪些新的挑战和机遇？
5. 如何构建一个高效的司库管理系统？需要考虑哪些关键因素？
6. 未来司库管理的发展趋势可能包括哪些方面？技术如何驱动这些变化？

学思践悟

财务管理作为企业管理的核心，资金管理更是其重中之重。近年来，中央企业积极响应国资委号召，不断强化资金管理，通过提升集中度和效率，显著增强了资金保障力，为企业的稳健发展奠定了坚实基础。然而，随着数字信息技术和金融支付手段的飞速发展，以及企业转型升级的加速，传统的资金管理模式已难以满足现代化管理和国资监管数字化的需求。面对新发展阶段和高质量发展的要求，中央企业深刻认识到加速推进司库体系建设的紧迫性，主动融入信息技术革命和数字经济潮流，以构建世界一流财务管理体系为目标，将司库体系建设视为财务管理数字化转型升级的关键。

在司库体系建设的浪潮中，中央企业不仅在资金集中管理上取得了显著成效，而且在数据治理及数据资源应用方面树立了标杆。例如，某中央企业充分利用前期司库信息系统资源，积极借鉴外部成熟模式，统筹考虑财务管理转型方向及信息网络基础环境，在"5+5"财务共享中心建设的基础上，以"多维连接"能力为核心，遵循系统建设、制度规范和数据标准的"三统一"架构，成功打造了央企一流司库管控平台。该平台实现了全集团"一张网、一个库、一个池"的统一管理，对内覆盖集团境内全部法人单位，对外联通多家银行及监管机构，建立了统一的司库数据和流程标准化体系，提高了数字化管理水平。

此外，中央企业在数字信用的产业链应用方面也取得了显著成果。如中铁建资产管理有限公司倾力打造的铁建银信平台，在2021年9月已累计为中国铁建产业链中小微企业提供保理融资服务款项突破千亿元，成为首家"千亿央企供应链金融服务平台"。这一成就不仅标志着资本集团在服务主业、以融强产上迈入了新的里程，更使为中小微企业纾困解难、助力普惠金融服务发展跨入了新的发展阶段。南方电网旗下的"南网e链"于2021年6月发布上线，至当年12月底，平台服务规模已超过15亿元；至2022年底，该平台交易规模已超过百亿元。核心企业基于"南网e链"平台签发电子凭证，实现商业信用多级穿透流转，并通过引入资金提供方，为产业链1-N级供应商提供融资、应收账款管理等全方位的金融服务。南方电网旗下南网互联网公司打造的网级互联网业务专业服务平台"赫兹E链"2021年底累计撮合交易额超过120亿元，同比增长101%。同样，国家电力投资集团有限公司旗下的"融和e链"、中国电子信息产业集团有限公司旗下的中电惠融供应链金融平台也都在供应链金融服务领域取得了显著成效。这些平台通过聚合数据要素、汇集产业场景，不断提升金融服务能力、资源整合能力、产融协同能力和数据分析能力，旨在打造供应链金融共享生态圈，为产业链上下游企业提供全方位的金融服务。

延伸阅读文献

1.切克利．战略现金流管理［M］．张怡琦，译．北京：华夏出版社，2004.

2.库珀．企业司库与现金管理：工具、案例与方法［M］．张庆龙，等译．北京：北京大学出版社，2016.

3.张庆龙，董皓，潘丽靖．基于财务共享与司库的认知［M］．北京：电子工业出版社，2018.

4.刘勤．打造数字时代财务管理新世界［M］．北京：中国财政经济出版社，2020.

5.法博齐．现代企业的资本运作［M］．传神，译．北京：中信出版社，2020.

6.贾小强，郝宇晓，卢闯．财务共享的智能化升级：业财税一体化的深度融合［M］．北京：人民邮电出版社，2020.

拓展材料

财资一家 | TCL司库数智化升级：打造全球领先的智慧资金管理体系

财资一家 | 洞察顶层设计，探索央国企司库管理体系建设的关键步骤

互动习题

第5章即测即评

6 绿色财务

导入案例　兖矿能源：践行绿色发展理念，推动市值再创新高

2021年12月16日，兖矿能源集团股份有限公司在上海举行战略发布会。山东能源集团党委书记、董事长，兖矿能源集团董事长李伟发布了兖矿能源未来10年发展战略。与会嘉宾共同见证了“兖州煤业”更名为“兖矿能源”。名正则言顺，言顺则事可成。兖矿能源的“言顺”，是顺应新时代绿色低碳可持续发展潮流，其要义就蕴含在公司新制定的《兖矿能源发展战略纲要》（以下简称“《纲要》”）之中。发布会上，围绕《纲要》，李伟系统解读了企业愿景、发展思路、产业定位及目标、发展路径和保障措施：坚持“三化”——高碳能源低碳化、清洁能源规模化、综合能源智慧化，聚焦“五大产业”——矿业、高端化工新材料、新能源、高端装备制造、智慧物流，力争成为国际化运营、资本运作、发展质量、规模当量最具竞争力的能源上市公司。

从“煤业”至“能源”，名称变化的背后，体现的是这家传统能源龙头向清洁能源转型的企业绿色发展理念，也是其作为能源企业积极践行社会责任的决心。当天，兖矿能源股价在境内外资本市场均大涨，A股涨停报收，H股收涨24.2%，创单日涨幅历史纪录。

响应“双碳”，绿色战略目标

兖矿能源以这次战略发布为新起点，勇担保障能源安全、优化能源结构、优化能源布局的职责使命，聚焦绿色战略目标，积极蹚出一条能源企业的生态优先、绿色发展之路。

兖矿能源作为山东国企上市公司的优秀代表，规模当量、品牌实力、社会地位和行业影响力持续攀升，为新时代社会主义现代化强省建设作出了积极贡献。经过多年发展，兖矿能源已发展成为经营区域横跨山东、山西、陕西、内蒙古四大重点产煤省区和亚洲、美洲、大洋洲“三大洲”，拥有境内外24对生产矿井、1对在建矿井、核定产能2.1亿吨、煤炭资源量约290亿吨，业务范围延伸至化工、电力、物流运输、装备制造和新能源产业的特大型国际化能源企业，在上海证券交易所、香港联合证券交易所、澳大利亚证券交易所和法兰克福证券交易所上市。

如今，能源变革风起云涌。抢抓国际能源行业加速变革的重大机遇，积极响应国家“碳中和、碳达峰”的总体部署，设定绿色战略目标，实施向清洁能源引领示范企业的战略调整，成为兖矿能源在新一轮能源变革升级中赢得主动，持续推进能源企业绿色发展的必然选择。

落实“双碳”，绿色战略转型

乘势而上，从“兖州煤业”更名为“兖矿能源”，公司不仅提出了绿色战略目标，还为绿色战略转型制定了实实在在的具体发展措施。兖矿能源编制了《纲要》，对公司未来5至10年发展蓝图进行了系统性规划与展望。

在绿色投资方面，兖矿能源坚持高碳能源低碳化、清洁能源规模化、综合能源智慧化的发展方向，投资建设矿业、高端化工新材料、新能源、高端装备制造、智慧物流等五大产业，加强资本运营、科技创新、精益管理，实施资源全球配置、市场全球布局，提升产业发展引领能力，推动可持续发展水平。具体落实到“五大产业”的发展计划：一是推动矿业智能高效、做优做强；二是推动高端化工新材料延链、强链，价值提升；三是推动新能源战略优先、发展提速；四是推动高端装备制造重点突破、专精特新；五是推动智慧物流数字驱动、协同增效。“五大产业”均设定了发展目标。具体包括：力争5至10年煤炭清洁开采3亿吨，建成8座以上千万吨级绿色智能矿山；大力开发建设新能源项目，有序发展制氢产业，争做传统能源企业转型发展的示范者，形成新能源产业与矿业开采、高端化工新材“三足鼎立”之势。

在绿色财务风险管理方面，兖矿能源已将ESG重要风险纳入了全面风险管理体系。公司制定了《全面风险管理办法》，结合绿色发展理念修订完善《合规管理办法》《全面风险管理手册》，规范绿色风险管理体系建设及相关流程，使用全面风险管理系统辨识和评估年度重大生产经营风险，编制年度风险管理报告。2023年，公司采用线上信息化流程和线下访谈讨论相结合的方式，结合行业特性和上年度专项审计中暴露的主要问题，辨识出2项重大风险、5项重要风险、6项ESG重要风险，其中，ESG重要风险包括双碳措施落地、绿色智能矿山建设、环境保护治理、产品质量保障等。此外，公司对重大风险管控效果定期进行评价，出具重大风险管控报告，并针对重大风险管控变化情况和存在的缺陷，及时制定改进及完善措施，持续提升风险管控能力和水平。

在绿色财务信息披露方面，兖矿能源自2010年开始就在社会责任报告中单独设置了环境信息板块，披露企业的环保方针、理念、节能措施和效果。从2013年开始，兖矿能源将绿色发展板块固定分为打造环境管理平台、推进节能减排工作、构建绿色生产格局、建设生态文明矿区四个内容，同时，还新增了经济、环境、社会三个绩效指标。2018年，兖矿能源在年度财报中设立了单独的“环境信息情况”章节，说明企业的重点排污单位信息、防治污染设施的建设和运行情况等详细信息。此外，兖矿能源在财务报表附注中详细介绍了环境信息，以对传统财务会计信息进行可持续性的信息补充。

牢记绿色发展理念，千亿龙头再次出发

兖矿能源取得斐然成绩，是企业践行绿色发展理念的结果，更是国家以资源环境刚性约束推动产业结构深度调整的结果。多年来，兖矿能源响应国家号召，以“立足煤、依托煤、延伸煤、超越煤”为主线，积极抢抓供给侧结构性改革和新旧动能转换重大机遇，着力培育自主核心技术，先后荣获国家科技进步特等奖1项、一等奖3项、二等奖12项。同时，公司还是全国煤炭行业唯一连获全国质量奖、中国质量鼎、亚太国际质量奖三大奖项的企业，连续两次入选国务院国资委国企改革“双百企业”。

在资本市场上，兖矿能源自上市以来累计派发现金红利346亿元。2021年前三季度，公司营业收入1 050亿元；实现归属于上市公司股东的净利润115亿元，同比增加45.53亿元，净资产收益率达20.41%。公司市值已经超过千亿元大关，成为能源行业最具投资价值的上市公司之一。[①]

为什么凭借着绿色发展的理念和绿色低碳转型的成功实践，兖矿能源就能获得资本市场的高度认可？在绿色发展理念蔚然成风的今天，资本市场更加重视长期风险，包括气候变化、资源短缺、技术创新、社会变革等。绿色低碳转型不仅体现了企业对未来风险的前瞻性管理，也是企业创造长期价值、提升市场地位、优化资本结构、吸引资本投资和驱动创新的重要途径。资本市场积极捕捉绿色经济带来的机遇，在投融资等财务管理活动中不仅考虑经济利益这个单一决策因素，更多地将绿色发展理念纳入财务管理决策中。基于此，衍生出了绿色财务管理的概念。

本章将从绿色财务管理的必要性和重要性出发，首先探讨其基本概念与理论框架，随后细致展开各项财务管理活动在此框架下的概念与管理目标。我们力求勾勒出一个全面而深入的绿色财务管理体系图谱，该体系精心编织了绿色融资管理、绿色投资管理、绿色财务风险管理、绿色财务的信息披露与评价以及绿色财务激励等多个维度。通过本章的系统学习，你就会理解为什么兖矿能源以绿色发展理念实行绿色财务管理，可以获得资本市场的高度认可了。

6.1 绿色财务管理概述

企业绿色财务管理是财务管理顺应时代发展的重要创新探索之一，是企业进行绿色财务管理活动的行动指南，也是从环境维度增加企业价值的重要方法和途径之一。在本节中，我们将探讨绿色财务管理的必要性和重要性、概念与框架以及价值导向等内容。

6.1.1 绿色财务管理的必要性和重要性

传统财务管理理论认为，企业作为“理性经济人”应奉行股东价值取向。股东价值取向认为股东是企业的所有者，企业的首要目标在于为股东创造经济利益，保障股东权益。因此，股东价值取向的企业必然注重收入、利润、股东回报等经济指标的增长，而忽略在资源节约以及环境保护方面的责任。

时至今日，企业在绿色发展方面的贡献仍需要加强。主观上，企业管理层和股东仍缺乏绿色发展意识，受到利润最大化的思想影响较大；客观上，缺乏较为完善和公认的基于绿色发展战略的目标导向和评价机制，以“利润最大化”为目标的评价机制仍然在企业的生产经营中占据着主导地位。然而，随着企业奉行股东价值取向，一味地追求经济利益价值最大化，忽略多元利益相关者价值的创造与共享而造成的一系列外部性问题日益严重，尤其是环境和社会方面的问题更是长期困扰着企业的发展，影响经济价值的创造。因此，人们不得不重新审视企业财务管理的目标与价值取向。人与自然和谐共生的价值导向极大地挑战了股东价值取向的合理性。绿色发展是一种在人与自然和谐共生的价值导向下形成的环境、社会和经济协调发展的新发展模式，创造性地将环境资源作为社会经济发展的要素。绿色财务认为，企业价值的创造和分配不应只关注经济效益，还应该强调环境保护和人类生存与发展。企业目标不再是单一的股东利益最大化，而是按照人与自然和谐共生的原则，追求环境和经济协调发展，实现经济效益、社会效益以

① 邵好. 从兖州煤业到兖矿能源　千亿龙头践行绿色低碳之路［EB/OL］.［2021-12-17］. https://company.cnstock.com/company/scp_gsxw/202112/4798340.htm.

及环境效益的共赢。

绿色发展战略和人与自然和谐共生的价值导向已经成为世界各国企业共同选择的发展战略和价值导向。2022年，国资委颁布的《关于中央企业加快建设世界一流财务管理体系的指导意见》（以下简称“《指导意见》”）要求企业以高质量发展为主题，以更好履行经济责任、政治责任、社会责任为目标，加快构建世界一流财务管理体系。《指导意见》也内涵地要求要推动传统的财务管理向绿色财务管理转变。企业作为社会经济系统的基本单元，应在履行绿色发展战略中扮演重要的角色。绿色财务管理作为企业实施绿色发展战略的重要机制，扮演着桥梁与驱动力的角色，确保企业在追求经济效益的同时，充分考虑到环境节约与保护。这一管理理念不仅仅着眼于短期经济利益目标的实现，而是将目光投向长远，旨在构建一个既能促进企业持续成长，又能维护生态环境、积极履行社会责任的绿色财务管理体系。绿色财务管理要求企业在制定财务管理战略和价值导向时，不仅要关注股东的利益最大化，还要重视企业发展对自然环境的影响，实现环境的保护性和社会的效益性，建立一个更加稳固和谐的外部环境，为企业创造更加有利的经营条件。必须说明的是，绿色财务管理还促使企业关注环境变化为其带来的长期风险与机遇，如气候变化、资源稀缺性等对企业整体的影响，并通过完善全面有效的合规风控体系、多元化投资、绿色融资等手段增强企业的抗风险能力和可持续发展能力。

因此，绿色财务管理是企业建设新时代世界一流财务管理体系，实现全面、协调、绿色可持续的关键路径。绿色财务管理不仅是一种财务管理策略的革新，更是一种企业经营理念的深刻变革，引领着企业走向更加繁荣、公正、绿色的未来。

6.1.2 绿色财务管理的概念

在理解绿色财务管理是什么之前，我们先来回忆一下财务管理的概念。西方财务管理学家对于财务管理内容体系的观点大同小异，他们认为其主要是以筹资、投资和资金日常管理为核心内容，以财务预测、财务计划和财务分析为手段，以一些专题性管理（如破产、兼并、收购、改组）为补充的内容体系。一般认为，企业财务的本质是企业资金的收支及其体现的经济利益关系，这种资金的收支就是企业的财务活动，这种经济利益关系就是财务关系。简单来讲，财务管理就是企业组织财务活动，处理财务关系的一项经济管理工作。

以上传统财务管理的概念多是基于“经济利益价值观”而展开的。随着环境资源问题的突出和公众环保意识的增强，越来越多国内外的学者意识到仅围绕企业经济利益展开财务管理活动远远不够，于是在绿色管理的基础上，结合可持续发展观，引入社会责任风险和环境风险的风险价值观，在原有财务管理的概念框架上进行扩展与延伸，提出了绿色财务管理的概念。绿色财务管理是将环境保护的思想观念融于企业财务管理之中，即在企业经营过程中，包括资金筹集、资金运用、资金耗费、资金回收、资金分配等各项活动安排都应充分考虑环境因素。在保证企业盈利的同时，考虑生态环境的保护问题是绿色财务管理的出发点。本书吸纳众多前人学者的观点，结合传统财务管理理论，对绿色财务管理理论作出了如下定义：绿色财务管理是将资源的有限性，生态环境的可持续性，社会的效益性以及企业的盈利性综合考虑的一种财务管理，它是以绿色管理思想为基础，在保证生态资源环境可持续的前提下，将实现企业价值最大化和企业与有关方协调发展视为最终目标，所开展的组织企业财务活动和处理企业财务关系的一项经济管理工作。

6.1.3 绿色财务管理的价值导向

绿色财务管理在价值导向方面突破了原有的单一“股东利益至上”经济利益价值观，强调了企业要守住环境底线，即在关注经济利益的同时，也要更加关注企业的生态属性，主张经济利益与生态利益的协调性与持续性，从人与自然和谐共生的角度去看待价值的本质及其生产和分配。利益相关者理论认为，任何企业都有利益相关者，自然环境作为利益相关者之一，对企业进行了资源的投入并承担了相应的风险，企业的生存与发展取决于能否协调经济效益和环境效益，实现价值共生、共建、共享、共赢。因此，人与自然和谐共生的价值导向的企业不仅关注股东利益，创造经济利益，同时，也要关注环境利益，在创造经济价值的同时协调环境责任的价值。在绿色财务管理的价值导向下，企业目标不再是单一的股东利益最大化，而是按照绿色发展的原则，追求环境利益与经济利益的协调化，实现股东价值与环境价值的最佳耦合。在人与自然和谐共生价值导向的引导下，绿色财务管理将企业的价值创造范畴从经济价值拓展至环境价值和社会价值，更加注重统筹兼顾经济价值和环境价值。经济价值是指企业创造经济利益的能力，通常认为是企业获取利润的能力；环境价值是指企业对环境造成的积极影响，致力于将对环境的不利影响降至最低；社会价值是指人类的生存与发展，致力于构建人类与自然和谐共生的社会。传统财务管理仅仅局限于经济价值，注重企业经济价值的创造，更容易导致企业短视行为和投机主义，为人类社会的生存发展带来了日益严重的环境问题。同时，片面追逐企业利润最大化和股东利益最大化的价值导向，侵害了社会和环境的发展，往往会引发社会公众的不满，进而为企业带来负面影响，迫使权力机关和监督机关强制性对企业经营活动进行干预和监督，为企业绿色发展带来不确定性。因此，“股东利益至上”的价值导向被“人与自然和谐共生”的价值导向所取代，绿色财务管理主张企业基于长期可持续发展的立场，摈弃原有的单一的经济价值导向，将环境价值和社会价值纳入价值导向之中，确保经济与环境的均衡发展。这意味着企业在决策过程中，需充分考虑企业决策对环境造成的影响，践行节约资源、保护环境的理念。企业应当强化自身的社会责任感和生态保护意识，力求在驱动经济增长的同时，也积极为自然环境的和谐作贡献，实现经济价值、环境价值和社会价值的同步创造，促进企业可持续发展。

6.1.4 绿色财务管理的主要职能

随着绿色发展战略的深入执行，绿色财务管理的活动也朝着以绿色可持续发展为目标进行。企业财务管理职能从传统市场经济角度下的筹资、投资、风险管理和信息披露评价等逐步转型为绿色发展战略下的绿色投资与融资职能、绿色财务风险管理职能、绿色财务信息披露与评价职能和绿色财务激励职能，更加关注企业的绿色发展。不同于传统财务管理，绿色财务管理遵循“人与自然和谐共生”的目标价值导向，使得其职能也不光关注企业内部发展需要，而是更加关注企业对外部环境造成的影响，旨在通过绿色财务管理职能的发挥，缓解企业造成的环境外部性的影响。

绿色投资职能的发挥，要求企业应按照绿色发展理念的要求，运作企业资本，合理配置企业资源。通过绿色投资，使企业所有资源都能达到“物尽其用”的状态，不仅注重投资企业的经济价值的创造，更要关注目标企业环境责任以及社会责任的履行。将企业环境责任和社会责任纳入投资决策的标准，确保更多的资源流向以绿色发展为目标的企业，保障资源的合理配置，促进企业向绿色可持续发展转型，承担更多的环境责任。

同样，绿色融资的职能也要求企业在经济价值创造的同时，承担更多的环境责任，以获得投资者和债权人等的认可。在人与自然和谐共生的价值导向下，经济利益的指标并不是企业筹集资金，进行融资的唯一标准，投资者和债权人等更关注企业的绿色发展。这导致了企业的股东和管理层更加重视企业社会责任和环境责任的履行，强化了企业的绿色发展意识，优化企业资本结构，促进资源合理配置。

总之，企业通过发挥绿色投资和融资职能，在致力于确保经济效益的同时，将自然资源配置和环境保护纳入决策过程的核心，这不仅仅意味着企业在进行投资和融资财务管理活动时要在决策过程中融入对社会发展和生态环境保护等多维度的考量，追求短期与长期利益、经济利益和环境利益的最佳耦合，更要拥有能够识别绿色投资和融资目标企业的绿色可持续发展风险，以免在资本决策中造成资源的浪费和环境的破坏，危及人类的生存与发展。

绿色财务风险管理职能的发挥，要求企业在生产经营过程中面临内外部风险时，如经济、社会和环境等风险，依托绿色财务管理，建立全面的绿色发展风险预警模型，不仅关注经济风险的影响，更要强调社会和环境风险对企业财务的影响。相较于经济风险对企业财务的直接影响，如企业偿债能力指标、盈利能力指标等，环境和社会风险更多的是间接影响企业财务。投资者、债权人和股东等利益相关者会通过评价企业社会责任和环境责任是否完全履行，进而进行决策，决定是否进行投资或融资等财务活动，这必然会导致企业财务状况受到消极影响。因此，企业通过经济、环境和社会风险指标的计算，分析和识别可能的经济、社会和环境风险，评估风险发生概率、风险强度、风险分布、持续时间以及未来可能对可持续发展造成的损失，将环境责任和社会责任的履行纳入风险防范和控制方案，积极设置回避、分散和转移社会和环境风险的控制体系，进而督促企业对社会和环境责任的履行。通过可持续风险管理体系，监管或回避可能对企业财务造成消极影响的经济、社会和环境风险，进而加强企业绿色财务运营，优化企业财务状况，在绿色发展中提高企业发展韧性。

绿色财务披露与评价职能的发挥，要求企业不仅可以评价企业过去的绿色发展业绩，还可以了解企业目前的财务和可持续发展状况，进而预测企业未来的发展趋势。不同于传统基于“单一重要性”原则的财务报表，绿色发展的财务披露与评价职能基于“双重重要性”原则，要求在披露财务报表的基础上，披露绿色可持续发展报表，如企业社会责任报告等。综合剖析绿色财务管理中的薄弱环节以及存在的问题，以便提出可能的解决方案和可行的解决措施，使绿色发展处于监控之下，降低发展的盲目性，降低企业风险，为实现绿色财务管理的目标提供保证。

绿色财务激励职能的发挥，要求企业在绿色发展中进行关系型财务激励的财务管理活动，实现合理的薪酬结构和考评机制。在利益相关者理论下，企业的利益相关者的多元化使得企业资本结构、企业价值链中内含了多层财务关系，每种财务资源的背后都需要协调财务关系的财务合约安排，在传统财务管理体系下，像股东、债权人等利益相关方，均与企业存在着协调利益冲突的财务合约。绿色财务管理正是在此基础上，关注经济利益相关者的同时，更加关注与企业存在社会和环境利益冲突的财务合约，为此，财务激励作为协调利益冲突的有力手段，以绿色发展为目标，引入社会增加值指标（social value added，SVA）和 ESG（environment，social and governance）报告体系，完善对社会责任和环境责任的考评机制，实现合理的薪酬结构，平衡企业与利益相关者的财务关系，聚焦内部发展与外部发展相协调，使利益相关方的目标更加集聚，在协同共进中促进企业绿色发展。

6.2 绿色融资管理

在向可持续经济转型的需求日益迫切的背景下，全球投资者努力将资本注入能促成这一转型的领域，通过推动绿色低碳发展，促进经济结构和产业转型升级，进而实现经济、环境和社会效益的共赢。环境保护意识的提高、绿色金融政策的加强、对企业社会责任的重视以及资本市场的发展等诸多因素共同促进了绿色融资的发展与应用。本节将从绿色融资的概念和管理目标出发，介绍绿色融资的关键参与主体、绿色股权融资和绿色债务融资的主要方式及其操作流程。

6.2.1 绿色融资的概念、影响因素与管理目标

1）绿色融资的概念

融资的英文是“finance”，意指融通资金，即在资金需求者和供给者之间的融通，用以调剂资金余缺。因此，融资的主体既包括资金供给者，也包括资金需求者。资金的供给者称为贷款人或者供款人，资金的需求者称为资金的借款人或者筹资人。广义来说，融资主体分为金融机构和非金融机构，金融机构包括银行和非银行金融机构，非金融机构包括政府、政府机构、工商企业和个人。财务管理学科里的融资主体往往是指企业。

绿色融资源于对可持续发展的诉求，不论是发展中国家还是发达国家，要实现可持续发展，都必须进行大量投资。绿色融资作为全球可持续发展战略的一项新的治理手段和经济发展模式，具有重要地位。本节将从绿色融资的定义、相关概念的梳理、绿色融资的影响因素，以及管理目标对绿色融资进行深入解读。

（1）绿色融资的定义

绿色融资是一个不断发展的概念，其定义迄今尚未得到统一。在宏观层面，绿色融资被称为可持续金融，指金融部门在资金供给决策中纳入ESG因素，引导长期资金进入可持续经济活动或项目。在微观层面，绿色融资是指企业在致力于确保经济利益的同时，将环境保护和社会责任因素纳入投资决策和融资方案中，以促进可持续发展为目标而进行的融资活动。

（2）与绿色融资相关的概念辨析

绿色融资随着理论与实践不断发展，在其演进过程中出现了很多相互联系又有区别的概念。

① 可持续金融。目前，对于可持续金融的定义主要有两种。第一种是将环境、社会和治理标准，纳入商业或投资决策的任何形式的金融服务。第二种是将可持续金融视为可以支持联合国可持续发展目标的实现，帮助经济社会实现可持续发展的金融手段和体系。可持续金融是涵盖范围最广的概念，绿色金融、社会影响力金融、气候投融资、ESG投资等概念均包括其中。

② 绿色金融。G20绿色金融研究小组将绿色金融定义为能产生环境效益以支持可持续发展的投融资活动。其中，环境效益包括减少空气、水和土壤污染，降低温室气体排放，提高资源使用效率，减缓和适应气候变化并体现其协调效应等。OECD定义的绿色金

融是为实现经济增长，同时，减少污染和温室气体排放，最大限度减少浪费，提高自然资源的使用效率而提供的金融服务。中国人民银行等七部委印发的《关于构建绿色金融体系的指导意见》(2016）将绿色金融定义为：为支持环境改善、应对气候变化和资源节约与高效利用的经济活动，即为环保、节能、清洁金融、绿色交通、绿色建筑等领域的项目投融资、项目运营、风险管理等提供的金融服务。

③ 社会影响力金融。社会影响力金融又称为社会金融，以解决特定的社会或环境问题为出发点，基于市场行业公认的指标与基准，为社会和环境产生直接和积极影响的商业或经济活动融资的同时，考虑达到市场一致的或更优的财务回报，是一种同时追求财务回报和社会价值的资本配置活动。在中国共同富裕，碳达峰、碳中和目标等政策背景下，社会影响力金融作为可持续发展的创新解决方案，日益成为现代金融体系的有机组成部分。其具体表现为普惠信贷、公益理财产品、社会影响力债券等。

④ 气候投融资。作为绿色金融重要的组成部分，气候投融资是指为实现国家自主贡献目标和低碳发展目标，引导和促进更多资金投向应对气候变化领域的投融资活动，具有比绿色金融更具体和细分的投融资方向，其支持范围包括减缓和适应气候变化两个方面。在2024清华五道口全球金融论坛上，专家指出，根据预测，气候融资需求是万亿级别的，目前，有153个发展中国家，在2030年之前需要在气候变化上投资6万亿美元。2050年之前全世界能否达成气候融资，关键看绿色排放占50%的亚洲能不能成功转型。与会专家还通过数据模拟，预测如果中国要在2060年达到碳中和目标，在2025—2060年间所需的能源投资达250万亿元人民币。为了强化气候投融资工作对“双碳”目标的支持，2020年10月，生态环境部、国家发改委和金融监管部门联合发布了《关于促进应对气候变化投融资的指导意见》。2021年12月，生态环境部等九部委联合印发了《气候投融资试点工作方案》。2022年8月，生态环境部等九部委发布了《关于公布气候投融资试点名单的通知》，公布了23个气候投融资试点名单，包括经济基础好的城区、传统工业或资源型城市，以及各类功能新区等。截至2023年6月，试点地方储备近2 000个气候友好型项目，涉及资金2万亿元。

⑤ 碳金融。碳金融随着碳排放权交易市场的建立而诞生，内涵随着碳市场的发展而不断扩容。世界银行将碳金融定义为出售基于项目的温室气体减排量或者交易碳排放许可证而获得一系列现金流的统称。中国人民银行与中国金融学会认为，狭义的碳金融是指以碳配额、碳信用等碳排放权为媒介或标的的资金融通活动；广义的碳金融则是指服务于旨在减少温室气体排放或者增加碳汇能力的商业活动而产生的金融交易与资金融通活动，包括以碳配额、碳信用为标的的交易行为，以及由此衍生出来的其他资金融通活动。目前，可供企业选择的碳融资工具有碳质押、碳回购、碳债券等。例如，2014年9月9日，湖北碳排放权交易中心、兴业银行和湖北宜化集团签订了我国首单碳资产质押贷款项目协议——“碳排放权质押贷款协议”，利用自由的碳排放配额获得了4 000万元的质押贷款。2014年12月30日，北京华远意通热力科技股份有限公司与中信证券股份有限公司签署了国内首单碳排放配额回购融资协议，融资规模为1 330万元。2014年5月12日，中广核风电发行我国首单碳债券“中广核风电附加碳收益中期票据”，发行金额10亿元。

综合来看，上述的碳金融、气候金融、绿色金融和可持续金融相互有交叉，但是可持续金融的范围更广。上述金融服务在微观层面的应用一般被称为碳融资、气候融资、绿色融资和可持续融资。

（3）绿色融资的发展历程

绿色融资的发展历程与可持续发展理念密不可分。1972年6月，联合国人类环境会议通过了《人类环境宣言》并成立联合国环境规划署。1980年3月，由联合国环境规划署、世界自然保护联盟、世界自然基金会共同发起制定的《世界自然资源保护大纲》初步提出了可持续发展思想。1987年，联合国环境与发展委员会在《我们共同的未来》报告中正式定义了可持续发展的概念。可持续发展涵盖“需要”“限制”两个要素，“经济发展”“社会包容”“生态保护”三大支柱以及“持续性”“公平性”“共同性”“需求性”四大原则。从20世纪90年代开始，基于四项原则，通过三大支柱来维持“当代人的基本需要应优先考虑”和“对可能危及未来的过度需求应予以限制”之间平衡的可持续发展理念逐渐成为全球共识。

2015年9月，联合国可持续发展峰会上，193个成员国正式通过《2030年可持续发展议程》，提出了17项可持续发展目标（SDGs）和169项子目标，旨在以综合方式彻底解决经济、社会和环境的发展问题。在实施的过程中，联合国意识到，推动可持续发展的关键在于改变资本流向。2019年9月，联合国发布《达成可持续发展目标的融资路线图》，提出1大目标、3项计划、6大领域和15项倡议，成为以可持续发展金融推动可持续发展的全球行动指南。2019年10月，联合国组建全球可持续发展投资者联盟，采取多项措施提升可持续发展投融资规模。

（4）我国绿色融资的政策

中国经济正经历结构性转型升级，在此过程中，政府鼓励金融机构加大对绿色产业和绿色项目的支持力度。通过对各种金融工具，如绿色债券、绿色信贷等向绿色经济发展提供资金支持，通过政策引导资金流向环保和可持续发展领域，推动经济结构优化和生态文明建设。

2015年，中国人民银行发布了关于发行绿色金融债券有关事宜的公告，详细阐述了绿色金融债券范围。

2016年8月31日，中国人民银行、财政部等七部委联合印发的《关于构建绿色金融体系的指导意见》提出强制性的环境信息披露制度，吸引更多私人资本进入绿色行业。

2021年4月2日，中国人民银行、发展改革委、证监会印发了《绿色债券支持项目目录（2021年版）》，科学准确地界定了绿色项目，优化绿色债券发行模式以及为我国绿色债券提供稳定框架和灵活空间的基础上引导和支持符合条件的金融机构和企业发行绿色债券以支持符合条件的绿色项目。

2022年2月，中国人民银行等四部门联合印发《金融标准化“十四五”发展规划》，明确加快完善绿色金融标准体系，以标准化支撑金融产品和服务创新。

2024年3月，中国人民银行等七部委印发《关于进一步强化金融支持绿色低碳发展的指导意见》，提出通过加大绿色信贷以及资本市场对绿色低碳发展的支持力度、大力发展绿色保险和服务，壮大绿色金融市场参与主体等促进绿色金融产品和市场发展；到2035年各类经济金融绿色低碳政策协同高效推进，金融支持绿色低碳发展的标准体系和政策支持体系更加成熟。

2024年4月，国家金融监督管理总局发布《关于推动绿色保险高质量发展的指导意见》，提出强化保险资金绿色发展支持。充分发挥保险资金长期投资优势，在风险可控、商业可持续的前提下，加大绿色债券配置，提高绿色产业投资力度。加大对绿色、低碳、循环经济等领域金融支持力度。2024年5月，国家金融监督管理总局印发了《关于银行业保险业做好金融“五篇大文章”的指导意见》，这一顶层文件在做实做细绿色金融“大文章”方面，提出要更加完善绿色金融标准和评价体系，不断加强对绿色、低碳、循环经济的金融支持，进一步扩大绿色保险覆盖面、持续提升银行保险机构环境、社会和治理（ESG）表现。

2）绿色融资的影响因素

绿色融资通过将经济利益、环境保护和社会责任纳入投资决策和融资方案中，获得更关注企业可持续发展的投资者和债权人等的认可，进而获得稳定的资金来源，优化资本结构。接下来，我们来分析影响上述绿色融资功能得以有效发挥的主要外部因素和内部因素。

（1）外部因素

① 经济发展水平。这一因素对绿色融资的影响是多方面的。例如，经济发展水平较高的地区，绿色产业占比较高，对绿色融资的需求较大；该地区会产生相对较高的财政收入，进而对绿色融资的支持力度更大；此外，该地区的金融市场更加发达，可供企业选择的绿色融资渠道也更丰富。

② 产业政策。针对可持续发展目标的融资需求不断上涨，能够对可持续工业、能源、环境和数字化转型等进行及时投资，需要国家匹配新一代的产业政策，通过财政补贴政策、税收优惠政策、低息贷款等激励，降低企业融资成本，引导企业向绿色、低碳方向转型。

③ 绿色金融体系。绿色金融体系是通过绿色信贷、绿色债券等金融工具和相关政策，支持经济向绿色化转型的制度安排。构成绿色金融体系的“五大支柱”——绿色金融标准体系、环境信息披露、激励约束机制、绿色金融产品与市场体系、绿色金融国际合作，为绿色融资提供了重要的支持。例如，如果我国在可持续发展挂钩贷款关键指标（KPI）和可持续发展绩效指标（SPT）上形成统一的规范或指引，将有助于可持续发展挂钩贷款的市场发展。

此外，社会对绿色融资理念的接受度、ESG投资者的信心和参与程度、新技术的发展和应用等也会对绿色融资的规模、策略以及透明度等方面产生影响。

（2）内部因素

影响企业绿色融资的内部因素除了常规因素，如战略目标、业务模式、治理结构、风险管理能力、公司规模、运营能力、盈利能力、流动性、内部融资能力和资源利用效率等，还包括企业的社会责任和可持续发展实践、ESG表现等新型因素。

3）绿色融资的管理目标

从资金供给方来说，金融机构会在分配资源的过程中将资金优先配置到更能推动可持续发展目标达成的经济活动中。作为资金需求方的企业，其绿色融资管理的终极目标是在接收到金融机构配置资源的信号后，通过主动关注自身经济活动对可持续发展目标的贡献程度，例如，减少排放、回收利用、使用可持续能源等，设计并成功执行融资方案，最终创造长期的经济、社会和环境综合价值。

6.2.2 绿色融资的关键参与主体

绿色融资是一个需要多方合作，产生协同效应，进而推动经济、社会和环境的可持续发展的过程，关键参与主体包括绿色融资主体、可持续投资主体、监管机构、市场平台、第三方专业机构、社会组织等，这些参与者共同构成了绿色融资的生态系统。

1）绿色融资主体

所谓绿色融资主体是指有绿色融资需求，以提高自身绿色表现以获取融资的主体，包括绿色企业和绿色项目两类。我国认定绿色融资主体的评价标准采用“先认定、后评价”的流程。首先，根据融资主体的主营业务与绿色产业的相符性和经营守信合规性对融资主体是否是“绿色”进行认定；其次，根据融资主体绿色属性对融资主体属于“深绿、中绿或浅绿”进行评价。成功获得绿色认定的融资主体将纳入绿色企业（项目）名录库中，获得相关资金的支持。如进入“江苏省央行资金重点支持绿色企业（项目）名录库”、江苏省绿色金融综合服务平台“绿色企业库”或“绿色项目库”的绿色融资主体将获得绿色贷款授信、信贷贴息及相关政策优惠。

2）可持续投资主体

可持续投资的形式有数十种，但是大多数的可持续投资可分为三大类：ESG投资、SRI投资和影响力投资。地方政府、投资机构、金融机构、创新企业、产业企业，以及产业园区都可能成为可持续投资的主体，进而对投资资金产生需求。

3）监管机构

监管机构包括政府相关部门、中央银行、证监会和其他监管机构。作为市场交易规则的制定者，监管机构是整个绿色融资生态系统的重要参与者，也是具有一定外生决策权的、可以影响整个绿色融资生态系统发展和演变的特殊主体。绿色融资发展过程中，面临外部性、公共物品和信息不对称等市场失灵问题，需要政府发挥“看得见的手”的作用。具体表现在：

（1）促使正外部性内部化

采取的措施包括但不限于：通过财政奖励降低融资主体的绿色融资成本，提升绿色项目的商业可持续性。也可以通过建立绿色发展基金、绿色担保基金，开展政府和社会资本合作（PPP）等手段撬动更多的社会资本满足绿色产业的融资需求。如内蒙古、山西、河北、山东等12个省区建立了50多只绿色发展基金。国际金融公司（IFC）推动建立了中国节能减排融资项目，为银行的能效和可再生能源项目贷款提供担保，撬动了8亿美元的贷款，支持了170多个绿色项目。

（2）促使负外部性内部化

采取的措施包括但不限于：实行差异化信贷监管标准，如银行绿色信贷标准的设定，对银行违规授信予以处罚并问责；限制对特定行业，如钢铁、煤炭等产能过剩行业贷款支持，原则上高污染、高能耗或其他违背国家产业政策导向的行业禁止发行绿色公司债；将银行绿色信贷表现纳入宏观审慎评估框架，形成支持绿色信贷等绿色业务的激励机制以及抑制高污染、高能耗和产能过剩行业贷款的约束机制；对企业征收环保税，使得企业利润因环保税而受到影响，进而对绿色信贷或融资产生影响。

（3）提供法律和金融基础设施等公共产品

绿色融资市场需要“无形的手”有序指挥，所需要的软硬件环境是政府提供的。例如：明确界定产权，建立市场交易制度；制定相关法律法规和规划，配套绿色金融发展；绿色金融统计监测与风险管控等。

（4）降低信息不对称

采取的措施包括但不限于：明确企业环境信息披露的具体方式和要求，有助于资金提供方判断融资方是绿色企业还是污染企业，从而实施绿色投资；构建统一的绿色产品标准、认证以及标识体系，落地后将能间接引导金融资源向绿色需求方去配置；明晰绿色项目、绿色债券等融资工具的范围和标准，减少对绿色投资的搜寻成本，提升绿色融资工具的吸引力；建立环境监测信息共享平台，如建立企业污染排放、环境违法违规记录等信息共享平台，建立健全绿色信用体系。

4）市场平台

（1）证券交易所

证券交易所是ESG信息披露规则、交易规则和制度的主要制定者，对绿色融资生态体系的发展有着重要影响。高质量的ESG数据是进行可持续投融资的前提和基础，证券交易所对上市企业提出ESG信息披露要求，制定指引，是推动企业进行ESG披露的最为关键的因素之一。此外，从交易品种看，绿色信贷、绿色债券、绿色股票、绿色资产证券化等大量绿色融资品种构成了一个生态系统，使得绿色金融成为一个自身可以实现可持续发展的金融系统，提高了融资效率。

（2）碳排放权交易所

作为绿色金融的一个分支，碳排放权交易是通过市场机制控制和减少二氧化碳等温室气体排放、助力积极稳妥推进碳达峰、碳中和的重要政策工具。我国碳排放权交易经历了从单一基于清洁发展机制项目到国内自愿减排交易，再到碳排放配额交易的过程。目前，中国有9大碳排放交易所，分别是北京绿色交易所、天津排放权交易所、上海环境能源交易所、广州碳排放权交易所、深圳碳排放交易所、四川联合环境交易所、湖北碳排放权交易中心、重庆碳排放权交易中心和海峡股权交易中心。需要强调的是，进行“碳交易”首先得核查是否符合纳入门槛，然后进行系统登记，根据自身的“碳配额”剩余和“碳信用”存量，在交易所完成交易。目前，常见的碳排放配额交易方式有：协议转让、单向竞价、挂牌协议、大宗商品协议等。

5）第三方专业机构

这类主体包括会计师事务所、评级机构、数据服务商、咨询服务公司等专业服务机构，主要提供与绿色融资相关的信息披露、评级、产品认证等专业服务。具体包括：

（1）会计师事务所

投资者对ESG风险的日益重视，推动了对ESG绩效数据的需求。2021年11月，国际财务报告准则基金会（IFRS）宣布了国际可持续发展准则理事会（ISSB）的正式成立。2023年6月26日，ISSB正式发布首批国际可持续披露准则（ISDS）：《国际财务报告可持续披露准则第1号——可持续相关财务信息披露一般要求》（IFRS S1）和《国际财务报告可持续披露准则第2号——气候相关披露》（IFRS S2），标志着可持续发展报告缺乏统一规范和标准的时代的终止，下一阶段，ESG信息的完整性和可靠性将成为挑战重点。作为第三方可持续发展服务商，会计师事务所能否通过专业优势帮助客户ESG信息披露透明化和公开化，通过鉴证服务协助客户提升ESG披露质量，提高客户ESG报告公信力将直接影响绿色融资市场的健康发展。

（2）评级机构

面临愈加严格的监管，提升ESG信息披露水平是市场的必然要求。目前，成熟市场的主要ESG评级机构包括明晟（MSCI）、富时罗素（FTSE Russell）、标普（S&P）、香港品质保证局（HKQAA）等。ESG评级是对企业或投资组合在环境、社会和治理三个方面的绩效进行评估和评级的过程，目的在于帮助投资者全面了解企业风险和机会，评级结果被投资者视为投资决策的重要依据。ESG评级机构的产生和发展不仅仅是基于ESG投资逐渐主流化的背景，同时，ESG机构投资者也依赖于ESG评级机构对投资标的进行评级的结果进行投资决策，无论投资机构采取的是正面筛选、负面剔除，还是ESG因子整合的投资策略，都需要以筹资企业ESG评级结果作为投资决策的基石。

（3）数据服务商

ESG报告已经从一个有价值的额外内容变成了现代投资的一个重要方面，为了生成全面的报告，报告实体需要最新、最准确的ESG数据涵盖广泛的指标、风险因素和可衡量的结果。ESG数据服务商致力于向公司提供可靠、全面的数据，旨在帮助公司扩展其可持续发展计划以及投资者的参与度和信心。数据提供商提供的ESG数据包括：①与价格、市场价值、商品、股票和市场趋势等方面相关的市场数据。②满足将ESG数据转换为ESG评分的数据。③针对ESG的一、两方面的数据，可能仅仅是气候和环境数据，或者仅仅是治理和社区关系数据等。比较著名的ESG数据服务商有彭博社、路孚特、摩根斯坦利国际、标准普尔全球（S&P Global）等。

（4）咨询服务公司

这类公司主要提供关于ESG/企业社会责任/可持续发展报告的编制、设计、传播，ESG治理体系的搭建及培训辅导，ESG评价管理咨询等服务。2024年5月1日，我国上市公司迎来ESG强制披露的元年，证监会指导三大交易所发布的《上市公司可持续发展报告指引》正式实行。由于监管刚起步、专业服务机构的准入门槛尚未确立，如何提高质量，服务于可持续投融资市场还是一个亟待解决的问题。

6）其他组织

参与绿色融资市场的还包括教育机构、行业协会、智库等非营利组织。如高等院校等教育机构承担着ESG教育、学术研究，为市场输送人才，并通过研究成果的转化，促进ESG生态体系的发展。行业协会及智库通过推广可持续发展理念，发起研究项目、提出政策建议推动ESG领域的研究和实践。

6.2.3 可持续股权融资

可持续股权融资筹集的是长期资本，是将公司的经营与环境保护、社会责任和公司治理相结合，将可持续发展理念贯穿到公司的长期战略之中，并以此为基础进行融资的一种方式。

接下来主要介绍绿色股权融资、绿色基金股权融资和绿色信托股权融资。

1）绿色股权融资

（1）绿色股权融资的定义

绿色股权融资是指以环境保护和绿色经济为主题的企业通过发行股票、增资扩股等方式，筹集资金用于环保产业和绿色项目的投资和发展。绿色股权作为一种新型的可持续金融产品，为投资者提供了新的可供选择的投资类别。

其特点包括：

① 长期性。绿色股权融资是一种长期的融资方式，适合需要长期资金支持的环保项目。

② 风险共担。绿色股权融资是一种风险共担的融资方式，投资者与企业共同分担风险。

③ 持续性。绿色股权融资不仅可以帮助企业筹集资金，还可以促进投资者长期持有股权，从而稳定企业的发展。

（2）相关法律规定

上交所积极服务国家“碳达峰、碳中和”战略，在优化绿色股权融资服务方面，集中表现为支持绿色低碳产业股权融资，支持高效节能、先进环保、新能源汽车、清洁能源等细分领域企业上市融资和再融资。

2019年1月30日，证监会发布《关于在上海证券交易所设立科创板并试点注册制的实施意见》，明确对包括新能源与节能环保产业在内的重点支持。

2021年4月16日，上交所发布《上海证券交易所科创板企业发行上市申报及推荐暂行规定（2021年4月修订）》，明确申报科创板发行上市的发行人，应当属于六大行业领域的高新技术产业和战略性新兴产业，包括新能源领域，如先进核电、大型风电、高效光电光热、高效储能及相关服务等；节能环保领域，如高效节能产品及设备、先进环保技术装备、先进环保产品、资源循环利用、新能源汽车整车、新能源汽车关键零部件、动力电池及相关服务等，体现了科创板定位把握标准对于绿色产业的明确支持，鼓励相关企业申报科创板并在上交所上市融资。

《关于进一步完善市场导向的绿色技术创新体系实施方案（2023—2025年）》提出，加大金融支持力度。加强绿色技术创新的股权支持力度，实施“科技产业金融一体化”专项，引导各类天使投资、创业投资、私募股权投资等支持绿色技术创新和成果转化。综合应用绿色信贷、绿色债券、绿色基金、绿色保险等方式支持绿色技术创新，鼓励信用评级机构依规对绿色技术创新企业开展主体评级、债项评级服务。

（3）操作流程

① 尽职调查和风险评估。在投资方确定欲投资的企业和项目后，会进行详细的财务、法律等方面的尽职调查，在此基础上，完成对企业和项目的技术水平、管理层能力、市场潜力、资金状况、政策法律因素等方面的风险评估，以进一步确定是否对该企业和项目进行投资。

② 谈判和交易设计：通过前期的工作，对于确定需要投资的企业和项目，投资方会与融资方进行投资金额、投资工具和价格等方面的谈判，同时，完成交易的设计工作，直至签订正式合同。

③ 投资和后期监管。投资方按照合同的出资期限和出资方式进行投资，并视具体情况对企业的运行情况进行后期监管。

④ 退出。在出现相应情形时，投资方会选择在适当的时间以适当的方式实现退出，从而完成整个投资过程。

2）绿色基金股权融资

（1）绿色基金股权融资概念

绿色基金股权融资是指符合环保、可持续性和社会责任要求的企业以股权的方式引入绿色基金促进可持续性和环境保护的发展。这里的绿色基金指专门为投资环保、可持续性和社会责任方面的项目或企业而设立的基金。这些基金的主要投资目标是通过投资符合环保、可持续性和社会责任要求的企业和项目，获得投资回报的同时，实现社会和环境的可持续发展，常由一些环保组织、社会责任投资机构或政府机构等发起成立，旨在推动可持续发展和环境保护。所以，融资方需要与可再生能源、清洁技术、环保产业、低碳经济等相关领域，以及与社会责任和环保相关的基础设施建设、绿色建筑、节能减排等方面有关。

（2）相关法律规定

绿色基金的相关法律规定包括以下内容：

《中华人民共和国证券法》：证券法规定了绿色基金的发行、销售、推广等行为，确保绿色基金的合法性和规范性。

《中华人民共和国环境保护法》：环保法规定了绿色基金的投资对象和投资范围，需符合环保法和相关法规的要求。

《中华人民共和国证券投资基金法》：证券投资基金法对绿色基金的设立、运作、管理等方面进行了规定，确保绿色基金的合法性和规范性。

（3）操作流程

绿色基金的操作流程通常包括以下步骤：

① 设定投资目标。绿色基金的管理人根据基金的用途和投资策略，设定具体的投资目标，例如，投资于可再生能源、清洁技术、环保产业等领域。

② 筛选投资项目。绿色基金的管理人会根据投资目标，筛选符合要求的投资项目。筛选的依据包括项目的环保性、可持续性、社会责任等因素。

③ 评估投资风险。绿色基金的管理人会对筛选出的投资项目进行风险评估，确保投资的安全性和收益性。

④ 制定投资策略。根据风险评估结果和投资目标，绿色基金的管理人会制定具体投资策略，包括投资比例、投资时机、投资地点等方面的决策。

⑤ 实施投资策略。绿色基金的管理人会按照投资策略进行投资，同时，对投资项目进行监控和管理，确保投资项目的环保性、可持续性和社会责任符合要求。

⑥ 信息披露和报告。绿色基金的管理人会对基金的投资策略、投资项目、投资收益等信息进行披露和报告，确保信息的透明度和规范性。

3）绿色信托股权融资

（1）绿色信托股权融资定义

绿色信托股权融资就是以出让股权的方式通过绿色信托进行的融资。这里的绿色信托是指信托公司为支持环境改善、应对气候变化和资源节约高效利用等经济活动，通过绿色信托贷款、绿色股权投资、绿色债券投资、绿色资产证券化、绿色产业基金、绿色公益（慈善）信托等方式提供的信托产品及受托服务。

（2）相关法律规定

2016年8月，《关于构建绿色金融体系的指导意见》发布，鼓励金融机构开展绿色投融资，建立起较完整的绿色金融政策框架。

2019年2月，发改委等部门出台了《绿色产业指导目录（2019年版）》，将绿色产业划分为六大类，包括节能环保、清洁生产、清洁能源、生态环境、基础设施绿色升级以及绿色服务，提高了各部门、行业对绿色产业的认知。

2019年12月，中国信托业协会发布了《绿色信托指引》，首次明确定义绿色信托，并指出信托公司可以通过绿色信托贷款、绿色股权投资、绿色债券投资、绿色资产证券化、绿色产业基金、绿色公益（慈善）信托等方式为绿色经济和环境的发展提供信托产品和服务。

2020年起，在“双碳”目标指引下，绿色信托等绿色金融产品更是成为我国发展重点，我国绿色信托业务驶入快车道。

（3）操作流程

① 确定融资需求。企业根据自身的需求，确定需要多少资金，并了解可用的融资方式。

② 选择融资方式。企业需要根据资金需求和融资方式的特点，选择适合的融资方式。

③ 设立信托计划。企业需要设立信托计划，这需要向信托机构申请。在申请过程中，企业需要提供一些必要的文件，如企业财务报表、企业信用评级等，以证明企业的实力。

④ 签署融资合同。企业、信托机构、银行等金融机构签署融资合同，确定融资金额、期限、利率、还款方式等细节。

⑤ 交付信托计划。企业需要向信托机构交付信托计划，并接受相关的监管和管理。

⑥ 信托融资完成。信托机构根据企业的需求，向银行等金融机构融资，并完成资金到位和还款。

6.2.4 绿色债务融资

绿色债务融资是一种直接融资方式。由于资金提供者的环境偏好和低环境风险预期，以及政府补贴等因素，可持续债务的资金成本相对较低，具有“绿色溢价”，当前已经成为资助绿色以及与可持续发展相关活动的主流工具。政府利用绿色债务为绿色基础设施筹集资金，金融机构利用绿色债务促进绿色或可持续贷款，企业利用可持绿色债务为绿色项目提供资金。接下来，主要介绍绿色贷款融资、绿色债券融资、绿色资产证券化产品融资。

1）绿色贷款融资

（1）绿色贷款定义

绿色贷款是将资金专用于为新增及/或现有合格绿色项目提供部分/全额融资或再融资的各类型贷款工具。主要指的是，商业银行、政策性银行等金融机构依据国家的环境经济政策和产业政策，对研发、生产治污设施，从事生态保护与建设，开发、利用新能源，从事循环经济生产、绿色制造和生态农业的企业或机构提供贷款扶持并实施优惠性的低利率；而对污染生产和污染企业的新建项目投资贷款和流动资金进行贷款额度限制并实施惩罚性高利率。

（2）相关法律规定

中国人民银行2018年正式出台“绿色贷款专项统计制度”，推动绿色贷款发展，于2019年修订。2021年7月1日，中国人民银行印发的《银行业金融机构绿色金融评价方案》（简称“《方案》”）正式施行，对金融机构的绿色贷款、绿色债券业务开展综合评价，评价结果将纳入央行金融机构评级。

2018年3月，贷款市场协会（Loan Market Association）和亚太贷款市场协会（Asia Pacific Loan Market Association）联合发布了《绿色贷款原则》（Green Loan Principles）；2019年3月，贷款市场协会、亚太贷款市场协会和银团与交易协会（Loan Syndications&Trading Association）联合发布了《可持续发展关联贷款原则》（Sustainability Linked Loan Principles），进一步规范了可持续发展贷款市场，为整个可持续发展贷款市场提供统一评价的框架，对绿色贷款的资金使用、项目评估和筛选、资金管理、信息披露以及可持续发展关联贷款的借款人整体企业社会责任战略关系、目标设定、信息披露、审核作出了具体的指引。

根据《绿色贷款原则》，进行绿色贷款时需要关注四点：

①资金使用

绿色贷款的基本判断因素是贷款资金应当用于绿色项目（包括研发等其他相关支出），这点应在财务文件中进行合理描述。所有提名的绿色项目应具有明确的环境可持续效益，借款人应对其进行评估并在可行时进行量化及信息披露。

②项目评估和筛选

借款人应向贷款人阐明绿色项目的环境可持续发展目标；判断项目是否遵从绿色项目类别的评估流程；熟悉相关准入标准，包括负面清单和其他用于识别和管理与项目相关的潜在环境重大风险的流程。

③资金管理

绿色贷款资金应以适当的方式存入专门账户或由借款人进行跟踪，以保持透明度和提升互信程度。如绿色贷款包含一笔或多笔贷款，则必须明确指定每笔绿色贷款，并以适当的方式将每笔绿色贷款资金记入各自的账户或由借款人进行跟踪。

④信息披露

借款人应当记录、保存和每年更新资金的使用信息，直至资金全部提取完毕，并在发生重大事项时更新。年度报告内容应包括配置绿色贷款资金的项目清单，以及项目简要说明、资金配置量和预期效果。若由于保密协议、商业竞争或项目数量过多不便披露项目细节，《绿色贷款原则》建议以通用描述或组合形式进行披露。信息只需要向参与贷款的机构披露。

（3）绿色贷款操作流程

企业拥有一定的资金需求，且企业符合银行的授信要求，并且可以提供相关绿色认定证明材料，证明资金投向符合《绿色低碳转型产业指导目录（2024年版）》[①]。

---

① 2024年2月29日，国家发展改革委会同九部委联合印发了该目录，它是在《绿色产业指导目录（2019年版）》基础上，结合绿色发展新形势、新任务、新要求修订形成的，取代2019年版目录成为我国绿色低碳转型领域的基础性标准。

①资金用途

贷款资金必须用于绿色项目。

②项目评估及挑选过程

绿色贷款的借款人应向贷款人清晰沟通其支持环境可持续发展的目标和相关合格标准。

③资金管理

借款人应以适当方式跟踪资金流向，从而确保产品信息的透明度并促进其诚信发展。

④报告方式

借款人应在绿色贷款完全提款前，及时更新并随时提供最新资金使用信息，并在其后每年或项目有重大推进时更新。

2）绿色债券融资

（1）绿色债券的定义

欧洲银行2007年发行的气候意识债券被认为是最早的绿色债券。我国绿色债券起步较晚，但是发展迅速，规模不断扩大。国际上将绿色债券定义为：把募集到的资金用于符合规定标准绿色项目的债券。绿色项目包含污染治理，适应气候变化，缓解自然资源枯竭等方面的项目，目的是加大对低碳环保、缓解温室效应，减少污染的经济活动的支持。国内将绿色债券界定为：本质是一种依照法定程序发行，将募集资金用于促进绿色产业、绿色项目或绿色经济活动的发展，并按照约定支付本息的有价证券，具体包括绿色金融债券、绿色企业债券以及绿色公司债券。国际与国内对绿色债券的定义各有侧重，但是差异不大，都强调了所筹集资金的用途必须用于符合认定标准的绿色项目。

（2）相关法律规定

2015年9月，中共中央、国务院颁布的《生态文明体制改革总体方案》提出，我国要建立绿色金融体系，加强资本市场相关制度建设，研究银行和企业发行绿色债券。该方案的颁布，为我国绿色债券发行确立了顶层设计。

2015年12月，中国人民银行发布了《关于在银行间债券市场发行绿色金融债券有关事宜的公告》，对金融机构法人在银行间债券市场发行绿色金融债券作出了整体规定，与之配套的由中国金融学会绿色金融专业委员会编制的《绿色债券支持项目目录（2015年版）》则明确了绿色项目的范围。

2015年12月，国家发改委发布了《绿色债券发行指引》，该指引对绿色企业债券的适用范围和募集资金的重点支持项目、审核要求等内容作出了规定。2016年3月、2016年4月，上交所、深交所先后发布了《关于开展绿色公司债券试点的通知》及《关于开展绿色公司债券业务试点的通知》，明确了绿色公司债券的发行及运作规则。

2016年8月，中国人民银行、财政部等七部委联合印发了《关于构建绿色金融体系的指导意见》，该意见要求统一绿色债券界定标准，逐步建立和完善上市公司和发债企业强制性环境信息披露制度。

2021年4月21日，中国人民银行、国家发改委、中国证监会共同发布了《绿色债券支持项目目录（2021年版）》。该绿债目录对我国绿色债券划定了统一的界定标准，为我国绿色债券后续的良性发展奠定了重要基础。

2021年5月27日，人民银行发布了《银行业金融机构绿色金融评价方案》，明确纳入评价范围的绿色金融业务包括境内绿色贷款和境内绿色债券。根据方案，绿色金融评价工作每季度开展一次，评价指标包括定性指标和定量指标，权重分别占20%和80%。这一评价体系通过约束金融机构主体行为，实现既推进绿色金融加快发展，又实现绿色金融发展的商业可持续。

（3）操作流程

我国绿色债券的发行流程为五个步骤：

第一步，识别符合条件的绿色项目和资产。绿色债券的根本属性是其募集资金所投资的项目或资产应符合绿色项目目录的要求，若发行者获得了发债的资格，则在原则上，只要所申请的项目达到绿色项目要求，即可发行绿色债券。

第二步，安排独立审查。独立审查可以协助明确绿色资产，并增加投资者信心。发行者可以寻求具有核查资质的第三方机构，也可以使用气候债券倡议组织认证的核查方案进行自审。

第三步，建立追踪和报告。绿色债券的发行者必须定期或不定期跟踪所投资金，而且必须指出如何跟踪，将发债后募集资金投向透明化。

第四步，发行绿色债券。发行人需自监管部门获取发行许可证，确定绿色债券结构，并对绿色债券进行信用评级。

第五步，定期报告。要维持绿色债券的状态，发行者需要至少每年一次向投资者发布披露报告，确保募集资金仍作用于绿色项目中。

由于我国目前还没有强制性地要求发行人对绿色债券进行第三方的独立认证，并且债券的质量取决于发行人内部绿色项目的认定标准、资源披露报告的次数以及发行人经营状况等多种因素，所以，该操作指南在实际发行过程中尚未具有普适性。

3）绿色资产证券化产品融资

（1）绿色资产证券化定义

绿色资产证券化（绿色ABS）是在资产证券化基础上与绿色金融有机结合形成的创新型融资模式，其与一般资产证券化产品在信用增级及交易结构等方式上并无差异，不同之处主要体现在绿色资产证券化的可预测未来现金流源于绿色低碳资产或者募集资金投向绿色产业。2018年，上海证券交易所发布的业务问答明确了绿色资产证券化的定义，指出绿色资产证券化在符合资产证券化要求的前提下，需符合以下三个条件之一：基础资产源于绿色产业、融资投向绿色产业、原始权益人的主营业务属于绿色产业领域。

（2）相关法律规定

2016年3月，上交所发布的《关于开展绿色公司债券试点的通知》里提到绿色资产支持证券。2016年5月，证监会发布的《资产证券化监管问答》支持绿色环保产业项目施行绿色公司债券并选择资产证券化的渠道进行融资。

2018年4月，上交所为响应我国绿色发展战略而出台了《服务绿色发展推进绿色金融愿景与行动计划（2018—2020）》，宣布要大力推进施行绿色资产证券化，扩大基础资产领域，鼓励公司实施绿色资产证券化，并将融到的资金投入绿色产业，助力绿色资产证券化业务的开展。

2020年5月，证监会发布了《绿色债券支持项目目录（2020年版）》，2021年1月，央行在会议上作出碳达峰、碳中和的战略部署。至此，绿色资产证券化相关产品发行的规章制度不断地完善以吻合国家的绿色发展战略。

（3）操作流程

在通过资产证券化进行融资的过程中有多个主体参与，不同主体完成自己的分工，从而完成整个资产证券化运作流程，如图6-1所示。

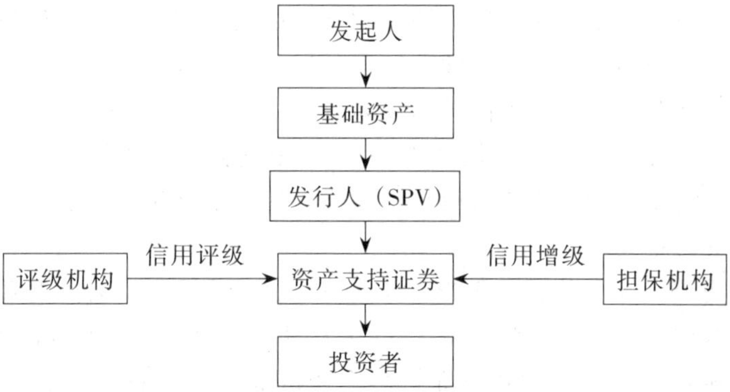

图6-1　资产证券化操作流程图

资产证券化发起人，也就是基础资产的原始权益人，是资产证券化所筹集资金的最终使用者。发起人将自己的资产进行选择匹配，进而将它们作为基础资产出售给特殊目的载体。

资产证券化发行人（SPV），即对发起人基础资产进行购买的主体，连接了投资者与发起人，是专门为资产证券化设立的特殊机构。

资产证券化的发行主体，是指对ABS产品进行出售的重要机构，一般由投资银行担任这一角色。特殊目的载体将资产证券化产品设计好后，由投资银行进行包销或承销，保证产品出售给投资者，确保其发行成功。

资产证券化的担保机构，主要指对产品进行信用担保的机构，该类机构能够提高产品资信评级，降低融资成本。

资产证券化评级机构，主要职能是对产品进行资信评级，与对一般债券类产品进行评级类似，投资者对ABS产品进行分析选择时，往往依赖于专业评级机构的评级，从而决定自己的投资方向。

6.3　绿色投资管理

“绿色发展是高质量发展的底色，新质生产力本身就是绿色生产力。”随着绿色发展理念的不断深入发展，基于绿色理念的投资管理也成为了国家、企业、投资行业和公众等共同关注的热点。本节将从绿色投资的概念和管理目标出发，探讨资本市场上企业绿色投资的发展方向和管理理念，并介绍目前主流的绿色投资的类型及其对应的策略。

6.3.1　绿色投资的概念与管理目标

1）绿色投资的概念

1987年，世界环境与发展委员会在《我们共同的未来》报告中第一次提出了可持续发展（Sustainable Development）的概念，包括环境保护、能源开发、绿色贸易、清洁水源和互助发展五个方面的内容。2015年，党的十八届五中全会首次提出绿色发展理念，认为绿色发展是一种以生态环境容量和资源承载力为基础，以可持续发展为目标，实现经济社会发展和生态环境保护协同共进的发展模式。21世纪，投资行业在绿色发展中发挥着至关重要的作用。一方面，我们需要资产所有者的帮助，为全球的工人、养老金受益人和储户创造安全稳定的金融未来。另一方面，我们需要资产所有者和资产管理人展开透明的资本配置，以便为向净零排放转型所需的关键基础设施提供资金，实现联合国可持续发展目标，并开展疫后时期的重建工作。随着社会各界，尤其是投资者对环境保护、社会责任问题的关注度持续上升，绿色投资的理念逐渐得到广泛认同，在世界主要资本市场得到了前所未有的发展。下面，我们将从定义、发展方向和重点、我国绿色投资政策以及影响绿色投资的因素四个角度对绿色投资进行整体解读，帮助学员对绿色投资有更全面的理解。

（1）绿色投资的定义

绿色投资是基于可持续发展理念的一种关注经济、环境和社会等因素的投资行为，其核心理念为在获取财务回报的同时考虑环境保护与社会责任。从西方国家学者研究来看，绿色投资概念最早可以追溯到由环境保护组织在20世纪提出的道德投资，也称作“伦理投资”，其主要是从企业的社会责任角度出发，通常也把绿色投资称作社会责任投资（socially responsible investment，SRI）。它是一种基于环境准则、社会准则、金钱回报准则的投资模式。它考虑了经济、社会、环境三重底线，或称作三重盈余，因此，又叫作“三重盈余”投资。顺应可持续发展战略，综合考虑经济、社会、环境等因素，促使企业在追求经济利益的同时，积极承担相应的社会责任，从而为投资者和社会带来持续发展的价值。从国内的学术研究来看，有学者认为，绿色投资就是一种环境保护投资，而更多学者认为，绿色投资是一切可以助力绿色经济发展的投资，是兼顾经济、社会、环境保护等方面而进行的投资。绿色投资的策略按照全球可持续投资联盟（Global Sustainable Investment Alliance，GSIA）所给出的标准，可以分成七种类型，这也是全球目前认可度最高的分类标准，它们包括ESG整合、负面筛选、正面筛选、标准筛选、可持续发展主题投资、社区投资、企业参与及股东行动。ESG整合是基于整合理念的一种绿色投资策略，其主要以对公司环境、社会、治理层面的整合程度作为投资标准；负面筛选、正面筛选、标准筛选都属于筛选原则下的策略，其主要是为了筛选出具有长期价值的投资项目，从而使投资者避免参与与其社会责任相冲突的商业活动；可持续发展主题投资、社区投资和企业参与及股东行动都是基于影响力理念的投资策略，只是其影响方式略有不同，依次基于可持续产业、社区环境、股东权利的影响。

绿色投资与传统投资方法相比具有以下特征：①绿色投资在本质上反映了经济、社会、生态之间和谐发展的关系，是基于可持续发展的投资。传统投资行为依靠资源的大量消耗和对环境的索取及破坏换取经济增长，结果造成人类与环境的关系紧张，甚至人类经常遭到环境的报复。在绿色投资模式下，人类把环境保护与产品生产统一起来，注意节约资源和科学利用，利用与维护并举，使得自然资源与环境获得恢复与实现生态平衡。②绿色投资是由具有生态环境理念的经济人进行的投资。投资主体不单是追求经济利益的经济人，而且是具有社会责任的投资者，在其投资决策中，他的选择标准是经济、社会、环境三重标准，而不是单一的经济准则。③绿色投资形成的资本是绿色资本，是一种能够推动绿色GDP增长的资本。这种绿色资本投资所形成的生产力，不同于传统意义上的生产力，是人类在长期的生产中探索出的人与自然和谐发展的能力。绿色投资活动的产出，是绿色

GDP的增加，它反映了环境价值在GDP中的重要作用。④绿色投资的收益是三重盈余，包括经济的、社会的和生态的收益。而传统投资获得的是单一盈余，即利润。在价值创造上，绿色投资进行的价值创造是长期价值，而传统投资获取的是短期收益。⑤绿色投资具有更高的科技含量和社会价值。传统的投资也需要科技支持，技术进步使得投资的边际生产力递减的趋势受到遏制，经济增长持续进行。但是，由于传统投资忽视节约资源，忽视环境保护，资源瓶颈约束增大，环境治理费用加大，结果是实际增长的速度减慢，增长的副作用增加。绿色投资行为把生产投资与防治环境污染统一起来，在实现经济增长的同时，消除了增长的不利影响，因而可以实现经济与社会可持续发展。

绿色投资所反映的社会意义以及对环境保护的贡献越来越重大，有助于在注重财务分析的基础上深化长期投资理念和投资行为，这既是长期投资理念和投资行为的转变，更是行业道德标准的提升。投资者应投资于可持续性，以保护至关重要的社会和自然生态系统，这不仅是为了确保未来对所有人来说更宜居、更有希望，也是为了提高其投资组合获得持续积极财务回报的可能性。

（2）我国绿色投资政策

① 2016年9月19日，《中国落实2030年可持续发展议程国别方案》。该方案是中国为落实联合国2030年可持续发展议程而制定的，涵盖了中国的发展成就和经验、机遇和挑战、指导思想及总体原则、落实工作的总体路径，以及17项可持续发展目标落实方案等内容。

② 2021年2月22日，《国务院关于加快建立健全绿色低碳循环发展经济体系的指导意见》。该指导意见旨在加快构建绿色低碳循环发展的经济体系，提出了绿色发展、循环发展和低碳发展的协同，以及推动能源革命，大力发展可再生能源和新能源等要点。

③ 2021年5月27日，《银行业金融机构绿色金融评价方案》。该通知自2021年7月1日起施行，旨在评价银行业存款类金融机构绿色信贷业绩，推动绿色金融发展。

④ 2022年，《2022年可持续发展（ESG）投资白皮书》。白皮书阐述了ESG和绿色投资在国际社会上的成熟理念和优秀实践，同时，聚焦于在国内“双碳”目标的引领下，碳中和以及ESG资管产品的发展现状和投资者特征，致力于为ESG和绿色投资在中国的生态体系建设提供助力，促进企业正向发展和资本市场的高质量发展。

⑤ 2023年1月19日，《新时代的中国绿色发展》。白皮书介绍了中国绿色发展理念、实践与成效，分享了中国绿色发展经验，并强调了绿色发展同每个人息息相关，每个人都可以成为绿色发展的践行者和推动者。

⑥ 2024年3月27日，《关于进一步强化金融支持绿色低碳发展的指导意见》。由中国人民银行联合其他部门印发，旨在进一步强化金融对绿色低碳发展的支持，构建国际领先的金融支持绿色低碳发展体系，并提出了优化绿色金融标准体系、强化环境信息披露、促进绿色金融产品和市场发展以及加强政策协调和制度保障等举措

（3）影响绿色投资的因素

绿色投资是一种考虑非财务因素的投资策略，其影响因素包括环境、社会和公司治理等方面。下面对影响绿色投资的主要因素进行介绍：①宏观和产业政策。政府的政策和法规对绿色投资有着重要影响。政策的支持和鼓励有助于提高资产质量和价值，特别是在可持续发展和ESG领域的投资。（2）投资者偏好。随着投资者越来越关注企业的社会责任

和可持续性，他们的偏好正加速转向支持可持续发展的企业和项目。这促使基金经理将ESG因素纳入投资决策，以创造长期超额收益。(3) 企业声誉和利益相关者影响。企业漂绿行为，如可口可乐“含氟门”事件等不仅会对企业声誉造成损害，也影响了投资者的信心。因此，企业需要积极采取ESG措施以维护其声誉并满足利益相关者的要求。(4) 环境目标。国家提出的环境目标，如碳达峰、碳中和，也对绿色投资产生了深远的影响。这些目标推动了ESG理念的应用和发展，并促使投资者更加重视企业的环境影响。(5) 长期投资和复利收益。“投资中的闪电理论”强调了长期持有而非频繁择时的重要性。因此，投资者应关注那些具有绿色投资逻辑的产品，并通过长期持有的方式享受复利带来的收益。

2）绿色投资的管理目标

绿色投资管理的主要目标是寻求财务绩效与环境和社会责任之间的平衡，即追求“三重底线”(triple bottom line)——经济、社会、环境的可持续性，具体包括以下两个目标：

(1) 符合联合国可持续发展目标

企业投资的可持续发展目标是指企业在其投资策略和决策中充分考虑环境保护、社会责任和公司治理因素，以支持联合国制定的17项可持续发展目标（SDGs）。这些目标旨在促进全球性的经济、社会和环境可持续性，并解决诸如贫困、饥饿、健康、教育、性别平等、清洁水和卫生、能源、创新等关键问题。绿色投资会受到当时的政治和社会气候的影响，出于这个原因，这种投资通常被投资专业人士通过投资的环境、社会和治理因素来考量，会更加关注企业的管理实践，以及它们是否倾向于可持续发展和社区改善。近年来，随着人们对全球变暖和气候变化的意识的增强，绿色投资已经趋向于那些通过减少排放或投资于可持续或清洁能源对环境有积极影响的公司。因此，这些投资避开了煤矿开采等行业，从而实现可持续发展的目标。

(2) 获得长期价值回报

投资的目标是实现股东权益最大化，而绿色投资也要符合这一要求，能够为投资者带来长期经济效益。绿色投资会通过影响被投资企业决策管理行为，进而帮助其实现长期的价值创造。一方面，企业会通过股东会和董事会来更好地管理和监督公司的运营，从而有助于长期价值的稳定增长。同时，这样的企业也会积极探索新的价值实现手段，以确保公司在不断变化的市场环境中保持竞争力，从而吸引投资者的目光。另一方面，ESG（环境、社会和治理）信息披露在提升企业价值和吸引投资者方面扮演着关键角色。企业会通过积极进行ESG信息披露帮助公司获得更高的市场估值，从而增强融资能力，降低资金成本，还能够反过来促进企业的ESG实践。

综上所述，绿色投资有两个内在目标：可持续发展和长期价值创造。这两者并不一定要齐头并进；仅仅因为一项投资标榜自己具有可持续发展性，并不意味着它会为投资者提供良好的回报，而良好回报的承诺也远不能保证所涉及公司的性质具有可持续发展性。投资者在试图衡量其可持续发展的同时，仍然必须评估投资的财务前景。一般而言，选择绿色投资的投行会更关注企业的ESG实践、市值管理、内在价值创造能力，并认为该企业会积极探索和采用多样化的价值实现策略，从而不断增强自身的核心竞争力，进而实现可持续发展和长期价值创造。

6.3.2 绿色投资的理念

在投资过程中，投资者评价企业投资可行性的因素众多，包括社会责任履行情况、道德价值观、环境保护、ESG整合等。MSCI将这些因素和做法归纳为投资者用来实现绿色投资的三种理念，即基于长期价值的投资理念、基于影响力的投资理念和基于整合的投资理念。①

1）基于长期价值的投资理念（values-based investment philosophy）

基于长期价值的投资理念旨在投资者通过表达对投资行业和公司的偏好，使投资与组织或个人的道德价值观保持一致。这些偏好可能采取价值观驱动的排斥形式，即这些投资者避免参与从事与其社会责任、道德、宗教、环境或其他基于价值观的信念相冲突的商业活动的公司，以此来获得长期价值，但出于经济原因，没有对实施价值观驱动的排斥。

采用长期价值的投资理念的投资者具有以下几个关键特征：① 注重内在价值。价值投资者寻找那些市场价格低于其内在价值的股票。内在价值是公司未来现金流的现值，需要通过财务分析来估算。② 保持长期投资。价值投资是一种长期策略，投资者预计持有股票多年，以实现其潜在价值。③ 反向投资。价值投资者往往采取反向投资策略，即在市场低迷时买入，在市场过热时卖出。④ 风险管理。安全边际是指股票的市场价格与其估算的内在价值之间的差额。价值投资者寻找具有较大安全边际的投资，以降低风险。通过深入分析和选择具有安全边际的投资，价值投资者能够有效管理投资风险。

基于长期价值的投资理念是一种经过时间考验的绿色投资理念，它强调对公司基本面的深入理解和对市场波动的冷静应对。通常采用这种理念的投资者会更倾向于社会价值和道德思想与其相符的企业，选择社会责任投资这种类型，并且投资者会在市场价格低于内在价值时买入，并在价格回归或超过内在价值时获得收益。

2）基于整合的投资理念（integration-based investment philosophy）

基于整合的投资理念旨在投资者在评估与ESG问题相关的长期金融风险和机会时，会构建有弹性的和可持续的投资组合，以提高长期风险调整后的回报。大量实证研究已经确定了公司ESG特征与财务绩效之间有关联关系的例子。这项研究表明，ESG因素影响了公司的估值和业绩，包括资本成本和盈利能力。鉴于ESG因素预计将在未来几十年对资产定价和资本配置产生重大且越来越大的影响，MSCI认为应将ESG因素纳入整个投资过程。

采用整合投资理念的投资者具有以下几个关键特征：① 全面分析。在评估投资机会时，投资者会提出整合要求，对公司的财务表现、环境、社会、治理表现进行全面分析，确保投资决策符合相关法律法规和行业标准，特别是在环境保护和社会责任方面的合规性。② 关注ESG信息披露和透明度。基于整合理念的投资者会促使公司提高透明度，对外披露ESG信息，以便投资者作出更明智的决策，并通过识别与环境、社会、治理相关的潜在风险，如环境污染、劳资纠纷或治理不善，投资者可以更好地管理投资组合的风险。③ 注重ESG实践。基于整合理念的投资者会将具有良好的ESG实践的公司作为其考量的标准，认为有ESG实践的公司可以创造长期价值，因为它们可以提高效率、增强品牌价值和市场竞争力。

---

① The MSCI Principles of Sustainable Investing.

基于整合的投资理念会让投资者认识到企业环境、社会、治理因素与公司的财务健康和长期成功紧密相关。通常采用这种理念的投资者会更倾向于企业财务绩效与环境、社会、治理的关系，选择ESG投资这种类型，并且将ESG因素整合到投资决策中，投资者不仅可以提高投资组合的表现，还可以促进可持续发展和社会责任。

3）基于影响力的投资理念（impact-based investment philosophy）

基于影响力的投资理念是指投资者会投资产生积极的环境或社会影响的企业，且企业符合投资者的可持续发展观点或使命。这种理念有时会将积极影响与财务回报持平或高于财务回报作为投资基础，因此，可能不会寻求提供更高的风险调整后回报。

采用影响力投资理念的投资者具有以下几个关键特征：（1）双重目标。基于影响力理念的投资者在追求财务回报的同时，也需要满足对环境或社会的积极影响。（2）对影响力的目标明确。基于这种理念的投资者在投资决策中明确其希望实现的环境或社会目标，如环境保护或社区发展。（3）将影响可测量作为投资的评判标准之一。影响力投资强调对投资所产生的环境和社会的影响进行测量和报告，因此，投资者会更注重企业在环境或社会方面的信息披露情况。（4）具有长期视角。基于影响力理念的投资者也采取长期视角，更注重企业的社会地位和形象，关注长期的环境效益和社会回报。

基于影响力的投资理念是一种日益受到重视的投资理念，它鼓励资本流向那些能够解决环境和社会问题的项目和企业，同时，这种理念会为投资者提供一定的财务回报。通常采用这种理念的投资者对环境和社会问题有着深刻的理解，会选择环境影响力投资等影响力投资类型，并且投资者会持续关注企业对环境或社会的影响，定期进行相关评估。

6.3.3 绿色投资的类型及策略

在绿色投资的大保护伞下，可以包括许多不同的投资类型和策略。本书基于上述三种不同的绿色投资理念，将绿色投资分为以下几种类型：社会责任投资（SRI）、ESG投资、环境影响力投资，并介绍这三种投资类型所对应的投资策略。

1）社会责任投资（SRI）

（1）社会责任投资的定义

社会责任投资（SRI），也称为社会投资，是一种由于公司经营业务的性质而被视为对社会负责的投资。对社会负责的投资的一个共同主题是有社会意识的投资。对社会负责的投资可以投资于具有良好社会价值的个别公司，也可以通过具有社会意识的共同基金或交易所交易基金（ETF）进行。[①]社会责任投资（SRI）通常会筛选并排除那些被认为对社会有负面影响的行业，并倾向于投资那些对社会有正面贡献的公司。它也重视公司治理，确保投资对象遵循高标准的道德规范。社会责任投资除了考虑传统的财务指标，还以遵守法律、尊重人权、维护消费者权益和关注环境问题等社会伦理性标准为依据，评价并选择企业。美国社会责任投资论坛认为，SRI是一种投资过程，在精确的财务分析的背景下，考虑由投资所造成的社会或环境的正面及负面结果的投资过程。通过以上定义可以发现，在SRI决策中，通过剔除社会责任表现差的公司股票或者选择社会责任表现好的公司股票，来保证后者有充足的资金来源，从而提高其竞争力，是一种将投资目的和社会、环境，以及伦理问题相统一的投资模式。

---

① 参见https：//www.investopedia.com/terms/s/sri.asp。

（2）社会责任投资策略

社会责任投资将投资决策与经济、社会、环境效果相统一，是一种具有多重考量的投资方式，而筛选策略是社会责任投资中选用的最主要的策略，其主要形式包括同类最优法筛选、负面筛选、正面筛选。同类最优法筛选是基于国际通行的企业行为准则（如联合国全球契约），对公司是否符合要求进行筛选。负面筛选是指避免对社会有不良影响的公司进行投资。正面筛选是指对积极履行企业社会责任的公司加以支持。

最早的社会责任投资者主要是一些宗教组织，其在进行社会责任投资时经常采用负面的筛选标准。它们会根据自己的宗教信仰以及价值取向，排除一些它们认为不道德的公司。负面筛选标准先是集中在酒精、烟草、博彩和军工行业，后来逐渐扩大到色情、侵犯人权、侵犯动物福利、破坏环境等领域。现代的社会责任投资则较多地采用正面的、积极的筛选标准来选择投资企业。最常见的正面筛选标准包括公司治理结构、劳资关系、环境保护、可持续性的投资、综合利用可再生能源、积极参与当地社区建设，以及不同文化的交流和碰撞等。在实践中，经常采用同类最优法筛选的策略，将筛选标准与“行业最佳法”相结合。行业最佳法通过比较同行业企业的财务指标、社会和环境指标，选择在每个行业、每个领域中社会责任履行好的企业，并将这些企业进行归类，在投资决策中优先选择这类企业。

2）ESG投资

（1）ESG投资的定义

ESG代表环境、社会和治理。ESG投资（ESG investing）指的是公司在这些责任指标和潜在投资标准上的得分。环境标准衡量公司如何保护环境。社会标准考察公司如何管理与员工、供应商、客户和社区的关系。治理衡量的是公司的领导力、高管薪酬、审计、内部控制和股东权利。ESG投资的本质是一种整合筛选工具，资产管理和研究人员通过综合考虑环境、社会及治理因素来审视投资标的风险。与最初的社会责任投资相比，ESG投资更强调综合利用E、S、G三个元素相关的指标对企业进行评估。但在实践中，也会将只采用了E、S、G三元素中的一个或两个元素相关的指标作为筛选标准的投资方式归类为ESG投资，此类投资与社会责任投资更为接近。

（2）ESG投资策略

ESG整合是ESG投资的一种核心方法，它涉及将环境（environmental）、社会（social）和公司治理（governance）因素融入传统的财务分析和投资决策过程中。ESG整合策略一般包括个股公司研究和投资组合分析两类，其中，个股公司研究，主要是将ESG信息融入公司分析估值框架中，而投资组合分析就是分析财务和ESG对投资组合的影响，据此对投资组合内的股票进行调整。实施ESG整合的核心原则包括以下三点：①投资策略。资产所有者应在其建立、监测和修订整体投资策略和资产配置的过程中考虑ESG。②投资组合管理。投资组合经理应在整个投资组合管理过程中考虑ESG因素，包括证券选择、投资组合构建、风险管理、绩效归因和客户报告。③投资研究。研究分析师评估公司并向投资组合经理发布投资建议时，应将ESG因素（包括ESG公司评级）纳入其基本公司分析。

3）影响力投资

（1）影响力投资的定义

影响力投资（impact investing）是指在产生经济收益的同时，帮助创造有益的环境或社会影响的投资，其中包括环境影响力投资。环境影响力投资是指利用投资的方式将资金投向有利于环境保护和治理的领域、行业、产业，以保护生态环境，实现经济发展和环境保护的协调统一。影响力投资的机会各不相同，投资者可以选择将资金投入新兴市场（EM）或发达经济体。影响力投资涉及多个行业，包括医疗保健、教育、能源，特别是清洁和可再生能源、农业。这种投资策略可以涉及不同类型的资产类别，如股票、债券、共同基金或小额贷款。影响力投资的核心在于主动追求并衡量投资的正面社会与环境影响，并且这种投资不仅限于特定类型或发展阶段的企业，可以是初创期的社会企业也可以是成熟企业。此外，影响力投资者通常与被投资企业密切合作以实现既定的社会影响目标。虽然影响力投资期望获得财务回报，但并不一定要求与市场水平相当或高于市场，可以根据投资者的战略目标，设定从低于市场水平到相当于市场水平的一系列回报。与慈善事业不同，影响力投资者通常期望获得投资回报，尽管这可能是次要考虑因素；与社会责任投资相比，社会责任更注重对负面事件的预防，而影响力投资指的是能够积极地把资产投入基金来获得社会上更好的影响。

（2）影响力投资策略

影响力投资策略主要包括股东主张、可持续性主题投资、社区投资三种策略。

① 股东主张。借助股东权力影响公司行为，包括通过直接约见公司人员（例如，与公司高管或董事长对话）、提交或共同提交股东建议，以及按全面的ESG指引委派代表投票表决。

② 可持续性主题投资。投资于可持续发展相关的主题或资产，例如，清洁能源、绿色技术或可持续农业。

③ 社区投资。这种策略为具有明确环境或社会目的的企业提供资金，其目的是在获得经济收益的同时产生积极的社会环境影响。

6.4 绿色财务风险管理

随着全球环境问题的日益严重和公众对环境保护意识的不断提高，企业的绿色发展已成为当今社会的核心议题。在这一背景下，绿色财务风险管理应运而生，为企业提供了新的发展路径。绿色财务风险管理是将环境保护和社会责任融入传统财务风险管理中的一种管理模式，其目标是实现经济、环境和社会效益的和谐统一。通过构建合理的理论框架和实践应用，绿色财务风险管理为企业应对绿色可持续发展挑战提供了有力的工具。本节将深入探讨绿色财务风险管理的理论框架和实践应用，以期为企业实现绿色可持续发展提供有益的指导。

6.4.1 绿色财务风险的概念与管理目标

1）绿色财务风险的概念

绿色财务风险是指企业在追求经济效益的同时，可能会对环境造成负面影响，从而引发的一系列风险。这些风险包括环境污染、资源枯竭、生态系统破坏等，可能对企业的财务状况和持续经营能力产生影响。绿色财务风险的管理需要企业在制定经营目标时，兼顾资源环境和生态平衡的问题，提高员工素质，特别是财务人员的环保意识，并实行绿色会计，以价值形式对环境及其变化进行确认、计量、披露、分析，以及可持续发展研究，为决策者提供环境信息。

2）绿色财务风险的管理目标

绿色财务风险的管理目标是通过识别、评估和控制环境风险，支持绿色低碳发展，最终实现经济、环境和社会的可持续发展。绿色财务风险管理首先需要识别和评估企业面临的环境风险，包括物理风险和转型风险（物理风险指的是由于气候变化导致的极端天气事件或长期气候变化对企业的资产和运营造成的影响；转型风险则涉及政策、市场和技术变化导致的资产贬值或运营成本增加），将环境风险纳入企业的风险管理和资产配置决策体系中，确保财务决策考虑了环境因素，从而降低潜在的财务损失。绿色财务风险管理通过支持绿色低碳发展，提供资金支持和投资，促进企业和社会向低碳、环保方向转型。最终，绿色财务风险管理的目标是实现可持续发展，不仅包括经济的可持续性，还包括环境和社会的可持续性，确保企业在追求经济效益的同时，对环境保护和社会责任作出贡献。

6.4.2 绿色财务风险的识别

1）风险识别的概念

风险识别是指用感知、判断或归类的方式对现实的和潜在的风险性质进行鉴别的过程，风险识别是风险管理的第一步，也是风险管理的基础，只有在正确识别出自身所面临的风险的基础上，才能够主动选择适当有效的方法进行处理。存在于企业周围的风险是多样的，既有当前的也有潜在于未来的，既有内部的也有外部的，既有静态的也有动态的。风险识别的任务就是要从错综复杂的环境中找出经济主体所面临的主要风险。风险识别一方面可以通过感性认识和历史经验来判断，另一方面也可通过对各种客观的资料和风险事故的记录来分析，归纳和整理，以及进行必要的专家访问，从而找出各种明显和潜在的风险及其损失规律。

2）绿色财务风险识别的概念

绿色财务风险识别是绿色财务风险管理的前提和首要环节。绿色财务风险识别是指在传统的财务风险管理流程中，特别关注那些可能影响公司长期财务稳定性与健康，同时又与环境、社会和治理（ESG）因素密切相关的潜在风险。这种风险管理视角旨在确保公司不仅考虑短期盈利性，还要关注其活动对环境和社会的长期影响。在绿色财务风险识别中，主要包括以下三个元素：一是环境相关风险，这是指气候变化、资源稀缺、污染和环境退化等环境问题对公司财务造成的影响。例如，因为受到严格的排放法规限制而导致的成本增加，或对自然资源的依赖性使公司面临供应中断的风险；二是社会相关风险，这类风险可能源于公司与其利益相关者的关系，包括员工、社区和顾客之间的互动。例如，劳工问题（如强迫劳动或不安全的工作条件）可能对公司的声誉、员工福利和生产效率产生负面影响；三是治理相关风险，关注公司管理结构的完整性以及其对公司运营的影响，包括董事会的独立性、薪酬政策、透明度、反腐败措施，以及公司内部控制的有效性。不良的治理结构可能导致公司丑闻、监管罚款以及投资者信心的丧失。

绿色财务风险识别要求公司不仅在战略层面上考虑ESG因素，还要将这些因素深入到日常的决策流程和管理实践中去。在识别风险时，公司应该考虑其战略规划如何受到ESG因素的影响，并在制定战略时将这些因素纳入进去。定期衡量并报告公司的ESG表现对于识别和管理绿色财务风险是至关重要的。随着内外部条件的变化，公司必须持续监测与更新其对绿色财务风险的理解，并确保风险管理战略和行动能够适应新的环境。绿色财务风险识别侧重于长远的眼光和全面的视角，旨在确保公司的长期可持续发展和财务稳健性。通过在决策中充分考虑这些风险，公司可以更好地准备应对未来的挑战，提高竞争力，并维护利益相关者的信心与信任。随着全球绿色金融体系的不断发展和完善，绿色财务风险识别的重要性将日益凸显。

3）绿色财务风险识别的目标

绿色财务风险管理是指在综合考虑环境、社会和治理（ESG）因素的基础上，对财务风险进行识别、评估、监控和控制的过程。在绿色财务风险的识别阶段，目标主要集中在以下几个方面：

（1）提高透明度和责任性

绿色财务风险识别的目标之一是提高企业在财务披露中的透明度和责任性。随着全球对可持续发展和ESG问题关注度的提高，投资者、监管机构和其他利益相关者都要求企业公开其在环境、社会和治理方面的表现和风险。通过识别相关风险，企业能够更好地理解他们的行为对于自然环境、社区和利益相关者的影响，进而更准确地进行风险管理。例如，如果企业识别到其生产过程的废水排放对周边社区产生影响，则可以在报告中明确指出这些风险，并且展示它如何通过改进生产技术或实施废水处理措施来降低风险。此外，通过透明度的提高，企业能够建立信任，提升其在市场中的品牌形象。

（2）强化长期财务稳健性

绿色财务风险识别的第二个目标是确保企业的长期财务稳定性和稳健性。一个企业在运营过程中，可能会面临着与气候风险、资源枯竭、社会动荡或治理不善等相关的风险。通过识别这些风险并制定相应的风险缓解策略，企业能够保护其资产和营业收入免受潜在的负面影响。例如，气候风险可能导致自然灾害的频率和严重性增加，从而对企业保险成本、运营成本和供应链稳定性产生影响。如果企业能够预测和管理这些风险，就更能确保其长期盈利能力。这种风险管理措施可能包括采用更节能的生产工艺、投资可持续基础设施或多元化供应链。

（3）促进提高创新能力和发展新机会

绿色财务风险识别的目标也包括促进企业提高创新能力和发展新机会。识别和缓解绿色财务风险不仅能减少负面冲击，还可以帮助企业发现新的增长机会和商业模式。例如，企业可能会发现那些对环境保护、社会责任和良好治理有更高要求的客户群体，或者对通过利用新技术和替代能源来减少排放感兴趣的客户。识别这些潜在的市场需求后，企业能够开发新技术、产品或服务，从而在竞争中脱颖而出，同时，符合新的市场趋势。

（4）支持合规和风险管理框架构建

绿色财务风险识别的第四个目标是支持构建一个完善的合规和风险管理框架。遵从相关法规和标准不仅是企业的法律义务，也是其在国际市场中维持竞争力和声誉的必要条件。这要求企业开发一个有效管理绿色财务风险的内部框架，并且确保所有的活动都在这个框架之内进行。合规性和风险管理框架的构建，包括对绿色财务风险的评估、监控和报告机制，可以确保企业符合各种国家和国际标准，例如，联合国全球契约中的10项原则，2015年12月第21届联合国气候变化大会通过的《巴黎协定》。

4）绿色财务风险识别的方法

绿色财务风险识别是一个多维度的过程，需要综合运用多种方法来全面评估企业面临的ESG相关风险。通过ESG评级和评分、压力测试和情景分析、风险映射和分类，以及供应链和合作伙伴评估等方法，企业可以更有效地识别和管理这些风险，从而确保其长期的财务稳健性和可持续发展。

（1）ESG评级和评分

ESG评级和评分是识别可持续财务风险的常用方法之一。通过第三方评级机构的评估，企业可以获得关于其在环境、社会和治理方面的表现的量化评分。这些评分反映了企业在可持续发展方面的表现，以及这些表现可能对企业财务状况产生的影响。若企业在环境保护方面的表现不佳，可能会导致其面临更高的合规成本、声誉风险和潜在的法律诉讼。通过这些评级和评分，企业可以识别出需要改进的领域，并采取相应的风险管理措施。

（2）压力测试和情景分析

压力测试和情景分析是评估企业财务状况在极端或不利条件下表现的方法。在可持续财务风险的背景下，企业可以模拟不同的ESG相关情景，如气候变化、资源短缺、社会动荡或治理问题，来评估这些因素可能对企业财务状况产生的影响。通过这些分析，企业可以识别出在特定情景下可能面临的风险，并制定相应的应对策略。

（3）风险映射和分类

风险映射和分类是识别可持续财务风险的另一种方法。企业通过将潜在的ESG风险按照其可能性、严重程度和影响范围进行分类和排序，可以更清晰地了解其财务状况的潜在脆弱性。例如，企业可能会识别出与气候变化相关的风险，如极端天气事件的增加可能对企业的运营和资产造成损害。通过这种映射和分类，企业可以优先处理那些最有可能发生且影响最大的风险。

（4）供应链和合作伙伴评估

供应链和合作伙伴评估是识别可持续财务风险的另一种重要方法。企业通过评估其供应链中的合作伙伴在ESG方面的表现，可以识别出可能对自身财务状况产生影响的风险。例如，如果供应链中的某个环节存在严重的环境违规行为，可能会导致企业面临法律诉讼、声誉损失和供应链中断的风险。通过这种评估，企业可以采取措施来管理这些风险，如选择更可持续的供应商或要求现有供应商改善其ESG表现。

5）绿色财务风险识别的举例

D公司属于电力行业，是典型的燃煤发电企业。煤电机组固定资产是D公司重要的资产组成部分，在企业经营管理中发挥基础性的保障作用。然而，由于气候变化危机以及“双碳政策”等多方面因素的影响，D公司面临着更加严峻的经营挑战。从经济层面来看，在全球气候变化危机背景下，国际煤炭市场供应紧张，国内煤炭供应增加不及预期，煤价持续高位运行，增加了D公司的燃料成本。除煤炭市场外，D公司还受到电力市场、辅助服务市场、资本市场、碳市场的交织影响，这些都可能对煤电机组固定资产预计未来现金流量产生直接影响，并导致一系列的经济后果，从而引发财务风险。从环境层面来看，我国政府正在逐步加强对碳排放的限制，燃煤发电可能会导致大量温室气体排放，产生二氧化硫、磷化物等对环境有害的污染物，因此，在减排背景下，D公司不得不降低碳排放、降低污染物排放，这可能制约D公司的煤电经营与发展，对其预计未来现金流量产生影响。从社会层面来看，近年来，我国从降低煤炭能源的直接消耗、传统能源产业的战略转型、提升清洁能源发展几方面进行了能源结构调整，并提出“依托政策与科技双方面创新实现绿色低碳发展”。我国政府发布了《国家能源发展战略行动计划》、《中华人民共和国可再生能源法》和太阳能发展“十三五”规划等，以推动可再生能源的发展，明确要求“推动绿色低碳转型发展”，“加快清理处置不符合绿色低碳标准要求的资产”。D公司传统煤电的经营发展环境也因此而产生了重大影响，为企业带来了财务风险和经营风险。上述多层面的复杂因素交织影响都可能使煤电企业面临着前所未有的挑战，导致其资产搁浅（即“资产遭受意外而导致的或过早减记、贬值或转为负债”）的风险增加。

6.4.3 绿色财务风险的评估

1）风险评估的概念

风险评估是指在识别和分析风险的基础上，评估风险可能导致的后果及其可能性的过程。这一过程旨在确定风险的严重性、发生的可能性以及风险对组织目标的影响程度，从而为决策者提供关于如何管理、控制或接受风险的依据。风险评估是风险管理的重要组成部分，它有助于组织更好地理解和应对不确定性，从而保护其资产、声誉和利益。通过有效的风险评估，组织可以作出更加明智的决策，降低潜在损失，并抓住机遇实现其目标。

2）绿色财务风险评估的概念

绿色财务风险评估是指评估企业在实施可持续发展战略过程中所面临的财务风险。这包括了经济、社会和环境等因素对企业财务稳健性以及未来发展的影响。经济风险方面主要是评估企业的财务状况、债务水平、现金流、利润等风险因素，以确定企业面临的财务风险程度。社会风险方面主要是评估企业与员工、社会群体、利益相关者之间的关系中所面临的风险，包括员工满意度、社会责任等方面的风险，以及这些风险对企业造成了多大程度上的财务风险。环境风险方面主要是评估企业在生产、运营过程中的环境影响，包括污染、资源消耗等方面的风险，以及这些风险在多大程度上会影响企业可持续性发展的进程。

3）绿色财务风险评估的目的

绿色财务风险评估的目的是帮助企业识别和管理其面临的风险，确保其财务稳健和持续发展。通过对绿色财务风险进行评估，企业可以更好地了解哪些因素可能对其财务表现产生负面影响，并采取适当的措施来降低这些风险。此外，评估还可以帮助企业遵守相关法规和标准，提高其在市场上的可持续性和竞争力。在一个日益关注ESG（环境、社会和治理）问题的时代，绿色财务风险评估的重要性愈发凸显，企业应当重视并积极实施这项工作，以保障自身的可持续发展。

4）绿色财务风险评估的方法

多准则决策（multiple criteria decision making，MCDM）是一种决策分析方法，它在进行决策时会涉及多个目标或标准。多准则决策是指在具有相互冲突、不可共度的有限（无限）方案集中进行选择的决策。它是分析决策理论的重要内容之一，其目的在于通过系统性的方法找出可能的解决方案，并选出最符合多个目标或标准的满意解决方案。

多标准决策分析（multi-criteria decision analysis，MCDA）应用于决策者面临至少两个选择时。当决策者在评判某一备选方案时，需要考虑几个目标，通常不会有一个方案能满足所有目标或全面优于其他方案的情况，每个方案都会在不同水平上满足决策目标，这个时候，决策者必定需要作出取舍。MCDA是关于多重目标决策理论的延伸，是将通常互相冲突的准则整合为一个整体的评估方法学，从而对备选方案进行评价，旨在帮助决策者更好地评价准则的相关性、重要性，以及利用已有信息来评价备选方案。

MCDA的应用需要基于几个基本假设：

（1）决策者是在有限的资源下作出决策，不是所有的备选方案都能够被采纳，选择一个方案而放弃另一个方案必定会带来机会成本。（2）决策者的目标是在其个人的自由裁量权之内设定的，而不是由伦理学或经济学的理论规范所决定的。（3）决策者可以对准则赋权重，对备选方案进行评分，并通过准则的多个水平来描述备选方案。（4）决策者可以通过设定准则的相对重要性和准则的取舍，对不同备选方案打分并排序。

多准则决策根据决策方案是有限还是无限，分为多属性决策（MADM）与多目标决策（MODM）两大类。（1）多属性决策，也称有限方案多目标决策，是指在考虑多个属性的情况下，选择最优备选方案或进行方案排序的决策问题，它是现代决策科学的一个重要组成部分。它的理论和方法在工程、技术、经济、管理和军事等诸多领域中都有广泛的应用。（2）多目标决策，是指需要同时考虑两个或两个以上目标的决策。如某企业要在几种产品中选择一种产品生产，就既要考虑获利大小，又要考虑现有设备是否生产以及原材料供应是否充足等因素，只有使这些相互联系和相互制约的因素都得到最佳的协调、配合和满足，才是最优的决策。

6.4.4 绿色财务风险的控制

1）风险控制的概念

风险控制（简称“风控”）是指风险管理者采取各种措施和方法，消灭或减少风险事件发生的各种可能性，或风险控制者减少风险事件发生时造成的损失。具体来说，就是企业在权衡各种效益之后，将风险控制在风险蒙受度之内的战略，但由于风险的两个主要维度是发生可能性及发生后影响程度，因此，风险控制就是降低发生可能性，或者降低发生后影响水平以降低风险等级。

2）绿色财务风险控制的概念

绿色财务风险控制是指企业为了实现长期的财务稳定性和可持续发展，而采取的一系列识别、评估、监控和管理与环境、社会和治理（ESG）相关的潜在风险的措施。这种控制策略的核心在于，企业不仅要考虑传统财务风险，如市场波动、信用风险和流动性风险，而且要重视环境保护、社会责任和良好治理等因素对财务健康带来的影响。通过实施绿色财务风险控制，企业不仅能够降低潜在的财务风险，还能抓住新的商业机会，推动创新，并在竞争激烈的市场中保持领先地位。同时，这也体现了企业对社会责任的承担，有助于建立企业的长期价值和可持续发展能力。

3）绿色财务风险控制的目的

（1）维持资金流动性与稳定性

资金流动性反映了企业能够灵活应对短期资金需求的能力，而绿色财务风险控制的第一目标就是保障这种流动性。企业需要确保在面临突发状况或经济波动时，能有足够的资金偿还债务、发放员工工资、支付日常运营成本以及执行必要的投资计划。通过对财务风险的管理，企业能够优化资本结构、提高财务杠杆的使用效率、规避债务违约等风险，保证企业的财务稳定性和长期发展能力。

（2）提升企业战略适应性

通过实施绿色财务风险控制，企业能够更灵活地适应市场变化和战略转型的需求。在风险管理上，企业不应仅关注即时风险，而应具备更长远的视角，预测潜在的变化，并制定相应的策略。这种前瞻性为企业的战略适应性提供了保障，使其能够把握市场机遇并应对威胁。

（3）增强风险透明度与监控机制

绿色财务风险控制要求建立有效的风险识别、度量和监测机制。透明度和监督机制有助于利益相关者理解公司的风险状况，同时，为企业本身提供一个良好的风险管理框架。透明度能够提升投资者信心，降低信息不对称，而监督机制能够帮助公司及时发现和解决问题，防止风险的累积和扩散。

（4）促进企业社会责任与道德管理

绿色财务风险控制不仅仅是关于金钱和利润的管理，它还涉及企业如何与社会互动，如何在追求利益的同时承担社会责任。企业应当平衡经济利益与社会伦理、环境保护等因素，保证长期的社会和生态可持续性。这不仅是对自身风险的管理，也是对所在社区和整个社会负责任。

4）绿色财务风险控制的方法

企业完成绿色财务风险评估后，需要根据风险评估结果制定相应的绿色财务风险管理策略对其进行控制。绿色财务风险管理策略工具大致可分为4种，分别为：风险回避、损失控制、风险转移和风险承担。

（1）风险回避

风险回避是指投资主体有意识地放弃风险行为，完全避免特定的损失风险。简单的风险回避是一种最消极的风险处理办法，因为投资者在放弃风险行为的同时，往往也放弃了潜在的目标收益。而绿色财务风险回避是指企业或金融机构在进行财务活动时，考虑到环境保护和资源可持续利用的因素，采取一系列措施来规避可能对环境造成负面影响的风险，同时，确保财务活动的可持续性。

①经济方面的风险回避

经济方面的风险回避主要是指企业应该在制定财务策略和计划时考虑到各种潜在的风险因素，并根据情况调整相应的措施。建立健全的内部控制系统也是降低财务风险的有效途径。企业应该加强财务监管和审计，确保财务活动的透明度和合规性。此外，多样化投资组合和保持充足的现金储备也是规避财务风险的重要策略。企业不应该把所有鸡蛋放在一个篮子里，而是应该通过投资多元化来分散风险。同时，保持足够的现金储备可以帮助企业在紧急情况下应对突发事件。只有这样，企业才能在竞争激烈的商业环境中保持稳健的财务状况并实现长期发展。

②社会方面的风险回避

有效地管理员工风险是确保企业长期稳健发展的关键之一。首先，对员工进行充分的培训和指导，帮助他们适应工作环境和规章制度，降低员工引发风险的可能性。其次，建立健全的激励和奖惩机制，通过激励员工的积极表现，提高员工的工作动力和归属感，降低员工出现违规行为的可能性。同时，对员工的不当行为及时采取严厉的惩罚措施，给予警示，维护企业的规章制度和秩序。员工行为的规范和工作效率的提高，有助于企业整个产业链效率的提高，进而提升企业的资产周转率，提升企业的营运能力，助力企业实现可持续性发展。

另外，在供应商风险回避方面，企业应该对潜在的供应商进行全面的尽职调查。这包括对其财务状况、信誉以及过往合作经验的仔细了解。企业应该与供应商签订明确的合同。通过明确约定，可以有效降低合作过程中的纠纷和风险。企业还可以多样化供应商选择，建立备选方案。这样可以在一个供应商出现问题时立即转向其他供应商，避免因单一供应商延误而导致企业难以维持正常的运营，进而影响企业的盈利水平和盈利能力，使企业陷入巨大的财务风险之中，不利于企业可持续发展的实现。

为了规避产品与客户方面的风险，企业需要加强对产品质量的管控，确保产品符合国家标准和行业规范；建立健全的客户服务体系，及时回应客户投诉并解决问题；进行市场调查和分析，确保新产品能够符合客户需求和市场趋势。产品是企业的核心竞争力，客户是企业实现持续经营的主力，只有这样规避产品与客户方面的风险，企业才能创造出更大的价值，实现更高水平的盈利，更好地实现自身可持续、高质量的发展。

③环境方面的风险回避

环境方面的风险回避是指在生产或运营过程中，企业选择环境友好型技术和工艺，减少或消除污染物的排放；优先使用可再生资源和清洁能源，减少对自然资源的依赖和消耗，从而减少由于高污染给企业带来的巨大的治理费用，节约企业成本，从而助力企业实现更高水平的盈利，实现可持续发展；在城市规划和产业布局中，考虑环境因素，避免在环境敏感区域进行高污染活动；定期进行环保审核和监测，确保企业遵守环境法规和标准；从而减少因违规而面临的高额罚款，规避企业不必要的现金流出，使企业内部留有足够的现金流维持企业的正常经营，提高企业的营运水平。

（2）损失控制

损失控制不是放弃风险，而是制订计划和采取措施降低损失的可能性或者是减少实际损失。控制包括事前、事中和事后三个阶段。事前控制的目的主要是降低损失的概率，事中和事后的控制主要是为了减少实际发生的损失。而绿色财务损失控制是指企业在进行财务管理时，采取一系列措施来预防和减少由于环境因素导致的财务损失。

①经济方面的损失控制

经济方面的损失控制在任何组织中都是至关重要的。有效控制损失可以帮助企业降低成本、提高效益。为了实现有效的损失控制，企业可以建立明确的财务流程和审计制度，这样可以更好地监督和管理财务活动，减少错误和欺诈行为的发生。此外，建立风险管理机制可以帮助企业识别和评估各种潜在风险，并采取相应措施加以应对，从而降低潜在的损失。

②社会方面的损失控制

员工方面的损失控制，主要是加强员工培训。组织应该加强员工的培训和教育，确保员工了解公司的政策和流程。通过提供及时和相关的培训，可以帮助员工更好地理解他们的职责和如何避免造成潜在的损失，减少不必要的成本支出、提高资源利用效率。要控制供应商方面的损失，企业需要制定清晰的合作协议和合同。合同中应包括明确的标准和要求，以确保供应商提供符合要求的产品和服务。另外，建立监督机制和评估体系也是必要的。定期对供应商的表现进行评估，及时发现问题并采取措施解决，避免因为供应链断裂而给企业造成比较大的财务危机，从而影响企业正常的经营。产品与客户方面，企业应该建立完善的质量控制体系，确保产品质量始终符合标准，并及时处理客户投诉，提升客户满意度，以提升企业的核心竞争力，助力企业实现更高水平的盈利，实现可持续性发展。

③环境方面的损失控制

环境方面的损失控制对财务方面的影响是一个至关重要的议题。环境损失可能导致企业面临多方面的费用支出。除了逾期罚款和赔偿金，企业还可能需要花费大量资金进行环境恢复和修复工作，同时，还需要承担可能面临的法律诉讼费用。这些支出直接影响企业的盈利能力和财务状况，甚至可能导致企业面临破产风险。因此，有效控制环境损失对企业财务稳定和可持续发展至关重要。首先，企业应建立健全的环境管理体系，包括建立环境管理部门、制定环境保护政策和计划等。通过对环境影响的评估和控制，减少环境污染的发生，降低环境治理成本。其次，企业要加强对员工的环保意识培养，培训员工如何正确处理废弃物、节约资源等环保知识。只有员工积极参与，才能有效减少环境污染。最后，企业应积极引进环保技术和设备，提高生产过程中资源利用率，减少废弃物排放。这样，不仅可以提高企业的声誉和信誉，还有助于吸引投资者和客户。减少环境事故的发生可以降低企业未来可能面临的投资和运营风险。最重要的是，环保措施的实施可以提高企业的经营效率和生产效率，进而促进财务业绩的提升。

（3）风险转移

风险转移，是指通过契约，将让渡人的风险转移给受让人承担的行为。通过风险转移过程，有时可大大降低经济主体的风险程度。风险转移的主要形式是合同和保险。而绿色财务风险转移是指企业或金融机构为了降低因环境因素导致的财务风险，采取一系列措施将潜在的损失转嫁给第三方。这通常涉及使用金融工具和保险产品，如绿色保险和绿色债券来分散和转移风险。

①经济方面的风险转移

在经济领域，风险转移是一种常见且重要的策略。企业可以利用不同的方法来转移风险，以降低潜在的损失。其中最常用的方法是通过购买保险、签订合同将风险转移给专业机构，企业可以降低风险带来的损失，并更好地保护自己的财务利益。另外，金融衍生品交易也是风险转移的方式，如期货和期权，以对冲价格波动造成的风险。同时，多元化投资也是一种有效的风险转移方法，通过在不同资产类别和市场上分散投资来降低整体风险。总的来说，经济方面的风险转移方法有多种选择，企业可以根据实际情况作出合适的选择，以保护自身利益。

②社会方面的风险转移

社会方面的风险转移对财务方面有着深远的影响。风险转移是指将风险从一个实体转移到另一个实体，以分散和减轻风险。社会方面的风险转移可以通过社会保障制度和政府政策来实现，这会直接影响到财务方面。例如，社会医疗保险制度的建立可以减轻个人医疗支出压力，使人们更加愿意消费和投资，从而促进经济增长。另外，如果社会保障制度不完善，风险将转移到个人身上，导致财务上的不稳定和不确定。因此，完善社会方面的风险转移机制对于保障经济的稳定和可持续发展至关重要。

③环境方面的风险转移

企业所面临的环境风险会对公司的财务状况产生影响。比如，环境事故可能会损害公司的声誉和信誉，进而影响其融资和投资机会。因此，企业应该认真评估环境风险，并制定有效的风险管理策略，以保护自身的财务利益。企业可以通过碳排放权交易市场进行环境方面的风险转移。减排困难的企业可以向减排容易的企业购买碳排放权，后者替前者完成减排任务，同时，也获得收益。这种交易机制使得环境风险（即超出减排目标的部分）通过市场手段进行了转移。

（4）风险承担

风险承担是指如果损失发生，经济主体将以当时可利用的任何资金进行支付。风险保留包括无计划自留、有计划自我保险。绿色财务风险承担是指企业或金融机构在进行财务活动时，主动承担由于环境因素导致的潜在财务风险。

①经济方面的风险承担

在财务风险管理的背景下，经济方面的风险承担可能会对企业的财务风险产生重大影响。通过风险承担，企业可以避免或减少需要支付的保险费或其他风险转移成本。但是，这种方式同样意味着企业一旦面临风险事件，将由自身承担所有直接损失。当企业选择自留风险，通常需要预留额外的资金来覆盖潜在的损失。这可能占用一部分流动资金，影响企业的流动性。此外，如果面临的风险事件导致的损失超出预期，企业的财务稳定性可能会受到威胁。风险承担增加了对资本管理和预算控制的需求。企业需要为可能发生的损失设立专项储备金，或者确保有足够的现金流来抵御风险。这样可能会减少其他可能带来收益的投资机会。采用风险承担策略意味着放弃了一些可利用的风险转移机制，如再保险或掉期合约等，这降低了企业进行风险管理的灵活性。而这些工具可以在财务状况不允许或不适宜承担所有风险时提供额外保障。

②社会方面的风险承担

采用风险承担可以有效控制成本，社会风险管理措施，如投资于员工培训或改善社区关系，会直接增加企业的开支。但从长期来看，这可以减少未来因事故、疾病或社会冲突而带来的潜在损失和补救成本。无须支付保险费用意味着可以保留更多的现金流应对其他方面的财务需求。然而，承担措施如果没有充分的资金或财务规划支持，可能会导致重大风险事件发生时企业缺乏应对资源。通过积极主动地处理社会问题，企业能够提高其在社会中的信誉和形象，间接地为企业带来更多收益，提升市场份额和股东价值。这对企业的长期盈利能力有正面影响。同时，在风险承担的过程中，企业可能会为应对不确定性而积累充足的财务储备，这有助于提高企业整体的财务稳定性。承担某些社会风险意味着企业需要确保所有的预防措施和自我保护手段符合相关的法律规定。不合规可能导致罚款和其他法律诉讼，从而对财务状况造成影响。

③环境方面的风险承担

环境方面的风险承担是指个体、企业或组织愿意承担由于环境因素变动导致的不确定性，包括环境污染、资源枯竭、生态破坏以及环境法规变更等方面的风险。这些风险可能直接或间接影响企业的运营与财务表现。一是环境合规性风险，环境法规经常更新，旨在降低企业活动对环境的影响，未能遵守新法规可能会导致法律责任、罚款、诉讼或营业执照的吊销，针对环境合规性的投入虽然会增加运营成本，但企业因此能避免罚款和诉讼费用，长期来看有助于维护企业的信誉和市场地位，避免造成进一步的财务损失。二是资源效率风险，依赖稀缺或受限资源的行业（如化石燃料）可能面临资源枯竭的风险，资源成本的上升将直接影响企业的生产成本和利润空间，通过提高资源的循环利用和开发替代原料，企业可以降低资源成本的波动风险，有助于长期成本的优化和财务风险的管理。三是环境灾害风险，企业若处在易受自然灾害影响的地区（如洪水区、地震带），或因生产活动可能对生态系统造成损害，需要承担潜在的环境损害风险，若发生严重的环境事故，企业可能需要承担巨大的治理和恢复成本，这直接影响企业的利润和股价。四是市场和竞争风险，积极管理环境风险的企业能增强其品牌形象和市场竞争力，吸引绿色消费者和环保意识强的投资者，随着消费者对可持续产品和服务的需求增加，那些未能适应环境变化的企业可能面临市场份额下降的风险。

关键词

绿色财务管理职能　价值导向　绿色投资　社会责任投资　影响力投资　ESG投资　绿色财务风险　绿色财务风险管理　绿色财务风险识别　绿色财务风险评估　绿色财务风险控制

思考题

1.请谈谈传统企业财务管理的价值导向与绿色财务管理的价值导向的异同，这两种不同的价值导向又是如何影响企业的价值创造和价值共享分配的呢？

2.理解并归纳绿色财务管理的概念框架在传统财务管理原有框架上取得的突破，并思考这种突破是基于何种价值导向的。

3.绿色投资的类型有哪些？谈谈它们之间的联系与区别。

4.你认为未来绿色投资的发展趋势是什么？

5.绿色财务风险与传统的财务风险有什么区别？其管理目标之间有什么异同点？

6.请你比较一下绿色财务风险控制方法的优缺点，以及各自的适用条件。

学思践悟

随着全球环境问题的加剧和社会不平等问题的凸显，社会各界开始意识到传统商业模式对环境和社会可能产生的负面影响。1994年，约翰·埃尔金顿提出了三重底线（triple bottom line）的概念，这一理念挑战了传统的企业衡量成功仅基于财务绩效（单一底线）的做法，主张企业应同时考虑三个维度的绩效：财务、社会和环境，强调企业在追求经济利益的同时，也应对社会影响和环境保护负责。2006年，联合国责任投资原则组织（UN PRI）的成立标志了ESG投资理念的国际标准化开端，鼓励投资者考虑环境、社会和治理因素，并将其纳入投资决策过程。党的十八大以来，我们党形成并积极推进经济建设、政治建设、文化建设、社会建设、生态文明建设“五位一体”的总体布局，明确了在坚持以经济建设为中心的同时，全面推进经济建设、政治建设、文化建设、社会建设、生态文明建设。

自2013年提出人类命运共同体以来，世界各国已经达成了绿色低碳可持续发展的共识，寄希望解决日益严重的经济发展与环境、社会发展不协调的问题。中国作为世界大国，积极推进低碳可持续发展，在国家战略层面，进一步推动了“碳达峰”和“碳中和”的“双碳”目标，这是我国顺应可持续发展的有效途径。企业面对时代的浪潮下，同样积极地寻求新的发展路径，绿色财务管理应运而生。

企业利益相关者的需求和关注点不同，对绿色财务管理也提出了新要求。绿色财务管理的出现势必会给企业价值的创造与分配带来一系列的挑战。企业如何在绿色发展理念盛行的大背景下实现价值创造？如何合理地优化价值分配和共享的机制？如何实现企业各利益相关者的耦合状态？又是如何能够将企业价值这块“大蛋糕”做大？这些新时代企业可持续发展的新问题，值得我们进一步去深思。

延伸阅读文献

1.黄世忠．ESG视角下价值创造的三大变革［J］．财务研究，2021（6）：3-14.

2.徐子慧．论财务管理职能［J］．山西财经大学学报，2011，33（S3）：178.

3.温素彬．基于可持续发展战略的财务管理目标：理论框架与现实证据［J］．管理学报，2010，7（12）：1857-1862.

4.涂建明．财务激励发展与财务管理创新研究［J］．当代财经，2005（3）：116-119.

5.张羽．企业社会责任理论研究综述［J］．国际会计前沿，2022，11（4）：6.

6.JACABS M.The environment as stakeholder［J］. Business Strategy Review，1997，8（2）：25-28.

7.黄珺．ESG信息披露：内涵辨析、评价方法与作用机制［J］．外国经济与管理，2023，45（6）：3-18.

拓展材料

黄世忠，王鹏程．国际财务报告可持续披露准则第1号和第2号综述

互动习题

第6章即测即评

7 数智财务

导入案例　老板电器：以数智财务驱动企业价值增值[①]

2023年4月26日，老板电器如期发布了2022年度报告。公司“80”后总裁任富佳拿着手中的财报，看到公司2022年的营业收入为102.72亿元，同比微增1.22%；归母净利润15.72亿元，同比增长18.07%，终于松了一口气。想想这个由父亲任建华于1979年创办的公司，自诞生至今就一直专注于为用户提供包括吸油烟机、燃气灶、蒸烤一体机、洗碗机等厨房电器解决方案，凭借兢兢业业的“老虎钳精神”，成为了行业的佼佼者。这样的成绩，自当全力维护。因此，自己接任后，以信息科技赋能厨电产品，开启厨电数智化时代。在不断的积极探索下，公司现已跻身厨电行业龙头企业，成为了厨电行业全价值链数智化转型的领跑者。

要成为厨电行业全价值链数智化转型的领跑者并非易事，想想今天获得的丰硕成果，老板电器的任总不由自主地回想起那段迷茫时期。2014年，受房地产调控政策和货币政策等因素影响，房地产投资和销售量下滑明显，厨电行业需求受地产市场波动影响较大。与此同时，厨电行业集中度不断提升，市场竞争不断加剧。一方面，华帝股份、万和电气等综合家电企业加大对厨电领域的投入，不断抢夺市场份额。另一方面，多年和老板电器保持行业“双寡头”格局的方太也步步紧逼，无论是行业地位、渠道布局，还是市场规模都与老板电器无比接近，使得老板电器的市场份额增长缓慢。除此之外，激烈的行业竞争也使得公司内部隐匿的问题逐渐显露出来。冗余的财务核算工作、业务数据获取不及时、价值链各环节间的信息传递散乱等不仅造成了资源的浪费，也拉扯着老板电器持续向前的步伐。正当任富佳苦思发展方向和突破路径之际，恰逢2015年3月5日国务院发布的《2015年政府工作报告》中首次提出了将实施“中国制造2025”，指出要以加快新一代信息技术与制造业深度融合为主线，要以推进智能制造为主攻方向，促进制造业转型升级。这无疑给迷茫中的任富佳指明了老板电器转型升级的方向和路径。于是，任富佳带领老板电器正式走上了数智化转型的道路。

当时，他和团队成员的想法已大致统一，想要打造一个全价值链数智化系统，把研发、采购、生产、营销、售后整个链条上的生产要素和财务资源聚合起来，加以高效整合利用。但这个全价值链数智化系统究竟要如何打造？以什么为核心和突破口？却迟迟没有讨论出结果。其实单独来看，研发、采购、生产等各个板块的数智化程度都不低，但缺乏

① 中国管理案例共享中心，案例编号：FAM-1187。

一个系统或平台把各板块的资源数据串联起来，这也就是公司高管团队眼下需跨过的一道阻碍。经过较长时间的集思广益和激烈讨论，团队终于找到了一条合理路径并达成一致，即打造一个以财务数智化系统为中枢的全价值链数智化系统。将转型落脚到研发、制造、营销和服务四大价值链环节，最终以数智财务为中枢将各环节的财务资源进行串联和整合，进而促进价值创造和价值增值。

以数智财务为中枢的全价值链数智化系统的建设思路主要是主辅价值链协同，进而实现企业价值增值。企业研发（PLM：产品生命周期管理）、采购（SRM：供应商关系管理）、生产（MES：制造执行管理）、销售（分销系统）、售后服务（CRM：客户关系管理）等主价值链各环节运用的系统，在日常办公的OA系统、ERP系统、人力资源的EHR（电子人力资源管理）系统以及电子档案的辅助加持下，将价值链各个构成要素所产生的财务资源与财务系统进行集成串接。同时，通过电子档案的建立，打通销售、采购和费用三条关键路线。将凭证、合同、发票、送货单及回执、代销清单/结算单、银行回单等核心单据无纸化，为数据归档，构建行车导航式数据支撑，赋能高质量发展提供基础保障。最终达到“即时核算+业财融合+在线可视+预测决策”的目标，实现以数智财务为核心的全价值链数智化系统建设。

回看老板电器全价值链数智化转型以来的发展历程：公司营收从转型前的35.89亿元一路上涨至2021年突破百亿元大关，且2022年已高达102.72亿元。而在公司规模不断扩大的同时，净利润也水涨船高。自2015年开始全价值链数智化转型至2022年，公司净利润实现翻倍，达到15.58亿元。此外，老板电器连续7年入围“Brandz最具价值中国品牌100强”，以9.48亿美元的品牌价值位居厨电行业第一名。以数智财务为核心的全价值链数智化系统，实打实为投资者带来了更为丰厚的收益，为老板电器带来了价值增长的第二春。

老板电器七余载的全价值链数智化转型之路，是中国制造业企业在新时代的新需求下不断探索和自我变革的缩影。中国企业的数智化转型之路山高水长、任重道远，仍需脚踏实地，继续探索。那么，何为数智财务？数智财务如何为价值链战略成本和风险管控端等赋能增值？本章将带领大家一起寻找这些问题的答案。

7.1 数智财务概述

随着大数据、人工智能、云计算等新一代网络信息技术的飞速发展与应用，财务工作也从信息化向智能化、智慧化加速转变，全方位提高了企业的财务管理水准与价值创造效率，数智财务应运而生。在本节中，我们将探讨数智财务的概念及特征，介绍数智财务发展的三个阶段以及未来应用场景等内容。

7.1.1 数智财务的含义

界定数智财务的内涵，可以先从理解“数智”与“财务”的含义分别入手。“数智”是指数智技术，包括新兴的大数据（big data）、人工智能（artificial intelligence）、云计算（cloud computing）、区块链（blockchain）等数字化和智能化技术，这些技术通常被统称为“大智移云物区”。其中，大数据是指海量、多样化的数据集合，通过对这些数据的处理和分析，可以提取出有价值的信息，进行决策优化和业务创新。人工智能是一种通过计算机模拟人类智能的技术，包括学习、推理、感知等能力，广泛应用于自然语言处理、图像识别、智能机器人等领域。云计算是一种基于互联网的计算方式，通过此技术可以在任何地点，使用各种设备连接到云上获取数据或应用服务。物联网通过射频识别、红外感应器、全球定位系统等信息传感技术连接物理设备，从而实现了设备间的通信和数据交换，为智能化的管理和控制提供了可能，已应用于智能家居、智能城市、智能交通等领域。区块链是一种去中心化的分布式数据库技术，它使得数据能够在多个站点之间共享，且难以被篡改，保证了数据的安全性和透明性，广泛应用于数字货币、供应链管理、智能合约等领域。以“大智移云物区”为代表的数智技术在各个领域的应用正在深刻改变我们的生活方式和工作模式。而利用这种新型数智技术体系去武装、驱动组织，使其变得智能化、智慧化，就叫作“数智化”。“数智化”一词最早见于2015年北京大学“知本财团”课题组提出的思索引擎课题报告，是对“数字智商”（digital intelligence quotient）的阐释，包含三层含义：第一层是“数字智慧化”，相当于云计算的“算法”，即在大数据中加入人的智慧，使数据增值增进，提高大数据的效用；第二层是“智慧数字化”，即运用数字技术，把人的智慧管理起来，相当于从“人工”到“智能”的提升，把人从繁杂的劳动中解脱出来；第三层是把这两个过程结合起来，构成人机的深度对话，使机器继承人的某些逻辑，实现深度学习，形成人机一体的新生态。现今，“数智化”已成为企业转型和发展的关键引擎，旨在通过智能技术的深度应用，驱动企业的业务流程、运营模式、决策机制等进行全面的升级和创新，以实现更高效、智能、精准的管理与运营。

“财务”一词中，“财”是钱和物资的总称，“务”是事情。《现代汉语词典》中将“财务”解释为“机关、企业、团体等单位中，有关财产的管理或经营以及现金的出纳、保管、计算等事务”。所以，可以将其简洁地理解为跟资本有关的事情。财务管理至少需要对资本实施财务预测、财务决策、财务预算、财务控制、财务分配、财务分析等行为。

结合“数智”与“财务”的含义，我们可以从以下三个方面理解数智财务的概念：①以“大智移云物区”等为代表的数字化与智能化技术构成了数智财务的技术底座与支撑。②数智化技术的应用，即企业财务的“数智化”，一方面，使得财务拥有强大的信息收集能力和信息处理能力，从而打破财务与企业内外部其他部门、企业的信息壁垒，实现财务与业务运营的深度融合；另一方面，数智财务不仅能让人从繁杂的工作中解脱出来，还能够拥有与人类一样的智慧，财务职能的履行方式变得自主、智能。而人机一体的新生态，使数智财务能够以智慧为纽带，重构一切内外部信息，通过反复地深度学习和数据挖掘，发现人类无法感知的物与物、人与物之间的联系，从而大大拓展了财务的职能边界。③数智财务的目标是提升财务管理工作效率，实现企业价值最大化。数智化的核心是将数据信息转化为有价值的信息和知识，并基于这些信息和知识进行决策和行动。通过数据的收集和分析，数智化可以帮助企业发现趋势、预测未来、优化流程和提高效率，最终有效提升资本利用效率与整体运营效能，为实现企业价值最大化赋能。

综上所述，我们将数智财务定义为：以新兴的“大智移云物区”等数字化和智能化技术为支撑，通过在企业内部打破财务与其他内部职能部门之间的信息壁垒，在企业外部打破与其他企业之间的组织边界，建成互联互通共融共享的内外部信息共享平台，并具备与人类一样的分析、推理和学习能力，能够进行智能化、自主化的预测与决策，从而提高财务管理工作效率、提升财务信息质量、实现企业价值最大化的财务管理系统。

7.1.2 数智财务的特征

企业财务数智化转型的过程实质是从“工业化管理模式”向“数智化管理模式”的变革，通过将数智技术引入现有财务工作架构，推动数据收集与处理、问题呈现方式、决策过程等，进行系统性重塑，驱使企业资本管理趋向高效化、财务流程趋向自动化、财务决策趋向智能化。总体而言，相较于工业化体系下的财务工作，数智财务具有数据高质化、问题场景化、决策智能化的特征。

1）数据高质化

高质量的数据是实现智能决策的基础。数智财务拥有强大的数据收集能力与处理能力，使其能够更加及时、准确地掌握内外部数据，大大提升了数据质量。这体现在以下几点：

（1）数据来源更广泛

企业的内外部每时每刻都会产生海量的信息，这些海量的信息呈现出多源异构的特征，即信息的数据来源多样，数据结构多元。所有的信息数据都蕴含了企业管理与财务决策等相关的片段记录。在工业化管理阶段，财务工作基本上只采集财务数据，如原始凭证到记账凭证的转换，过滤掉大量与决策相关的其他非财务数据，使得财务数据缺少相关性。但事实上，科学的财务决策应该是建立在企业内外部因素综合作用的基础之上的。而在数智化阶段，整个社会商业环境都可成为企业数据的来源对象，转化为财务决策分析的基础。借助数智化技术来处理内外部的海量、非标准化、非结构化数据，并将其编码输出成结构化、标准化信息，极大提升了“多源异构”数据的可利用程度。如扫描的数据、网络数据、移动数据、视频数据、录音数据等半结构化、非结构化数据都可以成为财务决策的数据来源。解读这些海量的碎片化信息也成为现实。数据财务化不仅仅是对这些数据因果关系的挖掘，还可以找到传统思维无法解读的因果关系动因，能够更加有效地帮助企业作出科学有效的财务决策。

（2）数据更及时

基于“大智移云”的数智财务系统具有直接从业务前端取得实时数据的优势，可对数据进行智能化整合，将相关数据匹配于整体系统内部。这一特性使得企业财务能够及时，甚至是实时获取各类关键数据，实现信息的即时、互联与共享。通过数据的对比、分析，从微观到宏观、从局部到全局，全面深入地了解整个生产、业务运行过程的动态变化，进而为企业的决策与优化提供实时数据支持，有效提升企业的运营效率和效益。

（3）数据更准确

虽然工业化管理阶段的财务系统将业务与管理系统之间的数据共享纳入考虑范畴，但是其仍为单向管理模式，企业内部系统之间协同度较低，离散程度较为显著。财务、业务、管理等各子系统通常依照自身业务进行数据库访问，这种数据共享方式欠缺全局观及系统性思维，往往存在数据不相通、数据“打架”的问题。数智财务能够打破企业财务部门、业务部门与其他管理部门之间的边界，实现“业、财、管”的资源融合。这拓展了财务前向的数据获取和后向的决策执行环节，从而打破了企业财务部门、业务部门与其他管理部门之间的边界，减少跨部门沟通受阻、数据传递失真等不良现象的发生，自动提供稳定、可靠的数据，提高透明度的同时确保了数据披露的准确性和一致性。

（4）数据可视化

数据可视化是指通过图形、图像处理、计算机视觉，以及用户界面等技术，将数据转化为易于理解和分析的视觉形式，其主要目标是帮助财务人员更直观、更容易地解读数据，发现数据中的模式、趋势和关联，提高财务决策的准确性和效率。这种视觉表现形式包括数据的各种属性和变量，以某种概要形式抽提出来，允许对数据进行可视化解释。通过数据可视化，复杂的数据可以被转化为易于理解和解释的视觉形式，帮助用户发现数据中的模式、趋势和关联。数据可视化的形式多样，包括但不限于折线图、柱状图、饼图、散点图、热力图和地图等。每种形式都有其特定的用途，例如，折线图用于显示数据随时间变化的趋势，柱状图用于比较不同类别或组之间的数据大小，饼图用于显示不同类别或组所占比例的相对大小，散点图用于显示两个变量之间的关系，热力图用于显示矩阵数据的强度、密度或分布情况，而地图则用于显示地理位置相关的数据。

2）问题场景化

问题场景化，是将数智技术与场景结合起来，根据财务工作的业务痛点和需求，以解决特定问题为导向的模拟、测算和分析管理活动。

“场景”一词常见于戏剧领域中，是指在特定的时间、空间内发生的一定的行动任务或生活画面。后来，应用场景被用于产品设计领域，指用户在特定的场景和相关的技术支持下，产生使用产品的行为，从而满足自身需求。如为了突出产品在场景中的实用价值或情感共鸣，汽车广告可能会将车辆置于风景如画的自然场景中，以强调其舒适和环保特性。可见，场景应包含以下几个要素：①时间、地点和环境背景，这些要素构成了产生需求的场景；②特定类型的用户及其需求，这两项明确了该应用主要服务的主体以及具体要解决的问题；③行为与目的，这明确了应选择的恰当行为与解决方案。人、时间、地点、行为、目的、环境背景等可以组成一个具体画面，这个画面就是所谓的场景。所以，简单来说，场景就是对什么［用户］在什么［时间］在什么［地方］以什么［背景］基于什么［目的］做了什么［行为］的描述。场景化就是根据特定的时间、特定的使用情景、为特定的人进行有针对性的个性化设计，通过用户的使用场景研究人与人、人与物之间的触点，去发现更多的机会点。

应用“场景化”思维进行智能财务决策的搭建，是数智财务的一大特点。在智能财务决策过程中，数智财务根据需要解决财务痛点与问题，充分挖掘并构建特定场景，且实时根据不同的场景，制订不同的财务决策方案，以为后续作出更精准、更智能的决策。即场景化可以让财务人员找到问题在哪儿发生的，并且问题根源大概是什么，会有怎样的解决启示。识别出场景后，不同的场景下执行不同的决策，最终实现支持智能决策的目标。如利用计算机视觉辅助审核验证就是一个典型的应用场景：在基础核算工作中，财务在进行记账工作前，会收到来自企业内部或外部的各类原始凭证。财务人员需要验证原始凭证是否重复、判断真伪并审核合规性。在传统的流程中，需要财务人员逐个查询、人工校验，一方面，费时费力、效率较低，另一方面，无法保证准确性和稳定性；但是若利用计算机视觉技术，则可以把影像文件转化成结构化数据，并作出测量、判断、核对和验证，实现单据的自动化审核，从而提升效率和质量。

3）决策智能化

决策智能化是指数智财务通过引入预测性分析、趋势分析和模式识别等智能算法，自动学习出合适的决策策略，并根据企业提出的具体需求，自我修正原有的分析模型，最终自主、智能地作出财务决策。

财务决策是在不确定环境中，根据现有信息和知识，选择一种财务方案或者财务政策的过程，其正确性、及时性和有效性会直接关系到企业未来的发展。然而，在工业化体系下的财务工作，其财务决策的过程属于“经验决策”：由决策者凭借自己主观的评判或过去的经验、习惯等作出。因此，财务决策的质量高度依赖于决策者自身的能力水平以及支持信息的质量。然而，由于决策者的有限理性以及信息不对称问题的存在，传统经验决策模式下，企业的财务决策只能追求现有信息和决策者能力约束下的“满意解”，而非符合企业财务决策目标的“最优解”。原因有二：①决策者的有限理性。由于企业经营活动所面临的自身条件和社会经济环境十分复杂，因此，影响财务决策的因素也多种多样，可以分为内部因素和外部因素。内部因素方面，包括企业的财务因素与非财务因素。财务因素涉及企业的财务状况、资金需求、盈利能力、成本结构等。管理者需要充分了解企业的财务状况，包括资产负债表、利润表和现金流量表等财务报表，以便作出合理的财务决策。此外，管理者还需要考虑企业的资金需求，包括投资项目、资金周转等方面的需求，以确定财务决策的重点。盈利能力和成本结构也是影响财务决策的重要因素，管理者需要通过财务分析等手段来评估企业的盈利能力和成本结构，为财务决策提供依据。此外，非财务因素也会对财务决策产生较大影响，如公司的治理结构、企业生命周期、会计政策、高管特征等（姜付秀等，2017；王满、刘苏，2013；李世新、刘宁，2012）。外部因素包括政治环境、法律环境、经济环境、社会环境，以及技术环境等宏观环境因素。如宏观经济环境的变化会影响企业的融资成本、投资回报率等，管理者需要及时调整财务决策以适应外部环境的变化；行业竞争也会对财务决策产生影响，管理者需要根据行业竞争情况来制定财务策略，确保企业的竞争优势；政策法规的变化也会对财务决策造成影响，管理者需要密切关注相关政策法规的变化，及时调整财务决策以符合法律法规的要求。总而言之，财务决策受到诸多因素的影响，且影响方向和程度具有不确定性。管理者在作财务决策时，需要全面考虑这些因素，才能保证决策的准确性。然而，有限理性决策理论认为，人是追求理性的，但一些因素会限制完全理性的实现。比如，人的决策会受到心理因素和外在环境的影响，而且人的能力是有限的，人即使借助工具也不可能掌握并理解全部信息或认识决策的详尽规律，因此，决策者只能在一定范围内追求有限理性，而非完全理性。②信息不对称。信息不对称理论的主要观点是，在市场经济活动中，不同群体掌握的信息量是存在差异的，而拥有信息量更多的一方处于优势，往往可以获得更多利益。在财务决策中，信息不对称主要表现在两个方面。一是决策者对企业自身信息掌握不充分。决策者一般为企业中的各级管理层成员，企业组织结构层次越多，高层管理者掌握的信息数量越少、质量越低，大量信息在向上传递的过程中被过滤或美化，使得高层管理者掌握的信息要少于低层管理者掌握的信息，在不同层次的管理者之间产生了信息不对称。这种信息不对称一方面会阻碍高层管理者对企业真实状况作出正确判断，使财务决策失误的风险增加；另一方面不利于监督基层管理者和普通员工的决策执行情况，影响绩效考核的激励作用和对财务决策的持续优化改进，使其执行效果变差。二是决策者对外部信息掌握不完整。大多数财务决策，比如供应成本决策、销售成本决策和并购决策等，都涉及本企业和其他法人或自然人双方。双方对交易信息的掌握程度是不同的，而掌握信息更多的一方，可以获得更大的议价优势，并在谈判中占据主动，有效避免收购成本过高等财务决策失误的发生。另外，对外部信息掌握不足还可能导致逆向选择行为。以供应商选择为例，如果决策者对供应商及其所在行业的情况不甚了解，难以对供应商的信用水平、产品质量等作出正确的评价，在进行选择时，往往会放弃提供质优价高的产品且信用水平高的最优供应商，而选择次优供应商。对企业自身来说，会导致原材料质量不稳定、供货及时性差等问题，影响正常的生产经营活动，进而对企业财务管理工作产生影响。

可见，在传统的经验决策模式中，企业中的决策者只能依赖有限的信息和自身能力作出财务决策。该财务决策是现有信息和决策者能力约束下的满意解，但并不一定是符合企业财务决策目标的最优解。而且，传统的市场预测方法很难准确地预见将来的市场动态和公司的表现，因此，当决策者在现有的备择方案中发现其满意的方案后，往往也不愿继续探究更好的财务决策方案了。

以智能算法方式进行决策，实现财务决策的“智能化”“无人化”，是数智财务区别于传统经验决策财务的重要特点。智能决策是指通过借助数字化与智能化技术，通过分析大量的数据和信息，自动学习出合适的决策策略，从而帮助企业在复杂的环境中作出更智能、更高效的财务决策。此外，经验决策模式下，由于人们可能过于依赖主观的评判或过去的经验，传统的市场预测方法很难准确地预见未来的市场动态和公司的表现。而人工智能技术有能力通过进行深度学习和大数据的分析来识别数据背后的隐藏模式和规律，然后可以根据这些来预测未来的变化和趋势。此预测策略主要依赖数据，并且更为准确和客观，它为公司提供了更为坚实的决策支持和依据。该系统能基于预期的输出，为风险管理和改进提供明确的方案，助力公司减少潜在风险并抓住时机。比如，当预见市场即将经历波动，该系统能够建议企业执行相关的成本管理与市场策略，从而减少经济损失。当预期到市场的增速时，该系统能够提供有针对性的发展方向及财务建议，协助公司赢得市场的先机地位。人工智能技术平台还具备根据企业实际运营状况和目标来提供个性化战略支持的能力，进一步协助企业更为精确和高效地制定财务策略和计划，从而增强了决策的适用性和准确性。可见，智能决策模式下，数智财务工具可以智能地对相关的数据进行全面精准的捕捉、处理和分析，并进行智能化、智慧化的决策，从而达到提高企业决策效率和预测精度的目的。

4）价值创造协同化

协同化是指数智财务通过促进企业内部部门和企业外部组织的相互协作与资源共享，最终实现企业价值的协同创造。数智财务可以将非结构化、异质的物理信息以标准的数字化形式在虚拟模型中映射，使得各类作业场景都能全面地以标准的数字化形式表达与呈现出来，降低了跨组织协作的信息传递难度与传递成本，还可以在实时、全面的信息互通中减少主体间结构性差异问题对协作效率的负面影响，强化组织内部以及跨组织间的资源整合，进而实现价值创造的协同性。具体地，在组织内部各部门、各环节资源协作场景中，数智财务可以进行持续记录与动态更新，建成可反映业务现实系统运动的虚拟模型，以此促进资金、人力等要素资源在时间、空间上的优化配置与快速布局；在跨组织资源协作场景中，数智财务能够有效消除信息传递中的理解壁垒，使供应链甚至消费市场各参与主体直接掌握更全面、更真实的信息，在无障碍的知识共享中加速信息集聚，实现企业的跨界、跨组织的资源协作，最终实现企业价值创造的协同化。

7.1.3 数智财务的技术基础

数智财务是以人工智能为代表的"大智移云物区"等数智化技术为支撑的，包括大数据、人工智能、移动互联网、云计算、物联网和区块链等。

1）大数据

大数据又称巨量资料，指的是传统数据处理应用软件不足以处理的大或复杂的数据集，也可以定义为各种来源的大量非结构化或结构化数据。大数据是以容量大、类型多、存取速度快、应用价值高为主要特征的数据集合，正快速发展为对数量巨大、来源分散、格式多样的数据进行采集、存储和关联分析，从中发现新知识、创造新价值、提升新能力的新一代信息技术和服务业态。大数据技术的首要任务是提供存储和计算能力，其次是洞察数据中隐含的意义。前者依赖于硬件设备的升级，后者依赖于数据挖掘算法的不断优化创新。目前，大数据在财务领域的典型应用场景，包括预算的自动推导、风险的自动筛选、客户的精准画像、仓储的排列优化、派单路径的优化等。

2）人工智能

人工智能（AI）是研究、开发用于模拟、延伸和拓展人的智能的理论、方法、技术及应用系统的一门新的技术科学。它是智能学科重要的组成部分，是试图了解智能的实质，并生产出一种新的能以与人类智能相似的方式作出反应的智能机器。人工智能是应用十分广泛的科学，包括机器人、语言识别、图像识别、自然语言处理、专家系统、机器学习、计算机视觉等。其主要发展方向为感知智能、运算智能和认知智能。其中，感知智能模拟了人类视觉、听觉、触觉等感知能力；运算智能模拟了人类大脑的快速计算和记忆存储能力；认知智能模拟了人类大脑的概念理解和逻辑推理能力，有助于进一步形成概念、意识和观念。以海量数据为基础的机器学习是人工智能学习的重要方式。机器学习是计算机从海量的历史数据中，通过一定的算法进行机器的自我学习，总结数据规律，并且对新样本数据进行智能识别以及数据预测。目前，对机器学习的研究较集中于深度学习方面，强调数据的抽象、特征的自动学习、重视连接主义，通过多层的神经网络，将事物的表面特征变为更深的、更抽象的特征，现广泛应用于语音识别、图像识别和自然语言处理等研究领域。人工智能在财务领域的应用场景可细分为感知智能、运算智能和认知智能的应用场景。感知智能目前在财务领域中的应用场景最为丰富，如人脸识别、图像识别、语音识别等；运算智能目前在财务领域中的应用场景也比较多，如各类财务机器人、财务的多维分析和关联分析；认知智能包括财务报告分析领域的专家系统，以及智能客服等。

3）移动互联网

移动互联网是移动通信和互联网的结合，同时拥有移动互联网的随时、随地和随身等便利特性，以及互联网的分享、开放和互动等社交特性。移动互联网在财务中的典型应用场景，包括移动审批、移动商旅、移动报账、移动身份认证等。

4）云计算

云计算是一种基于互联网的计算方式，可以将共享的软硬件资源和信息按需提供给计算机和其他设备。广义上的云计算包括后台硬件的云集群、软件的云服务、人员的云共享等不同形态。云计算在财务中的典型应用场景，包括大中型企业基于私有云或混合云的财务共享。物联网在财务中的典型应用场景，包括资产的识别、定位、追踪、监控和管理，以及纸质会计档案的定位、追踪和管理等。

5）物联网

物联网是指，通过二维码识读设备、射频识别装置、红外感应器、全球定位系统和激光扫描器等信息传感设备，按约定的协议，把任何物品与互联网相连接，进行信息交换和通信，以实现智能化识别、定位、跟踪、监控和管理的一种网络，主要解决物品与物品、人与物品、人与人之间的互联。

6）区块链

区块链是分布式数据存储、点对点传输、共识机制、加密算法等计算机技术的新型应用模式，其核心特点是实时共享、可追溯和不可篡改，能解决数据存储不安全等问题。区块链当前在财务领域的典型应用场景，包括供应链金融、产品溯源、存证和电子发票等。

数智财务正是以这些新兴的数字化与智能化技术为基础，提升企业数据挖掘能力与信息处理能力，为企业财务管理的日常决策提供所需的数据支持。

7.1.4 数智财务的发展历程

财务是一门实践性学科，随着科学技术的发展，社会经济环境的变化，财务也在不断演化发展。现代以来，对财务工作产生最深远影响的，莫过于信息技术的发展，它不断改变着财务工作的方式和方法，极大程度上推动了财务工作的现代化和效率提升。因此，按照信息技术的发展，数智财务可以划分为信息化、数字化与智能化三个建设阶段。信息化为数字化提供了基础，数字化为智能化提供了数据支持，而数智化则是智能化和数字化的高级阶段，通过数据驱动实现更高级别的自动化和智能化。

1）数智财务基础阶段：信息化财务

（1）定义

信息化财务是数智财务的萌芽与基础阶段。其中，信息化是指将现实物理存在的事物，通过数据化手段，借助01二进制编码，通过电子终端呈现，便于信息的传播与沟通。信息化财务指企业将财务管理工作与信息技术相结合，运用计算机软件代替人工，对企业的财务资料加以搜集、分析、管理与运用的过程。这个过程的数据产生主要是通过人工手段进行数据录入，进行信息传递，实现现代化通信。它可以使财务人员清楚地了解到“财务状态是怎样的”“流程走到了哪一步”等，从而有利于资本要素组合优化的决策，合理配置企业资源，增强企业的应变能力。

19世纪60年代，美国首次运用计算机进行财务工作，对工人的工资进行核算。使得当时的人们第一次意识到计算机具有高效、便捷与准确的优势，自此企业纷纷关注与探索如何在技术层面上，实现财务工作与计算机软件系统的结合。在国际环境以及国内改革开放政策的影响下，财政部于1979年在长春第一汽车制造厂实施进口计算机试点的工作，开始了我国财务信息化的发展之路。随着计算机技术的提升，计算机被广泛接受并在企业中得到普及，目前，我国大部分企业已经全面完成了财务信息化建设。

（2）特征与功能

在技术应用层面，财务信息化是以PC机、局域网等信息技术在会计工作中的应用为特征的。应用领域主要局限在以财务部门为主的企业内部，源头数据需要人工录入，实质是借助计算机实现了手工财务核算过程的模拟和替代。

在处理对象层面，财务信息化的处理对象是财务信息，实现了财务软件对人工算账、记账、报账过程的取代。

在功能应用层面，财务信息化通过将电子计算机与财务工作相结合，充分发挥出计算机的特殊优势，从而在一定程度上解决了传统手工财务的不足，降低了财务人员的日常工作量，提高了财务数据的真实性，提升了财务工作效率。

（3）局限性与发展

信息化财务阶段，财务决策所需的相关数据采集仍需要通过人工手段录入完成。从本质上看，财务信息化仅仅是将传统财务操作理念和业务流程在计算机软件上进行的固化，实现了手工会计核算过程的模拟和替代。所以，财务信息化并未给财务带来变革性的影响，财务的工作逻辑、内容和职能并未发生本质变化。因此，传统财务工作过程中所面临的资金流、信息流、人员流与实物流相分离的局限性不可避免地体现在了财务信息化中，使得财务信息化提供的信息与数据体现出“条块分割式”的特征，进而带来了信息孤岛与滞后性的问题。

① “信息孤岛”的困境。传统企业采用的组织结构是科层制的，即对权力依职能和职位进行合理划分，分科执掌，分层负责的组织结构和管理方式。这种职能管理划分的依据是企业的各类生产要素。以制造业企业为例：人力资源部管理生产要素中的“人”；财务部管理生产要素中的“财”；设备部、采购部掌管生产要素中的“物”；而生产部则主管“财”如何转化成“物”，“物”又如何转化为“财”，也就是管理从“财”到“财”的中间转化过程。可见，在科层制的组织结构下，企业生产要素的整体管理呈现出条块分割式的特征。而在如此背景中诞生的包括财务信息化在内的信息化系统，主要是为了解决基于生产要素的管理问题，将传统的人工管理流程转而在计算机软件系统中固定下来，进而产出相关生产要素的信息，如存货管理系统、物资管理系统、设备管理系统等。由此，企业的信息化建设也呈现出了“条块分割式”的特点。再加上各要素管理部门在信息化建设过程中，存在分批、多头建设的问题，从而导致多个开发系统之间数据标识不一、标准迥异，无法实现互识、互通、共享的良性局面。此外，在信息数据管理方面也缺乏制度性保障，从而对于数据的使用范围及用途存在着障碍性的模糊地带。就财务信息系统而言，其收集与存储的信息不仅独立于企业组织其他信息管理系统之外，引发企业组织中数据的不一致，增加信息管理的成本，而且收集和存储的也只是符合财务确认条件的交易和事项，自然输出的也只能是财务信息，不包括非财务信息。财务部门与其他部门存在数据壁垒，很难与其他部门建立联系，财务数据也无法同别的管理信息系统共享。系统与系统之间缺乏信息沟通和交流，使得企业处于信息难以流通的“信息孤岛”困境。

② 信息的滞后性。由于财务部门与其他部门管理的要素对象不同，如人力资源系统是反映“人”这一生产要素的管理状况的，财务系统是反映“财”这一生产要素的管理状况的，两者的管理方式与记录程序存在巨大差异，从而导致这些信息系统相互之间并没有关联，无法实现数据流动与数据共享。如此，财务无法直接从企业组织其他各个部门的信息系统中提取数据，实现数据的实时采集，更谈不上数据的实时处理和财务信息的实时支持。这使得财务信息很容易失去时效性，也就不能满足信息使用者对决策信息的需求。

2）数智财务核心阶段：数字化财务

（1）定义

数字化指的是将信息、数据、流程、操作等转换为数字形式的过程。这意味着采用数字技术和工具将传统的非数字形式的内容或过程转化为数字形式，使其更容易存储、访问、分析和共享。数字化财务是企业在信息化基础上，借助数字技术重构财务组织和再造业务流程，从而提高财务工作的质量和效率，更好地赋能业务、支持管理、辅助经营和支撑决策。数字化财务与信息化财务的重要区别在于数据源头非人工负责，而是自动化、实时采集，并可以通过数字世界在线映射财务工作的真实物理世界。

自20世纪90年代初，互联网的兴起拉开了全球信息技术变革的序幕，造就了网络经济时代的来临，深刻地颠覆了传统的企业经营模式和消费者的生活习惯。步入21世纪，信息技术革命不仅持续深化，而且已经渗透到社会的各个领域，以大数据、区块链、云计算等为代表的数字技术取得了显著的进展，成为推动财务管理进行数字化转型的重要动力。这是运用数字技术赋能企业财务的变革过程，由此，财务管理也步入了数字化阶段。

（2）特征与功能

就信息化与数字化财务的关系而言，数字化财务是在信息化财务基础上再造的数字系统，所以，信息化是企业财务数字化转型的前提和基础，没有前期的信息化，后续的数字化也就无从谈起。但是，数字化财务不是信息化的简单升级，而是通过整合数据资源、挖掘数据价值，推动企业价值创造模式的变革，这与信息化财务有着本质的区别。具体体现在以下两点：

① 从财务信息来看，由信息孤岛转变为互通共享。信息化财务仍停留在财务数据的存储与集成阶段，由于跨部门业务流程存在断点和数据壁垒，财务数据只能反映单一维度，很难与其他部门建立联系。如何给不同类型的数据建立起关联关系，打通各信息系统之间的数据壁垒，解决信息孤岛问题，成为企业财务数字化转型背景下衔接数据记录与数据价值的关键环节。而数字化技术的应用，不仅可以实现数据的结构化，还可以通过构建数据中台的方式，实现信息的互通共享。数据结构化是指将企业内外部的全量数据进行在线归集与标准化管理，形成各部门、各层级可统一调用的标准化数据。数据的统一管理和标准化处理，是实现数据互通共享的基础。通过建立统一的数据标准，将分散的原始数据汇聚到同一个系统中，形成标准化的数据语言。如此一来，信息的流通方式由传统的单向流通变为多向及网状交流。更重要的是，通过构建数据中台的方式，实现了数据的全量接入与汇聚，这相当于构建了一个巨大的数据资源池，从而能够自动整合、剔除重复的数据，确保了各部门、各层级的数据同源，实现信息数据要素在企业各层级和各部门之间的自由流动与共享，释放信息数据的潜在价值。

② 从价值创造模式来看，由条块分割转变为企业内部协同创造。企业价值创造活动是各个生产要素综合、协同的结果，所以，价值创造的过程应该是所有生产要素协同的结果。但是在财务信息化背景下，要素管理呈现条块分割式的特征，各管理部门之间无法实现数据的流通与共享，导致企业内部的业务流、资金流与信息流无法协同。而数字化财务则表现为数据驱动的流程重塑。一方面，数字技术催生出新业态、新模式，并全面融入企业的业务活动。数字财务更强调通过业财融合，实现对财务活动和价值创造的赋能。在这种情况下，财务工作深入业务活动，探索如何借助财务的职能优势解决经营管理过程的痛点问题，消除业务与财务之间的管控壁垒，为价值创造过程持续赋能。另一方面，标准化、结构化的数据将企业的业务与财务流程链条连接起来，让信息得以横向拓展和纵向延伸，打破了部门之间的数据壁垒，使得数字化转型下的财务管理呈现出以技术和数据为核

心的整体式、突破式演进特征，体现为异质知识、实时变动数据和决策信息等的有机融合、深度联动，进而实现企业资源的整合共享，企业价值的内部协同创造。

3）数智财务高级阶段：数智化财务

数智财务是在数字化基础上的进一步发展，它利用数字化的数据，并结合数据分析、人工智能、机器学习等技术来深入理解数据，发现模式、趋势，并作出智能化的财务决策。人工智能技术是一种能以人类智能相似的方式作出反应的智能技术，该领域技术应用包括机器人、语言识别、图像识别、自然语言处理等。作为近年来比较热门的新兴技术进入大众视野，其发展大致经历了以下几个阶段：20世纪50年代到60年代初，研究集中于采用启发式思维和运用领域知识；70年代，专家知识系统得到迅速发展并应用到各个行业领域，取得了巨大的经济效益；90年代以后，人工智能进入以知识为中心的发展阶段，研究主要集中于知识表示、推理、机器学习，以及结合问题领域知识的新认知模拟；进入21世纪，大数据、云计算技术为人工智能发展带来了契机。知识图谱的出现可以让用户看到与查询词有关的更加智能化的答案；自动问答助手可以实现语义分析、信息检索及知识挖掘与管理等多种功能；主题建模可以从海量数据中抽取主题和主题分布，广泛应用在短文本、情感分析、关系文本分析中；电子商务环境下，个性化推荐系统可以满足不同用户的不同推荐需求。人工智能最基本的两个特征是动态适应能力和学习能力。人工智能的发展目标是让机器拥有智能，这需要以大数据作为学习的素材。

数智化财务是在数字化的基础之上，向智能化迈进的一步，使其能够智能化、自主化地进行财务工作与决策，也是企业财务价值创造方式的根本性变化。具体体现在以下几点：

（1）以智能算法方式而非以人工命令的形式呈现和分析数据与决策的能力，即实现财务工作与决策的“智能化”“无人化”，是数智财务区别于数字化财务的重要特点。数智财务将“大智移云物区”等新技术运用于财务工作领域，对传统财务工作进行模拟、延伸和拓展，创造智能化场景，使得系统能够自动作出智能决策，不再需要人工干预。通过运用数据挖掘工具、多维联机分析处理工具，数智财务可以实现对数据的智能化处理分析。通过融合深度学习、机器学习等人工智能技术，数智财务可以构建企业财务投资、融资、运营等主要环节涉及的财务价值分析场景，如投资分析场景、市场机制分析场景、营销成本分析场景、产品价值贡献分析场景等。基于这些价值分析场景，经过适当训练之后，系统就可以自动从不同维度和方式进行智能分析，自主作出财务决策，从而赋能业务，从不同层次支撑企业的价值增长。

（2）数智财务进一步帮助企业打破了组织边界，构建一个共创共赢的数智化财务生态，强调更大范围和更开放的生态价值实现。一直以来，企业以自己内部的生产要素为资源基础，强调生产要素的配置效率与协同产出，而包括数字化财务在内的传统财务则是围绕着企业所拥有的、稀缺的、不可复制的要素资源开展管理、约束与分配，强调通过改善财务资源配置效率和生产运行效率，来提高财务绩效和企业价值。然而数字化与智能化技术的开放性和共享性有助于打破企业组织之间的边界和壁垒，使得构建一个共创共赢的数智化生态成为可能。因此，数智财务管理已不仅仅局限于企业内部，而是通过连接数据要素和业务价值链条实现生态系统伙伴之间更高层次和更大范围的合作和服务模式，将财务管理的边界和价值内涵拓展至整个数智化生态。

7.2 数智财务决策流程

数智财务以“大智移云物区”等数字化和智能化技术为支撑，能够进行智能化、自主化的预测与决策。那么，数智财务是如何实现智能决策的？本节就数智财务智能决策的具体流程进行了介绍，包括数据的采集与处理、财务场景的识别与问题归类、智能决策三大环节。

7.2.1 数据采集与整理

智能决策的第一步就是数据的采集与整理，即围绕需要解决的问题收集、处理与分析数据。没有足够多的数据作底层支撑，智能分析与决策就无从谈起。通过数据的采集与整理，海量异构数据被进行数据清洗和数据挖掘，从而形成多维度的决策有用信息，为数智财务系统的深度学习和财务决策制定奠定强大的数据基础。

1）数据采集

数据是事实或观察的结果，是对客观事物的逻辑归纳，是用于表示客观事物的未经加工的原始素材。数据的种类有：①数字数据，最简单的数据形式，包括整数和小数。②文字数据，包括各种语言的文字。③图像数据，如照片、视频等。④声音数据，如音频文件。⑤模拟数据，连续变化的值，如温度、压力等。

数据采集又称为数据的获取，是从数据源获取数据，将数据汇集、存储，以便后续对其进行操作。传统的财务数据采集是通过手工完成的。信息时代到来后，一个突出的变化便是数据采集可以通过智能化程序自动进行。

（1）数据源的概念

数据源（data source），顾名思义，就是数据的来源，即数智财务职能发挥所需要的数据采集源。基于数智化技术，数智财务对企业价值链上的内部和外部数据进行实时采集、分析、处理和传递，为财务的管理和决策提供海量数据支持。

（2）数据源的分类

企业的海量数据主要由多源异构的数据集成，我们可以对数据源作以下标准的划分：

①按照数据源的出处划分

企业的数据按照出处分类，可以分为企业内部数据和外部数据。

a.企业内部数据，如产销存系统产生的ERP、SCM、SRM系统数据，企业内网办公数据（OA系统数据）等。

b.企业外部数据，是指所处行业乃至整个市场的数据，如互联网平台数据、机构统计数据等。

②按照数据源的格式划分

企业所采集到的数据结构呈现出“异构性”，即按照格式划分，可以分为结构化数据、非结构化数据和半结构化数据。企业的重要数据也都存在于这些格式之中，因为应用场景和存储方式的不同，也带来了安全保护手段和策略的不同。

a.结构化数据，是指以特定的格式存储的数据。在表格中，结构化数据易于存储检索和分析。如企业的客户数据库系统（CRM系统）、ERP系统的数据等都是以结构化数据存储在后台数据库当中的。

b.非结构化数据，是指没有特定存储格式的数据。非结构化数据的分布通常非常广泛，如文本文件、图像视频和音频。非结构化数据不易存储检索和分析，市场部门的照片、视频，研发部门的设计图纸、配方等都是非结构化数据。

c.半结构化数据，是介于结构化数据和非结构化数据之间的数据，半结构化数据有一定的结构，但不像结构化数据那样明确。半结构化数据常见的格式有JSON、XML、YAML，现在流行的API接口中传输的都是这些格式的数据。

③按照数据源的获取方式划分

企业数据的采集体现出“海量化”的特征。海量化的数据来源多种多样，按照获取方式，可分为网络爬虫、API接口、传感器数据、图像识别、文本挖掘、用户行为分析、社交媒体监测等。

a.网络爬虫，是最常见的一种数据采集方式。它通过模拟人类浏览器行为，自动化地访问网页并提取所需信息。网络爬虫适用于获取大规模结构化数据，如商品价格、股票行情等。企业通过大数据网站爬虫技术，获取互联网平台数据，以及行业相关数据（专业机构统计数据），形成企业外部数据源。但是，由于其对网站服务器造成的压力较大，因此，需要遵守相关法律法规和道德规范。

b.API接口，是一种更加正规和安全的数据采集方式。通过调用API接口，我们可以获取到特定网站或平台上的数据，并进行二次加工和处理。比如，我们可以通过调用天气API接口获取某个城市当前天气状况。API接口适用于获取实时性较高、数据量相对较小且需要频繁更新的数据。

c.传感器数据，是指由传感器设备采集到的实时性较强的非结构化数据，如温度、湿度、光照等。传感器数据适用于对环境和设备状态进行实时监测和控制。

d.图像识别，是一种重要的非结构化数据采集方式。它可以从图片或视频中提取出所需信息。例如，某餐厅可以通过图像识别技术自动识别顾客点餐，并进行智能推荐。

e.文本挖掘，是一种针对非结构化数据的数据采集和分析方式。它可以从大量的文本数据中自动提取出有用信息。例如，某媒体网站可以通过分析用户评论来了解用户对某个话题的看法和态度。

f.用户行为分析，是一种基于用户行为数据的数据采集和分析方式。它可以深入了解用户需求和行为。例如，某电商网站可以通过分析用户购物车和历史购买记录来进行个性化推荐和营销。

g.社交媒体监测，是一种针对社交媒体平台的数据采集和分析方式。它可以了解用户在社交媒体平台上的活动和态度。例如，可以通过监测社交媒体上的讨论话题来了解用户对该品牌的评价和反馈等。

2）数据处理

（1）数据处理的作用

企业每天产生的海量信息呈现出多源异构的特征，极易受到噪声、缺失值和不一致数据的侵扰，因此，在数据收集好后，使用智能算法模型之前，必须对收集到的原始数据进行预处理，从而改进数据的质量，提高数据挖掘过程的效率、精度和性能。

（2）数据处理的常用方法

数据预处理方法主要包括：数据清理、数据集成、数据归约与数据变换。

①数据清洗

数据清洗是指发现并纠正数据文件中可识别的错误，包括删除原始数据中的无关数据、重复数据，平滑噪声数据，填写缺失值，识别删除离群点，解决不一致等问题。因为企业采集到的数据是从内外部多个来源系统中抽取而来的，而且包含历史数据，这样就避免不了错误数据、数据相互之间冲突等问题，这些错误的或有冲突的数据显然是我们不想要的，称为“脏数据”。因此，要按照一定的规则把“脏数据”“洗掉”，这就是数据清洗。而数据清洗的任务是过滤那些不符合要求的数据，再储存过滤的结果。数据清洗方法包括以下几种：

a.缺失值的处理

某些缺失值可以从本数据源或其他数据源推导出来，这就可以用平均值、最大值、最小值或更为复杂的概率估计代替缺失的值，从而达到清理的目的。

b.错误值的处理

用统计分析的方法识别可能的错误值或异常值，如偏差分析、识别不遵守分布或回归方程的值，也可以用简单规则库（常识性规则、业务特定规则等）检查数据值，或使用不同属性间的约束、外部的数据来检测和清理数据。

c.重复记录的处理

数据库中属性值相同的记录被认为是重复记录，通过判断记录间的属性值是否相等来检测记录是否相等，相等的记录合并为一条记录（即合并/清除）。合并/清除是消重的基本方法。

d.不一致性的处理

从多数据源集成的数据（包括数据源内部及数据源之间）可能有语义冲突，可定义完整性约束用于检测不一致性，也可通过分析数据发现联系，从而使得数据保持一致。

②数据集成

数据集成是把不同来源、格式、特点性质的数据在逻辑上或物理上有机地集中，从而为企业提供全面的数据共享。在企业数据集成领域，已经有了很多成熟的框架可以利用。通常采用联邦式、基于中间件模型和数据仓库等方法来构造集成的系统，这些技术在不同的着重点和应用上解决数据共享问题，为企业提供决策支持。好的集成系统要保证用户低代价、高效率使用异构的数据。

③数据归约

数据归约是指在尽可能保持数据原貌的前提下，最大限度地精减数据量。数据归约的目的是得到能够与原始数据集近似等效，甚至更好，但数据量却较少的数据集。原数据可以用来得到数据集的归约表示，它接近于保持原数据的完整性，但数据量比原数据小得多。与非归约数据相比，在归约的数据上进行挖掘，所需的时间和内存资源更少，挖掘将更有效，会产生相同或几乎相同的分析结果。常用的数据归约方法如下：

a.维归约

维归约也称为特征规约，是指通过减少属性特征的方式压缩数据量，通过移除不相关的属性，从而提高模型效率。维归约的方法很多，例如，LASS通过定约束条件选择变量：

分类树、随机森林通过对分类效果的影响大小筛选属性；小波变换、主成分分析通过把原数据变换或投影到较小的空间来降低维数。

b.数值归约

数值归约也称为样本归约，样本归约就是从数据集中选出一个有代表性的样本的子集。子集大小的确定要考虑计算成本、存储要求、估计量的精度及其他一些与算法和数据特性有关的因素。例如，参数方法中使用模型估计数据，就可以用存放模型参数代替存放实际数据，如回归模型和对数线性模型都可以用来进行参数化数据归约。

④数据变换

数据变换是指将数据从一种表示方式转变为另一种表现形式的过程。常用的数据变换有数据标准化、离散化和语义转换。

a.数据标准化

数据标准化也就是统计数据的指数化。数据标准化处理主要包括数据同趋化处理和无量纲化处理两个方面。数据同趋化处理主要解决不同性质数据问题，对不同性质指标直接加总不能正确反映不同作用力的综合结果，须先考虑改变逆指标数据性质，使所有指标对测评方案的作用力同趋化，再加总才能得出正确结果。数据无量纲化处理主要解决数据的可比性，便于不同计量单位或者量级的指标能够进行比较和加权。数据标准化的方法有很多种，常用的有“最小-最大标准化”、“z-score标准化”和“按小数定标标准化”等。经过上述标准化处理，原始数据均转换为无量纲化指标测评值，即各指标值都处于同一个数量级别上，可以进行综合测评分析。

b.离散化

离散化是把无限空间中有限的个体映射到有限的空间中去，以此提高算法的时空效率。通俗地说，离散化是在不改变数据相对大小的条件下，对数据进行相应的缩小。数据离散化通常是将连续变量的定义域根据需要按照一定的规则划分为几个区间，每个区间用一个符号表示，如ST公司、非ST公司。

c.语义转换

语义转换是基于语义的数据格式转换。对于某些属性，其属性值是由字符型数据构成，如某一属性“客户满意度”，其构成元素是“非常好，好，一般，差，非常差”。对于这一属性，在数据挖掘决策中，通常用整型数据来表示原始的属性值，如可以用“1，2，3，4，5”来替换原来的属性值。

3）数据管理

完成源数据的收集与处理后，就进入数据储存工具中进行集中存储和管理。随着大数据技术的不断发展，数据管理工具也得到了飞速的更新和迭代。按照发展阶段，数智财务的数据管理工具分别经历了基于信息化阶段的数据仓库、数字化阶段的数据中台，再到数智化阶段的数据湖。

（1）基于信息化阶段的数据仓库

①数据仓库的概念

数据仓库是企业面向主题的、集成的、相对稳定、反映历史变化的数据集合，是一种专门用于存储和管理结构化数据的数据库系统。通过对数据进行抽取、清洗，数据仓库将非结构化的数据转换为结构化数据进行储存，进而为财务管理分析和业务决策提供统一的数据支持。

②数据仓库的特点

在数据仓库出现之前，数据通常被储存在数据库中。与传统的数据库相比，数据仓库具有面向主题性、集成性、稳定性和历史性等特点。

a.面向主题性

传统数据库的数据组织方式是基于应用需求的，各个业务系统可能是相互独立的，缺少互联互通。而数据仓库的数据组织方式是面向主题需求的，其中的主题，是指用户使用数据仓库进行决策时所关心的重点方面，如现金流、投资、融资、成本等。面向主题，是指数据仓库内的信息是按主题进行组织的，而不是像业务支撑系统那样是按照业务功能进行组织的。比如，某个主题域为成本，则全公司和成本有关的数据信息都会被汇集进来。

b.集成性

集成性是指数据仓库会将不同源数据库中的数据汇总到一起。数据库主要存储未经处理加工的原始数据，具有分散性、数据结构多样性的特征。而数据仓库的数据是从跨域分布、相互独立、结构异构的数据源中经过抽取、清洗、转换和汇总得到的，而不是从各个业务系统中简单抽取出来的原始数据。

c.稳定性

数据一旦进入数据仓库，则不可改变。数据仓库的历史数据是不应该被更新的，同时，存储稳定性较强。

d.历史性

历史性是指数据仓库中所存储的数据是历史数据，一般是一个企业或者机构的运营较长时间而保留的时间跨度比较长的历史数据内容，这些数据都有对应的时间戳记录，通过这些历史时间节点，可以分析过往数据或者趋势数据，通过时间点的设置进行加工、整合，从而得到想要的数据。

③数据仓库的局限性

数据仓库产生于信息化阶段，具有以下局限性：

a.实时性较差

在数智化时代，企业的财务分析由常规分析转向深度、实时分析，且需要对未来趋势有更多的分析和预测，但由于数据仓库中所存储的数据是历史数据，因此，数据仓库无法满足对实时数据分析的需求。

b.灵活性不足

企业在管理和决策过程中，常常需要根据实际需求灵活调整数据分析的维度和指标。然而，数据仓库中储存的是结构化数据，对于非结构化数据的处理能力较弱。此外，数据仓库的架构相对固定，要作出灵活的调整可能需要投入大量的时间和资源。

c.可视化能力有限

在企业的决策过程中，数据的可视化呈现往往非常重要。然而，数据仓库在数据可视化方面的功能相对较弱。虽然可以通过报表、图表等方式展示数据，但这些方式可能无法满足企业复杂多变的可视化需求。

（2）基于数字化阶段的数据中台

从信息化阶段进入到数字化转型阶段，企业财务管理工作在数据分析应用方面呈现出“五大转变”的趋势：从统计分析向预测分析转变、从单领域分析向跨领域转变、从被动分析向主动分析转变、从非实时向实时分析转变、从结构化数据向多元化转变，并且对统一的数据中台诉求强烈，对数据中台的运算能力、核心算法及数据全面性提出了更高的要求，因此，传统的数据仓库不再能满足数据分析需求。此外，企业在过去信息化阶段中形成了大量生产经营及专业业务应用成果，同时，也累积了大量的企业数据资产。限于传统的数据仓库技术手段，数据管理和分析能力成为信息化工作中的短板。此外，企业信息系统众多，系统管理独立，数据存储分散，横向的数据共享和分析应用仅由具体业务驱动，难以对全局数据开展价值挖掘，从规模上和效果上都无法真正体现集团庞大数据资产的价值。市场竞争和产业链日益全球化，企业不只满足于内部数据的分析，更要通过互联网、微信、APP等新技术手段，结合外部市场数据进行整体分析。为了应对信息化阶段数据仓库的这些挑战，数据中台应运而生。

①数据中台的概念

数据中台是指将企业的数据资产进行集中管理和统一服务的数据平台。它将分散在各个业务部门的数据进行整合，并通过统一的接口对外提供服务，从而使得企业能够更加高效地利用数据资产，提升数据驱动的决策能力。整体技术架构上，数据中台采用云计算架构模式，将数据资源、计算资源、存储资源充分云化，并通过多租户技术进行资源打包整合，并进行开放，为用户提供“一站式”数据服务。利用大数据技术，数据中台对海量数据进行统一采集、计算、存储，并使用统一的数据规范进行管理，将企业内部所有数据统一处理形成标准化数据，挖掘出对企业最有价值的数据，构建企业数据资产库，提供一致的、高效的大数据服务。

②数据中台的特征

虽然数据仓库与数据中台都是用于数据存储和处理，但与信息化阶段的数据仓库相比，数字化阶段的数据中台具有以下特征：

a.融合性

数据中台的主要优势在于构建了开放、灵活、可扩展的企业级统一数据管理和分析平台，可以打通全域数据流，将企业内、外部数据随需关联，并进行融合加工，从而打破了数据的系统界限，实现数据互通和融合，增强数据的价值转化能力。可见，数据中台可以打破传统信息化阶段架构下企业内部各子系统之间的数据孤岛，通过统一财务、业务和管理的数据口径，将过去散落在企业内部各子系统的数据有效整合在一起，充分挖掘数据价值并运用数据辅助决策，帮助企业在瞬息万变的商业环境中实现对业务的快速响应和实时决策。

b.共享性

数据仓库是一个专门用于存储和处理大量数据的数据库系统。它通常是一个大规模的、集中的数据库，用于存储来自多个源的数据。而数据中台是一个跨部门的、跨系统的、跨业务的数字化平台，旨在连接企业的各个部门和业务线，使它们能够共享数据资源和信息。

c.实时性

数据中台更加注重数据的实时性和交互性。在储存上，不仅包含了企业的历史数据，还包含了实时的、非结构数据。在处理上，数据中台采用分布式技术，实现数据的快速采集和实时处理，可以更好地应对实时数据分析的需求。同时，通过数据清洗、整合和转换，实现各业务系统之间的数据共享。

d.灵活性

传统的数据仓库集成处理架构是ETL结构，这是构建数据仓库的重要一环，即用户从数据源抽取出所需的数据，经过数据清洗，将数据加载到数据仓库中去。而大数据背景下的架构体系是ELT结构，可以根据上层的应用需求，随时从数据中台中抽取想要的原始数据进行建模分析，从根本上改变了数据的存储数量、方式、结构，使得海量、复杂数据的灵活调取、拆分组合、分析利用成为可能。同时，也拓展了企业数据的边界，细化数据颗粒度，并能随时调取、分析、运用数据，为财务决策提供更加多维、充足的支撑。

（3）基于数智化阶段的数据湖

①数据湖的概念

数据湖是一种面向大规模、多来源、高度多样化的数据，且在系统或存储库中以自然格式存储数据的数据系统或存储库。以自然格式存在的原始数据可以包括来自关系数据库的结构化数据、半结构化数据、非结构化数据（如电子邮件，文档等）和二进制数据（如图像，音频，视频）等。数据湖能够结合先进的数据科学与机器学习技术，帮助企业构建更多优化后的运营模型，也能为企业提供其他能力，如预测分析、推荐模型等。这些模型能刺激企业能力的后续提高。

②数据湖的特征

相较于数字化阶段的数据中台，数据湖更具有“智能性”的特征。由于数据湖中数据为非结构化的，所有数据都保持原始形式，因此，一旦需要，数智财务系统可以根据需求对数据进行快速实时加工处理，这使得数据湖可以深度挖掘数据价值。利用大数据智能分析、数据可视化等技术，数据湖实现了数据共享、日常报表自动生成、快速和智能分析，满足集团总部和各分子公司各级数据分析应用需要。此外，数据湖还提供了更多的数据服务化功能，如数据API、数据可视化、数据挖掘等，使得数据能够更方便地被企业管理者和业务人员使用。

现今，在云计算的助力下，企业常常将数据湖技术与数据仓库整合到一个架构中，即“湖仓一体”。湖仓一体可带来更多优势，例如，更紧密的集成、更少的数据移动、更出色的数据治理，以及支持更多使用场景。

7.2.2 财务场景的识别与问题归类

在对海量数据进行采集、处理和管理之后，就进入了财务场景的识别与问题归类。在这里，数智财务将技术和场景充分结合起来，通过数智工具对关键信息的抓取，识别财务场景，进而确定需要解决的问题，为后续的智能决策作准备。

1）财务场景的识别

在实际应用中，应根据具体业务场景和需求，选择合适的算法模型，并结合动态权重、分层处理等技术手段，提升模型的表达能力和泛化能力。但核心在于如何有效地捕捉和识别不同任务与场景间的共性与特性，使其在不同场景下执行不同的智能决策程序。

财务场景识别是指基于计算机或者其他智能设备对环境中的财务信息进行自动提取与分析，通过对大量图像、视频或者传感数据等进行分析和处理，智能识别图像或视频中所呈现的特定财务环境场景，从而对其所要解决的财务问题进行自动理解和分类。这个过程包括两个环节：一是对特定场景进行识别；二是对识别出来的场景进行问题归类。

（1）财务问题的识别

财务问题的识别不仅包括对背景和物体的识别，还涉及对这些元素之间的关系和场景的整体理解。这需要计算机或者其他设备“看懂”图像或视频中的内容，从而实现对财务场景与问题的准确理解和识别。因此，财务问题的识别需要做到以下几点：

①细粒度

粒度即“颗粒度”，也就是场景识别的精细程度。粒度关注场景问题识别的详细程度或其分解的大小。通俗地讲，粒度关注“分析过程中将什么范围内的数据看作一个整体”。细粒度的目的是对属于同一基础类别的场景问题进行更加细致的子类划分。在场景分类任务中，细粒度可以更准确地识别出场景的类型、主题等信息。在计算机视觉领域，细粒度图像识别是一个具有挑战性的问题。为了解决这个问题，一种基于场景文字知识挖掘的细粒度图像识别算法被提出。该算法通过挖掘场景文字信息，提取出图像中的关键特征，从而提高了识别的准确性和鲁棒性。

②多尺度

企业的经营环境是多样和复杂的，想要精确地识别问题，就需要强调多因素综合考量和多尺度分析。其核心原理是基于不同情境下的变化，构建出多尺度预测模型，使预测模型能够更好地适应不同场景，不断提高场景识别的准确性。例如，在实际的投资过程中，决策者往往无法考虑所有影响因素，也无法得知既定条件下的财务投资决策是否为最优选择。利用在场景搭建中纳入多因素综合考量和多尺度分析，决策者就可以通过各类历史案例数据，或者模拟实施的虚拟场景来测试每种投资决策的优劣，进而作出最优决策。

（2）财务问题的归类

财务场景识别后，就需要对其待解决的问题进行归类。财务管理是对企业财务资源进行控制和保护的活动，其中涉及预算与计划、决策与控制、财务测算与分析等环节。因此，财务问题可以大致划分为以下几种：

①预算与计划

预算与计划包括财务战略规划和业务计划等。财务战略规划包括制定中长期发展规划和战略目标，明晰企业整体和各业务单元应该重点管控的目标、指标与重点工作。业务计划包括分解业务目标，明确财务策略和行动计划等，如营运资金规划场景的识别。资金规划就是为维持企业的财务流动性和适当的资本结构，以有限的资金谋取最大的效益，而采取的关于资金的筹措和使用的计划。通过构建场景化的资金规划模型，可以从与资金预算的关系出发，调查企业的资金规划是否科学合理，避免集中支出带来的风险，可以在整个现金流出的预测过程中，发现企业存在的付款时间不合理、垫付支出过多等问题，并自动调整付款时间。

②财务预测

财务预测可以深入企业最基础的细分业务环节中。基于不同的业务场景开展实时预测，并将预测数据反馈于该场景业务的运营和决策中，大大提升了财务预测的细度，有力提升了财务预测的科学性和数据的准确性。具体应用领域包括风险预测、销售预测等。例如，基于供应链预测这一特定场景，构建数据分析和应用模型，借助大数据、优化算法和人工智能等新技术开展场景化分析，可以帮助企业构建起全局供应链计划体系，快速制定可行的分销计划，并主动管控供应链风险。

③财务测算与分析

通过构建场景与问题识别，可以对具体项目的各类指标进行精准测算与分析，包括税费测算与分析、降本增效测算与分析、销售测算与分析等。例如，投资测算是投资管理中的重要环节。面对一个项目，企业的项目成本多少、投资回报率多少、项目回收期限多久，都需要依靠投前管理进行精准预测。通过项目投资测算系统的搭建，可以实现：企业针对各拟投项目进行全周期规划，测算项目的现金流和盈利指标，辅助企业判断投资项目的可行性；企业可以基于周边的竞争环境与市场环境，结合该项目的基本情况以及项目投资部对该投资项目的初步规划和推进节奏等，充分考虑项目成本、融资渠道、销售进度等因素的不同情况；通过对基础数据的多版本敏感测算，自动生成不同版本的模拟投资测算表和现金流量测算表等。

2）典型的财务场景

（1）投资决策场景

投资是企业价值增长的重要方式。投资决策中，面对一个新项目，企业要不要投资、以何种代价投资、投资后如何开发管理，都需要依靠投前管理进行精准预测。倘若不能进行科学精确的投资测算，企业将失去关键的决策依据。而作出投资决策又是一个复杂的过程，涉及多个关键步骤和决策点。但是以往的投资决策中，往往存在投资冒进、投资效益分析不全面、投资过程管控失效等诸多问题，从而直接或者间接导致投资失败。针对投资决策管理的这些痛点，可以场景化预测为抓手，围绕投资能力测算、投资项目的可行性测算、项目实施与事后评价等关键环节，搭建投资测算、管理、分析与控制的一体化场景，实现投资全过程信息与数据共享互通，促进数据资产的沉淀、应用与价值挖掘，为企业价值增长赋能。

①评估投资能力

投资能力测算是投资决策的基础。结合前期的调查与分析，确定企业可能投资的目标和方向后，就要进行企业的投资能力测算。该环节的痛点主要有两个：一是测算时，企业需要综合考虑多方面的因素和数据；二是在完成前期投资能力测算的基础上，需要对投资能力和投资需求进行科学的对比分析和匹配。针对这两个痛点，构建投资能力测算场景的价值体现在：一是，可从社会经济发展对企业产品需求的影响，产品需求增长对投资规模的要求，企业财务能力对投资的支撑，市场经济环境对投资的回报等方面对企业投资能力进行全面分析，科学评估企业投资能力，构建基于企业财务指标和市场经济环境指标的投资能力测算模型，为企业规划和投资提供决策支持。企业投资能力测算模型主要涉及营业收入、企业运营系数、投资中自有资金占比、投资回报率等指标。二是，自动完成投资能力与投资需求的对比分析和匹配，确定投资规模和结构。当投资需求与投资能力一致时，按需求制定投资规模和投资方案。当投资需求大于投资能力时，按能力安排投资项目，如仍不能满足需求，可适度提高负债水平。当投资能力大于投资需求时，增加投资，扩大投资规模，降低未来投资成本。

②测算投资项目的可行性

项目策划和可行性研究阶段需要全面深入地分析项目的经济、技术、环境和社会影响等方面，对项目的可行性作出科学准确的评估。这个过程需要对相关领域的知识和经验有较高的要求，同时，也需要进行大量的市场调研和技术研究工作。构建财务决策的可行性测算场景可以系统性地提供从被投资的企业层面、被投资企业所在的行业层面到拟投资的项目层面的信息分析支持能力。具体而言，可以解决以下范畴的问题：其一，对被投资企业基本运营状况的较全面分析。以往分析方法偏重企业财务类指标的分析评测，对其他如生产经营类、资产类和运营增长性指标分析较粗，而投资场景的构建可以公司的业务实践以及更为先进的理论为基础，更强调对企业状况采取均衡的分析方式，除财务类指标之外，还强调基于直接性的样本数据来分析评测生产运营类指标。新的处理方式所要求的数据量较大，但优点是信息更为完整，而且能够避免由于财务类指标在时间上的滞后性和间接性所导致的潜在偏差。其二，对被投资企业所在行业发展状况及潜在风险和不稳定性的较全面分析。以往的分析方式重点在于宏观经济影响性分析，随着公司投资领域不断多元化，实践表明这种分析方式具有很多局限性，不能较可靠和较全面地反映行业特点，特别是行业在未来阶段的竞争能力和增长性的内在因素。而投资场景的构建在宏观经济性影响分析基础上扩展到包含行业内在的结构性指标分析以及同上下游行业间的影响度分析，以期为业务经理提供影响投资项目收益和风险的更完整的行业影响因素。其三，注重对投资项目的综合性收益及风险进行多角度评测。公司以往对投资项目的综合评测主要集中于项目本身的风险收益评估，投资场景的构建在这方面采用更为先进的以资产组合风险优化理论为指导的测算方法，兼顾新的投资项目的风险收益对公司总体投资的风险和收益的影响，也就是既分析项目微观范围的风险收益均衡状况，也分析新项目立项后给公司全局性收益、风险状况所带来的预期影响，以避免投资于有利于局部但可能不利于公司运营全局的项目。其四，可以通过优化算法，制定最优的投资组合策略，以实现风险和收益的平衡。同时，还可以根据市场环境和政策变化，适时调整投资组合，以适应不断变化的市场需求。

③完善项目实施监控与评价

项目实施监控与事后评价是确保投资决策有效执行的关键步骤，直接影响投资效益或目标实现。因此，加强对该环节的控制、监督以及风险防范是改善投资效果、提升投资管理水平的重要内容。但在投资管理中，普遍存在重视投资计划制订、轻视中后期管理控制与事后评价的现象，这导致了以下问题：一是对项目中后期的监控力度不足，项目建设实施过程缺乏严格的监控制度；二是投资项目实施过程中缺乏相应的过程评估机制与预警机制，实施过程中的相关信息没有及时有效地反馈至决策部门，造成投资项目管理的灵活性不足，建设项目对环境应变能力较差，最终影响投资目标的顺利实现，造成企业投资效益不佳；三是轻视事后评价，缺少及时的信息反馈机制，使得决策者不了解投资项目的中后期实施情况以及实施效果，从而制约了下一步的科学决策。项目实施监控与评价场景的构建，可以达成以下效果：一是，通过打通项目投前、投后测算逻辑和口径，保障项目全周期多版本可对比，推动投运一体化，实现投资目标动态监控、纠偏，促使投资目标实现。二是，通过构建投资业务全过程管理闭环，提升投资流程效率、促进管理协同提效；通过升级投资测算工具及投前投后打通，提升投资测算效率，促进投资测算快而准，推动投运一体化，助力投资承诺符合预期。三是，投资项目实施的效果评价环节，整合投资目标达成、经营过程跟踪、投资布局、趋势研判分析、投资承诺兑现度、组织承载力分析等，形成投资分析体系，并从经济、过程、效果和可持续性等方面确立项目的评价指标体系，推动经营计划、战略目标达成。

（2）融资决策场景

融资为企业提供了必要的资金支持，使其能够实现商业目标，提升竞争力。尤其在市场环境多变，商业竞争日益激烈的背景下，有效的融资策略对企业的生存和发展具有决定性的影响。但是，以往的融资决策中存在着融资成本高、融资时间长、融资风险大以及融资方式单一等诸多问题。这些问题不仅增加了企业的经营成本，影响了企业的经营效益，还限制了企业的融资灵活性，从而影响了企业的经营效率和竞争力。针对这些问题和痛点，以场景化预测为抓手，围绕基础数据自动集成、多版本及状态管理、动态预警及分析等场景，构建资源状态清晰、渠道数据精准、风险监控完善的融资决策管理体系。

①分析融资需求

企业融资需要明确包括资金用途、融资金额、还款期限、利率要求等方面的具体需求。这需要大量的数据支持，包括技术数据、市场数据、政策数据等。融资决策场景的构建，可以通过自动化的数据收集和处理技术，快速获取和整合相关信息，为融资需求提供全面的数据支持。通过对企业历史财务数据和业务数据的分析，预测企业未来的融资需求。

②拓宽融资渠道、降低融资成本

企业融资渠道受限与融资成本居高不下的原因主要有两点：一是信息不对称。在企业发展前期，受数据量和技术的限制，投资者难以获取真实完整的企业数据，由信息可获性低衍生的授信信任缺失，在客观上降低了企业融资的可能性，企业为了获取金融资源，只能支付较高的风险溢价。二是金融部门覆盖触角相对有限。传统金融体系创新变迁迟缓，融资渠道单一化特征突出，一方面，资本市场在准入条件和结构等方面存在较高门槛；另一方面，传统银行业部门本身就存在高成本、低信任等问题，银行机构内嵌的风险厌恶偏好在信息不对称下会被进一步放大，由此会对微观经济主体产生更为强烈的金融排斥。融资决策场景化的应用可以通过改善信息不对称、优化市场预期等多个方面，从而拓宽融资渠道并显著降低企业融资成本：一是，通过降低信息不对称程度拓宽融资渠道、降低融资成本。对于企业内部来说，能降低各部门之间的信息传递成本，提高信息流转的效率，从而降低企业内部管理成本，实现更加扁平且高效的管理模式，提高企业内部稳定性，企业更容易整合自身的信息并有效地向外输出，进而改善融资过程中的信息不对称问题。对于企业的外部影响而言，可为企业开展多维度、深层次的信息挖掘提供便利，有助于企业释放更多有价值的信息流，有效改善银行等金融机构、投资者与企业间信息缺失的情况，使得金融机构能够更准确地评估企业的信用状况和风险，从而降低了信息不对称带来的融资渠道受限与融资成本上升的问题。二是，通过优化市场正向预期拓宽融资渠道、降低融资成本。信息不对称程度的大幅降低会吸引更多投资者的目光。进一步地，投资者对目标企业关注度的提升，会降低其与企业及市场之间潜在的信息不对称水平。在此良性循环下，信息流转将更加快捷。显然，在信息透明的情况下，市场中的经济主体对其预期的不确定性因素会显著减少，正向预期会有所增加。这提高了得到相关政策支持的概率，市场预期呈现良好态势，这种优质的信号传递有助于金融机构更好地评估企业信贷活动，给予信贷额度，并减少相应的风险溢价要求，实现融资成本的有效降低。此外，企业可以更好地预测市场趋势，作出更合理的财务决策，从而提高融资效率。

③控制融资风险

通过精准、快速地抓取风险数据，并基于这类数据构建前瞻性的财务风险识别机制，进行财务业务的程序化管理和自动化校正，提升企业内部财务的运行效率，实现全风险发掘和预警工作的实时性，提高对用户真实需求、各种宏微观经济变量、行业发展状况等方面的预测能力，帮助企业达成有效决策，改善其投融资行为，助力企业内部财务稳定性的提升。如通过强大的算力构建出的复杂完备的风险模型，可以强化对融资风险的识别、预警和控制，对风险管理系统进行优化，进而降低风险溢价水平，对融资过程中可能出现的风险进行识别、评估和控制。

（3）营运资金管理场景

有效的营运资金管理不仅能够保障企业的资金消耗，维持企业资金流的正常周转，也能够帮助企业提升利润率，巩固市场地位，其在企业管理中的作用正在日益显现。但是传统的营运资金管理中存在现金流量不充足，过多库存，账款逾期，缺乏事前，事中的严格监督等问题，从而导致无法及时发现和解决潜在的资金流动性问题，带来隐患与风险。针对这些管理痛点，以场景化预测为抓手，通过搭建现金流预测、监控、优化等一体化营运资金管理系统，确保企业正常运营、降低流动性风险、提高资金利用效率等，满足企业高速发展的需要。

①现金流预测

若企业的流动资产不足，企业在需要资金时就无法及时获得足够的现金，或者其负债过高，在需要时不能合理控制成本，使企业面临无法支付到期债务的情况，最终无法满足企业日常运营需求。场景化预测运用机器学习算法，对现金流量数据进行预测、分类和聚类分析，揭示现金流量的变化趋势和规律，识别潜在风险。同时，建立统一的企业现金流监控系统，实时收集企业的现金流入和流出数据，确保现金流数据的准确性和实时性。基于这些智能分析结果，为企业提供优化现金流的策略建议。

②完善存货管理制度

存货是企业的重要资产，但很多企业在存货管理方面存在不足，可能导致企业库存积压过多，占用企业资金，增加了库存管理成本，也可能导致库存短缺，影响企业的正常运营。针对该业务痛点，场景化构建通过对存货状态进行分类，基于项目全周期和货值存货状态进行多维度货值盘点，方便企业结合项目不同阶段的货值状态和管理需求，采用不同的管理颗粒度进行货值盘点，设置标签，支持多种状态的货值统计，从而进行不同状态货值管理及跟踪。

③提升应收账款管理能力

应收账款是企业向客户销售产品或提供服务时允许客户赊账的金额。若企业对应收账款管理不力，将导致账款回收困难，甚至可能形成坏账，对企业的利润与现金流产生负面影响。针对该痛点，场景化构建通过对各状态应收账款结构、账龄的分析，预测现金流趋势。

④现金流风险管理

通过设置健康指标阈值，对企业现金流健康状态进行评价和分析，对超出健康区间的指标进行预警，分析偏差原因，匹配性调整经营策略，促使相关指标恢复到“健康”区间。同时，通过健康指标分析，及时预警超供风险或断供风险，防范财务风险。

7.2.3 智能决策

在场景层完成问题识别后，就进入了智能决策环节。在这里，数智财务根据场景层感知与识别出的财务问题，选择特定的算法和模型进行智能分析、推演和最终的决策。

1）智能决策的驱动器：模型

在智能决策中，主要面临的挑战是如何在有限的时间和资源内，从大量的数据中找出关键信息，并在复杂的环境中进行准确的预测和决策。为了解决这些问题，需要开发高效的模型，从而提高决策的效率和准确性。

模型是描述和预测系统行为的数学或者逻辑表达，通过模型可以更好地理解系统的行为，从而支持更智能的决策。智能财务决策强调对大量模型的综合运用，以支持决策。统计和分析工具为使用模型进行决策提供最基本的功能。

（1）智能决策常用的模型

使用模型驱动的财务决策方法会综合运用统计模型、仿真模型、优化模型或者多规格模型等来提供决策支持。常用的核心模型介绍如下。

①统计模型

统计模型是指以概率论为基础，采用数学统计方法建立的模型。有些过程无法用理论分析方法导出其模型，但可通过试验测定数据，经过数理统计法求得各变量之间的函数关系，称为统计模型。常用的数理统计分析方法有最大事后概率估算法、最大似然率辨识法等。常用的统计模型有一般线性模型、广义线性模型和混合模型。统计模型的意义在于对大量随机事件的规律性作推断时仍然具有统计性，因而称为统计推断。

②仿真模型

仿真模型是指研究仿真对象而制成的各种模型。如被仿真对象的物理模型或适于计算处理的数学模型。物理模型用于物理仿真，数学模型用于数学仿真（计算机仿真），二者的结合用于半实物仿真。在数学仿真（计算机仿真）中，系统的数学模型必须改写成仿真模型后，才能编写相应的计算机程序上机运行。数学模型是系统的一次近似模型，仿真模型则是二次近似模型。

③优化模型

在工业、农业、交通运输、商业、国防、建筑、通信、政府机关等各部门各领域的实际工作中，我们经常会遇到求函数的极值或最大值、最小值的问题，这一类问题我们称为最优化问题。而求解最优化问题建立的模型被称为最优化模型。它主要解决最优生产计划、最优分配、最佳设计、最优决策、最优管理等求函数最大值、最小值的问题。

（2）模型构建的基本原则

决策过程中的不确定性和复杂性是解决场景化问题中需要克服的重要问题。为了支撑智能决策，模型的建立应当符合以下原则：

①全量性

在构建模型时，需要全面考虑多种因素的交叉影响，将各种影响变量尽可能全部纳入模型中。各种变量之间的相互影响和复杂关系也增加了模型的构建难度。

②模拟性

市场变化、竞争动态等因素使得决策者难以准确预测各种可能性。因此，所构建的模型，需要模拟出这种决策所面临的各种情境因素。

③灵活性

决策环境的动态性提高了决策的复杂性，因为决策方案需要随着市场变化和新信息的出现而不断调整。因此，需要充分利用数据分析和预测技术，构建灵活的预测与分析模型，以应对不确定性和复杂性，同时，增强决策者的敏感性和适应性，使其能够在快速变化的环境中作出有根据的决策。

2）模型构建的基本步骤

模型的建立涉及以下步骤：

第一步，需要确定适用的预测模型，如时间序列分析、回归分析等，以确保能够捕捉不同情境下的数据变化。

第二步，应选择合适的数据变量，涵盖战略、市场、技术等多个维度，从而全面反映企业经营环境。

第三步，构建预测模型的参数，需要考虑不同情境下的权重和影响因素，以准确地预测各种可能性。

第四步，模型的反复实验、验证和调整也是关键环节，通过与实际数据对比，优化模型参数，提高模型的准确性与适用性。

第五步，建立适用于解决企业特定场景问题的模型，从而为智能决策提供科学决策支持，促使企业在不同情境下作出更明智的财务决策。

7.3 数智财务场景应用

1）企业财务风险智能识别

（1）思路与方法

传统的财务风险识别采用统计模型定量分析方法，主要有单变量预警模型、多变量预警模型、线性概率模型、多元逻辑斯蒂预警模型、人工神经网络预警模型和联合预警模型六种。其中，比较有名的是Z计分模型，该模型最早于1968年被Altman用于企业财务风险识别。Altman选取1946—1965年美国66家制造企业，将它们以是否破产为标准分为两组，同时，使用22个财务比率作为解释变量，经过统计显著性观测与相关性检验，结果表明，营运资本/总资产、留存收益/总资产、息税前利润/总资产、权益市值/总负债账面价值、销售收入/总资产这5个财务指标对于企业财务风险的影响显著。但是，Z计分模型没有考虑企业现金流量情况，以企业是否破产作为样本分类标准也不符合我国国情，在此基础上，我国学者陈静（1999）、周首华（1996）、卢贤义（2001）等则以我国上市公司是否被ST为标准划分不同财务风险实验组，并增添现金流量等指标，得出了相应结论。但上市公司ST规定是根据利润指标而来的（最近两个会计年度的审计结果显示的净利润为负值），单纯的利润指标不能准确地反映企业财务风险及真实财务状况，而企业主体信用评级恰好能够弥补这一不足，全面准确地反映企业财务状况。

近年来，人工智能技术发展迅猛，对人类社会的方方面面产生了深远的影响。对于财务领域，人工智能技术既带来了挑战和变革，同时，也带来了便利与效率，可以促进财务工作的转型，提升数据分析与预测能力。这里将人工智能技术运用于上市公司的财务风险识别并建立预警模型，首先收集上市公司财务风险相关的财务比率原始数据，然后运用聚类分析与相关性分析等数据预处理方法对原始数据进行处理，最后运用人工智能技术中的决策树方法建立财务风险分析模型并进行预测。

（2）数据收集与数据预处理

以软件和信息技术服务业为例，收集2017—2021年的数据，数据均来自国泰安CSMAR系列研究数据库-公司研究系列-财务指标分析，收集偿债能力、营运能力、盈利能力、成长能力、现金流量5个方面的、能客观反映上市公司风险的23个财务比率数据，采用决策树模型建立财务风险识别模型，以软件和信息技术服务业为例，共收集了1 601家上市公司的相关数据。

原始数据中存在部分数据缺失的情况，在进行分析前需要对原始数据进行预处理。首先，使用python中自带的pandas.DataFrame.drop_duplicates函数查看数据中的缺失值存在情况，发现应收账款周转率、存货周转率、固定资产周转率、总资产周转率、股东权益周转率、总资产净利润率、净资产收益率、净利润与利润总额比、总资产增长率、净利润增长率、营业收入增长率、利润总额增长率、净利润现金净含量这些指标存在缺失值，对于这些缺失值使用各公司的年平均值进行填充。

（3）财务指标数据筛选

对原始数据进行预处理后，由于选取的多个财务比率之间可能具有一定的相关性，这将会带来一定的信息冗余，影响建立模型的效率与分析结果的准确性。因此，采用相关分析法，对指标进行多重共线性检验，排除高度相关的指标变量，从23个指标中选出7个最具代表性的财务比率，分别是流动比率、资产负债率、总资产周转率、营业利润率、净利润增长率、营业收入增长率、营业收入现金含量。

依据筛选出来的财务指标，将数据集划分成5个不同的风险等级，5个风险等级分别用类别标签1、2、3、4、5来表示。类别标签为1的公司整体财务状况非常糟糕，公司发展前景堪忧，有非常大的可能面临倒闭破产的情况，财务风险很高。类别标签为2的公司财务风险很高。类别标签为3的企业财务风险中等偏高，需要进行风险防范与管理。类别标签为4的公司整体发展状况良好，风险处于行业中等水平。类别标签为5的公司整体发展状况较为优秀，财务风险处于行业中较低水平。

（4）建模

这里采用决策树来建立财务风险识别模型。将处理后的数据集划分为训练集和测试集，划分比例为训练集80%、测试集20%。可以使用在python环境中直接调用决策树的方法，只需要将已经加了类别标签的数据集作为参数输入即可。以下是建立模型的代码。

```
#（0）导入模型需要用到的各种方法
import pandas as pd
import numpy as np
from sklearn import tree
from sklearn.linear_model import LinearRegression
from sklearn.model_selection import train_test_split
from sklearn.metrics import accuracy_score
#（1）导入处理后的数据集，包括训练集和测试集
df = pd.read_excel（'数据集.xlsx'， engine='openpyxl'）
```

```
# （2）获取data和target
X = df.iloc［:，1：8］
y = df.iloc［:，8］
#（3）将原始数据集划分为训练集和测试集，划分比例为训练集80%，测试集20%
X_train，X_test，y_train，y_test=train_test_split（X，y，test_size=0.2，random_state=0）
print（y_test）
#（4）利用训练集建立决策树模型
clf=tree.DecisionTreeClassifier（max_depth=10，criterion="entropy"）
clf=clf.fit（X_train，y_train）
```

至此，模型已经建好，上述代码中最后一行的clf就是建立好的模型。对于未知财务风险的上市公司，只需要将该公司的财务指标数据输入模型即可得出对应的识别结果。在建立模型的过程中，我们用了296家公司的80%，即236家公司的数据，将剩下20%的数据，即60家公司数据输入模型，测试模型的效果，得出其准确率为98.3%。

对于2017年的数据，作同样的处理与预测。2017年共274家上市公司的数据，采用20%的数据，即55家公司数据进行测试，得到其准确率为98.2%。对于2018年的数据，其准确率为95%；对于2019年的数据，其准确率为100%；对于2021年的数据，其准确率为8.3%。

2）坏账风险智能决策

（1）思路与方法

为有效应对坏账带来的挑战，企业通常建立坏账管理体系进行风险防控，通常包括建立完善的信用风险评估体系、加强贷前管理和建立追偿机制等。完善的信用风险评估体系对客户的信用状况、行业背景和经营状况等指标进行排查和分析，评估客户还款能力和还款意愿。贷前管理包括客户背景调查、贷款申请审核和风险评估等。在贷款申请审核过程中，严格审查客户提供的财务报表、资产负债表等信息，确保客户的财务状况真实可靠。同时，加强对客户交易历史和信用记录分析，及时发现存在风险的客户。追偿机制是对已经形成的坏账，企业建立完善的追偿机制，通过法律手段和协商方式尽快收回坏账。

为确保应收账款的及时回收和风险的控制，企业通常还实施账龄分级监控对应收账款进行定期的跟踪和监控。账龄分级监控主要包括以下几个工作：跟踪账龄结构、分析坏账风险、监控回收情况、控制逾期风险和分析客户信用风险。跟踪账龄结构，监控应收账款的账龄结构，即按照逾期天数划分不同的账龄段，以了解不同账龄段的回收情况和风险程度。分析坏账风险，即定期分析应收账款中存在的坏账风险，通过坏账准备金的设立和调整，预防和应对潜在的坏账风险。监控回收情况可以定期跟踪应收账款的回收情况，包括回款速度、回款金额等。通过与销售额的对比，评估公司的回款能力和回款效率。控制逾期风险，对于逾期未收的账款，及时采取措施进行催收和追踪，并与客户进行沟通，以尽快回收账款并降低逾期风险。分析客户信用风险，对于大额应收账款的客户，进行信用评估和风险分析，以确定是否需要采取额外的风险控制措施，如提高预付款、调整信用额度等。

随着数智技术的飞速发展，企业财务可以跳出单一传统的坏账管理体系，与大数据、人工智能技术相结合，发挥多元化价值。通过对企业的经营信息进行分析，对财务数据进行快速高效的处理，建立财务坏账危机预警模型，找出财务指标出现恶化的表现，从而判断出企业所处的坏账危机不同的阶段。这样，便于企业根据财务坏账危机预警的表现来进行经营决策等一系列的管理行为，为企业的更好发展作出贡献。

本小节通过CSMAR收集制造业企业相关财务指标，运用机器学习和数据挖掘方法，使用编程软件python对数据进行全面的预处理，运用决策树、支持向量机、贝叶斯、K近邻、BP神经网络5个聚类模型对坏账分类结果进行拟合，选择最优分类模型进行预测，初步建立起企业坏账风险智能决策模型，以达到让企业通过本决策体系预先识别到企业坏账风险信号的效果。

（2）收集数据与数据预处理

通过CSMAR数据库收集数据，共收集了2 619家来自制造业的上市公司数据，统一选取各企业2021年年报数据，共2 619条数据。

依据已有的研究成果，本节内容选取与评价坏账风险最为密切的偿债能力指标，划分为短期偿债能力和长期偿债能力两个部分。短期偿债能力包括流动比率、速动比率、现金比率等指标。长期偿债能力包括资产负债率、产权比率、利息保障倍数等指标，具体指标分布见表7-1。

表7-1　**坏账风险相关财务指标**

类型	指标名称	公式
短期偿债能力	流动比率	流动资产 / 流动负债
	速动比率	（流动资产-存货）/ 流动负债
	保守速动比率	（货币资金+短期投资+交易性金融资产+衍生金融资产+应收票据+应收账款净额）/ 流动负债
	现金比率	现金及现金等价物期末余额 / 流动负债
	营运资金与借款比	（流动资产合计-流动负债合计）/（短期借款+长期借款）
长期偿债能力	资产负债率	负债合计 / 资产总计
	有形资产负债率	（负债合计）/（资产总计-无形资产净额-商誉净额）
	现金流利息保障倍数	经营活动产生的现金流量净额 / 财务费用
	现金流到期债务保障倍数	经营活动产生的现金流量净额 /（一年内到期的非流动负债+应付票据）
	产权比率	负债合计 / 所有者权益合计
	权益对负债比率	所有者权益合计 / 负债合计
	有形净值债务率	负债总额 / 有形净资产总额
	负债与权益市价比率	负债合计 / 市值
	长期债务与营运资金比率	非流动负债合计 /（流动资产合计-流动负债合计）
	长期负债权益比率	非流动负债合计 / 所有者权益合计
	长期资本负债率	非流动负债合计 /（所有者权益合计+非流动负债合计）
	长期借款与总资产比	长期借款 / 资产总计

对收集的数据集进行初步观察，发现数据中存在许多空白缺失值。对于存在的缺失值，选取以该列的平均值进行填充，填充结束后再次进行检验，发现各指标缺失值输出结果均为0，缺失值填充完毕。

在确保实验数据的完整性之后，本实验对异常值进行处理，选取因子异常算法识别数据中的异常值，作删去处理进入下一步。

（3）财务指标数据筛选

预处理后的数据集中共有18个指标，这些指标对于公司财务状况的描述存在重复，例如，速动比率与保守速动比率，两者都用于衡量企业流动资产可以立即变现用于偿还流动负债的能力，存在指标的冗余。为对指标进行降维，对数据集中的指标作相关性分析发现流动比率、速动比率、保守速动比率、现金比率、权益对负债比率这几项指标之间的相关性比较大，资产负债率与有形资产负债率这两个指标之间的相关性较大。因此，选择保留其中两项最具有代表性的指标——速动比率和资产负债率，其余进行删除，并重新对剩余数据进行相关性检验，经过对指标的多次筛选，最后得到13个指标，完成了对原始数据的初步降维。

接下来进行因子适用性检验，采取5个最大方差贡献率的因子来解释13个指标的信息。然后用因子旋转载荷矩阵对提取出的5个因子进行方差最大化旋转，这样，因子在某个变量上的载荷将明显呈现两极分化，据此可以给因子命名，并对因子的经济含义进行解释。得到旋转后的因子载荷矩阵见表7-2。

表7-2 **旋转后的因子载荷矩阵**

代码	指标名称	F_1	F_2	F_3	F_4	F_5
X_1	速动比率	−0.008	−0.746	−0.005	0.007	−0.132
X_2	营运资金与借款比	−0.013	0.024	−0.014	0.729	−0.049
X_3	现金流利息保障倍数	−0.031	−0.148	0.167	0.069	−0.564
X_4	现金流到期债务保障倍数	−0.010	−0.045	−0.028	0.674	0.082
X_5	资产负债率	0.235	0.822	0.084	−0.001	−0.074
X_6	长期借款与总资产比	0.025	0.336	0.709	−0.073	0.010
X_7	产权比率	0.768	0.157	0.205	0.050	−0.043
X_8	长期资本负债率	0.281	−0.046	0.719	−0.021	0.074
X_9	长期负债权益比率	0.823	0.146	0.339	−0.011	0.007
X_{10}	长期债务与营运资金比率	0.465	−0.067	−0.313	−0.136	0.127
X_{11}	负债与权益市价比率	0.194	0.793	0.189	−0.021	0.127
X_{12}	有形净值债务率	0.742	0.201	0.019	0.038	−0.062
X_{13}	固定支出偿付倍数	0.015	0.174	−0.133	−0.037	0.790

根据因子载荷矩阵表计算各因子权重，然后以因子的特征根方差贡献率作为权重得出因子得分的加权和。根据这个原理，各因子比重为：

$$F=\frac{0.170}{0.594}\times F_1+\frac{0.163}{0.594}\times F_2+\frac{0.105}{0.594}\times F_3+\frac{0.078}{0.594}\times F_4+\frac{0.078}{0.594}\times F_5$$

（4）建模

对数据集进行坏账风险评级分类，共分成5个等级。A级为最高的信用等级，该类型企业存在的坏账风险偏低；E级为最低的信用等级，该类型企业存在的坏账风险偏高。从A级到E级，坏账风险程度逐步升高。数据集中各风险等级类别数据的比例如图7-1所示。

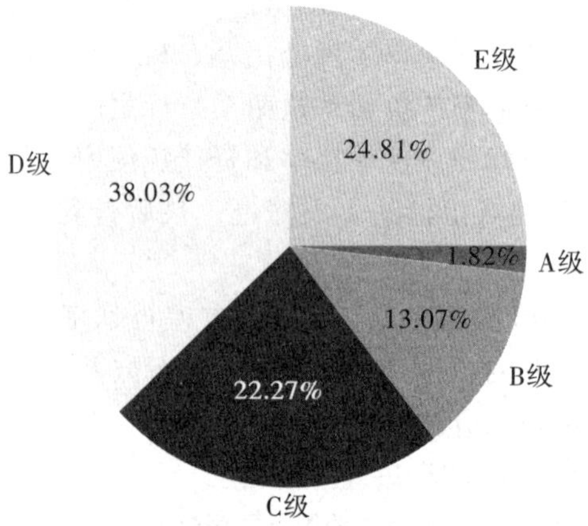

图7-1　各坏账风险等级类别数据的比例

不采取分层抽样时的数据集分割方法，将2 088条数据中的70%划为训练集，剩下的30%作为测试集。训练集和测试集所包含的各等级坏账风险的公司数量如表7-3和7-4所示。

表7-3　训练集各坏账风险等级的公司数量

风险等级	A	B	C	D	E
数量	360	563	327	187	24

表7-4　测试集各坏账风险等级的公司数量

风险等级	A	B	C	D	E
数量	158	231	138	86	14

分别采用决策树、Knn、朴素贝叶斯、BP神经网络和支持向量机在训练集上建模，模型的准确度见表7-5。

表7-5　各算法模型的准确度

算法	决策树	Knn	朴素贝叶斯	BP神经网络	支持向量机
准确度	89.00%	92.34%	67.78%	92.82%	80.81%

为了更进一步评价以上5个模型，引入以下4个指标进一步评价：准确率、精确率、召回率和F_1分数，这4个指标也是人工智能技术中分类算法常用的评价指标。这4个指标的度量结果见表7-6。

表7-6 各算法模型在其他指标上的评价

算法模型	准确率	精确率	召回率	F_1分数
朴素贝叶斯	67.78%	82.21%	84.81%	83.49%
决策树	89.00%	93.84%	86.71%	90.13%
Knn算法	92.34%	92.41%	92.41%	92.41%
BP神经网络	94.10%	97.43%	96.20%	96.82%
支持向量机	80.81%	85.54%	89.87%	87.65%

通过表中结果的对比，可以明显看出BP神经网络模型在准确率、精确率、召回率、F_1分数方面都是最好的，因此，我们选择BP神经网络作为坏账预测模型进行预测。

3）基于人工智能的公司战略预算管理

传统预算管理的方法有固定预算、弹性预算、零基预算和滚动预算。固定预算的控制性仅限于实际业务量水平与预期业务量水平相近的情况。但由于市场情况变幻莫测，致使许多企业难以准确预计市场需求，降低了固定预算控制和考核的作用，于是便产生了弹性预算。弹性预算可根据一系列业务量水平进行编制或调整，扩大了预算适用范围。零基预算是区别于增量（或减量）预算而设计的一种编制费用预算的方法，其全称为“以零为基础编制计划和预算的方法”。该方法在编制预算时对于所有的预算支出，均以零为基底，不考虑以往情况如何，从根本上研究分析每项预算是否有支出的必要和支出数额的大小。这种预算不以历史为基础作修修补补，而是在年初重新审查每项活动对实现组织目标的意义和效果，并在成本—效益分析的基础上，重新排出各项管理活动的优先次序，并据此决定资金和其他资源的分配。

国网江苏电力现行预算项目主要分为收入预算、成本预算、资本性预算，以及融资预算四大类，且就收入预算而言，国网江苏电力“以收定支”的电网发展特性，决定了在战略预算阶段收入预测应和电网规划、建设计划乃至相应的资金预算相衔接，实现财务对业务的引领作用，因此，不适宜采用传统预算方法。传统预算方法的缺点是实时性差、工作量大，无法发挥预算对实际工作的指导与控制作用。

国网江苏电力收入预算编制的关键要点是什么？应采用何种方法对其收入变化趋势的影响因素进行分析，进而进行准确预测？预测模型的精度和效果如何？成为建立收入预算模型的关注焦点。

（1）思路与方法

①核心问题

在国网江苏电力的战略预算中，收入预算的核心是电量预测。通过表7-7可以看出，电费收入主要包括电度电费、基本电费、力率调整电费和基金及附加等四类电费，在预测电费收入时，必须对其进行分类预测。电度电费是指按实际用电量计算的电费部分，用以补偿电网企业随供电量变化而变化的变动成本支出部分。基本电费是根据客户变压器容量或最大需量和国家批准的基本电价计算的电费，属于对固定成本支出的补偿。力率调整电费是根据用户用电的功率因数是否达标而制定的电费调整办法，换言之，用户用电功率因数不达标，即加收力率电费。基金及附加则是指根据国家发改委电价相关政策，针对所有用电类别规定的代征基金及附加费，包括农网还贷资金、重大水利基金、大中型水库移民后期扶持资金、小型水库移民后期扶持资金、可再生能源电价附加等。

表7-7　**电费收入结构示意表**

Ⅰ.电网公司电费收入
电费收入=电度电费+基本电费+力率调整电费+基金及附加
电度电费=峰段电量×峰段电价+谷段电量×谷段电价+平段电量×平段电价+不执行分时电价的电量×平段电价
基本电费=容量电费+需量电费=计费容量×对应价格+最大需量×对应价格
力率调整电费=力率调整增加额−力率调整减少额 基金及附加=农网还贷资金+重大水利基金+大中型水库移民后期扶持资金+小型水库移民后期扶持资金+可再生能源电价附加等
Ⅱ.电网公司售电量
总电量=峰段电量+谷段电量+平段电量+不执行分时电价的电量

从电费收入影响要素来看，电度电费等于分类电量乘以分类电价，鉴于电价受到政府管制，具有相对稳定的特征，所以，电度电费预测的核心问题即在于针对不同类别电量进行预测，具体包括峰段电量、谷段电量、平段电量和不执行分时电价的电量。其他三类电费，即基本电费、力率调整电费和基金及附加，其预测与电量相关性不呈现严格线性关系，所以，对上述四类电费收入采用分别进行趋势预测的方法（见表7-7）。此外，当前我国实行不同类别用户不同电价水平的政策，因此，电量预测应分别针对不同类别电价的用户分别进行，只有这样，收入预测才具有可行性。

②确定电量及电费收入预测类别

前文已述，电费收入预测首先应按电价类别来设定电量预测类别。当前电价因峰谷电量、用户类别、产业政策和用户电压等级产生的差别化电价等积累因素而具有差异。峰谷电量差异是指根据电力需求强度而设定的对同一类用户的差别化电价。用户类别差异是指根据用户属工业、农业、居民等类别，而设定的差别化电价。产业政策差异是指根据政府产业政策，以电价来引导产业投资、淘汰，而设定的差别化电价。用户电压等级差异是指因用户电压等级差别而产生的差别化电价。基于此，国网江苏电力对于电量预测采用如表7-8所示的分级分类方法。

表7-8　**电量预测分类表**

<table>
<tr><th>一级项目</th><th>二级项目</th><th colspan="2">三级项目</th><th>四级项目</th></tr>
<tr><td rowspan="6">一、峰段电量
二、谷段电量
三、平段电量
四、不执行分时电价的电量</td><td rowspan="6">（一）大工业用电</td><td>电石</td><td>离子膜法氯碱</td><td rowspan="6">10千伏、
20千伏、
35千伏、
110千伏、
220千伏及以上</td></tr>
<tr><td>中小化肥</td><td>10万吨以上电解铝</td></tr>
<tr><td>3万吨及以上氯碱企业烧碱</td><td>淘汰类高耗能</td></tr>
<tr><td>除优待外大工业</td><td>限制类高耗能</td></tr>
<tr><td colspan="2">电炉铁合金、电炉黄磷、合成氨、电解烧碱等</td></tr>
<tr><td colspan="2">其他3万吨及以上氯碱企业</td></tr>
</table>

续表

一级项目	二级项目	三级项目		四级项目
一、峰段电量 二、谷段电量 三、平段电量 四、不执行分时电价的电量	（二）非工业、普通工业用电	中小化肥	限制类高耗能	1千伏以下、1至10千伏、20至35千伏、35千伏及以上
		其他非工业、普通工业	淘汰类高耗能	
	（三）农业生产用电	农业生产		1千伏以下、1至10千伏、20至35千伏、35千伏及以上
		农业排灌		
		抗灾救灾		
		除省属以外的大型翻水站		
	（四）贫困县农业排灌用电			1千伏以下、1至10千伏、20至35千伏、35千伏及以上
	（五）城镇居民生活用电			1千伏以下、1至10千伏
	（六）农村居民生活用电			1至10千伏
	（七）其他照明用电	其他照明		1千伏以下、1至10千伏、20至35千伏、35千伏及以上
		城镇路灯照明		
		其他执行居民电价的电量		
		商业照明		
	（八）售给外省用电			
	（九）其他用电			

③影响电量预测的行业规律

在预测电量时，还需要考虑以下行业规律：平稳变化趋势、长期变化趋势、季节变化趋势和随机变化趋势。

a.平稳变化趋势。用电量与经济大环境、现有电网结构有着直接的联系。就前者而言，电量增长与国家经济发展之间有着较为紧密的关系，经济的平稳发展，会促进电量在未来的平稳发展。就后者而言，由于电网结构建设的周期长、投资大，电网结构在短期内实现根本性变化不具现实性。就这两大方面而言，电量数据具有短期内平稳变化的趋势，不会出现大幅涨落。

b.长期变化趋势。电量的变化趋势除上述短期平稳的特征外，还具有长期可被预测的特征。这一趋势与经济发展的长期趋势密切相关，与经济增长率和产业结构、居民用电消费特征等相关，这一较长期的趋势会影响电量的长期变化趋势。

c.季节变化趋势。电力行业受季节影响较为明显，环境、温度是影响用电量的一大外部因素，使用电量呈现出一定的季节性周期变化。每年的用电量表现出明显的夏季较高、冬季较低的特征。

d.随机变化趋势。这种电量变化按照非固定周期摆动，受偶发事件等偶发因素的影响，具有一定的随机性。

④电费收入预测建模步骤

基于上述说明，电费收入预测建模主要分为四个工作步骤，如图7-2所示。

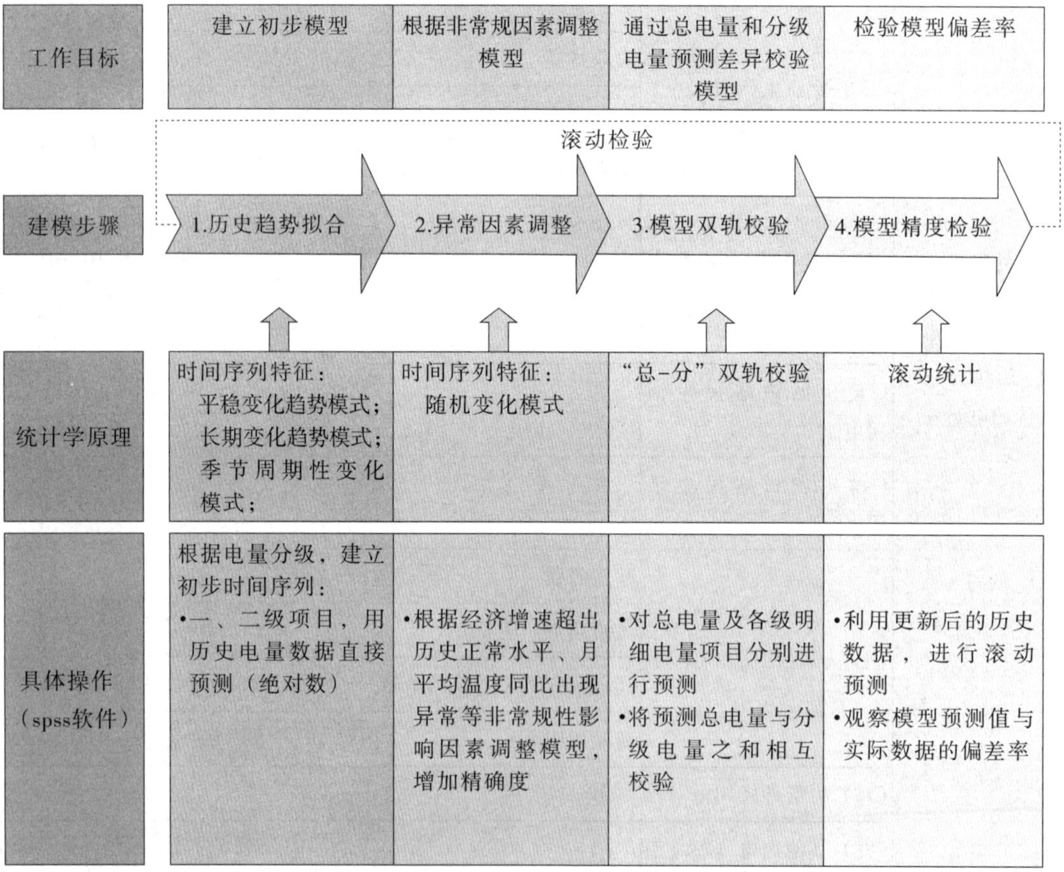

图7-2　国网江苏电力电量预测实施步骤图

（2）建模过程

①历史趋势拟合

为处理如上所述平稳变化、长期变化和季节变化带来的趋势影响，国网江苏电力选取用于时间序列分析的ARMA模型作为电量预测模型的工具。其基本思想是构成时间序列的单个序列值虽然具有不确定性，但整个序列的变化却有一定的规律性，可以从历史数据的分析中对上述三种规律进行量化处理，确定时间序列数据的结构性规律，以达到最小方差目标下的最优预测。国网江苏电力利用这一模型的基本原理，并借助统计软件编写了电量预测软件，实现算法的最优选择与预测参数的持续改进，利用电量的平稳性、趋势性及季节周期性历史数据，模拟出未来电量的销售情况。

对于电量预测分类表中的一、二级项目，使用上述模型可直接得出未来电量的初步预测值。但是，三、四级项目的历史电量绝对数较小，如直接利用其进行拟合预测，可能会产生较大的误差，故对其占上一级电量的比重进行拟合预测，而后再由上一级电量预测数乘以该电量比重计算出该级预测数值。具体过程如图7-3所示。

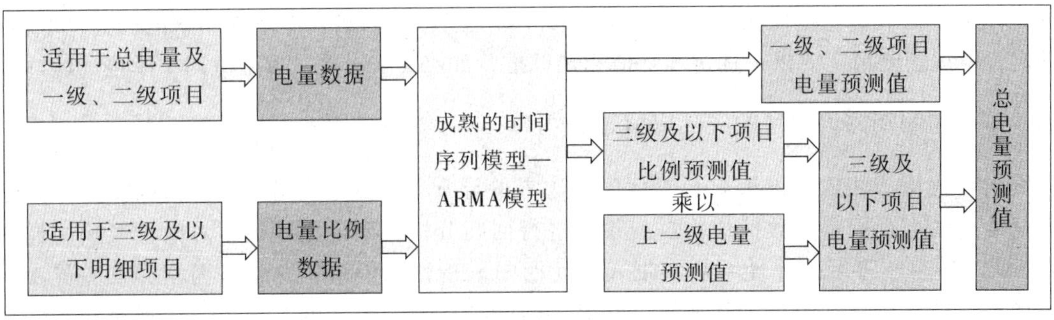

图7-3 电量预测的技术路径

②异常因素调整

该步骤工作的主要目标在于对不规则因素影响电量变化的程度进行估计，因此，该步骤工作包含两个环节：一是识别对电量产生重要影响的现实因素；二是对上述因素对未来电量预测产生的影响进行估计和处理。国网江苏电力在进行电量预测时，参照了表7-9中的影响因素，对其异常变化趋势予以关注。

表7-9 电量影响因素清单

序号	影响因素	数据来源/计算公式
1	GDP	各省市统计局网站公布的季度数据
2	第一产业GDP	同上
3	第二产业GDP	同上
4	第三产业GDP	同上
5	规模以上工业总产值	同上
6	全社会固定资产投资	同上
7	财政收入	同上
8	地方财政一般预算收入	同上
9	社会消费品零售总额	同上
10	进出口总额	同上
11	出口	同上
12	城镇居民可支配收入	同上
13	增容	电力公司业扩数据
14	减容	电力公司业扩数据
15	气温	统计年鉴

在确定上述影响因素后，对上述影响因素取对数后的历史数据进行标准化处理，采用主成分分析的统计方法，以总方差解释中主成分方差累计贡献率超过85%为标准，确定入选的具体影响因素及其权重。并在此基础上，对影响因素是否出现“异常”情况进行判断。首先，采用与上述电量预测相同的方法，来预测上述影响因素在电量预测期内的具体取值。其次，根据预测精度要求，选定异常值判定标准，如±5%。再次，以最近四个季度的实际数据，替代预测期内该因素的实际取值，公式为：$X_t = X_{t-4} \cdot \left(\frac{X_{t-1}}{X_{t-5}} + \frac{X_{t-2}}{X_{t-6}} + \frac{X_{t-3}}{X_{t-7}} + \frac{X_{t-4}}{X_{t-8}} \right) / 4$，再算出替代值（相应标准值）与置信区间边界的异常差异Δ。使用电量作为因变量，其他经标准化的影响因素对数值作为自变量，进行回归分析，确定上述因素对电量影响的弹性系数λ。最后，将上述弹性系数，带入多元回归分析预测模型，并将各因素异常差异Δ代入模型，计算出异常电量，从而可以在第一步骤趋势拟合电量的基础上，实现对异常电量的调整，如图7-4所示。

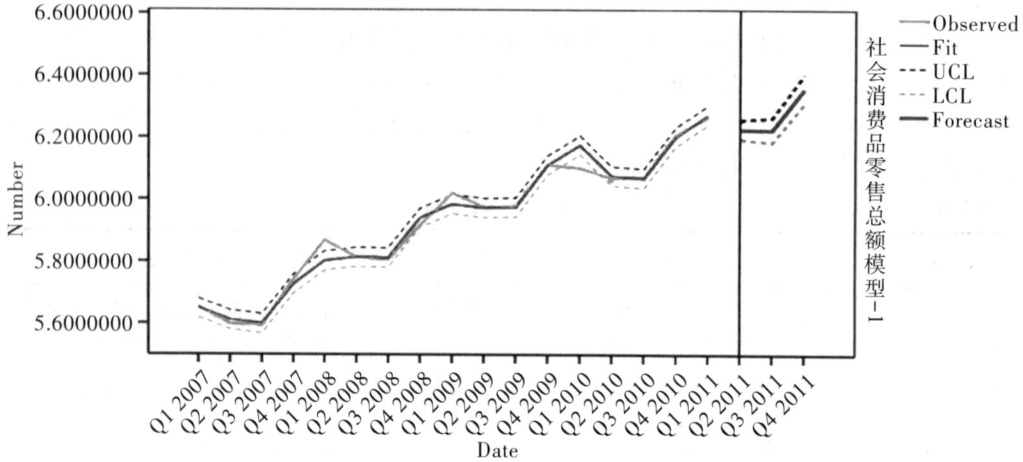

图7-4　影响因素异常变动值的识别（以社会消费品零售总额为例）

注：采用历史数据在一定异常变化的拟合预测区间，并以此为判断标准，识别区间以外的“异常值”。通过历史数据，拟合出在一定置信度（95%）上的取值区间（图中虚线），若实际观测值（图中灰色线）超过该区间范围，则判定为属于5%的异常情况。

本步骤工作的关键在于选取的影响因素是否全面和重要，同时，需要上述影响因素的可预测性较强。否则，在调整过程中会产生较大的偏差。正是基于此，在上述主成分分析和回归分析过程中，要重视观察因素的可预测性和模型对于预测数据的解释能力。

③“总-分”双轨校验

经过上述趋势预测及异常值调整程序，将会形成对电量预测分类表中总电量和一至四级项目的独立预测值。逻辑上，上一级电量应等于下一级电量总和，但因上述预测是独立进行的，会在一级、二级项目层面，形成本级电量预测值总和不一定等于上级电量预测值的情形。因此，需要进行“总-分”双轨校验，以确定哪一个预测值更为合理。

国网江苏电力的主要做法是从二级项目的电量预测值出发，调整一级、三级、四级项目预测值：$B''_i = \sum C'_{ij} D'_t = F_t \times C'_{ij} E'_t = G^*_t C'_{ij}$。然后根据一级项目的预测值，调整总电量的预测值：$A'' = \sum B'_i$；由此得到电量最终拟合的预测值$A''$、$B''_i$、$C'_{ij}$、$D'_t$、$E'_t$。（见表7-10）

表7-10 **历史趋势拟合及双轨校验**

预测项目	历史趋势拟值	异常因素调整	最终预测值
总电量	A	$A'=A+\Delta A$	$A''=\sum B''_i$
一级项目	B_i	$B'_i = B_i + \Delta B_i$	$B''_i=\sum C'_{ij}$
二级项目	C_{ij}	$C'_{ij} = C_{ij} + \Delta C_{ij}$	C'_{ij}
三级项目	D_t	D_t	$D'_t = F_t * C'_{ij}$
四级项目	E_t	E_t	$E'_t = G_t^* C'_{ij}$

注：异常因素调整“总-分”双轨校验。

（3）预测效果

国网江苏电力的上述预测方法在实践中取得了较好的结果。无锡市电力公司对2010年的全年电量按照上述方法进行了预测（见表7-11）。数据显示，预测时点越接近2010年年底，预测精度越高；对于四类电费收入所对应的电量，电度电费的预测精度较高。从预测时点来看，在2009年年末对2010年全年电量进行预测，得到的预测值与2010年实际电量相比，电度电费对应的电量总偏差为-8.05%，这一偏差总体在预测精度要求偏差之内；伴随着时间的推移，2010年前三季度末进行的预测，偏差率分别为-6.73%、-3.91%和0.04%，偏差呈迅速递减趋势。尤其是对全部类别预测的电量，在三季末所进行的全年电量预测，偏差率基本都控制在±1%内。依据这一电量预测精度的特性，国网江苏电力强化了滚动预算的管理工作，即对年度预算根据预测值作粗线条安排，月度预算则可在精度较高的电量预算基础上，进行全年的滚动规划，使收入与费用、现金流入与现金流出相匹配，从战略层面较好地规划公司的财务结构。

表7-11 **电量预测精度表（无锡市电力公司针对2010年全年电量的预测）**

预测时点		2009年二季度末	2009年三季度末	2009年四季度末	2010年一季度末	2010年二季度末	2010年三季度末
电度电费	合计电量	-15.45%	-14.89%	-8.05%	-6.73%	-3.91%	0.04%
	峰段	-12.43%	-11.84%	-4.73%	-0.46%	3.45%	0.01%
	平段	-11.74%	-10.61%	0.84%	0.61%	5.67%	-0.01%
	谷段	-5.34%	-4.59%	2.95%	6.17%	7.57%	0.34%
	不执行部分	-28.12%	-28.14%	-25.38%	-26.52%	-25.03%	-0.12%
基本电费	计费容量	-10.42%	-15.88%	-14.51%	-4.23%	-5.80%	-0.18%
	最大需量	-30.11%	-25.36%	-14.69%	-5.40%	-2.77%	0.77%
力率调整电费	力调增加	7.24%	-7.61%	-15.63%	-6.41%	-1.82%	-0.96%
	力调减少	-21.13%	-18.81%	-5.46%	-5.04%	-4.56%	-0.63%
基金及附加	全口径流量电量	-15.85%	-15.07%	-14.80%	-8.21%	-5.55%	-0.89%
	居民流量电量	-9.84%	-10.39%	-10.73%	-6.09%	-5.79%	-3.05%

4）基于人工智能的财务信用评价模型

（1）思路与方法

电力企业的财务信用评价需从结果型要素与驱动型要素两方面进行综合性的评价。其中，结果型要素将采用财务类指标进行衡量，驱动型要素将采用业务类指标进行衡量。

首先，借鉴相关信用评价模型和国际三大评级机构的实践经验，确定结果型要素下的因子与财务类指标。为了保证模型对于电力公司的适用性，我们也将电力公司在实践中形成的财务类指标纳入其中。

然后，在确定结果型要素下的因子与财务类指标的基础上，结合电力公司的实际情况，确定驱动型要素下的因子与业务类指标。为更准确描述电力公司的经营活动情况，我们选取的业务类指标均来源于电力公司的对标数据，并根据电力公司实践经验归纳总结驱动型要素的因子。

最后，在得出两类要素的基础上，确定综合的指标体系，形成理论模型。综合评价指标体系是对结果型要素和驱动型要素的综合考虑，其可以全面反映公司的信用状况，为公司提升自身财务信用水平提供参考和依据。

（2）确定一般信用评价指标

①确定结果型评价指标

目前，财务信用评价研究领域中较为成熟的是Edward Altman于1968年建模设计的一种破产预测模型，即Z-score模型。它主要从五个方面来对企业的运行状况、破产与否进行分析判别：企业的流动性与规模、企业积累的利润及经营年限、总资产的盈利以及经营管理水平、企业的资本结构是否稳定和企业资产利用的效果及其产生销售额的能力。国际上最具权威性的三大专业信用评级机构一般会从公司外部环境、公司内部财务因素、公司内部非财务因素、盈利能力等方面进行评价。三大评级机构所使用的财务指标可以划分为以下五类：偿债能力类、盈利能力类、运营效率类、市场拓展类和现金流量类。

综合理论界和实务界的因子体系存在以下共性：流动性和偿债能力反映了企业的财务风险；生产能力和盈利能力反映了企业的产出水平；利润、股东保障和偿债能力反映了企业对债务的保障程度；资产利用效率和运营效率反映了企业的营运能力。同时，实务界还关注公司的市场拓展能力与现金流，前者反映了公司的增长能力，后者反映了公司的管理水平，这两者对公司的信用水平也有较大的影响。因此，选择以下评价因子：信用风险因子、信用产出因子、信用保障因子、信用效率因子、信用增长因子和信用管理因子。

在各类因子下选取4~6个备选财务指标，并用13个样本的数据对所选指标进行了初步描述性统计分析，筛选掉部分不适用于本次研究的指标，得到6类评价因子的指标及各财务指标计算口径，见表7-12。

表7-12　　电力公司自我信用评价财务指标表

评价因子	具体指标	计算口径
风险因子	利息保障倍数	计算公式：EBIT/利息费用×100% 其中：EBIT=利润总额+财务费用中的利息支出 利息费用（分母）=财务费用中的利息费用+计入固定资产成本的资本化利息
	清算价值比率	计算公式：（资产总额-无形资产-待摊费用）/负债总额×100%

续表

评价因子	具体指标	计算口径
产出因子	在用资产经济增加值率	计算公式：经济增加值（EVA）/平均在用资产×100% 其中：经济增加值（EVA）=税后净营业利润-资本成本=税后净营业利润-调整后平均资本×平均资本成本×月份/12 平均资本成本暂按4.1%计算 税后净营业利润=(利润总额-购电成本+财务费用+研究开发费）×（1-所得税税率） 购电成本=供购电量×省公司平均统购电价格 供购电量=售电量+供电线路损失电量 调整后平均资本=(期初在建工程+期初工程物资+期初存货+期末在建工程+期末工程物资+期末存货）/2 平均在用资产=(期初资产总额-期初工程物资-期初在建工程+期末资产总额-期末工程物资-期末在建工程）/2
	固定资产创收能力增长率	计算公式：（本期固定资产创收能力/上年同期固定资产创收能力-1）×100%
	EBITDA利润率	计算公式：息税折旧及摊销前利润（EBITDA）/营业收入×100% 其中：EBITDA=息税前利润+折旧+长期待摊费用摊销+无形资产摊销 息税前利润=利润总额-购电成本+财务费用中的利息支出 购电成本=供购电量×省公司平均统购电价格 供购电量=售电量+供电线路损失电量
	销售净利率	计算公式：净利润/销售收入×100%
保障因子	总资产报酬率	计算公式：净利润/平均资产总额×100% 其中：平均资产总额=（期初资产总额+期末资产总额）/2
	固定资产收益率	计算公式：2×净利润/（期初固定资产+期末固定资产）×100%
	净利润增长额	计算公式：本期净利润-上期净利润
	净利润增长率	计算公式：（本期净利润-上期净利润）/上期净利润×100%
效率因子	总资产周转率	计算公式：主营业务收入净额/平均资产总额×100% 其中：平均资产总额=（期初资产总额+期末资产总额）/2
	固定资产周转率	计算公式：主营业务收入净额/平均固定资产净值×100% 其中：平均固定资产净值=（期初固定资产净值+期末固定资产净值）/2
	非流动资产周转率	计算公式：主营业务收入净额/非流动资产总额×100%
增长因子	营业收入增长额	计算公式：本期营业收入-上年同期营业收入
	营业收入增长率	计算公式：（本期营业收入-上年同期营业收入）/上年同期营业收入×100%
	总资产增长额	计算公式：本期总资产-上期总资产
	总资产增长率	计算公式：（本期总资产-上期总资产）/上期总资产×100%

续表

评价因子	具体指标	计算口径
管理因子	现金销售比	计算公式：经营活动现金总流入/本年营业收入×100%
	现金利润比	计算公式：经营活动现金总流入/本年净利润×100%
	上期应收账款减少比率	计算公式：（上期应收账款总额-本期应收账款总额）/上期应收账款总额×100%
	销售回款率	计算公式：（本年营业收入+期初应收账款总额-期末应收账款总额）/本年营业收入×100%

对所选取的信用评价指标进行数据标准化处理，使评价结果更准确、更适用于分析。为了降低评价指标中所包含的重复信息对研究结论的影响，我们对每类因子的指标进行主成分分析并计算每类因子的得分。主成分分析是一种统计方法，它将原来众多具有一定相关性的指标，重新组合成一组新的互相无关的主元。对6类信用因子的评价指标分别进行主成分分析，结果的载荷矩阵见表7-13。

表7-13 **6类财务因子主成分分析的载荷矩阵**

因子	成分	特征根值	方差贡献率	累计方差贡献率
风险因子	主元1	1.1126	0.5563	0.5563
	主元2	0.8874	0.4437	1.0000
产出因子	主元1	2.5790	0.6447	0.6447
	主元2	0.7863	0.1966	0.8413
	主元3	0.4881	0.1220	0.9633
	主元4	0.1466	0.0367	1.0000
保障因子	主元1	2.6959	0.6740	0.6740
	主元2	1.0280	0.2570	0.9310
	主元3	0.2233	0.0558	0.9868
	主元4	0.0529	0.0132	1.0000
效率因子	主元1	2.9369	0.9790	0.9790
	主元2	0.0552	0.0184	0.9974
	主元3	0.0079	0.0026	1.0000
增长因子	主元1	1.9789	0.4947	0.4947
	主元2	1.4455	0.3614	0.8561
	主元3	0.4710	0.1177	0.9738
	主元4	0.1046	0.0262	1.0000
管理因子	主元1	2.0150	0.5037	0.5037
	主元2	1.5124	0.3781	0.8818
	主元3	0.3410	0.0853	0.9671
	主元4	0.1315	0.0329	1.0000

②确定驱动型评价指标

驱动型要素的业务指标将在财务信用得分的基础上选择，将其与财务信用得分进行相关性分析，以找出与财务信用评价相关的业务指标，形成业务得分。

尽量选择与当前省级电力公司对标数据评价口径一致的业务数据，但由于对标数据评价体系经过修订，许多指标缺失值较多，因此，我们选取了近两年所使用的对标数据。在进行数据处理之前，为了使数据分析更为准确可靠，同样进行了调整标准差和数据单调化的标准化处理。

将数据标准化后，需要确定与财务信用评价相关性较高的业务指标以形成指标体系。因此，我们将前面研究得出的财务信用得分和各备选指标进行一元一次回归，并记录其回归结果系数、t值和R^2，然后选择与财务评分显著正相关且显著程度大于5%的业务指标作为驱动型要素的业务指标。最后，参照对标数据的分类标准，将业务指标归纳为12类因子。显著相关的业务指标及其回归结果见表7-14。

表7-14 **显著相关的业务指标及其回归结果**

因子	指标	统计指标		
		系数	t值	R^2
安全管理	安全隐患排查治理工作评价指数	0.1384	2.95**	0.4420
	质量事件评价指数	0.1070	2.36**	0.3358
服务优质	农网综合电压合格率成效指标	1.2244	2.94**	0.4400
	城网综合电压合格率成效指标	0.6079	2.38**	0.3391
	业扩报装管理规范率	0.1567	2.17**	0.2997
	业扩报装协同规范率	0.4753	3.33***	0.5021
资产优良	单位资产售电量	0.0594	13.28***	0.9413
业绩优秀	全口径劳动生产率	0.2908	7.99***	0.8531
现代公司	科技创新指数	0.1281	3.19***	0.4807
电网坚强	精益化变电站比例	0.2849	3.05**	0.4579
物力管理	采购管控指数	5.4557	3.01**	0.4509
建设管理	基建安全质量管理指标	0.9127	2.48**	0.3589

(3) 确定基于电力行业的经验指标

在相关性分析的基础上，依据对电网公司的实践经验总结，选取了部分和自身信用评价相关的业务指标加入评价体系，表7-15为最终业务指标体系。

表7-15　　最终业务指标体系

要素	因子	指标
业务类要素	电网坚强	精益化变电站比例
		输变电系统故障停运平均恢复时间
		输变电回路重复计划停运率
	资产优良	单位资产售电量
		电费及自备电厂基金回收率
	服务优质	用户平均停电时间
		停电用户平均停电时间
		城网综合电压合格率成效指标
		农网综合电压合格率成效指标
		业扩报装协同规范率
		业扩报装管理规范率
		优质服务评价指数
	人员素质	全口径劳动生产率
		高端人才及三无人员指数
	现代公司	科技创新指数
		管理创新指数
	安全管理	安全隐患排查治理工作评价指数
		电网安全风险预警工作评价指数
		质量事件评价指数
	物力管理	采购管控指数
		物资合同履约完成率
		物资质量管理完成率
	规划管理	同期线损系统建设成效
	建设管理	基建安全质量管理指标
	检修管理	配网不停电作业指数
	营销管理	客户用电安全管理规范度

接下来，生成各类因子的得分，在此基础上，综合各类因子形成业务信用得分。首先，将电网坚强、资产优良、服务优质、人员素质、现代公司、安全管理和物力管理七个含有多个指标的因子分别形成该因子的评价分数，从而使每类因子都有一个代表该类因子的得分参与下一步的聚类。

以安全管理因子为例，该因子包括安全隐患排查治理工作评价指数、电网安全风险预警工作评价指数和质量事件评价指数三个指标，这三个指标所包含的信息有较高的重复率，需要降低信息重复性对结果的影响。因此，我们使用主成分分析法进行降低信息重复性，形成安全管理因子得分的操作。这七类因子主成分分析结果的载荷矩阵见表7-16。

表7-16 **七类业务因子主成分分析的载荷矩阵**

因子	主元	特征根值	方差贡献率	累计方差贡献率
电网坚强	主元1	1.4322	0.4774	0.4774
	主元2	1.0544	0.3515	0.8288
资产优良	主元1	1.5562	0.7781	0.7781
	主元2	0.4438	0.2219	1.0000
服务优质	主元1	4.9229	0.7033	0.7033
	主元2	0.7042	0.1006	0.8039
人员素质	主元1	1.3433	0.6717	0.6717
	主元2	0.6567	0.3283	1.0000
现代公司	主元1	1.0584	0.5292	0.5292
	主元2	0.9416	0.4708	1.0000
安全管理	主元1	1.9321	0.6440	0.6440
	主元2	0.8419	0.2806	0.9246
物力管理	主元1	1.8114	0.6038	0.6038
	主元2	0.7962	0.2654	0.8692

（4）形成财务信用综合指标体系

形成综合指标体系按照以下三个步骤进行。首先，综合结果类要素和驱动类要素的得分以形成最终的指标体系；其次，确定要素、因子和指标的相对权重和绝对权重；最后，得到综合评价体系。

为了确定两类指标最终形成的综合得分，我们依然使用主成分分析法计算综合得分。具体为将两类得分通过统计学方法形成重复信息较少的成分1与成分2及相应方差贡献率，然后将这两个成分分数按照方差贡献率进行加权，最终生成综合得分，主成分分析的载荷矩阵和成分矩阵见表7-17。

表7-17 **综合得分主成分分析结果**

主成分	载荷矩阵		
	特征根值	方差贡献率	累计方差贡献率
主元1	1.7298	0.8649	0.8649
主元2	0.2701	0.1351	1.0000

要素类别	成分矩阵	
	主元1	主元2
驱动类要素	0.7071	0.7071
结果类要素	0.7071	-0.7071

在得出综合得分后，我们需要求出综合得分内各要素、因子和指标的权重。用主成分分析确定权重的方法为以主元的方差贡献率为权重，对该指标在各主成分线性组合中的系数进行加权平均，最后所有权重归一化形成原指标的权重。

最终形成的指标体系见表7-18。

表7-18 **指标体系表**

要素	因子	指标	指标权重
结果类要素（30.24%）	风险因子（2.74%）	利息保障倍数	2.39%
		清算价值比例	0.35%
	产出因子（5.93%）	在用资产经济增加值率	0.86%
		EBITDA利润率	1.11%
		销售净利率	1.28%
		固定资产创收能力增长率	2.68%
	保障因子（7.13%）	固定资产收益率	1.73%
		净利润增长额	0.78%
		净利润增长率	2.58%
		总资产报酬率	2.04%
	效率因子（6.47%）	非流动资产周转率	2.59%
		总资产周转率	1.96%
		固定资产周转率	1.92%
	增长因子（4.54%）	营业收入增长额	2.18%
		营业收入增长率	0.89%
		总资产增长额	0.93%
		总资产增长率	0.54%
	管理因子（3.44%）	现金销售比	0.53%
		现金利润比	0.17%
		销售回款率	1.57%
		上期应收账款减少比率	1.17%

续表

要素	因子	指标	指标权重
业务类要素（69.76%）	电网坚强（9.28%）	精益化变电站比例	4.72%
		输变电系统故障停运平均恢复时间	2.89%
		输变电回路重复计划停运率	1.67%
	资产优良（7.78%）	单位资产售电量	3.79%
		电费及自备电厂基金回收率	3.98%
	服务优质（11.77%）	用户平均停电时间	1.26%
		停电用户平均停电时间	3.86%
		城网综合电压合格率成效指标	0.58%
		农网综合电压合格率成效指标	1.47%
		业扩报装协同规范率	2.07%
		业扩报装管理规范率	1.35%
		优质服务评价指数	1.19%
	人员素质（7.43%）	全口径劳动生产率	4.63%
		高端人才及三无人员指数	2.80%
	现代公司（4.26%）	科技创新指数	1.86%
		管理创新指数	2.40%
	安全管理（9.24%）	安全隐患排查治理工作评价指数	3.31%
		电网安全风险预警工作评价指数	4.12%
		质量事件评价指数	1.81%
	物力管理（7.35%）	采购管控指数	2.03%
		物资合同履约完成率	0.41%
		物资质量管理完成率	4.91%
	规划管理（2.8%）	同期线损系统建设成效	2.80%
	建设管理（3.6%）	基建安全质量管理指标	3.60%
	检修管理（3.08%）	配网不停电作业指数	3.08%
	营销管理（3.19%）	客户用电安全管理规范度	3.19%

关键词

数智财务　数智技术　大数据　云计算　人工智能　区块链　信息化财务　数字化财务　决策流程　财务决策　应用场景　财务场景　模型构建　智能决策　财务风险　战略预算管理　财务信用评价

思考题

1.什么是数智财务？数智财务是以哪些数智技术为支撑的？

2.相较于传统的财务工作，数智财务的特征有哪些？

3.数智财务的智能主要体现在哪里？

4.数智财务决策与传统财务决策的本质区别是什么？

5.数智财务发展的三个阶段是什么？你认为信息化财务阶段与数字化财务阶段，各有哪些发展与局限性？

6.传统的会计数据采集与数智财务的数据采集有何区别与联系？

7.简述数智财务决策的基本流程。

8.你认为大数据、人工智能、云计算和区块链等数智技术会从哪些方面影响财务决策？

9.举例说明数智技术在具体财务场景中的应用。

学思践悟

数字经济是中国寻求可持续发展的重要机遇，作为全球经济增长最快的领域，数字经济成为带动新兴产业发展和传统产业转型，促进就业和经济增长的主导力量，直接关系到全球经济发展的大格局，也关系着中国经济未来发展的新方向。党的十八大以来，中国政府高度重视数字经济的发展，推动数字经济发展已逐渐上升至国家战略层面。党的十九大报告明确指出，要发展数字经济、共享经济，培育新增长点，形成新动能。习近平总书记多次强调要构建以数据为关键要素的数字经济（《中国数字经济发展白皮书（2022年）》）。2020年发布的《中共中央、国务院关于构建更加完善的要素市场化配置体制机制的意见》明确将数据列为五大核心要素之一，指出我国应培育发展数据要素市场，使大数据成为推动经济高质量发展的新动能。近年来，数字经济快速发展成为推动经济高质量发展的新引擎，对GDP的贡献率不断提高。根据中国信息通信研究院发布的《中国数字经济发展白皮书（2020年）》，我国数字经济增加值已经占据GDP比重的39%，逐步成为我国GDP的主要贡献主体。数字经济发展的微观着力点则在于数智化技术与制造业、服务业等实体经济深度融合，加快企业数智化转型进程。这是一个企业积极拥抱人工智能、云计算、大数据、5G、物联网、区块链等数智化技术，同时，将其融入自身战略、财务、业务、组织与管理之中，对企业商业模式、组织活动、流程、财务与业务模式和员工能力进行改造，进而提升企业的运营水平与经营效率，最终实现企业产业升级再造与高质量发展的过程。

当前，远程教育、在线医疗、远程办公等新业态迅速兴起，共享经济、电子商务、移动支付加速普及，焕发蓬勃生机。中国制造正在向中国“智”造加速转变。新时代，新征程，让我们共同期待中国“智”造成就中国之美，推动民族复兴伟大中国梦的实现！

延伸阅读文献

1.陈冬梅，王俐珍，陈安霓．数字化与战略管理理论——回顾，挑战与展望［J］．管理世界，2020，36（5）：220-236.

2.陈剑，黄朔，刘运辉．从赋能到使能——数字化环境下的企业运营管理［J］．管理世界，2020，36（2）：117-128.

3.刘勤，杨寅．改革开放40年的中国会计信息化：回顾与展望［J］．会计研究，2019（2）：26-34.

4.田秀娟，李睿．数字技术赋能实体经济转型发展——基于熊彼特内生增长理论的分析框架［J］．管理世界，2022，38（5）：56-73.

5.徐鹏，徐向艺．人工智能时代企业管理变革的逻辑与分析框架［J］．管理世界，2020，36（1）：122-129.

6.徐玉德．数字经济时代会计变革的反思与逻辑溯源［J］．会计研究，2022（8）：3-13.

7.张新民，金瑛．资产负债表重构：基于数字经济时代企业行为的研究［J］．管理世界，2022，38（9）：157-176；207.

8.祝继高，曲馨怡，韩慧博，等．数字化转型与财务管控创新研究——基于国家电网的探索性案例分析［J］．管理世界，2024，40（2）：172-192.

拓展材料

1.财智世界｜徐锐，薛爽，吴晶，等：财务数智化转型助推中小企业高质量发展——以S公司为例

2.财智世界｜陈虎，郭奕：数智化时代的新型财务管理组织体系

互动习题

第7章即测即评

8 衍生工具与公司财务管理

导入案例　出口企业如何解困？

A公司是一个在中国大陆从事桥梁隧道挖掘的大型企业，其项目遍及中国大陆以及东南亚、中东等地的共建“一带一路”国家。自2000年以来，公司实现了快速增长，20多年来年均实现销售规模增长12%，成长为国内乃至国际范围内桥梁隧道挖掘和工程建设的龙头企业。2020年公司销售金额近4 000亿元人民币。

但是，自2020年年中开始，公司生产经营出现了诸多困难。困难主要来自三个方面：

（1）原材料价格日益上涨。国际主要国家采用量化宽松的货币政策，使得大宗商品价格出现飙升趋势，公司既往签订的合同，如果按未来预期的原材料采购价格重新核算，将出现大面积亏损，原材料价格的上涨严重挤压了公司的盈利空间。

（2）人民币具有快速升值趋势。人民币对国际主要货币将进入快速升值通道。因国际项目多采用美元计价结算，预期中的人民币快速升值将会极大挤压公司出口业务的利润空间，预测超过三成的项目利润甚至将成为负数。由于公司境外业务占公司总体业务的30%以上，因此，人民币升值给公司经营带来了非常严峻的挑战和困难。

（3）融资成本日益提升。公司主要融资渠道是向国内政策性银行和商业银行融资，自2020年开始，根据国内货币政策走向预测，公司的融资成本会在现有基础上进一步提高，且银行不愿意以固定利率贷出长期借款，公司靠短期借款的不断滚动维持流动资金和部分长期资金的缺口需要，融资利率的频繁波动和上调趋势，使公司面临较大的融资成本压力。

公司董事会在2020年6月连续3次讨论了这一严峻的形势，期望采取合适的策略对上述情况进行应对，并责成公司总经理制订应对方案。总经理组织采购部门、销售部门和财务部门负责人成立研究小组，要求在6月结束之前拿出方案，对上述原材料价格、货币汇率以及融资利率带来的风险拟定解决办法，供公司经理办公会讨论，方案成熟后即提交公司董事会进行讨论决策。

如果你是公司的财务负责人，该如何提出方案呢？

8.1　衍生工具的基本概念与市场机制

8.1.1　衍生工具的基本概念

1）衍生工具

衍生工具是相对于基本金融工具而言的，它主要是指金融市场上一系列自身的价值依赖于标的资产价格变动的合约的总称。这里的标的资产可以是商品（如石油、小麦、玉米、咖啡等），也可以是金融资产（如股票、债券等）。

基本的衍生工具主要有互换合约、远期合约、期货和期权等。当然，随着金融业的发展，将来会有越来越多的衍生金融工具出现。

衍生工具可以用于对冲风险、套利及反映市场的动向。市场上主要有三种参与者，分别为对冲者、投机者以及套利者。对冲者由于不愿承担风险，故利用衍生工具预防市场上价格、利率等市场变量的变动。同时，由于金融市场存在价格波动，投机者则利用衍生工具去赚取利润，在价格上升时买入，价格下跌时就出售。套利者则利用衍生工具，在不同市场以不同价格同时买入及卖出相同或相似的金融产品，从而获得无风险的回报。

2）期货合约

期货合约（futures contract）是买卖双方签订的在将来某一确定时间按确定价格购买或出售某项资产的协议。与现货合约一样，期货合约亦需要两名交易者的参与，在某一约定价格的基础上，期货合约的卖方同意在未来特定时刻出售资产，期货合约的买方同意在同一时点购入资产。承诺买入的期货合约投资者持有的头寸被称为期货多头（long position）；承诺卖出的期货合约投资者持有的头寸被称为期货空头（short position）；议定的交易价格被称为期货价格（futures price）。

3）期权合约

期权（option）是在未来预定的时间内，按照某一预定的价格，买进或卖出某一特定资产的权利。期权合约则是期权购买者和出售者关于期权交易的约定。与期货合约不同，期权的持有者拥有的是权利，而不包括潜在的义务。如果期权的持有者在预定的时期内不履行他的权利，那么，该期权以及履行该权利的机会将不复存在。但是，期权的持有者一旦提出履约，期权的出售者有责任按该期权合约要求履行相应的义务。

期权包括看涨期权（call option）和看跌期权（put option）。以看涨期权为例，看涨期权的出售者卖出了买进特定资产的权利，因此，一旦期权持有者履约，看涨期权的出售者就有义务按约定价格将该资产卖给看涨期权的持有者。对于看跌期权，其购买者买入了按既定价格卖出特定资产的权利，因此，一旦期权购买者决定履约，看跌期权的出售者就有义务从看跌期权购买者那里按事先约定的价格买进资产。

4）互换合约

互换（swap）是指交易双方私下达成协议，按事先约定的方式在将来一定期限内交换彼此的现金流。关于互换的约定即互换合约。最常见的互换包括利率互换和货币互换。

利率互换（interest rate swap）通常为交易一方同意向另一方支付若干年的现金流，这个现金流是名义本金按事先约定的固定利率计算出的利息，同时，对方同意在同样期限内向本方支付相当于同一名义本金按浮动利率计算出的利息的现金流。一般来说，这两种利息现金流使用的货币是相同的，通常利率互换的时间期限可从1年至15年以上。

货币互换（currency swap）通常是指一种货币的本金和固定利息与几乎等价的另一种货币的本金和固定利息进行交换。

当然，也存在利率互换与货币互换综合使用的互换合约。

8.1.2 期货合约及其市场运作机制

1）期货合约的特性

（1）标准化合约

期货合约是标准化的。标准化主要包括合约规模标准化与合约标的资产标准化。

①合约规模标准化

期货合约规定了每一合约中交割的资产的标准数量，只有规模一致的合约，才可在合约的具体交易过程中，不再对交易资产数量进行二次协商和交易撮合，从而提高市场的交易效率。合约规模的大小对交易所来说是一项重要的决策。一方面，如果合约的规模过大，许多希望对冲较小风险头寸的投资者或持有较小头寸的投机者就不可能利用该交易进行交易。另一方面，由于交易成本是与每一个交易的合约密切相关的，如果合约规模过小，则交易成本就会很高，这是因为每张合约都涉及一定的交易成本。当然，交易所最终决定合约规模时，需详细分析该合约交易者的需求。在现实交易过程中，不同资产对应的期货合约规模是有显著差异的。例如，农产品期货合约中交割资产的价值可能从1万美元到2万美元不等，而金融期货的合约规模会大得多。

②合约标的资产标准化

当合约标的资产是实物商品时，市场中该商品的品质可能有很大的差别。当指定标的资产时，交易所必须对允许交割的资产等级作出明确规定。对于某些商品来说，一定等级范围内的商品均可以用来交割，但要根据所选用的等级来调整收取的价款。

（2）交割月份与交割安排

期货合约按交割月份来划分。交易所必须指定在交割月份中可以进行交割的确切时期。对于许多期货合约来说，交割时期是整个交割月。

交割月份随合约的不同而不同，由交易所根据客户的需要进行选择。例如，在国际货币市场（International Monetary Market）上交易的外汇期货的交割月份为3月份、6月份、9月份和12月份；而美国芝加哥期货交易所（CBOT）的玉米期货合约的交割月份为3月份、5月份、7月份、9月份和12月份。在任何给定的时间，交易的合约包括最近交割月的合约和一系列随后交割月的合约。由交易所指定特定月份为合约开始交易的时刻，交易所同时也对给定合约的最后交易日作出了规定。最后交易日通常是最后交割日的前几天。

同时，交易所必须指定商品交割的地点。这对可能存在较高的运输费用的商品期货尤为重要。当指定几个交割地点时，空头方收取的价款有时会根据所选择的交割地点进行调整。

2）保证金制度

（1）经纪人和交易保证金

由两个投资者直接接触并同意在将来某一时刻按某一特定的价格交易一项资产，是一种交易成本极高的交易方式。这是因为，当标的资产价格发生了不利于本方期货合约的价值变动时，该投资者可能会后悔该项交易，有违约的倾向。同时，即使该投资者主观不愿违约，也有可能因为资金约束无法保证该项协议的履行。引入经纪人和交易保证金制度，可以最大程度上减少合约违约的情况。

只有具有经纪人资格的交易主体才可进行期货交易，期货交易者须委托经纪人进行期货交易。经纪人将要求投资者在保证金账户（margin account）中存入一笔资金。投资者在最初开仓交易时必须存入的资金数量被称为初始保证金（initial margin）。在每天交易结束时，保证金账户要进行调整，以反映该投资者的盈利或损失。这就是所谓的盯市（marking to market）操作。

盯市是在一笔交易发生日结束时首次进行的，此后，每个交易日结束后都要进行盯市结算。当盯市结算发生损失时，经纪人将向交易所支付损失的金额，交易所则将此资金转交给合约交易对方投资者的经纪人。

投资者有权提走保证金账户中超过初始保证金的那部分资金。为了确保保证金账户的资金余额在任何情况下都不会为负值，交易所设置了维持保证金（maintenance margin）。维持保证金数额通常低于初始保证金数额。如果保证金账户的余额低于维持保证金，投资者就会收到保证金催付（margin call）通知，要求在第二天内将保证金账户内资金补足到初始保证金的水平。我们将这一追加的资金称作变动保证金（variation margin）。如果投资者不能提供变动保证金，经纪人将出售该合约来平仓。

（2）交易结算所和结算保证金

交易结算所（exchange clearing house）是交易所的附属机构。它作为期货交易的媒介或中间人，保证每笔交易的双方履行合约。交易结算所拥有一定数量的会员，会员公司在交易结算所附近设立办公场所。那些不是交易结算所会员的经纪人，必须通过交易结算所的会员来从事业务。交易结算所的主要任务是对每日发生的所有交易进行记录，以便计算每一会员的净头寸。

与经纪人要求投资者开设保证金账户一样，交易结算所也要求其会员在交易结算所开设保证金账户。我们称之为结算保证金（clearing margin）。与投资者保证金账户的操作方式类似，结算所会员的保证金账户余额在每一交易日结束时也按照其盈利和亏损进行调整。但是，对交易结算所会员来说，只有初始保证金，没有维持保证金。每一天每一种合约的保证金账户的余额必须保持一定的金额，即必须等于初始保证金乘以流通在外的合约数。因此，一方面，交易结算所会员在每个交易日结束时，根据当天发生的交易和价格变动情况，可能必须在其结算保证金账户中追加资金；另一方面，也可能发现此时可从结算保证金账户中抽出资金。经纪人如果本身不是结算所的会员，则必须从交易结算所会员那里开设保证金账户。

交易结算所有两种计算结算保证金的方式：基于总值或基于净值来计算流通在外的合约数。基于总值（gross basis）方式是将客户开的多头总数与客户开的空头总数相加；基于净值（net basis）方式是允许多空头相互抵销。

保证金制度的最终目的是降低市场参与者由于违约而蒙受损失的可能性。整体来说，该制度是非常成功的，在交易中，由于违约而产生的损失几乎是不存在的。

3）交割与平仓

（1）交割

交割期是由交易所决定的，并且每种合约的交割期都不相同。一般由空头方在几种交割日期之间选择其中之一。这里我们称空头方为投资者A，当投资者A决定进行交割时，A的经纪人就会向交易结算所递交一份交割意向通知书（notice of intention to deliver）。通知书会说明交割期货合约的数量，对商品期货而言，还要指明交割地点及交割商品的等级。交易所会找一个多头方来接受交割。

所选取的接受交割的多头方一般都不是最初与空头方A达成协议的投资者，我们称其为B。因为B可以将期货合约卖给投资者C进行平仓，C可以再将该期货合约卖给D，如此进行下去。交易所通常将交割意向通知书交给未平仓合约（购买的期货合约）时间最长的多头投资人，此多头必须接受交割意向通知书。但如果此通知可转让的话，多头方也可以在短时间内找到另外一家多头接受此交割书。

在期货交割的过程中，有3个很重要的日子：首次通知日（first notice day）、最后通知日（last notice day）和最后交易日（last trading day）。首次通知日是允许交割通知传送到交易所的第一天；最后通知日是允许交割通知传送到交易所的最后一天；最后交易日一般在最后通知日的前几天。为了避免承担交割的风险，处在多头位置的投资者会在首次通知日之前平仓。

（2）平仓

因交割成本高，大多数期货投资者会选择在合约规定的交割日前平仓（closing out）。平仓就是持有一个与初始交易头寸相反的头寸，从而使自己持有的净头寸为零。例如，如果投资者在3月2日买入10个6月份到期的美元外汇期货合约，该投资者可在5月20日通过卖出10个6月份到期的美元外汇期货合约来平仓。如果投资者在3月2日卖出10个6月份到期的期货合约，则他可在5月20日通过买入10个6月份到期的期货合约来平仓。在每种情况下，投资者的总损益取决于3月2日至5月20日之间期货价格的变化。

4）期货价格的规律

随着期货合约的交割月份的逼近，期货的价格收敛于标的资产的现货价格。当到达交割期限时，期货的价格等于或非常接近于现货的价格。这是因为，如果在交割日临近时，期货价格显著异于现货价格，市场上将存在套利机会。

如果在交割期间期货的价格高于现货的价格。套利者将采取如下的套利策略：①卖空期货合约；②买入资产；③进行交割。套利者可通过此策略获利，获利额等于期货价格高于现货价格的那部分。同时，套利会使得期货的价格下降，现货的价格上升，直到期货价格与现货价格一致。

如果在交割期间期货的价格低于现货的价格。打算获得该标的资产的公司将会发现，购买期货合约然后静等空方交割资产对公司更为有利。一旦公司进行如此操作，期货的价格就会上升。

结果表明，随着到期日的临近，期货价格逐渐接近现货价格。

8.1.3 期权合约及其市场运作机制

1）看涨期权与看跌期权

期权分为欧式期权和美式期权。欧式期权是指期权持有人仅能在期权到期日才可行权的期权；美式期权是指期权持有人可以在期权到期日前行权的期权。从期权所对应的标的物价格预期来看，期权又可分为看涨期权和看跌期权。

（1）看涨期权

看涨期权是指期权的购买者拥有在期权合约有效期内按执行价格买进一定数量标的物的权利。看涨期权赋予持有人在一个特定时期以某一固定价格购进一种资产的权利。如果到期日的资产价格高于执行价格，那么，看涨期权处于实值，持有者会执行期权，获得收益；如果到期日的资产价格低于执行价格，那么，看涨期权处于虚值，持有者不会执行期权，此时看涨期权的价值就是零。

以股票期权为例，某投资者购买100股IBM股票的欧式看涨期权，执行价格为100美元/每股。假定股票现价为98美元/每股，有效期期限为4个月，期权价格为5美元，初始投资500美元。由于期权是欧式期权，投资者仅能在到期日执行它。如果股票价格在到期日低于100美元/每股，投资者必定选择不执行期权。在这种情况下，投资者损失了其全部的初始投资500美元。如果股票的价格在到期日高于100美元/每股，投资者将执行这些期权。假定股票价格为115美元/每股，通过执行该期权，投资者可以每股100美元的价格购买100股股票。如果他立即将这些股票卖出，且不考虑交易费用，则每股盈利为15美元（总盈利为1 500美元）。当考虑期权的初始投资成本时，该投资者的净盈利为1 000美元。

（2）看跌期权

看跌期权是指期权的购买者拥有在期权合约有效期内按执行价格卖出一定数量标的资产的权利，但不承担必须卖出的义务。看跌期权又称“空头期权”、“卖权”或“延卖权”。在看跌期权买卖中，买入看跌期权的投资者预期价格将会下跌，所以，买入在未来按既定价格出售资产的权利；而卖出看跌期权方则预计价格会上升或不会下跌。

仍以股票期权为例，某投资者购买了100股IBM股票的欧式看跌期权，执行价格为70美元/每股。假定股票的现价为65美元/每股，距到期日有3个月，每股看跌期权的价格为7美元。初始投资是700美元。由于期权是欧式期权，投资者仅能于到期日行权，在股票价格低于70美元/每股时执行该期权。假定在到期日股票价格为55美元/每股。投资者可以每股55美元的价格购买100股股票，并按照看跌期权合约的规定，以每股70美元的价格卖出相同的股票，实现每股15美元的盈利，即实现1 500美元的总盈利（忽略交易成本）。当考虑期权的初始投资成本700美元时，总的净盈利为800美元。当然，并不能保证一定盈利。如果最后股票的价格高于70美元，看跌期权在到期日价格为零，投资者每一期权的损失为7美元，即总损失为700美元（如图8-1所示）。

2）期权的头寸

每一期权合约都有交易双方。一方是持有期权多头头寸的投资者（即购买期权合约的一方）；另一方是持有期权空头头寸的投资者（即出售或承约（written）期权合约的一方）。期权的出售方事先收取现金，但之后具有潜在的负债，其损益状态与期权购买方的损益状态正好相反。

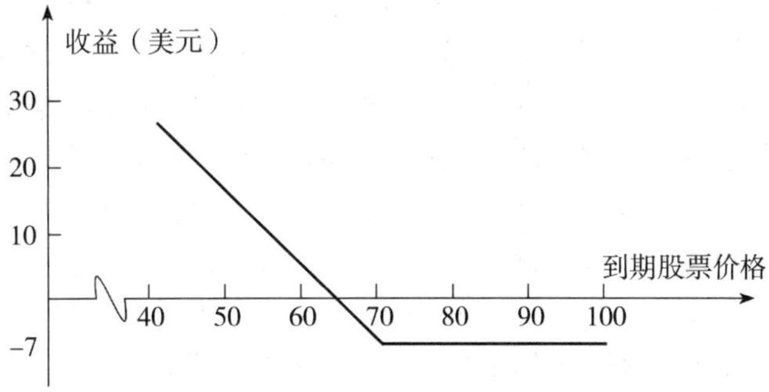

图8-1 股票看跌期权投资盈亏示意图

期权头寸通常有4种：①看涨期权多头；②看跌期权多头；③看涨期权空头；④看跌期权空头。

欧式期权投资者的头寸状况可用其损益状态来描述。如果不考虑期权的初始投资成本，以X代表执行价格，S_T代表标的资产的到期日价格，则欧式看涨期权多头的损益为max（S_T-X，0）。这就表明，如果S_T>X，就会执行期权；如果S_T≤X，就不会执行期权。欧式看涨期权空头的损益为-max（S_T-X，0）=min（X-S_T，0）。欧式看跌期权多头的损益为max（X-S_T，0）。欧式看跌期权空头的损益为-max（X-S_T，0）=min（S_T-X，0）。如果考虑期权初始投资成本，期权头寸的损益如图8-2所示。

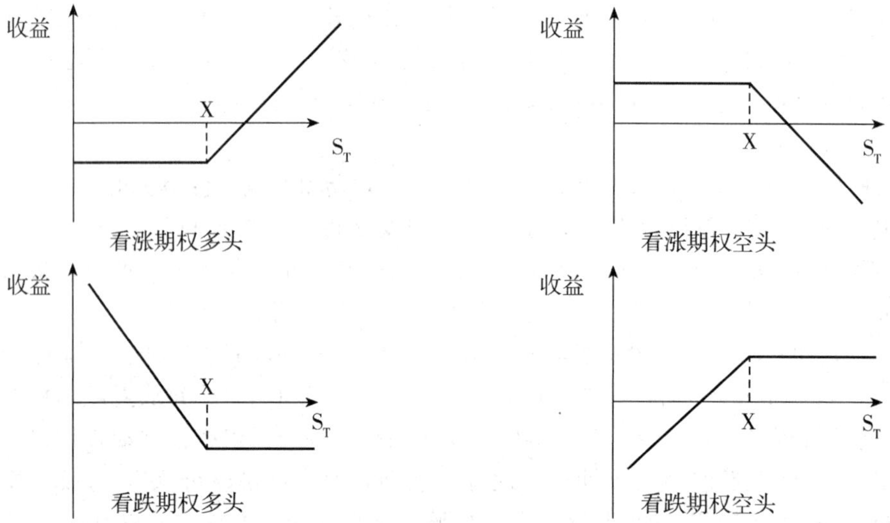

图8-2 各类期权头寸投资盈亏示意图

3）期权合约的交易

期权合约的交易在许多方面类似于期货合约的交易。每一交易所都有一定数量的会员（个人或公司），会员在交易所中拥有席位。拥有席位意味着交易所会员有权进入场内，并与其他会员进行交易。

（1）做市商

大多数交易所都采用做市商制度来进行交易。某一确定期权的做市商（market maker）实际上是指某个人。只要询价方向该人询价，他都应报出该期权的买入价和卖出价这两个价格。买入价（bid price）是做市商准备买入的价格，卖出价（ask price）是做市商准备出售的价格。当做市商报出期权的买入价和卖出价时，他并不知道询价的人是要买入（buy）还是要卖出（sell）该期权。卖出价肯定会大于买入价，卖出价与买入价的差额就是买卖价差（bid-ask spread）。交易所设定了买卖价差的上限。例如，若期权的价格低于0.50美元，期权买卖价差不得超过0.25美元；期权的价格在0.50美元至10美元之间，买卖价差不得超过0.50美元；期权的价格在10美元至20美元之间，买卖价差不得超过0.75美元；期权的价格超过20美元，买卖价差不得超过1美元。

做市商的存在能够确保买卖指令可在某一价格立即执行而没有任何拖延。因此，做市商增加了期权市场的流动性。做市商本身可以从买卖价差中获利。

（2）场内会员经纪人

场内会员经纪人（floor brokers）执行社会公众的交易指令。当投资者通知其经纪人购买或出售一项期权时，该经纪人将买卖指令传递给本公司在期权交易所内的场内经纪人。如果经纪人公司没有自己的场内经纪人，通常会通过一位独立的场内经纪人或其他公司的场内经纪人进行交易。

场内经纪人可以与其他场内经纪人交易，也可以与做市商交易。场内经纪人的收入可能是所获得的佣金，也可能是由其服务的经纪人公司（brokerage house）支付的薪金。

（3）指令登记员

许多传递给场内经纪人的指令是限价指令，即他们只能在特定的价格或在更为有利的价格上执行该指令。通常，当场内经纪人收到限价指令时，该指令并不能立即执行（例如，当做市商报出的看涨期权买入价为4.75美元并且卖出价为5.25美元时，则以5美元买入看涨期权的指令并不能立即执行）。在大多数交易所中，场内经纪人将该指令传递给指令登记员（the order book official）。指令登记员将该指令紧随其他人的限价指令输入到计算机。这就确保市场价格一旦达到限价，指令就会立即得到执行。所有输入的限价指令信息向所有的交易者公开。

（4）冲销指令

原来购买期权的投资者可以通过发出一个出售相同期权的冲销指令（offsetting order）来结清原期权头寸。同样地，原来出售期权的投资者可以通过发出一个购买相同期权的冲销指令来结清原期权头寸。当某一项期权合约正在交易时，如果交易双方的投资者都没有冲销现有的期权头寸，则未平仓合约数或持仓量增加1个；如果一个投资者正在冲销某个原有的头寸而另一个投资者并不冲销原有头寸，则持仓量保持不变；如果双方都在冲销现有的头寸，则未平仓合约数减少1个。

4）期权的清算与执行

（1）期权清算

期权市场中期权结算公司（option clearing corporation，OCC）的功能与期货市场中期货结算所的功能很相似。它确保期权的出售方按照合约的规定条款履行其义务，同时，它记录所有的多头和空头头寸状况。期权结算公司拥有一定数量的会员，并且所有的期权交易必须通过其会员来结算。如果经纪人公司本身不是交易所期权结算公司的会员，它必须通过期权结算所的会员结清其交易。会员必须满足资本的最低限额要求，并且必须提供特种基金，若有任一会员无法履行期权中的义务，则可使用该基金。

在购买期权时，期权购买者必须在下一个营业日的清晨全部支付期权费。这一资金存放于期权结算公司中。如前所述，期权的出售方在其经纪人那里开设一个保证金账户，而经纪人在负责结清其交易的期权结算公司会员那里开设一个保证金账户，随之，期权结算公司会员必须在期权结算公司开设一个保证金账户。除期权结算公司对它的会员提出的基本保证金要求外，经纪人公司可向其客户要求更高的保证金。但是，经纪人公司不能向其客户降低保证金要求。

（2）期权执行

只有期权的多头方可要求执行期权，交易所会根据既定的规则选择同类期权的空头方来接受交易。当投资者想要执行某个期权时，需要通知其经纪人。经纪人接着通知负责结清其交易的期权结算公司会员。于是，该会员向期权结算公司发出执行指令。期权结算公司随机地选择某个持有相同期权空头的会员。这个会员按事先订立的程序，选择某个特定的出售该期权的投资者。如果期权是看涨期权，则出售该期权的投资者须按执行价格出售资产；如果期权是看跌期权，则出售该期权的投资者须按执行价格购买资产。当某一期权履行合约时，则期权的未平仓合约数将减少1。

在期权的到期日，所有实值期权均应执行，除非交易成本很高，抵销了期权的收益。如果到期日执行期权对其客户有利，一些经纪人公司在到期日将自动为其客户执行期权。许多交易所也制定了一些规则，在到期日执行那些处于实值状态的期权。

8.1.4　互换合约及其市场运行机制

1）利率互换

利率互换是交易双方在协议期限内定期交换确定数额名义贷款的利息支付的协议，通常采用的交易方式是固定利率与浮动利率的互换，在实践操作中，也有浮动利率对浮动利率的互换，使交易双方达到各自目标。浮动利率通常为伦敦银行同业拆借利率（London interbank offered rate，LIBOR）。LIBOR是欧洲货币市场上银行提供给其他银行拆借资金的利率，具体可分为1个月期LIBOR、3个月期LIBOR等。LIBOR是浮动利率，由银行间的交易来决定，并随经济状况的变化而变化。

（1）无中介的利率互换

比如，公司B向银行贷款，贷款期3年，贷款结息期间为6个月。对每一个期间，利率设定为期间开始时的6个月期LIBOR，在每个期间结束时支付利息。

公司A于2019年3月1日与公司B开始一个3年期利率互换，公司B同意向公司A支付由年利率5%和本金100万美元所计算的利息；反过来，公司A同意向公司B支付由6个月期LIBOR和同样本金所计算的浮动利息，保证公司B向银行支付贷款利息。协议指定每6个月交换一次利息，5%的利率是按照半年复利计息的。

协议签订日是2019年3月1日，第一笔利息支付为6个月以后，即2019年9月1日。因此，在结算日，公司B将支付公司A固定利息25 000美元，这个利息是由年利率5%的一半和本金100万美元计算的；公司A将支付公司B浮动利息，为本金100万美元乘以2019年9月1日之前6个月，即2019年3月1日就已确定的6个月期LIBOR，为4.2%，公司A支付给公司B的利息为21 000美元（0.5×0.042×1 000 000）。注意，这笔首期的支付没有什么不确定性，因为它是由合约签订时刻的LIBOR决定的。

第二次相互支付将在2020年3月1日，即协议签订的一年后进行。公司B将支付25 000美元给公司A。公司A将支付公司B浮动利息，为本金100万美元乘以2020年3月1日之前6个月（2019年9月1日）就已确定的6个月期LIBOR，为4.8%。公司A支付给公司B的利息为24 000美元（0.5×0.048×1 000 000）。

总体来说，该利率互换有6笔利息相互支付。固定支付的利息总是25 000美元，在支付日所支付的浮动利息是利用支付日之前6个月就已确定的6个月期LIBOR来计算的。实际上，利率互换的计算金额通常只需一方汇给对方这两笔支付之间的差额即可。公司B通过该利率互换业务所产生的现金流状况见表8-1。

表8-1 **利率互换现金流量结算表** 金额单位：美元

日期	LIBOR	收到的浮动利率现金流	支付的固定利率现金流	净现金流
2019年3月1日	4.20%	—	—	—
2019年9月1日	4.80%	+21 000	-25 000	-4 000
2020年3月1日	5.30%	+24 000	-25 000	-1 000
2020年9月1日	5.50%	+26 500	-25 000	+1 500
2021年3月1日	5.60%	+27 500	-25 000	+2 500
2021年9月1日	5.90%	+28 000	-25 000	+3 000
2022年3月1日	6.40%	+29 500	-25 000	+4 500

如果在互换结束时交换了本金，本交易的性质仍不会改变。这是因为对固定利息支付和浮动利息支付来说本金是相同的。在互换结束时用100万美元交换100万美元是一笔对双方都不产生金融价值的行为。

（2）有中介的利率互换

通常，两个非金融机构的公司并不直接进行利率互换，而是通过与诸如银行或其他金融机构等金融中介联系，或直接与金融机构进行利率互换。一般来说，有金融机构介入互换，金融机构会对每一对相对抵销的交易收取大约3至4个基点（0.03%~0.04%）的费用。

图8-3说明了金融机构在利率互换中可能起到的作用。该金融机构与公司A和公司B签署了两个相互抵销的互换协议。假设公司A和公司B都不违约，金融机构肯定可以获得本金为100万美元的每年0.03%（3个基点）的利润（这个金额大约是3年中每年300美元）。交易双方各自承担1.5个基点的费用。

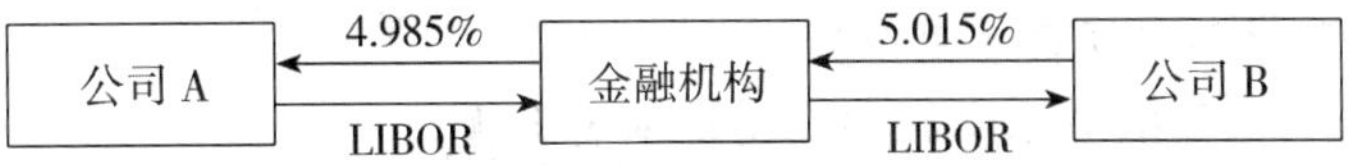

图8-3 有中介参与的利率互换交易

注意在每一种情况下，金融机构有两个分开的合约：一个是与公司A的；另一个是与公司B的。在大多数情况下，公司A甚至不知道金融机构与公司B签署了一个抵销性的互换合约；反之，亦然。如果一个公司违约，金融机构仍然必须履行与另一方的协议。金融机构所赚取的这3个基点价差（spread）部分是补偿它所承受的违约风险的。

2）货币互换

货币互换可用于将一种货币的贷款转换成为另一种货币的贷款。为了说明货币互换是如何运作的，我们假设公司A与公司B可按表8-2所示的5年期固定利率美元和英镑借款，这个表中的数据说明英镑利率一般来说比美元利率高。公司A在两种货币上都具有较低的利率水平，它的信用等级显然好于公司B。从互换交易的角度看，令人感兴趣的是在两个市场上A与B得到的贷款利率之间的差异并不相同。公司B在美元市场比公司A多付出2%，而在英镑市场只比公司A多付出0.4%。

表8-2　　促成货币互换的借款利率

交易方	美元（%）	英镑（%）
公司A	8.0	11.6
公司B	10.0	12.0

公司A在美元市场有比较优势，而公司B在英镑市场有比较优势。我们假设A想借英镑而B想借美元，这为货币互换创造了很好的条件。公司A和公司B都在它们有比较优势的市场上借款，即A借入美元而B借入英镑，然后，它们用货币互换方式将A的美元贷款转换成英镑贷款，同时，B的英镑贷款也就转换成美元贷款。

表8-2中，公司A和公司B的美元利率之差为2%，而英镑之差为0.4%。根据利率互换的例子类推，我们预期各方的总收益为每年1.6%（2%-0.4%）。

互换有很多种组成的方式，图8-4显示了一种可能的安排。公司A借入美元而公司B借入英镑，互换的效果是将公司A每年8.0%的美元利率转换为每年11.0%的英镑利率。这个利率比公司A在英镑市场上的贷款利率低了0.6%。类似地，公司B每年12.0%的英镑贷款利率转换为每年9.4%的美元贷款利率，最终比公司B在美元市场上的贷款利率低了0.6%。

图8-4　有中介参与的货币互换交易

金融中介获得每年1.4%的美元现金流，而支出每年1.0%的英镑现金流。忽略两种货币的差异，每年净获利是0.4%。公司A和公司B每年的收益均为0.6%。

8.2　衍生工具与公司融资管理

8.2.1　衍生工具与公司资本需求规划

1）为什么衍生工具的应用会影响公司资本需求规划

因信息与交易成本的差异，公司内部股权资本比外部股权资本成本要低。上述成本的差异，使得公司在与投资支出相匹配的融资决策上，倾向于选择内部资本为资金来源，而公司内部资本与公司现金流量密切相关，因而公司融资需求受公司现金流量的制约，这又会影响到投资决策本身。因此，公司会随着其内部现金流量的增减而出现过度投资或投资不足的倾向。对于那些需要事先进行投资规划而其现金流量具有高度可变性的公司来说，依靠内部产生的现金流量的代价是很大的。公司通过衍生工具开展套期保值活动，可以减少现金流量的变化性，从而提升公司融资需求对现金流量的依赖程度，降低现金流量变动带来的不确定性，从而增加公司的价值。

如果公司采用跨国经营模式，还会受到汇率波动的影响。一方面，假设公司生产制造的基地在本国，使用本币购买材料、设备等生产产品；而公司的销售市场主要在境外，并用境外货币结算价款。如果本币相对于境外货币贬值，则使用本币结算产品成本是有利可图的；但如果本币升值，则境外销售与结算则可能受损，从而影响公司用本币计量的现金流量。这必然会影响公司内部资金对融资安排稳定性的贡献。另一方面，汇率波动带来的风险可能影响公司的获利能力，这不仅会被管理者预测，而且也会被外部投资者所预测。如果公司不采取相应措施对这一风险进行管理，外部投资者可能会产生悲观的看法。在此种情况下，公司也许就不能发行股票或是以有吸引力的条件借款了。

也就是说，汇率等风险可能会影响公司现金流量的稳定性，这不仅会影响公司内部资金对资金融通的贡献，也会影响外部投资者的信心，从而影响外部融资的成本高低或成败。融资渠道的限制，可能使公司被迫放弃某些净现值本应为正的项目，而通过衍生工具可以有效降低现金流量的不确定性。

2）公司资本需求规划与部分套期保值策略

公司资本需求或是得到外部融资的成本和收益由公司想要进行套期保值的风险因素所决定，但这并不意味着公司一定会对该风险进行完全的套期保值。例如，一家石油公司想在油价高时增加开采设备的投资。该投资所需资金的筹集，可能因公司呈现出利润的增长而吸引到低成本的外部借贷资金，不需要更多依赖于内源资本融资。那么，公司可能愿意保持一定程度的油价波动风险。此类公司不会选择完全消除油价变动的风险，但其仍会对风险进行套期保值以保证在油价大幅下跌时有足够的投资资金。

【例8-1】A石油公司现有300万桶的石油储备，可在后续3年内以每年100万桶的速度开采。开采成本是每桶6美元，并有望在后续3年内保持稳定。石油现价为每桶22美元。目前，A公司不再开采新油田，但它打算在3年后对形势重新进行评估。如果油价超过每桶30美元，A公司就会扩大开采规模，这将需要3 500万美元的资本投资。

1年、2年及3年到期的石油远期合约价格是每桶24美元，A公司每年的固定成本是300万美元，每年利息支出是800万美元。如果油价大幅下跌，公司会因不能负担上述固定费用而招致巨大的财务困难。

在这种情况下，A公司应如何进行套期保值呢？首先，公司愿意以能保证其经营活动至少产生1 100万美元收益的方式对油价风险进行套期保值，由此可以支付固定成本和利息。A公司可通过将其全部的石油供给在远期市场上卖出来满足此需求，此举将保证每年1 800万美元的现金流入。但是，如果公司进行完全的套期保值，则当油价超过每桶30美元时，公司就不能为新的开发投资积累足够的内部资本。因此，A公司的套期保值只要能足够避免财务困难就行。这样在油价上升时，它就会有更多的资金来进行投资。具体来说，为保证1 100万美元的固定成本与利息支付能力，公司仅需对其61万桶（1 100÷（24−6））的未来石油供给通过期货合约进行套期保值。

8.2.2 衍生工具与利率风险管理

公司融资决策的第一步是确定选择债务还是股权的形式进行融资。由于股权融资决策（即发行新股还是回购现有股票）决定着谁拥有及控制公司的问题，因此，非常重要，常由公司的最高层（通常是董事会）作出。这意味着财务人员不可能在日常工作中遇到这些问题。但是，公司债务却是财务人员不断遇到的问题，如是以固定利率、浮动利率借款，还是以短期票据进行滚动式融资等。此外，他们还必须决定是以本币还是外币，或以与商品挂钩的债券来借款。这些决策都影响到公司的债务流，即公司必须在未来付出利息的现金流。

我们可以把以上内容统称为负债管理决策，因为它们影响到公司债务的性质。但是，这些决策也可被视同风险管理决策，因为它们影响到公司对各种来源的风险暴露。一般地，当一家公司不运用衍生工具而采用借款决策来决定其利率、商品及外汇风险暴露时，我们把这些决策视为负债管理决策；当公司运用衍生工具改变其风险暴露时，我们把此行为称为风险管理。但是，有时风险管理和负债管理并不能完全区分，如公司在进行负债决策时，可选择以下两种方式：（1）以美元借款并将该借款与日元负债进行互换；（2）只借日元。但上述两种方式对公司的影响是无差异的，因此，没有必要对负债管理和风险管理进行完全区分。公司负债决策内化风险管理的需求。

1）可选的债务利率

当一家本国公司受限只能以本币借款时，有必要考虑一下其可创造的不同债务利率。我们通过假设债务期限只有长短之分来进一步简化分析，可以认为，短期负债是指在一年内到期的负债，而长期负债是指在5年内到期的负债。

不管公司所借的是短期负债还是长期负债，其负债成本均由无风险利率r与信用差额d组成。r可由国债利率表示，而d由公司的信用等级确定。基于此，公司依照其是借短期负债还是借长期负债以及是否选择对利率风险进行套期保值，可以创造出4种独立的债务利率。

（1）如果公司选择对短期负债进行滚动，其债务利率可表示为：

$$i_{st}=r_{st}+d_{st} \tag{8-1}$$

其中：i_{st}代表公司在期间t的短期负债成本，它由r和d组成；r_{st}代表期间t的短期无违约风险利率；d_{st}代表期间t的违约利差。注意下标t意味着短期借款利率随时间而变化。

（2）如果公司选择以固定利率进行长期借款，则其债务利率可表示为：

$$i_l=r_l+d_l \tag{8-2}$$

其中：r_l代表长期利率；d_l代表违约溢酬。由于这些利率在债务持续期内是固定的，所以没有下标t。

（3）如果公司从银行获得浮动利率贷款或是借入无违约风险的固定利率贷款，并将其与无违约风险的浮动利率贷款互换，该债务利率可表示为：

$$i_{ft}=r_{st}+d_l \tag{8-3}$$

其中：i_{ft}代表期间t公司长期浮动利率贷款的利率。此种债务流使公司面临利率风险（如r_{st}的变动），但是不承受信用等级变动风险。

（4）如果公司对无违约风险利率的变动风险进行了套期保值，而使公司承受其信用等级变动风险或违约利差风险，其债务利率可表示为：

$$i_{ht}=r_l+d_{st} \tag{8-4}$$

其中：i_{ht}表示债务利率。

在利率互换和利率期货出现以前，公司不能创造公式（8-4）所示的债务流。在这些工具出现以前，进行短期借款意味着承受利率风险和信用风险，而进行长期借款则两种风险均不承受。确实，这些衍生工具的主要好处就是允许公司将其利率风险与信用等级变动风险相分离。特别地，可通过进行短期借款并进行浮动利率与固定利率互换，来实现公式（8-4）所示的债务利率。

综上所述，一家公司的债务利率被分解为两部分：一部分反映无违约风险的利率；另一部分反映公司的信用等级。当公司以固定利率借款时，这两部分都是固定的；当公司对其债务进行滚动时，债务利率随这两种风险波动而变化。

衍生工具可使公司将这两种来源的风险相分离：创造公式（8–3）所描述的对利率敏感而对公司信用等级不敏感的债务流；创造公式（8–4）所描述的对公司信用等级敏感而对利率不敏感的债务流。

2）如何在不同的债务利率之间进行选择

为了理解公司如何在各种债务利率之间进行选择，让我们分别来考察公司债务成本的两个组成部分。我们将首先考察公司如何依据其对利率变动的风险来安排其债务结构，接着我们将考察公司如何确定其对信用变动风险的暴露。为了确定其债务对利率风险的最佳暴露，公司首先必须考虑其资产负债表上的资产所面临的利率风险。换句话说，公司必须探寻其盈利能力是否与经济中的总体利率有关。

（1）将资产与负债的利率风险相匹配

通常来说，我们不能忽视由公司资产负债表上的资产所承受的利率风险而带来的风险。当公司负债比率较高时，短期债务融资比率较高；当利率升高时，固定资产更新难以有债务融资支持，结果必然会导致经营活动现金流量大幅下降。也就是说，在某些情形下，资产对利率的变动极为敏感，从而使公司的资产与负债对利率的敏感程度严重失调。利率的上升使得公司短期债务负担加重，同时，现金流量的减少又使公司的财务状况雪上加霜，从而使公司面临严重的财务困难。

（2）管理利率风险暴露

通常来说，公司面临的利率风险可分解为实际利率风险和通货膨胀两部分。根据费雪分解法，利率由实际利率和预期的通货膨胀两部分组成。在很多情况下，公司的现金流量不受实际利率的影响，但要受通货膨胀率变动的影响。例如，如果商品价格和人工成本按总体的通货膨胀率上升，从而使经济中的总体价格水平上升，公司就会发现其名义利润随之上升。此时，该公司也许愿意拥有浮动利率的债务结构，这是因为：①公司的资产回报率可以弥补债务利率可能的上升而引致的额外成本；②为规避通货膨胀率可能下降的风险，采用浮动利率可避免债务被锁定于高的长期利率的风险。

在高通货膨胀时期，公司如不利用互换等衍生工具进行风险管理，可能导致公司陷入财务困境。如在20世纪90年代初，中国利率水平极高，许多公司被超过15%的固定债务利率锁定。由于那时年通货膨胀率在10%以上，高利率是可以承受的，并可通过公司经营活动的利润增长来弥补。在固定利率政策下，公司希望在将来以更少的实际货币去偿还高昂的贷款。但是，降低通货膨胀率的政策到20世纪90年代中期开始奏效，通货膨胀率大幅降低，未偿还的固定利率贷款的实际成本大幅增加，这使得固定利率贷款的公司陷入了财务困境。

总体来说，如果利率的变动主要反映了通货膨胀率的变动，且通常公司的经营利润随通货膨胀率的上升而上升，则公司就希望其债务面临利率风险；反之，若利率的变动并不主要是由于通货膨胀率的变动引起的（即由实际利率变动引起的），且公司销售产品的能力受实际利率水平的影响，则公司就会希望将其债务的利率变动风险最小化。

（3）管理信用等级风险暴露

除了评价一家公司的利率风险之外，我们还须探寻该公司所面临的信用等级变动风险。一般地，由于贷款人在公司难以支付较高利率时会要求较大的违约利差，因此，公司希望限定其信用等级变动风险。公司偏好使其违约利差固定的融资方式，如长期固定利率贷款或浮动利率贷款。但是，有两个因素会抵销公司的这种偏好。

第一个因素来自对公司实际财务状况的认识分歧。例如，贷款人也许认为公司在将来会遇到财务困难，但借款人则认为其信用等级在将来会得到改善。此时，借款人就不愿意锁定其认为不利的违约利差，而是寄希望于其信用等级可在将来得到改善而倾向于借短期债务。第二个因素来自债权人和股东之间的冲突。因担心公司进行风险过大的投资，债权人不愿意提供长期资金或优惠条件。

两个因素都意味着由于长期债务成本太高，公司面临着比其所希望的更大的信用等级变动风险。在这些情况下，公司常常对其短期债务进行滚动并用利率互换以使公司借款成本不受利率变动的影响，从而创造出公式（8-4）所描述的债务利率。

8.2.3 认股权证

认股权证（warrant），是指一种具有到期日、行权价格或其他执行条件的金融衍生工具。根据美国证券交易所的定义，认股权证是指一种以约定的价格和时间（或在权证协议里列明的一系列期间内分别以相应价格）购买或者出售标的资产的期权。

从广义上分析，认股权证通常是指由发行人所发行的附有特定条件的一种有价证券。从法律角度分析，认股权证本质上为一种权利契约，投资人在支付权利金购得权证后，有权于某一特定期间或到期日，按约定的价格，认购或沽出一定数量的标的资产（如股票、股指、黄金、外汇或商品等）。权证的交易属于一种期权的买卖。与所有期权一样，权证持有人在支付权利金后获得的是一种权利而非义务，行使与否由权证持有人自主决定；而权证的发行人在权证持有人按规定提出履约要求之时，负有履约的义务，不得拒绝。简言之，权证是一项权利，投资人可于约定的期间或到期日，以约定的价格（而不论该标的资产市价如何）认购或沽出权证的标的资产。

认股权证通常既可由上市公司发行，也可由专门的投资银行发行，权证所代表的权利包括对标的资产的买进（看涨）和卖出（看跌）两种期权。因此，有时所称的认股权证是广义的（即包括认购证和认沽证两种），但更多的则是仅仅指认购证。

1）认股权证的基本要素

认股权证的基本要素，是指认股权证发行、交易以及行使诸环节中所涉及的一些常用术语或规则。认股权证一般包括以下基本要素：

（1）标的资产

标的资产（underlying asset），是指权证发行所依附的基础资产，即权证持有人行使权利时所指向的可交易的资产。权证作为期权的一种，其标的资产的种类是极为广泛的。理论上，凡有明确估价且在法律上为可融通物，如股票（单一股票、一篮子股票）、股价指数、黄金、外汇或其他实物商品等均可成为权证的标的资产。而最常见的标的资产则是股票，即所谓“正股”。

（2）各相关主体

权证的发行及交易过程中主要涉及以下主体：

① 权证发行人。认股权证的发行主体一般可分为两类：一类为发行标的资产（常为股票）的上市公司本身；另一类为标的资产发行人以外的第三人，通常为资信卓越的证券公司、投资银行等金融机构。

② 权证认购人。权证认购人是指在一级市场上支付相应的权利金而购买权证的投资者，或者在认购权证发行人的股票或债券时，因接受发行人赠送而持有权证的投资者。

③ 权证持有人。权证上市后可在各个投资者之间相互转让，这意味着权证的持有人可能是权证发行时的认购人，也可能是二级市场上购买权证的投资者。

④ 权证行使人。权证行使人是指权证到期时有权行使权证的选择权利，即提出要求认购或认沽标的资产之履约要求的人。权证的行使人只能是权证的持有人。

（3）权证的价格及价值

①权证价格（warrants price），是指权证在一级市场上发行或在二级市场上交易时的单位价格。其实质为认股权证所代表期权的价格。权证价格由内在价值和时间价值两部分组成，用公式表示为：

权证价格=内在价值+时间价值

②内在价值（intrinsic value），又称内含价值，即权证立即履约的价值。对于认购权证，若正股市价高于权证行使价，则内在价值为正，此时有履约价值，权证为价内权证；而若正股市价等于或低于权证行使价，该权证就丧失了履约价值，权证为价平权证或价外权证。但由于权证所代表的是一种权利而非义务，因此，即使在正股市价低于权证行使价时，权证的内在价值仍为零。而对于认沽权证，则刚好相反。用公式表示如下。

认购权证（call，看涨期权）：

正股市价≤权证行使价，内在价值=0

正股市价>权证行使价，内在价值=（正股市价-权证行使价）×换股比例

认沽权证（put，看跌期权）：

正股市价≥权证履约价，内在价值=0

正股市价<权证履约价，内在价值=（正股市价-权证行使价）×换股比例

③时间价值（time value），为权证价格与内在价值两者之差。其意指若不立即履约，未来的时间里正股价格就仍有上涨（下跌）空间，认购（沽）权证变为价内的概率也就越大。时间价值主要与权证有效期的长短以及正股价格的波幅有关。一方面，权证的时间价值随着权证到期日的临近而趋向于零。时间价值反映的是正股价格在到期日前向有利投资者的方向变动的概率。另一方面，正股价格波动幅度越大，则权证变为价内进而能被执行的机会也就越大。即离权证到期日越远，正股价格波动幅度越大，那么，行权时正股市价高（低）于认购（沽）权证行使价的概率就越大，权证持有人转让或行使权证时可获价差空间也就越大。

④权利金（premium），是指权证投资人在一级市场购买或在二级市场上受让能兑换1股正股的权证所需要支付的价款。用公式表示如下：

溢价（认购）=［（行使价+每股正股折合的认购权证价格）÷正股市价-1］×100%

溢价（认沽）=［1-（行使价-每股正股折合的认沽权证价格）÷正股市价］×100%

（4）权证的行使

权证的行使，即权证持有人向权证发行人提出履约要求，要求依据权证的约定以特定价格认购或售出特定数量的标的资产。权证的行使通常涉及以下主要事项或概念：

①行使价格（strike/exercise price），又称权证的履约价格，是指权证持有人于权证行使时间（事先约定的一个期间或到期日）买进（卖出）认购（沽）权证的标的资产所支付

（收到）的价格。权证行使价格的确定一般以权证发行时的正股市价为基础，上浮（适用于认购权证）或下调（适用于认沽权证）一定的比率。在佣金、税费等不计的情况下：

权证行使成本=行使价格+权利金×权证数量

②兑换比例（share ratio），又称执行比例或换股比率，是指每单位认购（沽）权证可买进（卖出）多少数量或多少金额的标的股。例如，若每10张权证可认购（沽）1股正股，则该权证的兑换比例为0.1。

③到期日（expiry date），是指权证有效的最后日期。通常，美式认股权证的持有人在到期日前，可以随时提出履约要求，以买进或卖出标的资产；而欧式认股权证的持有人则只能于到期日当天才可行使权证。

④权证有效期（terms），权证到期日以前的一段期间，超过有效期权证就自动失效。在有效期内，美式权证持有人可以随时提出行权要求；而欧式权证持有人只能在到期日提出行权要求，但在此之前可以在二级市场上将权证转让。权证有效期的长短因不同国家、不同地区以及不同市场而差异很大，目前，市场上以1~3年期的权证为主。权证有效期越长，其价格通常越高。

（5）权证的特别条款

① 行使价格（比例）的调整。通常情况下，权证按既定的行使价格和兑换比例执行。但权证的发行人通常会特别约定，当出现送股、配股等正股总额增加或减少的情况，或遇正股除权或除息时，权证的行使价格或兑换比例要按约定公式进行相应调整。

② 收购权益。在认股权证的发行和认购条件中可以有这样的条款，即如果有投资者对发行认股权证的上市公司提出了收购要约，那么，收购方还要对这家上市公司已经发行在外并且仍然在有效期内的认股权证一同提出收购要约，此时，不论认股权证的有效期是否届满，认股权证的持有人都可以要求行使认股权。这种约定具有国际通行的反收购方法"毒丸计划"的效果。

③ 赎回权。权证的发行人大多制定了赎回权条款，即规定在特定情况下发行人有权赎回其发行在外的认股权证。

2）认股权证的种类

认股权证，是将标的限于股票，且以上市公司发行的股票为标的资产的权证。根据不同的标准或依据，可对认股权证作不同分类，详述如下：

（1）美式认股权证与欧式认股权证

依行使时间的不同，认股权证有美式（American style）与欧式（European style）之分。美式认股权证，指权证持有人在到期日前，可以随时提出履约要求以买进或卖出约定数量的标的资产。而欧式认股权证，则是指权证持有人只能于到期日当天，才可提出买进或卖出标的资产的履约要求。需要指出的是，无论欧式认股权证还是美式认股权证，权证持有人均可于到期日前在二级市场上向他人转让所持之权证。但是，过了到期日后，欧式认股权证或美式认股权证的权证持有人都会丧失要求履约的权利。

（2）认购认股权证与认沽认股权证

依权利内容，认股权证可分为认购认股权证（call warrants）和认沽认股权证（put warrants）两种。认购认股权证，是一种买进权利（而非义务）。该权证持有人有权于约定期间（美式）或到期日（欧式），以约定价格买进约定数量的标的资产。认沽认股权证，则属于一种卖出权利（而非义务）。该权证持有人有权于约定期间或到期日，以约定价格卖出约定数量的标的资产。

认购认股权证可以让投资人从标的资产的价格上涨中获利；而认沽认股权证则相反，可让投资人在股价下跌时获利。因此，投资人通常会在看好（多）标的资产后市表现时买进认购权证，而看淡（空）后市表现时则买进认沽权证。由此看来，认购认股权证实为一看涨期权，认沽认股权证则为一看跌期权。

（3）股本认股权证与衍生认股权证

依标的资产的不同，对权证可有两类区分。其中，较为广义的分类就是股本认股权证（equity warrants）与衍生认股权证（derivative warrants）。股本认股权证，顾名思义，是以发行人或其子公司的股票作为标的资产而发行的认购或认沽期权。该权证的发行人通常是发行标的股票（正股）的上市公司。股本认股权证属狭义权证。衍生认股权证的标的资产为个股股票或一篮子股票、股指、黄金、外汇等。衍生认股权证通常是由权证标的资产发行人以外的第三方发行，一般都是国际性投资银行。衍生认股权证属广义权证。衍生认股权证通常又可分为备兑认股权证和其他特种认股权证。

（4）公司认股权证与备兑认股权证

依发行主体不同，可将认股权证分为公司认股权证（company warrants）与备兑认股权证（covered warrants，又称备兑权证、备兑凭证或备兑证等，本书均指同一含义）。公司认股权证，是由权证标的资产的发行人（一般为上市公司）自行发行，通常伴随企业股票或公司债发行，借以增加相关资产对投资人的吸引力。公司认股权证属狭义权证，其履约期限通常较长，如3年、5年甚至10年。备兑权证，则是由权证标的资产发行人以外的第三人（银行或券商等资信良好的专业投资机构）发行，非以该第三人自身的资产为标的的认股权证。备兑权证属广义权证，其权利期间多在1年以下。

公司认股权证作为上市公司的融资手段之一，在被行使时公司负有义务向权证持有人发行新股，因而有可能会使标的资产的流通量增大。而备兑权证的发行目的并非筹资，而是向投资人提供一种管理投资组合的有效工具；无论是由权证标的资产发行人的大股东自行调拨还是由投资机构从二级市场上买进相关资产，履约责任均与权证标的资产的发行人无关，因此，权证标的资产的发行量自然不会膨胀。

（5）特种认股权证

衍生认股权证中，除了备兑认股权证外，还包括一些专为不同投资人和不同投资目的而设的附带特别条款的特种认股权证（exotic warrants），诸如知足回报认股权证、锁定回报认股权证、定点认股权证以及盈息认股权证等。其中：知足回报认股权证，实为“长短合一”的投资组合，与期权中的牛跨和熊跨组合类似；锁定回报认股权证，则是由6份不同年期的欧式期权组成，年期可长达18个月，只要日后正股市价超过了行使价，便能锁定该权证的利润；定点认股权证，目前主要是恒指产品，其回报计算简单，只要认购（沽）证结算价等于或高（低）于行使价，便可行使图利；盈息认股权证，是将股息计入回报的一种认股权证。

（6）其他权证分类

依标的资产不同，权证（除广义上的股本认股权证与衍生认股权证分类以外）可具体分为个股型认股权证、组合型认股权证以及指数型认股权证三种。个股型认股权证，就是以单一股票为标的资产的权证；组合型认股权证则是以一篮子不同类别的股票、股指或其他资产组合为标的的权证；而指数型认股权证的标的资产则为股价指数。

依结算方式不同，权证可分为证券给付型认股权证、现金结算型认股权证以及可选择支付方式型认股权证三种。证券给付型认股权证的持有人依行使价支付价款后，权证发行人须将标的证券交付给权证持有人，即实券交割（physical delivery）；现金结算型认股权证在履约时，是由权证发行人根据权证持有人提出履约要求的当日的标的证券收盘价与行使价之间的差额，以现金方式向权证持有人结算差价；可选择支付方式型认股权证，则是根据权证的规定由权证发行人或持有人选择前述两种方式之一，以进行履约结算。

依履约价格，权证可分为价内（in-the-money）认股权证、价外（out-of-the-money）认股权证和价平（at-the-money）认股权证三种。标的资产市价高（低）于履约价格的认购（沽）权证，为价内认股权证；标的资产市价低（高）于履约价格的认购（沽）权证，为价外认股权证；标的资产市价等于履约价格的认购（沽）权证，为价平认股权证。

另外，还可依据其他标准对权证进行分类。例如，依权证的发行是否伴随其他有价证券的发行，而分为独立型认股权证与随附型认股权证（如附设权证公司债）两种；依权证标的资产是否需要抵押，又可以划分为抵押型认股权证和非抵押型认股权证两种。不同的分类之间也多有交叉。

3）认股权证在公司融资中的应用

（1）增发权证

当上市公司需要大规模资金以谋求发展时，增发是主流融资手段。但是，有时增发会遭遇严重的市场阻力。这种阻力往往来自增发方案的缺陷，分述如下：首先，老股东无意或无力认购，却又无法转让其认购权。由于增发定价多趋近二级市场市价，对老股东而言偏高，因而其认购积极性普遍不高，或者老股东缺乏足够认购资金。在无法转让其认股权的情况下，老股东要么选择继续持股并蒙受除权后的损失，要么抛售所持股票导致股价大幅下跌，从而造成了市场对增发公司的“恐惧”心理。其次，增发定价伸缩性大，容易导致价格操纵。增发价格多以一段时间内的平均市价为基准，进行折扣后作为定价下限，由上市公司和主承销商根据申购情况确定有效倍数并进行最终定价。因此，增发定价具有很大的伸缩性，容易引发机构投资者、上市公司及主承销商之间“合谋”操纵增发价格。最后，市场约束机制失灵，增发后业绩“变脸”。在增发过程中引入认股权证，可以很好地解决上述问题：

① 可以将老股东的认股权证券化

在增发过程中引入认股权证，老股东如果不愿或者无力认购则可将其认股权有偿转让给其他有能力的投资人，以使认股权最终落在有意认购的投资者手中，进而提高上市公司增发的认购率。

② 提供市场化的价格修正机制

由于权证属于持有人的一项权利而非义务，因而投资人可根据市场走势来决定是否行权，从而为增发定价的合理性提供一次市场化的检验机制，而且由于行权的时间和数量都有很大的不确定性，这些无疑都提高了价格操纵的成本和风险，一定程度上抑制价格操纵现象的发生。

③ 提供有效的事后约束机制

在引进权证发行后，由于上市公司及其大股东的利益与投资者是否在到期日之前执行认股权证密切相关，因而在认股权证有效期间上市公司管理层及大股东通常会更加努力地提升上市公司的市场价值，并约束任何有损公司价值的行为，而且通过权证的分期发行和发散实施，还可使募集资金根据需求分批到位，减少了募集资金闲置的机会成本，并能降低募集资金被上市公司随意改变投向的风险。

另外，如果在增发中引入认股权证，由于权证所代表的认股权利对多头市场中的投资人会产生一系列“潜在利益”，上市公司可选择通过较单纯增发更高发行价格的部分新股，其余部分则以认股权形式派送，使得上市公司可以按更高的价格发行同样规模的股份。

（2）配股权证

作为上市公司发行新股的方式之一，配股是指上市公司在获得必要的批准后，向其现有股东提出配股建议，使现有股东可按其持有上市公司的股份比例认购配股股份的行为。一般来讲，配股的运作程序包括两个基本步骤：①配股权证。登记公司在配股权证登记日将权证自动记入投资者股票账户内，然后给予一定期间，允许配股权证进行挂牌交易。②配股。权证交易期结束后，拥有配股权利的股东在指定的缴款期内（过期不缴视同放弃配股权）在券商处通过交易所按比例购买配股股份，由登记公司根据承销商所确认的银行到账金额将股票记入投资者的账户。

（3）附设权证公司债

就其内涵来看，附设权证公司债意指附有认股权利的公司债，属于债券与认股权证的产品组合。其持有人有权在一定期间内按约定价格（行使或执行价格）及数量，购买债券发行公司的普通股票。附设权证公司债的发行和一般认股权证的发行一样，包括行使价格、认购权利金、行使比例以及行使期间等基本要素。

根据对公司债所附认股权证部分的不同处理方式，对附设权证公司债可有两种基本分类：①分离型与非分离型。分离型是指权证可与公司债分开发行及/或交易。这种类型还可以细分为两类，其一是权证在发行时虽与其所附公司债一起派送于同一投资人，但在交易时则是公司债和权证作为两种不同产品同时挂牌交易；其二是发行时权证与其所附公司债分别向不同投资人派送，而于交易时则是二者作为两种产品挂牌交易。如果是分离型权证，则市场上可能同时流通三种不同金融品种，即认股权证、公司债及附设权证公司债。欧洲市场上的附设权证公司债多为分离型。非分离型是指权证与公司债不可分开，即权证及公司债既不能分开发行也不能单独在市场上流通，二者从发行至交易均合二为一，且存续期间一致。目前，市场上的非分离型已比较少见。②现金汇入型与抵缴型。现金汇入型是指权证持有人行权时必须用现金来认购正股。抵缴型则是指公司债票面金额本身可按一定比例直接转换为发行公司的股票，类似于现行的可转换债的转股方式。需要指出的是，根据发行人及投资者的不同需求可对上述类型进行不同组合，从而又产生出分离现金汇入型、分离抵缴型、非分离现金汇入型及非分离抵缴型等不同类型的附设权证公司债。

对投资人而言，附设权证公司债兼具投资认股权证与公司债的优势：①双重收益。投资附设权证公司债，一方面可于正股走势上涨至超过认股价格时，通过行使权证并于认股后再高价抛售进而获得资本利得；另一方面可从公司债中获得稳定的利息收入，即使行使

（分离型）权证后的公司债部分仍可继续定期地获取利息，直到公司债期满为止。②锁定风险。即便因正股市价低于认股价格而不能行使权证，附设权证公司债的持有人仍可通过公司债部分定期获得利息并收回本金，因而投资人最大损失仅为公司债利息低于市场利息的部分。③享有优先求偿权。当发行公司经营不善，面临停业或破产的危险时，附设权证公司债的投资人因其所持有的公司债部分，可对公司财产享受优先求偿权，而一般的权证持有人则与普通股股东处于同等求偿地位。④弹性设计投资组合。投资人可根据市场走势选择将权证依附于公司债上一起买卖，或是（对于分离型权证）选择持有公司债而将权证出售或持有权证而将公司债出售。

对作为发行人的上市公司而言，发行附设权证公司债主要可产生下列优势：①降低融资成本。由于附设权证公司债的投资者在将来可能赚取股票利差，因而上市公司可适度降低该产品债券部分的价值，使得附设权证公司债票面利率低于普通公司债，从而降低再融资成本。②增加认购诱因。上市公司通过发行附设权证公司债，对其公司债额外附加了股票认购权，这对多头市场中的投资人而言便产生了“潜在利益”，从而增加了公司债的认购诱因，最大可能保障上市公司再融资目标的实现。③规避通货膨胀或汇兑风险。在通货膨胀时期，一方面，通货膨胀率有可能比债券的票面利率还高，使得实质利率小于零，隐含在权证中的价值取代了利息支付，举债可以说几乎是免费动用资金。另一方面，对于贸易输出量大的公司来讲，当本国货币大幅升值时，外汇持有人可能蒙受巨额汇兑损失。为规避汇兑风险，负担外汇债务即为有效方式。但如果发行海外普通公司债则利率偏高；而若改发行利率较低的可转换债，则一旦转股债务随之减少，便又无法达到规避汇兑风险的初衷。相反，如果发行附设权证公司债，则不仅可以较低利率发行公司债，即便投资人行使权证部分，公司债部分仍不致减少，可继续负担外汇债务，以降低汇兑风险。

当然，附设权证公司债也具有一定的缺陷。对于投资人而言，除了权证部分所涉及的一般市场、信用风险外，由于权证部分潜在价值的存在而在公司债的投资方面不得不接受相对较低的利息收入。而对于发行人而言，在其享受比发行普通债多享有的种种优势的同时，也承担着由于权证部分的行使所可能产生的风险，例如，由于权证的行使时间和数量具有较高的不确定性，不利于上市公司的资金规划。尽管如此，附设权证公司债还是因其优势不仅对投资人有着独特的吸引力，而且也对上市公司的再融资有着独特的效应。

附设权证公司债与可转换债很类似，本质上都是固定利率债券与认股权的组合。二者都具有增加公司债的认购诱因，同时相应降低融资成本的功能。但与可转换债相比，附设权证公司债具有其独特的优势：一方面，（分离型）附设权证公司债所含认股权为“外加权利”，因而公司债与其所附权证部分可以分开交易；而可转换债所含的转股权则为“内含权利”，只能与公司债一起移转。另一方面，附设权证公司债无任何条款可强制持有人行使其权利；而可转换债则可用赎回条款强制投资人行使其转换权。另外，可通过发行附设权证公司债来获取长期的低利率资金。在发债后利率长期走高的情况下，可转换债有可能因投资人的转股而使公司无法继续享有低利率的优惠；而附设权证公司债的低利率优惠则不受权证部分被行使的影响，权证执行后原债券部分的低利率成本仍可执行到债券期满。

【例8-2】安路集团是一家全国性的大型连锁超市。在1986年11月24日，私人投资公司K以杠杆收购的方式并购安路集团。原普通股的每股股份转化为一份债券和一份“兼并”认股权证。每份权证的持有人（投资者）将有权利购买0.279股新普通股，但为获得权证，每份权证需支付1.052美元。在获得认股权证后，安路集团的原股东若要持有一份新普通股，则需要转化3.584份兼并认股权证；同时，按认股权证的约定，每份权证还需支付3.7704美元（1.052×3.584）的金额。这意味着，安路集团认股权证的执行价格等于13.5131美元/份（3.584×3.7704）。该认股权证的到期日是1996年11月24日。它们之所以被称为“兼并”认股权证，是因为安路集团是基于原有股份被收购而发行认股权证的。

在安路集团被K公司收购之后，就成为一家非上市公司——其普通股和认股权证均不公开上市交易。但在1996年4月26日，K公司通过公开发行4万股新增普通股的方式，让安路集团上市交易。其股票在纽约证券交易所挂牌上市。在上市当日，数千份认股权证在3.125美元/份的收盘价上成交。其普通股股价则为12.125美元/股。

安路集团认股权证的价值下限在安路集团股票价格低于13.5131美元/股时为0（其持有人不会行使该权证的认股权利）。如果安路集团的普通股股价上升至13.5131美元/股以上，其认股权证的价值下限是股票价格减去3.7704美元/份（13.5131÷3.584）。认股权证的价值上限则直接用股票价格除以3.584份。对于1份认股权证就可认购1股普通股来说，其认股权证价格绝不能超过其标的物——普通股的价格。

【例8-3】认股权证如何影响公司价值。

我们假设有两个投资者：A先生和B女士。他们一起购买了6盎司的白金。在购买白金的时候，A先生和B女士各自承担了一半的成本，我们假设6盎司白金价值3 000美元，也就是说，他们各自承担了1 500美元。随后，他们以其出资额为股份，成立了一家名为C的公司，该公司共有2份股票证书，并由A先生和B女士各自拥有一份。每份股票代表对白金一半的要求权。对于C公司来说，这6盎司白金是其唯一的资产。

①发行看涨期权的情况

假设A先生后来决定以其在C公司所拥有的股份作为标的物发行1份看涨期权，并将这份期权卖给了投资者D女士。这份看涨期权在合约中规定，D女士有权利在下一年度内以1 800美元的价格购买A先生的股份。如果白金的市场价格已升到超过每盎司600美元，那么，C公司的价值也相应地超过了3 600美元，每份股票的价值则高于1 800美元。如果D女士决定执行她的这份期权合约，那么，A先生必须将其在C公司的股份以执行价格卖给D女士，而只能收到1 800美元（尽管其股份价值已高于1 800美元）。

公司会因这份看涨期权的执行而受到影响吗？我们可以看到：C公司的股份数量仍然与以前一样，即还是2份股票证书。只不过现在这2份股票证书，一份由B女士拥有，另一份为D女士所持有。如果市场上白金价格继续升至每盎司700美元，那么，每份股票则价值2 100美元（4 200÷2）。如果D女士在该价位上执行她的期权，她就可以获利300美元。

②发行认股权证的情况

如果本例中用发行认股权证来替代看涨期权，将会产生另一种情况。我们假设A先生没有向D女士出售看涨期权，相反，而是与B女士开了一场股东会议。他们同意C公司发行1份认股权证，并将该认股权证出售给D女士。认股权证赋予D女士拥有以1 800美元的执行价格购买C公司1份股票的权利。如果D女士决定执行这份认股权证，那么，C公司将会增发1份新的股票证书给D女士，并按执行价格向D女士收取1 800美元。

从D女士的角度来看，看涨期权与认股权证似乎没有什么区别。认股权证的执行价格与看涨期权的执行价格都是1 800美元。当每盎司白金的市场价超过600美元时，对D女士来说，执行看涨期权是有利可图的。然而，我们将在下面说明发行认股权证条件下，由于股份的“稀释作用”，使得D女士获取的利得减少。

C公司也必须考虑稀释作用。假定白金的市场价升至每盎司700美元，且D女士执行了她的认股权证。将会发生以下两件事：①D女士向公司支付1 800美元；②公司将会再发行1份股票证书给D女士。这样，每份股票证书代表对公司的白金资产只有1/3的要求权。

因为D女士向公司支付了1 800美元，公司的价值也会相应增加。公司现在价值为6 000美元（白金资产的价值4 200美元+D女士对公司的出资额1 800美元）。

因为D女士对公司资产只有1/3的要求权，所以，她的股票价值也就相应地为2 000美元（6 000÷3）。通过执行认股权证，D女士获取的收益为200美元（2 000−1 800）。其计算过程见表8-3。

表8-3 **看涨期权与认股权证对C公司价值的影响（效应）** 单位：美元

价值	每股白金价格	
	700	600
在没有认股权证条件下		
A先生的股份价值	2 100	1 800
B女士的股份价值	2 100	1 800
公司价值	4 200	3 600
发行期权条件下		
A先生的权益价值	0	1 800
B女士的权益价值	2 100	1 800
D女士的权益价值	2 100	0
公司价值	4 200	3 600
发行认股权证条件下		
A先生的股份价值	2 000	1 800
B女士的股份价值	2 000	1 800
D女士的股份价值	2 000	0
公司价值	6 000	3 600

③稀释效应

为什么D女士在发行认股权证条件下只能获取200美元的利得，而在发行看涨期权的条件下，却能获利300美元呢？其原因在于“稀释效应”，也就是说，在发行认股权证条件下，公司需要增发新股份。在发行看涨期权条件下，D女士按执行价格向A先生支付1 800美元，并得到A先生在C公司所持有的股份（股份总数未变）。这就是说，D女士收到的股票价值为2 100美元（4 200÷2）。她的利得就是300美元（2 100−1 800）。用公式表示为：

执行看涨期权的利得=4 200÷2−1 800=300（美元）

我们再来看看发行认股权证的情况。D女士向C公司支付了1 800美元的现金，并且得到了1份C公司的新增股份。此时，公司的外发股份为3份，而D女士则拥有其中之一。因为1 800美元的现金流入仍留在C公司内，D女士的股票价值为2 000美元（（4 200+1 800）÷3）。她的获利则为200美元（2 000−1 800）。用公式表示为：

执行认股权证的利得=（4 200+1 800）÷（2+1）−1 800=200（美元）

认股权证也会影响会计数据。认股权证和可转换债券（在下一部分将会讨论）会引起公司股份数目的增加。这样一来，公司的净利润将面对更多的股份总数，从而会使得每股收益降低。因此，对于那些发行了较多数量的认股权证和可转换债券的公司而言，还必须报告基本每股收益和完全摊薄的每股收益。

但是，公司可以一些策略影响认股权证持有人的利益。比如，A先生和B女士想要损害D女士的利益，一个办法是他们可以发放大额的股利。发放股利的资金可以通过卖掉公司的白金资产来获得。这样会造成公司的价值下降，从而使得认股权证的价值相应减少。

8.2.4 可转换债券融资

1）可转换债券融资的基本概念

可转换债券，是由公司发行的，在普通债券上附加转换权期权的一种债务工具。依照约定条件，持有者有权在未来的特定时期内，根据约定的转换比率将可转换债券转换成公司发行的普通股。可转换债券与附有认股权证的债券较为类似。二者之间最重要的区别在于附有认股权证的债券可以与认股权证剥离流通，而可转换债券则不能。可转换债券允许其持有人可以在债券到期日之前的任一时间（包括到期日）将可转换债券转换为一定数量的股票。

可转换债券具有以下经济要素：

（1）票面利率

与普通债券一样，可转换公司债券也设有票面利率。在其他条件相同的情况下，较高的票面利率对投资者的吸引力较大，因而有利于发行，但较高的票面利率会对可转换公司债券的转股形成压力，发行公司也将为此支付更高的利息。可见，票面利率的大小对发行者和投资者的收益和风险都有重要的影响。可转换公司债券的票面利率通常要比普通债券的票面利率低，有时甚至还低于同期银行存款利率，我国规定可转换公司债券的利率不能超过银行同期存款的利率水平。可转换公司债券的票面利率之所以这样低是因为可转换公司债券的价值除了利息之外还有股票购买权这一部分，一般情况下，该部分的价值可以弥补股票红利的损失，这也正是其吸引投资者的主要原因。

（2）面值

面值是可转换债券标明的在债券到期日，投资者如不转股，可收取的现金流量。我国可转换公司债券面值是100元人民币，最小交易单位是1 000元人民币。境外可转换公司债券由于通常在柜台交易系统进行交易，最小交易单位通常较高，如中国台湾市场，其最小交易单位为10万新台币。

（3）发行规模

可转换公司债券的发行规模不仅影响企业的偿债能力，而且还影响企业未来的股本结构，因此，发行规模是可转换公司债券很重要的因素。我国可转换公司债券的发行额不少于1亿元人民币，发行后资产负债率不高于70%。

（4）期限

可转换公司债券发行公司通常根据自己的偿债计划、偿债能力以及股权扩张的步伐来制定可转换公司债券的期限。国际市场上可转换公司债券期限通常较长，一般在5~10年，但我国发行的可转换公司债券的期限规定为1~6年，发行公司调整余地不大。

与可转换公司债券期限相关的一个重要概念是转换期。转换期是指可转换公司债券转换为股份的起始日至截止日的期间。根据不同的情况，转换期通常分为以下四种：①发行一段时间后的某日至到期日前的某日；②发行一段时间后的某日至到期日；③发行日后至到期日前的某日；④发行日后至到期日。

在前两种情况下，发行了可转换公司债券之后，发行公司锁定了一段特定的期限，在该期限内公司不受理转股事宜，这样做的目的是不希望过早地将负债变为资本金而稀释原有的股东权益；在后两种情况下，发行公司在可转股之前对可转换公司债券没有锁定一段期限，这样做的目的主要是吸引更多的投资者。我国可转换公司债券的管理办法只对转换期的起始日有所规定，主要针对两种情形：一种是未上市重点国有企业发行的可转换公司债券，其转换期的起始日是该企业改制为股份有限公司且股票上市后；另一种则是上市公司发行的可转换公司债券，根据1997年颁布的《可转换公司债券管理暂行办法》，上市公司在发行结束六个月后，持有人可以依据约定的条件随时转换股份，因此，虹桥和鞍钢在其可转换公司债券发行后六个月就可以转股，但2020年颁布的《可转换公司债券管理办法》在这方面的规定上有所区别，该办法规定，“可转债自发行结束之日起不少于六个月后方可转换为公司股票，转股期限由公司根据可转债的存续期限及公司财务状况确定”。该办法为未来上市公司延长非转股期提供了依据。

由于对转换期的截止日没有政策规定，因此，我国上市公司以往发行的可转换公司债券在这方面做法各异。在国内发行的几只可转换公司债券，如南化、丝绸、茂炼、虹桥、鞍钢等，其转换期的截止日都是可转换公司债券到期日，而在海外发行的可转换公司债券，如中纺机、南玻、庆铃汽车、镇海炼油转换期的截止日都是可转换公司债券到期日前的某日。

转换期的起始日和截止日是影响可转换公司债券转股速度的重要因素。

（5）转股价格

转股价格是指可转换公司债券转换为每股股票所支付的价格。与转股价格紧密相连的两个概念是转换比率与转换溢价率。转换比率是指一个单位的债券转换成股票的数量，计算公式如下：

转换比率=单位可转换公司债券的面值÷转股价格

转换溢价是指转股价格超过可转换公司债券的转换债券价值（可转换公司债券按标的股票时价转换的价值）的部分；转换溢价率则指转换溢价与转换债券价值的比率，计算公式如下：

转换溢价率=（转股价格-股票价格）÷股票价格

我国法规对可转换公司债券的转股价格的规定主要有两个方面：一是针对重点国有企业发行可转换公司债券的，其转股价格是以拟发行股票的价格为基准，有一定比例的折扣，因此，对于重点国有企业发行时转股价格是未知数，但转股溢价率显然小于零；二是针对上市公司发行可转换公司债券，其转股价格的确定是以公布募集说明书前三十个交易日公司股票的平均收盘价为基础，并上浮一定幅度，因此，上市公司可转换公司债券发行时转换溢价率通常大于零。

需要特别指出的是，这里所说的转股价格和转换溢价率是就可转换公司债券发行时而言的，它们不同于可转换公司债券交易时的市场转股价格和市场转换溢价率。

市场转股价格=可转换公司债券的市价÷转换比率

市场转换溢价率=（市场转股价格-当前的股价）÷当前的股价

（6）转股价格调整条款

①除权调整

转股价的除权调整实际上是一种反稀释条款，旨在保障持有可转换公司债券投资人的权益，当发行人股份发生变动时，应就股份变动前的转股价格进行适当的调整，因此，当发行公司进行股份拆细、资本公积金转增股本、配股、增发或低于每股股票时价且再次发行可转换公司债券时，均会按其相应稀释的比例调整转股价格，同时对发行公司以股票形式发放红利部分，也纳入调整公式而予以计算新的转股价格。一般来说，现金红利不纳入转股价调整范围，但是目前国内许多企业为了吸引投资者也将股票红利作为调整转股价格的一个因素。

转股价格的常规调整方式，即在本次发行的可转换公司债券的存续期间，所有导致发行人A股股价进行除权（如送红股、配股、派息等）或其他需要调整交易价的行为发生时，转股价格将按交易所电脑系统调整发行人A股价格的计算公式进行调整。设转股价格为 P_0，送股率为N，配股率为K，配股价为A，每股派息为D，则经调整后的转股价格 P_1 为：

送股：$P_1=P_0\div(1+N)$

派息：$P_1=P_0-D$

配股：$P_1=(P_0+AK)\div(1+K)$（如增发新股需除权，其调整公式与配股一致）

转股价格调整程序如下：如发行人决定调整转股价格，在上述条件满足后10个交易日内，发行人将在中国证监会指定的上市公司信息披露报刊及互联网网站上刊登调整公告3次，并于公告中指定转股价格调整日及暂停转股时期。公告正式刊登后，股价变化不影响发行人调整转股价格的决定。若公告中指定的转股价格调整日为可转换公司债券持有人转股申请日或之后，转换股份登记日前，则该部分可转换公司债券持有人的转股申请按发行人调整后的转股价格执行。

另外，在考虑市场价格波动的情况下，以送股为例，调整转股价格有以下两种计算公式：

公式一：$P_1=(P_0+c)\div(1+N)$

公式二：$P_1=P_0\div(1+N)$

两者的区别仅在于分子项，公式一体现了实际市场变化的调整因素，当股票市价与调整前转股价格相等时，这两个公式的结果是相同的，但如果两者不等，这两个公式对投资者保护就有所区别，当股票时价高于调整前转股价时，公式一计算的调整后转股价格要小于公式二计算结果，反之亦然。

②特别向下调整。

可转换公司债券的特别向下调整条款有时也称为向下修正条款。当股票价格表现不佳时，一般是股票价格连续低于转股价一定水平，该条款允许发行公司在约定的时间内将转股价格向下修正为原转股价格的70%~80%。

转股价格的向下调整主要保障投资人于持有期内，因标的股票价格持续下滑乃至无法执行转换权利时，仍能按约定的时点进行转股价格的重新设定，促使调整后的转股价格较能接近目前的股票市价水平，否则，原定的转股价格就会远远高出当前的股价，使得转股不能进行。因此，调整条件是可转换公司债券设计中一个非常重要的保护投资者利益的条款。

（7）赎回条款

赎回是指在一定条件下公司按事先约定的价格买回未转股的可转换公司债券。发行公司设立赎回条款的主要目的是降低发行公司的发行成本，避免因市场利率下降而给自己造成利率损失，同时，也出于加速转股过程、减轻财务压力的考虑。通常该条款可以起到保护发行公司和原有股东的权益的作用。赎回实质上是买权，是赋予发行公司的一种权利，发行公司可以根据市场的变化而选择是否行使这种权利。

赎回条款一般包括以下几个要素：①赎回保护期。这是指可转换公司债券从发行日至第一次赎回日的期间。赎回保护期越长，股票增长的可能性就越大，赋予投资者转换的机会就越多，对投资者也就越有利。②赎回时间。赎回保护期过后，便是赎回期。按照赎回时间的不同，赎回方式可以分为定时赎回和不定时赎回。定时赎回是指公司按事先约定的时间和价格买回未转股的可转换公司债券；不定时赎回是指公司根据标的股票价格的走势按事先的约定以一定价格买回未转股的可转换公司债券。③赎回条件。在标的股票的价格发生某种变化时，发行公司可以行使赎回权利。这是赎回条款中最重要的要素。按照赎回条件的不同，赎回可以分为无条件赎回（即硬赎回）和有条件赎回（即软赎回）。无条件赎回是指公司在赎回期内按事先约定的价格买回未转股的可转换公司债券，它通常和定时赎回有关；有条件赎回是指在标的股票价格上涨到一定幅度（如130%），并且维持了一段时间之后，公司按事先约定的价格买回未转股的可转换公司债券，它通常和不定时赎回有关。④赎回价格。赎回价格是事先约定的，一般为可转换公司债券面值的103%~106%，对于定时赎回，其赎回价一般逐年递减，而对于不定时赎回，通常赎回价格除利息外是固定的。一旦公司发出赎回通知，可转换公司债券持有者必须立即在转股或卖出可转换公司债券之间作出选择，正常情况下，可转换公司债券持有者会选择转股。可见，赎回条款最主要的功能是强制可转换公司债券持有者行使其转股权，从而加速转换，因此，它又被称为加速条款。

（8）回售条款

回售条款是为投资者提供的一项安全性保障，当可转换公司债券的转换债券价值远低于债券面值时，持有人必定不会执行转换权利。此时，投资人依据一定的条件可以要求发行公司以面额加计利息补偿金的价格收回可转换公司债券。为了降低投资风险，吸引更多的投资者，发行公司通常设置该条款。它在一定程度上保护了投资者的利益，是投资者向发行公司转移风险的一种方式。回售实质上是一种卖权，是赋予投资者的一种权利，投资者可以根据市场的变化而选择是否行使这种权利。

回售条款一般包括以下几个要素：①回售条件。回售也分为无条件回售和有条件回售。无条件回售是指无特别原因而进行的回售；有条件回售是指公司股票价格在一段时期内连续低于转股价格并达到某一幅度时，可转换公司债券持有人按事先约定的价格将所持债券卖给发行人，因此，当股价下降幅度没有满足回售条件时，投资者利益也很难得以保障。通常的做法是：当标的股票的价格在较长时间内没有良好的表现，转股无法实现，可转换公司债券持有者有权按照指定的收益率将所持债券卖给发行人，由于收益率一般远高于可转换公司债券的票面利率，因此，投资者的利益就能得到很好的保护。②回售时间。回售时间根据回售条件分为两种：一种是固定回售时间，通常针对无条件回售，它一般定在可转换公司债券偿还期的三分之一或一半之后，对于10年期以上的可转换公司债券，回售时间大多定在5年以后，国内可转换公司债券也有在可转换公司债券快到期时回售的，所起的作用与还本付息相似，如机场转债。另一种是不固定回售时间，针对有条件回售，指股票价格满足回售条件的时刻。③回售价格。回售价格是事先约定的，它一般比市场利率稍低，但远高于可转换公司债券的票面利率，使得可转换公司债券投资者的利益受到有效的保护，降低了投资风险，因此，附有回售条款的可转换公司债券通常更受投资者的欢迎。

2）可转换债券的特点

（1）债权性

与其他债券一样，可转换债券也有规定的利率和期限，投资者可以选择持有债券到期，收取本息。

（2）股权性

可转换债券在转换成股票之前是纯粹的债券，但在转换成股票之后，原债券持有人就由债权人变成了公司的股东，可参与企业的经营决策和红利分配，这也会在一定程度上影响公司的股本结构。

（3）可转换性

可转换性是可转换债券的重要标志，债券持有人可以按约定的条件将债券转换为股票。转股权是投资者享有的而一般债券所没有的选择权。可转换债券在发行时就明确约定，债券持有人可按照发行时约定的价格将债券转换为公司的普通股票。如果债券持有人不想转换，则可以继续持有债券，直到偿还期满时收取本金和利息，或者在流通市场出售变现。如果持有人看好发债公司股票增值潜力，在宽限期之后可以行使转换权，按照预定转换价格将债券转换成股票，发债公司不得拒绝。正因为具有可转换性，可转换债券利率一般低于普通公司债券利率，企业发行可转换债券可以降低筹资成本。

3）可转换债券的价值

可转换债券的价值可以分为纯粹债券价值、转换债券价值和期权债券价值三个部分。下面结合例子说明债券价值的三个组成部分。

【例8-4】A公司的可转换债券价值。

A公司于2015年11月发行了在2034年到期的可转换次级公司信用债券，债券面值为1 000美元，其票面利率为6.75%。通过债券发行，A公司筹集到3亿美元资金。根据债券条款规定，每1份债券在其到期日前的任一时间可转换为23.53股股票，即转换比率为23.53，转换价格相应为42.5美元（1 000÷23.53）。这意味着，公司债券的持有者放弃债券转换为股票，相当于以每股42.5美元的价格购得股票。

在A公司发行可转换债券时，该公司普通股市价为每股22.625美元。可以看出，转换价格较实际普通股股价高出了88%，这部分溢价被称为转换溢价。

（1）纯粹债券价值

纯粹债券价值是指可转换债券在不具备可转换的特征，仅仅当作债券持有的情况下，在市场上能够销售的价值。它取决于利率的一般水平和违约风险程度。假设A公司发行的纯粹信用债券的信用评级为A，且2017年11月1日的A级债券是以4%的收益率进行定价的。A公司可转换债券的纯粹债券价值可以通过对其半年期息票价值33.75美元和本金1 000美元按4%的折现率进行贴现而求得。其计算过程如下：

$$\text{纯粹债券价值}=\sum_{t=1}^{37}33.75\div(1+4\%)^{t}+1\,000\div(1+4\%)^{37}=880.36\text{（美元）}$$

纯粹债券价值是可转换债券的最低限价，可转换债券的价格不会低于其纯粹债券价值。

（2）转换债券价值

可转换债券的价值也取决于转换债券价值。转换债券价值是指如果可转换债券能以当前市价立即转换为普通股，这些可转换债券所能取得的价值。转换债券价值典型的计算方法是将每份债券所能转换的普通股股票份数乘以普通股的当前价格。

2015年11月1日，每份A公司可转换债券能够换取23.53股该公司的普通股股票。A公司普通股目前的股价是22.625美元/股。所以，可转换债券的转换债券价值为532.37美元（23.53×22.625）。可转换债券不能以低于转换债券价值的价格卖出，否则就会出现无风险套利。假如A公司的可转换债券以低于532.37美元的价格交易，那么，投资者就会购买可转换债券，并立即将其向A公司转换成普通股，然后将换得的普通股出售获利。获利的金额等于股票出售的价值减去可转换债券的转换债券价值。无风险套利的结果是使得可转换债券的价格恢复至转换债券价值之上。

因此，可转换债券拥有纯粹债券价格和转换债券价值两个价值底线。转换债券价值是由公司的基本普通股价值所决定的。随着普通股价值的涨落，转换债券价值也相应地涨落。如果A公司普通股涨了1美元，那么，其可转换债券的转换债券价值也相应上涨了23.53美元。

（3）期权债券价值

可转换债券的价值通常会高于纯粹债券价值和转换债券价值。之所以会发生这种情况，是因为可转换债券的持有者不必立即转换。相反，持有者可以通过等待并在将来利用纯粹债券价值与转换债券价值二者孰高来选择对己有利的策略（即转换普通股还是当作债券持有）。这份通过等待而得到的选择权（期权）也有价值，它导致了可转换债券的价值高于纯粹债券价值和转换债券价值。

当公司普通股价值比较低的时候，可转换债券的价值主要显著地受到其基本价值（如纯粹债券价值）的影响。然而，当公司普通股价值比较高的时候，可转换债券的价值主要由基本转换债券价值决定。以上说明可参见图8-5。

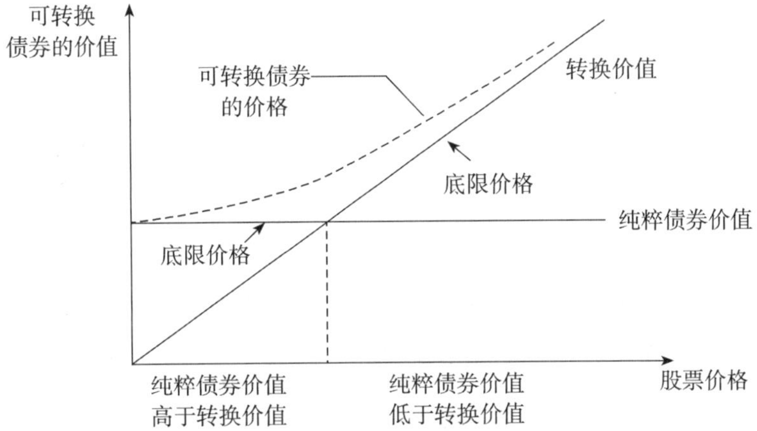

图8-5 可转换债券价值构成示意图

如图8-5所示，可转换债券价值是底限价值和期权债券价值之和。图中的底部说明：可转换债券价值为纯粹债券价值与转换价值二者之间的最大值与其期权债券价值之和，即：

可转换债券价值=MAX（纯粹债券价值，转换价值）+期权债券价值

4）发行可转换债券的原因

（1）可转换债券与纯粹债券的比较

在其他条件相同的情况下，可转换债券的票面利率会比纯粹债券低。例如，若纯粹债券的利率为10%，那么，可转换债券的利率可能只有9%。投资者之所以会接受可转换债券的较低利率，原因在于他们可能会从债券转换成股票的过程中获取潜在利益。

假如一家公司在认真分析了可转换债券和纯粹债券后，决定还是发行可转换债券。这项决策在什么时候能使公司受益，何时又会损害公司的利益呢？我们考虑以下两种情形：

① 股价在可转换债券发行后上涨幅度较大。公司一般都喜欢看到本公司股票价格上涨。然而，在股价上涨的情形下，公司若在以前发行的是纯粹债券而非可转换债券的话，那么，公司收益会更多。虽然公司发行可转换债券所支付的利息要少于纯粹债券的利息，但是公司必须以低于市场价格向可转换债券的持有者转换股票。

② 股价在可转换债券发行后下跌或者上涨得不够多。公司一般不愿意看到本公司股票价格下跌。然而，在股价下跌的情形下，公司在以前发行的若是可转换债券而非纯粹债券的话，这对公司是有利的。这是因为，可转换债券持有者不会去换成普通股，而是继续当作债券持有，而可转换债券的利率又较低。在这里，比较可转换债券和纯粹债券二者的利率是必要的。

总体来说，与纯粹债券相比较而言，若公司决定发行可转换债券，在其发行后的时期里该公司股票表现出色，这反而对公司是不利的。但若公司股票的股价表现差劲，则发行可转换债券是有利于公司的。在一个有效的证券市场中，股价是随机游走的，谁也不能预测股价。因此，我们无法推论可转换债券是优于还是劣于纯粹债券。

（2）可转换债券与普通股的比较

再设想一家公司在仔细考虑了可转换债券和普通股之后，决定还是发行可转换债券。这项决策何时能使公司受益，何时又会使公司利益受损呢？这里我们仍旧考虑两种情形：

① 股价在可转换债券发行后上涨幅度较大。在这种情况下，公司以前发行的若是可转换债券而非股票的话，公司将受益匪浅。我们可以用A公司案例来更好地说明这个问题。公司若发行股票，其发行价只能定为每股22美元。相反，公司发行可转换债券，若债券持有人将其换成普通股，那么，A公司实际上是以每股42.50美元的价格发行了普通股。

② 股价在可转换债券发行后下跌或者上涨得不够多。没有公司愿意看到本公司股票价格下跌。然而，在该情形下，公司以前发行的若是股票而非可转换债券的话，倒是件好事。公司之所以能从发行普通股中受益，是因为发行价要高于发行后的市场价。也就是说，公司能收到比其卖出股票价值多的现金。值得注意的是，股价的下跌不会对可转换债券价值造成很大的影响，那是因为纯粹债券价值已锁定了价值底线。

总体来说，与普通股比较而言，若公司股票在可转换债券发行后的市场表现出色，则发行可转换债券对公司有利。相反，若公司股票随后的市场表现糟糕，那么，发行可转换债券对公司是不利的。在有效的证券市场上没人能预测未来的股价走势。因此，我们无法说明发行可转换债券是优于普通股，还是劣于普通股。以上分析可参见表8-4。

表8-4 **对可转换债券有利和不利的情形**

融资方式	如果公司股价随后的表现差劲	如果公司股价随后的表现出色
可转换债券	因为股价低廉，故可转换债券不会被转换	因为股价较高，故可转换债券会被转换
与纯粹债券比较	因为可转债息票利率较低，故可转换债券是较便宜的融资方式	因为可转换债券被转换，造成现有股份稀释，故可转换债券的融资成本较高
与普通股比较	因为公司本可以按较高价格发行普通股，故可转换债券是较昂贵的融资方式	因为当可转换债券被转换时，公司实际上是按较高价格发行了普通股，故可转换债券是较便宜的融资方式

从表8-4可以看出，发行可转换债券融资，不论是风险、成本还是限制条件，都处于中等水准。其融资风险比债权融资小，融资成本比股权融资低，这些都是它在融资上的优势。与其他融资方式相比，可转换债券在偿付风险、融资成本和融资限制上有其独有的特征（见表8-5）。

表8-5 **各种融资方式的比较**

融资方式	偿付风险	融资成本	融资限制
股票	小（无固定股利支付负担，不还本）	高（股利税后支付，股权稀释，股票发行费用高）	上市公司，必须间隔一个会计年度
可转换债券	较小（仅对未转换部分还本付息，利率小于借款利率）	较低（利率最低，利息抵税，延迟股权稀释，发行费用高）	上市公司和重点国有企业，无时间限制
长期借款	较大（还本付息）	较低（利息抵税，不稀释股权，筹资费用少）	独立核算、自负盈亏、有法人资格的公司
普通债券	大（债券利率大于借款利率）	较高（利率最高，利息抵税，不稀释股权，但发行费用高）	股份公司、国有独资公司和国有投资主体投资设立的有限责任公司

5）衍生工具介入公司融资的功能与优势

（1）财务负担优势

如果融资成本较高，那么，公司在发行证券时就要考虑将现金流与公司在未来经营所产生的现金流二者匹配起来，不至于产生支付危机。对于那些希望和风险并存的快速成长型公司来说，它们宁愿发行可转换债券或附有认股权证的债券，这样，在公司初创期，负担的利息成本较低，当公司发展得很成功了，可转换债券或认股权证就会被转换。这虽会导致股权稀释效应，但此时公司已经能承受得了这种稀释影响了。

（2）风险协同效益

当很难准确评估发行公司的风险时，使用可转换债券和附有认股权证的债券进行融资是拥有优势的。比如，对某种类型的产品，很难准确地评估其价值。基于此，该公司的风险也很难确定。如果能肯定该公司的风险较高，那么，市场会按较高的收益率对该公司的债券定价。反之，如果能确定该公司的风险较低，那么，就会按较低的收益率对该公司的债券定价。

可转换债券和附有认股权证的债券对风险评估所产生的误差有一定程度的免疫作用。这是因为可转换债券和附有认股权证的债券均含有两部分价值：纯粹债券价值和以公司股票为标的物的看涨期权的价值。如果该公司被证实是低风险公司，那么，纯粹债券部分的价值就会比较高，而看涨期权部分的价值则比较低。相反，如果公司证实是一家高风险的公司，那么，其纯粹债券部分价值较低，而看涨期权部分价值较高。

风险会对可转换债券和附有认股权证债券的不同组成部分的价值有不同的影响，并且这些不同的影响还会相互抵销。尽管这样，市场和购买者还是要对公司的增长潜力进行合理评估，从而确定这些证券的价值。

（3）代理成本

与筹集资金有关的代理问题，可以由可转换债券来解决。纯粹债券会促使债权人作出让公司进行低风险经营活动的举措。相反，普通股股东则有让公司接受高风险项目的激励举措。具有负值NPV的高风险项目将会把财富从债权人手中转移到股东手中。如果这些矛盾不能解决，那么，公司可能就会被迫放弃有利可图的投资机会。然而，因为可转换债券具有权益的特点，所以，发行可转换债券来代替纯粹债券，就会减少财富转移情况的发生。也就是说，可转换债券可以降低代理成本。现实世界里，与之相关的另一个迹象则是可转换债券的债券契约中的限制性条款要比纯粹债券少得多。

（4）后门权益

广为接受的可转换债券理论将可转换债券视作后门权益。由于较高的财务风险成本，刚刚创立不久、高成长的小型公司通常很难以合理的条件发行债券。但是，如果股价很低，公司又不愿意发行股票来融资。Lewis、Ragolski和Sewart检验了风险漂移和可转换债券的后门权益理论，结果发现两种理论都能找到支持证据。

6）可转换债券发行的风险管理

（1）发行风险

由于信息的不对称性，在期权债券价值的认定上，企业和投资者很难达到完全一致。如果债券的利率设定过低，转股价格定得过高，股权上的收益无法满足投资者在债券收益上的让渡，可转换债券在发行后将无法吸引到足够的投资者，造成发行失败；而债券的利率定得过高，不仅企业要额外支出利息，而且，过高的利息水平会带来过低的期权债券价值的错觉，进而，投资者会对企业的股票价格上升产生怀疑，最后影响企业的股票价值。

如何应对发行风险？主要应区分股市的发展周期。我们将股市的发展周期划分为复苏阶段、上升阶段和下降阶段。其中，复苏阶段对投资者有利，但对发行者不利；上升阶段是发行可转换债券最好的时机；下降阶段适合发行长期可转换债券。

在股市的复苏阶段，公司的股价低迷，公司用申请到的股票发行额度能募集到的资金有限，且投资者配股热情不高，不适宜运用股权融资。如果发行可转换债券，以公布募集说明书前30天的股价为基础制定出的转股价较低，能确保可转换债券顺利转换，但是，在此时发行可转换债券有个致命的弱点，由于转股价低，转换后的股数很多，故用同等股票发行额度，此时能筹集到的资金相对较少。在进入转股期后，由于转股溢价率低，在市场上立即会形成一笔不小的股本扩张压力，而股本扩张后，每股盈利被摊薄，无法达到股东要求的投资报酬率，这对公司很不利。且股市低迷时，银行储蓄利率水平往往较高，以此为基础制定出的可转换债券票面利率也相对偏高。

在股市的上升阶段，不断上升的股价不仅能保证可转换债券顺利转换，以此时的股价为基础制定出的转股价格也贴近市场价格，企业能用同样的股票发行额度筹集到较多资金。

在股市的由盛转衰阶段，公司的股价居高，配股溢价高涨，且二级市场投资活跃，配购新股趋于踊跃，此时应该发行新股。如果发行可转换债券，若干年后进入转换期，此时指数已经下滑，不仅一级市场的债权人将损失债息差，而且公司在承受转换风险时，还要承受债券的高利息支出。在双重打击下，公司很难安全渡过险关。

至于股市萧条的阶段，由于股价不断下跌，发行的可转换债券最终无人问津，致使发行失败的可能性极大，故理性的公司管理层都不会考虑在这个阶段发行可转换债券。

（2）转换风险

一般来说，公司发行可转换债券的最终目的是筹集股权资本。当公司的股价在转股期间持续低迷，投资者就会持有债券。由于企业的债务不能按计划转为股权，企业只能按时支付债券利息，在加重企业债务负担的同时，也会对企业的资金周转造成影响。在可转换债券到期时，企业需要对未转换的可转换债券还本付息，这势必需要在短期内筹集大笔资金，如果此时企业的资金周转不通畅，很可能会因无法支付高额的债券本息而引发财务危机，严重时会造成企业债务重组，甚至破产倒闭。

公司主要应通过制定恰当的票面利率和转换价格的方式对这一风险进行管理，但是，可转换债券的转换价格和票面利率决定了投资者的收益，为了吸引投资者，转换价格应该尽量低，票面利率尽量高，但这样做，不仅增加了公司的财务费用支出，募集的融资额也会减少，影响现有股东的权益，故在制定票面利率和转换价格的时候，应考虑双方的利益，达到平衡。

除此之外，公司还可通过回售条款、修正转股价条款或强制转股条款等方式规避这一风险。回售条款给予投资者将持有的可转换债券回售给企业的权利，企业可以规定在约定的日期按规定的价格回售，也可以约定当公司的股价连续低于转股价一定幅度到达一个特定时间，可转换债券的持有者有权将可转换债券回售给企业。回售条款有利于企业在股价持续下跌时将流通在外的可转换债券及时收回，减少日后持续的利息支出，且设定了回售条款的可转换债券，票面利率更低，转股价更高。公司为了更好地规避风险，可以设置逐年变化的赎回和逐年回售条款，鼓励持有者尽早转股，减轻公司的财务压力。强制转股是指在可转换债券到期时，一次性将未转换的可转换债券全部强制转换。这样做，虽然可以避免到期还本付息，但一次性大量股票涌入市场，对于公司的股价影响很大。

【例8-5】深宝安的可转换债券融资及转换风险。

1992年12月，深圳证券交易所上市公司深宝安在A股市场上发行了5亿元人民币可转换债券，票面利率3%，期限3年，初始转股价为25元，到期前半年可以赎回，赎回价为面值的103%。这是我国第一只由上市公司发行的可转换债券，也是当时规模最大的一只可转换债券。该可转换债券于1993年2月10日挂牌上市，上市前一天，宝安股票最高价33.8元/股，收盘于32.75元/股。而上市当日可转换债券以1.5元/份开盘，以最高价2.67元/份收盘，同时，宝安股票收盘价为32.3元/股，换手率为14.65%，市场转股价远高于规定的转股价格，是宝安股票与其可转换债券最辉煌的一天。此后，可转换债券的价格开始下降，截至当年3月11日，宝安转债的价格下跌到1.5元/份，换手率超过100%。在这1个月内，宝安转债市场表现活跃。之后，由于股票市场整体大熊市，宝安转债的价格最低达到0.82元/份。

1993年6月1日起，宝安转债进入转股期，由于4月9日公司实行了10送3股并派发0.9元/股现金红利的分红方案，故转股价调整至19.392元/份。6月1日当日宝安股票价格为17.5元/股，低于转股价。

此后，直到8月11日，宝安股票的价格才开始出现短暂的上涨，8月11日至9月10日的1个月中，宝安股票的市场价高于转股价的行情有14个交易日。之后，除了10月8日与10月14日外，宝安股票的市场价格均低于转股价。

1994年6月16日，公司实施上年度10送7股派现金股利每股1.22元的分红方案，1995年7月21日，又实施了10送2.3股派现金股利每股1元的分红方案。但按照最初的约定，当且仅当公司于转股期开始前增加新股，转股价才作调整，故这2次分红后，宝安公司都未调整转股价格，仍然维持在19.392元。而宝安股票的价格此时却在每股10元以下。1995年12月29日到期时，被转换的宝安转债仅占发行量的2.7%，宝安转债转换失败。

宝安转债转换失败的原因有很多，其自身的经济效益增长率不能同股本扩张的速度相适应，致使分红后股价无法填权是很大的原因，但最大的原因是宝安转债无转股价格调整条款，致使股价和转股价脱钩。

但宝安转债也有其优势，宝安转债的票面利率为3%，相对应的是，当时3年期银行存款利率为8.28%，3年期企业债券利率为9.94%，3年期国库券利率为9.5%，宝安转债的票面利率明显低于应有的水平，故转换失败并未带给深宝安过大的打击。

吸取了宝安转债的教训，现在公司发行可转换债券时，一般都附有回售条款和转股价格向下修正条款，以及赎回条款，以最大限度地保护自己。

（3）收购风险

由于可转换债券发行初期是债券性质，而在适当时候能转换成股票，故投资者可以采取购买可转换债券的方式来增加自己对企业的控制权，这样做不仅隐蔽，短期内不易被发现，而且不会造成直接在市场上购买股票时容易出现的哄抬股价的情况，节约成本。

这一风险，公司可以通过设定合理的赎回条款进行规避。目前，我国相关法规规定，企业必须设置赎回条款与回售条款，或者强制转股条款，但只能选择其中一条。就赎回条款来说，我国为有条件赎回，每年可执行一次，如规定在赎回日前连续三十个交易日中至少有十五个交易日的收盘价格不低于当期转股价格的130%。赎回条款可以迫使投资者考虑加速转换，也有利于发行公司避免因股价突然下降而使转股受挫。

（4）利率风险

公司需要为未转换的可转换债券支付利息，过高的利率水平，意味着公司要承担高额的融资成本，最近发行的可转换债券，其票面利率均逐年递增，市场利率下降将使公司丧失以低利率筹资的机会，解决方案有赎回、回售和强制转股。回售方案中，发行公司没有权利强制执行回售。强制转股一般在非上市公司股票上市时，或可转换债券到期时强制执行，故赎回并以低利率再举债是公司最好的选择，但新旧债务之间的时间差不可避免，且新债券的市场接受度同样是未知数。而过低的债券利率会造成债券收益率低下，直接导致投资者持有债券的机会成本上升，影响债券成功发行。

8.3 衍生工具与公司投资管理

8.3.1 公司并购与衍生工具应用

公司并购既可以通过现金购买股票或股份来实现，也可以通过换股（即股票换股票）来实现并购交易。在换股合并中，接受并购一方公司的股东放弃对被并购公司的各项权利，获得收购方公司的股票。但是，因收购方公司的股票价格在收购完成后会发生波动，因此，与现金收购方式相比，换股合并对被收购公司的股东来说，换出股权的对价是不确定的。此时，衍生工具可以帮助克服这些不确定性，从而帮助并购顺利完成。

正因为如此，通过换股合并有可能面临谈判失败的风险。比如，A公司准备购买B公司的某分部，并计划采用换股收购的方式。按最初的收购计划，A公司准备向B公司提供1.41亿股A公司的股份。当时A公司的每股市场价格为42.55元，按收购协议时刻的定价，B公司将收到大约60亿元（42.55×1.41）。尽管这个价格令B公司的管理者满意，但是因所换入的1.41亿股股票面临市场价格变动的风险，B公司的管理者也为换股交易的风险而担心，即A公司股票价格下跌的风险。

为了消除这些担心，A公司决定向B公司提供价值共计6.42亿元，即每股4.55元（6.42÷1.41）的或然价值权作为“定心丸”。在此计划下，这1.41亿股的每1股都可以在该交易完成的1年内获得42.55元与股价的差值，最大额是4.55元。例如，如果A公司的股价在1年后是每股40元，则A公司新发的每股股份将获得2.55元（42.55−40）的现金。因此，2.55元加上每股股价40元，合计仍将是每股42.55元。但是，由于最高额为4.55元，所以，股价跌到每股38元（42.55−4.55）以下时，B公司就不能再获得额外的保证了。例如，股价跌到每股36元，则每股总价值是40.55元（36+4.55）。

或然价值权计划可视为看跌期权，这意味着对A公司因并购活动而发行的每股股票的股东而言，获得一个执行价格为42.55元的看跌期权，同时，卖出一个执行价格为38元的看跌期权。如果A公司股价低于每股42.55元，那么，从行权价为42.55元的看跌期权获得的现金是42.55元与股价的差值。然而，如果股价跌到每股38元以下，执行价格为38元的看跌期权也处于实值状态，每股仍获得4.55元（42.55-38）的现金。

这一安排，使B公司的管理者最终削弱了对换股并购风险的担心，提高了他们最终接受该项并购方案的可能性。该例表明，使用创造性融资工具，可以使曾经勉强的售出者欣然接受。

8.3.2 项目投资和期权

在项目投资决策中，通常所采用的方法是净现值法，须在基期对项目的未来现金流量作出预测。对每一个未来时期的预期现金流量按适当的风险折现率进行折现，计算出净现值（NPV）。对于独立的项目，正的净现值意味着接受，而负的净现值则意味着拒绝。该方法通过折现率处理风险因素。此外，我们可以用决策树这一较复杂的方式处理风险。通常来说，我们在今天作出投资决策，但许多影响决策的信息尚不完备，其具体情况依赖于未来某一事项的进展。也就是说，作项目投资决策的公司可以通过作先期小规模投资，以获取该项目未来进展的权利，但延后其项目投资的进程直至信息完备，这实际上是应用了期权。现在我们通过一个例子来说明这种期权。

【例8-6】某石油公司A正在考虑购买某偏远地区的一处油田。卖方的报价为10 000美元，并且急于立即售出。初始钻探成本是500 000美元。公司预期在数十年乃至上百年内每年可以采油10 000桶。由于该项目的终止日期很遥远且难以作具体估计，故公司将出自石油的现金流量视为永续年金。以每桶20美元的油价和16美元的采油成本计算，每桶石油开采净现金流将保持在4美元。适当的实际折现率是10%。公司在过去坏年份里的减免税额足以使它不必为油田支付任何利润税。A公司应该购买这项财产吗？对A公司油田的NPV计算如下：

−10 000 −500 000+（4×10 000）÷0.10=−110 000（美元）

按照这个分析，A公司不应该购买油田。但是，公司的顾问B先生认为，石油的价格有望以通货膨胀率的速度增长，同时，他指出明年对于石油价格是相当危险的一年。一方面，欧佩克（OPEC）正在考虑一个在未来许多年的实际期限内将油价提高到每桶35美元的长期协议。另一方面，国家汽车局最近指出，以沙与水的混合物作为燃料的汽车目前正在检测中。B先生认为，若这项开发被证明是成功的，则在许多年内的实际期限中石油将定价为每桶5美元。关于这两方面进展的全部信息将在1年后揭晓。若油价提高至每桶35美元，则A公司油田的NPV将是：

−10 000−500 000+（35−16）×10 000÷0.10=1 390 000（美元）

然而，如油价跌至每桶5美元，油田的NPV甚至将比它今天的负净现值还小。B先生向A公司董事会提出两个劝告。他认为：①应该购买该土地；②对钻探与否的决策应该推迟到有关欧佩克新协议和国家汽车局关于新汽车的信息发布之后。

他先假设土地已被买下，随后展开相关调查。

若该土地已经被买下，应该立即开始钻探吗？假如立即开始钻探，那么NPV是

-110 000美元。而若将钻探与否的决策推迟到新信息揭晓之时，那时就能作出最适宜的选择。若油价降至每桶5美元，则A公司不应该钻探。公司不如回避该项目，这时除了购买土地的10 000美元外，没有任何损失。若油价涨至每桶35美元，则钻探应立即开始。

B先生指出，通过推延，若油价上涨，公司只投资500 000美元钻探成本。因此，通过推延策略公司将在油价下跌的情况下节省500 000美元。他的结论是，一旦买下土地，钻探与否的决策就应推迟进行。

应该先将土地买下来吗？现在我们知道，假如已经买下该土地，那么，将钻探与否的决策推迟到信息揭晓时是最适宜的。假设我们知道这个关于钻探的最佳决策，那么，是否应该先将土地买下来呢？即使不知道油价上涨的准确概率，B先生仍然确信应该买下该土地。每桶油价为35美元时，项目的NPV是1 390 000美元，而土地成本仅为10 000美元。他相信油价上涨是可能的，尽管并不是很有希望。即使这样，他认为，为取得潜在的高收益，显然值得冒风险。

这个例子提出了一种方法，当A公司购买土地时，它实际上是在购买期权。也就是说，一旦土地被买了下来，公司就拥有以执行价格500 000美元购买一片有储量油田的期权。正如分析结论所说，一般不应该立即执行看涨期权。在这种情况下，公司将推迟到关于未来油价的相关信息揭晓时才执行。

在经典资本预算的方法中有一个严重缺陷，即净现值计算法忽略了现实中的公司具有灵活性。在上述例子中，标准预算技术得出的结果是，购买土地将出现一个负的NPV。然而，通过给予公司期权以根据新的信息改变其投资政策，可以容易证明购买土地是合理的。

公司管理者应着力寻找隐匿在项目投资中的期权。因为期权是有利可图的，所以，当资本预算计算忽视了灵活性时，管理人员就可能错失好项目。

8.3.3 股票投资与期权

股票投资策略是以买入、持有和出售股票资产为主要目标的投资策略。在这一策略里，期权可作为一种辅助方式来建立或管理一个股票组合头寸。本节的介绍只限于上述情况，而不包括仅通过交易期权工具进行获利。

1）建立股票投资组合

（1）使用看跌期权来买进股票

在投资者购买股票时，通常会遇到如下情形，即认为某一只股票很有吸引力，应该购买下来，但现在的价格偏高。如果现有价格下跌一定的比率，则可毫不犹豫地购入。在这种情况下，通过卖出看跌期权在合理的价位获得股票可能是一个合适的策略。

【例8-7】假如6月份IBM公司的股票价格是42美元/股，某投资者对在这个价位购入股票感到犹豫不决；如果在39美元/股的价格，该投资者会决定在其投资组合中加入该只股票。此时，8月份IBM公司股票执行价格为40美元/股的看跌期权市场价格为1.25美元。对该投资者而言，为在目标价位上建立IBM公司股票的投资组合，可以通过出售8月份40美元的看跌期权实现。

投资者持有的看跌期权空头，承担了在合约到期日按期权执行价格40美元/股买进该股票的义务。当然，这种义务只有在合约到期日股票价格低于执行价格时，期权合约的多头方才会要求履约，投资者的上述履约义务才变成现时义务。这意味着，8月份合约到期日前，IBM公司的股票可能低于40美元/股，投资者可能被指派按40美元/股的价格购入股票。

当投资者出售看跌期权空头时，只可能有两种结局：①如果看跌期权在合约到期日时是虚值的，它们就不名一文地过期；②它们将被指派，投资者必须以40美元/股购入IBM公司的股票。

在第一种情况下，投资者将保留1.25美元的权利金，但同时也没有获得在低于40美元/股价位上购入IBM公司股票的机会。这意味着，在投资者等待股票价格回调再购入的决策中，可能面临着股票价格一直没有回调而一路上涨的风险，在这种情况下，期权权利金将是唯一的回报。同时，在8月份合约到期时，投资者应同样作出是否应卖出稍晚到期的看跌期权的决策。

在第二种情况下，IBM公司股票价格低于40美元/股，投资者可能被指派以40美元/股的价格购入股票。此时，投资者购入股票的修正成本是每股38.75美元（40美元执行价格减去1.25美元的期权权利金收入）。在这种情况下，股票成本可能高于也可能低于市场价格。即使股票成本高于市场价格，也并不意味着股票投资策略的错误，因为这一股票价格下跌的风险是每一位投资者都会遇到的风险，同时，该投资者实现了建立股票头寸的初始目的，即在39美元以下的价位购入IBM公司的股票。

这意味着，对于寻求比现行市价更低价格购买股票的投资者来说，卖出股票看跌期权是一种合适的策略，但是，这一策略并不能保证投资者一定会购得股票；如果投资者购得股票，期权执行价格必定高于市场价格，投资者应承担持有该期权的全部风险。

（2）兼买兼卖策略

兼买兼卖（buy-write）策略是包含股票多头和看涨期权空头的组合，且这两个头寸是同时建立的。该策略通常关注的是与其相关的回报，而不是股票的目标价格。

为了建立兼买兼卖策略，投资者会买进一种选定的股票，与此同时卖出该股票的看涨期权。通常来说，实行这一策略，投资者给其经纪人下达的是“兼买兼卖”指令，该指令由两部分组成。根据这一指令，股票的买进和看涨期权的卖出会以一个确定的净价格成交，否则就都不成交。

使用兼买兼卖策略的投资者通常从回报的角度考虑这一策略，他们主要考虑两类回报：①静止回报（static return），即如果股票价格停留在其买进的价位上，投资者可得到的回报；②履约回报（if-called return），即如果股票价格超过期权的敲定价格，看涨期权因此被指派了，那么，投资者所能得到的回报。上述回报应使投资者感到其所承担的风险得到了足够的补偿。每个兼买兼卖策略都涉及两种回报之间的平衡：卖出一个平值期权，投资者可增加静止回报，但减少了履约回报；而卖出一个深度虚值期权，投资者增加了履约回报，但与此同时减少了静止回报。下面举例说明。

【例8-8】兼买兼卖：计算潜在的回报。

假定股票价格为43美元/股，5月45美元看涨期权定价为1.75美元，目前，离合约到期日尚有91天。每季度的股息为每股0.20美元。

①计算静止回报

静止回报是假定在90天内股票价格变化的回报，计算公式为：

该时期回报=（期权权利金+所得股息）÷初始投资×100%

=（1.75+0.20）÷（43−1.75）×100%

=4.73%

将其转化为年度回报率，计算公式为：

年度回报率=该时期回报率×每年的天数÷合约到期前的天数

=4.73%×365÷91

=18.97%

②计算履约回报

履约回报是假定股票的价格在合约到期日高于敲定价格，看涨期权被指派，使得股票被卖出时投资者的回报，计算公式为：

该时期回报=［期权权利金+（敲定价格-购买价格）+所得股息］÷初始投资×100%

=（1.75+2+0.20）÷（43-1.75）×100%

=9.58%

将其转化为年度回报率，计算公式为：

年度回报率=该时期回报率×每年的天数÷合约到期前的天数

=9.58%×365÷91

=38.43%

兼买兼卖策略是一个保守的策略，适用于停滞或略微上涨的股票。投资者的注意力首先必须集中于股票的选择，然后，集中于静止回报和履约回报。当期权的履约期很短时，要谨慎使用以其为基础计算出来的年度回报率。如果到期日仅有两个星期，依此而计算的年度回报率实际上假定同样两周内的回报会在整个一年内重复下去，即在一年内有26个同样的周期。这实际上是不可能的。通常来说，股票期权的合约到期日在一年内只有12个。此外，如果一个兼买兼卖策略的潜在回报非常高，这也可能意味着这个交易的风险程度非常高。

2）持有或改变股票投资组合

（1）股票补救策略

在投资者购入的股票中，通常会出现违背投资者预期的结果，即股票价格不是上涨而是下跌了。此时，投资者的目标可能从盈利转向保本。通常来说，如果不借助衍生工具，投资者通常能作的选择主要有以下两类：一是“持有等待”策略，即不采取任何措施等待股价恢复至购买价，以收回投资成本；二是“摊薄成本”策略，即在原始头寸的基础上，投资者以现行的较低价格再买进同样数量的股份。后一策略的优点在于，股票价格只要涨回初始购买价格的一半，就可以实现保本；但其缺点在于，需要大额追加投资，并且如果股票价格下跌，其损失较原组合会增加一倍。

投资者引入期权，采用股票补救策略（stock repair strategy），可以避免上述不足，既不需要追加新的投资，又避免股价下跌给投资组合带来的额外风险。下面举例说明。

【例8-9】假设投资者持有1 000股A公司的股票，初始购入成本为每股50元，当前价格为每股40元。因股票价格下跌幅度较大，投资者的投资目标转至收回投资成本，对投资收益的期望下降。同时，该投资者不愿意再追加投资，同时，也不愿意因股票价格下跌而承担额外的风险（即新组合的风险不能超过原1 000股A公司股票所承担的风险）。

该投资者采用股票补救策略来挽回先前的损失。在所持有的1 000股A公司股票的基础上，买入10手10月份40元/股看涨期权，单价为3.5元；同时，卖出20手10月份45元/股看涨期权，单价为1.75元。通过建立上述投资组合，投资者可实现其主要的目标。

首先，在不考虑交易费用的情况下，该投资者不需额外追加资金。以单价3.5元的价格买进10手10月份40元/股看涨期权需花费3 500元；以单价1.75元的价格卖出20手10月份45元/股的看涨期权，将收入3 500元。建立新的投资组合不需要额外的资金。

其次，新的头寸是否增加了原组合的风险？新投资组合包括看涨期权和股票，新组合较原组合增加的金融工具仅为看涨期权。如果该股票在合约到期时价格低于40元/股，那么，所有看涨期权价值均为0。因为建立该头寸时没有成本，所以，合约到期时也不会产生损失，收支平衡。如果股票价格上涨，则上述组合的价值见表8-6。

表8-6 **股票补救策略下投资组合盈亏计算表** 单位：元

合约到期时的股票价格	1 000股股票盈亏	10手40元/股看涨期权多头盈亏（支出3 500元）	20手45元/股看涨期权空头盈亏（收入3 500元）	投资组合盈亏总额
39	-11 000	-3 500	+3 500	-11 000
40	-10 000	-3 500	+3 500	-10 000
41	-9 000	-2 500	+3 500	-8 000
42	-8 000	-1 500	+3 500	-6 000
43	-7 000	-500	+3 500	-4 000
44	-6 000	+500	+3 500	-2 000
45	-5 000	+1 500	+3 500	0
46	-4 000	+2 500	+1 500	0
47	-3 000	+3 500	-500	0

表8-6显示，新组合在没有增加风险的基础上降低了投资组合的盈亏平衡点。如果股票价格上涨至45元/股，而不需上涨至购入股票的价格50元/股，投资者就可以收回投资成本，同时，不会承担股票价格进一步下降而产生的额外风险。

但是，这一策略在股票价格上涨至45元/股以上时，投资者购入的10手40元/股看涨期权将会履约，卖出的20手45元/股看涨期权将会被指派，其结果是，所有的头寸均被平仓了结，投资者则留有与初始投资相等的现金。当然，投资者也无法从股票价格的进一步上涨中获利，只能实现收回投资成本的初始目标。

（2）持保跨式套利

对某类持有股票投资组合的投资者来说，可能会遇到下列情形：当某只股票价格上涨一定程度时即出售股票；当其价格下跌一定幅度时即购入股票。在这种情况下，投资者可以被动地等待股票价格波动，然后在股价上涨时出售股票，而在股价下跌时购入股票。如将期权引入该类目标的投资决策中，投资者可以通过卖出持保跨式套利（selling covered straddles）或卖出持保组合（selling covered combinations）来实现。

如果投资者拥有某股票并且愿意按较高的价格卖出，同他有关的期权策略就是卖出看涨期权；如果投资者寻求以较低的价格买进股票，同他有关的期权策略就是卖出看跌期权。因此，对寻求高卖或低买的投资者来说，看涨期权和看跌期权都应该是卖出。如果两个期权的敲定价格相同，则是卖出持保跨式套利；如果两个期权的敲定价格不同，则是卖出持保组合。

【例8-10】持保跨式套利和持保组合。

①卖出持保跨式套利

投资者持有500股A公司的股票，当前价格为每股55.25元。该投资者愿意在价格上升约10%（即60元）时卖出股票，或者在价格下跌约10%（即50元）时再买进500股。

与其被动等待股价上升到每股60元或下跌至每股50元，该投资者不如建立如下期权头寸：卖出5手12月份55元/股看涨期权，单价为3元；同时，卖出5手12月份55元/股看跌期权，单价为2.5元。

在合约到期日，如果股票价格高于敲定价格55元/股，看涨期权可能被指派，投资者将不得不按55元/股的价格出售股票。当然，卖出看涨期权所得到的权利金3元由投资者支配。此时，看跌期权将不会被指派，其权利金2.5元被投资者保留。该股票的实际出售价格为60.5元/股（等于看涨期权的敲定价格、看涨期权的权利金和看跌期权权利金之和）。这一价格比初始60元/股的出售目标价格要高。更重要的是，该实际出售价格只需股票价格上升至55元/股以上即可。

同样，在合约到期日，如果股票价格低于敲定价格55元/股，看涨期权不会被指派，投资者收入其权利金3元；看跌期权则会被指派，投资者不得不按55元/股的价格购入500股股票，投资者将保留看跌期权的权利金。实际购买股票的价格为49.5元/股（等于看跌期权的敲定价格减去看涨期权权利金和看跌期权权利金后的余额）。此时，投资者购买股票的实际成本甚至低于预定目标的50元/股，更重要的是，它并不要求股价下跌至49.5元/股，只需股价收于55元/股以下。

当然，期权合约到期时，股价可能大幅高于60元/股，或大幅低于50元/股。这时，投资者仍只能按上述策略的价值建立新的投资组合，而享受不到股价波动幅度高于预期的好处。但是，这并不意味着卖出持保跨式套利策略是无效的，它有效地帮助投资者实现了既定建立投资组合的目标。

②卖出持保组合

投资者也可以通过卖出敲定价格不同的看涨期权和看跌期权来实现上述目标。在这一策略中，如果股票价格上升到高于看涨期权的敲定价格，或下跌到低于看跌期权的敲定价格，持保组合在合约到期时卖出或买入股票同卖出持保跨式套利是极为相似的。但是，在持保组合中，有第三种可能性：在合约到期日，股票价格可能收于两个敲定价格之间。如果发生这样的情况，看涨期权和看跌期权都处于虚值。

如果投资者持有500股B公司的股票，现价为32.25元/股。投资者可借此建立如下的组合：卖出5手B公司2月到期的35元/股看涨期权，权利金为1元；同时，卖出5手B公司2月到期的30元/股看跌期权，权利金为0.75元。

如果在2月份合约到期时，B公司股价收在30元/股至35元/股，那么，看涨期权和看跌期权都处于虚值。投资者仍然拥有500股股票，同时，保留了1.75元的期权权利金。此时，投资者会面临新的决策，即是否要建立一个合约到期日更远的组合。

由于持保组合存在两种期权都处于虚值的可能性，有的投资者会倾向于使用持保组合策略，但就实际效果而言，并没有哪一种策略更优。

3）处置股票投资组合

投资者在出售股票的决策中，往往会遇到如下情形，即当股票价格再上涨几个百分点时就会出售股票。但是，这一决策也会遭遇到股票价格不升反降的风险，如果股票价格一路下跌，此时投资者继续持有股票则会遭遇损失。通过出售看涨期权可以对上述情形的决策有所帮助。

【例8-11】6月4日，如果A公司股票价格为77元/股，投资者在2个月前以70元/股的价格购入该股票，目标价格是80元/股。投资者可以等待A公司股价升至80元/股后再出售，也可以通过出售8月份80元/股看涨期权（距合约到期日尚有79天）来实现，当天该期权的定价为4.62元。

投资者卖出看涨期权，即承担了在合约到期时按敲定价格卖出标的股票的义务，本例中投资者承担了在8月份以80元/股价格卖出A公司股票的义务。在合约到期日，只可能出现两种情况：一是股票价格高于敲定价格80元/股，期权将会被指派，股票将按80元/股卖出；二是股票价格低于敲定价格80元/股，期权将会过期，投资者将继续持有A公司股票。分别讨论上述两种情形：

首先，如果到期日A公司股价高于80元/股，投资者卖出的看涨期权将会被指派，股票以80元/股的价格被卖出，投资者也会保留4.62元的权利金，因此，投资者卖出股票的总收入应是84.62元/股。

其次，当到期日A公司股价低于80元/股，看涨期权就会处于虚值状态，投资者的卖出义务也会终结，权利金4.62元也因此成为投资者的收入。此时，投资者会进一步向前看，寻找下一步的策略。如果此时A公司股价仍然是77元/股左右，那么，仍可以考虑卖出11月份该股票的80元/股看涨期权。当然，如果此时A公司股价已下跌，则卖出11月份该股票的80元/股看涨期权可能毫无意义，因为其权利金收入可能微不足道。

总体来说，基于所持有的股票多头头寸而建立看涨期权空头头寸，适合于持有股票且希望股票价格再上升一定程度后即出售股票的投资者。但是，这一策略并不能保证股票会在预定价位上出售，同时，该类投资者仍会承担因为拥有这只股票所面临的市场价格下跌的风险。

8.4 衍生工具与公司营运管理

公司所面临的商品价格风险，主要指采购商品价格上升的风险及所生产产品价格下降的风险。无论是生产的投入品还是产成品，公司都需要对其价格变动的风险进行管理，从而提升利润的稳定度，使生产经营在公司可控的层面进行。

从投入品价格风险角度来说，投入品价格的不确定性影响了产成品的定价和营销的管理能力。成本的波动也可能导致公司的现金流和盈利产生不良波动，这将会进一步引发更多的问题，如更高的信贷成本。比如，某公司长期按照固定价格向市场提供产成品，增加投入成本将削减企业的利润。通过锁定产品原料的成本，企业能够更好地维持利润。如果不能锁定投入品的成本，企业则会不愿意同客户建立长期的供货关系，这会使企业失去在市场竞争中的优势。从产成品价格风险角度来看，产成品价格的波动将直接影响公司的利润。甚至，当市场价格低于公司生产产品的变动成本时，公司的最优决策为停止生产产品，这会直接威胁公司的生存。因此，公司有必要对投入品价格以及产成品价格风险进行管理。

8.4.1 期货合约与商品价格风险管理

1）去尾套期保值与完全套期保值

用期货套期保值需要进行去尾。对1个单位的现有资产卖出少于1个单位的金融合约以进行套期保值的做法被称为去尾套期保值。

（1）无套利情况下期货价格的确定

假定1盎司黄金的价格是400美元，现在来计算黄金期货的价格。前已述及，不支付红利的投资在第T年无套利远期价格与期货的第T年无套利的期货价格是大概相等的，它们由下式决定：

$$F=S_0（1+r_f）^T$$

其中：F代表期货价格；S_0代表所作投资在今日的即期价格；r_f代表期限为T年的零息债券的年复利率。在无风险年利率为10%时，按上述计算公式，1年后交割的黄金的期货价格为每盎司440美元。

（2）创造完全的期货套期保值

假设投资者拥有1盎司黄金想在1年后售出，为规避金价下跌的风险，通过卖出期货合约以锁定售价。但在套期保值过程中，需要进行去尾，即相对于打算在1年后卖出的每1盎司黄金，投资者应卖出小于1盎司黄金的期货。这也就意味着，如果投资者为规避1盎司黄金的价格风险，卖出1盎司黄金的期货，属于过度套期保值。

我们通过例子说明上述过度套期保值的原因。如果黄金的现货价格由每盎司400美元变为401美元，黄金的期货价格则由每盎司440美元变为441.10美元（401×（1+10%））。因此，卖出1盎司的黄金期货以对金价变动的风险进行套期保值就显得有点过头了。当金价由每盎司400美元变为401美元时，我们从所持有的1盎司黄金中获得了1美元的收益，但在卖出的1盎司黄金期货合约上损失了1.10美元。

通过卖出少于1盎司黄金的期货合约会解决过度套期保值问题。确切地说，就是卖出1/1.10盎司的黄金期货。因金价上升1美元而在期货合约上的损失为1.00美元（1÷1.10×1.10），恰好与持有1盎司黄金的收益相抵销。

2）基差风险与期货合约的选择

以上讨论的对冲进行得比较完美，但在现实生活中，情况可能有所差异。对冲者可以知道未来买卖资产的准确时间，于是对冲者能够利用期货合约转移几乎所有的来自那个日期资产价格的风险。在实际应用时，期货合约套期保值并不那么完美。其主要有以下原因：①需要对冲其价格风险的资产与期货合约的标的资产可能并不完全一样；②套期保值者可能并不能肯定购买或出售资产的确切时间；③套期保值可能要求期货合约在其到期日之前就进行平仓。这些问题与基差风险紧密相关。

（1）基差

在套期保值的情况下，基差（basis）被定义为打算进行套期保值资产的现货价格与所使用合约的期货价格之间的差额。

如果打算进行套期保值的资产与期货合约的标的资产一致，在期货合约到期日基差应为零。在到期日之前，基差可能为正值或为负值。当标的资产是低利率货币或黄金、白银，其期货价格大于即期价格。这意味着基差是负值。对于高利率货币或许多商品，其期货价格小于即期价格，基差是正值。

当现货价格的增长大于期货价格的增长时，基差随之增加，称为基差扩大（strengthening of the basis）。当期货价格的增长大于现货的价格增长时，基差随之减少，称为基差减少（weakening of the basis）。图8-6说明了基差如何随着时间变化。注意在期货合约到期前，基差是正值。

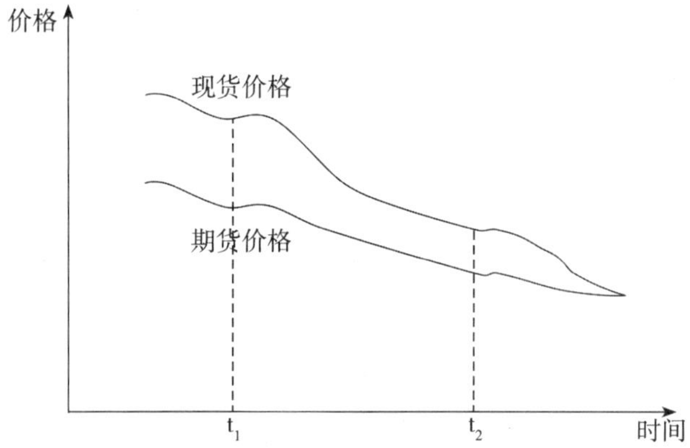

图8-6 基差随时间变化示意图

（2）基差风险

为了检验基差风险的性质，我们使用如下的符号：S_1代表在t_1时刻现货的价格；S_2代表在t_2时刻现货的价格；F_1代表在t_1时刻期货的价格；F_2代表在t_2时刻期货的价格。

令b_1为在t_1时刻的基差；b_2为在t_2时刻的基差。

假定在t_1时刻进行对冲操作，并在t_2时刻平仓。假设在建立套期保值初始时刻，现货和期货的价格分别为2.50美元和2.20美元；在平仓时，现货和期货的价格分别为2.00美元和1.90美元，即$S_1=2.50$，$F_1=2.20$，$S_2=2.00$，$F_2=1.90$。

根据基差的定义：$b_1=S_1-F_1$；$b_2=S_2-F_2$，得出：$b_1=0.30$，$b_2=0.10$。

考虑第一种情况，套期保值者知道将于t_2时刻出售资产，并在t_1时刻持有期货的空头。该资产实现的价格为S_2，期货头寸的盈利为F_1-F_2，则套期保值后资产获得的有效价格为：$S_2+F_1-F_2=F_1+b_2$。

在本例中，上式的值为2.30美元。在t_1时刻F_1的价值是已知的。如果此时b_2也是已知的，就可以进行完全的套期保值。套期保值风险是与b_2紧密相关的不确定性，我们称之为基差风险（basis risk）。

考虑另一种情况，公司知道它将于t_2时刻购买资产，并在t_1时刻进行多头套期保值。为该资产支付的价格为S_2，在期货头寸上的损失为F_1-F_2，则套期保值后资产所支付的有效价格为：$S_2+F_1-F_2=F_1+b_2$。

与前面的表述方式一致，在本例中上式的值为2.30美元。在t_1时刻F_1的价值是已知的，b_2代表了基差风险。

对诸如外汇、股票指数、黄金和白银这些投资资产来说，基差风险小于消费性资产的基差风险，这是由于套利理论会使投资资产的期货价格和现货价格之间较好地保持某一确定的关系。某一投资资产的基差风险主要来源于未来无风险利率水平的不确定性。对于消费性的商品来说，供需之间的不平衡以及可能的保存商品的困难，都会导致便利收益的大范围变化，这是基差风险的另一个来源。

有时，投资者暴露风险的资产不同于进行套期保值的期货合约的标的资产。在这种情况下，基差风险就会更大。定义S_2^*为t_2时刻期货合约的标的资产的价格。和之前一样，S_2是已经进行套期保值的资产在t_2时刻的价格。通过对冲，公司确定了购买（或收取）资产的价格为：$S_2+F_1-F_2$。也可以变形为：$F_1+(S_2^*-F_2)+(S_2-S_2^*)$。

$S_2^*-F_2$和$S_2-S_2^*$这两项代表了基差的两个组成部分。当打算进行套期保值的资产与期货合约中的标的资产一致时，存在基差$S_2^*-F_2$。当这两个资产不同时，上式中的$S_2-S_2^*$项就是两个资产不一致产生的基差。

值得注意的是，基差风险可以使得套期保值者的头寸状况得以改善或更加糟糕。考虑一个空头套期保值。如果基差意想不到地扩大，则套期保值者的头寸状况就会得到改善；相反，如果基差意想不到地缩小，则套期保值者的头寸状况就会恶化。对于多头套期保值来说，情况则相反。如果基差意想不到地扩大，则套期保值者的头寸状况会恶化；而当基差意想不到地缩小时，套期保值者的头寸状况就会改善。

（3）合约的选择

影响基差风险的一个关键因素是套期保值所选用的期货合约。这种选择包括两个方面：一是期货合约的标的资产；二是交割月份。

如果打算保值的资产正好是期货合约的标的资产，通常以上第一项选择是非常容易的。在其他的情况下，必须仔细分析才能确定一个合适的期货合约，该期货合约的期货价格与打算保值的资产价格的相关性最好。

交割月份的选择可能受几个因素的影响。在之前的分析中我们假定，套期保值的到期日与某一交割月份一致，所以，选择该交割月份的期货合约。事实上，在这种情况下，通常选择随后交割月份的期货合约。这是由于在某些情况下，交割月份中的期货价格非常不稳定。同时，如果多头的套期保值者在交割月份中持有合约，则套期保值者面临着不得不接受实物资产交割的风险。

一般来说，当套期保值的到期日与交割月份之间的差距增大时，基差风险增加。因此，最好的方法是尽量选择最接近套期保值到期日的那个交割月份，但期货交割月份要在套期保值到期之后。假定某个特定合约的交割月份是3月份、6月份、9月份和12月份。套期保值的到期日如果是12月份、1月份和2月份，则应选择3月份的期货合约；如果套期保值的到期日为3月份、4月份和5月份，则应选择6月份的期货合约，以此类推。这一方法假定所有合约都有很强的流动性，能满足套期保值者的要求。实际上，到期期限短的期货合约的流动性强。因此，在有些情况下，套期保值者可能倾向于使用到期期限短的合约，并不断将合约向前进行展期。

3）期货合约的数量决策（hedge ratio）

套期比率（hedge ratio）是持有期货合约的头寸大小与风险暴露资产大小之间的比率。

令ΔS为在套期保值期限内，现货价格S的变化量；ΔF为在套期保值期限内，期货价格F的变化量；σ_S为ΔF的标准差；ρ为ΔS和ΔF之间的相关系数；h为套期保值率。

假设套期保值者准备在t_2时刻出售N_a单位的资产，在t_1时刻卖空N_f单位相同商品的期货进行套期保值，则：

$h=N_f/N_a$

考虑到套期保值的盈亏，该资产实现的总价值为：

$Y=S_2N_a-(F_2-F_1)N_a=S_1N_a-(S_1-S_2)N_a-(F_2-F_1)N_a$

其中：S_1、S_2分别为t_1、t_2时刻资产的价格；F_1、F_2分别为t_1、t_2时刻期货的价格。

根据上式可以得出：

$Y=S_1N_a+N_a(\Delta S-h\Delta F)$

其中：$\Delta S=S_2-S_1$；$\Delta F=F_2-F_1$。

为确定套期保值率，应使Y的方差最小。由于在t_1时刻S_1和N_a已知，当$(\Delta S-h\Delta F)$的方差达到最小时，Y的方差达到最小。$(\Delta S-h\Delta F)$的方差为：

$\sigma_S{}^2+h^2\sigma_F{}^2-2h\rho\sigma_S\sigma_F=(h\sigma_F-\rho\sigma_S)^2+\sigma_S{}^2-\rho^2\sigma_S^2$

当$(h\sigma_F-\rho\sigma_S)^2$为零时，Y的方差最小，即$h=\rho\sigma_S/\sigma_F$。这意味着，最佳套期比率等于ΔS和ΔF之间的相关系数ρ乘以ΔS的标准差与ΔF的标准差之间的比率。图8-7说明了套期保值者头寸价值的方差与套期比率之间的关系。

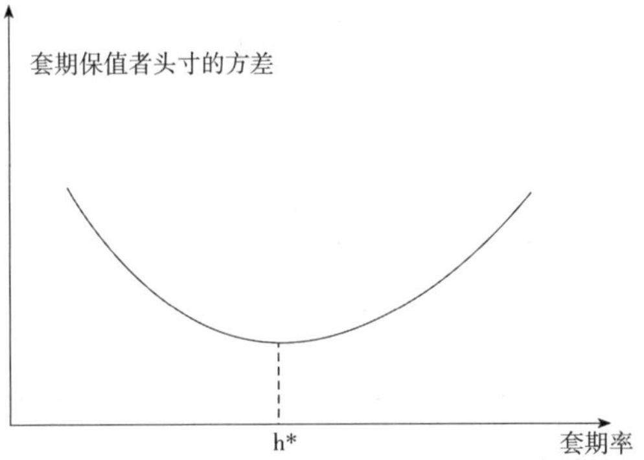

图8-7 套期头寸的方差与套期比率的关系示意图

如果ρ=1且$\sigma_F=\sigma_S$，则最佳的套期比率h^*为1.0。由于在这种情况下，期货价格完全反映了现货价格，以上的值正好是我们所预期的值。如果ρ=1且$\sigma_F=2\sigma_s$，则最佳套期率h^*为0.5。这一结果也正如我们所预期的，由于在这种情况下，期货价格变化总是等于现货价格变化的两倍。

最佳套期保值比率h^*是现货价格变动量ΔS对期货价格变动量ΔF进行回归得到的最优拟合直线的斜率。这在直观上是合理的，因为最佳的套期率h^*等于ΔS的变化值与ΔF的变化值之比。套期保值效果（hedge effectiveness）可以定义为套期保值后抵销方差的程度ρ^2，即$h^{*2}\sigma_F{}^2/\sigma_S{}^2$。

因$h=\rho\sigma_S/\sigma_F$，故只需估计出上式的参数ρ、σ_F、σ_S，就可以估计出最佳套期保值比率。具体来说，可以选择相等个数的非序列相关时序数据ΔS和ΔF为样本观察值。理论上，观察值的时间间隔应与有效套期保值的时间间隔的长度一致。实际上，有时这严格限制了有效的观察值数目，于是选择更短的时间间隔。

【例8-12】某公司采用期货合约对资产X进行套期保值。在过去的15个月，资产X的现货价格与期货价格可以通过市场价格系统查阅，并计算出每月现货价格和期货价格的波动（见表8-7）。

表8-7　**套期保值策略下的期货价格和现货价格波动表**　单位：美元

月份	期货价格较上月变动（ΔF）	现货价格较上月变动（ΔS）
1	0.021	0.029
2	0.035	0.020
3	-0.046	-0.044
4	0.001	0.008
5	0.044	0.026
6	-0.029	-0.019
7	-0.026	-0.010
8	-0.029	-0.007
9	0.048	0.043
10	-0.006	0.011
11	-0.036	-0.036
12	-0.011	-0.018
13	0.019	0.009
14	-0.027	-0.032
15	0.029	0.023
$\sum(\Delta F)$ / $\sum(\Delta S)$	-0.013	-0.003
$\sum(\Delta F^2)$ / $\sum(\Delta S^2)$	0.0138	0.0097
$\sum(\Delta F\Delta S)$	0.0107	

基于以上数据，可以估计参数值：

$$\sigma_F\text{估计值}=\sqrt{\frac{\sum(\Delta F)^2}{n-1}-\frac{[\sum(\Delta F)]^2}{n(n-1)}}=0.0313$$

$$\sigma_S\text{估计值}=\sqrt{\frac{\sum(\Delta S)^2}{n-1}-\frac{[\sum(\Delta S)]^2}{n(n-1)}}=0.0263$$

$$\rho\text{估计值}=\frac{n\sum(\Delta F\Delta S)-\sum(\Delta F)\sum(\Delta S)}{\sqrt{n\sum(\Delta F)^2-[\sum(\Delta F)]^2}\sqrt{n\sum(\Delta S)^2-[\sum(\Delta S)]^2}}=0.9290$$

因此，最佳套期保值比率 h^* 为0.78（0.9290×0.0263÷0.0313）。这说明，出售的期货合约价值应为套期保值资产面值的78%。实际上，套期保值数量必须为整数，因此，其效果只能近似达到最佳套期保值效果。

8.4.2 期权与商品价格风险管理

运用期权管理商品价格风险，可以通过仅仅购买看涨期权或是看跌期权，也可以使用不同期权组合策略的方式实现。

（1）价差期权

价差期权，即交易者买进一个期权，同时又卖出另一个同类期权，这两个期权的差别在于协议价格补贴。具体来说，价差期权分为四类：①牛市看涨期权价差，投资人在买进一个协定价格较低的看涨期权的同时再卖出一个到期日相同但协议价格较高的看涨期权；②牛市看跌期权价差，投资人在买进一个协定价格较低的看跌期权的同时再卖出一个到期日相同但协议价格较高的看跌期权；③熊市看涨期权价差，投资人在买进一个协定价格较高的看涨期权的同时再卖出一个到期日相同但协议价格较低的看涨期权；④熊市看跌期权价差，投资人在买进一个协定价格较高的看跌期权的同时再卖出一个到期日相同但协议价格较低的看跌期权。

价差期权有三个潜在的优点：①价差期权可以让企业确定一个套期保期范围，根据标的价格风险敞口或企业对标的价格变动的预期来进行恰当的套期保值。②价差期权可以让企业控制套期保值的成本。通过卖出从有利价格变动中获利的权利，企业可以降低或消除为价格不利变动时提供保护的成本。③价差期权可以让企业将它们对市场上标的波动性的看法和套期保值需求相匹配。

（2）双限期权

在期权工具应用套期保值的一般策略中，公司总面临着风险与权利金成本两相矛盾的烦恼。要么规避了风险，但是需要付出权利金成本；要么没有成本，但风险不能完全规避。使用双限期权，可以达成规避风险，达到节约权利金成本的目的。

双限期权策略，又叫零成本保值策略、篱笆墙策略等，投资者在建立一个现货或期货多头（空头）部位后，采取的保值行动包括：支付权利金，买入一个虚值的看跌期权（看涨期权），来保护期货部位。为了降低权利金成本，再抵补卖出一个虚值的看涨期权（看跌期权），获得权利金收入。这样，投资者可以避免价格朝不利方向变化所带来的风险，并且不需要付出权利金。如果卖出的期权价格高于买入的期权价格，还可以收到权利金。保值者需要做的是：找出两个具有相等价格（或大致相等）的看涨期权和看跌期权。双限期权保值策略经常被机构投资者使用，对于一个没有保险费的“保险”，如果不考虑预期外盈利空间的话，更受到务实保值者的青睐。

总体来说，双限期权用于套期保值，其成本较低，既能规避价格不利变化的风险，又能保留一定的获利潜能，但是放弃了无限收益的能力。最大损失与盈利都是确定的，或者说盈亏均被限定。

①多头部位的双限期权保值策略

如果公司处于现货或期货多头，可采用买入虚值看跌期权并卖出虚值看涨期权的方式，达成双限期权保值策略。

【例 8-13】某投资者以市场价 1 900 元/吨买入强麦期货，并且买入同月份执行价格为 1 880 元/吨的看跌期权，支付权利金 30 元；卖出同月份执行价格为 1 920 元/吨的看涨期权，收到权利金 30 元。其到期日损益如图 8-8 所示。

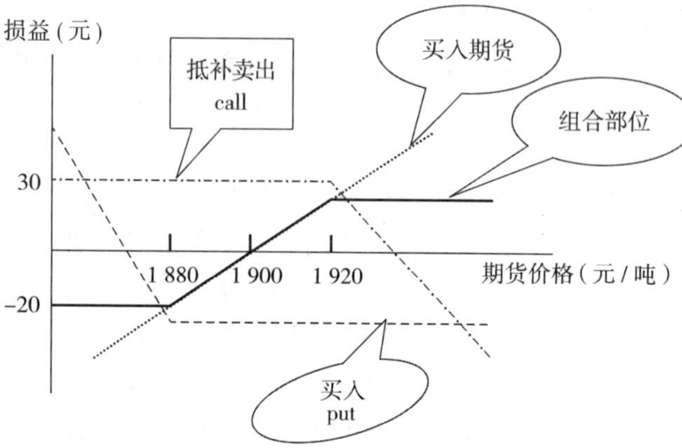

图8-8　期货多头的双限期权保值策略

到期日损益分析如下。

情况1：价格上涨，但没有超过1 920元/吨，即期货价格位于1 900~1 920元/吨。期货多头盈利，买入的看跌期权处于虚值状态，价值为0。卖出的看涨期权处于虚值状态，价值为0。看涨期权与看跌期权均处于虚值状态，不会出现执行的问题。期货多头的盈利就是整个组合的盈利。

情况2：价格向上突破1 920元/吨，期货多头盈利，卖出的看涨期权成为实值期权，卖出的看跌期权虚值程度更深。看涨期权的买方将提出执行期权，该投资者作为看涨期权的卖方，获得1 920元/吨的期货空头部位。正好与其期货多头部位对冲平仓。获利20元/吨。无论期货价格涨到多高，投资者的获利最高为20元/吨。

情况3：价格下跌，没有跌破1 880元/吨。期货多头亏损，但看涨期权与看跌期权仍处于虚值状态，均不会出现执行的问题。期货多头的盈亏就是整个组合的盈亏。

情况4：价格向下突破1 880元/吨，期货多头亏损，买入的看跌期权成为实值期权，卖出的看涨期权虚值程度更深。该投资者作为看跌期权的买方，可以提出执行，获得1 880元/吨的期货空头部位。正好与其期货多头部位对冲平仓。亏损20元/吨。无论价格跌到多少，总体亏损最大为20元/吨。

在买入期货的情况下，运用双限期权保值策略，主要是基于期货价格处于区间震荡，但又存在暴跌的可能。通过买入看跌期权，将风险控制在确定的范围之内。卖出看涨期权，则用来降低买入保护性期权的成本。当期货价格运行在1 880~1 920元/吨，即两个执行价格之间时，期货部位的损益可以不受期权的影响，而期货价格向上突破1 920元/吨的执行价格时，投资者的期货多头收益却戛然而止，这就是采用该策略保值者需要付出的代价：放弃预期之外的盈利潜能。当期货价格向下突破1 880元/吨的价格时，投资者的亏损将会被有效“切断”，这是该策略向投资者提供的好处。

②空头部位的双限期权保值策略

如果公司处于现货或期货空头，可采用买入虚值看涨期权并卖出虚值看跌期权的方式，达成双限期权保值策略。

【例8-14】某投资者以市场价15 000元/吨卖出棉花期货，并且买入同月份执行价格为15 200元/吨的看涨期权，支付权利金300元；卖出同月份执行价格为14 800元/吨的看跌期权，收到权利金300元。其到期日损益如图8-9所示。

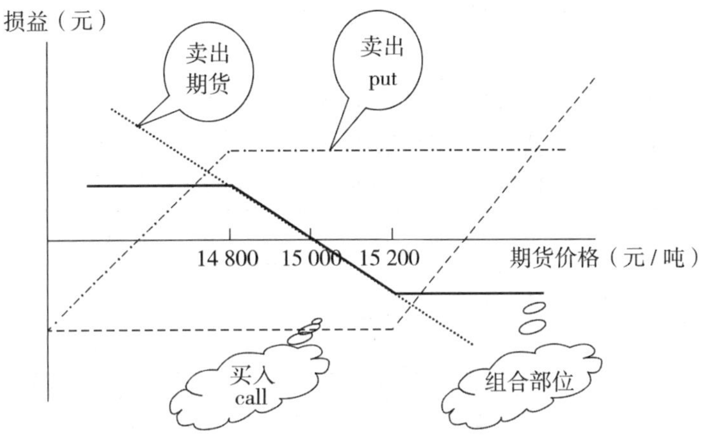

图8-9 期货空头的双限期权保值策略

到期日损益分析如下。

情况1：价格下跌，但没有跌破14 800元/吨。期货空头盈利，但看涨期权与看跌期权仍处于虚值状态，均不会出现执行的问题。期货空头的盈利就是整个组合部位的盈利。

情况2：价格向下突破14 800元/吨。期货空头盈利，卖出的看跌期权成为实值期权，买入的看涨期权虚值程度更深。看跌期权的买方将提出执行，该投资者作为卖方，获得15 000元/吨的期货多头部位，正好与其期货空头部位对冲，获利200元/吨，但无论期货价格跌得有多深，投资者的获利最高为200元/吨。

情况3：价格上涨，没有突破15 200元/吨。期货空头亏损，但看涨期权与看跌期权仍处于虚值状态，均不会出现执行的问题。

情况4：价格向上突破15 200元/吨。期货空头亏损，买入的看涨期权成为实值期权，卖出的看跌期权虚值程度更深。该投资者作为看涨期权的买方，提出执行权利，获得15 000元/吨的期货多头部位。正好与其期货空头部位对冲，亏损200元/吨，但无论价格涨到何种程度，总体最大亏损为200元/吨。

在卖出期货的情况下，运用零成本保值策略，主要是基于期货价格会缓慢下跌的可能性较大，但又存在暴涨的风险。当期货价格运行在14 800~15 200元/吨，即执行价格之间时，期货部位的损益同样不受期权的影响，期货部位的盈亏就是整个组合部位的盈亏。而期货价格向下跌破14 800元/吨时，投资者的期货空头收益却戛然而止，这就是采用该策略的投资者需要付出的代价：价格下跌至预期之外的盈利可能。当期货价格向上突破15 200元/吨的价格时，投资者的亏损将会被有效切断。

8.4.3 长期价格风险的管理

许多公司所遇到的基本的套期保值问题是大多数的金融工具的到期日相对较短，而公司面临的风险暴露是长期的。即便是合意的套期保值工具的到期日较长，但由于在长到期日的金融工具上的交易非常少，长期期货合约流动性欠佳，用它们进行较大量的套期保值也是很困难的，从而纯粹的市场对冲会使得套期保值成本高得难以逾越。因此，只能采用到期日较短的期货合约等衍生工具来进行长期风险的套期保值。

本节以货币市场价格风险为例，说明衍生工具在长期价格风险管理中的作用。换作商品价格风险管理可以参照执行，差别仅在于商品期货需要在滚动套期保值中不断调整并计算套期比率。

【例8-15】年初，A公司的财务总监需要为公司安排本年的外币（美元）借款计划，每一笔借款期限都是3个月。借款计划见表8-8。

表8-8 **条式和滚动套期保值下的借款期限结构** 单位：万美元

借款日	借款金额
3月1日	1 500
6月1日	4 500
9月1日	2 000
12月1日	1 000

但是，由于借款利率是浮动的，A公司的财务总监需要对其借款成本进行套期保值，最终决定通过欧洲美元期货合约进行风险管理。其中，一个标准化的欧洲美元期货合约的金额是100万美元。公司可通过条式套期保值或滚动套期保值实现对借款利率风险的管理。具体安排见表8-9。

表8-9 **条式套期保值与滚动套期保值策略**

日期	条式套期保值	滚动套期保值
1月2日	卖空15份3月欧洲美元期货合约，45份6月期货合约，20份9月期货合约和10份12月期货合约	卖空90份3月欧洲美元期货合约
3月1日	买进15份3月欧洲美元期货合约	买进90份3月欧洲美元期货合约 卖空75份6月欧洲美元期货合约
6月1日	买进45份6月欧洲美元期货合约	买进75份6月欧洲美元期货合约 卖空30份9月欧洲美元期货合约
9月1日	买进20份9月欧洲美元期货合约	买进30份9月欧洲美元期货合约 卖空10份12月欧洲美元期货合约
12月1日	买进10份12月欧洲美元期货合约	买进10份12月欧洲美元期货合约

只要期限较长的期货合约有足够的流动性，那么，条式套期保值的策略就会有效。不过，如果期限较长的期货合约缺乏足够的流动性，或者风险敞口期限超过了期限最长的期货合约，那么，套期保值者就要采用滚动套期保值。滚动套期保值能够得到和条式套期保值同样的效果。

在特定情况下，滚动套期保值可以完成条式套期保值不能完成的套期保值任务。通过把合约"叠加"在一起，期货合约可以用来为那些期限超过市场上所有期货合约的风险敞口进行套期保值。不过，这种叠加的办法也有缺陷：第一，为了滚动进行套期保值，需要买卖更多的合约，因此，增加了套期保值的交易成本；第二，还没有交易的期货价格是不确定的，从而增加了额外的基差风险来源。

关键词

衍生工具　期货　期权　互换　风险管理　对冲

思考题

1.衍生工具可以对冲何种风险？其哪些特性决定了它可以较低成本应用于公司风险管理？

2.在公司的融资活动中，哪些衍生工具可以帮助公司顺利开展融资管理？其功能主要包括什么？

3.在公司的投资活动中，衍生品可以规避何种风险？发挥何种作用？

4.在公司营运资金管理活动中，如果应用期货合约对资金波动风险进行管理，基差风险带来的影响主要是什么？该如何对基差风险进行管理？

学思践悟

改革开放前利用衍生品交易进行民生物资的套期保值

1973年4月，中国粮油食品进出口总公司安排香港华润公司购买砂糖47万吨。当时国际市场砂糖供不应求，为避免价格上涨增加成本，或买进后价格下跌造成损失，由华润公司所属机构五丰行委托中间商先行在伦敦和纽约证券交易所买入26万吨砂糖期货合约，平均价为每吨82英镑。尔后立即向巴西、澳大利亚等国购买41万吨现货砂糖，平均价为每吨89英镑。从5月20日开始，市场传说中国购入大量砂糖，伦敦、纽约证券交易所砂糖期货价格大幅上涨。巴西、澳大利亚亦先后证实中国向其购糖，市价进一步上涨。5月22日，砂糖每吨涨至105英镑。鉴于购买砂糖现货任务已完成，华润公司所属机构五丰行从5月22日至6月5日将期货头寸平仓，除支付中间商应得费用和利润60万英镑以外，净赚240万英镑。

五丰行当时为了完成任务，破例采用了期货交易进行了套期保值，在当时因无先例，故事后向当时的陈云副总理进行了专门汇报。陈云听取汇报后，当即指出："我们可以利用交易所。""交易所是有两重性的：一是投机性；二是大宗交易的场所。过去我们只看到它的投机性的一面，忽视了它是大宗交易场所的一面，因此，有片面性。我们不要怕接触交易所，要在大风大浪中学会游泳。"

而后，陈云就此专门向国务院建议，"对于商品交易所，我们应该研究它，利用它，而不能只是消极回避。"陈云的指示和建议，解除了外贸部门工作人员的思想顾虑，提高了他们的经营积极性，我国自此走上了利用期货市场改善民生的道路，直至20世纪90年代开始建立由国家所有的期货交易所。

延伸阅读文献

1. 赫尔．期权、期货与其他衍生产品［M］．王勇，索吾林，译．10版．北京：机械工业出版社，2018.

2. 钱斯，布鲁克斯．金融衍生工具与风险管理［M］．路蒙佳，译．北京：中国人民大学出版社，2020.

3. 中共中央文献编辑委员会．陈云文选（第三卷）［M］．2版．北京：人民出版社，1995.

拓展材料

杨雄胜：论会计基本理论前提与范式

互动习题

第8章即测即评

9 行为财务

导入案例 铱星计划

世界科技史上最了不起的、最可惜的，也许也是最失败的项目之一就是摩托罗拉牵头的铱星计划。当今的移动通信最终要通过通信卫星来传输信息，为了保证在任何时候都能够收发信号，卫星必须保持和地球的相对位置不变。所有的同步通信卫星都必须挂在离地球三万多公里的赤道上空。同时，还要在地面建立很多卫星基站在手机和卫星之间建立联系。如果一个地方没有基站，比如撒哈拉沙漠，那么，手机就没有信号，无法使用。1987年，摩托罗拉公司的一些工程师考虑使用一个全球卫星系统来建立世界范围的电话通信网络，这样可以使得客户们能够在世界上任何一个地方接收和拨打电话。铱星计划和传统的同步通信卫星系统不同，新的设计是由77颗低卫星组成一个覆盖全球的卫星系统。每颗卫星比同步通信卫星小得多，重量在600~700千克，每颗卫星有3 000多个信道，可以和手机直接通信（当然还要互相通信）。因此，可以保证在地球的任何地点实现移动通信。由于金属元素铱有77个电子，这项计划就被称为铱星计划，虽然后来卫星的总数降到了66个。

工程师们在一次与摩托罗拉高层管理人员的见面中提出了这个项目建议，当时的高层经理人员有罗伯特·高尔文（Robert Galvin）、约翰·米切尔（John Mitchell）和威廉·维兹（William Weisz）。最初的面谈只持续了大约2个小时。工程师们所建议的全球卫星移动电话项目是一个非常具有野心的项目，所需要的资本投资为几十亿美元。

摩托罗拉公司的首席执行官罗伯特·高尔文的反应如何呢？他是否认为这项建议很吸引人？有没有要求对该项目进行现金流折现分析以评估项目的净现值呢？用罗伯特·高尔文自己的话来说："没有任何犹豫，我们三个人在第一次会谈时就批准了这个项目。"他们没有要求进行现金流预测。因此，没有进行折现分析，没有分析净现值，没有分析内部收益率，甚至没有分析项目回收期。

这个项目使得一家新公司诞生了。这家公司就是美国铱星卫星通信公司（Iridium）。摩托罗拉公司成为该公司的主要投资者。铱星计划既不是一个小规模的项目，也不是一个短期项目。它所要求的是长达11年、价值为50亿美元的投资。该投资需要在产生利润前投入。这使得它成为世界上最大的私人部门投资项目。1991年，摩托罗拉公司联合了好几家投资公司，正式启动了铱星计划。1996年，第一颗铱星上天，1998年，整个系统顺利投入商业运营。美国历史上最懂科技的副总统戈尔第一个使用铱星系统进行了通话。此前，铱星公司已经上市了，铱星公司的股票在短短的1年内大涨了4倍。铱星系统被美国

《大众科学》杂志评为年度全球最佳产品之一。铱星计划开始了个人卫星通信的新时代。

经历了开始的光鲜，这个项目的进程与结果又如何呢？从技术角度看，铱星移动通信系统是非常成功的，这是真正的科技精品。但是在商业上，从投资的角度看，它却是个彻头彻尾的失败品。这个项目投资高达五六十亿美元，每年的维护费又是几亿美元。除了摩托罗拉等公司提供的投资和发行股票筹集的资金外，铱星公司还举借了30亿美元的债务，每月光是利息就达几千万美元。结果，1999年8月13日，铱星系统投入商业运行不到1年，铱星公司就向联邦破产法院提出了破产申请。半年后的2000年3月18日，铱星公司正式破产。铱星成了美丽的流星。66颗卫星在天上自己飞了1年，终于在2001年被一家私募基金公司（Private Equity）以2 500万美元的低价买下。

摩托罗拉公司铱星计划的失败，在管理学中是一个经典的案例。投资这么大的一个项目，为什么当初公司的领导层没有进行细致与客观的财务分析呢？这并不主要是由委托-代理问题导致的，因为公司的高层经理仍然认为这个项目可以为股东创造价值。公司的领导层在作出决策时，过度自信、过度乐观、证实偏差、控制幻觉。这些行为与心理上的偏差是导致失败的重要原因。这也说明，即使是最优秀的经理人，也并不完全能够做到理性面对任何问题，也有可能出现偏误。因为其具有有限理性，在财务决策中的心理偏差就很难避免了。

这一章，我们将把行为学与心理学的理论融入公司财务管理的框架中，看一看在公司财务管理中经常出现哪些行为与心理偏差，它们会怎样影响公司的财务决策。了解这些偏差的形成原因与结果，将有助于公司的财务决策者改进决策行为。

现代公司财务理论起始于1958年Modigliani和Miller所提出的著名的MM理论。其主要内容是：在完美、有效的市场和完全套利假设下，公司的融资结构和股利政策不会影响公司的市场价值。它已经成为现代公司财务研究的出发点。半个多世纪以来，大量的相关理论研究都是基于放松MM理论的各种严格假设来进行的。学者们逐步考虑了税收、破产成本、信息的非对称等因素，发展了权衡理论、非对称信息理论、公司治理理论等著名的理论流派，但是几乎所有的分析仍然是以半强式有效市场为假设的。

20世纪90年代后，随着行为财务的崛起，人们开始关注MM理论的最后一个没有被放松过的假设条件：资本市场的有效性。在这些前提下研究公司财务问题，就产生了行为公司财务的研究范式。行为公司财务是公司财务理念与行为财务理论相互整合的产物，实质是在行为财务的研究范式下，研究外部市场的无效性和内部管理层的非理性对公司的融资、投资、资本结构、股利政策和兼并收购的影响。它为我们研究公司财务问题提供了一种新的角度和方法，更加贴近资本市场的现实情况。本章我们将就行为公司财务的若干方面进行简要讨论，包括行为学基础、公司估值、非理性条件下的公司财务行为，以及团队财务决策等内容。

在9.1节“行为学基础”中，我们将讨论从理性人假设到有限理性人假设，以及若干种心理偏差对公司财务决策的影响。9.2节“非理性条件下的公司财务行为”将讨论市场非理性与经理层非理性对公司财务决策的影响，如投资政策、融资政策、股利政策、兼并收购等。9.3节“团队财务决策”中，我们会讨论公司的财务团队的决策模型在实际有限理性条件下出现的决策偏差。9.4节“财务激励”中，我们将探讨心理学中的需求层次理论与企业目标的映射关系以及不同阶段企业目标下的财务激励。

9.1 行为学基础

从财务管理的角度看，理性的投资决策是以净现值为衡量标准，选择收益大于支出、净现值为正的项目。但实践表明，人并不是完全理性的，非理性行为比比皆是。在这一节中，我们将要讨论从传统的理性假设到有限理性人假设的转变，继而探讨人们的心理偏差是如何影响公司的财务决策的。

9.1.1 传统的理性人假设与有限理性人假设

1）传统经济学中的理性人假设

“理性人”的定义包括两层含义：一是投资者在决策时都以效用最大化为目标；二是投资者能够对已知信息作出正确的加工处理，从而对市场作出无偏估计。最大化行为是从经济学角度，对人类天性的抽象和概括，天性即公理，公理无须证明。数理经济学的发展，使古典经济学中的理性人假设具体化为一套以最大化为原则的经济理论体系，完全理性的经济人几乎成为标准的经济分析基础。最大化原则构成了西方经济学中最基础、最重要的前提假设，是微观经济中各种经济主体的目标函数，其数学表述是无条件极值和条件极值的一阶偏导等于零。从经济学中的理性人定义到标准金融学的各个理论，“理性”一词又有了特定的内涵。

套利理论中的套利者根据资产的期望收益来估价每种资产，而期望收益率是未来可能收益率的加权平均，在套利过程中，套利者是以客观和无偏的方式设定其主观概率的，即按“贝叶斯定理”不断修正自己的预测概率以使之接近实际。除此之外，套利者还是最大效用追逐者，他们会充分利用每一个套利机会获取收益。

现代投资组合理论中的投资者是回避风险型的理性人，他们在理性预期的基础上，以期望收益率和方差度量资产未来收益与风险，并根据收益一定、风险最小或风险一定、收益最大的原则寻求均值方差的有效性。

资本资产定价模型中的投资者除了具有现代投资组合理论中理性人的所有特点外，还强调了投资者具有同质期望性，即所有的投资者对资产和未来的经济趋势具有相同的客观评价。

有效市场假说则假定投资者除能对各种可获取的信息作出无偏估计外，还能迅速地作出反应。

综合来看，标准财务学中投资者的心理具有理性预期、风险回避和效用最大化这样三个特点，即投资者是理性人。

2）有限理性人假设

“理性人”假设作为一种高度抽象的理性模型，虽然使经济学理论研究的公理化、体系化、逻辑化成为可能，但是，结合心理学的经济研究结论不承认这种经济人理性。

传统经济理论认为，人们会理性地自利，因而经济运行也具有自身的理性。而行为经济学者则认为，人本身就不是那么理性的，经济活动因此也不是那么理性的。例如，股票市场的价格常常并不是对公司的现实作出反应，而是对投资者的情绪作出反应，而投资者的表象思维、心理定势、环境影响往往导致并不理性的错误。但是，所谓的非理性是指非经济人理性，而不是否定理性。经济人理性与非经济人理性还是互相调和的。实际上，市场信息的获取加工，要具备如下条件：一要有感觉材料，它由大量杂乱的听觉、视觉材料所组成；二要有理性分析的框架，对信息进行有价值的筛选和提炼；三要有“约定俗成的知识加以补充和整合”。在市场行为者的决策机制中，由于认识和思维过程是一种复杂的多层系统，而行为本身又是根据不同思维层次发生的，有时是经过深思熟虑后的行为，有时则是无意识、潜意识状态所激发的非理性行为，因此，经济行为人的决策并非像古典经济学家所主张的那样是完全理性的。

出于对经济人所作的严格限定的质疑，Simon（1989）提出，决策研究应该以现实生活中的人为研究对象，以心理学中的“适应性行为模型”取代经济学中的“理性行为模型”，由于决策的环境具有绝对的复杂性与不确定性，人的决策与完全理性意义上的决策相距甚远。Simon（1990）认为，人的理性属于“有限理性”。人类的行为是由决策的环境与主体本身的认知能力决定的，即人类行为的一边是主体的计算、认知能力，另一边是决策环境的结构。所以，由于信息成本和信息不对称的存在，人往往追求的是满意解，而满意解往往不是最优的。许多学者通过大量实验和调查研究影响投资者行为的认知、情感和价格特征等因素。研究发现，想象和情感是评估证券等级的心理框架之一，学者预测并发现了恐惧和愤怒对风险认知的影响截然相反。

综合上述观点，行为财务学家认为：①投资者是有限理性的，投资者会犯错误；②在绝大多数时候，市场中理性和有限理性的投资者都是起作用的，而非传统财务理论中的非理性投资者最终将被赶出市场，理性投资者最终决定价格。行为财务学修正了理性人假说的论点，指出由于认知过程的偏差和情绪、情感、偏好等心理方面的原因使投资者无法以理性人方式对市场作出无偏估计。

9.1.2 心理因素对财务决策的影响

传统的公司财务理论为公司的筹资、投资、股利分配等财务决策提供了一整套理论分析体系。传统的企业价值最大化方法建立在折现现金流分析法的基础之上。从本质上说，所有企业决策活动都包含风险因素，因为现金流具有不确定性，对企业价值的评估也往往是采用期望或平均值进行估计。在折现现金流分析法中，风险因素通过被用来估计预期现金流量的折现率来体现。根据折现现金流分析法，只有当一个项目所产生的预期未来现金流的现值超过了对该项目的初始投资时，该项目才值得去做。按照同样的思路，在折现现金流分析法的指导下，对融资决策的选择必须以企业价值的最大化为目标。举例来说，负债能规避部分税收，而这些规避掉的税收需要经理层通过潜在的破产成本予以抵销，才能达到平衡。

传统公司财务基于以下三个假设：①人的行为是理性的；②资本资产定价模型；③市场是有效的。随着行为财务学理论研究的不断深入，学者把研究方向从对市场异象的研究扩展到了对公司行为的研究。行为财务学认为，心理因素会对传统理论的这三个假设造成干扰，其研究成果表明：心理偏差使得经理人很难以完全理性的状态作出决策，比如证券的风险溢价并不完全取决于证券的Beta系数，并且股票的市场价格通常会偏离它的基础价值。

公司价值最大化过程中存在着两个主要的行为障碍：一个是来自公司内部的行为成本，指那些经理人因为认知的偏差和情绪变化而犯错误产生的相关成本，行为成本将减少公司的价值。另一个障碍来自公司外部，主要来自证券分析师和投资者所犯的错误，这些错误会使证券的价格偏离它的基础价值。经理人的非理性与外部投资者的理性都会对公司的融资、投资、兼并及股利政策产生影响。因此，无论是投资者，还是公司的经理层，许多时候都不是完全理性的，心理上的偏差也会导致经理层作出有损于股东利益的行为。不过，心理成本并不是由于经理层与投资者之间的利益差异而产生的，而是由经理层的错误决策造成的。这个观念上的区分十分重要，因为这两类错误的原因与补救手段大不相同。委托-代理冲突的补救方式主要是强调激励手段，而对行为缺陷的补救方式则重在培训和方法改进等方面。这里涉及的主要是三类心理现象：偏差、启发式推断和框架效应。下面我们分别讨论。

1）偏差

偏差是产生谬误的一种诱因。下面具体介绍四种偏差：过分乐观、过度自信、证实偏差和控制幻觉。

（1）过分乐观

一般而言，经理层都存在着过分乐观的情况。经理们往往高估他们获得有利结果的概率，却低估了将会面临不利结果的次数。经常出现的情况是，在市场行情一路向上的时候，公司股价的惊人上涨会激发公司经理层的过分乐观情绪，导致他们在投资、融资与并购方面作出错误的决策。

（2）过度自信

通常，当面对有难度的工作和展示个人能力情况的时候，经理们往往会表现出过度自信。过度自信是一种因人们对自身能力和知识面了解程度不足而产生的偏差。对自身能力过度自信的人对自己能力的判断总是高于实际，对自身知识面过度自信的人总是觉得自己明白很多东西，而实际上并非如此。这种过度的自信并不意味着这些人无知或无能，只是表明他们眼中的自己比实际中的自己更加优秀、更有头脑。

过度自信与过分乐观通常是同时存在的，但两者并不代表同一种含义。带有悲观情绪的经理人也会有过度自信的情况。区分的关键在于，过度自信的经理人都极度地深信自己的观点是正确的。

过度自信的经理人容易在投资和并购问题上作出不利于公司的决策，尤其是当他们所在的企业资金比较充足时，可能会增加研发费用或收购其他公司，而这两项活动有时会使本公司的市场价值显著下降。

（3）证实偏差

如果经理人忽视那些不支持他们看法的信息，而偏好那些支持他们观点的信息，那么，他们就会产生证实偏差。经理们通常只听那些他们想听的信息，会花费大量时间去搜索能够证明他们的观点是正确的理由，而几乎不去搜集那些有可能会使得他们的观点站不住脚的论据。经理层因为证实偏差而掌握的财务信息可能是不完全的，会使其作出错误的财务决策。

（4）控制幻觉

当一名经理人作出某项决定时，该决定会带来的结果往往取决于运气与专业技能的结合。通常，经理们会在潜意识中夸大他们对决策结果的掌控能力，这种偏差就是控制幻觉。心理学研究表明，自我感觉的控制能力的增加会导致过分乐观情绪的增加。例如，当风险出现时，经理有时会觉得风险完全在他的控制当中，而没有及时采取措施，结果使公司失去了退出风险的机会，酿成重大损失。2004年中航油在石油期货上亏损5.5亿美元，最终申请破产保护就是一个典型案例。

2）启发式推断

许多经理人都依靠启发式推断来作决策。启发式推断是一种单凭经验作出决策的方法，主要有代表性启发式、可得性启发式、锚定与调整性启发式以及情感性启发式。

（1）代表性启发式

经理人通常依赖于使用类比和模式化特征的启发式判断进行判断和推测，心理学家将这类方法称为代表性启发式。经理人在考察某个或某种观点究竟在多大程度上符合某个模式时，往往会看该事物或观点在多大程度上代表着其所属类型。通常，人们会过多地依赖所谓的代表性，而这种基于典型情况的思考方式会导致偏差的产生。

（2）可得性启发式

通常，经理人都会倾向于使用可得性启发式推断。这种方法使得他们更依赖于那些容易获得的信息，而忽视那些相对不易获得的信息。这样的做法容易带来判断的偏差。

（3）锚定与调整性启发式

经理人通常会对某个他们所熟悉的事情快速作出一个初始判断，然后在新的环境下对初始判断进行调整，以反映新的信息。经理人的初始意见会锚定他们的判断。由此引发的偏差称作锚定偏差。在形成某项判断时，人们往往倾向于锚定头脑中的那个初始想法，并作出相对不充分的调整。

（4）情感性启发式

大多数经理人都依照自己情感上觉得是正确的事情来作决策。心理学家们用情感这一术语来描述感官情绪，用情感性启发式推断来描述过于依赖直觉或者“心理情绪”的行为。如同其他启发式一样，情感性启发式包括那些能够导致经理人行为偏差的心理缺陷。确实，经理人的感觉是他们过去经验的表现。但是，经验并不能代替细致的分析。感觉上是正确的收购行为也会导致负的净现值。

3）框架效应

框架指的是对决策任务的描述和说明。当某位经理人的决策很容易受决策任务目标框架化方式的影响时，该经理人便会表现出框架效应特征。框架效应是展望理论中一个很关键的方面，而展望理论以两大显著的框架现象为特征：损失厌恶与确定性损失厌恶。

许多人在面对风险决策选择的时候都会权衡潜在的收益和潜在的损失。而当利得与损失同样多时，损失带给人们的痛苦程度往往要大于利得带给人们的快乐程度，此时，人们会表现出损失厌恶，采取风险规避行为。传统的公司财务教科书所传授的观念是，债务可以被投资者用来规避公司税务。然而不少企业的实际例子表明，它们承担的债务少于理论所述的情况。传统的制定债务政策的方法中，经理们用额外的避税收益来平衡过度负债可能带来的未来财务成本，然而经理们通常由于具有损失厌恶的特征而选择了一种过度保守的债务政策。一般来说，损失厌恶导致经理层在发行债券时犹豫不决，即使发行更多的债券会给其股东带来正融资效应，他们也会迟疑。从心理上讲，源自融资困境的潜在损失比避税带来的收益更为突出。

9.2 非理性条件下的公司财务行为

传统公司财务理论认为，资本市场资源配置的有效性体现为“支配公司资源的管理者以股东价值最大化为准则理性配置资本，也就是说，投资于净现值大于零的项目”。这种基于价值的管理假设主要基于三个条件：①理性的投资者；②资本资产定价模型；③有效市场。在这种情况下，投资者的理性行为使得他们能够对公司的配置行为正确估价，从而使得股票价格能正确反映公司的内在价值，而管理者则以最大化股东价值（也就是最大化股票价格）为目标，理性地配置资本。然而，随着行为财务理论的发展，人们开始质疑以上观点。Hersh Shefrin（2001）认为，心理方面的影响因素极大地影响了以上三个条件的成立：首先，心理偏差使得决策难以按照理性的方式行事；其次，证券市场的风险溢价并不完全取决于证券的Beta系数；最后，股票价格通常偏离股票的基本价值。投资者与经理层两方面的非理性均会影响到公司的财务决策。下面就分这两方面进行讨论。

9.2.1 投资者非理性下的公司财务行为

与财务相关的公司日常活动范围非常广，包括公司的投资、融资、股利分配等。我们关注的问题是：投资者的非理性所导致的公司股票价格相对内在价值的扭曲是否会影响到公司的这些正常的财务活动。下面我们针对公司的资本配置行为、融资行为及资本结构、股利政策分别讨论。

1）公司的资本配置行为

这里的公司资本配置行为就是指公司的投资活动，包括与主业相关的投资、多元化经营、兼并收购等。在正常情况下，理性的管理者应该将资金投入到净现值最大的项目中。但是，当股票价格无法正确反映公司的内在价值时，管理者会怎么做呢？Stein（1996）研究了在股票市场非理性的情况下，管理者致力于公司真实价值最大化的投资行为。他认为，如果投资者误认为公司拥有许多有价值的投资机会，会导致股价被高估，管理者会因此而增发股票。那么，理性的管理者不应该将募集来的资金投入到新项目中去，因为他们清楚，那些被投资者误以为有价值的投资机会事实上是不可能真正产生净现值收益的。同样，如果管理者认为公司股价被低估，他们应该利用低价的好机会回购股票，而不是撤回实际的投资项目，因为理性的管理者知道这些项目是真正能带来收益的。因此，Stein总结，如果从公司的真实价值出发，非理性的投资者和资本市场只有可能影响公司的融资时机和资本结构，而不会影响公司的资本配置行为。

事实上，投资者的非理性行为很大程度上能够影响公司的投资行为。首先，对于大多数的企业来说，由于缺乏大量的内部资金和借债能力，管理者只能依赖于股票市场。这种情况下，如果投资者非理性程度过高，比如股价被严重低估，此时公司的融资成本非常高，尽管公司有不少好的投资机会，但也不得不放弃。其次，管理者也会考虑到自身被解雇的风险。如果投资者对公司过度追捧，管理者出于股东利益最大化而拒绝投资那些事实上无盈利的项目，投资者就可能抛售股票导致公司股票价格下跌，从而使管理者面临被解雇的风险。因此，这时管理者的决策就会受到非常大的影响，可能被迫接受净现值为负的项目。

已经有不少学者的研究证实了投资者非理性会影响公司的投资行为。例如，Polk和

Sapienza（2001）发现，股价被高估的公司往往比其他公司进行更多的投资。Baker，Stein和Wurgler（2001）发现，股权依赖型公司的投资行为对股价波动更为敏感。比如，他们研究发现，现金余额较低的公司对股票的敏感度是非股权依赖型公司的3倍。此外，Shleifer和Vishny（2001）认为，不同时期的并购也是股票市场的定价偏差引起的，或者说是公司经理层对股票价格偏差的理性反应。

2）公司的融资行为及资本结构

传统的公司财务理论中，关于资本结构的理论主要有两个：一是MM定理；二是融资优序理论。

MM定理关注债务税收抵减和财务困境之间的平衡。因为所支付的利息是可以用税收来抵减的，对于企业投资者来说，资本结构影响着企业的税后现金流。从这方面看，债务为公司投资者提供了税收上的抵减，其价值等于企业适用的税率和企业债务规模的乘积。

破产会直接导致额外的合法费用。此外，破产还涉及要有法院指定的托管人参与保护债权人的利益。在企业破产时，相对于股东利益而言，债权人的利益更具优先权。同样地，企业在濒临破产的情况下运行将发生财务困境成本，因为托管人会对经理人的决策加以束缚。

增加额外的债务一般都会有一个与之平衡的活动：一方面是税收抵减的增加；另一方面是个人税务和因财务困境带来的期望成本的增加。企业为了平衡这两方面产生的效应而进行的债权/股权比率选择被称为对最优资本结构的选择。

融资优序理论提出，企业并没有最优的债权/股权比率。相反，企业应该按照某种次序来融资。如果企业需要资金，首先会使用内部产生的现金，这部分现金用完，就会使用债务融资，再其次是股权融资。

然而，投资者的非理性所导致的股票价格偏离真实价值也会影响到公司的融资行为。Stein（1996）指出，在股票市场非理性的情况下，当公司股价被过分高估时，理性的管理者应该发行更多的股票以利用投资者的过度热情。相反，当股票价格被过分低估时，应该回购股票。该模型被称为企业融资市场时机假说。迄今为止，公司证券发行的实证结果与Stein的理论非常吻合。在总体水平上，当整个股票市场中的股票价格被高估时，在所有新发行证券中，普通股增发价格最高。就单个公司来说，公司市值与账面价值的比例是新股是否发行的良好预测指标。市值与账面价值比高的公司将增发股票，而该比值低的公司将回购股票。

例如，对首次公开发行（IPO）和增发新股（SEO）总规模随股票市场周期的变化，IPO和SEO的实证研究以及长期业绩的实证研究发现，IPO和SEO之后，股票长期投资回报下降，而宣布回购股票后，股票长期投资回报上升。Baker和Wurgler（2000）指出，股票增发是对未来股票投资回报的可靠预测指标：股票增发价格高代表低的、有时甚至是负的股票投资回报。这与公司管理者选择恰好在股价跌回实际估价水平之前的高点增发股票的行为一致。

市场时机假说的实践意义在于：市场时机对企业资本结构具有显著和持久的影响。随着股票市场价格水平的高低变化，公司存在最佳融资时机。公司一般选择在股票市场上涨阶段实施增发。股价被低估的公司倾向于延迟增发股票，直到股价上涨到合理水平。在股票市场行情上涨时增发股票，遭受到负面反应的概率比市场行情下跌时要小。Graham和

Harvey（2001）对300多家美国公司管理者的问卷调查结果表明，三分之二的公司的CFO认为，“股票市场对公司股票价格的高估或低估是融资行为的重要考虑因素”。公司往往在股票市场高估其价值时发行股票，低估时回购股票。公司股票价值普遍被股票市场高估使股票市场形成公司股票发行热，而普遍低估则形成公司股票回购热。

许多学者在市场时机假说的基础上进一步提出了基于市场时机假说的资本结构理论。该理论认为，公司的资本结构是一段时间内公司财务决策行为的结果表现。按照市场时机模型，公司资本结构只是一段时间内财务决策行为的结果。假设两家公司在规模、盈利能力、固定资产构成、现阶段市值与账面价值比等传统理论中认为会影响资本结构的因素方面大体类似，且过去一段时间内A公司的市值与账面价值的比值比B公司高得多，根据市场时机理论，A公司的管理者必定已经利用市场可能高估的时机增发了股票，所以，在A公司目前的资本结构中，必将有更多的股权资本。

Baker和Wurgler（2002）证实了这个推测。他们指出，当其他条件相同时，公司的历史市值与账面价值的比值的加权平均值（其中，发行证券的年份被赋予了更大的权重），可以用来预测公司当前的股权资本额。

3）公司的股利政策

对股利政策的传统分析框架经Miller和Modigliani的发展，成为了众所周知的MM定理。MM定理的基本前提是，投资者不受框架效应的影响，因此，价值以现金流为基础而不管这些现金流是如何构成的。MM定理表明，当不考虑税收和交易成本时，股利政策和公司价值是不相关的。根据这个理论，如果股利政策带来税收上的不利，公司可以选择低股息支付率或零股息支付率。如果投资者希望分红，但公司并不这样做，那么，投资者可以通过卖出股票来自己创造股利。

传统的理论中还没有说明合适的股利政策应该由什么组成。一些观点鼓吹将股利支付最小化，而另一些观点认为，因为存在着委托-代理冲突，应该重视股利支付。从这方面看，如果投资者相信经理人会避免接受那些给管理层带来收益但净现值却是负的项目，那么，零股利或低股利支付就是应该的。

关于公司为何支付股利的其他理由是，管理者通常比投资者知道得更多。比如说，公司拥有好的项目且净现值很高，但一般投资者无法恰当地估计这些项目的价值，在这样的情况下，管理者可能会选择支付股利，以表明他们能够负担与税收相关的罚金。对于股利来说，与之相关的是税收罚金。股利成为一般性收入后会立刻被征税，但是，如果将其作为资本利得，税收就可以得到延迟支付直至实现资本利得。所以，如果公司将所有收益进行再投资而不是作为股利支付，那么，投资者会以资本利得而不是股利的形式收到这笔财富，并且只会在他们卖出股票的时候才缴税。因而，公司有好的项目投资时，理性的做法应该是将更多的现金进行再投资而不是进行股利支付。

如果公司想对股东返还现金，而又要规避税收，那么，可以进行股票回购。在没有交易成本的情况下，股票回购抵销了同样规模的新股发行。撇开税收因素，MM定理认为，股票回购与股利派发具有同样的含义。这就意味着这两种方式对于股东的财富变化是没有区别的。

从理性决策来说，投资者没有必要对股利斤斤计较，股价上升的资本利得完全可以弥补股利的不足。尤其是当公司财务状况不好时，改变股利政策、降低股利支付，以增加公司现金流，有利于公司与股东的利益。但是，通常投资者不会这么认为，他们认为股利是真正的“所得”，是用来支付每年基本生活费用的，而资本利得却是“意外之财”。这种现象在1974年美国爱迪生联合电气公司的股东大会上表现得尤为明显。1973—1974年能源危机期间，公司因为油价猛涨了4倍而不得不取消过去稳定的股利政策，这引起了投资者极大的不满。在当年的股东大会上，许多中小股东抗议，甚至有人扬言要对公司董事会成员采取暴力举动。一位股东说：“如果公司不发股利，谁来替我们交房租呢?”理性的思考是，公司不顾亏损发放股利，可能会导致公司更加陷入困境，最终倒霉的还是股东。那么，股东们为什么不能等公司恢复元气，股价上涨，用资本利得来弥补股利呢？按照传统财务学的分析框架，公司的股东只会对能源危机对公司股价的影响敏感，而绝不会因公司暂停支付股利的决定而变得如此激动。因为在传统财务学框架下，投资者遵循Miller和Modigliani的套利定价理论。他们知道，在不考虑税收与交易成本的情况下，1美元资本利得和1美元的股利并没有什么差异，他们随时可以通过卖出股票“自制”股利，而在收入税率高于资本利得税率的现实世界，减少股利支付会使股东的财务状况更好。那么，为什么公司还要发放股利呢？学者们用理性预期理论、心理账户、自我控制说、后悔厌恶等对这一投资者的非理性行为作出了解释。

理性预期理论认为，无论何种决策，无论市场对管理层的行为作出何种反应，股价不仅取决于行为本身，更取决于投资者对管理层决策的未来绩效的预期。在临近管理层宣布下期股利政策之时，投资者通常会根据对公司内部若干因素，以及外界宏观环境、行业景气程度、政府政策可能的变化等其他因素的分析，对股利支付水平和支付方式作出种种预测。当股利政策真正宣布时，投资者会将股利标准与其预期进行比较。如果两者相同，即使宣布的股利比前些年增加了，股价也不会变化；如果宣布的股利高于或低于预期水平，投资者就会重估公司及其股票价值，他们可能会把预料之外的股利政策变化作为预测公司未来收益变动的线索，即预料之外的股利政策包括公司盈利和其他方面的信息。总之，如果公司宣布的股利政策与投资者预期的存在差异，股票价格很可能会发生变化。

在不考虑税收和交易费用的情况下，虽然现金股利和资本利得可以相互替代，但心理学家的研究显示，对大多数人来说，出售股票会引起更大的后悔，因为他们会设想本来可以不采取这一行动的。由于投资者一般都是后悔厌恶型的，所以，他们偏好现金股利。后悔最小化使得现实中的投资者不愿出售股票来“自制”股利。后悔是与决策的选择相联系的，投资者接受股利是不需要决策的，是一种不必选择的选择，从而后悔的可能性就会减少。后悔也是与责任相联系的，而责任来源于选择，买卖股票是一种重大的抉择，自然可能导致重大的遗憾。总之，投资者偏好股利而不是卖出股票来获得现金。

投资者对不同的账户有不同的风险偏好。对于避免损失的账户，他们表现为高风险厌恶；对于追求潜在收益的账户则表现为低风险厌恶，甚至是风险寻求。现实中，人们常常错误地将一些资金的价值估计得比另一些低。对现实投资而言，1美元股利与1美元资本利得是有区别的，因为他们在心理上将资金存入了不同的心理账户中。投资者会认为股利是真正的所得，是用来作为每年的生活基本开支的，而资本利得是“意外之财”。股东要求分红是因为他们认为股价下跌是资本账户的损失，公司取消分红则是股利账户的损失，而投资者将现金股利看作保证安全的一项收入。当资本收益较低时，投资者可以从股利中寻求慰藉；当资本收益较高时，股利和资本收益能被个人随意选择享用。

自我控制说认为，现实中受情绪等心理的影响，人类的行为不可能是完全理性的，有些事情即使会带来不良后果，人们还是不能自我控制，如吸烟、酒后驾车等。大多数个人一方面对未来有其长期规划的目标，另一方面又有着实现当前需要的欲望。现实投资者并非传统财务学框架下的完全理性人，他们不具有完美的自控能力，容易屈服于各种诱惑。对于缺乏自我控制能力的人来说，如果将预备用于未来之需的资金购买股票，且规定只将股利而非资本利得作为提供当前消费支出所需的货币，这种规则就大大降低了对意志力的要求，从而减少了由于可能的意志薄弱带来的损失。经常出售小额股票的不便利和相对较高的交易费用在一定程度上阻止了原始资本的变现，限制了当前消费所能动用的资金，股利政策实际上为他们提供了一种外在约束机制。

9.2.2 经理层非理性下的公司财务行为

尽管公司的治理结构以及各种激励措施可以在一定程度上使得经理层按照公司股东价值最大化的目标进行管理与决策，但行为财务学认为，管理者决策的偏误并不仅仅是代理问题所产生的，更主要的原因在于经理层自身是非理性的（如过度自信和过分乐观）。在这种情况下，即使经理层仍然采取基于价值的管理，但自身难以避免的认知偏差和情绪影响使得他们难以达到“真正的理性”。下面我们主要讨论经理层的过度自信与过分乐观对财务决策的影响。

使用严格的财务分析方法作决策的经理人有时会表现出过度自信。经理层的过度自信往往导致高估投资的收益，而忽视投资的风险，从而容易导致投资决策失误。

对资本预算作出过度自信的决策主要由两个因素引起：第一个因素是认知控制。心理学家指出，认知控制的提高与对风险觉察程度的降低相联系，这种情况在男性中表现得尤为明显，尤其是在需要使用技术来进行合适的风险管理决策时。比如，当年摩托罗拉公司的铱星计划，管理层只与一个工程师团队商讨了2个小时，在对项目伴随的风险分析不充分的情况下就接受了铱星计划。第二个导致管理层过度自信的因素是计划制定与风险管理的不足。在谈到风险时，人们一般都不会去想看不见的风险。因此，当人们认为的风险少于其所实际面临的风险时，就会变得更加自信。还是以摩托罗拉公司的铱星计划为例，当时公司的管理层低估了与客户数量相关的风险。铱星公司的目标市场由经常进行国际旅行的商业管理人员构成，其潜在客户大约有800万人。尽管有150万人的潜在客户对产品进行过咨询，但订购者只有2万人。为什么会这样呢？答案就在以下四个方面中：

① 设计者们发现，人们一般在室外而非室内打手机。这项技术性难题是之前完全没有预料到的。

② 手机技术的竞争。1987年，手机相当昂贵，仅仅为少数技术人员所拥有。然而10年后，当铱星公司将其服务引入市场时，手机已经非常普及了。

③ 规格。铱星公司的电话比一般手机要大得多且需要长天线才能使用，用起来很不方便。

④ 价格。铱星公司的每部电话价格超过3 000美元，而当时手机的平均价格在100美元左右。此外，它的使用费很高，每分钟话费为4~10美元。

另外，Heaton（2002）和Hackbarth（2002）都认为，过度自信的经理层会认为股权融资成本过高，同时，他们又不愿意通过债务等外部融资来进行投资，因而只能依赖于公司的现金流。这就可能导致公司被迫放弃一些净现值为正的项目。所以，以上两种情况的过度自信表现都将损害公司的长期利益。

过分乐观导致经理人对项目的现金流产生向上的偏差预期，它是一种系统性的偏差。例如，当年被公认为美国最为昂贵的交通干线项目的波士顿隧道大挖掘工程，在1985年获批的时候预估费用为26亿美元，但随着项目临近2005年的完工期，最终成本达到将近150亿美元。对于交通运输基础设施项目来说，平均的实际成本一般高出预估成本28个百分点，并且每10个项目中就有9个存在成本低估的情况。而对收益的预期同样存在过分乐观的现象，欧洲的铁路项目中，实际的乘客数量平均比预估的低39个百分点。

资本预算过程中的过分乐观是广泛且致命的。原因很多，下面描述一些主要原因：

① 控制。认知控制影响着乐观的程度（以及过度自信的程度）。经理人员开始时认为自己能够控制工程和项目的支出，但往往实际结果大大超出预想。

② 熟悉和代表性。当人们面对的是他们熟悉的情况时，他们容易过分乐观，并且常常将自己想成那种情况下的成功人士，即熟悉性。这实质上是可得性偏差的一种表现形式。比如，在摩托罗拉的铱星计划中，管理层对无线电话通信相当熟悉，从而认为自己是电信行业的代表性赢家。

③ 良好愿望。项目规划者常常认为他们的预测是最为乐观的情况，而非介于最悲观和最乐观之间的情况。这就是一种愿望，对结果的欲求越大，人们就会越乐观。

经理层的过度自信与过分乐观的心理同样会造成非理性的并购行为。在对兼并和收购的传统看法中，价格是有效的。因此，在假设企业依然保持独立的前提下，进行收购活动的企业和被收购的目标企业的市场价格都是与各自的基础价值重合的。但是，收购方企业和目标企业之间的兼并活动隐含着两者的协同效应。从理论上讲，收购方企业的股东将会通过以市场价值对目标企业进行支付的方法在收购活动中捕捉这种协同效应。所以说，如果协同效应为正，那么，收购方企业的经理人只需要跟随收购进程即可。更进一步讲，由于财富是可替换的，并且所有资产都被正确定价，因此，两家企业的股东对于用现金和股权相结合的方式为收购活动进行融资的表现无差异。

在并购活动中，并购对象价值往往用托宾Q值来衡量。托宾Q值为公司股票的市值与重置价值的比率。托宾Q值既取决于公司的内在价值与相应的重置价值，又取决于人们对该公司未来成长性的预期，同时，还会受到市场股票价格的整体水平的影响。在一个有效的市场中，股票价格能完全反映公司的内在价值，其托宾Q值将趋于理性水平，但在一个非有效市场中，股票价格偏离公司的内在价值，以托宾Q值为依据进行公司价值估计必然会影响并购行为。既然市场是非有效的，公司股价并非完全由其经营业绩决定，那么，就会增加经理人在进行并购决策时的代理成本和行为成本。一方面，经理人不从公司长远发展角度考虑，仅通过炒作并购重组概念、公布并购消息以刺激股价上涨获得短期收益，或购买股价被严重低估的公司股票，不经整合只待易手获利；另一方面，经理人过分看重自己掌握的信息和自身的管理能力，相信通过收购扩张能挽救处于困境的公司，即使不被市场看好也认为是遭遇低估，这体现了其决策过程中的过度自信和证实偏差。于是，公司外部市场的非理性与内部决策者非理性共同引发了有损公司价值的并购行为。

过度自信和过分乐观往往是公司进行非理性、大规模并购的心理动因。由于过度自信的存在，经理人会过于重视自己的主观判断而轻视已披露信息揭示的客观情况（尤其当信息完全时），对凭借个人努力获得成功过度乐观。人们尤其对他们自认为能控制的结果更为过度自信。从事并购的经理人显然正在取代目标公司的管理者，成功的并购实质上加强了经理人目前的地位和工作前景。因此，他可能存在对结果控制的幻觉并低估最终失败的可能性。因此，经理人在进行并购决策时很容易受过度自信心理的影响，相信并购行为能挽救经营不善的目标公司，为其创造奇迹，实现管理协同效应，或是对并购活动的投资收益持过分乐观的态度，认为其智慧的并购决策能给公司带来收益，或是认为自己掌握了可靠信息，找到了市场价值低于内在价值（即价值被低估）的目标公司，意图实施并购。相对于代理成本理论建立在经理人以追求自身利益为前提的假设上，过度自信的经理人仍认为他是以股东利益为前提进行决策的，故其对传统的以激励为基础的补偿方式没有反应，如对大量的股票收益没有反应。因此，即使限制了经理人由于代理问题出现的不利于公司发展的并购决策，将经理人的目标与股东的目标整合一致，经理人也会因其过度自信等非理性心理作出有损公司价值的并购决策。

9.3 团队财务决策

大多数时候，公司的财务决策并不是一个人单独可以决定的，往往需要集体讨论作出。这是涉及了财务决策的团队性问题。个体在作出决策时会出现心理偏差，同样地，由于各种原因，团队在作出决策时也会时常出现偏差。这些偏差同样会导致公司作出不合理的财务行为，给股东利益带来不利影响。这一节我们将讨论团队财务决策的步骤、模型，以及经常会出现的偏差。通过对这些内容的讨论，我们希望在财务团队作出决策时可以尽可能地避免偏差的出现。

9.3.1 团队财务决策概述

随着公司面临的财务目标、问题和任务的类型的变化，个人、团队和外部群体之间的独立程度也相应改变，个人和财务团队都会产生相应的财务决策。如果个人或团队财务决策方式使用不当，将使公司股东蒙受额外损失。有时团队财务决策形式是不必要的，采用这种形式是一种浪费，因为参与者的时间可以更有效地用于其他的财务任务。不恰当的团队决策方式也会令成员产生无聊感，导致成员感到时间被浪费，并挫伤他们的积极性。反过来，个人对公司的财务决策不恰当使用可能产生低劣的合作，创造力下降和无效决策。总之，在以下这些情况下，团队进行财务决策最有可能优于个人进行决策：①对于目前的任务，团队中信息、经验和方法越多样化越有利。②接纳已作出的决策对有效进行决策是关键的。③强化某些建议的价值而不是遵从权威，在公司财务团队工作过程中表示出对彼此的尊敬，以上两种情况下，参与显得尤为重要。④在完成任务的过程中，公司财务团队成员需彼此依赖。

1）团队财务决策步骤与自我管理团队的财务决策模型

图 9-1 展示的是当一个团队被授予较多自主权时，有效的自我管理团队的决策模型。这一模型将提高团队的决策水平，它建立于公司财务团队已达到运行阶段的假设之上。

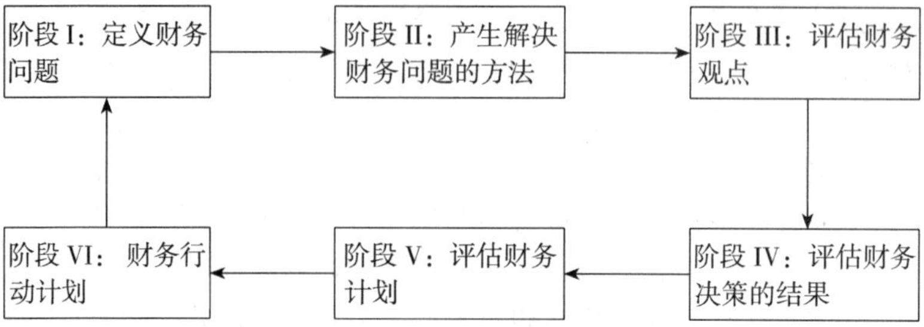

图9-1　团队财务决策模型

（1）阶段I：定义财务问题

在阶段I中，公司财务团队应充分地探索、识别、定义公司面临的财务问题。团队成员可能认为自己了解公司的投资或融资方面的问题，但或许他们是错的，他们看见的只是一个症状或问题的一部分。甚至当团队已正确识别公司的投融资问题时，仍需要收集更多更详细的财务信息以进一步严格地定义这些问题。因此，财务问题定义的关键部分是关于公司信息的产生和收集。问题定义同样要求财务团队识别通过解决问题想要达到的财务目标，如进行一项投资、发行证券融资等。当成员明确了目标时，他们能更好地识别公司财务问题是否真的存在。假如财务目标还没有搞清楚的话，应优先分配精力来解决它。

（2）阶段Ⅱ：产生解决财务问题的方法

阶段Ⅱ属于产生观点的过程，它鼓励成熟的结论。如果财务团队是解决方法倾向而不是问题倾向，它有可能采纳第一个出现或其中一种解决方法。假如财务团队能考虑更多的观点或可能的解决方法，最终采用的方法将合理得多。越鼓励创新和产生新观点，财务团队就越有可能找到潜在的合理方法。

（3）阶段Ⅲ：评估财务观点

此阶段致力于评估财务观点和各种可能性，从而产生可行的财务解决方法。即使一个可能的财务方案不能独立奏效，它也可以为公司的财务决策提供一定的价值。因而公司的财务团队应当花费时间来综合各种可能的财务方案中最有价值的部分，并谨慎地评估每种可能性。不要简单地拒绝一些较差的财务方案（这有可能使提出它们的成员产生消极情绪），应该挑选出若干优秀方案，集体研究直到大家都能同意并意识到有进入下一步的需要。

（4）阶段Ⅳ：评估财务决策的结果

当收集到足够的关于财务方案如何实施的信息时，一个自我管理的财务团队进行阶段Ⅳ并综合评估产出。产出表示财务问题是否解决。如果公司的财务问题或其中某部分问题依然存在，财务团队需要重复先前的步骤，收集财务信息，甚至重新定义财务问题，产生新观点或者重新考虑先前曾拒绝的财务方案。这一阶段同样包括对成员一起工作的情况作一次回顾和评估。成熟的财务团队能够开放地、建设性地从产出中学习。

（5）阶段V：评估财务计划

阶段V将为团队财务决策能力的发展提供巨大潜力。为了利用这个机会，财务团队成员必须决定所需的财务信息类型，以及谁将得到它，什么时候收集它。财务团队决策常在阶段V停滞不前，失去了从经验中学习的机会。如果一个方案取得了极大的成功，成员应能够从中获益，了解什么促成了成功，从而能将它在合适的时候应用于解决其他财务问题。假如一个财务方案完全失败了，团队成员会感觉到他们的努力被抹杀了。

一个自我管理的财务团队成员了解到错在哪里就不会在将来犯同样的错误。在财务实践中，并没有特别成功或特别失败的方法。牢记所发生的事（吸取以往的经验教训），成员由此所取得的点滴进步对将来财务问题的解决有巨大的帮助。诊断不是建立在猜测的基础上的，而是建立在有关行为结果精确严格的信息之上的。

（6）阶段Ⅵ：财务行动计划

阶段Ⅵ包含决定财务计划顺利开展的行动。自我管理的财务团队应当能预料实施中产生的问题并制订计划召集那些到时能提供支持的相关人员，并分配财务行为的责任。只有当财务团队成员确定了何人何时做何事，大家一致同意的财务方案才能实施。

2）团队财务决策的有限理性模型

有限理性模型描述了理性财务决策模型的缺陷，强调财务决策团队实际使用的决策过程。这个模型有助于解释为什么不同的团队在同样的财务信息的情况下却作出不同的财务决策。如图9-2所示，有限理性模型反映了人们倾向于：①选择比最好的财务目标或方案要差一点的财务方案（亦即满意就可以了）；②对备选财务方案只作有限的搜索；③拥有的财务信息并不充分，对影响财务决策结果的内部外部环境因素不能很好地控制。通过这个模型可以看到，对于决策者而言，不管投入了多少时间和资源，要获得关于有效备选方案或一些行动结果的完整信息也许是不可能的。

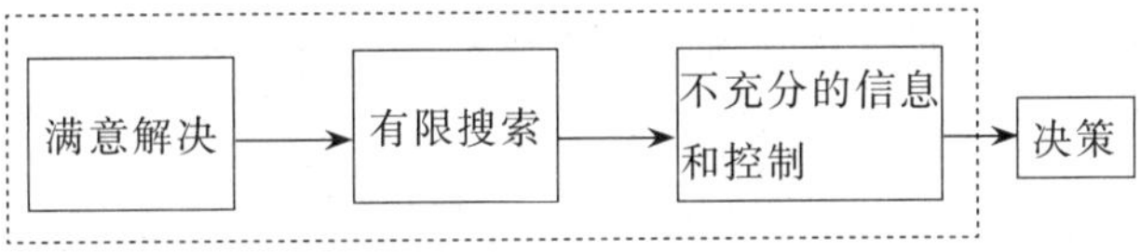

图9-2 团队财务决策过程

（1）满意解决

满意解决是指选择一个可以接受的而不是最优的目标或备选方案的一种倾向。在这里，“可接受的”意味着比起最好的方案而言，更容易确定和达成，将引起更少的争论，或者在其他方面更安全。例如，利润目标经常被量化，比如，15%的投资回报率或者来年5%的利润增长率等。这些目标也许不是可达到的最大的目标。事实上，它们可能很少能反映高层领导关于可行目标的看法，那就是，目标应该是富有挑战性的，但并不是很难达到的。

（2）有限搜索

财务团队在考虑备选方案时，经常会对问题的可能目标或方案作有限的搜索，直到他们发现了一个似乎合适的方案。例如，公司在寻找净现值为正的投资项目时，可能评价某特定行业内所有可能的投资项目，但当其获得决策所需要的所有信息时，可能早已错过了最佳投资时机。在有限理性模型中，财务团队一旦发现了一个可接受的财务目标或解决方案，就会立即停止对备选财务方案的搜寻。

（3）不充分的信息和控制

决策者经常缺乏有关财务问题的足够信息，并且经常面临他们所不能控制的环境影响。这些因素都会以一种难以预料的方式对财务决策的结果产生影响。

决策规则是有限模型中的一部分。它们提供迅速而简易的方法来达成一项财务决策而无须详细地分析和搜索。它们能被明确地描述出来，并且很容易应用。个人和团体普遍使用的一种规则就是字典规则。它就是按照和字典同样的方式来对项目进行排序：一次一个标准（类似于一个字母）。字典规则赋予第一个标准最大的权重。只有当第一个标准被公认为最重要时，这种做法在财务决策中才有效。

9.3.2 团队决策中的问题

许多偏见会影响决策，包括风险偏好、问题构架、可获得性偏见、证实偏见、选择性知觉偏见、小数规则以及群体决策。

1）风险偏好

风险偏好是指个体或群体在预期的结果不能确定时，作出决策还是逃避决策的倾向。一个厌恶风险的个体或团队关注的是潜在的负面结果。相对于获利的可能性而言，损失的可能性被高估。因此，决策者需要较高的获利可能性才能容忍失败的可能。相反，偏爱风险的决策者关注的是潜在的正面结果。相对于失败的可能性而言，获利的可能性被高估。风险偏好者只要有较低的获利可能性，就能容忍失败的可能。从希望逃避不快结果的角度来看，一些决策也是可以理解的。一种选择也可能对个人产生一些威胁，因为不好的结果会削弱决策者的专业技能感，为组织带来问题，甚至会让决策者降职或被解雇。大多数个人对风险偏好都比较低。他们购买各种类型的保险来逃避大而未必发生的风险。他们把钱存进银行，购买货币市场基金，以逃避股票与证券波动大的风险。一般来说，他们喜欢能产生满意结果的决策，而不大喜欢有风险的决策，虽然后者会有与前者同样的或比预期更好的结果。

2）问题构架

问题构架是指倾向于用积极的词语还是消极的词语来解释问题。处于有利环境的个人倾向于厌恶风险，因为他们认为会有更大的损失。相反，处于不利环境的个人倾向于认为他们几乎没有什么东西可以损失，因此，偏爱风险。关注潜在的损失提高了风险的重要性。相反，关注潜在的获利降低了风险的重要性。这样，一个被积极界定的情境助长了冒险行为，因为它使管理者的注意力集中在机遇上而不是失败的可能性上。

3）可获得性偏见

可获得性偏见是指个体倾向于因回忆起一个事件中的某些场景，而高估它发生的频率（反之亦然）。如果你曾经历过一起严重的车祸，你可能就会高估这类事件发生的频率。这种类型的偏见也可以这样来表达：不在你视野中的经常就不在你的脑袋里。换言之，个人经验对解释结果的概率比起其应起的作用要大得多。

4）证实偏见

证实偏见是指个体倾向于搜寻那些支持对情境最初解释的信息，而回避那些和最初解释矛盾的信息。不幸的是，问题越不确定和复杂，越容易发现这种支持一边的情况。在搜寻积极信息的同时，也搜寻消极信息，就会减少这种偏见。无论何时，信息来源的可信度不高，而证据又被认为具有很强的说服力时，过分自信就可能发生。

5）选择性知觉偏见

选择性知觉偏见是指人们倾向于看到他们所期望看到的东西。人们搜寻与他们观点一致的信息，而不重视与他们的知觉相冲突的信息。

6）小数规则

小数规则是指倾向于认为几个案例或样本就能代表一个更大的总体（几个样本“证实这个规则”），甚至它们不能代表时，也是如此。

7）群体决策

群体决策是科学决策的基本方式，但不等于科学决策。在群体决策时，即使由经验再丰富的管理者组成的团队也有可能犯下幼稚的错误，共同选择一个失败的决策，并带来灾难性的后果，这就是所谓的群体思维陷阱。群体决策中，决策成员因某种原因而追求表面一致，可能导致决策失败，原因包括决策组织结构、决策成员心理、决策氛围和决策成员利益。

决策组织结构的同一性越大，如年龄结构、教育背景等，决策成员之间越容易出现群体思维的现象。团队成员微妙的心理变化也是导致群体思维的重要因素。比如：因职务高低、位置主次而产生的尊卑心理；因资历深浅、年龄大小而产生的压抑心理；因担心与其他成员的观点分歧过大，会遭到反对，从而影响“团结”的猜疑和徘徊心理；意见领袖因职位或其他方面的优势而产生的自负心理；随大流不出头的从众心理；一起共事，以和为贵，不能伤了面子的求同心理等。这些心理现象促成了群体思维的表征。而企业的文化和决策习惯、团队决策实行方式、外界影响力等都可能影响决策氛围，诱发决策中的群体思维，影响财务决策的成败。任何决策都难免与决策者的利益发生联系。在决策团队内部，权力的分配不可能绝对平均，难免会出现一个或数个占有优势权力资源的领导者。某些情况下，这些领导者的权力如果得不到很好的制约，其他权力资源占有较少的成员通常会以“服从带来利益”为行动指南。特别是决策涉及决策领导者的利益，除考虑问题的解决外，无形中还会考虑到决策领导者利益的保护，决策团队成员各自出于不同的考虑，可能导致决策更高的“一致性”。更有甚者，决策团队成员将决策权当作利益以某种潜规则进行分割，那么，整个决策会变成一种畸形的群体思维。

公司的财务团队在对公司的投融资项目进行决策时，很多时候也不可避免地会出现群体思维，从而作出意见“高度一致”“一团和气”，却有损公司股东利益的财务决策。那么，怎样防范团队决策中的群体思维？下面就这个问题作一些讨论。

第一，要树立正确的团结观。一个决策团队应该讲团结，讲容忍，讲谅解，但不能一味讲“和气”，混淆是非界限，降低团队决策的力度。良好的决策氛围非常重要，决策成员要敢于坚持公心、坚持是非原则、坚持组织程序，努力营造“和而不同”“争而不吵”，能够自由发表自己看法的决策氛围。

第二，提倡决策过程中的合理冲突，促进思维碰撞。决策过程中的合理冲突是思想的碰撞，而不是情感的冲突。决策团队在提倡决策过程中的合理冲突的同时，要注意引导和规范这种冲突，将其限制在会议中，限制在个体决策的观点上，使团队成员在观点上的争议成为生活、情感上联系更加紧密的纽带。

第三，补偿决策过程，优化决策程序。一方面，群体思维会导致团队决策不能按照理性的程序进行，因此，群体思维现象有时也被认为是一种“过程损失”，如各方面信息收集不足，缺乏决策酝酿，会议讨论不足，没有必要的决策反馈等。决策前，要注意多方收集信息；讨论时避免事先偏好某一方案，特别鼓励并勇于倾听不同的、反面的意见；方案实施时要建立反馈机制，随时分析新情况、新变化，及时进行方案调整。另一方面，在优化决策程序上也有一些措施，比如，将团队分成若干独立小组，分别聚会决议，然后再全体聚会，交流分歧，进行二次会议，指定一位或多位成员充当反对者的角色，专门提出反对意见等。

第四，加强内外沟通，进行智力引进。充分听取集体决策参与者以外的相关专家和群众的意见，反复论证。必要时，要充分发挥科研机构、咨询机构以及学者的作用，共同做好重大财务问题的决策。

9.4 财务激励

有效的财务激励机制是现代企业高效运转的前提，也是现代企业持续发展的动力，那么，什么是财务激励？为什么要进行财务激励？财务激励的手段有哪些？在运用过程中需要遵循哪些原则？针对不同的企业目标又该如何选择合适的激励手段？为了回答上述问题，本节尝试借助代理理论、效率工资理论、利益相关者理论、社会责任理论、马斯洛需求层次理论等，对企业财务激励机制进行探讨研究。

9.4.1 财务激励概述

1）财务激励的概念

从心理学视角来看，激励是指由一定的刺激而激发人的行为动机，使人有一股内在的动力，朝着所期望的目标前进的心理活动过程。从管理学视角来看，激励是强化与组织目标相契合的个人行为，引导组织成员的行为，以最大限度地开发和运用其人力资源，去实现组织的目标①。从激励的内容上划分，激励又可以分为物质激励与精神激励，二者相辅相成、缺一不可。财务激励作为物质激励的一种，是指以企业财务主体涉及的利益关系方为激励对象，以财务利益为激励诱因，并通过一定的财务安排，诱导利益相关方实现既定的企业目标或管理目标②。财务激励属于价值性激励，通用性强，作用面广，影响深远。

2）财务激励的动因

经济发展和股份制公司的出现使得企业的所有权与经营权发生分离，所有者和经营者之间形成了一种委托-代理关系。然而由于信息不对称的存在，所有者和经营者之间存在道德风险，二者的利益目标不一致，再加上激励机制存在缺陷，代理问题已成为制约企业发展的因素，其行为具体体现在以下几个方面：经营管理者的努力不足、经营管理者的过高在职消费、经营管理者的短视行为、经营管理者的过度投资等。这种道德风险的存在损害了企业所有者的利益，客观上要求委托人通过对剩余索取权的分享，建立严密有效的激励机制，将代理人的能力和努力激发出来，从而实现企业不同层次的目标。

3）财务激励的理论基础

（1）企业目标

企业“独善其身”，追求利润以实现企业价值，是资本逐利性的体现，然而随着经济社会发展，企业“兼济天下”的社会责任履行情况直接影响社会福祉并塑造出新的商业规范和社会规范，企业追求与自然、所有利益相关者的和谐共生，最终也会影响我们的生态

① 余兴安．激励的理论与制度创新［M］．北京：国家行政学院出版社，2005．
② 黄振，邹航．管理行为中的财务激励方案设计［J］．财会通讯，2009（23）：84-85．

环境、社会环境，乃至人类文明的可持续发展。

① 实现企业价值

不论企业规模大小，企业发展过程的本质都是价值创造，企业的第一层或者说首要目标就是实现企业价值，使自身在资本市场中存活下来。根据效率工资理论，高工资能提高员工的努力程度和生产效率，有利于吸引优质人才，降低员工的离职率，从而给企业带来效益。另外，越来越多的学者关注高管与普通员工薪酬差距对企业业绩的影响，目前，有两种对立的理论，分别是行为理论和锦标赛理论。行为理论认为，较小的薪酬差距更能产生凝聚力，进而促进企业绩效；锦标赛理论认为，薪酬差距对企业绩效有正向的促进作用，因此，企业要将普通员工和高管的薪酬差距控制在合理范围之内，密切关注薪酬的内、外部公平。此外，各个企业的股权性质、所处地区、行业的不同也会使得财务激励的效果存在差异，各企业需根据自身情况进一步完善财务激励制度，以价值创造为基础完成企业各项财务管理任务，提高企业实际管理水平与经济效益，使企业可以长久、稳定地发展下去。

② 实现社会责任

在实现企业价值的基础之上，企业的第二层目标是履行企业的社会责任。根据企业社会责任理论，企业并非只对股东负有受托责任（股东至上主义），还需要对其他利益相关者负责（利益相关者主义），因为股东之外的其他利益相关者也对企业价值创造作出了重要贡献。弗里曼（R.Edward Freeman）在2010年将利益相关者分类为主要利益相关者（雇员、资本提供者、消费者、供应商、社区）和次要利益相关者（竞争者、政府、媒体、消费者保护集团、特殊利益集团）两类[①]。因此，企业在进行决策时，不仅应当考虑股东的利益，还应当包括更广泛的利益主体。在企业社会责任理论下，企业财务管理目标从股东价值最大化和企业价值最大化转向社会利益价值最大化。那么，企业具体应该承担哪些责任？相关理论有卡罗尔（Archie B.Carroll）的企业社会责任金字塔（pyramid of corporate social responsibility）理论和埃尔金顿（John Elkington）的三重底线（triple bottom line）理论。企业社会责任金字塔理论认为，企业有四个方面的责任：赚取利润的经济责任、守法经营的法律责任、合乎伦理的伦理责任、乐善好施的慈善责任。三重底线分别是财务业绩（profit）、人力资源（people）和生态环境（planet）。

③ 实现可持续发展

企业第三层次的目标是实现可持续发展。可持续发展这一理念本质上体现了“人类中心主义”向“生态中心主义”的思维模式转变，是对人类活动导致的各种社会问题和环境问题的反思[②]。工业革命以来，万物之“主宰”的人类为提高自身的物质生活水平，对自然资源过度开发和利用，造成了严重的环境污染、生态破坏。为了统筹兼顾社会、经济和环境的可持续发展，1983年12月，联合国成立了世界环境与发展委员会（World Commission on Environment and Development，WCED），并于1987年将“可持续发展”定义为“满足当代人的需要而又不对后代人满足其需要的能力构成危害的发展[③]”，这充分体现了代际公平、代内公平，以及社会、经济和环境协调发展的理念，这些理念映射到企业的经营活

① FREEMAN R E，HARRISON J，HICKS A，et al.Stakeholder theory：The state of the art［M］. Cambridge：Cambridge University Press，2010：50-58.

② 黄世忠. ESG理念与公司报告重构［J］. 财会月刊，2021（17）：1-8.

③ WECD.Our common future［M］. Oxford：Oxford University Press，1987：34-44.

动中，一方面是要求企业减少短视激进的决策行为，另一方面是强调绿色高质量发展。企业要实现绿色发展和高质量发展的融合，即在资源与环境约束下实现经济、社会、生态效益的协调可持续发展。相对于粗放发展模式，绿色高质量发展模式意味着经济增长由传统要素驱动转向创新驱动，以大量绿色动能推动经济发展，模式由褐色向绿色转型。为此我国一系列政策相继出台，"十四五"规划也再次强调要推动绿色低碳发展，全面提高资源利用效率。

（2）财务激励的心理学理论基础

近年来，经典契约理论开始吸收一些行为心理学的理论，基于实验证据和行为心理因素的行为契约理论已初见成效①。相关的心理学理论基础包括马斯洛需求层次理论、公平偏好理论、前景理论、双因素理论、成就动机理论、自我效能等，我们主要从马斯洛需求层次理论角度出发探讨企业的财务激励。

马斯洛需求层次理论是美国心理学家亚伯拉罕·马斯洛（Abraham H.Maslow）在1943年提出的，该理论认为，人类的需求从低级到高级依次为：生理需求、安全需求、社交需求、尊重需求和自我实现需求。其中，"生理需求"是指人在经济社会中要维持生存所必需的物质需求。只有满足了人的生理需求，人才有精力和动力去工作和生活。"安全需求"是指人们想要获得避免疾病侵袭、维护自身安全等方面的保障。"社交需求"是指人们对融入群体，与群体成员之间相互关爱和照顾的需求。"尊重需求"是指人们对稳定的社会地位的期望，即个人水平和成果得到社会认可，并受到他人的尊崇和高度评价。"自我实现需求"是指人们希望通过发挥自身最大潜力实现理想和抱负，从而成为自己所期望的人物。

（3）企业目标与马斯洛需求层次理论的映射关系

企业作为特殊的"人"，在生存和发展过程中自然也存在各种需求，不同的企业目标代表着企业不同层次的需求，借助"马斯洛需求层次理论"来分析企业的不同目标，有助于我们更好地理解企业所处的发展阶段、预测企业的决策行为以及针对不同企业类型更有效地进行财务激励（如图9-3所示）。

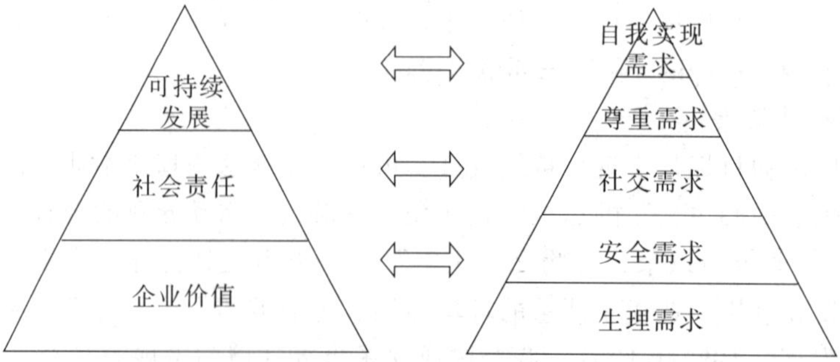

图9-3　企业目标与马斯洛需求层次的映射关系

处于第一层目标的企业，对应的是马斯洛需求层次理论的"生理需求"和"安全需求"，即保证企业自身能够在激烈的竞争中存活下来，实现股东财富最大化；处于第二层目标的企业，对应的是马斯洛需求层次理论的"社交需求"和"尊重需求"，即通过履行企业的社会责任，与各个利益主体资源互换，合作共赢，实现社会价值的最大化；

① 康霞．人力资本财务激励与约束机制分析［J］．财会通讯，2012（11）：46-48.

处于第三层目标的企业，对应的是马斯洛需求层次理论的“自我实现需求”，即发挥企业最大的潜力和生命力，发展的问题依靠发展解决，强调企业与社会、自然的和谐共生。当然，正如马斯洛需求层次理论，不是必须满足低层次目标之后才可以追求更高层次的需求，企业的三个目标也不是割裂或是必然存在递进顺序的，一个企业可以在追求企业价值的同时履行社会责任，也可以在成立之初就设定“百年企业”的目标，追求可持续发展。

4）财务激励的设计

（1）财务激励的主体与客体

现代企业财务激励主体是产权所有者。界定财务激励主体的实质是要明确谁拥有企业，即谁是激励者。根据代理理论，现代公司治理结构中所有者和经营者之间是一种委托-代理关系，建立激励机制的主体是委托人，即资本的产权所有者。

现代企业财务激励客体是经营者，即管理层和普通职工。随着知识经济的到来，人力资本逐渐成为经济增长的动力和源泉，人力资本俨然已经成为企业重要的战略资源。企业的价值创造、履行社会责任、最终实现可持续发展都是包括管理层和职工在内的多方合力的结果，管理人员和普通职工都是企业重要的价值创造者。

（2）财务激励的手段与原则

激励手段是激励主体对其客体所采用的具体激励形式，从时间上可以分为短期激励和长期激励。短期激励手段主要有工资、奖金等形式，其最大缺陷是无法克服代理人的短期行为。长期激励手段主要是股权激励，常见类型有股票期权、限制性股票、股票增值权等。

为了实现企业价值、履行企业的社会责任，最终实现企业的可持续发展，企业的所有者应综合运用以上的财务激励手段，并在实行过程中遵循以下原则：①贯彻公平原则。在财务激励机制的建立中，要体现效率和公平的原则。②建立约束机制。需要对经营者建立企业内外部的约束机制，来自企业外部的市场约束包括商品或服务市场、资本市场、职业经理人市场等，内部约束机制包括完善企业的内部监督机制。③与其他激励方式相结合。任何一种激励手段都有其局限性，只能在一定程度上发挥作用，因此，财务激励需要与非财务激励相结合。比如，精神激励可以使员工和管理层认识到他们所从事的工作具有重要的社会意义，从而激发他们的社会责任感，还能激发他们的内在潜力，充分发挥个人特长。

9.4.2 不同企业目标下的财务激励

由于不同企业的认知意识、利益目标存在明显差异，应根据其目标有针对性地设计财务激励机制。根据企业不同层级的目标，对管理层和员工的主要财务激励手段也不尽相同。

总体来说，要实现第一层“企业价值”目标，主要使用的财务激励手段是短期激励，比如工资、奖金、津贴等；要实现第二层“社会责任”目标，主要使用的财务激励手段是在短期激励的基础上，增加体现企业社会责任的绩效指标，比如社会增加值等；要实现第三层“可持续发展”目标，对企业的财务激励机制提出了更高的要求，需要构建合理的薪酬结构和考评机制，即在前者的基础上再增加长期激励，并且进一步丰富员工的绩效考核指标，借助平衡计分卡、业绩三棱镜等绩效评价体系对员工进行多元化的考评（见表9-1）。

表9-1　　不同企业目标下的财务激励

激励对象 企业目标	管理层、员工
企业价值	短期激励、职业发展激励
社会责任	短期激励、社会增加值
可持续发展	短期激励、长期激励、多元化考评

1）实现企业价值

企业的第一层次目标是实现企业价值，在激烈的市场竞争中生存，因而对应的财务激励手段一般以短期激励为主。短期激励手段主要有工资、奖金等形式，其中，基本工资一般根据各个管理岗位的范围、职责、重要性以及其他同类企业相似岗位的水平来确定。年度津贴或奖金一般根据年度经营业绩和经营目标的完成情况来确定。工资、奖金这种财务激励机制能够给企业所有者带来高的财务利润，但不能够给予经营者足够的保障或安全感，他们该得到奖励还是接受惩罚还依赖于一定的环境因素。

此外，企业还会采用职业发展激励来满足员工和管理层的个人成长需求。职业发展激励包括职级晋升、角色转换以及职业领域开拓等方法。职级晋升顾名思义，就是从低一层级向高一层级的岗位晋升。角色转换是指从管理者向治理者角色的转换。比如，可以安排员工担任董事、监事或子公司的治理人员。职业领域开拓是指为了留住和激励人员，特意开辟一块事业领域。职业发展激励对公司治理来说非常重要，比如，让员工进入监事会和董事会，员工相对于企业的外部人而言拥有更多的信息，能够发挥一定的监督作用。

2）实现社会责任

为了实现企业第二层“社会责任”目标，需要在财务指标之外增加社会责任维度的考核指标，例如，经济增加值（economic value added，EVA）考核指标，引导企业创造价值，提高资本使用效率。EVA是净利润减去资本成本后的余额，它在计算时考虑了所有者投入资本的使用成本，考察了管理者利用企业全部资源创造的价值增值，对管理者经营成果质量的评价更为准确。EVA是对传统利润指标的一种修正，其核心还是对企业盈利能力的考核，不能解决企业除了“经济人”之外的另一角色“社会人”的考核问题。

对企业经营业绩的评价，还应该引入社会增加值（social value added，SVA）考核指标。对很多国有企业，特别是对处于基础设施行业的国有企业而言，其提供的产品和服务性质决定了不能以追求经济效益最大化为最高目标①。例如，在经济出现波动时，国家出于宏观调控的需要，会要求一些国有企业承担政策性亏损，虽然企业收益水平降低，但换来了经济社会平稳发展，取得的社会效益显著。在企业业绩评价体系中，应将经济价值创造与社会价值创造分开，单独考核社会价值创造水平，以引导、激励企业创造社会价值。通过全面改革企业考核机制，企业可以区分股东责任与社会责任，将企业社会责任纳入考核体系，借助SVA使企业社会责任业绩评价指标具体化、系统化，构建社会增加值与经营者薪酬互动的激励模式。

① 李有华. 关于引入社会增加值指标评价企业业绩的思考 [J]. 商业经济，2012 (6)：53，121.

3）实现可持续发展

对于企业的可持续发展目标来说，合理的薪酬结构和考评机制是实现激励机制成为长久动力的根本措施。为了实现最高层次的企业目标，企业需要不断对现有的薪酬结构进行改革，进一步优化考评机制，使其更加民主、客观和多元化，逐步减少、缩小那些暂时性、短期性的奖励措施，加入层级薪资制度、员工持股制度等方式，使员工的发展与企业的发展更加紧密地联系在一起，激发员工长期、稳定的竞争动力。

从理论上看，股权激励给予经营者更多的股权，会让经营者更加努力工作，公司的绩效会更好，但是在实践中，其激励效果也许并没有真正达到委托人的预期目标，这种理论与实践的背离，人们称为“股权激励悖论”现象。例如，有学者在我国业绩型股权激励条件的实践背景下，研究发现限制性股票的实践效果类似“双刃剑”，能否发挥激励作用，关键在于激励条件的设定是否合理有效①，因此，所有者还需要针对企业的实际情况量体裁衣，充分发挥股权激励的作用。

股权激励服务于评价企业成本效益的财务报告，为了实现企业的可持续发展，需要能够评价企业经营的社会成本效益的报告体系，从而客观、全面地反映企业经营的内外部效益，帮助投资者、债权人和其他利益相关者评估企业可持续发展的机遇和风险。目前，得到学术界和实务界广泛认可的报告体系是ESG（environment，social and governance），即环境、社会和治理。ESG报告近30年来已经形成了一批代表性框架，例如，SASB五维度报告框架，它从环境保护、社会资本、人力资本、商业模式及其创新、领导力和治理力五个维度对企业的可持续发展报告进行规范。随着ESG报告这一企业可持续发展分析框架的逐渐成形，未来我国也会出台与环境和气候变化相关的会计规范，企业也会有针对性地推出财务激励的手段，助力企业实现可持续发展的目标。

本节借助代理理论、效率工资理论、利益相关者理论、社会责任理论、马斯洛需求层次理论等理论基础，对企业目标进行了企业价值、社会责任、可持续发展三个层次的划分，并且创造性地提出马斯洛需求层次理论与企业目标金字塔之间的映射关系，由此展开对不同企业目标下如何进行有效财务激励的探讨，希望能够给其他研究者以启发与借鉴。随着社会的发展与进步，企业绩效评价标准和财务激励的手段也会动态调整，研究者们还需要思考如何有效激励高管和员工不断提高自身的管理能力、业务素养和道德修养，充分实现不同层次的企业目标，真正实现人尽其才、物尽其用。

在这一章中我们讨论了行为财务的一些问题，当然，仅仅一章的篇幅不可能涵盖行为财务的所有方面，这里只给读者一个粗略的概览，让读者明白行为财务的研究范畴，为以后进一步地深入学习提供基础。

关键词

有限理性　心理偏差　投资者非理性　经理层非理性　群体思维

① 陈文哲，石宁，梁琪，等．股权激励模式选择之谜——基于股东与激励对象之间博弈分析［J］．南开管理评论，2021（5）：1-23.

思考题

1.举例说明过分乐观与过度自信的区别。

2.举例说明框架效应。

3.投资者的非理性对公司财务决策会有哪些影响？解释影响的路径。

4.经理层的非理性对公司财务决策会有哪些影响？解释影响的路径。

5.团队财务决策行为中可能会出现哪些心理与行为偏差？

学思践悟

企业战略与国家发展息息相关，企业财务激励的最高目标是实现企业的可持续发展，而国家层面亦是如此。作为世界上最大的发展中国家和碳排放国，中国不再以经济发展作为最重要的发展目标，而是根据自己的国情提出了2030年前实现“碳达峰”和2060年前实现“碳中和”的“双碳”目标，以实现全人类社会的可持续发展。

在实现碳中和的道路上，我国需要在电力、工业等领域不断努力，减少碳排放量，谋划最优的战略路径。能源领域碳排放总量大，是实现碳减排目标的关键，电力系统碳减排是能源行业碳减排的重要组成部分。在发布央企首个“双碳”行动方案之前，国家电网就提出：推动电源结构和布局优化，构建多元化清洁能源供应体系；2021年3月1日，国家电网公司发布“碳达峰”“碳中和”行动方案，这是首个央企发布的“碳达峰”“碳中和”行动方案，指出加大清洁能源输送、保障力度，预计2025年、2030年，非化石能源占一次能源消费比重将分别达到20%、25%左右；5月12日，国家发展改革委办公厅发布《关于同意在浙江设立国家绿色技术交易中心的复函》，同意浙江以国家电网浙江省电力有限公司双创中心为主体，设立全国首个国家绿色技术交易中心。聚焦我国低碳转型中的关键技术，引导我国绿色技术创新；6月5日，国家电网公司首次发布《国家电网有限公司2021环境保护报告》，阐明了公司环境保护工作愿景，坚决落实党中央、国务院生态环境保护重大决策，服务绿色低碳冬奥以及助力打赢蓝天保卫战等工作部署。

此外，中国铀业积极推进绿色铀矿山建设，地勘单位全面实施绿色勘探；中国华能集团提出安全高效发展核电，积极发展水电；中国海油与壳牌东方贸易公司签署了采购两船碳中和液化天然气（LNG）资源购销协议，首次为中国大陆引进碳中和LNG资源。实现“碳达峰”“碳中和”，央企在行动。

资料来源：高志星．碳中和下的首个央企行动方案［J］．现代国企研究，2021（7）：74-79.

延伸阅读文献

1.舍夫林．超越恐惧和贪婪——行为金融学与投资心理诠释［M］．贺学会，主译．上海：上海财经大学出版社，2005.

2.舍夫林．行为公司金融——创造价值的决策［M］．郑晓蕾，译．北京：中国人民大学出版社，2007.
3. 饶育蕾，张轮. 行为金融学［M］. 上海：复旦大学出版社，2005.
4. 赫尔雷格尔，斯洛克姆，伍德曼. 组织行为学［M］. 俞文钊，丁彪，等译. 上海：华东师范大学出版社，2001.

拓展材料

1. 云顶财说｜黄世忠、李诗、于骁然：游戏驿站股票现象的解析与启示——基于行为金融的视角

2. 李心合：国有企业财务决策机制的特殊性研究

互动习题

第9章即测即评

案例篇

10 公司治理案例

公司是一组权力和利益的集合。公司的出资人（股东和债权人）拥有公司终极所有权，依据自己的出资额参与公司事务的管理，是企业发展成果的最终受益人。企业的管理人员由出资人雇用，代替出资人管理公司，制定满足出资人要求的战略目标和发展计划，并保障出资人的利益。企业的员工是计划的执行者，是影响企业能否沿着预期轨道发展的关键力量。企业客户是企业生产的目标人群，是企业核心资源和利润源泉。公司中存在着各种利益关系，如果这些利益关系不协调甚至矛盾重重，会对公司日常经营产生破坏性影响，最终危及公司生存。公司治理便是协调这些利益关系并实现企业持续增长的保障机制。

建立有效的公司治理机制需要解决以下问题：

（1）公司如何创造价值——股东价值、客户价值、员工价值如何平衡

公司实质上是各个利益主体的共同载体。企业各利益主体，不论是投资者，还是客户和员工，之所以存在于同一个企业之中，表明他们在价值观、经济利益及行为准则等方面有较多的一致性。换言之，投资者、客户、员工之间，对各自在企业中的利益不但充分承认，而且充分尊重。同时，这些利益在企业同一游戏规则下又是相对客观的量而为大家知晓，这样，企业各主要利益相关方之间在企业中的利益关系是清楚的。

在传统企业发展过程中，往往更加注重股东价值的创造。公司运营的目标也是满足股东们的需要。随着企业的不断发展，客户的价值、员工的价值日益凸显出其重要性，股东价值、客户价值、员工价值如何实现均衡成为学术研究的重要课题。

（2）如何建立有效的委托-代理机制——高管激励如何达到最优状态

金融业的薪资一向令人艳羡，其高管的薪酬也很可观，2020年上市公司中高管年度薪酬过亿的仅3家，均为金融公司，中金公司以1.68亿元位列第一，中信证券以1.49亿元排名第二，中国平安高管薪酬超1.3亿元排名第三。

上市公司对高管进行高薪激励是股东降低委托-代理风险的必然结果，为降低代理人风险，并激励管理层勤勉尽责，现代公司治理往往通过为管理层设置“金色阶梯”（对优秀管理层人员启动快速升迁机制）、“金手铐”（结构化的高薪资激励机制）和“金色降落伞”（非自愿退职的高补偿机制）等高管薪资机制，实现股东与管理层同向利益最大化，以降低代理成本。现在公司治理理论通过多种方式激励高管促进企业盈利的增长，使高管的薪酬能够与业绩相匹配，但是企业业绩下滑，高管却可继续领高薪的现象屡屡发生。高管的天价薪酬是高管应有的报酬还是另有乾坤？

（3）如何保障所有股东的权益——如何防范内部人控制和大股东侵权

内部人控制是现代企业制度存在的一大漏损口。企业高级管理者利用对企业经营的决策权、管理权、财务支配权、人事任免权，在企业薪酬制定、企业红利分配上实现利益自我输送，并利用话语权影响社会舆论，维护自我偏好。

由于上市公司“内部人控制”现象突出，监督、制约功能不全，中小投资者利益受损害的情况屡见不鲜。且由于法律对投资者缺乏足够的保护，中国上市公司中的大股东利用其控制权严重侵害着中小股东的利益。

（4）公司财务目标是什么

公司应该选择哪种财务目标，股东价值最大化、利益相关者价值最大化抑或其他目标，实践中一直没有统一的答案，而是要具体问题具体分析。

10.1 股东价值、员工价值、客户价值

10.1.1 价值创造理论概述

公司治理不仅是公司管理必须遵循的一些基本原则，而且为公司行为是否规范建立了一系列的标准。更重要的是，公司治理也形成了一些基本的管理领域，产生了特定的管理内容。这些内容可概括为三个方面：投资者利益协调、员工利益引导、客户利益保障。

从财务目标角度分析，公司价值最大化目标的实现，完全依赖于公司利益相关者的共同努力，尤其是股东、员工与客户这三个主要的利益主体的团结协作。

公司价值完全是由股东、客户、员工共同创造的。公司能否存在并发展，取决于这三个主要利益方。因此，公司一旦实现了价值，这三个利益方都应有平等的分享权。

投资者利益保护是公司治理的核心问题之一，其根本目的是防止公司实际控制人（管理层或控股股东）对外部投资者（股东和债权人）的利益进行侵害或掠夺（expropriate）。投资者利益协调分为三个层面，最外围即宏观层面是投资者利益的保护，中间层面是公司与投资者日常沟通即投资者关系管理，以使投资者全面准确地了解企业，核心层面是股东忠诚度管理，即公司采取哪些措施留住老股东、吸引新股东。

客户需求是产生企业价值的根本原因。客户把需求交给而且永远交给公司，对公司价值的创造乃至公司的存在起着奠基性的作用。这比股东与员工对企业的投入要重要得多。因此，不断满足客户需求从而使之成为公司忠诚的客户，对公司实现价值可持续增长的目标具有根本意义。使客户利益得到充分的尊重并真正实现，切实保障客户在公司中的利益，已成为现代公司治理的最根本问题之一，也是现代公司治理区别于传统公司治理的主要标志。

员工价值，是指员工对公司价值的贡献程度。员工对公司价值的贡献程度，又取决于员工在创造公司价值过程中自身价值的实现程度，这可以表现为员工对企业的满意度和忠诚度。随着新经济时代的到来，信息与知识成为公司成长发展的引擎。而公司的信息与知识，只有为公司员工真正掌握并充分利用，才能转化为公司的价值。因此，员工在现代公司价值创造中发挥着最为基础的作用。一个企业若使全体员工都成为知识型员工，并使之高度满意而对企业绝对忠诚，那么，公司就有可能实现持续良好的业绩，公司价值增长就能够成为现实。

10.1.2 投资者关系管理案例：瑞幸咖啡一路狂奔，公司治理乱象丛生[①]

1）背景："互联网+零售"

定位于"中国新零售咖啡典型代表"的瑞幸咖啡成立于2017年，总部位于厦门。自成立以来，瑞幸咖啡一直保持高速扩张，从2017年10月开设第一家门店，到2019年，瑞幸在中国开设的门店总数已经全面赶超专业咖啡零售商星巴克。从2017年创立到2019年成功登陆纳斯达克，瑞幸仅仅用了18个月，是拼多多（3年）的一半，刷新了世界最快首发纪录，成为拼多多之后的又一家现象级公司。

这样快的上市速度，仅靠卖咖啡是做不到的，背后更多的是新兴互联网行业的商业模式和估值逻辑。瑞幸利用手机App和小程序构建渠道，实现数字化运营，摆脱对传统渠道的依赖；同时，利用小型自取门店和自动化设备实现高效率，而非大型咖啡店提供的体验。与其说瑞幸是一家咖啡企业，不如说瑞幸是一家互联网企业，在技术、算法、数据的加持下追求O2O在零售领域的应用。

包含创始人钱治亚在内的多名前神州系高管，将神州系的成功经验——电商早期烧钱扩张模式，融在瑞幸的基因当中，大量的资源被投入到用户补贴、门店扩张、产品包装等领域，而非核心的产品、技术，结果是难以维持用户黏性。此外，根据瑞幸2020年1月8日披露的二次招股文件，瑞幸实际控制人质押了瑞幸发行的总ADS（美国存托股份）的24.1%，价值约为25亿美元。

神州系惯用的招数，便是烧钱膨胀，急速上市，质押套现。伴随着瑞幸的扩张，烧钱带来的边际增长逐渐变小，创办以来的巨额亏损和难以实现的增长预期将黔驴技穷的瑞幸逼上了财务造假的邪路。

2020年4月2日，瑞幸咖啡公开"自曝"，称2019年2~4季度核心业务存在财务造假，当日盘前一度跌幅超80%，开盘后20分钟内连续三次触发熔断，盘中累计六次暂停交易，截至收盘暴跌逾75%，市值缩水至16亿美元，严重损害了中小投资者的利益，反映出瑞幸咖啡的公司治理存在问题。瑞幸的自查报告称，其COO兼执行董事刘剑及向他报告的几名员工共同伪造了高达22亿元人民币的销售金额。

东窗事发后，瑞幸更换了总经理，开始关注成本控制，减少了广告投入和用户补贴，同时，调整了SKU研产模式，不断推出新产品并针对市场进行快速迭代。2020年，瑞幸共推出77款全新现制饮品，其中，厚乳拿铁最为火爆。2021年上半年，瑞幸共推出了50余款新品，生椰拿铁更是风靡一夏。不断回血的瑞幸在退市15个月后复活，与美国集体诉讼的原告代表签署了和解意向书，提交了对可转债债权人的债务重组方案，并向SEC递交了包括经审计的财务报告在内的2020年年报。

2）公司治理缺陷：一股独大，缺乏制衡

瑞幸咖啡的背后正是频设资本局的神州系，陆正耀掌舵，刘二海和黎辉进行外部资本运作，三人均是瑞幸咖啡的股东。瑞幸前三位大股东分别是董事长陆正耀、创始人钱治亚和Sunying Wong（陆正耀的姐姐），三人合计拥有近50%的股份和超过50%的投票权。瑞幸咖啡董事会成员以及高管中有很多是原神州系旧人，与主要股东存在高度利益关联。

---

① 青松.自曝财务造假之前，瑞幸做了哪些重要动作？[EB/OL].[2020-04-03].https://tech.sina.com.cn/csj/2020-04-03/doc-iimxxsth3539084.shtml.

瑞幸.变革与重塑 • 瑞幸咖啡2020—2022年公司治理报告［EB/OL］.［2024-01-18］.https://business.sohu.com/a/752716146_121637204.

CEO钱治亚出身于神州系，职业生涯中有10年担任神州租车COO，离职后创办了瑞幸咖啡，与陆正耀属于高度利益相关者，是一致行动人。此次造假事件的焦点COO刘剑追随陆正耀12年，先后在神州租车和神州优车任职，也属于神州系旧人。

一股独大的背景下，大股东拥有绝对的控制权，代理问题集中于大小股东之间，大股东容易在利益驱动下损害中小股东的利益。进一步考虑瑞幸咖啡大股东存在大量质押行为，其风险和收益结构已经被改变，为恶成本进一步降低。瑞幸这样集中的股权结构下，将财务造假归罪于COO刘剑实难服众。备受陆正耀信任的刘剑，不仅手眼通天，瞒过了CFO、CEO和董事会，欺骗了公司的实际控制人，整合了瑞幸咖啡前中后端的业务线，穿透了瑞幸高估值所仰赖的技术和算法，伪造了当年约73%的营收；而且愿意赌上职业生涯，承担牢狱风险，着实令人困惑。这样的疑问不禁令人揣测，瑞幸咖啡存在着从COO、CFO、CEO最终到董事会的财务造假责任链。

美国上市公司的董事会通常由独立董事占据多数席位，具有很高的独立性，独立董事及主要由独董组成的审计委员会能够有效监督公司，积极维护中小股东的利益。瑞幸的董事会结构则恰恰相反，由执行董事占据多数席位，COO刘剑同样也是执行董事。瑞幸的大股东对独立董事选聘有很强的话语权，这损害了独立董事的独立性，不利于公司治理。更不要提瑞幸的独董中的一位素行不良。邵孝恒在瑞幸上市时就担任独立董事并持股，此人在德勤工作10年后又陆续在多家在美上市的中国公司担任董事，其中有不少均是臭名昭著的中国欺诈公司，而几乎所有邵孝恒加入的公司都使公众投资者蒙受巨大损失。浑水的做空报告中也将邵孝恒视为一个危险的信号。虽然瑞幸仍有另外4名独立董事，但没有证据表明他们对存在财务舞弊的报告提出异议，审计委员会也没有发现公司的巨额财务造假，独立董事和审计委员会实际上监督失效，未能发挥治理作用。一股独大的瑞幸缺乏制衡神州系股东的力量，只能做神州系实际控制人台前的提线木偶。

3）股权结构之外的问题：移动互联时代扩散的信息不对称

移动互联时代，新兴技术与商业组织交织形成了许多新的商业模式，诸如互联网+、O2O、社交电商等新兴业态不断吸引着投资人和消费者的目光。瑞幸的快速上市同样依赖于背后的互联网行业增长模式。

基于互联网和新兴技术的商业模式创新带来增长的同时也形成了黑箱，投资者相对的精明程度下降，市场难以迅速理解新的商业模式和发展路径，加剧了原本就存在的信息不对称问题。创始人和高管团队获取了更大的信息优势，面临更强的道德风险和代理成本问题，导致财务上难以为继的烧钱模式能够通过董事会决议，甚至受到投资人的欢迎和纵容，这是传统行业和传统企业所不曾遇到的新状况，也对当前的投资者关系管理和公司治理模式提出了挑战。

快速迭代实现病毒式增长的互联网增长模式卷着已经被深度锁定的用户将瑞幸从退市风波中捞起，带给瑞幸喘息的机会。调整营销模式后，瑞幸选择了与品牌定位十分契合的代言人利路修，在生椰拿铁最为火爆的夏季，利路修去海南摘椰子的视频迅速传播。瑞幸通过与代言人的互动向消费者传递品牌的理念，不断拉近品牌与用户之间的距离，一定程度上缓解了新模式带来的信息不对称问题。

比起财务造假，用户更介意的是咖啡的品质，瑞幸作为星巴克“平替”的形象已经深入人心，只要用户没有背离，瑞幸就还有翻盘的机会。咖啡领域的竞争日趋白热化，各路资本不断涌入，仅靠“侥幸”难以赢得投资者的信任，唯有夯实治理基础，瑞幸才能走得更远。

10.1.3 案例：星巴克价值创造分析[①]

1）星巴克简介

星巴克最初于1971年在美国西雅图的帕克市场开业，主要经营咖啡豆。那时的星巴克只卖咖啡豆，不卖一杯杯煮好的咖啡。不过有时候也会现场泡煮，供顾客试喝，并装在外观较好的陶杯中，以使顾客逗留久一点。

1972年年底，星巴克在华盛顿大学校区附近成立了第二家店。创办人乐于与客户分享咖啡知识的做法吸引了很多忠实客户。

在1983年以前，星巴克店里没有咖啡座，它们主要把咖啡豆当成商品，一袋袋卖给顾客，让他们带回家享用。直到1983年，时任星巴克市场部经理的霍华德·舒尔茨去了趟米兰，被米兰咖啡馆里的气氛所感染，受到启发，产生了使星巴克从出售咖啡豆转变为出售咖啡饮品，为顾客提供喝咖啡体验的想法。

1987年3月，由于经营不善，星巴克的创办人决定卖掉星巴克在西雅图的店面及烘焙厂。舒尔茨得知后，就毫不犹豫地将星巴克买了下来。1987年8月18日，新的星巴克诞生了，从此，星巴克跳出原有的框架，开始出售咖啡饮品，并逐渐从西雅图的咖啡豆零售小店，转变成国际性连锁店。

1987年10月，芝加哥第一家星巴克咖啡馆开张营业。1990年，星巴克开了30家分店，1991年开了32家，1992年则一口气开了53家。这些店面全是直营店而非加盟店，全由星巴克公司自有资金投资。不久，公司就在北美、拉丁美洲、欧洲、中东和太平洋沿岸39个国家拥有超过13 000家咖啡店，拥有员工超过145 000人。

长期以来，星巴克致力于向顾客提供最优质的咖啡和服务，营造独特的“星巴克体验”，让全球各地的星巴克店成为人们除了工作场所和生活居所之外温馨舒适的“第三生活空间”。与此同时，公司不断地通过各种体现企业社会责任的活动回馈社会，改善环境，回报合作伙伴和咖啡产区农民。鉴于星巴克独特的企业文化和理念，公司连续多年被美国《财富》杂志评为“最受尊敬的企业”。

2）彷徨、变革与挑战

2007年，经历了多年的快速扩张，星巴克面临着竞争加剧、顾客体验恶化、门店客流减少、增速放缓、利润率萎缩等问题，过分追求增长的星巴克初显颓势。

屋漏偏逢连夜雨，2008年金融危机到来后，消费者收紧钱袋以面对经济寒潮，美国消费市场萎靡不振，星巴克很多零售店甚至已经到了“入不敷出”的地步，每小时销售额甚至不足以支付人工成本。迫于形势，星巴克打破常规，采取了一系列特殊举措，关闭所有美国的门店，投入数百万美元对员工进行重新培训，使其重视客户价值创造。

在积极的变革后，2009年星巴克化险为夷，并在中国市场持续发力，其品牌影响力和市场实力长期处于领先地位。截至2023年，星巴克在全球82个市场拥有超过3.8万家门店。然而，伴随着以瑞幸咖啡、奈雪的茶为代表的本土茶饮品牌的快速崛起，星巴克也需要直面挑战。

① 舒尔茨，扬.将心注入［M］.文敏，译.浙江：浙江人民出版社，2010：3.

3）星巴克的发展理念

在传统商业模式的利益金字塔中，最顶尖的是股东，中间是顾客，金字塔的底层是员工。然而，传统的把股东放在最顶尖的商业模式是错误的，星巴克认为，员工才是企业最重要的资产，其次是顾客，最后才是股东。

公司治理理论将股东价值最大化作为公司发展的首要目标。很多企业也将其作为企业制定发展战略、建立规章制度的首要准则，并且在发展过程中将这一准则发扬光大。股东大会、董事会、监事会，甚至是管理层无一不为股东服务。企业高管更是将股价作为绩效薪酬的主要参考依据。但是星巴克的CEO霍华德·舒尔茨却认为“如果你无法为员工和客户创造长期价值，你就无法为股东创造长期价值。如果你把股东放在首位，其他各方就只能处于从属地位；如果你把盈利作为主要目的，你就无法带领企业走向成功并实现基业长青。肤浅的东西是不可能持久的”（如图10-1所示）。

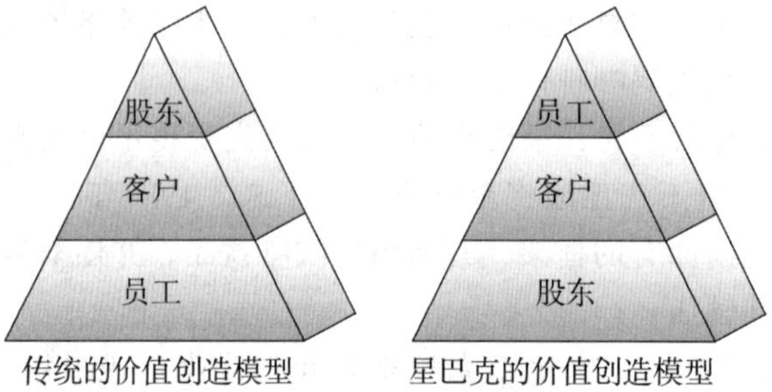

图10-1 价值创造模型对比

4）星巴克员工的价值创造

（1）员工培训

对员工进行栽培和辅导训练，使他们拥有可持续的成长发展空间，是星巴克公司所看重的。对星巴克而言，每位员工都是构成品牌的一部分，在消费者心目中都代表着星巴克，因此，星巴克十分重视对员工的培训，所有被聘用的员工在进入公司的第一个月内都能得到最少24小时的培训，包括对公司适应性的介绍、顾客服务技巧、店内工作技能等。

（2）将员工价值融入管理工作中

① 广告费用

星巴克不论进入哪个市场，都不通过媒体做广告。星巴克完全依靠员工做行销。这在消费行业中，找不到第二个例子。“星巴克没有高科技、没有专利权。”舒尔茨很了解星巴克的特质，“成功完全建立在员工与企业的关系上。”

② 细节中体现真情

星巴克每年都会在同业间做一次薪资调查，经过比较分析后，调整固定薪水。此外，舒尔茨还给那些每周工作超过20小时的员工提供员工扶助方案、伤残保险，这在同行业中极为罕见。这种独特的福利计划使星巴克尽可能地照顾到员工的家庭，对员工家里的长辈、小孩在不同情况下都有不同的补贴办法。

5）星巴克的客户价值创造

星巴克人认为：他们的产品不单是咖啡，咖啡只是一种载体。正是通过咖啡这种载体，星巴克把一种独特的格调传送给顾客。咖啡的消费很大程度上是一种感性的文化层次上的消费，文化的沟通需要的就是咖啡店所营造的文化环境能够感染顾客，并形成良好的互动体验。

星巴克一个主要的竞争战略就是在咖啡店中同客户进行交流，特别重要的是咖啡生同客户之间的沟通。每一个咖啡生都要接受24小时培训——客户服务、基本销售技巧、咖啡基本知识、咖啡的制作技巧。咖啡师需要能够预感客户的需求，在耐心解释咖啡的不同口感、香味的时候，大胆地进行眼神接触。

星巴克也通过征求客户的意见，加强客户关系。每个星期总部的项目领导人都当众宣读客户意见反馈卡。

当星巴克准备把新品发展成为一种品牌的时候，客户关系是星巴克考虑的首要因素。他们发现：客户们会建议将新品改良成为另一品种。客户们能够看到一种新产品或服务与星巴克品牌的核心实质的关系。

6）思考

星巴克是如何通过“员工-客户-投资者”实现价值创造的逐级跳跃的？星巴克作为一个直接为消费者提供产品和服务的企业，将员工与客户放在首要位置具有一定的合理性，那么，这一思想理念适用于哪些公司？这一思想理念对于星巴克的发展有哪些促进作用和不足之处？这对于中国企业有哪些借鉴作用？

10.1.4 员工关系管理案例：思科公司的全面长期价值模式

美国思科公司是现代网络与通信产业的巨头。这家1984年才成立的公司，原来毫不起眼，只是1995年聘任了约翰·钱伯斯担任CEO，并成功地收购了73家公司后，才一跃成为令全世界都刮目相看的公司。2000年，思科公司市值为550亿美元，而另一个产业庞然大物通用汽车公司的市值仅为882亿美元①。思科公司作为新经济时代的硬件供应商，主要为互联网业服务，其辉煌的根本原因就在于成功地实现了公司并购。而使思科并购非常成功的关键，就在于思科公司虽然不是第一个提出但应该是第一个认认真真地实践了全面长期价值模式的公司。恰如《思科成长探秘》的作者所言：“思科公司和其他公司的区别在于它不但知道自己要运作的方法，而且在实际中就按这种方法进行着运作。”②

全面长期价值模式，就是思科公司在每一个收购案和业务中，都要全面地审视对员工、股东、客户和合作伙伴利益的战略影响。如果思科公司发现某项收购不利于上述群体中的任何一方的战略利益，那么，即使这次收购案很具吸引力，思科还是会断然放弃该项收购活动。而全面长期价值模式最为核心也是决定其能否真正成功的一个方面，是思科公司把员工获利放在了首位。思科认为一个收购案中，被收购单位最有价值的资产是人员。在短期内失去被收购单位的人员，对于收购期望回报绝对是个严重的损害。公司的意图不仅是购买现有的产品系列，而且也是购买这些人员，使其融入思科公司后，继续开发新一代产品。为了留住员工并激发员工的创造性，思科公司为大部分员工提供了股票期权，其中40%的股票期权由非管理层的员工持有。当某一个公司被思科收购后，它的股票期权就自然转为思科公司的股票期权。思科公司的员工很看重股票期权以及增值机会，他们认为，自己在岗位上兢兢业业工作，就会促进股票升值。思科公司把行使期权的期限设定为4至5年，这样就鼓励员工力求在这几年中把工作做得格外出色。结果，1999年统计，在前2年内，被收购公司人员自愿离职率为6%，而其他公司同样情况下的离职率高达40%~

① 伊克利斯，汉斯，玛丽，等．价值报告革命［M］．叶鹏飞，译．北京：中国财政经济出版社，2004：49.
② 博圣．思科成长探秘［M］．乐嘉锦，译．上海：上海交通大学出版社，2003：18.

80%。支撑思科公司全面长期价值模式的是其团队精神，达成共识和互相合作的管理理念。他们认为：（1）对股东提一个较长期的财务收益目标，可避免股价的波动，提供更多吸引投资的机会；（2）注重客户的长期利益，必须形成与客户的长期合作；（3）提供一个稳定的但有激励性的工作环境，雇员拥有获得丰厚收入的前景，从而能使公司拥有一大批极优秀的人才。为了使被收购公司的人员很快地融入思科公司，并打消他们对自己并入思科公司后的种种顾虑，思科公司组建了整合工作团队，以最快速有效的方式，让被收购人员能够像思科公司的员工一样感到工作环境轻松自在。在关键的整合时期，思科公司要所有思科公司的人员对目标公司人员提出的要求，只能通过整合团队负责该指定部门的人提出，这样避免了思科公司下达不恰当指示从而造成误会的情况。

思科公司的员工基本上是技术人员，有很多员工属于技术怪才，他们对薪水和乐趣、尊重和融洽都有很苛刻的要求。思科公司以系统的“获取人才，寻找潜在员工，放权和授权，朴素但大气，神奇的技术想象和技术指导支持，以及丰厚的薪酬和极具诱惑力的股票期权”等方式，广揽人才，并牢牢吸引住了大批优秀技术人才，从而为思科公司在产业竞争中取得优势奠定了基础。思科公司要求，凡是思科的员工，都应有为客户提供产品和服务的经验，这些产品和服务不但要能满足客户的需要，更主要的是能够改变整个人类社会的生活方式。最初的“路由器”产品提高了广大用户使用网络的能力，“转换器”的使用以更低的成本提供了这种网络能力。有人认为，在新的竞争环境下，企业真正的竞争能力只有两种：捕捉客户需求+低成本制造个性化产品的能力；捕捉客户需求+高超的问题解决能力。[①]思科公司恰好具备这两种能力。思科公司为了使自己永远地拥有这两种能力，要求所有员工每时每刻密切关注“下一个思科公司”（竞争对手）。这样就使其永远保持冷静清醒的思维方式，真正地树立起自己绝对的行业领导者地位，成为产业标准的制定者和仲裁者。这也决定了作为思科公司的一个经理具有很高的身价。处于行业制高点的工作环境和无障碍的技术交流沟通，造就了每一个思科员工具有胜任行业工作的出色能力和知识。一个来自思科公司工程技术人员有关“最佳作业标准”的报告，比来自小公司工程技术人员的报告更容易使人相信，当然也会赚取更多的收入或给思科公司带来更多的客户及营业收入（市场份额）。思科公司的基本价值观确保了它的成功。钱伯斯认为：“假如公司很成功，而该公司的成员却未能实现他们个人的目标，这是令公司感到羞愧的事。我们试图使公司目标与个人目标保持一致，并使之在整个组织中推行。”[②]

思科公司基于员工价值的公司全面长期价值管理的模式，给我们留下了很多值得进一步思考和研究的话题。[③]

10.1.5　案例：海尔集团的价值创造[④]

1）公司简介

海尔集团创立于1984年，创业30多年来，从最初的一家濒临倒闭的集体小厂到现在已经发展成为一家全球化集团公司。截至2018年，公司的全球销量超过2.1亿台，实时在线用户数达到2 800万人，顺逛平台网络触点达到113万个，链接了数亿人的用户资源，

---

① 上海福卡经济预测研究所．无边界浪潮［M］．上海：学林出版社，2004：92.

② 博圣．思科成长探秘［M］．乐嘉锦，译．上海：上海交通大学出版社，2003：242.

③ 关于思科公司的案例见上注，以及：沃特斯．钱伯斯的思科之道［M］．田祖开，译．北京：机械工业出版社，民主与建设出版社，2005.

④ 赵磊.海尔：“四步曲”打造合格新员工［EB/OL］．［2016-01-22］.http：//www.chnihc.com.cn/research-center/research-case/case-trainlist/9440.html.

海尔品牌生态收入涨势强劲，达到151亿元，同比增长75%。2020年，公司的业务覆盖超过160个国家和地区，员工总人数为99 299人，销售额为2 097亿元。海尔已跃升为全球白色家电第一品牌，并被美国《新闻周刊》（Newsweek）评为全球十大创新公司之一。

海尔集团的产品在市场上长盛不衰，逐步走上国际化道路，是中国最早在国外设立机构的公司之一。海尔之所以能够一直维持良好的发展态势，很重要的一点便是注重对股东、员工、顾客的价值创造。

2）海尔的股东价值创造

海尔公司非常注重投资者关系管理及股东价值创造，力求让海尔的股东随时了解海尔的变化、成长，以便于股东作出决策。

（1）部门设置

海尔公司将董事长定为投资者关系管理工作第一责任人。董事会秘书负责公司投资者关系工作的全面统筹、协调与安排，包括：负责组织拟订、实施公司投资者关系计划；协调和组织公司信息披露事项；全面统筹安排并参加公司重大投资者关系活动；制定公司投资者关系工作的评价及考核体系；为公司重大决策提供参谋；向公司高级管理层介绍公司信息披露的进展情况及资本市场动态等。

海尔公司设立证券部作为开展投资者关系工作的归口管理部门和日常工作机构，主要与投资者、证券分析师及财经媒体记者保持良好的日常沟通与交流。

（2）在线交流

除了在公司内部设立负责投资者关系管理的部门以外，海尔公司还利用现代网络技术，实现与投资者在线交流，使得各地投资者能够在第一时间了解到公司的发展情况（如图10-2所示）。

（3）最佳投资者关系奖

2017年11月24日，“2017第七届中国上市公司口碑榜”正式公布。在会议上，海尔公司获得了2017年中国上市公司“最佳股东回报奖”。这是在海尔公司继获得《中国证券报》“2010年度上市公司金牛奖”、《理财周报》“2011中国上市公司最佳董事会奖”和2011年中国上市公司“最佳投资者关系奖”后的又一奖项。这些奖项充分肯定了海尔公司在投资者关系管理中的努力和成就。

3）海尔的客户价值创造

（1）客户价值理念

海尔的客户价值思想是：客户关系是树根，信息技术是树干，销售结果是树叶。海尔对销售人员的考核主要利用四个指标：客户库存的周转天数、客户利润率、客户问题的解决程度和海尔产品在客户销售额中的份额。海尔公司将为客户服务的观念植根于员工的日常工作之中。

典型的例子是：2010年1月2日，内蒙古苏加利海尔社区店员工为保障牧区李阿姨儿子的婚礼顺利完成，在零下37摄氏度的冰雪天，将海尔模卡彩电按时送到离城区100多公里的牧区李阿姨家中。

（2）海尔公司CRM系统

为了提高公司客户关系管理的深度和广度，海尔公司较早引入了CRM系统，用现代信息技术创造稳定密切的客户关系，不断创造客户价值。

图10-2　海尔公司投资者关系互动平台

海尔的客户关系系统主要包括三个模块，基础性信息系统主要由产品编码系统、条形码管理系统和客户编码系统组成。员工只要登录海尔CRM网站，就可以根据自己的身份和权限查询到自己所需要的信息和数据。而客户通过“业务在线”系统，可以直接进入海尔的订单系统下达订单，而员工用户也可以查询到联网客户的进销存信息。

4）海尔的员工价值创造

（1）新员工价值发现与创造

海尔作为一个世界级的名牌企业，每年招录上千名大学生，但是离职率一直很低，离开的大部分是被淘汰的（海尔实行10/10原则，奖励前10%的员工，淘汰后10%的人员），真正优秀的员工多半会留到最后。海尔通过三步对新员工进行培训，不断发现创造新员工的价值。

第一步，使员工把心态端平放稳。

在海尔，公司首先会肯定待遇和条件，让新人把“心”放下，做到心里有“底”。接下来会举行新老大学生见面会，让师兄师姐通过自己的亲身经历讲述对海尔的感受，使新员工尽快客观了解海尔。同时，人力中心、文化中心和旅游事业部的主管领导会同时出席，与新人面对面地沟通，解答他们心中的疑问，不回避海尔存在的问题，并鼓励他们发现、提出问题。另外，还会与员工就如何进行职业发展规划、升迁机制、生活方面等问题进行沟通。让员工真正把心态端平放稳，认识到没有问题的企业是不存在的，企业就是在发现和解决问题的过程中发展的。

第二步，使员工把心里话说出来。

海尔给新员工每人都发了“合理化建议卡”，员工有什么想法，制度、管理、工作、生活等任何方面的都可以提出来。对合理化的建议，海尔会立即采纳并实行，对提出人还有一定的物质和精神奖励。而对不适用的建议也给予积极回应，因为这会让员工知道自己的想法已经被考虑过，他们会有被尊重的感觉，更敢于说出自己心里的话。

第三步，使员工把职业心树立起来。

海尔对新员工的培训除了开始的导入培训，还有拆机实习、部门实习、市场实习等一系列的培训。海尔花费近一年的时间来全面培训新员工，目的就是让员工真正成为海尔躯体上的一个健康的细胞，与海尔同呼吸、共命运。

（2）在职员工价值提升

在海尔集团，员工在职训练是主管人员应执行的日常管理工作的重要组成部分，所以，在实际的运作中，即采取日常管理与培训管理组织并行的方法。具体说来，可分为计划、实施、结果三部分，也就是所谓的“Plan”“Do”“See”的过程。

一般来说，大约可以分为三个阶段：

① 进入公司2~3年，无法独立完成工作的阶段。这时需要对每个员工加强了解，发现其专长和弱点，根据其专长安排合适的工作。同时，拟定在职培养计划时要争取做到从主管或同事辅助员工工作到员工自己独立工作的转变。

② 进入公司5~6年，能独当一面进行工作的阶段。处于这一阶段的员工肩负着企业的主要工作任务，因此，对其在职培养计划的拟定一定要重点考虑其如何改进工作、提升工作成效。但在工作量与在职培养计划两者之间需要作出很好的协调。

③ 成为工作老手或候补中层管理者的阶段。处于这一阶段的员工，仅局限于胜任工作方面的在职培训已经无法满足其需要，因此，要着重安排其为胜任更高一级工作所欠缺的知识和技能方面的培养内容，并为其提供适当的实践机会，更换工作内容，了解更多的管理者需要掌握的其他工作情况，以充实其工作经验，便于今后的管理。

（3）海尔大学

海尔大学始建于1999年12月26日，张瑞敏提出了海尔大学的定位：不在于其有多少好的设施和硬件条件，关键在于其内涵和软件，要成为海尔员工思想锻造的熔炉和能力培训基地，要以GE管理培训中心为榜样，成为中国企业界的“哈佛大学”。

“创新、求是、创新”是海尔大学的校训，就是要求每位学员都带着创新的动机和现有的创新成果参与到海尔大学中，通过互动、学习，寻求事物发展的普遍性规律并总结成模块，然后再回到实践中，在新的创新模块平台上进行更高水平的创新，从而形成不断循环、螺旋上升的过程。

目前，海尔大学在行动化的学习上不断探索，继而实现从单纯的管理培训到创建学习型组织的转变，真正成为经理人推动绩效的业务伙伴，成为员工发展的顾问，帮助员工释放潜能，保持持久的学习动力。从源头上储备适合企业发展的“人才库”，打造全球最有市场竞争力、最具创新精神的员工队伍，全面建设海尔的“人才新干线”。

10.2 高管薪酬

近年来，高管的天价薪酬成为各界讨论的热点，不管是央企、上市公司还是民营企业，高管的薪酬水平都备受关注。从国际上看，高管的薪酬也同样是学术界及商界关注的焦点，尤其是在这次金融危机后，华尔街高管的薪酬已经不仅仅是公司治理层面的问题，更上升到企业的道德和社会责任视角。

关于高管薪酬存在两种观念。一种观点认为，高管薪酬与公司的业绩并没有直接关系，高管的天价薪酬与道德、企业的价值背离，不利于企业的持续发展。卢西恩·伯切克和杰西·弗里德在《无功受禄——审视美国高管薪酬制度》一书中提到，在形成高管薪酬安排的过程中，管理层权力起到了关键性的作用。他们建议通过改革使董事对股东担负更多的责任，以便削弱曾经使薪酬安排发生扭曲的力量。

另一种观点认为，高管薪酬具有有效的激励作用，可以使管理层重视股东利益，创造股东价值。艾拉·T.凯和斯蒂文·范·普腾在《企业高管薪酬》一书中，通过对美国上市公司成功的分析，认为高管薪酬与其对公司的贡献程度是匹配的，对高管的激励有利于促进整个市场的有效发展。

本部分试图通过案例分析高管薪酬制度的规范做法，并且与中国企业高管薪酬制度进行对比，探寻有中国特色的高管薪酬制度。

10.2.1 理论概述

高管薪酬是一种激励手段，是一种被广泛应用的公司治理模式，董事会或者薪酬管理委员会为高管制订相应的薪酬计划，从而从经理人市场吸引到符合本公司发展要求，能够为股东创造价值的职业经理人，促进企业的持续有效发展。

为高管制订相应的激励计划，主要的目的是使高管能够想股东之所想，急股东之所急，为股东服务，能够尽可能长期代替股东管理公司而不会侵蚀股东的利益。最典型的理论主要有三个：委托-代理理论、人力资本理论和激励理论。

1）委托-代理理论

委托-代理关系的实质是委托人（企业所有者）放弃对公司的直接经营权，委托代理人（管理层）进行经营，并设计激励代理人按委托人的利益行事的契约。在所有权和经营权分离的情况下，由于企业所有者和管理层之间存在效用目标不一致、信息不对称、契约不完全及责任风险不对等的内在矛盾，管理层可能不完全贯彻所有者的意图，产生为追求个人目标利益而牺牲所有者目标利益的“道德风险”或“逆向选择”行为。

为防止或尽量减少上述代理问题的发生，所有者可通过对管理层进行适当的激励和必要的监督约束来矫正其危及所有者利益的行为，或者由管理层向所有者交纳一定数量的保证金，以保证所有者的利益不受侵害。因此，委托-代理关系中会产生一定的代理成本。代理成本过低，达不到应有的激励和约束效果；代理成本过高，所有者则会趋向于弱化监督，甚至放弃监督，从而导致管理层内部人控制问题，形成企业管理层强、所有者弱的格局。因此，企业所有者必须设计出一套既能有效地约束管理层行为，又能激励管理层按所有者的目标、为所有者的利益而努力工作，从而实现所有者与管理层双方“帕累托最优”的机制或制度安排——激励与约束机制。

2）人力资本理论

20世纪60年代，美国经济学家舒尔茨和贝克尔创立了人力资本理论。该理论突破了传统理论中“资本只是物质资本”的束缚，将资本划分为人力资本和物质资本。人力资本是蕴含在人身上的知识、技能、资历、经验、熟练程度和健康等的总称，代表人的能力和素质。企业理论认为，企业是由物质资本和人力资本共同订立的特殊市场合约。知识经济下，人力资本，特别是管理层的人力资本在企业中的地位日益重要。管理层的知识、经验、技能是影响企业绩效的重要因素。由于人力资本具有与其所有者不可分离的产权特性，对人力资本的使用只能采用激励的方式而无法对其进行“压榨”，企业在设计高管薪酬制度时，应将管理者的人力资本视为特殊的资本投入，与物质资本投入一同分享企业的剩余索取权。

3）激励理论

激励理论是行为中用于处理需要、动机、目标和行为四者之间关系的核心理论。行为科学认为，人的动机来自需要，由需要确定人们的行为目标，激励则作用于人的内心活动，激发、驱动和强化人的行为。美国哈佛大学教授威廉·詹姆斯研究发现，在缺乏激励的环境中，每个人的潜力只能发挥一小部分，即20%~30%，如果受到充分激励，每个人的潜力可以发挥出80%~90%。由于在企业所有权与经营权分离的情况下，所有者难以对管理层的行为进行有效的监督和控制，且考虑到管理层人力资本的重要性及产权特性，企业所有者应采取经济激励（工资、奖金、在职消费、员工持股和退休计划等）及非经济激励（精神激励）等多种手段来调动管理层的积极性，激励管理层由追求个人利益最大化转变为追求企业利润最大化。

4）实务指引

根据西方先进高管薪酬的制度以及薪酬制定失败的案例，我们可以总结出有益于中国企业高管薪酬制定的一些可供参考的方法。

5）薪酬支付的参考依据

薪酬支付的参考依据包括以下九个方面：①同水平公司数据；②最近三五年间及首席执行官整个任期内的公司绩效；③与首席执行官的当年目标相联系的绩效；④公司的战略调整；⑤首席执行官自动辞职的可能性；⑥首席执行官当前持有的股权；⑦首席执行官授予与未授予的股票期权和其他股票；⑧公司的绩效薪酬文化；⑨企业所处的社会经济环境。

6）高管长期激励政策

（1）股票期权

它是指一个公司授予其员工在一定的期限内（如10年），按照固定的期权价格购买一定份额的公司股票的权利。行使期权时，享有期权的员工只需支付期权价格，而不管当日股票的交易价是多少，就可得到期权项下的股票。期权价格和当日交易价之间的差额就是该员工的获利。

（2）股票溢价权

它是指以现金或者股票方式获得收益的权利，在履约期内同期权内在价值相等。

（3）按时间授予的限制性股票

它是指普通股的实际股份奖励有一定的限制，即在一段时间内失效，有资格获得股息。

（4）限制性股份

与限制性股票相似，但它是一种在未来支付股份的承诺，不能提前传递，以股息等价物构成。

（5）绩效股

获得普通股收益的机会取决于预先设立的绩效目标的实现，绩效周期一般以3年为一个循环。最终奖励值取决于股价表现以及在绩效期末获得股份的数额。

（6）失格表现限制性股票

它同限制性股票类似，二者的主要差别是，失格表现限制性股票除了时间外，只有当预设的绩效目标实现时，才会失去限制。

（7）绩效现金

它同现金激励计划相似，但以多年绩效目标的实现为基础。以股份构成，故股份价值因绩效目标而异。获得股份的实际数目因不同的绩效目标而不同。

（8）管理层购股计划

它是公司减少税款的方式之一，能为管理层增加一定的公司股权。使用无附加条款的薪酬递延计划，使高薪酬员工有机会将奖金递延为公司的股票，一般会按照一定的比例转换，而且购买价格也可以优惠。

10.2.2 案例：UPS——完整的高管激励制度实践①

1）背景

（1）UPS介绍

美国联合包裹运送服务公司（UPS）于1907年作为一家信使公司成立于美国，通过明确地致力于支持全球商业的目标，已经发展为拥有332亿美元资产的大公司，2007年公司主营业务收入为475亿美元。如今的UPS，是一家全球性的公司，在2008年《财富》杂志的世界500强中排名第128位，其商标是世界上最知名也是最值得信赖的商标之一。

（2）高管薪酬目标

UPS的创始人Jim Casey曾经说过，好的管理就是让人们感觉公司就是你和他们的，而不仅仅是你的。合作的管理理念，和人们一起工作什么都能做到的理念是公司众多基本原则中的两个，它们使得UPS在过去的100多年里不断成长和创新。Jim早期的一些管理理念逐渐成为公司人员正直、诚实和相互信任的基石。UPS的实践，包括薪酬计划，反映了公司早期的一些观点，即公司的持续成功不仅仅取决于不断创新的服务，也取决于整个UPS团队的发展和努力。UPS的领导者一致认为，在所有的实践中有三点对于公司的持续发展最为重要：

• 浓厚的合作文化以及所有UPS人之间的忠诚；
• 员工持有大量股票；
• 组织中的多通道发展机会。

这些原则在UPS的薪酬实践中表现为奖励员工持有股票、奖励有突出业绩和对公司长期忠诚的员工。UPS的职业发展和继任计划通过在UPS内部及业务单元之间进行职位轮

① 彭剑锋，崔海鹏，等.高管薪酬最佳实践标杆［M］.北京：机械工业出版社，2009.

换、内训和外训、指明个人的职业发展通道和鼓励员工负起自我发展的责任更加强了公司与员工之间的合作伙伴关系。

2）薪酬制度

（1）薪酬管理委员会

董事会下设薪酬管理委员会管理高管人员的薪酬。薪酬管理委员会主要由满足纽约证券交易所独立性要求的外部人员组成，目前有4名成员。

薪酬管理委员会有权决定雇用与终止雇用外部顾问帮助薪酬管理委员会行使其职责。一旦受雇，外部顾问直接向薪酬管理委员会主席报告。2007年第一季度，UPS雇用了美世资源公司，但在4月份，由于该外部顾问从美世调到了弗雷德里克，公司开始与弗雷德里克合作。外部顾问主要为公司提供薪酬实践和趋势的市场数据，向薪酬管理委员会提出建议并按要求参加薪酬管理委员会会议。

2007年，美世对公司高管人员、董事会及其下设委员会的评价进行了报告，弗雷德里克则提供了市场薪酬趋势和高管人员最佳薪酬实践的分析，并审查了公司的薪酬讨论与分析报告。

CEO向薪酬管理委员会提交他对管理委员会成员及公司其他高管人员的评价报告，并就高管人员的基本工资向薪酬管理委员会提出建议。CEO和CFO也会就薪酬激励计划设定的绩效目标提供建议，并提供他们就考核期内这些业绩目标是否完成的分析。他们的建议是薪酬管理委员会进行讨论的基础。其他管理委员会成员则就薪酬结构不时地提供数据和建议。CEO、人力资源部的高级副总裁以及其他管理委员会成员须定期参加薪酬管理委员会会议，但当薪酬管理委员会举行私密会议，或者开会讨论他们本人的薪酬时，这些高管不能参加。

（2）薪酬结构

管理委员会的薪酬由四部分组成：基本工资、年度激励（以现金或股票形式发放）、长期激励（股票期权、限制性股票单位、限制性业绩股票）、福利与津贴。

①基本工资

在决定管理委员会成员基本工资的增长时，薪酬管理委员会需要考虑很多因素，其中，业绩是最重要的因素，领导力、内部公平和市场数据也是薪酬管理委员会在进行薪酬调整决策时需要考虑的因素。

表10-1是2006年和2007年UPS在提名高管的基本工资情况，其中的百分比表示工资增长比例。

表10-1 **2006年、2007年UPS在提名高管的基本工资情况** 金额单位：美元

指定高管	2007年基本工资	2006年基本工资	增长比例
Michael L.Eskew	1 032 000	996 000	3.49%
D.Scott Davis	600 000	504 000	19.05%
David P.Abney	420 000	385 200	9.03%
John J.McDevitt	391 200	378 000	3.49%
James F.Winestock.Jr	366 600	354 000	3.56%

②年度激励

A.管理层激励计划

该计划的目的是将薪酬与公司的年度业绩挂钩。该计划有大约35 000名参加者，包括各个层级的管理者，当他们的业绩达到目标时就有机会获得年度奖励。如果超出业绩目标还能获得超额奖励。薪酬管理委员会基于公司业绩与目标的对比、总体经济环境和业绩趋势来确定该计划的支出水平。

该计划的一半奖励以现金形式发放（或以公司股票的形式发放，由参与者选择），另一半以限制性股票单位的形式发放。年度管理层激励计划奖金的发放主要基于1999年公司股东大会批准的UPS激励性薪酬计划。

在该计划的参与者中，包括管理委员会成员在内，大约有11 000名高级管理人员，目标奖金是其4个月基本工资的额度，再加上下面要讲到的持有激励奖金部分。而剩下的人员，其目标奖金的水平为1个月到3个月的基本工资，再加上持有激励奖金部分。在2005年公司的激励性薪酬计划重新设计以更好地联系管理者和股东的利益之后，这个水平就没有再改变过。

B.2007年公司的业绩目标和结果

薪酬管理委员会在CEO和CFO的建议下，批准公司的业绩目标和衡量因素，并在他们的建议下，按衡量因素评价公司的业绩，然后根据这一评价结果确定最后的奖励总额。

表10-2是2007年UPS的业绩目标和实际完成情况。

表10-2 2007年UPS的业绩目标和实际完成情况

衡量因素	业绩目标	结果
按经营计划的增加量	特定产品增加2.3%	低于目标
主营业务收入增长	6.0%	4.4%
净利润增长	8.0%	5.9%，EPS增长
正向营运杠杆	收入增长快于成本增长	符合目标
点对点服务	基于产品的不同服务水平	高于目标

在上述的五个衡量因素中，有的对于公司的财务业绩和长期成功来讲比其他因素更为重要，但薪酬管理委员不会给每一个评价因素分配决定奖励总额的权重，薪酬管理委员会根据这些目标的完成情况来判断公司实施总体业务战略的成功情况。在衡量这五个因素的结果之外，UPS还考虑经济状况和外部市场的竞争性。在根据这些因素评价了公司的业绩之后，薪酬管理委员会决定发放给公司管理层目标奖励额的90%。

薪酬管理委员会在确定年度奖励额时并不考虑单个高管人员的贡献，评价主要基于上述指标并适用于所有的参与者。

C.管理层激励计划股票持有奖励

为了激励公司的管理人员持有大量的公司股票，UPS还对管理层激励计划的参与者发放额外的等于其1个月基本工资的目标奖励。这一水准对该计划的所有人都是一样的。

2007年公司奖励的股票持有水平是参与者家庭账户、未行权的限制性股票单位和递延薪酬股票的总数乘以2007年10月9日公司B股股票在纽约证券交易所的市场收盘价格。

个人获得奖励的数额是其股票持有的比例与目标比例之比，再乘以1个月的工资。比如2007年某个参与者持有的股票是目标持有额的80%，则他获得的奖励数额就是其1个月基本工资的80%。奖励的最高值是1个月的工资。该计划的奖励也是一半以现金、股票或递延到养老金计划的形式发放，另一半以限制性股票单位的形式发放。

D.半月奖

半月奖等于半个月的基本工资，在第四季度以现金的形式发放给包括管理委员会在内的所有美国员工。大约有60 000人会收到该奖励。半月奖用来奖励所有员工在一年中，尤其在第四季度对于公司的贡献。每年管理层都会确定公司的整体业绩是否值得发放该奖项。如果值得，该计划下的所有人就都能获得该奖励。

③长期激励

UPS的长期激励以股权的形式奖励参与者一年期以上的业绩。该激励计划基于股东大会通过的UPS激励性薪酬计划，授予公司A股股票。该奖励的依据是公司长期的运营和财务业绩目标以及长期股价的评价结果。薪酬管理委员会认为将管理者的薪酬与公司的长期成功挂钩能够保持和激励管理者，并最大化股东价值。

目标激励水平根据个人职责的不同而变化。在管理委员会层级，薪酬管理委员会批准了CEO不同于其他人的目标长期激励水平，以此来承认他作为CEO的额外责任和竞争性的市场实践。

A.长期激励计划

UPS的长期激励计划包括两个部分：股票期权奖励和限制性业绩股票。奖励在每年的5月发放。公司大约有3 200人参与了该计划。

公司的目标奖励水平为：CEO是基本工资的350%；管理委员会其他成员是基本工资的250%。对于其他管理人员来讲，目标奖励的范围是基本工资的50%到150%。

长期激励的奖励一半以股票期权的形式授予，另一半以限制性业绩股票的形式授予。股票期权奖励的股票数额基于对UPS股票价格在5年的时间内每年增长11%的预期。限制性业绩股票奖励的数额是先按5年期限进行每年11%的折扣，然后除以授予当天公司B股股票在纽约证券交易所的收盘价格。

B.长期激励业绩奖励计划

UPS在2006年基于激励性薪酬计划采用了长期业绩激励计划。该计划通过了薪酬管理委员会的批准，用以提高高管薪酬中与业绩挂钩的部分，并留住有能力的人才。该计划也致力于将公司高管的薪酬提高到与同规模企业相同位置人员的薪酬相当的水平。在2007年，公司有大约600人参与了该计划。

该计划有个3年的奖励周期。第一次奖励是在2006年，奖励年限为2006年到2008年。根据该计划，将授予公司管理委员会及其他成员限制性股票单位。薪酬管理委员会将收入增长、运营投资回报、净利润和每股收益作为衡量指标。每年参与者获得奖励的标准根据这些指标的表现来确定。

目标奖励的90%分为三部分，在三年期间每年发放一次。剩下的10%根据第三年的净利润和每股收益的完成情况来发放。

薪酬管理委员会每年制定具体的业绩衡量指标和目标，并可以根据目标的完成情况多发或者少发。

2006年和2007年，该计划奖励的目标额为：CEO是年度工资的250%，其他管理委员会成员是年度工资的225%；其他管理人员从50%到200%波动。

2006年公司为该计划设定的目标为收入增长10.7%，运营资本回报率为22.8%，但在2006年公司收入增长率为8.9%，运营资本回报率为21.8%，最后，薪酬管理委员会决定只发放目标奖励的85%。

2007年公司为该计划设定的目标为收入增长6.1%，运营资本回报率为25.0%，但在2007年公司收入增长率为4.5%，运营资本回报率为24.5%，最后，薪酬管理委员会决定只发放目标奖励的75%。

④福利与津贴

与公司的文化相一致，除了财务计划外，为管理委员会提供的福利和津贴也向其他管理人员发放。这些项目包括：与贡献相匹配的以A股发放的UPS股票持有计划；养老金计划；由UPS支付的养老保险；员工股票购买折扣计划；慈善礼物竞赛计划。

3）分析与总结

（1）薪酬制定由专人负责

UPS在董事会中成立了薪酬管理委员会，专门负责制定薪酬管理制度。UPS的薪酬管理委员会成员均来自企业外部，由于没有管理层的参与，薪酬管理委员会决策上具有很强的独立性和公正性，可以有效防范高管薪酬制定过程中的内部人风险。同时，薪酬管理委员会成员都是具有人力资源管理经验的专业人员，在制定决策时可以保证其专业性。

（2）UPS薪酬结构完整

UPS的薪酬管理制度包含了美国通用薪酬管理制度的内容，包括传统的工资、奖金和逐渐流行的长期激励政策。公司采用多种手段激励高管，以期能够保证其长久为公司服务。在UPS公司的长期激励政策中广泛应用股票期权政策和限制性股票。股权激励增长、运营投资回报、净利润和每股收益作为衡量指标，综合考评高管的服务能力。同时，UPS的福利计划也非常到位，为员工提供了较好的后续保障服务。

（3）UPS的薪酬结构反映了美国华尔街高管激励的发展方向

UPS公司主要采用股票期权，同时逐渐引入限制性股票等创新激励工具，使高管的激励更加多元化和合理化。股票期权已经逐渐淡出华尔街市场，很多华尔街的著名公司已经开始采用更为复杂且有效的金融工具进行高管激励，目的是一方面减少管理层通过盈余管理达到激励目标，从而获取高额报酬，另一方面使管理层与股东的利益进一步保持一致。

10.2.3 案例：万科高管薪酬——如何制定合适的激励机制[①]

1）万科介绍

万科成立于1984年5月，前身是深圳现代企业有限公司，专门从事科教仪器和办公自动化设备贸易，1988年改制成为股份制企业，并更名为“深圳万科企业股份有限公司”，开始进入房地产业。1991年1月29日，万科股票正式在深圳证券交易所上市交易，是中国大陆首批公开上市的企业之一，也是该批上市公司中唯一一家连续15年保持盈利和持续增长的企业。

万科认为，坚守价值底线、拒绝利益诱惑，坚持以专业能力从市场中获取公平回报，

① 张可帆，张丹.股权激励的契约要素对激励效果的影响——以万科两次股权激励计划为例［J］.时代金融，2017（20）：186-187.

是万科获得成功的基石。公司致力于通过规范、透明的企业文化和稳健、专注的发展模式，成为最受客户、投资者、员工、合作伙伴欢迎，最受社会尊重的企业。在2019年《财富》世界500强榜单中，万科企业股份有限公司位列第254位。

2）万科高管离职风波——中年危机or激励不足

2011年8月，服务公司4年的袁伯银正式辞去万科执行副总裁职位，并将出任红星美凯龙家居集团总裁。袁伯银成为万科当年出走的第4位副总裁级别高管。

2011年1月份，万科流失2名巨匠——万科执行副总裁徐洪舸，副总裁肖楠递交辞职报告。徐洪舸和肖楠均在王石时代被提拔，其中，徐洪舸更是被看好的少壮派，业内曾普遍认为他是王石力推的第三代接班人。而主管产品与设计线的副总裁肖楠与徐洪舸搭配默契。

2011年6月万科执行副总裁、上海区域总经理刘爱明也提交离职报告，离开万科，在6月8日上午就离任一事召开媒体沟通会。刘爱明于沟通会上表示，此次离开万科心情比较轻松，有别于9年前离开中海。而自己的离开对万科不会有太大影响，亦不会有下属跟随离开。

关于万科高层的异变，2010年10月似乎已埋下伏笔。2010年10月14日，集团副总裁陈东锋辞职，另一副总裁许国鸿职位变为总裁顾问。陈、许均是2007年“007海盗计划”被万科引进的，按照人才储备和递进原则，届满3年，正是委以重任和在万科销售额达到千亿元之后，为下一个目标挑大梁的时间阶段，但令人意外的是，准备挑大梁的人黯然离席。万科方面对于2名副总裁的工作变动解释称，许国鸿变动是因“合同期满”。自2010年10月1日起，将不再担任集团副总裁职务，但许国鸿并未完全脱离万科，而是改任集团总裁顾问。而原集团副总裁陈东锋工作变动则是“因个人发展原因”，已向公司申请辞职，获得公司批准，目前已经离开万科。万科2010年、2011年高管离职情况见表10-3。

表10-3 **万科2010年、2011年高管离职情况**

高管人员	离职时间	原职位	离职后发展
徐洪舸	2011年1月	执行副总裁	业内消息称其创业
肖楠	2011年1月	副总裁	业内消息称其创业
刘爱明	2011年6月	执行副总裁	转投协信地产担任CEO
袁伯银	2011年8月	执行副总裁	转投红星美凯龙家居集团担任总裁
陈东锋	2010年10月	副总裁	—
许国鸿	2010年10月	副总裁	总裁顾问

就高管离职的原因有如下猜测：一是不接受“文科”万科的改变。徐、肖都是万科的老员工，与万科一起成长起来，深受“文科”万科的熏陶，可是，近年来，万科的不断扩张，对数量、速度的疯狂追求，不可避免地出现了一些粗制滥造的产品，这使得近年万科产品已没有太多人文关怀可言了；二是2010年完成年销售额过千亿元的目标后，万科达到了增长极限，对于绩效优先的万科来讲，徐、肖的个人能力已经没有发挥空间了；三是受赵汉忠创业的启发。

万科总裁郁亮在回答提问时称，万科高管流动这件事情挺奇怪的，通常一个公司如果业绩出问题了，可能流动会多一些，量会大一点，但是显然万科没有这样的问题。

郁亮称，2010年我们的销售额刚刚超过千亿元，2011年1—5月份我们的销售额为524亿元，同比增长80%左右。而且2011年万科的销售额再次超过千亿元，应该是没有问题的。所以，这样的话，万科业绩是没有问题的，不是说业绩不好导致人员流动的，也不是因为价值观、文化、认同不认同等问题造成的离职，最近两次流动的人员都是在万科工作了一二十年的人，如果价值观不认同，早就应该离开了。

郁亮表示，"万科高管的离职我们需要反思，为什么要上市？除了募集更多的资金，支持公司发展以外，另外一个原因是给职业经理人更大的发展空间。激励手段如何从机制上保证这一条，这是需要研究的"。郁亮说，"股权激励留人的作用没有想象中的那么大，这个问题确实也值得我们思考"。

万科高管离职背后成因复杂，"股票期权激励计划"是其中的诱因之一。为了提高公司管理团队和业务骨干对实现公司持续、健康发展的责任感、使命感，万科在2010年披露了A股股票期权激励计划草案。

3）万科的薪酬激励计划

（1）首期（2006—2008年）限制性股票激励计划

①基本操作流程

2005年，万科启动股改，为了促进股权分置改革，管理层将实施股权激励与股权分置完成挂钩，万科在顺利完成股改以后，提出了股权激励方案。2005年5月30日，万科股权激励方案在股东大会上顺利通过。

万科激励计划基本操作流程如图10-3所示。

由图10-3可看出，万科限制性股票激励计划的基本操作流程为：第一，信托机构用预提的激励基金于当年在二级市场购入万科流通A股股票；第二，确定万科是否达到业绩标准，当年净利润增加额以及按股票激励计划规定可提取的比例，确定该年度激励计划的有效性以及激励基金数额并根据预提和实际的差异追加买入股票或部分出售股票；第三，等待期结束后，在万科股价符合指定股价的条件下，信托机构在规定期限内将该年度激励计划项下的信托财产以非交易过户的方式过户至激励对象个人名下。若未符合股价要求，计划终止。

首期限制性股票激励计划由3个独立年度计划构成，即2006年至2008年，每年1个计划，每个计划的期限通常为2年，最长不超过3年（仅当发生补充归属时）。按照计划，在满足净资产收益率高于12%的前提下，以净利润增长率15%为最低要求，每年从净利润的增长部分中提取激励基金，并委托信托公司买入万科A股，如果满足相关条件，经过第1年储备期、第2年等待期后，第3年可交到激励对象手上。激励对象拿到这些股票后，每年最多可以卖出25%。

②实施情况

2006—2008年万科限制性股票激励计划具体的实施情况见表10-4。

表10-4 2006—2008年万科限制性股票激励计划

日期	提取股票数	业绩指标	股价指标	实施状态
2006年	23 640 663股	达标	达标	符合当期归属，已计入激励对象个人股票账户
2007年	46 341 761股	达标	未知	进入补充归属期
2008年	60 925 820股	不达标	—	计划终止

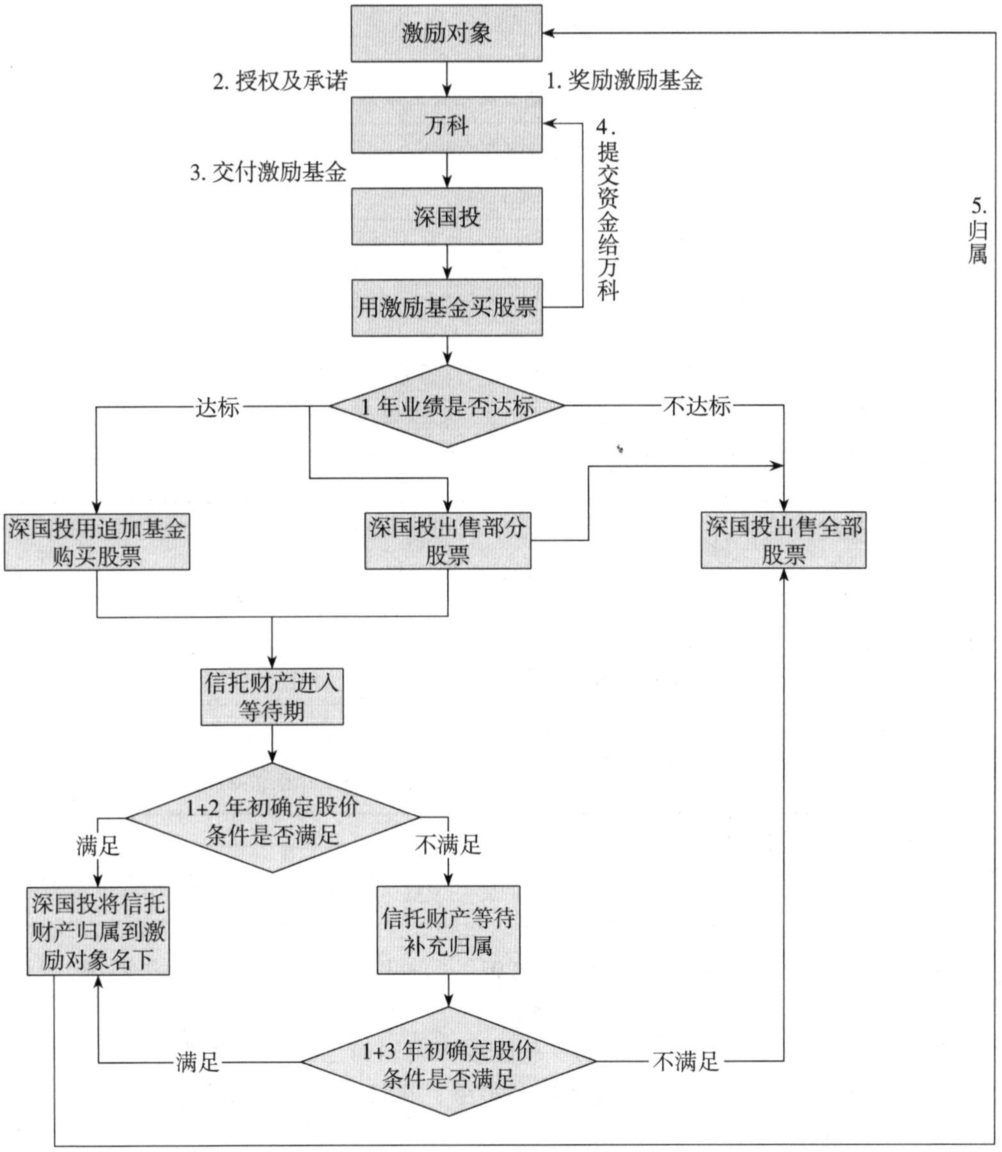

图10-3　万科股权激励方案

（2）万科 A 股股票期权激励计划草案（2010）

计划采用股票期权作为长期激励工具。本计划下授予的每份股票期权拥有在行权有效期内，在满足行权条件的情况下，以行权价格购买 1 股万科 A 股股票的权利。本计划的股票来源为公司向激励对象定向发行的股票。

授予的股票期权的有效期为 4 年。授予的股票期权于授权日开始，经过 1 年的等待期，在之后三个行权期，第一至第三个行权期分别有 40%、30%、30% 的期权在满足业绩条件的前提下获得可行权的权利。当期未满足业绩条件而未能获得行权权利的期权将立刻作废，由公司无偿收回并统一注销。

股票期权行权的业绩指标包括：

① 全面摊薄净资产收益率（ROE）;

② 归属于上市公司股东的净利润增长率（净利润增长率）。

万科股票期权激励计划草案见表10-5。

表10-5　万科股票期权激励计划草案

阶段名称	时间安排	行权比例
授权日	本计划获得股东大会通过之后的30日内	
等待期	自授权日起12个月内的最后一个交易日当日止	
第一个行权期	自授权日起12个月后的首个交易日起至本期权有效期（即授权日起48个月）的最后一个交易日当日止	40%
第二个行权期	自授权日起24个月后的首个交易日起至本期权有效期（即授权日起48个月）的最后一个交易日当日止	30%
第三个行权期	自授权日起36个月后的首个交易日起至本期权有效期（即授权日起48个月）的最后一个交易日当日止	30%

万科股票期权行权条件见表10-6。

表10-6　万科股票期权行权条件

行权期	行权比例	行权条件
第一个行权期	40%	T年ROE不低于14%，T年较T-1年的净利润增长率不低于20%
第二个行权期	30%	T+1年ROE不低于14.5%，T+1年较T-1年的净利润增长率不低于45%
第三个行权期	30%	T+2年ROE不低于15%，T+2年较T-1年的净利润增长率不低于75%

（3）对万科薪酬计划的质疑——是否过于苛刻

与同类“千亿公司”及中国香港、国外房企相比，万科核心管理团队的年薪并不高，如万科一直标榜的学习榜样美国帕尔迪公司，董事长年薪最高时达一个多亿元人民币，最低也有4 000多万元，万科董事会主席王石2010年的年薪为760万元，除去两国的消费水平等差异，帕尔迪高管薪酬也是万科的数倍。

此外，万科在20世纪90年代的第一轮股权激励和第二轮股权激励（2006—2008年）均告失败，除每年年薪，高管团队未获额外报酬，在最困难的2008年，高管团队均未拿年度奖金。

万科公司对此表示，2010年，万科已对整体薪酬体系进行了调整，减少短期激励力度，引入长期激励机制，形成了固定薪酬、短期激励和长期激励相结合的薪酬结构体系。

此次激励计划要求，万科2011年、2012年与2013年全面摊薄的年净资产收益率依次不低于14%、14.5%和15%，利润增长要求相比基准年，之后3年的净利润增长率分别不低于20%、45%和75%。对净利润年复合增长率的要求是不低于20%。业界质疑此标准过于苛刻，万科也承认要求较高，但出于股权激励的业绩指标设定的考虑，需要设置一定的挑战性，这样可以鼓励管理团队不断提升经营效率，这也是公司推出股权激励所希望达到的目的。

根据WIND数据，从2005年以来，万科的全面摊薄年净资产收益率（ROE）多维持在14%以上，这符合股权激励14%的要求。按照申银万国的测算，万科2011年和2012

年净利润增长率将分别达到37%和55%，也高于行权条件所提的要求。预测正在经受宏观调控的考验，“万科这一轮股权激励最大的风险就是市场的变化，导致业绩下滑，预设目标不能完成”。前述观察人士称，如若业绩不能完成，则万科第三轮股权激励将再次失败。

4）总结

（1）激励对象范围广

激励对象不仅仅包括在公司受薪的董事会和监事会成员、高级管理人员，还包括中层管理人员及由总经理提名的业务骨干和卓越贡献人员。上述激励对象不包括独立董事以及其他仅在公司领取董事酬金或监事酬金的董事会和监事会成员。万科的股权激励制度对吸引优秀人才具有显著的效果。

（2）较早涉足股权激励

万科是比较早的采用股权激励手段激励高管和优秀员工的上市公司，并且规范运作，但是由于万科的股权激励手段过于严格致使两次薪酬激励计划失败，高管流失严重。

（3）股权激励过于严格

万科虽然较早实行股权激励，但几乎没有成功过，这也导致了2010—2011年间高管的大比例离职。这场高管离职直到2014年才告一段落，凸显了万科在制定高管薪酬激励时未能充分考虑到社会经济发展情况，只是一味要求增长，忽视了高管需求的问题。

10.2.4 中外高管薪酬制度比较

根据上述案例，我们可以初步总结出中外企业高管薪酬制定的不同点，见表10-7。

表10-7 **中外高管薪酬对比**

分类	西方国家高管薪酬	我国央企高管薪酬	我国上市公司高管薪酬	我国民营企业（以家族企业为例）高管薪酬
市场环境	企业主义思想根深蒂固，股东价值最大化	中央政府在经济运行中倾向于扮演重要角色，影响高管薪酬的制定		
薪酬制定者	由外部专业人员组成的薪酬管理委员会，设在董事会下	国资委制定相关规定，央企董事会根据企业实际情况制定相应的薪酬水平	各公司董事会、薪酬管理委员会还没有完全建立起来	企业负责人，一般是企业的创始者或者其直系亲属
薪酬结构	基本工资、年度奖励（以现金或股票形式发放）、长期激励（以股票期权、限制性股票单位、限制性业绩股票形式发放）、福利和津贴。注重长期激励	企业高管薪酬分为三部分：基本年薪、绩效年薪和中长期激励收益，以及福利和津贴。央企具有较好的福利津贴	基本薪酬构成、分红收入和股票收入	基本工资、年终奖金、福利
发展趋势	长期激励机制多元化发展	逐步进入长期激励机制，绩效薪酬与EVA挂钩	股票期权制度仍为主要手段	如果公司没有进行组织形式或者法律形式上的较大改变，薪酬制度维持不变

续表

分类	西方国家高管薪酬	我国央企高管薪酬	我国上市公司高管薪酬	我国民营企业（以家族企业为例）高管薪酬
完善程度	(1) 薪酬制定由专门部门负责，具有公正性和专业性；(2) 内容上由多种成分构成，并不断探寻新的激励机制	相对来说，央企的薪酬制度还在探索和发展中	薪酬管理体制逐渐国际化，采用多种激励措施，仍处在不断探索中	简单朴素的薪酬制度，不存在经理人与股东之间的博弈
潜在风险	(1) 薪酬制定具有短期性，注重短期回报；(2) 管理层仍然可以通过盈余管理对业绩进行操纵以达到短期利益，容易出现内部人控制的情况	(1) 注重企业的绩效，但是央企的社会责任履行情况并没有在考核的范围内；(2) 央企责任人薪酬管理规范覆盖的范围相对较小，对于地方央企的薪酬管理鞭长莫及	(1) 薪酬与国际接轨，但是管理水平仍有中国特色；(2) 为了留住海外人才，在企业内部，薪酬制度的制定有失公平	(1) 缺乏激励机制，高管的努力程度无法确定；(2) 高管薪酬制定具有随意性和主观性，不利于企业的持续发展
控制手段	进一步加强外部监管，不断完善高管薪酬管理的法律法规	在考核企业业绩时，引入更多指标，兼顾央企社会责任完成指标	高管薪酬制定时，在注重效率的同时兼顾公平	尽早建立人力资源管理部门，制定专业的薪酬制度

10.3 股权结构

10.3.1 公司治理结构理论、概念

1）定义

公司治理是出资者（委托人）对公司董事会、经营者等代理人的管理。公司治理的本质是促使公司代理人与公司委托人利益最大限度一致的制度安排。

2）主要公司治理模式

以英美国家为代表的公司治理模式是以外部监督为主的模式。美国公司受到企业外部主体（如政府、中介机构等）和市场的监督约束，但因股权过于分散，股权结构不稳定，一般股东不可能联合起来对公司实施有效的影响，使股东对高级管理人员的监控力度大大减弱，形成了“弱股东，强管理层”的现象。

以德日国家为代表的公司治理是一种典型的内部监控模式。虽然它们也有发达的股票市场，但对于公司筹资以及监控而言，发挥的作用极其有限。其主要原因在于，公司的资本负债率较高，股权相对集中。特别是法人之间相互稳定持股，以及银行对公司的持股和干预，使公司内部的各相关利益主体监控公司成为可能。但是这种公司治理模式存在市场治理机制薄弱的缺陷。

以东南亚国家和地区为代表的家族治理模式，是建立在以家族为主要控股股东基础上的以血缘为纽带的家族成员内的权力分配和制衡。其特征是：一方面，董事会成员、经理人员具有一定的排外性；另一方面则表现为企业决策方式的“家长化”（见表10-8）。

表10-8 **不同国家公司治理模式**

类型	英美模式	德日模式
法律体系	海洋法系	大陆法系
股权特点	股权分散，非连续控制，董事会的“看门狗”	股权集中、交叉持股，由金融寡头或财阀控股，连续控制
融资特点	以股权资本市场为主	以银行为主
优点	信息披露的透明度高，经理责任明确，市场压力和激励大	利益相关者之间冲突较小，有助于形成长期稳定的公司关系
缺点	内部人的机会主义倾向较大	缺乏市场约束，银行的外部监督实际失效，资本市场吸引力不大
结果	20世纪60~90年代经济增长低于日、德；容纳更多就业；90年代后ROE快速增长，1999年为30%	20世纪60~90年代经济高速增长；就业总数停滞，终身雇佣制无法维持，ROE一直很低，1999年为1.4%

10.3.2 主要公司治理模式比较

1）苹果公司治理模式①

（1）引言

苹果公司面对着两个“不同的苹果”。一个是“疯狂的苹果”，它一手打造的iPhone和iPad正改变着人们的生活方式，整个世界为之疯狂，乔布斯享受着来自四面八方的崇拜和嫉妒。另一个是“有毒的苹果”，环保组织和媒体披露苹果产品上游供应商生产工艺流程不符合环保要求，甚至使用有毒的辅助材料，员工的健康和生命受到严重危害，要求苹果公司加强供应链管理并切实承担社会责任，乔布斯也曾因此承受着社会各界如潮涌般的批评和指责。从公司治理的角度看，“苹果事件”折射出利益相关者参与公司治理面临的困境。

（2）苹果公司治理模式

①股权分散，投资者力量较弱

苹果公司股权结构、机构投资者明细见表10-9、表10-10。

表10-9 **苹果公司股权结构**

投资者	投资比例（%）
机构投资者	68.7
十大机构	25.3
共同基金	1.41
内部人	0.83
流通股	99.17

① 易剑飞．“毒苹果”凸显利益相关者治理困境［J］．董事会，2011（4）：80-81.

表10-10 **机构投资者明细**

机构名称	流通股（%）	组合（%）	RPT日期
富达管理与研究公司	5.7	3.6	2011年3月31日
道富环球投资管理公司（美国）	3.8	2	2011年3月31日
先锋领航	3.8	1.9	2011年3月31日
贝莱德	3.5	1.8	2011年3月31日
T.Rowe Price联营公司	2.5	2.7	2011年3月31日
PowerShares资本管理公司	1.6	14.2	2011年3月31日
资本研究全球投资者	1.2	1.5	2011年3月31日
摩根资产管理	1.1	2.6	2011年3月31日
资本全球投资者	1.1	1.2	2011年3月31日
TIAA-CREF	1.1	2.4	2011年3月31日
联唱片	0.9	2.4	2011年3月31日
威灵顿管理公司	0.9	1	2011年3月31日
卡塔赫纳（哥伦比亚）投资管理有限公司	0.9	1.8	2011年3月31日
骏利资产管理有限责任公司	0.8	4.3	2011年3月31日
沃德尔和里德投资管理公司	0.7	5.2	2011年3月31日

苹果公司的股权大部分集中在机构投资者手中，机构投资者数量较多，各个投资者都势均力敌，在公司决策过程中具有相似的投票权，对公司的影响力相似。这是美国公司治理模式的主要特征。

股权结构不稳定，一般股东不可能联合起来对公司实施有效的影响，使股东对高级管理人员的监控力度大为减弱，形成了“弱股东，强管理层”的现象。

这一模式下，主要的监控力量来源于公司外部，公司受到企业外部主体（如政府、中介机构等）和市场的监督约束。

②董事会模式

一名负责董事是雅芳的CEO钟彬娴，她同时也是薪酬管理委员会主席；另一名负责董事是Genentech前CEO阿特·莱文森（Arthur Levinson），他是提名和治理委员会主席。董事会下设薪酬管理委员会、审计委员会、提名委员会。

③外部监管

一是公司控制权市场。公司控制权市场就是公司产权交易市场，即公司所有者通过拍卖或并购等方式进行公司产权交易。当公司经营管理者的败德行为不能及时得到纠正和公司业绩长期不良时，公司所有者就会在资本市场上出售股票走人。

二是劳动力市场的约束。劳动力市场约束也是公司经营管理者外部约束的重要方式。劳动力市场约束主要是公司经营管理者因不良业绩面临下岗的威胁。也就是说，公司经营管理者因公司经营不善、业绩不良或违反公司财务报告规则而被董事会辞退，失去的不仅仅是职位和薪金，更重要的是可能会失去自己的商业声誉，特别是公司经营管理者可能会由此失去自己未来价值的预期，这是对公司经营管理者最大的声誉制约机制或声誉制裁，这种约束或声誉制裁也会促使公司经营管理者约束自己的行为。

（3）引发的决策危机

①“毒苹果”事件——凸显利益相关者缺失

ISO 26000社会责任标准要求，任何公司在其影响社会和环境的决策及活动方面应当透明。这里的透明指的是，公司应以一种清晰、准确和完整的方式在合理和充分的程度上披露自己的政策、决策和活动，包括已知的和可能的对社会及环境的影响。利益相关方沟通是企业履行社会责任的生命线，企业承担和履行社会责任的过程，其实就是与利益相关方沟通的过程。

在这场危机中，苹果的处理水平并没有达到ISO 26000社会责任标准的要求，而是以一种神秘的姿态等待着，似乎是指望时间能够冲刷一切，但是事实并不如其所愿。

首先是环保组织，自然之友、公众环境研究中心、达尔问三家环保机构于2011年1月20日联合发布了报告《苹果的另一面》，将“苹果有毒”事件集中呈现出来。其次是媒体，重点披露报道联建科技使用对人体有危害的正已烷擦拭苹果公司产品，导致工人的身体健康受到伤害，从舆论上对苹果公司进行监督。苹果面临着来自社会公益组织和媒体等各方面的质疑，但是始终没有作出任何正面的回应。

从事情的源头来看，苹果并不是“毒苹果”的主要创造者，并没有直接生产“毒苹果”，这可能就是苹果仍可以将这件事高高挂起的原因，但是从利益相关者的角度看，供应商与苹果之间有着密不可分的关系，由于供应商为提高效率，达到苹果的生产要求进而采用有毒制剂的方式进行生产这一事件，与苹果确实存在着关系。在利益相关者的理论中，苹果有义务对这一事件作出及时反应，不管是对供应商还是对社会公众，而不是持一拖再拖的处理态度。

苹果公司在“毒苹果”事件上的处理欠妥与其董事会的决策能力和管理层的结构不无关系，整个苹果公司充斥着乔布斯的个人色彩，很多决策都是由乔布斯决定。在这样一种机制下，董事会的力量相对较弱，当乔布斯因病无限期休假后，董事会的弊端显现无遗。董事会没有能力稳定苹果的发展局面，当面临危机时，并没有应急反应机制。苹果董事会成员是由乔布斯一手挑选的，几个成员在董事会的视野外进行对话，这是稀有的事。况且苹果董事会一直以保密见长，很少与外界讨论自己的事。

从苹果的管理体系上看，也未见相关公关部门和利益相关者保护部门，这充分反映了苹果在利益相关者管理方面意识的欠缺。

②乔布斯逝世对苹果的影响

随着乔布斯因病无限期休假后，苹果的高层管理便出现变局，苹果失去了零售主管罗恩・约翰逊，他加盟了彭尼公司。苹果市场营销通信副总裁埃里森・约翰逊于2011年3月离职，Mac软件工程师伯特兰・塞莱特也于当月离开。董事会并没有能力在关键时刻留住优秀人才。

2011年10月7日，受乔布斯去世消息的影响，苹果股价连续两日开盘下跌，周五开盘再跌0.42%，报于375.78美元/股。

苹果董事会至今还是以一种神秘的态度处理各种苹果事务，不禁让人怀疑苹果的董事会还是否是广大股东的代言人。作为创始人，乔布斯对苹果的影响毋庸置疑，可以说，苹果深深印刻着乔布斯的烙印。

（4）后续与思考

库克继任CEO后，苹果公司的股东仍然以机构投资者为主，股权结构较为分散。自2013年起，苹果改变了以往的股利政策，开始进行分红和回购，其部分年份用于分红和回购的资金甚至超过当年的净利润（如2014年、2018年）。

高分红的背后是高负债。苹果此前的负债率基本保持在30%左右，自2013年起，公司负债水平连年上升，到2021财年已经达到82.03%。高杠杆不断推高苹果的公司价值，给股东带来了可观的收益的同时也改变了公司的治理架构。

在库克的带领下，苹果开始变得更加包容、多元，注重保护用户隐私，并积极践行环保理念。2013年，库克曾聘请了美国环保局前局长丽莎·杰克逊（Lisa Jackson）负责苹果的环保项目，并作出在产品中去除有害化学物质的承诺。到2021年10月，库克宣称苹果在全球的公司运营已实现了碳中和，并计划到2030年在供应链和整个产品生命周期中实现碳中和。然而，库克的一些环保举措并不受用户的欢迎，比如iPhone系列从2020年推出的iPhone12开始不再配套充电器和耳机，初次购买的用户并没有得到实惠，此举被部分消费者批评为“环保过度”。显然，苹果公司开始从创始人时代走向职业经理人时代。

2）壳牌石油治理模式①

（1）引言

壳牌2004年四次宣布调低其先前公布的已探明油气储量，这是对投资者信心的重大打击。自2004年1月以来，公司总共调低已探明石油储量43.5亿桶，即22%。

对于这一现象，标准普尔将荷兰皇家壳牌石油公司的长期信用评级从AAA降至AA+，并且表示可能会继续降级。标准普尔认为，壳牌公司的治理结构“持续薄弱”，并“违反美国证券交易委员会规则”。

（2）历史回顾

壳牌在石油工业企业中是老大，经营着全球大约1/10的石油和天然气，在50多个国家勘探石油和天然气，其业务活动遍及100多个国家和地区。壳牌同时也是世界第八大化工企业，经营煤炭、五金和其他行业。1991年，壳牌下属公司上缴现金总额达122亿美元，全年用于投资金额达92.7亿美元，用于贷款金额达24.2亿美元。资本支出和勘探费用超过114亿美元，其中，1/3以上用于勘探和生产，研究与开发费用达8.3亿美元。

英国人认为壳牌是英国的，荷兰人认为壳牌是荷兰的。壳牌的1/3业务在美国，美国人又把它看成是美国公司。壳牌在欧亚都有子公司。因此，壳牌无疑是一家全球性的公司。最高管理层次上，荷兰人和英国人之间保持着6∶4的比例，整个集团的股东中，39%为英国人，19%是美国人，18%是荷兰人。

（3）公司治理模式——双董事会和双主席

荷兰皇家石油公司拥有荷兰式的双重部门结构，包括一个非执行的监督部门（监事

① 刘庆琳.从壳牌重组看公司治理［J］.中国石油企业，2005（11）：113-115.

会）和一个负责执行的管理部门（董事会）。壳牌运输和贸易有限公司拥有单一董事会、一位非执行主席和一个由多数非执行董事和少数执行董事组成的董事会。

（4）公司治理模式疑问

壳牌危机的发生，与公司荷兰、英国双重所有权有关。壳牌的业务为两个独立的、分别在荷兰和英国上市的公司所把持，两个公司都有自己的董事和遵循的法律，这种复杂性结构诱发了官僚惰性，造成模糊不清的责任界限。就荷兰皇家石油公司来说，公司的监督和治理董事控制着董事会的提名，股东的权力很小，同时，整个集团被一个治理委员会控制。壳牌的双重所有权结构使得用股票购买资产变得困难，因而对并购态度并不积极。在这一模式下，两个董事会之间更多的是协调而不是共同治理。

2004年储备问题遭到了股东们的抗议，认为壳牌石油公司对其隐瞒了公司运行的真实状况，损害了股东们的利益，并要求重整董事会结构。

（5）公司治理模式改革

①董事会改革。在危机后，荷兰皇家石油公司与壳牌运输和贸易有限公司合并成为一家公司，双重治理结构被统一成为一个整体（如图10-4所示）。

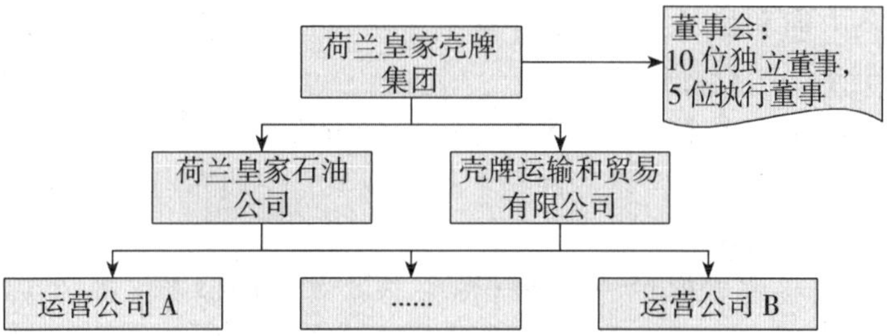

图10-4 壳牌公司的治理结构调整

②中小股东利益保障。荷兰皇家壳牌石油公司每年会召开股东大会，在这一会议上，股东可以充分表达自己的意愿，行使决策权。

（6）总结

壳牌的案例告诉我们，公司治理结构没有统一的最优解，对于具体的公司而言，需要因地制宜，探索最适合自己的治理结构。

10.3.3 中国公司治理结构面临的问题及案例

1）公司治理理论衍生出的治理问题

（1）股东利益——中小股东保护

西方公司治理的基础是股东价值最大化，在这一基础上建立的公司，对股东利益的保护是其首要目的。董事会是股东在公司运行中的代言人，代表着股东的呼声。但是董事会对股东的保护并没有得到充分的体现。

从欧美模式看，股东相对分散，并且具有暂时性，董事会的力量相对较弱，经理人往往对公司发展具有关键作用。在这样一种前提下，经理人往往会有掏空公司的冲动，或者为了得到更高的绩效报酬，使公司走上短视的发展道路，最终影响股东的长远利益。

从德日模式看，公司由一个较为强大的大股东主导，董事会也往往成为大股东的利益相关者，公司的发展方向及策略往往倾向于大股东的利益。中小股东的利益很难得到保障。

从东亚家族模式看，小股东的利益更难得到保障。

针对这一现状，各国都积极采取措施保障中小股东的利益。但是往往政策的出台具有滞后性，中小股东利益保护的缺失是这一公司治理理论本身固有的缺陷。

（2）利益相关者的公司治理

推动公司的发展需要包括股东和管理者在内的利益相关者共同努力。公司治理的意义在于通过相互制约的机制维护公司各方的共同利益。公司治理不能局限于监督管理层、维护大股东的权益，还要维护中小股东、职工以及债权人等利益相关者的权益。

但是在目前的理论和实务界，利益相关者的保护还未受到广泛重视，很多国际企业都存在着利益相关者管理主体的缺失。

2）中国国情下的公司治理带来的问题

（1）资本市场不发达

我国还处在资本化发展进程中，金融市场的人为操纵因素还经常存在，很多公司通过资本运作的手段实现经营者的宏伟目标，打法律的擦边球。广大投资者无法从中国的股市中获得企业发展的方向和状况等信息，中国的金融投资环境有很大的随机性。

（2）法治不健全，维权意识淡薄

中国的公司，特别是上市公司，大股东侵犯公司权益、侵占其他股东利益的案例比比皆是，挪用公司资产、决策一言堂等都是常见的现象。小股东通常只有被迫放弃权益，或寄希望于大股东的良心发现。

从我国资本市场投资者保护的法律环境来看，有关投资者保护的法律规定还比较缺乏，如民事法律上不存在惩罚性赔偿，受损的一方只能得到损害的赔偿。

3）中国公司治理典型案例——国美①

有人说，国美就像是一部商场斗争的悬疑剧，错综复杂的关系、跌宕起伏的剧情、饱满充实的故事内容，非常具有可读性和探究性。

（1）序曲：黄光裕锒铛入狱

2008年11月27日，国美集团董事局主席、创始人黄光裕因涉嫌经济犯罪，接受警方调查。北京市第二中级法院以非法经营罪，内幕交易、泄露内幕信息罪和单位行贿罪判处黄光裕有期徒刑14年。

黄光裕的入狱对国美造成了极大的打击。为了扭转国美的逆势，时任国美电器总裁的陈晓开始引入战略投资者。2009年1月，陈晓前往香港与花旗、高盛、摩根大通等多家机构和投行进行紧急沟通，并进行引入战略投资者的谈判。6月1日，陈晓带领的国美管理层与贝恩香港主管竺稼带领的贝恩谈判团队，开始了独家谈判。随着黄光裕的全资认购，贝恩最终以32亿港元成为国美的第二大股东。

2010年5月11日，国美电器大股东黄光裕在年度股东大会上突然发难，向贝恩投资提出的三位非执行董事投出了反对票。以董事局主席陈晓为首的国美电器董事会随后以“投票结果并没有真正反映大部分股东的意愿”为由，在当晚董事局召开的紧急会议上一

① 佚名.国美争夺战［EB/OL］.［2023-03-18］.https：//baike.baidu.com/item/%E5%9B%BD%E7%BE%8E%E4%BA%89%E5%A4%BA%E6%88%98/12653262? fr=ge_ala.
刘思涓.从国美事件谈中国公司治理［J］.会计之友，2011（9）：29-30.

致否决了股东投票，重新委任贝恩的三名前任董事加入国美董事会。

（2）发展：你方唱罢我登场

国美电器大股东和国美电器的董事会及管理层通过各种方式进行着明暗交叉的斗争，不断为自己争取更多的主动权和话语权。

2010年8月4日，黄光裕发布了《大股东致国美电器控股有限公司董事局要求召开临时股东大会的函》。在该函中，黄光裕方面表示：公司近一年来的业绩增长明显落后于同行，企业相比竞争对手的市场占有率出现较大幅度的下降，有可能危及企业的发展；如此继续下去，公司的市场领先地位将岌岌可危。现确有必要对董事局进行重组。黄光裕方面提请董事局决定并召开临时股东大会审议：撤销股东周年大会授予本公司董事配发、发行及处置公司股份之一般授权；撤销陈晓先生的执行董事（及董事局主席）职务等议案。

8月6日上午，国美内部召开全国紧急视频会议，国美总部董事会、副总裁和各大区总经理组成的公司管理层，以及各大区副总监级别以上成员均被要求参加会议。此次会议的主旨就是要求管理团队统一思想，无条件支持董事会决议。

8月12日，国美电器4位副总裁和财务总监表示将共同进退，详尽地回应了大股东黄光裕家族的质疑，否认公司这两年增长放缓甚至停滞的指责，多位高管表示现在国美刚度过危机，处于较好的稳健发展阶段，管理层却被指责犯了严重错误，让人难以理解和接受。

8月18日，黄光裕发表了公开信《为了我们国美更好的明天》。黄光裕方面措辞激烈地对国美董事局主席陈晓进行了批判，指责其联手贝恩资本，签订了极为苛刻的融资协议，意图控制整个公司；不顾及国美的任何历史和感情，不顾一切地推行"去黄光裕化"，并呼吁全体员工齐心协力与大股东一道将公司带到正常轨道上来。

8月20日，国美董事会再发公开信回应黄光裕指责，对黄光裕方面提出的质疑，国美董事局一一作出了回应。针对"联手贝恩、签订苛刻的融资协议"一说，公开信回应称：黄光裕出事后，公司管理层跟贝恩、华平、KKR、黑石、TBG、凯雷等投资者逐一接触，这些投资者无一例外地提出了为保证投资的安全，希望稀释大股东股权的投资方案，最后只有贝恩接受了维持大股东股权基本不变的融资方案。"这也是最终公司选择了贝恩投资的原因之一。"

8月24、25日两天，黄光裕方面突然动用大笔资金闪电出手，通过公开市场增持国美电器0.8%股份，下一步黄光裕方面还将会在港交所允许增持的2%范围内继续择机增持。

9月5日，身在狱中的黄光裕发布名为《我的道歉和感谢》的公开信，表达了向相关者的致歉、感谢及自己的悔过，这也是其自出事以来首度以个人身份对自己的事件公开表态。时下，国美控制权之争正进入关键时刻!

9月7日，国美相关人士回应黄光裕道歉信，认为如果黄光裕的道歉是认真的，对管理层和员工的感谢是真诚的，那么为什么还要在9月28日召开特别股东大会？是否应该撤销五项决议，好让管理层持续专注为包括他在内的所有股东创造更多的价值？

（3）高潮：股东大会定风波

9月15日，赶在国美股东大会的最后关头，贝恩资本发布债转股公告。14日晚间，贝恩资本持有的15.9亿元人民币债务投资通过转股，占国美股份的9.98%，成为国美第二大股东。至此，国美大股东与管理层之间的斗争进入白热化阶段。

9月17日，贝恩支持国美董事会和管理层，认可其在公司困难时期的出色表现。债转股完成后，将就9月28日的特别股东大会决议案投票支持管理层。并表示，将对再选任贝恩资本三位董事投赞成票，对黄光裕方面的五项动议投反对票。

9月23日，大股东黄光裕率先投票，对撤销陈晓董事局主席职务、取消增发股份授权等五项决议投赞成票；董事局主席陈晓则呼吁国美电器的14万名股东积极参与投票，以避免在低投票率下出现大股东一票定江山的局面。

9月26日晚间，距国美特别股东大会召开仅两天时间，黄光裕方面发布《再致股东同仁公开函》。在公开函中，黄光裕方面呼吁公司股东积极参与股东大会，并对大股东方的提议投赞成票。这些提议包括：撤销现任董事会主席陈晓的职务，委任邹晓春及黄燕虹为执行董事，并撤销董事会增发权等。

9月27日，国美管理层称所有股东要作个选择：是选择一个遵循现代企业规则，以股东价值为指引，治理完善的企业；还是选择一个以创始人单一大股东为重的经营思路，从而时刻存在大股东的利益凌驾于其他股东之上的风险。国美大股东和管理层都在为最后的战争进行拼搏。

9月28日，国美召开特别股东大会，国美之争进入最后一战，在经过股东表决后，最终国美董事局主席陈晓获胜。国美大股东黄光裕提出的五项议案，除了撤销配发、发行和买卖国美股份的一般授权获得通过外，撤销陈晓、孙一丁的董事职务，及委任邹晓春和黄燕虹为执行董事的提案均未能通过。

（4）落幕：经理人黯然离场

12月17日，国美召开特别股东大会，以审议三项议案。三项议案分别是“增加许可的董事最高人数，从11人增加至13人”“委任邹晓春先生为公司的执行董事，并即时生效”“委任黄燕虹女士为公司的非执行董事，并即时生效”。黄光裕的两名代言人进入董事会，是双方达成和解的结果，有利于国美的稳定和未来的发展，符合绝大多数投资者的利益。

2011年3月9日，国美董事会重组，陈晓离职，张大中接任。据悉，陈晓未拿到任何遣散费。在这场战役中，陈晓以一种更为落寞的方式走出了国美。

至此，这场近一年的控制权的斗争总算落幕了。

（5）尾声：国美之争尘埃落定

2011年5月11日，国美电器发布公告，称“本公司不会容忍陈先生的行为以及任何其他关于本公司不真实或误导的新闻报道，并会采取适当手段保护本公司的权益。本公司明确保留涉及文章的所有权利”。6月21日晚，国美电器发布新闻，以陈晓“违反协议”为由向北京市第二中级人民法院提起诉讼，案件已被受理。据悉，本案事实清楚，按法院一般审理程序，案件最快将在3个月后得出一审判决。但仔细分析可以发现，事情似乎并不这样简单，陈晓或将被第二次起诉，原因是“侵犯国美电器名誉权”。

国美事件的全过程见表10-11。透过黄陈大战，国美争夺战留给中国民营企业的，不仅仅是在发展中如何正确对待职业经理人团队与创始人之间的关系问题，而且还有公司治理架构以及股东与董事局的制衡问题。

表10-11 **国美事件概览**

时间	事件
2010年5月11日	大股东黄光裕否决贝恩董事，董事局主席陈晓以“投票结果并没有真正反映大部分股东的意愿”为由，否决大股东投票
2010年8月4日	黄光裕向国美电器发出要求撤销陈晓董事局主席职务的信函，国美对间接持股股东及前任执行董事黄光裕进行法律起诉
2010年8月18日	黄光裕发布国美大股东致全体员工的一封信
2010年8月20日	国美再发公开信回应黄光裕的指责，称2004年就已外资化
2010年9月15日	贝恩债转股成国美第二大股东，黄光裕发信拉票
2010年9月17日	国美董事会和管理层获贝恩资本公开支持
2010年9月23日	黄光裕率先投票，对撤销陈晓董事局主席职务、取消增发股份授权等五项决议投赞成票
2010年9月28日	国美召开特别股东大会，黄光裕提出的五项议案，除了撤销配发、发行和买卖国美股份的一般授权获得通过外，撤销陈晓、孙一丁的董事职务，及委任邹晓春和黄燕虹为执行董事的提案均未能通过
2010年12月17日	黄陈之争首次和解，邹晓春、黄燕虹进入国美董事会
2011年3月9日	国美董事会重组，陈晓离职，张大中接任。至此，黄光裕提出的五项议案均已实现

（6）后续与反思

黄光裕不在的日子，国美过得很艰难。2010年国美试水线上零售，到2012年便被电商“烧钱”大战拖入泥沼。及时脱身的国美继续发力线下，亦有评论质疑国美此举赢得当下，输了未来。2015年，国美零售提出“全零售生态”战略，但失了先手的国美此后的发展并不顺畅。2008年，国美零售营收已达458.89亿元，而到2020年，国美的营收仅为441.19亿元。

2021年1月，黄光裕获释后再次坐镇国美，搭建了“真快乐”App，又推出同时面向B端和C端的平台“折上折”。黄光裕能扭转国美的颓势吗？

国美争夺战是中国公司发展史上一个里程碑式的案例，这之中有很多问题值得反思。

反思一：大股东如何表达自己利益诉求，黄光裕的做法是否得当？

①出其不意的投票

2010年5月11日，在国美年度股东大会上，拥有31.6%股权的国美电器大股东向贝恩投资提出的三位非执行董事投出了反对票（到场投票的股东比例为62.5%），使得三位非执行董事的任命没有获得通过。黄光裕的投票具有突然性，影响了国美企业日常发展的运行轨迹，这一出其不意的投票，更多的是黄光裕个人主观意愿，并未考虑公司的长远发展。大股东与董事会之间的关系中，缺乏一个合理的协调机制。

②擅自罢免董事

黄光裕于2010年8月4日向国美电器发函要求召开临时股东大会，要求撤销陈晓公司董事局主席和执行董事的职务。

根据我国《公司法》第五十九条的规定，股东大会享有选举和更换董事的职权。而股东大会作出决议，必须经出席会议的股东所持表决权过半数通过。因此，尽管黄光裕家族占有国美33.98%的股权，是国美的第一大股东，也无权单独决定董事的任免，其还必须得到其他足够多数股东的认可，从而通过股东大会决议来任免董事。

反思二：陈晓的做法有无欠妥之处？

①以陈晓为代表的国美董事会能否否决股东大会决议

2010年5月11日，在国美年度股东大会上拥有31.6%股权的国美电器大股东向贝恩投资提出的三位非执行董事投出了反对票（到场投票的股东比例为62.5%），使得三位非执行董事的任命没有获得通过。随后，以董事局主席陈晓为首的国美电器董事会以“投票结果并没有真正反映大部分股东的意愿”为由，在当晚董事局召开的紧急会议上一致否决了股东投票，重新委任贝恩的三名前任董事加入国美董事会。

从现代公司治理角度来看，股东大会是公司的最高权力机关，代表公司资本所有者的权益，有权决定公司的重大事项。相对于股东而言，董事会是受托者，是公司的经营管理者，接受股东的委托实现股东对资产保值增值的要求。

根据我国《公司法》规定，股东大会作出决议必须经出席会议股东所持表决权过半数通过，所以，如依据我国《公司法》，国美股东大会不能通过三位非执行董事的任命决议。

在这一角度上，陈晓的做法损害了大股东的利益，违反了相关的法律规定，有违公司治理的要求，但是国美的股东均未对此提出异议，反映了国美股东们的法律维权意识缺失。

②“逼宫”董事会

2010年8月6日上午，国美内部召开全国紧急视频会议，国美总部董事会、副总裁和各大区总经理组成的公司管理层，以及各大区副总监级别以上成员均被要求参加会议。此次会议主旨就是要求管理团队统一思想，无条件支持董事会决议。在这个事件上，每个人都有自己的利益，陈晓以逼迫的方法，要挟董事会，是一种非民主化的行为。

反思三：中小股东如何保护自己的利益诉求？

陈晓是董事会成员又是国美的小股东，在这场事件中，陈晓以一种激烈极端的方式进行着斗争。陈晓有自己的理想抱负，有自己的行事风格，在国美的发展过程中，必然会产生和大股东黄光裕不同的发展理念，冲突不可避免。2010年9月28日，在国美的特别股东大会上，陈晓是暂时取得了胜利，但是在不久后，随着陈晓离开国美，国美的控制权又牢牢掌握在了黄光裕手中。可以说，在这场中小股东利益争斗的过程中，陈晓最终还是输了。

而对于其他的中小股东，他们更多是作为看客，其真正的利益并没有获得任何保障，他们的利益既没有被大股东重视，也没有被董事会重视，因而他们是这场争斗的真正受害者。

在国美，中小股东的利益诉求仍得不到保障，董事会、管理层都是利益集团明争暗斗的工具。难怪有人建议个人投资者不要购买国美的股票，这恐怕不是一个值得投资的公司。

10.4 社会责任

10.4.1 社会责任的定义及披露

1）公司社会责任的定义

对于公司社会责任这个概念，国际上至今没有一个能得到普遍认同的定义，其中比较有影响力的国际机构给出的定义如下：The World Business Council for Sustainable Development（WBCSD）认为，公司社会责任意为公司对可持续发展经济，员工及其家庭，当地社区和社会作出贡献，从而提高他们的生活质量。Business for Social Responsibility（BSR）认为，其主要是指公司考虑道德价值，遵守法律规定，尊重人民、社区和环境而作出决策。具体表述为公司进行运作要满足或超越社会对其在道德、法律、商业和公众等方面的期望。一些处于领导地位的大规模公司认为，公司社会责任并不是零散行为、偶然性行为或者由于市场、公共关系或其他商业利益而产生的行动。它被看作是融合了政策、实践的决定过程，由商业运作和高层管理人员支持的决定过程。UN Trade and Development（UNCTAD）认为，公司社会责任涉及商业公司如何联系及影响社会需求和目标。人们期望商业组织，尤其是跨国公司可以随着自己在全球化社会中地位的不断提高，作出相应的快速转变。因此，关于跨国公司社会责任标注和执行的讨论就包括要努力发展一个稳定、繁荣和公正的全球化社会。The United States Council for International Business（USCIB）认为，公司责任涉及公司对其社会角色要负责并使其持续发展，这些角色包括生产者、雇主、市场商人、客户和公民。这些责任包括一些自愿性原则：超越那些相关法律的要求；确保公司在运营期间对社会有积极影响。关于商品和服务的生产和销售、商业道德、环境保护、员工待遇、人权和社会改善行动等问题的策略是与公司责任协调一致的。

欧盟委员会（European Commission）认为，公司社会责任是由外部和内部两个维度构成的，外部维度包括当地社区、商业伙伴、供应商、消费者等利益相关者，内部维度包括人力资源管理、工作中的安全、适应变革、管理环境的影响与自然资源。

在我国，2018年由中国证券监督管理委员会修订的《上市公司治理准则》明确地提出了重视公司社会责任的要求，并且对公司社会责任的指向也有了清楚的界定。其中的第八章“利益相关者、环境保护与社会责任”规定了上市公司应尊重银行及其他债权人、员工、客户、供应商、社区等利益相关者的合法权利，以及上市公司在保持公司持续发展、提升经营业绩、保障股东利益的同时，应当在社区福利、救灾助困、公益事业等方面，积极履行社会责任。

深圳证券交易所于2006年9月25日发布的《深圳证券交易所上市公司社会责任指引》中规定，上市公司社会责任是指上市公司对国家和社会的全面发展、自然环境和资源，以及股东、债权人、职工、客户、消费者、供应商、社区等利益相关方所应承担的责任。国务院国有资产监督管理委员会发布的《关于中央企业履行社会责任的指导意见》（国资发研究〔2008〕1号）中认定的公司社会责任包括坚持依法经营诚实守信，提高持续盈利能力，提高产品质量和服务水平，加强资源节约和环境保护，推进自主创新和技术进步，保障生产安全，维护职工合法权益，参与社会公益事业。上海证券交易所于2008年5月14日发布的《关于加强上市公司社会责任承担工作暨发布<上海证券交易所上市公司环境信

息披露指引>的通知》中规定，上市公司社会责任是指在追求自身经济效益、保护股东利益的同时，重视公司对利益相关者、社会、环境保护、资源利用等方面的非商业贡献。

2）社会责任报告披露内容

界定我国的公司社会责任报告披露的内容要考虑我国的现实情况。中国证券监督管理委员会于2002年1月颁布了《上市公司治理准则》，并于2018年9月修订。修订后的准则加强了对“社会责任”的关注，第三条指出，“上市公司应当贯彻落实创新、协调、绿色、开放、共享的发展理念，弘扬优秀企业家精神，积极履行社会责任，形成良好公司治理实践”。第八十七条指出，“上市公司在保持公司持续发展、提升经营业绩、保障股东利益的同时，应当在社区福利、救灾助困、公益事业等方面，积极履行社会责任”。第九十五条指出，“上市公司应当依照法律法规和有关部门的要求，披露环境信息以及履行扶贫等社会责任相关情况”。

深圳证券交易所于2006年9月25日发布的《深圳证券交易所上市公司社会责任指引》中规定，上市公司社会责任包括股东和债权人权益保护，职工权益保护，供应商、客户和消费者权益保护，环境保护与可持续发展，公共关系和社会公益事业等五个大类。

国务院国有资产监督管理委员会发布的《关于中央企业履行社会责任的指导意见》（国资发研究〔2008〕1号）中规定的社会责任包括依法经营诚实守信、提高持续盈利能力、提高产品质量和服务水平、加强资源节约和环境保护、推进自主创新和技术进步、保障生产安全、维护职工合法权益、参与社会公益事业等八个大类。

上海证券交易所于2008年5月14日发布的《关于加强上市公司社会责任承担工作暨发布〈上海证券交易所上市公司环境信息披露指引〉的通知》中规定，上市公司社会责任包括股东、员工、债权人、客户及社区在内的利益相关者等五个大类。

10.4.2 社会责任理论基础

公司治理理论认为，公司治理以现代公司为主要对象，以监督与激励为核心内容。公司治理不仅仅研究公司治理结构中对经营者的监督与制衡作用，也强调如何通过公司治理结构和机制来保证公司决策的有效性和科学性，从而维护公司多方面利害相关者的利益。

在公司治理理论的发展过程中，逐渐产生了以“股东利益至上”为基础的单边治理和以“利益相关者”为核心的共同治理两种代表性的治理理论。

1）股东利益至上的单边治理理论

该理论认为，企业是股东的企业，股东拥有企业的全部所有权，企业的目的是股东利益最大化，从而主张“资本雇佣劳动”，即物质资本主导治理模式的稳定性和合理性。

为何只有股东才拥有企业的公司治理权？对于公司治理的权力来源，股东利益至上的单边治理理论主要有两种理论流派：一是剩余索取权理论；二是剩余控制权理论。

（1）剩余索取权理论

剩余索取权理论认为，谁承担剩余索取权，谁就承担了剩余风险，从而具有对公司进行治理的权力，并认为所有者是剩余索取权的天然拥有者，占有剩余的动机促使所有者关心企业的生产经营。所有者追求的是剩余最大，而经营者追求的是自身报酬最优，在给定企业收益的情况下，二者的利益相互侵蚀使得所有者产生对经营者治理的需要来保护自己的利益。

剩余索取权理论认为，在这种情况下，就必须让某一类或几类人承担剩余索取权，并且由不同的人承担带来的效率也不一样，企业产权安排和产出效率以及物质资本更高的偿付能力等原因决定了资本提供者有占有企业剩余的可能。具体到公司治理，就是只有股东才能成为公司治理的主体。

但是，用剩余索取权理论来指导公司治理是有缺陷的，主要表现在以下三个方面：

第一，"剩余索取权"本身不是一个好的概念。在Jensen和Meckling的契约分析框架中，他们用剩余索取权来定义企业所有权和投资者权利，是指对企业收入扣除掉所有的固定的合同支出（如成本、固定工资、利息等）的余额要求权。但是，剩余收入往往是多方分享的，特别是在新经济背景下，不单只有投资者，其他人如经理人员甚至普通员工也参与剩余收入的分配，从而也具有剩余索取权。这使得在很多情况下谁是剩余索取者是不清楚的，比如在两方都获得一个变化收入的前提下，我们不能说一方是另一方的剩余收入索取者。

第二，将本来作为分配理论的剩余索取权理论用在公司治理理论上也存在着重大的问题。剩余索取权的分配理论属性使得其研究范围狭窄，它只能将企业收入分配者纳入研究范围，而将那些不参加分配但是有可能参与公司治理的主体排除在外，比如承担商业银行经营风险的政府或者存款保险机构，它们只是商业银行经营活动的外部者，并不参与企业收入分配，但却要参与商业银行的治理。

第三，剩余索取权理论不是将实际中是否获得剩余收入作为判断是否具有剩余索取权的标准，因为现实中不只是股东获得剩余收入，那么，怎么判断谁具有剩余索取权呢？该理论没有回答。剩余索取权理论没有提出一个在现实中如何判断谁具有剩余索取权的方法，只是有一个股东先天就应该获得剩余索取权的先验假设，这样，该理论便无法在现实中检验，这是其最大的一个理论缺陷。

综上所述，剩余索取权理论的缺陷使得运用它来指导公司治理实践面临着一些问题，例如，如果仅仅依靠自有资本占比较少的商业银行股东来掌握对一国经济具有重大影响的商业银行的治理权的话，是不公平也是不合理的，其后果也极其严重。但是剩余索取权理论认为，由于股东承担剩余收入从而承担风险才会有治理要求的思路是对的。

（2）剩余控制权理论

在完全的契约条件下，是不存在剩余的控制权的，因为这时所有的权利都能通过契约得到界定，都有主体。剩余控制权理论认为，正是由于契约是不完全的，使得不可能在初始合同中对所有的或然事件及其对策都作出详尽可行的规定，这就需要有人拥有"剩余控制权"，以便在那些未被初始合同规定的或然事件出现时作出相应的决策。那么，如何将这些不同的控制权在外部投资者和经理人之间进行有效的分配呢？该理论认为，这种权力天然地归非人力资本所有者所有，物质资本所有权是这种权力的来源。在这种理论的指导下，将股东作为公司治理的主体就合情合理了。

但是，该理论同剩余索取权理论一样，也存在着很多的问题，表现在以下几个方面：

第一，剩余控制权理论的前提是不完全契约理论，合同的不完全性主要来源于相关变量的第三方不可证实性。博弈理论也证明了在多次重复博弈而非一次静态博弈时，契约相关变量的不可证实性对当事人行为的影响也会削弱。因此，抽象地谈论契约绝对意义上的不完全性是没有意义的，剩余控制权理论还没有一个坚实的理论基础。

第二，“剩余控制权”概念也存在问题，其内涵和外延十分模糊。本来“剩余控制权”是指“可以按照任何不与先前的合同、惯例或法律相违背的方式决定资产所有用途的权力”，但是，由于现实中很多治理的权力已经在合同中作了规定，所以在很多文献中，剩余控制权和控制权经常混用。

第三，同剩余索取权理论一样，剩余控制权理论的“资本强权观”也只是一个先验性的假设，其存在条件和适用范围从来都没有被认真考察过。该理论认为，物质资本所有权是这种权力的来源，但是不能回答人力资本的所有权为什么不能带来这种权力。并且，很多学者也意识到这种抽象意义上的“剩余控制权”没有意义，从而转向了研究那些拥有信息和知识优势的代理人对企业资源的实际控制权。

第四，剩余控制权理论存在着内部逻辑不一致的矛盾。投资者天然拥有剩余控制权，但是这是建立在当事人不受财富约束的条件上的。一旦放弃这个不现实的假设，投资者的天然的剩余控制权就可以转移给无资产的企业经营者。

第五，“控制权”概念与“治理”概念的内涵不一致。“控制权”中不但包括治理的权力，也包括管理的权力，将二者统一起来研究不会得出任何对治理有意义的结论，最终的结论只能是“控制权”在企业中的分配的多元性，即多方占有“控制权”。可以看出，剩余控制权理论仍然存在很多的问题需要解决，但是其认为股东是最后的风险承担者，就应该获得控制“敲竹杠”风险的权力，这种思路是值得肯定的。

2）利益相关者共同治理理论

利益相关者共同治理理论认为，公司是一个责任主体，在一定程度上还必须承担社会的责任，企业追求的不能仅仅限于最大化股东利益，而且也要考虑其社会价值。任何一个企业的发展都离不开各种利益相关者的投入或参与，当这些利益相关者在企业中注入了一定的专用性投资后，他们或是分担了一定的企业经营风险，或是为企业的经营活动付出了代价，就应该参与治理并分享公司控制权和剩余索取权。利益相关者理论发展过程中产生了很多流派，但是都认为在公司治理中应该考虑到利益相关者的地位。

利益相关者共同治理理论关注利益相关者（特别是人力资本所有者）的利益，希望改善公司治理结构，这是应该充分肯定的。该理论可能指出了公司治理结构演变的方向，也在一定程度上引导着现实中公司治理结构的完善，这都具有重要的理论和实践意义。但是，利益相关者共同治理理论无论从逻辑上还是从实践上都存在着很大问题。

第一，利益相关者很难界定。一个企业的利益相关者可以无限扩展到所有的人，但是，显然我们不能把所有的人都作为企业的治理主体。即便按照利益相关度和相关形式的差异来详细划分，也不能界定利益相关者。一个很简单的例子就是政府可能比持有某个公司若干股票的个人更与这个公司利益相关，因为该公司对政府的纳税额远远超过此人对该公司的投资，难道我们就能说政府比这个人更有参与该公司治理的权力吗？

第二，利益相关者之间的利益冲突可能会增加交易成本。即便能够确定与公司利益相关的主体，肯定不会是一个小群体。如果他们都参与公司治理，利益相关者之间的利益冲突将使得治理结构的组织成本加大，这难以保证公司运作给利益相关者带来更大的利益。

第三，利益相关者的利益可以通过相对股东来说更加完备的契约来保护。专用性投资理论认为，每个利益相关者都为公司贡献了专用性资产，但是对于绝大多数利益相关者来说，这种专用性相对于其通用性来说是很弱的，与股东投入资产的专用性相比也微不足道。因此，这不足以成为利益相关者参与公司治理的依据。而且，虽然利益相关者都承担了公司的风险，但是他们要么承担的风险可以通过某种契约得到补偿，要么具备优先偿付权。这样，如果赋予他们公司治理权的话，他们就可以通过“敲竹杠”的方式侵犯最后风险承担者的利益。因此，只有最后的风险承担者，才应该获得控制“敲竹杠”风险的权力，即公司治理的权力。

第四，现有文献中也缺乏利益相关者参与治理与企业绩效之间关系的实证研究，从而不能为“利益相关者”共同治理理论提供有力的证据。可见，利益相关者理论虽然认识到风险在决定公司治理主体中的作用，但是没有认识到并不是所有的风险都能导致其承担主体参与公司治理。

10.4.3 社会责任在中国面临的困境及案例

中国商业文化研究会在北京发布的《中国商业模式蓝皮书》（简称“《蓝皮书》”）指出，近年来，我国企业履行社会责任的状况逐步改善，但整体来看依然处于较低水平，社会责任缺失的问题还较为严重。

《蓝皮书》指出，部分企业制售假冒伪劣产品、发布虚假信息、偷税漏税、商业贿赂、拖欠员工工资等违规违法、见利忘义的行为经常发生，股东利益特别是中小股东利益受到侵害。另外，我国企业社会责任信息披露还处于初级阶段，较少有企业能主动披露其履行社会责任情况及存在的问题。即便是上市公司发布的独立性企业社会责任报告，也普遍存在结构不完整、内容空泛等问题。

我们通过两个案例对中国企业的社会责任感及社会责任环境进行分析和探讨。

1）紫金矿业——不合规不合法[①]

（1）污染事件回顾

①事件发生：2010年7月3日下午，上杭县紫金山铜矿湿法厂污水出现渗漏

受福建境内持续强降雨的影响，紫金矿业公司所属的福建省上杭县紫金山铜矿湿法厂污水池处于高水位运行，2010年7月3日15时50分，该厂污水池水位异常下降，池内酸性含铜污水（主要含铜、硫酸根，无有毒物质）出现渗漏，部分通过227地下排水排洪涵洞进入汀江。这次泄漏事件导致9 100立方米废水外渗引发福建汀江流域污染，造成沿江上杭、永定出现鱼类死亡和水质污染现象。

事件发生后，紫金矿业立即筑起了三道围堰围堵渗漏废水，并安装抽水泵回抽渗水，至7月4日14时30分，渗漏废水未再流入汀江。

7月8日数据显示，当地政府已对汀江上杭段水质进行采样分析，江水pH值大部分已回升到6~7.22，全部符合国家质量标准。

2010年7月12日，紫金矿业对外发布公告，确认公司所属福建上杭县紫金山铜矿湿法厂污水池发生污水泄漏，并表示本次事故将对紫金山铜矿湿法厂铜的生产产生重大影响。

紫金矿业副总裁刘荣春称，此次渗漏主要与自然灾害有关，不可预料。渗漏事件发生9天后，紫金矿业才正式对外公布，引起人们普遍质疑。紫金矿业证券部总经理赵举刚表示：“事情刚发生时，对事件的原因要尽快有一个判断，这个判断明确以后，传达给相关

---

① 腾讯网. 紫金矿业污染门［EB/OL］.［2010-07-22］. https：//news.qq.com/zt2010/ZiJinpollute/.

的群众，才不会引起恐慌。”

②初步应对：政府垫资回购死鱼

为了补偿群众损失，县政府对网箱养鱼按每斤6元全部进行收购。对部分死鱼快速打捞、填埋，进行无害化处理，活鱼放回汀江，并与养殖户签订协议，所需的资金由政府先行垫付。

③深入调查，调查结果为：污染事件系人为造成

2010年7月15日深夜23时40分，福建上杭县政府突然宣布召开新闻发布会，通报指出根据原环保部会同省环保厅、市政府及环保部门组成联合调查组，对紫金山铜矿湿法厂污水池渗漏致汀江污染事故进行的调查，发现此次事件是一起由于企业污水池防渗膜破裂导致污水大量渗漏后，通过人为设置的非法通道溢流至汀江而引发的重大突发环境事件。

④后续处理

紫金矿业集团股份有限公司总裁罗映南7月13日称，发生事故的铜矿湿法厂已停产，在完成整改和有关部门验收合格前，无限期停产。

上杭县公安局政委温松兴表示，7月15日，县公安局依法对紫金山铜矿湿法厂污水渗透污染事故以涉嫌重大环境污染事故案进行立案侦查，并依法对紫金矿业相关人员进行传唤，一些人员被控制，其中，刑事拘留3人，包括紫金山铜矿湿法厂厂长林文贤、副厂长王勇、环保车间主任刘生源。

福建省政府决定对上杭县县长邱河清予以停职检查，给予上杭县环保局局长陈军安行政撤职处分，在进一步调查之后给予相应的处理，责令上杭县副县长蓝富雁及龙岩市环保局局长林联锦辞职。

（2）事件后的紫金矿业

①惩治贪官

紫金矿业集团股份有限公司2011年5月4日的公告称，公司近日收到福建省龙岩市中级人民法院刑事判决书，维持龙岩市新罗区人民法院对紫金矿业集团的一审判决：紫金矿业集团股份有限公司紫金山金铜矿犯重大环境污染事故罪，判处罚金人民币3 000万元。

根据龙岩市中级人民法院二审判决，紫金矿业原副总裁陈家洪、紫金山金铜矿环保安全处原处长黄福才、紫金山铜矿湿法厂原厂长林文贤、原副厂长王勇、原环保车间主任刘生源等5名被告分别被判处3年至3年6个月的有期徒刑（其中，部分被告被判缓刑），并处罚金。

上杭县环保局紫金山监理站原站长包卫东、原副站长吴胜隆犯环境监管失职罪，上杭县法院于2011年年初分别判处这2人有期徒刑2年3个月、1年9个月。

上杭县环保局原局长陈军安被法院一审以贪污罪、受贿罪、环境监管失职罪、私分国有资产罪，判处有期徒刑19年6个月，并处罚金1万元、没收个人财产16万元，追缴违法所得；上杭县环保局原副局长蓝勇被法院一审以贪污罪、受贿罪、环境监管失职罪，判处有期徒刑9年，并处没收个人财产1万元，追缴违法所得。

②赔偿渔民

在事故发生后，当地政府对渔民进行了初步赔偿，赔偿标准就是之前曝光的死鱼价格6元/斤、鱼苗价格12元/斤。

之后当地政府又进一步对渔民进行了赔偿，按照每平方米网箱43斤鱼的标准赔偿，

并且以每平方米40元的补偿价要求渔民拆除网箱，逐渐转产。但是这一赔偿标准远不能满足渔民的需求，43斤的标准不及污染前产量的一半，同时，40元的补偿价也只勉强够支付购买网箱的费用。

渔业污染索赔之难再次暴露无遗，尽管紫金矿业事件世人皆知，但上杭县渔民仍然难以获得满意的赔偿。

（3）各方质疑

①事故早有预警

紫金矿业的污染事件并不是一个独立事件，其实早在多年前，下游村民就被污染笼罩，武平县中堡镇下村村位于紫金山脚下，山上就是紫金矿业公司的冶炼基地。多年来，下村村的村民一直被笼罩在污染阴影中。有村民告诉媒体，她老家在山对面，污染更加严重，禾苗基本不长稻穗，患癌症的人逐渐增多，村民的牲畜也不敢喝河里的水，让人很担心。下村村旁的汀江河曾经是居民休闲的好地方，河里的水清澈透明。如今，来自紫金山矿区的污染一直困扰着当地居民，令他们恐慌不已。

当地居民也多次找到县环保局，得到的答复是：已上报到龙岩市环保局，让居民等待答复。但至今当地居民没有得到来自上一级环保部门的回复。

据村民称，村旁的汀江河里总能看到有死鱼出现。2010年6月初，村民发现村旁汀江河的鱼死了很多，从上游随着河水冲下来的死鱼白花花的一片，出现死鱼最多的一天是6月15日。

当地居民猜测，死鱼一定与紫金矿业的污染有关。有一些村民开始划船打捞死鱼，有村民用了7天时间打捞死鱼2 000多公斤，但根本不敢吃。

最初村民把大量的死鱼贱卖到远在30公里外的上杭和武平县城，后来两县教育部门发出紧急通知不让县城学生吃鱼，随即有人来到村里收购村民打捞的死鱼。当地多位村民证实，购买死鱼的人就是紫金矿业的工人，这些人到农民家大量收购打捞的死鱼，然后到山上掩埋或焚烧。

②泄漏事件不是个案

这已经不是这家矿产企业第一次发生类似的污染问题。《新世纪》周刊此前的报道称，原环保部2010年5月的通报显示，上杭县紫金山金（铜）矿下田寮渗滤液污水处理系统在未经环保部门批准的情况下，自2009年9月停运，现场检查时仍处停运状态，尾矿渣渗滤液经收集池收集后，未经处理直接排入后库。

2010年5月，原环保部曾经发文通报批评11家存在严重环保问题的上市企业，紫金矿业为第一家。通报称，紫金矿业7家子公司存在着不同类型的环保问题。“这些公司不仅背离了上市公司作为公众公司应诚实守信的原则，而且放任环保问题可能酿成重大的环境风险，污染环境，损害投资者利益。”原环保部的新闻通稿称。

2007年，在首批“绿色证券”试点被核查的37家企业中，有10家未能通过或暂缓通过，其中便有紫金矿业。2008年2月，紫金矿业登上了环保总局的黑名单，但2个月后顺利回归A股，以招股价计，募资近百亿元。

③紫金矿业瞒报废水泄漏事故9天

按照《上海证券交易所上市公司环境信息披露指引》，上市公司发生与环境保护相关的重大事件，且可能对其股票及衍生品价格产生较大影响的，上市公司应当自该事件发生之日起2日内及时披露事件情况，以及对公司经营和利益相关者可能产生的影响。

但是，紫金矿业自事件发生9天后才对外进行公告，严重危害了紫金矿业投资者的权益。

④紫金矿业意图逃避责任

水污染事件败露之后，紫金矿业发布公告表示，渗漏事故的原因主要是前阶段持续强降雨，致使溶液池区域内地下水位迅速抬升，超过污水池底部标高，造成上下压力不平衡，形成剪切作用，致使污水池底垫多处开裂，从而造成渗漏。基于这种判断，紫金矿业副总裁刘荣春在接受采访时称，此次渗漏主要与自然灾害有关，不可预料。

随后，相关部门召开发布会称，"此次事件是一起由于企业污水池防渗膜破裂导致污水大量渗漏后，通过人为设置的非法通道溢流至汀江而引发的重大突发环境事件"。只用了几天时间，这起事故就从"天灾"变成了"人祸"，但是责任主体仍未明确，更见其混淆民众和媒体的视线。

⑤不公布污染数据

紫金矿业污水事故发生后，福建上杭县环境监测站中止公布可能致癌的六价铬检测数据。上杭县官员表示，这个数据是机密。按照《企业事业单位环境信息公开办法》，企业排放数据要长期公开，企业污染环境数据，生态环境部门也应该公开。但上杭县官方却违反法律与自身职责，打着"机密"的幌子拒不公布可能致癌物数据。这一做法引起了广泛的争议。

⑥渔民索赔难

紫金矿业对于国际惯例所公认的企业社会责任缺失，以及由污染所造成的环境损失、延迟披露信息致股票价格下跌所造成的投资人损失赔偿，却只字不提。紫金矿业的表现，与上市企业所承担的社会责任实在大相径庭。

⑦利益关系错综复杂

紫金矿业能够忽视国家的环境保护政策，在事件发生后又能够进行瞒报，多半是因为当地政府对紫金矿业的纵容，产生纵容的根本原因在于政府和企业之间复杂的利益关系。

第一，对于官场资源的赎买。副董事长刘晓初曾任福建省经济体制改委员会主任科员、副处长、处长；副总裁李四德是国家首批黄金投资高级分析师，曾就职于原国家黄金管理局、冶金工业部黄金管理局、国家经贸委黄金管理局，2003年至2005年就职于中国黄金集团公司，任总工程师和投资决策、安全和预算考核委员会副主任；副总裁黄晓东曾任福建省计算机技术研究所工程师，福建科学技术委员会副处长等。

紫金矿业搭了一座桥，让政府官员与企业高管、董事、监事、股东之间的沟通畅行无阻。典型的是公司监事郑锦兴。2006年8月，郑锦兴辞职下海，到紫金矿业任监事。2009年6月18日，紫金矿业发布公告称，公司监事郑锦兴因工作变动请辞，武平县人大常委会任命郑锦兴为武平县副县长。

第二，对于当地经济的支柱作用。紫金矿业2009年年报显示，该公司第一大股东是代表福建上杭县国资委的闽西兴杭国有资产投资经营有限公司，持有28.96%的股权。2009年，紫金矿业对上杭全部财政收入贡献达到近60%，而上杭县政府工作报告显示，2009年上杭县财政收入6.85万亿元，比上一年增长了11.7%。如果没有紫金矿业，上杭县会是到处求告的贫困县，如今县财政与个人的钱袋子都鼓了。在只注重GDP与财政收入的背景下，紫金矿业成为一棵“摇钱树”。

第三，对于规则的蔑视。紫金矿业没有付出什么经济代价，更不用提对于当地受污染居民的经济赔偿，连道歉没有。紫金矿业对当地环境构成风险并非始于今日。公司人员承认，2009年11月份，原环保部华东环保督察中心督查人员的确来到上杭县对矿区进行督查，只是口头提出了整改措施。2010年5月14日，原环保部发布《关于上市公司环保核查后督查情况的通报》，11家存在严重环保问题的上市企业被批评，紫金矿业集团股份有限公司因存在7项未按期完成整改的环保问题而名列榜首。

（4）反思

①“环保门”

紫金矿业的污染事件对汀江地区生态环境造成了巨大损害，影响了周围渔民和百姓的日常生活和生产经营。事故发生后，尽管紫金矿业也对污染进行了控制和处理，但是对于汀江的水质已经产生了不可恢复的破坏，至今汀江地区的人们仍然无法放心饮用江水。

紫金矿业事件对生态环境造成了极大的破坏，是一起恶劣的环境污染事件。为了获得更多的利益增长，公司以牺牲生态环境为代价，最终导致了不可弥补的后果。这一事件凸显了紫金矿业在发展过程中的社会责任感缺失。公众与环境研究中心的数据库表明，从2006年开始，已经有了超过30 000条的企业水污染纪录，13 000余条企业空气污染违规超标记录。国内的企业占其中的大多数，但也包括相当数量的外资企业，甚至包括很多知名跨国公司。紫金矿业事件只是一个缩影，通过它透视出中国企业的社会责任意识不强，社会回馈缺乏。

②“披露门”

紫金矿业污染事件中，信息披露的延后是毋庸置疑的，直接导致了污染影响扩散，生态环境、公众健康所受威胁放大。如果及时披露信息，企业自身压力增大，但更利于各方调动资源，配合解决泄漏问题，及时控制污染源头。下游民众也可及时采取防范措施。

环境信息无法及时公开，一个重要的原因就在于缺乏可操作性的规定。从《中华人民共和国环境保护法》《企业事业单位环境信息公开办法》《上海证券交易所上市公司环境信息披露指引》等法律法规中，我们很难得出明确的结论。紫金矿业污染一事，究竟应在多长时间内予以公布？由谁率先公布？以什么方式公布？

正是由于相关规定模糊缺位，才导致政府、生态环境部门、企业在信息公开方面貌似都有责任，却又都可以找到借口。

③“腐败门”

紫金矿业是上杭县的支柱企业，每年贡献了政府财政收入的一半以上。当地人形容“紫金矿业的机构设置如同缩微版的县政府，而上杭县政府官员也把紫金矿业当作自己的掘金地和养老院”。这种关系使得群众对紫金矿业涉污的举报长期得不到解决。

相关政府的包庇，致使紫金矿业能够更加肆无忌惮地利用自然资源，实现企业利润的增长和地区生产总值的增长，当地居民对其污染事件只能忍气吞声。

我们不禁要思考，公司应承担哪些社会责任？应该如何履行社会责任？相关政府应如何促进公司履行社会责任？除了日常的监管，还应该提供哪些方面的服务？作为民众，我们可以通过哪些方式对企业的社会责任履行进行监管？当自身权利受到威胁时，又能通过哪些途径进行申诉？

11 企业价值评估案例

11.1 企业价值评估的方法

对目标企业价值的合理评估是在企业并购和外来投资过程中经常遇到的非常重要的问题之一。适当的评估方法是企业价值准确评估的前提。

11.1.1 企业的价值

由于价值运动的特殊性，企业不仅拥有价值、使用价值、交换价值等一般价值，还具有其他一般商品所不具有的价值。经济学家、投资家、会计师等使用不同的标准评价企业价值，所以，他们对企业价值的理解和界定是不同的。在多个领域的价值评估中，企业价值一般有以下几种表述：

1）企业账面价值

企业账面价值指的是一个企业的价值是其所有投资人，包括债权人和股东对于企业资产要求权的价值总和。企业账面价值是一个以历史成本为基础进行计量的会计概念，并没有考虑通货膨胀、过时贬值等因素的影响。因此，资产的账面价值往往与现行市场价格有差异。同时，由于一些公司的资产和价值影响因素并不出现在资产负债表上，可能会导致企业的账面价值与其真实价值相差甚远。

2）企业市场价值

企业市场价值是企业在进行评估、合资、兼并、收购交易时的价值，可以按照企业股票的市场价值和企业的债务价值直接计算得出。企业的市场价值以企业内在价值为基础，并且反映市场的供求状况，围绕企业内在价值进行波动。当市场完全有效时，企业市场价值不仅能够真实地反映企业的内在价值，而且还能够反映市场的供求状况，因而具有较好的实际意义，因为它是一种被社会所公认并接受的实际价值。企业市场价值虽然具有较好的实际意义，但当市场效率不高，竞争不完全时，价值就会发生偏离，会出现低估或高估企业价值的现象。

3）企业公允价值

企业公允价值是指在理想的市场条件下达成的交易价格。其经济学定义为：买卖双方在完全了解有关信息的基础上，在没有任何压力下愿意进行交易的价格。公允价值的前提是：买卖自愿、信息完整，并且有合理的信息披露时间。可见，这只是理想条件下的市场价值。以这种理想条件为基准评估出来的公允价值与实际达成的交易价格往往是不一样的。

4）企业内在价值

企业内在价值是对企业创造财富的一种能力的度量，是对企业的发展前景、企业未来的盈利能力、成长创新能力、抗风险能力、管理水平、资产质量等方面的综合评价。因此，企业内在价值可以定义为：企业内在价值是企业所有净资产与未来的预期盈利贴现之和。企业内在价值的高低与企业拥有的资产密切相关。企业的人才、技术、管理、生产都必须建立在资产的基础上。毫无疑问，资产的规模对企业内在价值具有重要贡献，但资产质量更值得关注。企业资产的新颖性（技术水平）、配套性、市场适应性（考虑到企业的外部行业、地区及宏观经济）及资产的无形、有形的磨损都会影响企业资产的质量。另外，企业的管理能力、创新能力、产品核心能力等也是评价企业内在价值时所必须考虑的软件要素。

一个企业的内在价值高，说明这个企业生命力强、竞争力强、发展前途大；而内在价值低，表明这个企业处于衰落之中，生产经营不景气、资产获利能力低、前景暗淡。内在价值高的企业容易吸引资金、技术、人才等生产要素向自身聚集，日益发展壮大，成为市场经济中的强者。而内在价值低的企业，若不能扭转局面、提高价值，则难免被日新月异的市场淘汰。

当企业能够持续经营，并且能创造超额收益时，企业的价值就等于企业的账面价值加上企业的商誉，或等于企业有形资产的总和加上企业的无形资产。此时，企业的内在价值是企业整体质量和获利能力的一种度量，是一个企业内在功能和属性的价值表现。当企业不能继续经营时，企业就丧失了整体的获利能力，企业内部各种资产之间也就失去了能动的有机联系，此时，企业价值等于或者低于企业内部各种单项有用资产价值之和。我们可以看到，企业的内在价值是基础，它具有稳定性和真实性，提高企业市场价值必须建立在提高企业内在价值的基础之上。

5）企业清算价值

清算价值是指企业停止经营、变卖所有企业资产减去负债后的现金余额。清算价值基于非持续经营条件，是在企业作为一个整体已经丧失增值能力情况下的价值评估结果。因为假定企业不再经营，所以，清算价值不会考虑企业未来可能的收益，而且清算价值在估算时常被低估，其主要原因是考虑到相关资产的专用性。

11.1.2 企业价值评估的应用范围

1）公司估计

公司估计主要是证券价值评估，对外服务于金融领域和证券市场，对内服务于公司的财务管理和可持续增长。

（1）证券市场

证券分析师采用多种企业价值评估方法对上市公司进行价值评估，确立相对的“真实价值”，并通过与公司股价的对比，得出上市公司股票的真实性和可靠性。投资者应用同样的方法判断目标公司是否值得投资。

（2）企业并购

收购方和被收购方都需要采用合理的方法对目标公司的价值进行可靠判断，确定收购过程中的心理价位。在公司企图收购其他公司时，需要对目标公司收购后带来的溢价进行衡量，保证企业的收购能够实现价值创造。

（3）公司财务管理的内在要求

企业的价值评估帮助企业了解自身价值，便于管理层制定创造价值的商业决策，实现公司价值最大化的目标。

2）法定业务评估

法定业务评估是职业评估师提供服务的三种方式之一。其主要是对非上市公司的封闭持股公司进行评估，在企业整体交易、股权交易等方面进行有效评估。

11.1.3 价值评估的基本方法

1）资产法

资产法包括账面价值法、清算价值法、重置成本法、市场价值法。账面价值法根据传统会计核算中账面记载的净资产确定并购价格，是一种静态估价方法。清算价值法通过估算目标企业净清算收入来确定并购价格，在目标企业作为一个整体已经丧失增值能力的情况下对其进行价值评估。重置成本法通过确定被并购企业各单项资产的重置成本，减去其实体有形损耗、功能性贬值和经济性贬值，来评定被并购企业各单项资产评估价值，以各单项资产评估价值相加的总和再减去负债作为被并购企业价值的参考。

2）市场法

这种方法是发展较早的一种估价方法，也是一种客观的估价方法。它的原理是利用与目标公司（被评估公司）相同或相似的已交易公司价值或已上市公司的价值作为可比公司价值，用目标公司与可比公司之间某变量的比率作为调整系数，对可比公司的价值进行调整后，测算出目标公司的整体价值。市场法包括市盈率法、市净率法、收入乘数法，以及各方法相应的修正方法。

目标企业每股价值=平均修正市盈率×目标企业预期增长率×100×目标企业每股净利

其他方法与市盈率法相似，都是确定一个目标参数，以之为基础进行调整。相对价值法比净现值价值法更有现实性，但同样具有局限性，主要是无法确定能够全面反映企业价值的价值尺度或参数。

3）权益法

权益法是目前学术界公认的最科学、最成熟的价值评估方法。净现值法根据目标企业被并购后各年的现金净流量，将按照一定的折现率折算得到的现值作为目标企业价值。其理论基于三个假设：货币具有时间价值；对未来产生的现金流量可以进行合理的估计；企业可用资本的边际资本成本与其投资资本的可转换收益是相似并且可以预测的。权益法的主要方法包括贴现现金流量法（DCF）、内部收益率法（IRR）、CAPM模型和EVA估价法等。同时，权益法也具有局限性。因为净现值法要基于一系列的假设，而在实际操作中，这些假设往往难以成立，同时，一些关键参量的估计不免掺杂许多人为的影响而失真。

企业价值评估方法体系如图11-1所示。

11.1.4 价值评估的新发展

传统的价值评估已经略显过时。现代公司的物质资产（例如，货币资产）已逐步失去了其独一无二的光环，决定公司竞争力的核心资产可以是价值形成过程中的任何一种要素。例如，与传统企业相比，由于互联网企业独特的价值特征和新颖的商业模式，其企业价值主要受用户价值、商业盈利模式、规模经济效应以及创新驱动等因素的影响，其中，用户的体验尤为重要。

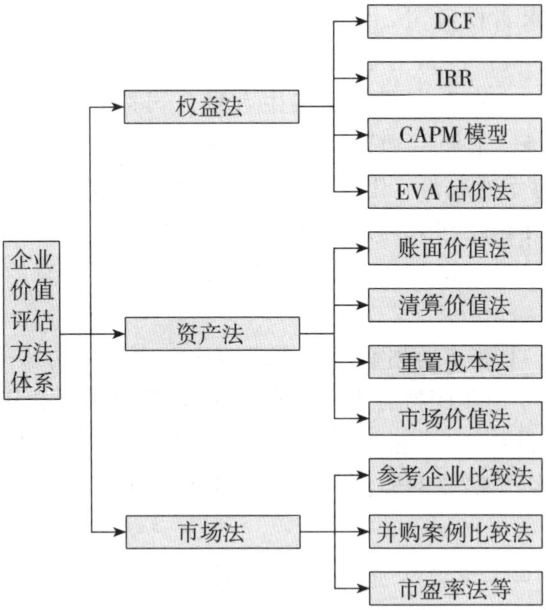

图11-1 企业价值评估方法体系

11.2 资产法案例——宇通客车的MBO

目前，我国上市公司管理层收购主要采取账面价值法（净资产法）来定价，在涉及国有股撤资时每股净资产也就成为价格底线。但这一标准并不科学，因为每股净资产是依据“历史原则”从会计角度对企业资产的记录，并不代表资产的优劣和企业未来的盈利能力，因此，优良的国有资产即使按照略高于每股净资产的价格出售也可能是一种“流失”。同时，每股净资产的计算十分依赖于所采用的会计核算方法，这就使得其计算带有随意性。再者，企业的一些无形资产，如自创商誉、信用在现行的会计核算制度下根本无法反映出来。我们通过宇通客车案例的分析，探讨资产法在实务中的缺点。

11.2.1 宇通客车简介

郑州客车厂始建于1963年，是交通部在河南省的唯一公路客车生产厂，也是我国从事客车生产较早的专业厂家之一。几经改革发展，于1993年设立郑州宇通客车股份有限公司。1993年根据河南省经济体制改革委员会豫体改字（1993）第29号文件批复：郑州客车厂与中国公路车辆机械公司，郑州自行车厂共同发起以定向募集方式设立郑州宇通客车股份有限公司。发行上市之后企业发展迅速，3年中总资产从公司创立时的8 000多万元增加到2.4亿多元。

11.2.2 宇通客车MBO过程[①]

2000年4月，宇通客车的内部职工股（占公司总股本的20%）上市，公司为此专门成立内部持股会，采用委托管理的办法集中管理这批股票。公司高层管理人员路法尧和汤玉祥到同年底分别持有29 360股和46 497股。收购主体——上海宇通创业投资有限公

---

① 佚名.宇通客车——开国企MBO之先河［J］.企业技术开发，2003（1）：74.

司成立于2001年3月，注册资本为12 053.8万元，法定代表人是宇通客车董事、总经理汤玉祥，企业属于有限责任公司，经营范围包括对工业、农业、高科技产业、房地产业、教育产业的投资，资产经营与管理，企业并购重组，企业形象策划，财务咨询，以及国内贸易。公司第一大股东郑州宇通集团有限公司持有上海宇通总股本的6.59%。5月，宇通集团就把所持“上海宇通”2 000万股股份转让给汤玉祥。经过转让后，宇通集团“不再持有”上海宇通股份（上海宇通的股东发起人共23个，除了郑州宇通集团和总经理汤玉祥外，另21名发起人均系宇通公司职工）。之后，于5月22日上海宇通创业公司通过协议转让的方式，收购公司第二大股东郑州一钢持有的宇通客车8.7%的股份共计240万法人股。

2001年6月15日，上海宇通创业通过协议转让方式，收购郑州市国资局下属的宇通集团89.8%的股份，而宇通集团持有宇通客车171 990的股份，是其第一大股东。转让后，宇通创业通过宇通集团持有宇通客车21 103万股，占公司总股本的15.44%，再加上收购郑州一钢持有的宇通客车8.7%的股份，上海宇通创业在实质上成为宇通客车的大股东，实现管理层控股。

相关股权转让协议已上报财政部，而郑州市国资局已将所持宇通集团股权委托宇通创业管理。

11.2.3 宇通的会计造假事件①

2002年8月到10月，财政部对全国159家企业包括7家上市公司进行财务检查，发现宇通客车存在财务造假。宇通客车在编制1999年年报时，编造虚假记账凭证，将“银行存款”虚减1 883.80万元，“其他应收款”虚增1 883.80万元。又通过编制虚假银行对账单及科目汇总表，修改部分明细账，使资产负债表“银行存款”虚减4 500万元，“短期投资”虚减9 000万元，“短期借款”虚减4 000万元，“应付账款”虚减7 000万元，“长期借款”虚减2 500万元，共计虚减资产、负债各13 500万元，宇通客车在1999年年报中披露了虚假的资产和负债。

2002年10月，根据我国《证券法》规定，证监会对宇通客车作出处罚决定：责令公司改正年报虚假记载的行为；对公司处以30万元罚款；对公司原董事长路法尧处以警告，并罚款5万元；对原董事兼总经理、财务负责人汤玉祥，原董事会秘书齐建钢分别处以警告，并各罚款4万元；对签字董事分别处以警告，并各罚款3万元。认定河南华为会计师事务所在对宇通客车1999年年报审计时未勤勉尽责，没收非法所得30万元。

宇通客车作为上市公司中被MBO的股份均属非流通股，采用协议转让的方式完成转让，不同于国外的MBO，转让的标的是没有在市场上流通的法人股或国有股。没有披露转让价格，其转让行为没有做到市场化。存在暗箱操作的情况，难以保证交易的公正性和合法性。2002年10月23日，即宇通客车实施MBO一年多，宇通公告称收到证监会行政处罚决定书，指出宇通客车在编制1999年年报时采用编造虚假记账凭证等手法，共计虚减资产、负债各13 500万元。可以认为，虚减资产、负债，有缩小收购标的、为MBO提供方便之嫌。

① 杨昌平.财务报表虚减资产上亿元 会计事务所遭处罚引争议［EB/OL］.［2003-08-04］.https：//news.sina.com.cn/c/2003-08-04/2116503409s.shtml.

11.2.4 宇通分红

另一项指责是宇通客车的高派现举措。在2001年宇通集团股权协议转让后，宇通客车实行每10股派6元，上海宇通因间接控制2 350万股，因此，获得1 410万元分红；2002年宇通客车再度推出每10股派6元。连续两年共2 820万元的分红被认为是管理层筹措收购资金的举动。路法尧和汤玉祥则共同认为，宇通高派现持续多年，从1998年开始就连续高额分红派现，这两年这么做并没有什么不妥当。汤玉祥说："郑州一钢和中国公路等股东们都等着分红。再说，管理层收购的资金已经付清了，我们就是想还债，托管期也从宇通集团拿不到钱来。"宇通公司净利润分配情况见表11-1。

表11-1 **宇通公司净利润分配情况（1997—2002年）** 金额单位：元

年度	净利润	可分配利润	派现	派现率
1997	42 632 652.22	36 237 754.39	43 800 000.00	120.87%
1998	52 748 101.05	44 835 885.89	56 910 867.00	126.93%
1999	70 690 625.76	60 087 031.89		
2000	78 707 896.71	66 901 712.20	82 034 196.60	122.62%
2001	98 425 147.00	83 661 374.95	82 034 196.60	98.06%
2002	104 058 010.26	88 449 308.72		

由表11-1可知：宇通客车在实施MBO的前一年（1999年），管理层利用内部人控制优势，为2000年实施MBO，将1999年的利润隐藏，当年分红为零，而到2000年末实施MBO将隐藏的利润大量显现后，采用高分红、派现方式达到侵吞国有资产的目的。2000年每10股派发现金股利6元（含税），共计派发82 034 196.60元。如此计算，上海宇通因代宇通集团管理其所持2 350万股国家股，应享有此次高额分红的1 410万元。2001年4月，宇通客车又以10派6进行派现，上海宇通再次通过分红获得了1 410万元。两次下来管理层员工累计获派现达2 820万元。笔者以为，这正是宇通管理层转移国有资产以解决收购资金的违规操作。其结果是两次分红就已使MBO资金得到解决。对于高比例派现，虽然汤玉祥的解释是："一是这个钱我完全出得起，二是我必须回报股东。"但宇通客车2001年年报显示其现金流量为-2 524万元（每股-0.18元），而这正是2000年的高额分红所引致的，宁愿借款分红，难道是为了流通股股东？其结果是管理层员工一年收获1 000万元。

11.2.5 总结

作为我国国有企业和国有资产为第一大股东的上市公司宇通客车，MBO最大的受益者只能是作为买者的汤玉祥等管理层，他们谈判的王牌是内部人控制和由此而产生的不对称信息。宇通客车的管理层利用信息不对称，将1997年5.92元/股的净资产一调再调，将其净资产不断缩水，为的就是在实施MBO过程中，与郑州市国资局谈判收购价格时能够以底价收购。一旦MBO完成，高管人员再通过调账等方式使隐藏的利润合法地显现，从而实现年底大量分红以缓解管理层融资收购带来的巨大的财务压力，而这又与宇通客车2001年的高分红和高派现情况相吻合。

通过案例，我们可以发现，资产法在实践中易被管理当局利用，从而获取个人利益。

11.3 收益法案例——双汇[1]

2011年的“3·15”节目《“健美猪”真相》报道了河南孟州等地养猪场采用违禁动物药品“瘦肉精”饲养，有毒猪肉部分流向河南双汇集团下属分公司济源双汇食品有限公司[2]。

双汇发展（000895.SZ）被揭内幕后股票跌停。2011年3月16日，公司发布公告称，将就媒体所报道内容向相关方进行核实，同时，公司股票今日起停牌，待相关事项核实清楚后复牌。

双汇发展深陷“瘦肉精事件”，股价自复牌后便直线下降，直至2011年5月份才出现回升。双汇可谓是经历了上半年证券市场的跌宕起伏。如今，双汇的股价已经恢复正常，似乎已经逐渐走出瘦肉精的阴影。但是面临这样一个巨大的安全事件，双汇是否能够安然度过，还有待进一步考证。本部分通过对双汇2010年财务报表的数据的预测，采用自由现金流法对双汇进行价值评估，考察双汇发展的股价是否正常，是否反映了公司的价值。

11.3.1 双汇发展简介

双汇集团是以肉类加工为主的大型食品集团，总部位于“中国食品名城”河南省漯河市。目前，企业总资产70多亿元，员工4.5万人，年屠宰生猪1 500万头，年产肉制品150万吨，是中国最大的肉类加工基地，在2007年中国企业500强排序中列166位。

11.3.2 双汇发展趋势

1）“瘦肉精事件”影响深远

“瘦肉精事件”给双汇发展带来了重创，2011年3月15日双汇发展的股票跌停，当天市值蒸发掉103亿元，从3月15日起到3月31日影响销售额15亿元。不仅如此，济源双汇公司处理肉制品和鲜冻品预计直接损失3 000多万元。

除了直接的经济损失，对双汇发展的最大影响便是品牌的受损，作为肉制品行业的龙头企业，双汇发展的品牌价值是核心资源，“瘦肉精事件”撼动了双汇的垄断地位，雨润等后起之秀已悄然壮大，成为双汇发展日后发展的巨大威胁。

2）资产注入带来希望

双汇发展自2010年经停牌半年之久后，于2010年11月29日复牌，并公布了资产注入方案。根据当时披露的资产注入方案，双汇发展将向大股东双汇集团以每股50.94元定向增发5.93亿股，购买双汇集团旗下包括德州双汇在内的肉制品业务总计29家控股子公司的资产，资产评估总值约325.16亿元，同时，置换出双汇物流85%的股权（资产评估总值约16.64亿元），扣除拟注入资产拟实施约6.56亿元的分红，拟注入资产的净值约为301.96亿元。根据测算，这些拟注入资产2009年末净资产约为44.04亿元，2009年度主营业务收入166.07亿元，归属母公司股东的净利润约为12.62亿元。2010年1月至10月，拟注入资产净资产约为49.99亿元，营业收入184.34亿元，归属母公司股东的净利润约为14.23亿元。拟置换出资产双汇物流85%的股权，2009年净资产约为2.59亿元，营业收入7.18亿元，净利润约为0.94亿元，2010年1月至10月净资产约3.2亿元，营业收入7.38亿

① 食育网.2011年双汇“瘦肉精”事件［EB/OL］.［2021-08-14］.https：//www.foodhappy.cn/? p=533.

② 央视网.3•15特别行动“健美猪”真相［EB/OL］.［2011-03-15］.https：//tv.cctv.com/2011/03/15/VIDEnZ5DvuK3L9CZ8Wdy2Xgr110315.shtml.

元，净利润约为0.61亿元。

如果以2009年年报数据为参考，2009年度双汇发展营业收入283.51亿元，净利润9.11亿元，净利润率仅约为3.21%。而拟注入资产同期的净利润率水平高达7.6%，是双汇发展现有业务净利润率水平的两倍还多。拟注入资产可谓是优质资产。而置出资产双汇物流的净利润率更是高达13.1%，归属上市公司的净利润达0.799亿元，占当年上市公司净利润约8.77%，是上市公司较为重要的利润来源。

3）行业竞争激烈

在行业发展趋势面前，双汇发展原有竞争优势逐渐褪色。随着整个肉制品行业的发展，以及竞争格局的进一步深化，肉制品行业不可避免地面临着一次重新洗牌的机遇，双汇发展原有的依托于高温肉制品的竞争优势正在逐渐淡去，行业整合的契机对双汇而言，既是机遇也是挑战，如同跷跷板的两端，最终哪端会沉下去暂无定数。目前，国内肉食品行业两大巨头之一，后来者雨润食品，已悄然赶超双汇，其净利润由2005年的低于双汇到2009年半年度达到双汇的两倍，显示出强劲的发展态势。2009年9月，雨润食品和双汇发展相继公布了2009年半年报。其中，雨润半年净利润为8.41亿港元，同比增长36.86%；双汇半年净利润为3.64亿元，同比增长29.8%。

11.3.3 双汇的盈利预测

通过对双汇发展趋势的预测，将其未来发展进行了阶段划分。

（1）高速增长阶段

预期增长率为30%、25%、20%、15%，增长年数为4年。主要原因是双汇公司即将注入优质资产，这将为双汇带来又一轮的高速发展；同时，双汇公司与日资合作进入新产业，掌握肉制品发展的核心命脉，这也将促进双汇公司的进一步发展。

（2）稳定发展阶段

预期增长率为10%、9%、8%、7%、6%，增长年数为5年。肉制品行业竞争日益激烈，任何企业都不能保证可以长盛不衰，在现有的基础上高枕无忧。雨润等竞争对手的强劲发展态势无疑是双汇发展的一大障碍。

财务指标预测说明如下：

（1）营业收入

以2010年年报为基础，预测未来4年增长率分别为30%、25%、20%、15%，然后进入稳定发展阶段，增长率分别为10%、9%、8%、7%、6%。

（2）营业成本

此次预测，选取2009年与2010年双汇发展营业成本/营业收入的平均值93.03%。

（3）税金及附加

预计未来税收政策不会发生变化，按2009年和2010年税金及附加/营业收入的平均值计算。

（4）销售费用、管理费用、财务费用

销售费用根据近两年销售费用/营业收入的平均值进行测算。

投资收益：选取2009年、2010年年报中投资收益/营业收入平均值来计算。

（5）平均税率

根据企业所得税税率25%进行计算。

根据以上预测条件，得到双汇发展的盈利预测，见表11-2。

表11-2 **双汇发展的盈利预测表** 金额单位：百万元

年份	基期	2011年	2012年	2013年	2014年	2015年	2016年	2017年	2018年	2019年
预测假设										
营业收入增长率		30%	25%	20%	15%	10%	9%	8%	7%	6%
营业成本率	93.03%	93.03%	93.03%	93.03%	93.03%	93.03%	93.03%	93.03%	93.03%	93.03%
税金及附加/营业收入	0.21%	0.21%	0.21%	0.21%	0.21%	0.21%	0.21%	0.21%	0.21%	0.21%
销售费用/营业收入	3.60%	3.60%	3.60%	3.60%	3.60%	3.60%	3.60%	3.60%	3.60%	3.60%
管理费用/营业收入	1.31%	1.31%	1.31%	1.31%	1.31%	1.31%	1.31%	1.31%	1.31%	1.31%
财务费用/营业收入	-0.09%	-0.09%	-0.09%	-0.09%	-0.09%	-0.09%	-0.09%	-0.09%	-0.09%	-0.09%
投资收益/营业收入	0.33%	0.33%	0.33%	0.33%	0.33%	0.33%	0.33%	0.33%	0.33%	0.33%
所得税税率	25.00%	25.00%	25.00%	25.00%	25.00%	25.00%	25.00%	25.00%	25.00%	25.00%
利润表项目										
一、营业收入	36 749.34	47 774.14	59 717.68	71 661.21	82 410.39	90 651.43	98 810.06	106 714.87	114 184.91	121 036.00
减：营业成本	34 187.12	44 443.26	55 554.07	66 664.89	76 664.62	84 331.08	91 920.88	99 274.55	106 223.77	112 597.20
税金及附加	76.91	99.98	124.98	149.97	172.47	189.72	206.79	223.34	238.97	253.31
销售费用	1 322.22	1 718.89	2 148.61	2 578.33	2 965.08	3 261.59	3 555.14	3 839.55	4 108.32	4 354.81
管理费用	480.14	624.18	780.23	936.27	1 076.71	1 184.38	1 290.98	1 394.25	1 491.85	1 581.36
财务费用	-31.60	-41.08	-51.35	-61.62	-70.86	-77.95	-84.97	-91.76	-98.19	-104.08
加：投资收益	120.70	156.91	196.13	235.36	270.66	297.73	324.52	350.49	375.02	397.52
二、利润	835.25	1 085.82	1 357.27	1 628.73	1 873.03	2 060.34	2 245.76	2 425.43	2 595.21	2 750.92
减：所得税	208.81	271.46	339.32	407.18	468.26	515.09	561.44	606.36	648.80	687.73
净利润	626.44	814.36	1 017.95	1 221.55	1 404.77	1 545.25	1 684.32	1 819.07	1 946.41	2 063.19
EBIT	803.65	1 044.74	1 305.92	1 567.11	1 802.17	1 982.39	2 160.79	2 333.67	2 497.02	2 646.84
EBIT（1-T）	602.74	783.56	979.44	1 175.33	1 351.63	1 486.79	1 620.60	1 750.25	1 872.77	1 985.13

11.3.4 自由现金流预测

根据双汇发展的盈利情况，预计其未来发展资本性支出维持在5%，相应折旧增长按照资本性支出的5%计算，营运资本主要是流动资产，按照2009年、2010年流动资产/营业收入的平均值进行测算，并在此基础上预测营运资本的变动额。

通过上述假设预测双汇发展的现金流量，见表11-3、表11-4。

表11-3 预测公司的现金流量表 单位：百万元

年份	EBIT（1-T）	资本性支出	折旧	营运资本变动	自由现金流量
2010年	602.74	329.10	65.93	1 210.47	-870.91
2011年	783.56	345.55	69.22	1 210.47	-703.25
2012年	979.44	362.83	72.68	1 311.35	-622.05
2013年	1 175.33	380.97	76.32	1 311.35	-440.67
2014年	1 351.63	400.02	80.13	1 180.21	-148.47
2015年	1 486.79	420.02	84.14	904.83	246.08
2016年	1 620.60	441.02	88.35	895.78	372.14
2017年	1 750.25	463.07	92.76	867.91	512.03
2018年	1 872.77	486.23	97.40	820.18	663.76
2019年	1 985.13	510.54	102.27	752.22	824.65

表11-4 自由现金流价值评估 金额单位：百万元

年份	基期	2011年	2012年	2013年	2014年	2015年
自由现金流量	—	-703.25	-622.05	-440.67	-148.47	246.08
平均资本成本	—	10.46%	10.46%	10.46%	10.46%	10.46%
折现系数	—	0.91	0.82	0.74	0.67	0.61
预期现金流现值	-327.15	-636.66	-509.82	-326.97	-99.73	149.64
期末现金流现值	7 616.44	709.35	802.73	872.05	907.9	904.12
总价值	7 289.28	—	—	—	—	—
债务价值	4 446.46	—	—	—	—	—
股权价值	2 842.82	—	—	—	—	—
年份	基期	2016年	2017年	2018年	2019年	—
自由现金流量	—	372.14	512.03	663.76	824.65	—
平均资本成本	—	10.46%	10.46%	10.46%	10.46%	—
折现系数	—	0.55	0.5	0.45	0.41	—
预期现金流现值	-327.15	204.87	255.19	299.48	336.84	—
期末现金流现值	7 616.44	892.17	872.3	844.97	810.86	—
总价值	7 289.28	—	—	—	—	—
债务价值	4 446.46	—	—	—	—	—
股权价值	2 842.82	—	—	—	—	—

11.3.5 自由现金流的折现估算

进行现金流折现计算时，采用加权平均资本成本（WACC）作为折现系数。

（1）权益资本成本的估算

无风险利率采用现在10年期附息国债的平均利率3.99%，由于我国的国债是用单利计算，而进行价值评估需要使用复利作为折现率，因此，将国债利率转化为复利，为4.06%。双汇公司2010年底的β值为1.162271。以1993年至2009年上证综合指数的平均年涨幅14.0825002%作为市场预期收益率。把以上取值代入资本资产定价模型公式，得到权益资本成本：

K_{β}=4.06%+1.162271×（14.08%−4.06%）=15.71%

（2）债务资本成本的估算

债务资本成本采用银行5年期贷款利率5.50%。

（3）加权平均资本成本的估算

由于前面已假定公司资产负债率保持61%不变，2010年至2012年企业所得税税率为25%，因此，公司的加权平均资本成本为：

2010年至2012年的WACC=20.38%×（1−61%）+5.50%×（1−25%）×61%=10.46%

对自由现金流折现分析，可以得到预期自由现金流现值，加上企业期末现金流量现值，得到双汇发展总价值为7 289.28百万元，公司债务现值为4 446.46百万元，每股价值等于7.34元（4 446.46÷605.99）。2010年12月31日的股价为87元。双汇的股价被高估。

11.3.6 总结

DCF法使用起来比较复杂，在实际应用时，必须满足一个假设前提，即公司经营持续稳定，未来现金流量序列可预期且为正值。另外，使用WACC法确定贴现必须具备经营风险相同、资本结构不变及股利分配制度稳定的在内严格假设。这些假设的存在使得DCF法在评估实践中往往会因一些特殊情况受到限制，具体体现在：

对于当前存在经营困难的公司而言，这些公司的当前现金流或收益往往为负，而且可能在将来的很长一段时间内还会为负。

DCF法只能估算已经公开的投资机会和现有业务未来的增长所能产生的现金流的价值，没有考虑在不确定性环境下的各种投资机会，而这种投资机会将在很大程度上决定和影响公司的价值。

对于拥有某种无形资产，但目前尚未利用，预期现金流量难以估计，就会低估公司价值。DCF法比较适合预计在某一段时期内现金流量相对稳定的上市公司。

11.4 EVA价值评估——双汇

EVA（economic value added）即经济增加值，是一种度量企业业绩的指标，作为企业管理中有用的工具之一，EVA可以全面地衡量企业的经营业绩，反映管理价值的所有方面。

EVA不仅是近年来在国外比较流行的用于评价企业经营管理状况和管理水平的重要指标，而且还可以引入价值评估领域，用于评估企业价值。

继续运用双汇发展的财务数据，采用EVA的价值评估方法对其进行价值评估。

11.4.1 税后净营业利润（NOPAT）的估算

根据前面的盈利预测，双汇在未来的经营中暂不考虑资产减值损失、营业外收支和补贴收入，递延税款的变动暂不予考虑，因此，税后净营业利润，EBIT（1-T）的计算公式为：

税后净营业利润=税后净利润+利息支出

11.4.2 资本总额（CAP）的估算

资本总额=股东权益+各种准备+递延贷方余额+短期借款+一年内到期的长期借款+长期借款+应付债券-在建工程及工程物资

其中：各种准备，即坏账准备、存货跌价准备等；

递延贷方余额，如余额在借方即为负的递延借方余额。

2009年双汇发展的资本总额为4 354.66百万元。

假定双汇发展的资本总额的变动主要表现为固定资产净值的变动，根据前面的假设，每年的资本性支出在下年度形成固定资产，因此，每年的资本总额增加额为上年资本性支出扣除上年计提的折旧后的余额（见表11-5）。

表11-5 **资本总额** 单位：百万元

年份	年初资本总额	资本性支出	折旧	年末资本总额
2010	4 354.66	329.10	65.93	4 617.83
2011	4 617.83	345.55	69.22	4 894.16
2012	4 894.16	362.83	72.68	5 184.31
2013	5 184.31	380.97	76.32	5 488.96
2014	5 488.96	400.02	80.13	5 808.85
2015	5 808.85	420.02	84.14	6 144.73
2016	6 144.73	441.02	88.35	6 497.41
2017	6 497.41	463.07	92.76	6 867.72
2018	6 867.72	486.23	97.40	7 256.54
2019	7 256.54	510.54	102.27	7 664.81

双汇发展总价值为7 289.28百万元，公司债务现值为4 552.37百万元，每股价值等于7.51元（4 552.37÷605.99）。2010年12月31日的股价为每股87元。双汇的股价被高估。双汇发展的EVA价值评估见表11-6。

表11-6 **EVA价值评估** 金额单位：百万元

年份	基期	2011年	2012年	2013年	2014年	2015年
自由现金流量	—	-703.25	-622.05	-440.67	-148.47	246.08
资本总额	—	4 617.83	4 894.16	5 184.31	5 488.96	5 808.85
平均资本成本	—	10.46%	10.46%	10.46%	10.46%	10.46%

续表

年份	基期	2011年	2012年	2013年	2014年	2015年
投资回报	—	483.03	511.93	542.28	574.15	607.61
经济增加值	—	-1 186.28	-1 133.98	-982.95	-722.62	-361.53
折现系数	—	0.91	0.82	0.74	0.67	0.61
预期经济增加值现值	-327.15	-1 073.94	-929.39	-729.32	-485.39	-219.84
后续价值	7 616.44	—	—	—	—	—
期初资本	4 617.83	—	—	—	—	—
现值合计	12 234.27	—	—	—	—	—
债务价值	7 462.90	—	—	—	—	—
股权价值	4 552.37	—	—	—	—	—
年份	基期	2016年	2017年	2018年	2019年	—
自由现金流量	—	372.14	512.03	663.76	824.65	—
资本总额	—	6 144.73	6 497.41	6 867.72	7 256.54	—
平均资本成本	—	10.46%	10.46%	10.46%	10.46%	—
投资回报	—	642.74	679.63	718.36	759.03	—
经济增加值	—	-270.60	-167.60	-54.60	65.61	—
折现系数	—	0.55	0.50	0.45	0.41	—
预期经济增加值现值	-327.15	-148.97	-83.53	-24.63	26.80	—
后续价值	7 616.44	—	—	—	—	—
期初资本	4 617.83	—	—	—	—	—
现值合计	12 234.27	—	—	—	—	
债务价值	7 462.90	—	—	—	—	
股权价值	4 552.37	—	—	—	—	

11.4.3 总结

在运用EVA对双汇进行价值评估时，我们发现多数情况下需要进行调整，才能使

EVA达到精确程度。一项调整是否重要可以按照下列原则进行判断：这项调整对EVA是否真有影响；管理层是否能够影响与这项调整相关的支出；这项调整对执行者来说是否容易理解；调整所需的资料是否容易取得。在计算时，哪些进行调整，哪些不进行调整是一个很主观的判断，很难在简便与准确之间进行权衡。

资本成本的确定存在困难，尤其是股权成本。股权成本的计算方法很多，但是选择哪种计算方法最合适，还没有定论。资本成本具有隐含性，它并非公司真正支付的成本，反映的是一种估计资本的机会成本。由于估计标准的差异，因此，计算出的资本成本也会存在差异，而最终选择以何种计算方法作为公司实际运用的资本成本往往依赖管理人员的经验判断。

11.5 DEVA模型案例——P公司

近年来，我国电子商务行业的蓬勃发展，平台产品品类和用户结构不断丰富，交易规模持续扩大，电商企业间的竞争也日渐加剧。不同于传统电商平台主要依靠用户的主动搜索实现流量变现的商业模式，P公司以其独创的社交拼团为核心模式，致力于为中国最广大的普通消费者创造价值，在不到6年的时间内便超越阿里巴巴、亚马逊等，成为全球用户规模最大的电商平台。作为一家典型的互联网企业，P公司的疯狂成长和模式一直饱受质疑，其市值也广受人们的关注。我们借用DEVA模型来评估P公司的企业价值，并与2020年12月31日案例企业的实际市场价值进行比较，进而分析模型在实际应用时的不足，并结合互联网企业的自身特点，提出模型修正思路，使预估价值更符合企业的实际情况。

11.5.1 P公司发展历程[①]

P公司最早由创始人的游戏公司孵化而成，是国内移动互联网的主流电子商务应用产品。平台始终将消费者需求放在首位，通过C2M的拼团购物模式覆盖全品类商品，利用微信等社交应用扩大影响力，用户可以通过发起和朋友、家人、邻居等的拼团，以更低的价格购买到优质的产品。2015年9月，P公司公众号正式上线，两周内粉丝数破百万，上线四个半月，付费用户突破1 000万人。2016年7月，P公司用户量突破1亿人，获得B轮1.1亿美元融资。2017年，P公司的GMV达到上亿元人民币，类比其他电商平台，达到这一业绩，京东用了10年时间，唯品会用了8年，淘宝用了5年，P公司只用了两年零三个月，“千亿P公司”的标签由此诞生。

2018年7月26日，P公司成功登陆纳斯达克发行上市，发行价为每股19美元，市值达240亿美元。上市后的首份财报显示，2018年第二季度，P公司实现营收27.09亿元，较去年同期增长2 489%。P公司在未上市之前，活跃买家数已有0.68亿人，单月成交总额接近6亿美元。上市后更是发展迅速，在2019年发布的2018年度中国零售百强名单中，P公司排名第3，入选“2019福布斯中国最具创新力企业榜”。2019年10月25日，P公司市值

① 王海.市值超越京东，拼多多成中国第四大互联网公司［EB/OL］.［2019-10-25］.https：//www.yicai.com/news/100376942.html.
产品大观.2年半的时间，拼多多如何狂揽3亿用户，实现月GMV超30亿？［EB/OL］.［2018-03-13］.https：//www.woshipm.com/evaluating/957668.html.

增加至464亿美元，已超过京东成为中国市值第四的互联网企业。2019年年报显示其营收301.4亿元，活跃买家5.8亿人，单季度净增4 890万人，较上一年同期净增1.67亿人。截至2020年底，P公司年活跃买家数达7.884亿人，一跃成为中国用户规模最大的电商平台。从经营发展来看，P公司无疑是成功的，创造了中国互联网史上的一个小奇迹，改变了中国电商，乃至中国互联网的格局。

11.5.2 DEVA企业价值评估

1）单个用户的初始投入成本的确认

单个用户的初始投入成本是指互联网企业在经营初期为了获得每个用户所付出的成本。一般认为，将企业初始投入成本除以企业活跃用户数即可作为单个用户的初始投入成本，但对于初始投入成本有着不同的解读，如公司成立时的注册资本，公司最新披露的注册资本，公司上市时的累计融资额，公司为了获取用户而产生的销售总成本或各种营销、研发开支等，为使各数据在时间上相匹配，本节选取价值评估点的注册资本作为初始投入成本来进行进一步计算。P公司2020年度财报显示，截至2020年12月31日，公司公开披露的注册资本为159 000元人民币，年活跃买家数达7.884亿人。故单个用户的初始投入成本为：

$$M=159\ 000\div 7.884\div 100\ 000\ 000=0.00020167428\text{（元/人）}$$

2）单位经济周期内的用户价值的确认

DEVA模型对于用户价值的界定比较模糊，常见的方法是直接采用一个经济周期内的活跃用户数量。由于互联网企业的生命周期较短，产品更新迭代快，若直接以年作为互联网企业的经济周期计算用户价值，企业价值将明显被高估，可见，确定互联网企业的经济周期十分重要。ALexa排名显示的P公司的三月平均访问人数（UV）达576 000人，三月平均访问量（PV）达4 896 000次。一个网站的浏览量越高，说明这个网站的知名度越高，内容越受用户喜欢，平均访问量反映了网站内容是否对用户有足够的吸引力。相对于年活跃用户来说，月用户访问量更为直观有效，且避免了周期太短的偶然性限制，加之电商平台展示销量常以月为单位，所以，月累计访问量更加符合单位经济周期内用户价值的界定，因此，本节选择一个月作为一个经济周期，即单位经济周期内的用户价值为：

$$C = 4\ 896\ 000\times 30= 146\ 880\ 000\text{（次）}$$

3）P公司企业价值评估

根据DEVA模型，P公司在2020年12月31日的企业价值为：

$$V=M\times C^2=0.00020167428\times 146\ 880\ 000^2\div 100\ 000\ 000=43\ 509\text{（亿元）}$$

结果是评估基准日P公司的市值14 211亿元的三倍多。运用DEVA估值方法所得到的企业价值是互联网企业的内在价值，计算结果表明，P公司当日的实际市值被低估了。

11.5.3 总结

由于互联网企业的自身特性，传统估值方法已经无法很好地适用。DEVA模型从互联网企业的角度出发，遵循企业的价值驱动因素，认为企业价值与用户规模相关，将初始投入成本平摊到每一位用户身上，量化了用户在使用过程中带来的价值增长，通过估算每位用户为企业带来的现金流以及用户之间的关系和规模来估算企业价值，更加直观地反映了影响互联网企业价值的核心因素。通过案例我们可以发现，虽然中国的互联网发展起步较晚，但发展十分迅速，而且互联网企业的投资价值是极高的。

在实际的经济活动和资本运作中，由于企业用户数量不断增长，企业价值增长速度会逐渐放缓，边际效应会逐渐减小，这时运用DEVA模型就会高估企业价值。同时，DEVA模型只体现出了企业的初始投资价值和用户数量，局限性较大，在实务应用时，可以在此基础上，根据不同类型互联网企业的特点对模型进行调整、扩充或修正，例如，重新定义初始投资成本、修正用户价值属性、调整企业价值与用户价值之间的关系、引入其他参数等，以便更为科学客观地评估互联网企业的价值。

11.6 公司可持续价值评估案例——X公司①

11.6.1 选取企业

X公司属于工程机械行业，主要从事工程起重机械、铲运机械、压实机械、混凝土机械、路面机械、消防机械、其他工程机械及工程机械备件的研发、制造和销售。公司的主要产品为起重机械、铲运机械、压实机械、路面机械、桩工机械、消防机械、环卫机械。公司自主研发多项设备，引领了中国机械的高端制造。

案例选取X公司进行可持续价值评估分析主要基于两个方面：一是X公司目前处于高速增长的阶段，适合用现金流折现模型进行企业经济价值评估；二是作为工程机械企业，X公司在其经营年度积极履行社会责任，完成对社会、生态环境的贡献，适合作为案例企业展开企业可持续价值评估方法的探讨。

11.6.2 确定预测区间

1）预测的基期

本书所选案例的基准评估日为2020年12月31日，以X公司2020年实际数据作为基期数据。

2）调整阶段和稳定阶段的划分

由X公司营业收入变化情况可知，公司目前正处于高速发展阶段。2020年公司营业收入为739.7亿元，较上年增长25%，预测X公司在未来5年内增长率将维持在50%，在第6~9年营业收入增长率会有所放缓，第6、7年减少10%，第8、9年每年减少10%，之后维持稳定。X公司营业收入预测见表11-7。

表11-7 X公司营业收入预测表

年份	基期	2021年	2022年	2023年	2024年	2025年	2026年
营业收入增长率	25%	50%	50%	50%	50%	50%	40%
年份	基期	2027年	2028年	2029年	2030年	2031年	2032年
营业收入增长率	25%	40%	30%	20%	20%	20%	20%

① 参见徐工集团工程机械股份有限公司2016—2020年年度报告。

11.6.3 企业经济价值评估

1）历史自由现金流量的计算

其计算方法是以息前税后营业利润为基础，扣除各种必要的现金支出，加上折旧与摊销后得出。计算公式如下：

自由现金流量=息前税后营业利润-营业流动资产增加-资本支出+折旧与摊销

根据X公司2016—2020年年度报告计算历史自由现金流量，见表11-8。

表11-8 **X公司2016—2020年度自由现金流量** 单位：亿元

项目	2020年	2019年	2018年	2017年	2016年
营业收入	739.68	591.76	444.10	291.31	168.91
减：营业成本	613.41	488.48	369.98	236.29	136.07
税金及附加	2.74	2.67	2.17	1.84	1.36
管理费用	10.25	8.83	7.83	6.90	14.54
销售费用	30.95	28.60	22.72	16.52	12.77
财务费用	8.36	21.27	17.79	14.77	—
息税前营业利润	73.97	41.91	23.61	14.99	4.17
减：所得税	5.50	4.57	1.59	1.25	0.39
息前税后营业利润	68.47	37.34	22.02	13.74	3.78
减：营业流动资产增加	38.15	−197.07	94.76	56.87	−23.31
长期投资的增加	3.37	78.10	−11.95	−48.62	65.44
固定资产的增加	−2.56	−43.48	−0.13	−3.55	15.14
在建工程的增加	1.07	−5.57	3.91	2.35	−0.76
无形资产的增加	0.65	−9.75	2.19	1.63	3.22
其他长期资产的增加	47.16	66.33	13.11	0.31	35.58
加：无息长期负债的增加	0.51	59.18	−9.80	−21.61	11.17
累计折旧与摊销	71.02	63.59	49.33	54.68	40.96
自由现金流量	52.16	271.55	−40.34	37.82	−39.40

2）未来自由现金流量的预测

（1）营业收入

根据X公司近年来营业收入变动情况，预测X公司在未来5年内将维持50%的高速增长率，考虑到行业投资资本回报率较高，会吸引竞争者进入市场，预测第6~10年营业收入增长率逐步下降，直到2029年增长率为20%，并维持稳定。根据完全竞争市场理论，随着竞争者进入和技术水平进步，X公司最终将维持稳定发展，以2029年的营业收入水平保持下去。

（2）营业成本

X公司2016—2020年营业成本/营业收入在80.56%~83.31%波动，均值为82.09%，以此作为营业成本/营业收入预测值。

（3）税金及附加

X公司从2016年起税金及附加/营业收入在0.55%上下波动，故采用0.55%作为税金及附加/营业收入的预测值。

（4）期间费用

对X公司期间费用作如下预测：管理费用/营业收入、销售费用/营业收入、财务费用/营业收入均呈下降趋势，均值分别为3.12%、5.47%和2.76%。基期值为1.39%、4.18%和1.13%。因此，以1.20%、3.85%和0.85%作为预测值。

（5）所得税税率

假设X公司2020年适用的所得税税率为13%，因此，预测X公司未来适用所得税税率仍为13%。

（6）营业流动资产

预测X公司每年营业流动资产的增加均为100亿元。

（7）资本支出

X公司2019—2020年资本支出分别为43.74和46.40，预测每年的增加率为2%。

（8）累计折旧与摊销

预计X公司累计折旧与摊销每年的增加率为10%。

（9）未来现金流量的预测结果

综合以上对X公司各指标的预测，计算得到未来自由现金流量预测的结果见表11-9。

表11-9 **未来自由现金流量预测** 单位：亿元

项目	2021年	2022年	2023年	2024年	2025年	2026年
息税前营业利润	129.01	195.63	295.57	445.48	670.35	129.01
减：所得税	16.77	25.43	38.42	57.91	87.15	16.77
息前税后营业利润	112.24	170.20	257.15	387.57	583.20	112.24
减：营业流动资产的增加	100.00	100.00	100.00	100.00	100.00	100.00
资本支出	44.61	45.51	46.42	47.35	48.29	44.61
加：累计折旧与摊销	78.12	85.93	94.53	103.98	114.38	78.12
自由现金流量	45.75	110.62	205.26	344.20	549.29	45.75
项目	2027年	2028年	2029年	2030年	2031年	2032年
息税前营业利润	1 317.96	1 582.40	2 058.39	2 677.19	3 481.62	1 317.96

续表

项目	2027年	2028年	2029年	2030年	2031年	2032年
减：所得税	171.33	205.71	267.59	348.03	452.61	171.33
息前税后营业利润	1 146.62	1 376.69	1 790.80	2 329.15	3 029.01	1 146.62
减：营业流动资产的增加	100.00	100.00	100.00	100.00	100.00	100.00
资本支出	50.25	51.25	52.28	53.32	54.39	50.25
加：累计折旧与摊销	138.40	138.40	138.40	138.40	138.40	138.40
自由现金流量	1 134.77	1 363.84	1 776.92	2 314.23	3 013.02	1 134.77

3）加权平均资本成本的计算

加权平均资本成本是根据企业未来面临风险的评估，对企业期望的最小收益率：

$$WACC=R_d\cdot\frac{D}{M}+R_e\cdot\frac{E}{M}$$

其中，R_d为税后债务成本，R_e为股权成本，M为总长期资本，D为债务资本，E为股权资本。

债务资本=短期借款+一年内到期的长期借款+长期借款+应付债券

权益资本=普通股权益+少数股东权益

最终计算得：

WACC≈27%。

4）折现系数

表11-10是根据复利系数表查得的复利现值系数（27%）。

表11-10 **复利现值系数表**

年份	2021年	2022年	2023年	2024年	2025年	2026年
折现系数	0.7874	0.6200	0.4882	0.3844	0.3027	0.2383
年份	2027年	2028年	2029年	2030年	2031年	……
折现系数	0.1877	0.1478	0.1164	0.0916	0.0721	……

5）企业经济价值的计算

详细预测期现金流量现值=各期现金流量现值=1 970.93（亿元）

稳定期终值=现金流量$_{t+1}$/（资本成本－现金流量增长率）=3 967.02×（1+20%）/（27%-20%）

=68 006.06（亿元）

稳定期现值=稳定期终值×折现系数=68 006.06×0.0721=4 903.24（亿元）

企业实体价值=详细预测期现金流量现值+稳定期现值=1 970.93+4 903.24=6 874.17（亿元）

11.6.4 企业社会价值、生态环境价值对企业可持续价值的调整系数计算

结合X公司的实际情况，设计X公司企业社会、生态环境价值指标体系，见表3-9。从X公司官方网站以及巨潮资讯网上公布的各年度社会责任报告中获取相关数据。

1）建立模糊层次分析模型

根据专家对X公司社会、生态环境价值二级指标贡献情况的打分，构建权重向量：

$$A=\begin{pmatrix} 1 & 3 & 3 & 5 & 6 & 7 \\ 1/3 & 1 & 2 & 5 & 7 & 7 \\ 1/3 & 1/2 & 1 & 3 & 7 & 9 \\ 1/5 & 1/5 & 1/3 & 1 & 3 & 5 \\ 1/6 & 1/7 & 1/7 & 1/3 & 1 & 3 \\ 1/7 & 1/9 & 1/9 & 1/5 & 1/3 & 1 \end{pmatrix}$$

建立适合的隶属函数将统计评价值归一化，从而构建评价矩阵：

（1）列向量归一化

$$\begin{pmatrix} 0.460 & 0.606 & 0.455 & 0.344 & 0.247 & 0.219 \\ 0.153 & 0.202 & 0.304 & 0.344 & 0.288 & 0.219 \\ 0.153 & 0.101 & 0.152 & 0.206 & 0.288 & 0.281 \\ 0.092 & 0.040 & 0.051 & 0.069 & 0.123 & 0.156 \\ 0.077 & 0.029 & 0.022 & 0.023 & 0.041 & 0.094 \\ 0.066 & 0.022 & 0.017 & 0.014 & 0.014 & 0.031 \end{pmatrix}$$

（2）按行求和

$$\begin{pmatrix} 2.431 \\ 1.510 \\ 1.181 \\ 0.531 \\ 0.286 \\ 0.164 \end{pmatrix}$$

（3）归一化

$$\begin{pmatrix} 0.388 \\ 0.252 \\ 0.197 \\ 0.089 \\ 0.047 \\ 0.027 \end{pmatrix}=W，AW=\begin{pmatrix} 2.652 \\ 1.741 \\ 1.296 \\ 0.561 \\ 0.288 \\ 0.166 \end{pmatrix}$$

$AW=\lambda W$

$$\lambda=\frac{1}{6}\left(\frac{2.652}{0.388}+\frac{1.741}{0.252}+\frac{1.296}{0.197}+\frac{0.561}{0.089}+\frac{0.288}{0.047}+\frac{0.166}{0.027}\right)=6.469$$

因此，

$W=[0.388,\ 0.252,\ 0.197,\ 0.089,\ 0.047,\ 0.027]^{T}$，$\lambda = 6.469$

2）权重计算及一致性检验结果

准则层对目标层的一致性检验结果如下：

$$CI=\frac{6.469-6}{6-1}=0.094,\ CR=\frac{CI}{RI}=\frac{0.094}{1.26}=0.0744<0.1$$

所以，具有满意的一致性。目标层对准则层的一致性进行检验，均可通过。

根据评价指标间的从属关系，建立模糊层次分析模型：

$$B=AR=[a_1,\ a_2,\ a_3,\ \cdots,\ a_n]\cdot\begin{pmatrix} r_{11} & \cdots & r_{1n} \\ \vdots & \ddots & \vdots \\ r_{m1} & \cdots & r_{mn} \end{pmatrix}=[b_1,\ b_2,\ b_3,\ \cdots,\ b_n]$$

根据一致性检验结果判定利用模糊层次分析法求得的权重进行计算，将评价结果运用标度值进行分析。

模糊互补判断矩阵R是指对上一层某元素、本层次和相关元素之间的重要性对比。经过专家打分可得判断矩阵：

$$R=\begin{pmatrix} 0.5 & 0.5 & 0.6 & 0.6 & 0.7 & 0.8 \\ 0.4 & 0.5 & 0.6 & 0.7 & 0.8 & 0.8 \\ 0.4 & 0.4 & 0.5 & 0.6 & 0.6 & 0.7 \\ 0.4 & 0.5 & 0.6 & 0.5 & 0.6 & 0.7 \\ 0.3 & 0.2 & 0.4 & 0.4 & 0.5 & 0.6 \\ 0.2 & 0.2 & 0.3 & 0.3 & 0.4 & 0.5 \end{pmatrix}$$

综合评价矩阵B=(0.246，0.271，0.204，0.165，0.079，0.035)

将评价确定为百分制，于是得到向量 $V=(0.2,\ 0.25,\ 0.45,\ 0.10,\ 0.30,\ 0.40)^T$。

最终评价结果则为S=B·V，表示社会价值、生态环境价值对企业整体可持续价值的调整系数。最终计算得S≈28%。

11.6.5 企业可持续价值评估

（1）企业社会价值、生态环境价值调整后的自由现金流量

FCFF′=息税前利润×（1−所得税税率）×（1+S）+折旧−（资本性支出+净营运资本增加），见表11−11。

表11−11 **企业社会价值、生态环境价值调整后的自由现金流量** 单位：亿元

项目	2021年	2022年	2023年	2024年	2025年	2026年
调整后的自由现金流量	77.17	158.28	277.26	452.72	712.59	1 035.58
项目	2027年	2028年	2029年	2030年	2031年	……
调整后的自由现金流量	1455.84	1 749.31	2 278.35	2 966.40	3 861.14	……

（2）社会价值、生态环境价值调整后的加权平均资本成本

WACC′=借款利率×（1−所得税税率）×负债率+ECC′×（1−负债率）

（3）社会价值、生态环境价值调整后的股权资本成本

$$ECC'=无风险利率+\frac{[市场平均收益率-无风险利率]\times\beta}{(1+S)}$$

计算得：

WACC′≈22%

表11−12是根据复利系数表计算得到的复利现值系数（22%）。

表11−12 **折现系数**

年份	2021年	2022年	2023年	2024年	2025年	2026年
折现系数	0.8197	0.6719	0.5507	0.4514	0.3700	0.3033
年份	2027年	2028年	2029年	2030年	2031年	……
折现系数	0.2486	0.2038	0.1670	0.1369	0.1122	……

由于企业履行社会责任创造社会、环境价值的过程与企业经济价值实现具有很强的相关性，因而可得出X公司的企业综合价值评估结果计算如下：

详细预测期现金流量现值=∑各期现金流量现值=3 510.23（亿元）

稳定期终值=现金流量$_{t+1}$/（资本成本−现金流量增长率）=5 082.56×（1+20%）/（22%−20%）

=304 953.60（亿元）

稳定期现值=稳定期终值×折现系数=304 953.60×0.1122=34 215.79（亿元）

企业实体价值=详细预测期现金流量现值+稳定期现值=3 510.23+34 215.79=37 726.02（亿元）

11.6.6 总结

利用现金流量折现模型计算得到X公司企业实体价值为6 874.17亿元，而引入企业社会责任指标对企业自由现金流量、加权平均资本成本和详细预测期后税后净利润的长期增长率进行调整后计算得到X公司企业实体价值为37 726.02亿元，表明引入企业社会价值的分析后，企业价值估值明显提高。

需要重点说明，本案例所采用的方法，是企业可持续价值评估方法的探索之一，还有很多问题值得进一步研究。本案例重点在于根据X公司履行社会责任影响企业价值的逻辑机理以及公开数据进行企业社会、生态环境调整系数计算。在企业价值评估实务中，应该对评估对象进行现场调查后，设计更为科学合理的评估指标，而且应该根据大样本的统计分析，设计较为具体的企业社会价值、生态环境价值评价指标体系。

12 增长管理案例

12.1 公司增长之战略篇——多元化与专业化

在企业增长的话题之中，多元化还是专业化的争论一直都没有停止过。而在多元化和专业化的领域，都曾经出现过真正伟大的公司，选择哪一条道路并不意味着谁对谁错，真正重要的是，在任何时候，正确地认清公司的位置，遏制盲目扩张的冲动，把握核心竞争力，理性成长。

核心竞争力最早是美国经济学家普哈拉德和哈默于1990年在《哈佛商业评论》中提出的。他们认为，核心竞争力是组织中的积累性学识，特别是如何协调不同生产技能和有机结合多种技术流派的学识，并且指出就长期而言，起决定作用的是造就和增强公司的核心竞争力。何谓核心竞争力？简单地说，是企业在经营过程中形成的不易被竞争对手模仿的能带来超额利润的独特能力。它是企业在生产经营、新产品研发、售后服务等决策和营销过程中形成的，具有自己独特优势的技术、文化或机制所决定的巨大的资本能量和经营实力。

20世纪50年代，著名的经营战略学家安索夫在《产品-市场战略组合》一书中提出了多元化战略。20世纪60、70年代被美国、日本和欧洲的许多大公司所采用，并一度掀起热潮。多元化战略指的是企业同时经营两种以上基本经济用途不同的产品或劳务的一种发展战略。随着市场竞争的日益激烈，企业规模的不断扩大，多元化战略日益成为现代企业的一种发展趋势。

企业具有强大的核心竞争力就意味着它具有大量开发新产品或新市场的潜力。若其生产和经营仅局限于某一特定领域，就是资源的极大浪费。因此，适度、适时地推进多元化战略可以提高核心竞争力以及资源的利用效率。

专业化就是一个组织减少其生产活动中的不同职能的操作的种类；或者说，将生产活动集中于较少的不同职能的操作上。专业化经营又称为集中经营，是相对于多元化经营提出的，是指公司选择在一个业务领域内发展，不盲目选择进入其他的行业，只专注于自己选择的发展空间。

无论是选择多元化抑或是选择专业化，最终的目的都是希望能够突破当前发展前景，最终实现公司的增长。麦肯锡的增长三层面示意图（如图12-1所示）可以体现公司这种内在的需求。公司经营的第一层面是拓展并确保自身核心业务的运作，因为只有立足自身核心业务，才可能有满足未来继续发展的资源和现金，才能够真正培养自己的核心能力，成为行业之中难以被替代的选手。

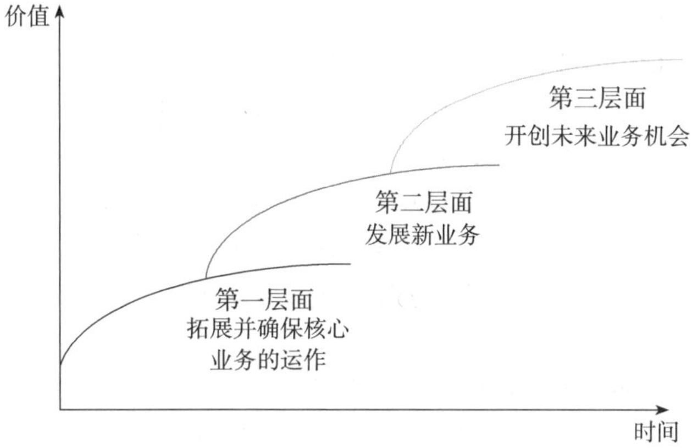

图12-1 麦肯锡增长三层面

但是，任何行业都有自身的发展规律，也将经历萌芽、成长、成熟、衰退的各个阶段，当公司原有的核心业务及主营产品已经进入成熟甚至衰退期时，市场竞争力度进一步加大而利润率不断下降，为了维持公司的增长不得不寻找新的增长点。部分公司的专业化正是由此开始的，在本行业利润微薄之后开始在其他行业寻找拓展的机会。

专业化与这种增长的需求并不矛盾，不同点在于新业务发生在原来的行业范围之内。专业化领域内新业务的拓展，可能出于满足顾客从前未被发掘的需求，可能进行技术创新，推出具有划时代意义的产品。战略的选择只取决于公司核心能力的适配性与公司运作战略的运营能力，对于财务人员而言，更为重要的是怎样实现财务战略与公司战略的适配。麦肯锡增长管理三层面的特点见表12-1。

表12-1 **麦肯锡增长管理三层面的特点**

项目	第一层面	第二层面	第三层面
衡量标准	利润 投资回报	销售收入 净现值	选择方案价值
关键成功因素	集中于业绩	营造创业环境	不懈地探索
人才	业务维持者	建立业务者	有远见者
能力	完整的能力基础	通过购买或自己发展需要的能力	能力要求可能不十分清楚
激励理念	以财务方面为主	以里程碑为主	以行为/具体工作为主

12.1.1 案例：万科的成功秘诀——专业化①

1992年至2007年是万科持续快速发展的黄金25年，公司的主营业务年增长超过26%，净利润年增长超过34%，自2004年起，更是连续3年增长速度超过50%。2004年增长61.91%，2005年增长53.8%，2006年增长59.56%。万科已连续26年持续高速增长。

万科住宅产业化进程如下：

• 1999年12月，万科住宅产业化研究基地的前身“万科集团建筑研究中心”成立，

① 孟杰，曲若鹏.专业化企业集团内、外部资本市场的互补——基于万科集团的案例研究［J］.中国证券期货，2011（7）：209-210.

开始致力于对建筑部件的研究。

• 2004年，万科住宅产业化研究基地正式启动住宅产业化研究项目。万科将自己的学习目标确定为前田建设。

• 2006年4月，住宅产业化专家伏见文明加盟万科。

• 2007年10月，万科与北京榆树庄构件厂建立战略合作关系。

• 2007年11月，上海万科新里程20、21号楼建成，万科住宅产业化由实验室走向市场。

• 2007年11月，建设部授予万科企业联盟型国家住宅产业化基地资格。

• 2007年12月，万科住宅产业化研究基地4号实验楼建成。该楼实现了产业化模式下的最高预制级别S级：所有主体结构及重要部件全部预制。

• 2009年，万科40%开工量将使用工业化生产。

• 2014年，万科全部开工量将使用工业化生产。

万科的运作模式主要为在不同城市的郊区大规模复制，产品单一化，目标客户明确，体制上采取一个总部强势控制，有计划地在郊区连锁开店的模式。万科开发的城市中心区域外围的“城市花园”、城郊接合部的“四季花城”和城市中心区的“金色家园”等都在不同城市实现了成功复制。而房地产行业，由于地区差异性大和房产的特殊属性，曾经被认为是一个最难以实现复制的行业，万科却成功地在这个行业实现了异地复制。总结其秘诀，可以概括为专业化、规范化、制度化和标准化。而实际这“四化”正体现着对商业逻辑的尊重和娴熟应用。

1）专业化

在20世纪90年代中期以前，万科是一家典型的多元化公司，并且它的多元化业务做得确实不错，涉足的十三个行业，每一个行业都赚到了钱，以至于经常有人专程去万科找王石讨教多元化成功之道。

当万科最终看到房地产业孕育着的巨大机会并找对盈利模式后，便开始坚定地走上了专业化的道路：用长达九年的时间逐渐把房地产之外的其余业务全部卖掉或关闭，成为一家业务单一的房地产公司。即使如此，它仍嫌自己的专业化不够彻底，于是将自己的主业进一步集中于商品住宅，在商品住宅中又进一步定位于面向城市普通白领，主要位于城郊接合部的住宅开发。纵观万科的发展历程，万科的发展阶段划分如图12-2所示。

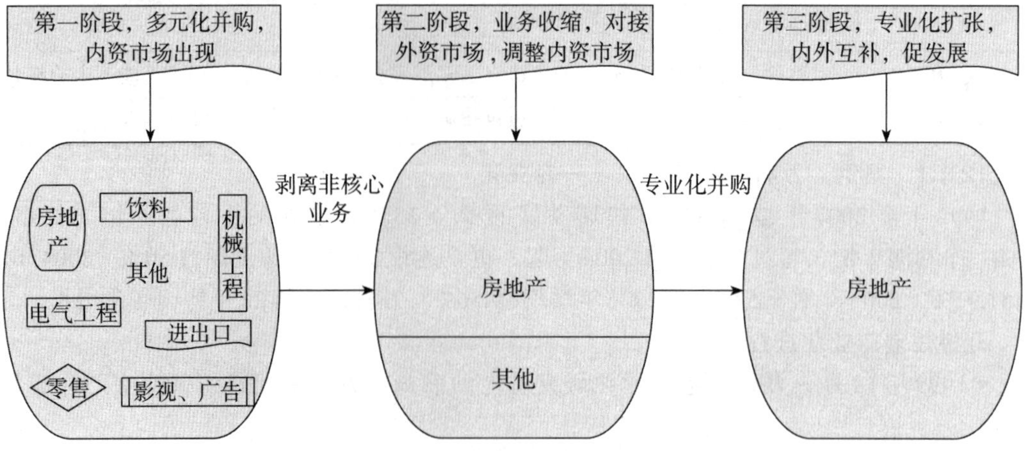

图12-2　万科的发展阶段

第一阶段（1984—1992年），集团进行多元化经营。1984年5月在深圳成立了“现代科教仪器展销中心”，主要从事大陆专业视频器材的进口贸易，是深圳市最大的进口销售商。到1991年底，万科的业务已包括进出口、零售、房地产、投资、影视、广告、饮料、机械加工、电气工程等13大类。1992年前后，万科通过增资扩股和境外上市筹集到数亿元资金，一方面将业务向全国多个地区、多个领域扩展，另一方面向国内30多家企业参股，多元化发展的速度和程度达到其历史顶点。

第二阶段（1992—2004年），剥离非核心业务，强化主业发展，由多元化经营向专业化经营调整。1992年万科开始进行由多元化经营向房地产业倾斜的战略调整。经过股东会议的战略调整，重新确定了公司的核心产品，开始大手笔“瘦身”计划。经过一系列的出售和调整，至2001年万佳百货股权的转让使万科成为了完全专一的房地产公司。2002年6月，公司发行可转换公司债券，募集资金7亿元，进一步增强了发展房地产核心业务的资金实力。

第三阶段（2004年至今），专业化经营阶段，集团细分市场，专攻主业进行了一系列的专业化并购，形成了多地区、多项目经营的专业化集团公司。到2020年底，围绕房地产开发基础业务，万科已经发展了物业服务、住宅租赁、房地产商业开发与运营、物流仓储服务、酒店与度假这5项增值性业务，在房地产行业内不断纵向深化发展。

可以看到，万科的发展过程是典型的从多元化到专业化，从多个行业的齐头并进，到在一个行业之内的专心耕耘不断拓展，万科也从一家各方面都发展得不错，但总体发展速度一般的企业成为了今天地产行业的领跑者。

2）规范化

王石在一次采访中曾经表示：“经营万科20年中，我认为最为重要的一点是：做人要有尊严，要有人格。万科坚持做到不仅自己不行贿，也不能受贿，因为无论从法律还是从道德角度来讲，都不应行贿、受贿。随着市场经济的深化、市场的成熟，遵守规则的人成了稀缺资源，但对于万科而言遵守规则是底线。为什么我们能走到现在，而且也越做越好，我认为是因为我们坚持了自己的人格和尊严。市场经济是契约精神驾驭下的信用，摈弃不正之风，恰恰符合了市场经济原则。”

这个曾经的军人兼诗人的确做到了他所说的。万科27年的发展过程中，始终坚持使用常规市场手段进行交易，而早期极端不规范的房地产市场，也给万科带来了巨大的压力。在业界对手纷纷采取走捷径的方式，以便宜的价格拿到好的地皮，并且对这种地产炼金术乐此不疲的时候，万科总是只能拿到最差的那块地，早期甚至被讥笑为城乡接合部的开发者。即使这样，万科也没有放弃它的坚持。甚至在这样的情况下，总结出了专门针对年轻白领阶层的商品房品种。也正是因为万科通常通过公开拍卖或其他正常途径获取相对高价的土地，使万科得以摆脱各种关系资源的束缚，在房地产的发展中不易受到地域限制，很容易将其房地产开发经验复制到全国。

万科集团的内部，对于遵纪守法的要求也十分严格，实际上，正是因为这种强约束的执行，在一群又一群房地产商纷纷下马的时候，万科始终屹立不倒。而随着房地产行业逐渐走向理性时代：土地供应和房地产金融正在一步步规范，政策与法规建设也正在走向健全，始终坚持规范化经营的万科必将获得更多的优势。

3）制度化

一套成熟的制度，是万科在不同的城市之中能够推行相同的管理的原因。

万科的管理的集权程度十分高。据调查，其总部拥有资金调配权，各子公司财务信息及时通过内部网进行汇报，总部拥有人事任免权和投资决策权，对掌握产品品质的两个部门——规划设计部和工程管理部采用垂直管理系统，同时，通过一整套的规范和流程加以保证。

万科的运营流程本身就十分成熟，员工们不需要花费大量的时间和精力主动去摸索流程，只需要按照公司提供的成熟的流程踏实地把事办好即可。万科总部统一指挥，规范管理遍布在各地的子公司，使得各子公司的工程同时高效运转。对于员工，万科严格按制度进行人力资源管理，保证了内部的团结稳定，也保证了运营工作的持续高效进行。

在公司内部，万科的规范化程度也颇有可圈可点之处。在万科，并不是所有时候都要求下级服从上级，但却是所有时候都要求所有人服从制度。万科的内部网站上有一个制度规范库，其制度主要是工作指引型的，就是说制度的内容是针对事情的，告诉员工遇到什么事情应该如何做，而不是应该向何人请示。规范的制度体系使得万科内部很少看到繁冗的请示汇报，提高了工作效率，降低了内部交易成本。另外，也使得员工凭借工作能力而不是人际关系的能力进行竞争。十几年来，万科被称为中国地产行业的“黄埔军校”，很大程度上也是规范的结果。

4）标准化

异地复制，在技术上实现的难题就是，像住房这种可能因为设计、原料和施工人员手法等都将带来最终成果存在极大差异的产品，怎样实现不同地区的质量一致呢？为了解决这个问题，万科进行了大量的实验，并逐步将自己的产品定位为标准化、产业化的生产。

目前，中国住宅建筑的主流仍然是传统方式，即施工单位按照设计图纸现场整体浇筑出建筑物。而万科从2003年开始探索的工业化住宅模式，则是将建筑尽量分解为若干标准化的部件：梁柱，楼板，墙壁等，在工厂里预制之后，再搬运到工地拼装起来。这种模式在中国才刚刚起步，但是在日本、美国、欧洲乃至中国香港，工业化住宅模式早已走向成熟和普遍。

万科在1999年成立了建筑研究中心，并于2002年建成了万科建筑研究中心大楼。这期间完成了两件工作：一件是完成了一系列的技术研发工作，并形成了《技术研发成果汇编》；另一件是建立了集团的材料和部品战略采购平台。

2003年，万科集团开始实行住宅标准化运动。住宅标准化不仅在集团内快速复制了许多由多层公寓和情景洋房组成的住宅小区，还进行了标准化部品的设计和研发，形成了万科的标准化部品库。这些标准化部品遵循的是工业化的生产和安装方式，对提高成品质量及保证其质量的稳定性很有帮助，所以，在非标准化的项目上也得到了广泛的应用。2003年集团还发布了万科的“双标”文件，即《住宅使用标准》和《住宅性能标准》。这是万科一系列内控标准开始建立的标志。

2004年，万科集团在标准化工作的基础上，启动工厂化工作，成立了工厂化中心，开始了万科工厂化住宅的研究工作。

当人们争执于住房的标准化建设是否过于理想主义，在标准化住房摸索的中前期投入是不是过高的时候，王石这样回答：“企业的边界取决于规模效应和管理成本的消长。当一个企业的规模效应已不能抵销克服管理难度上升的成本时，这个企业就到了增长的极限。”万科看到了持续获利已非易事，想要在未来依然获得持久利润，需要在精细化和低成本上下大功夫，这正是万科开始标准化建设的最初原因。

5）案例分析

纵观万科的管理经验，实际上始终体现着三个字——专业化。专业化就是在一个行业之中做到极致，然后不断地复制这种成功。走过多元化阶段，万科最终意识到在一个行业之中培养自己的核心竞争力才是立身之本，从多元化走向专业化对于万科来讲可以使它比其他房地产商做得更为独特。万科的专业化不只是公司业务的专业化（房地产），也包括万科内部的分工体系专业化。

在万科种种的管理经验之中，有的是硬性的技术上的标准化，有的是软性的制度上的规范化。在我们看一家能够实现标准化运作的企业的时候，我们往往看到的是这家公司技术上的可移植性，但是实际上正是软性的制度保障了在实际操作的过程中的不偏移、不走样。研究万科的异地复制，除研究其技术标准之外，更应该深入了解这家公司的制度体系，这恰恰是公司增长的真正内核所在。

一个真正具有成长潜质的企业，身上往往带着领导者强烈的个人色彩和烙印。而这种烙印很可能转化为这个企业自身的精神，并在未来带动这家企业走得更远。王石在万科种下了一颗阳光下发展的种子，万科人是否会在这条专业化、精细化、规范化的道路上走得更远？时间会给我们答案。

12.1.2 案例：澳柯玛多元化之殇①

1）导火索

2006年3月13日，上市公司G澳柯玛发出一则公告：因澳柯玛集团占用其资金达6亿元，为避免公司权益受到进一步的侵害，公司已于2006年3月8日向青岛市中级人民法院提出财产保全申请。要求冻结其持有的公司2.07亿股股权。4月10日，又曝出澳柯玛集团经营性占用上市公司资金19.47亿元。

以此为导火索，多家经销商为追回货款，集体上诉澳柯玛；银行集体发难，纷纷要求澳柯玛集团偿还贷款；网上的消费者对澳柯玛有关产品质量和维修服务的声讨帖子越来越多，言辞激烈，这个曾经的冰柜霸主，以“没有最好，只有更好”而全国闻名的企业，到底是因为什么陷入了泥潭？当大厦将倾，人们重新回顾澳柯玛的经营历程，发现正是错误的多元化让澳柯玛一步步走向败亡。

2）相关多元化

青岛澳柯玛集团是全球最大的无氟冰柜生产商，澳柯玛冰柜自1995年被评为中国的冰柜大王后，一直占据冰柜业的领军地位。作为澳柯玛集团多年的支柱产业，澳柯玛冰柜连续12年取得全国产销量第一的佳绩。澳柯玛冰柜在技术上的不断创新也为澳柯玛进军国际市场打开绿灯，在鼎盛时期，澳柯玛冰柜仅出口北美就超过了200万台，在越南等地的市场份额更是高达70%以上。

但澳柯玛管理者认为，冰柜产业利润趋薄，澳柯玛无意做世界冰柜大王。对冰柜行业前景的不看好，使得“掌门人”鲁群生开始谋求其他方向的发展。当时的电器市场依然处

① 纪亮.澳柯玛的救赎［J］.法人杂志，2006（7）：40-43.

于利好形势之中，而自认为在冰柜生产中已经积累了较多电器产销经验的澳柯玛也自然而然地开始了自己的相关多元化进程：空调、彩电、电热水器以及电冰箱等纷纷进入了澳柯玛的生产线。

多种类的大众化家电产品让澳柯玛风光一时，企业规模也随之急剧膨胀。到2000年，其主营业务收入已达到30亿元。5年时间里，集团总资产每年平均增长率为61%。但很快中国家电行业进入激烈的逐杀期，白热化的市场竞争和变薄的毛利让澳柯玛应付吃力。从冰柜起家的澳柯玛，初期盈利的主要砝码是为海外巨头如GE等公司代工，并未掌握冰柜产业的核心技术，其后的多元化发展更没有如海尔那样从冰箱发展起来的产能和技术经验积累，在同城巨头家电领域竞争中，澳柯玛与海尔相比显得有些“先天不足”。澳柯玛在激烈的家电竞争中始终难以进入第一集团。家电项目在澳柯玛积累的品牌优势下，销量持续增长，却始终无法为公司赢得高额利润。

3）非相关多元化

此时的鲁群生，越过同城的两位巨头——海信和海尔，将目光投向了竞争对手并未涉足的非家电行业，开始向高新技术产业进军。而2000年，集团控股的G澳柯玛在沪交所上市，正是“粮草充足”之时，澳柯玛准备施展拳脚。

2000年4月，注册资金3 000万元，总投资1.66亿元生产投影机的澳柯玛视美乐信息技术有限公司成立，拉开了澳柯玛多元化，尤其是与主业非相关多元化的序幕。

2001年，澳柯玛宣布要斥资10亿元，在北京密云建立占地近千亩的信息产业基地，进军IT行业。

2002年4月，澳柯玛（沂南）新能源电动车有限公司成立，总投资1 000万美元。即使在资金已经十分紧张的2006年1月，澳柯玛再次决定斥资5 000万元，对位于山东省临沂的澳柯玛沂南电动车工业园的生产线进行改造扩充。

2002年11月，澳柯玛用于生产锂离子电池的青岛澳柯玛新能源技术有限公司正式投产，项目首期投资2亿元人民币。2004年4月，澳柯玛变更部分募集资金投向，终止超低温冰柜项目、MP3数码随身听项目的建设，将原计划投入这两个项目的募集资金剩余部分和锂离子电池项目节余资金400万元合计共7 795万元，增资青岛澳柯玛新能源技术有限公司锂离子电池二期工程项目建设。

2003年11月，澳柯玛生物工程工业园在青岛市高科园举行落成庆典，澳柯玛吹响了进军海洋生物的号角，澳柯玛计划出资1.7亿元人民币，工业园占地350亩。

“在2005年后，高科技产业就可以替代利润微薄、经营艰难的家电业，成为澳柯玛的主营业务。”这曾经是鲁群生的梦想。于是，除了冰柜、空调等家电业务外，人们看到了澳柯玛令人眼花缭乱的各种新产业：锂电池、海洋生物、电动自行车、自动售货机、房地产、金融、IT、MP3等林林总总的战略新方向，号称“19大门类”。

进军当前涉足者较少，并且未来利润丰厚的新兴产业，并使之成为公司未来的主要盈利点，梦想不可谓不美好。但即使对这部分新增业务投入了大量资金和人力，最终的盈利状况却并不尽如人意。澳柯玛公开信息显示，锂离子电池项目投入近2.5亿元，亏损超过710万元；自动售货机项目投入超过6 100万元，亏损124万元；MP3项目拟投入3 000万元，但在实际投入150万元后干脆“抽身而退”。2003年和2004年，澳海生物有限公司分别实现主营业务收入238.7万元和371.87万元，但其亏损额却高达242.27万元和343.71万元。多元化的新方向锂离子电池、自动售货机、海洋生物、电动自行车等新产业没有如期实现盈利，却占用了集团公司大量资金。

4）价值毁灭者

比进军新产业失败更为可怕的是，澳柯玛从公司的实际利润项目之中不断“抽血”，来弥补高资金投入的高科技产业，这严重拖累了澳柯玛传统家电主业。

“2004年，澳柯玛空调实现营业收入10.6亿元，占上市公司主营业务收入的43%，成为第一大支柱产业。但集团却不停地‘抽血’，当年年底约1亿元资金即被抽走，投资于多元化产业。2005年3月前后澳柯玛集团又抽调了空调器厂约3亿元的资金来弥补占用上市公司资金的财务黑洞，最终不但没有给股份公司输血，反而拖累了空调生产。正在空调在整个行业快速发展的时候，集团看中了空调器厂的充沛的现金流。而空调行业进入整理震荡的时候，集团不再予以资金支持。这也直接导致了澳柯玛空调在空调旺季到来时陷入缺货危机”，澳柯玛前员工马柯如此表示。

更有消息显示，由于赊欠上游原材料供应商资金太多，澳柯玛的冰柜、冰箱、空调这三大主营产品的生产和销售业务都曾一度瘫痪。自2006年春节之后，澳柯玛空调在北京与大中、国美等大家电卖场的合作已经全线停止了，因为根本就没有货可供。而同时售后服务也已经部分地受到了影响。大量的消费者投诉正是由此而来的。最终，错误的多元化使得公司疲于奔命，主营项目受到严重影响，随着上市公司声明的发布，公司的危险境地已经无法隐瞒，银行追债，生产断货，至2005年，公司已经濒临破产。

5）后续

在澳柯玛爆发危机之后，由国资委托管澳柯玛，澳柯玛主要精力再次被放回制冷家电上，重点发展冰柜、冰箱、电动车及小家电等产品，非主营业务，如房地产开发、整体厨房产业等已被剥离，剥离掉的企业多达60余家。

对于澳柯玛而言，最有竞争优势的还是制冷产业。2015年，公司确立了“互联网+全冷链”战略，积极进行全冷链产业的智能化改造。到2020年底，澳柯玛智慧冷链设备产业已完成生物医疗、商超便利、酒店厨房、生鲜自提、冷库存储、冷藏运输的全冷链产业布局。互联网+是否能帮助澳柯玛彻底走出多元化阴影，再现昔日荣光，目前仍是未知。

6）案例评述

在澳柯玛危机之后，关注者纷纷认为罪责的根源在于非相关多元化，认为中国市场之中由于非相关多元化而带来的悲剧一再重演，多元化已经从化解和分置风险的初衷转化为风险的孕育者。但是我们必须看到，鲁群生作出多元化决策的时候，已经面临当前行业利润微薄、未来获利艰难、行业逐渐成熟甚至走向衰退的大环境，而在成熟期的竞争之中，尤其是在同城的海尔和海信的强势对比之下，很难看到未来的发展希望，亦是一种出于无奈的选择。

鲁群生悲叹的，也许是再给澳柯玛一段时间，当正在培育之中的高科技产业成长起来，真正进入收获的时期，就将一举解决当前的危难，将澳柯玛从家电恶性竞争的漩涡之中拯救出来，并且真正进入高利润、高发展、持续增长的新时期。但是，回顾澳柯玛一开始的产业布局和选择，悲剧也许是早已注定的，而不仅仅是错失的几年光阴。

澳柯玛的多元化，尤其是后期的非相关多元化，发展目标极为分散，远离主业，并且难以看出各个发展方向之间相互的关联。我们知道，多元化成功的关键在于将自己的核心竞争力在其他行业进行成功移植。这种移植可能是对成本出色的控制能力，可能是能够共享的销售渠道，可能是快人一步获取信息资源，但是从家电到高新技术产业如海洋生物，移植的跨度实在太大，很难看到澳柯玛原有的管理团队在这个行业之中所具有的优势。同时，高新技术产业具有自身的特殊性，对于专业化人力资源队伍的要求极高，必须有足够的专业经验、人才储备和经验丰富的管理队伍，这些都不是以代工冰柜起家的澳柯玛所具备的。而澳柯玛集团能够提供给这部分行业唯一的资源就是持续的资金支持。

最终拖垮澳柯玛的是资金链的断裂。而这暴露了澳柯玛多元化布局之中的另外一个重要弱点——行业分布不符合现金创造规律。通过对澳柯玛上市公司报表的追踪，我们可以发现，澳柯玛的主要盈利来源是传统家电行业，尤其是空调的销售成为企业集团主要的供血来源。按照波士顿矩阵的划分，这个成熟的行业被称为整个企业集团之中的"现金牛"，而有着巨大的发展前景，当前的获利情况和销售情况并不尽如人意的高新技术产业则是矩阵之中的"明星"，目前，需持续支持，未来可能一飞冲天（如图 12-3所示）。

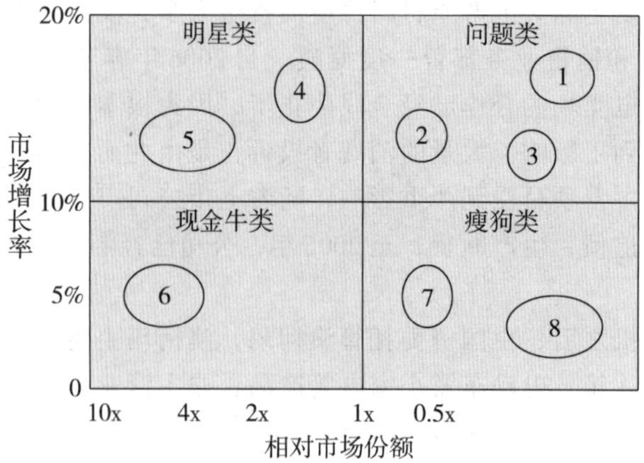

图12-3　澳柯玛战略分析——波士顿矩阵

在一个集团之中，既有"现金牛"这样能够持续产生现金，维持整个集团运作的成熟产业，也有目前还未产生大量收益，但有广阔前景的明星企业，是一种合理的多元布局。但是在产业之间，需要注重两者的互动，也就是明星类的发展速度和投入资金的大小要视"明星"的投资前景，以及"现金牛"能够产生的资金量而定。

在澳柯玛的案例之中，鲁群生选择的行业目标远大，但是无论是锂离子电池、海洋生物产品还是超高亮度发光二极管外延芯片都还处于发展初期，投资周期长，前期需要大量资金，短期内又难以获得收益，这就不可避免地对本身的主营业务造成了压力，甚至拖累自身主业陷入困境。

在进行企业多元化时，需要着重考虑核心能力是否能够在另一个行业之中继续发挥优势，同时，应该基于现金产生能力以及行业特点合理布局，真正形成相互促进、共同发展的合力。

12.2　企业增长之战术篇——商业模式

电子商务（e-commerce）作为基于互联网技术的新型商业模式正在不断改变着人们的

生活。技术给互联网公司的发展添上了翅膀，一方面简化了数据的收集和使用，打造了能够充分挖掘的数据金矿；另一方面帮助互联网公司精准掌握客户需求、快速响应用户需求，并快速迭代，获取增长先机。互联网催生的数字经济驱动全新的商业模式不断产生和发展。

接近于0的边际成本使得互联网公司能够快速为大量客户提供低价服务。不同于以往的“产品-收入”或“服务-收入”，互联网公司需要实现从用户的获取、激活、留存到最终变现的增长链条，不仅关注用户群的扩大，也不断挖掘现有用户的价值。

从用户获取开始，互联网革新了传统获客渠道。搜索引擎优化、社交媒体传播、嵌入式程序、推荐奖励计划等都是有效的获客模式。更理想的是实现自发性的闭环，利用网络效应激励用户、吸引更多的用户。以C2C电商平台为例，卖家数量增加能够扩展买家的选择范围，买家数量增加能够增加卖家的绩效，吸引更多新用户，改善老用户的使用体验。具有网络效应的产品在实现病毒式增长方面具有得天独厚的优势，用户增长的边际成本不断降低。

用户激活是让用户真正使用而非沉寂，其本质是提供能够满足用户需求的产品或服务，以此形成用户持续使用的惯性，实现用户留存。阻碍用户激活的因素被总结为摩擦，即使用过程中的障碍，比如，突然跳出的垃圾广告、难以识别的验证码、时常卡顿的提交按钮等。因此，摩擦很类似经济学所描述的交易成本，在欲望和交易达成（转化）之间形成阻碍。

用户留存就是建立用户的忠诚度。无论哪一类企业，用户高留存率都是高利润的决定性因素。无论是出售商品或服务、付费订阅还是广告收费，留住用户的时间越长，从用户身上获取收益的机会就越多。从激活到留存的关键是保证提供的产品或服务对用户需求的满足具有持续性，不断减少使用过程中的摩擦，让产品或服务对用户来说不可或缺，培养用户的使用习惯从而实现对用户的锁定。

最终目标往往是从用户身上获取收益，保证企业的可持续发展。不同商业模式获取收益的方式大相径庭。提供商品或服务的公司需要说服用户购买更多产品、SaaS（软件即服务）公司需要更多的续订和升级，依赖广告收入的公司需要创造更多广告位并同时实现广告精准、有效送达，以此说服广告主支付高价。当然，获取收益需要投桃报李、互利互惠，一味着眼于收益可能会忽视本应履行的社会责任，造成价值毁灭。

新经济环境下，市场逐渐碎片化，变化的速度越来越快，传统的商业模式屡屡陷入危机，而互联网行业中却不断涌现一个又一个现象级公司，受到大众的追捧和投资人的青睐，其背后的商业模式值得我们深入思考。

案例：互联网企业一路狂奔的代表——字节跳动公司

1）你关心的，才是头条

2012年3月，互联网公司ByteDance（字节跳动）在北京知春路一处民宅里诞生。当年7月获得了100万美元的A轮融资后，字节跳动很快推出了今日头条App。今日头条是典型的互联网内容平台，在资讯图文领域深耕。不同于传媒行业以往将内容交由用户自行选择的惯常做法，今日头条依赖个性化推荐算法将内容推送给用户。在今日头条不断做大做强的同时，资讯行业供给侧的一场地震也悄然来临。

内容平台，最根本的还是要有优质的内容，优质的内容吸引更多的用户，更多的用户带来更多优质的内容，如此滚雪球，价值共创最终实现平台在行业内的病毒式增长和赢者通吃。马太效应的闭环有两端，字节跳动选择从内容生产端着手。2014年自媒体蓬勃发展，字节跳动开始做推荐引擎+创作平台，也就是头条号。内容方面，今日头条动员全体员工去邀请创作者；搜索引擎方面，今日头条招收了一批从百度等企业核心部门离职的机器学习算法工程师。当年年中进行C轮融资时，今日头条已经拥有全球单位面积内最高的算法工程师数量。

这场人才吸纳在2015年仍在继续，张一鸣在自己的微博上发出了100万美金招聘顶级机器学习人才的广告，有意者直接联系他本人。这在当时是一个很超前的做法，很快他收到了十几封邮件，大部分是供职于谷歌、脸书、推特等业已成名的大公司的高技术人才。

从起名开始，今日头条就给用户一个时效性很强、不能错过的心理暗示。借助优秀的个性化推荐算法，今日头条改变了传统的阅读模式，从用户自主选择变为软件主动推荐，算法根据每一位用户的喜好发送个性化的内容。你关心的，才是头条，这样的标语不仅定义了自己，还将拥有大量媒体资源的竞争对手定义为“不是头条”，突出了今日头条与众不同的气质。个性化推荐并不难，难的是高准确性的推荐，如果没有摸清用户的喜好，反而会因为没有满足用户的期待而被抛弃。在深入理解行业和用户的基础上，今日头条不断优化内容和用户的匹配，实现更多用户的留存与变现。可以说，基于数据挖掘的个性化推荐帮助今日头条在资讯领域杀出一片天。2016年，今日头条已经和美团、滴滴并列为TMD，稳居BAT之后互联网企业第二梯队。

2）抖音，记录美好生活

除了资讯这一内容板块，字节跳动又开始向视频赛道进军，2014年12月头条视频（后来的西瓜视频）诞生，2016年9月定位于音乐短视频平台的抖音App上线。

丰富的感官体验、多样且易用的拍摄辅助工具、高互动的社交链接、具备无限可能的增值服务和“短视频+”模式……正赶上中国移动通信资费下降，流媒体内容消费门槛降低的东风，短视频文化迅速走红，逐渐成为中国原生互联网文化新的增长点。

短视频领域最早的入局者并非字节跳动，而是另一家叫作快手的公司。“在快手，看见每一种生活”，“普惠、简单”的理念始终贯穿快手。给普通人用，没有明星导向，不捧红人，快手向往做一只“隐形”的手，以去中心化、公平的推荐分发机制，使得每一个人，每一种生活都能被看见。不买量，不做广告，轻运营的快手，到2016年已经累积了3亿名用户，是当时短视频领域当之无愧的领跑者。

面对强大的对手，抖音采取集中化的策略，实现逆袭。“记录美好生活”强调的是美好，算法将流量分发给头部以及创作出优质视频的用户。重传播，重运营，重推广的抖音在短视频领域四处征伐，签约了一批明星创作者，并于2018年邀请一批官方媒体入驻，激发本地化、差异化的内容生产，在“短视频+”的道路上突飞猛进。优质的内容、良好的生态、有趣的拍摄工具、快速的造星机制，再加上字节跳动一以贯之的个性化精准推荐算法，抖音快速起飞，《学猫叫》《海草舞》等一个个爆款视频在中文互联网世界快速传播。在今日头条和抖音两种产品的支持下，字节跳动的估值在2018年Pre-IPO轮融资后超过了百度。

2019年初，字节跳动的互联网时长占比超越阿里巴巴，仅次于腾讯。无论是下载量、日活用户还是流量数据，抖音都已经接替快手成为短视频领域的王者。短视频领域的窗口期转瞬即逝，领头者必须跑得够快才不会被淘汰，快手和抖音在这一赛道上重现了美团和饿了么当年在外卖领域的大战，各类红包、补贴蜂拥而至，电视综艺，甚至春晚都成为了快手抖音“拉新”的舞台。2020年，字节跳动花费6.3亿元买断了欢喜传媒出品的贺岁片《囧妈》，免费请全国人民在家看电影，抖音一时风头无两。与此同时，抖音在和快手的竞争中不断迭代，蓄势待发向广阔的海外市场推进。

3）TikTok：抖音出海记

早在初创时，字节跳动就已经立下了国际化的长远目标。2016年底获取10亿美元D轮投资，2017年2月，字节跳动收购美国短视频社区Flipagram。2017年8月初，字节跳动通过E轮融资获得了20亿美元投资，当月抖音国际版TikTok上线，登陆国外App Store和安卓应用市场。当年11月，字节跳动以10亿美元收购了音乐短视频软件Musical.ly并逐渐与TikTok整合，正式进入北美市场。

字节跳动的人才战略从未止步，伴随着抖音的出海，TikTok将全球第一大办公区设在美国洛杉矶，欧洲业务中心则设立在英国伦敦，招聘的人才也采取本地化策略，从当地知名技术公司高薪招揽。

伴随着信息技术尤其是通信技术的发展，短视频逐渐成为世界互联网生态演进的方向。凭借字节跳动一脉相承的商业模式和算法，加上精准的并购和顺利的整合，抖音顺利出海。TikTok为不同国家和地区推送不同内容，迎合当地使用习惯和流行趋势，优先推送本地化内容，利用人才本地化策略淡化其中资背景，实现本地化运营。TikTok为各个地区普通工薪阶层提供表现欲的出口，甚至自我谋生、脱贫致富的手段，良好实现了平台与用户，尤其是普通创作者的价值共创。无论是在美国、英国、德国、法国和日本等发达国家，还是在印度、印度尼西亚、泰国和土耳其等发展中国家，TikTok均处于市场领先地位。

抖音国际化的征程顺应了经济技术发展趋势，保持了原生的中国互联网短视频基因，复制了字节跳动在国内的商业模式和成功路径，起步于音乐，发扬于算法和各类工具。仅从商业角度看，抖音的出海，旗开得胜。

4）案例分析

铁打的算法，流水的软件。字节跳动几个最成功产品的背后，除了对资本工具的熟练运用，更离不开精准的个性化推荐算法。具备网络效应的内容平台并不是非常难学的商业模式，难的是具有敏锐的目光，能在合适的时候入局，更难令其他竞争对手模仿的是字节跳动从创立之初就非常重视且持续大量投入资源的个性化推荐算法。图文时代的今日头条和短视频时代的抖音因为时代趋势有着不同的外表，内核却是相同的灵魂。

快速增长的同时也伴随着层出不穷的质疑。内容平台谣言、偏见、歧视、侵权和低俗内容满天飞的问题，在短视频时代更为明显。将个体模仿行为以及模仿行为导致的病毒效应发挥到极致的抖音很容易被低质内容反噬，如何在内容质量方面更好地体现社会责任，是字节跳动需要严肃应对的生死之问。

优秀的个性化推荐算法成功降低了用户的使用成本，改变了信息生产和分发的模式，同时也窄化了用户的选择范围，不仅有侵犯用户隐私的嫌疑，还引发了用户被困于信息茧房的算法焦虑和沦为平台数据劳工的挫败感。有强大算法支持的互联网商业模式是字节跳动能够保持快速增长的秘诀，这样的商业模式同样也有可能将字节跳动送入万丈深渊。

互联网商业模式无疑是一把利刃，带来红利的同时，也留下了隐患。在利用互联网商业模式快速增长的同时，如何履行企业应尽的社会责任，仍是需要探索的问题。

12.3 企业增长之速度篇——速度与健康

"如果企业都以每年10%的速度增长，很快就会耗尽整个世界的资源。"

——彼得·德鲁克

企业规模必须扩大，而且必须持续扩大，过低的规模扩张或者停滞对企业来讲是十分可怕的事情：从财务角度分析，一定的经营规模是企业获利的保证，是企业维持安全边际的前提；从投资者偏好分析，无论是公众公司还是私营企业，都不会满足于主要通过削减成本而获取收益，投资者还是希望公司从收入增长中获取盈利的增加；从资本市场上来看，过低的增长率必然制约公司价值创造的潜力，也会导致公司成为视觉敏锐的收购者的目标猎物；从公司文化的角度来看，如果企业不是正在增长，就不能留住和吸引需要的人才，他们会去寻找那些拥有更广阔发展前景的公司。但是，在实际中CEO们很容易因恐惧增长太慢而走向规模增长过速的另一个极端。规模超常扩张往往引发过度经营、资源紧张、融资结构和资本结构异化、管控失灵等一系列不良后果。除非管理层意识到这一结果并采取积极措施加以控制，否则非理性的加速扩张会以企业资金链断裂、支付能力不足等形式体现出来，使企业陷入增长困境，严重时会走向破坏性增长，甚至增长性破产。

在竞争日趋激烈的经济社会，谁获得了快速的发展，谁就能够获得更多的社会资源和更好的发展机遇。然而，企业的成长和发展具有内在的客观规律性，忽视这种客观规律而片面追求发展速度和规模扩张，超越了企业内部资源条件的制约和企业内在的发展轨迹，盲目追求高速成长，对企业家的风险驾驭能力是一个极大的考验。长时期保持高速增长并不是一种健康现象，它使得企业极为脆弱，任何一个环节出现问题，或因为市场的波动，或因为内部管理的缺陷，就会引发重大危机。

Robert C.Higgins将可持续增长率定义为："可持续增长率指在不需要耗尽财务资源的情况下，企业销售所能增长的最大比率。"根据该定义，可持续增长率是指不增发新股并保持目前的资本结构，运用内部资本与外部资本所能支持的最大销售增长率。公司究竟应该采用什么样的速度增长？在什么情况下的增长是有益的？而在什么情况下，过快的增长又将降低公司的价值呢？

12.3.1 案例：星巴克——有质量增长的创新比速度更有效[①]

英国《经济学人》的调研结果显示：那些急于加快发展速度的公司在销售收入和运营利润上，反而不如那些能在关键时刻停下来、审视自己是否行驶在正轨上的公司。原因就在于，两者对于"慢"和"快"有着不同的理解。企业有时将运营速度（快速行动）与战略速度（缩短创造价值的时间）混为一谈，一味追求速度反而陷入迷雾；有时，创新比速度更有效。

---

① 艳琳.舒尔茨再造星巴克［J］.科学大观园，2014（8）：76-77.

对此，星巴克创始人、前任首席执行官Howard Schultz深有体会："当你把增长视为一种战略时，它就变得有些诱人，使人欲罢不能。但是，增长不应该是一种战略；它只是一种战术。这些年来，我学到的主要教训是，增长和成功可能会掩盖许多错误，还会令我们犯更多的错误，应该提倡一种具有正确动机的、有节制的、有益的增长。"

1）陷入泥淖

当2000年Howard Schultz从首席执行官的职位上退下来后，星巴克开始不断扩建门店，自信心暴涨，星巴克的销售额也在与日俱增。福祸相依，由于过分追求增长，星巴克忽略了公司的运营，渐渐失去了星巴克的一些特质，就像脱毛线的毛衣一样，从松动的那一刻开始，一点点脱线。

在2007年之前的10年里，星巴克的门店数急速增加，从不足1 000家发展到13 000家，跑得太快，却忽略了星巴克顾客的感受。虽然大多数决策都是正确的，本身也不足以影响消费者的体验，但经年累月、滴水穿石，伴随着经济危机的影响及消费者行为的变化，星巴克内部问题开始集中爆发。

为了实现每一季度的预期销售增长，星巴克迅速扩建门店，甚至每天能开6家店，以至于常常选择了不适合的地址，也没对新聘请的咖啡师进行足够的培训。他们会将优秀的门店经理调去负责一家新店，然后提升那些尚未经过培训的咖啡师接替他们的位置，这让星巴克在新店与老店之间顾此失彼。

在华尔街和公司内部的重压之下，星巴克追求同店销售额增长。他们推出了远离咖啡核心的商品，比如唱片，就好比"我们在赛跑，却忘了为什么而赛跑"。从2003年开始，星巴克销售三明治，2006年推出香肠，这带动了销售，但却影响了店内咖啡的香气，损害了星巴克的特质。然而，星巴克毕竟不是真正的快餐店，不能像其他快餐店一样时常推陈出新，久而久之，顾客就厌烦了这种香肠。非核心的业务逐渐损害了星巴克的核心业务。

为了提高扩张效率，星巴克还精减了门店设计，导致千店一面，失去了昔日的灵魂。星巴克的供应链管理部门在高速扩张中也出了问题，由于运转太快，根本没有时间与成本效益的观念，只是忙于把物品送到店里，没空关注规范与培养能力。

增长掩饰了太多问题，星巴克没有在关系到企业发展的细节上自我审视，就像一个医生每年都要检测病人的身高和体重，却不检查病人的血压和心率一样。只考虑数百万顾客和上千家门店，却忽略了每一位顾客和每一杯咖啡。

盲目增长逐渐开始侵蚀星巴克的利润。2006年，星巴克表现稍逊，门店销售额开始减少，到2007年情况急转直下，门店交易率低至历史最低水平，那一年，星巴克的股价跌了42%。进入到2008年，星巴克开始真正遭遇滑铁卢，各种隐患完全爆发，第一季度的同店增长只有1%，跌至历史最低水平。到了第三季度，星巴克出现了历史上首次亏损。

2）为健康而战

当Howard Schultz意识到了星巴克的根基在动摇时，他重新担任CEO。他表示，星巴克迫切需要回归核心，秉承传统，重新唤起热情，要为顾客再次光临而作必要的改变。

Howard Schultz上任之后就推出了一个具有历史意义的重大举措，在2008年2月26日，全美7 100家门店集体停业4个小时，关起门来进行门店教育与培训，培训门店这些生疏的咖啡师如何致力于使意式浓缩咖啡臻于完美，这让星巴克损失了600万美元，但为了完美的咖啡，星巴克别无选择。

之后，Howard Schultz召开了2008年领导团队会，邀请8 000名美国门店经理和另外2 000名伙伴参与，他们选择了新奥尔良，星巴克与这座需要重建的城市一样，也需要重新认识自己。直觉告诉Howard Schultz，一旦成功会让门店管理团队情系星巴克，这种情感维系是他们迫切需要与公司建立的纽带。

Howard Schultz建立了"创建与我们咖啡相称的创新性增长平台"，纲领内容包括：（1）成为咖啡界无可争议的领袖。推出最受欢迎的新咖啡，使用新的咖啡机以提高工作效率。（2）吸引并激励星巴克的伙伴们。推出星巴克忠诚顾客计划，探索社交媒体，投资门店的数字网络，发展精益求精的门店管理技术。（3）扩大海外业务，让每个门店成为当地社区的核心。加快在新兴市场如中国的发展，更新门店设计理念，推出概念店。（4）做道德采购与环境保护的领军者。继续加大基于保护环境的道德采购比例，成立社区志愿队来回馈社区，强化门店环保。（5）建立可持续发展的经济模式。削减成本（2009年总共削减了5.8亿美元的永久性成本），改善供应链，升级门店IT技术。

但不幸的是，并非所有的门店都可以改革，Howard Schultz挺住外界的压力，决定关闭600家美国本土的无药可治的门店。这些要关闭的门店中有70%都是3年内新开的门店，占据过去3年新店数量的20%，充分暴露了星巴克在选址上的失误，这是狂妄自大的绝佳例证。

2009年第三季度，星巴克出现自2008年一季度以来的首次盈利增长，这归功于过去18个月的各项举措，这是星巴克迈向胜利的一步，第四季度的表现又优于第三季度，星巴克的门店表现一天好于一天，到2010年第三季度，星巴克创造了历史上最好的财务年度。

星巴克用了几乎2年的时间再次证明自己还是世界上无可争议的咖啡领袖。

3）案例评述

公司增长过快之后，将会带来种种危机，如财务危机、内部控制危机、产品质量危机、价值链危机、法律危机及文化危机等。这些都是因为过快的增长使得公司运营水平难以匹配。星巴克的过快扩张明显已经影响了星巴克提供服务的质量，甚至正在破坏星巴克战胜竞争对手的根本——企业文化与咖啡氛围。这才是这场增长危机中最为险恶的境地。

公司很容易因为增长的速度而忘却实际的增长需求，但是如果增长已经忽略了公司应有的价值，甚至正在摧毁公司曾经的核心竞争力，那这种增长可能带来的是未来的覆灭。星巴克的幸运在于及时地意识到了这一点，但是在追求更快更大的中国企业群中，追求健康也许比追求增长更加需要勇气。

12.3.2 案例：海南航空——从启航到失速①

1）以资抵资，顺利启航

1989年10月，海南省政府投资人民币1 000万元于海南省航空公司，主要经营海南省始发至国内部分城市的航空客货运输业务，国内公务包机业务，航空维修和服务，航空旅游等业务，时任海南省省长航空事务助理的陈峰奉命组建海南航空公司。1992年9月，海航开始进行股份制改造，并在3个月内顺利募集到2.5亿元股本金。1993年1月，

① 郭芳，孙庭阳.万亿海航破产重整涉63家公司、逾千亿元违规资金占用等［J］.中国经济周刊，2021（Z1）：48-51.

海航正式在工商局登记，总股本为2.5亿元人民币。至此，全国第一家股份制航空企业成立了。

通过银行贷款、抵押、租赁的方式，海南航空初步建立了自己的机队，1993年5月，海南航空正式开航运营。到1993年底，海航已经开通了通达全国主要大中城市的15条航线，主营销售收入1.173亿元人民币，利润总额6 876万元人民币，创下了中国民航企业当年营运当年盈利的历史纪录。可以说，海航“以资抵资”的运营方式推行之初便初战告捷。

尝到甜头的海航没有停下融资的脚步。1995年，海航成功获取索罗斯的投资，成为境内唯一的中外合资航空公司。到1999年，海航已经成功走进国内和国际资本市场，成为同时发行A股和B股融资的公司。2002年，伴随着控股子公司美兰机场H股上市，海航已经获得了中国证券市场所有种类股票的上市机会，全方位打开融资渠道，以资抵资的高杠杆运作方式伴随海航一路高歌猛进。

2）兼并收购，版图扩张

进入21世纪，中国民用航空局开始大刀阔斧地改革，形成国航、东航、南航三足鼎立的垄断格局。在这样的背景下，为了避免被挤压吞并的败局，海航背水一战，走上了集团化并购重组的道路。

从2000年开始，海航陆续并购了新华航空、长安航空及山西航空，获取航线等航空资源；同时还与地方政府合作，建立地方性航空公司，打造良好的政商关系，获取税收、融资等方面的便利。此外，海航也在中国香港、澳大利亚等地开展并购重组，力图在三大巨头垄断国内国际航空资源的情况下分一杯羹。

除了老本行航空业务外，海航也尝试多元化发展，将触角伸向了零售百货、融资租赁、财产保险、酒店物流等产业，不断通过并购重组获取现金流和融资机会，并维系着良好的政商关系。到2010年，海航已经成为了以航空运输业为主体，覆盖航空运输、旅游服务、机场管理、物流、酒店管理、金融服务、地产、商贸零售、航空食品和其他相关产业的巨型商业集团，其版图大致可以分为五个部分（见表12-2）。

表12-2 **海航集团业务板块**

航空	零售百货	金融	地产接待	物流
● 2000年并购长安航空 ● 2001年并购新华航空 ● 2001年出资组建山西航空 ● 2004年出资成立云南祥鹏航空 ● 2006年收购中富航空及港联航空，进入香港市场 ● 2009年组建天津航空 ● 2010年1月，海航集团收购澳大利亚ALLCO公司飞机租赁业务	● 2003年重组西安民生 ● 2006年重组宝商集团 ● 2010年全资收购上海家得利超市	● 2009年借壳ST汇通成立渤海租赁 ● 2010年收购民安财险 ● 2011年入股华安财险	● 2000年成立海航酒店 ● 2007年成立海航旅业，吞并海航酒店 ● 2007年组建海航置业 ● 2008年成立海航地产	● 2004年成立扬子江物流 ● 2006年并购SST天海 ● 2009年并购金海重工

3）手段异化为目的

2011到2014年，受欧债危机的影响，海航并购重组的脚步大幅放缓，重点转向了内部的调整转型。从2015年开始，海航集团进入“反弹式”扩张期，大肆进行海外并购。并购在2016年到达巅峰，海航历史上最大并购交易几乎都发生在这一年，包括：100亿美元收购CIT Group的飞机租赁业务，60亿美元收购美国电子产品分销商英迈，65亿美元从黑石集团手中收购约25%希尔顿集团股份成为其最大股东。2017年，海航更成为德意志银行的最大股东。不到3年的时间里共计进行了80余笔总金额400亿美元以上的并购交易，有时甚至1个月内发生3起并购，多元化的触角又延伸到科技板块。

连续不断的并购给海航带来了高速增长和急剧扩张，扩张似乎从当初冲破窘境的手段变成了海航的企业目标。集团专设几百人从事并购扩张业务，每个高管都有具体并购项目的任务分工。然而，随着规模的扩张，整合并购资源变得愈发困难，协同效应难以产生；公司实现了多元化，却没能提升企业价值，海航逐渐变成一个庞大而虚弱的怪物。为扩张而进行的扩张偏离了价值创造的主航道，对速度的追求带来越来越多隐患，坊间质疑海航是第二个德隆的声音不绝于耳。

4）退守航空，积重难返

并购给海航带来了高速扩张的喜悦，也带来了沉重的债务和不断攀升的财务杠杆。眼花缭乱的并购背后是复杂的股权嵌套结构，这也为海航公司治理失效埋下了危险的伏笔。2017年6月，原中国银监会突发警告，严查国内负债过高的民营企业，海航脆弱的资金链再次面临流动性危机。

为弥补资金短缺，海航于2017年下半年先后出售了天津航空、海冷租赁、莱织华印务、海洋花园的股权，共获取62亿余元用于偿债。然而，流动性危机并没有就此缓解，2018年1月，海航董事局主席陈峰亲口确认海航正面临流动性问题，海航旗下7家上市公司相继停牌。海航被迫出售其位于中国香港、悉尼、纽约和曼哈顿的部分房地产、希尔顿酒店等酒店业股权以及矿业、油气股权。公开资料显示，2018年海航共清理旗下300多家子公司，处置了超过3 000亿元非航空资产。2019年海航持续进行资产处置：2月出售香港地块；6月出售海航控股旗下航司北部湾航空控股权；7月出售北京海航大厦；9月出售香港快运航空有限公司和位于三亚的酒店。一系列的处置之后，海航的业务板块大幅缩减，重新聚焦于航空业。

变卖家产并没有最终解决海航集团资金链紧张的问题，不断出现违约的公司债券，让居高不下的财务杠杆愈发脆弱。2017年海航集团负债最严重时，总负债高达7 365亿元，比同年受到监管的万达集团的负债还高出3 000多亿元。2018年底，海航集团负债总额为7 552.68亿元，在处置2 000多亿元资产后，海航集团总负债不降反增，反而比上年增长近3%，资产负债率从59.78%升至70.55%。2019年上半年，海航集团亏损35.2亿元，仍有超过7 000亿元债务待偿，旗下共计325家公司进入破产重整，其中有3家上市公司收到监管方退市风险警示。

5）时运不齐，破产重整

2020年肆虐全球的新冠肺炎疫情彻底将海航推向深渊，航空公司运力大幅减少，数千万张机票遭遇退票，海航集团的流动性风险进一步加剧，资不抵债，不得不向政府求助。政府联合工作组进驻海航，帮助海航化解风险。

2021年1月29日，海航集团发布声明称，收到海南省高级人民法院发出的《通知书》，主要内容为：相关债权人因集团不能清偿到期债务，申请法院对集团破产重整。随后，海航旗下3家上市公司海航基础、海航控股以及供销大集分别发布提示性公告，包括海航集团在内，海航系至少63家公司同时被申请破产重整。此外，3家上市公司还公布了大股东及其关联公司占用资金、未披露担保金额的情况，所涉金额逾千亿元。

2月10日，海南省高级人民法院裁定海航集团及旗下3家上市公司（*ST海航，*ST基础，*ST大集）破产重整。根据法律规定，6个月内海航应同时向人民法院和债权人会议提交重整计划草案。8月6日，海航表示相关企业的债权确认工作仍未结束，重整延期3个月。

如果海航在11月10日之前仍无法提交重整计划草案，法院将宣告破产清算，相当于重整失败，这将是双输的结局。

6）案例分析

在股票、贷款等多种资本工具的辅助下，海航这架飞机顺利启航了。有良好的企业信誉背书，加上美好的纵向一体化愿景和规范的公司治理结构，在21世纪的第一个十年，海航突破了行业垄断，平稳上升，可谓是春风得意。

由俭入奢易，由奢入俭难。体验到高杠杆运营下并购带来的快速增长，结束内部转型调整的海航进一步加快了并购的脚步。与主业无关的并购逐渐拖累了原先的美好愿景，背后复杂的股权结构也降低了原本规范的公司治理的有效性；难以整合和协同的资源削减了海航的飞行动力，维持高财务杠杆所需的良好的信誉逐渐失去依靠。追求当前增长速度，忽视未来发展健康的海航，在原银监会的一纸警告下失速了。处置资产并没有帮海航度过失速危机，万亿海航驶向破产重整。希望海航这架飞机，还能继续飞下去。

12.4 企业增长之环境篇——核心能力与环境

随着企业成长理论的发展，企业成长的动力由企业内部资源论渐渐转化为核心能力论，并且进一步被锁定为在动态环境之中整合自身核心能力，嵌入整体产业生态网络之中的特定本领。

所有知名企业，从默默无闻到享有声望，都是因为培育出了企业自身的核心竞争力，这种能力既可能是品牌也可能是强大的供应链等，但是我们却常常看到一个产业的巨无霸，甚至是常常被人们认为不可撼动的行业巨星，也面临着自身的生长困境，轻者成长停滞，重者就此消亡。摩托罗拉、MySpace等莫不如是，这些曾经伟大的企业，到底是什么成为了它们继续成长的瓶颈？

曾经优秀的企业，并未更改自身的经营方式与主营业务，但是却渐渐丧失原有市场与领地，成为行业中逐渐逝去的一分子。这是因为看似并没有改变的核心能力，在不断变动的外部环境中，已经不再具有往日的竞争力，甚至会成为进一步发展的障碍。核心能力并非一成不变，想要实现持续的增长，需要对外界环境作出敏锐的反应和相应的变化。唯此，才能始终置身于增值的价值链中，并维持公司持续成长与发展。

12.4.1 案例：柯达技术变革反应迟钝致7年6亏[①]

1）发展历程

20世纪90年代巅峰时期，柯达公司市场价值曾一度超过300亿美元，然而，由于相机胶片的需求量下降以及带摄像头智能手机的兴起，柯达市值已经下降了98%，已经不到6亿美元。

柯达公司巅峰时期是世界上最大的影像产品及相关服务的生产和供应商，业务遍布150多个国家和地区，全球员工约8万人。营业额一半以上都来自美国以外的市场。其中39 000名员工在美国。公司在美国、加拿大、墨西哥、巴西、英国、法国、德国、澳大利亚和中国设有生产基地，向全世界几乎每一个国家销售种类众多的影像产品。作为胶卷时代的霸主，柯达曾为许多人留下记忆的瞬间。

人们印象中专注胶卷的柯达，其实早在1976年就开发出了数字相机技术，它不需要胶卷，通过电子方式拍摄黑背景像，并将它们记录到音频级盒式磁带机上。然而直到20世纪90年代，数码影像技术才开始蓬勃发展，并在10年之内就占领了消费相机行业——当然，推动者并不是柯达。90年代的柯达尽管已经感觉到了传统胶卷业务的萎缩，但是由于在传统胶片业务中的巨大成功，让它无法迅速适应市场需求和行业变迁：柯达担心若大力发展数字业务将会影响传统胶卷的销售。

错失“数码”转型良机后，拥有131年历史的老牌柯达在随后的约10年间拼命追赶。在更换了4任CEO后，曾经在惠普任职25年的彭安东于2003年加盟柯达，并于2005年成为公司CEO。他的身上承载着人们对于柯达向数码技术转型的希望。

在进行重组以及试图构建新业务的进程中，2005年，柯达斩获美国数码相机市场销量第一。但是这份成功却稍纵即逝。2004年以后柯达仅在2007年实现了一次盈利。而柯达公司的市值也从1999年7月的310亿美元，降至2011年9月的21亿美元。10余年间，市值蒸发90%以上。2012年初，柯达申请破产保护，其普通股在纽交所停止交易。

柯达在数字产品市场并不具有核心竞争力，甚至没能利用原有的品牌价值建立品牌优势。2000年，柯达的数字产品只卖到30亿美元，仅占其总收入的22%；2002年柯达的产品数字化率也只有25%左右，而竞争对手富士已达到60%。这与100年前伊士曼果断抛弃玻璃干板转向胶片技术的速度，形成了莫大反差。

特别是2000—2003年销售业绩只是微小波动，但销售利润下降却十分明显，尤其是影像部门呈现出急剧下降的趋势。具体表现在：柯达传统影像部门的销售利润从2000年的143亿美元，锐减至2003年的41亿美元，跌幅达到71%！在拍照从“胶卷时代”进入“数字时代”之后，昔日影像王国的辉煌也似乎随着胶卷的失宠，而不复存在。

造成柯达危机最主要的原因是反应迟钝。柯达过去当老大靠的就是胶片，与别人合作也是靠这个金刚钻儿，人家还会沾你的光。而现在的数字时代，没有核心技术，企业的经营就会随时处于危险的状态，过去的一切都会在瞬间贬值。

柯达长期依赖相对落后的传统胶片部门，而对于数字科技给予传统影像部门的冲击，管理层偏于保守，满足于传统胶片产品的市场份额和垄断地位，缺乏对市场的前瞻性分析，没有及时调整公司经营战略重心和部门结构，决策犹豫不决，错失良机。

---

① 昫熙.柯达：巨人缘何倒下［J］.现代企业文化，2012（9）：40.

过去柯达的管理层都是传统行业出身，高层管理人员中有7名出自化学专业，而只有3位出自电子专业。特别是在市场应用和保持领先地位方面，传统产业领导忽视了替代技术的持续开发，从而失掉了新产品市场应有的领导份额。

由于对于现有技术带来的现实利润和新技术带来的未来利润之间的过渡和切换时机把握不当，造成柯达大量资金用于传统胶片工厂生产线和冲印店设备的低水平简单重复投资，挤占了对数字技术和市场的投资，增大了退出/更新成本，使公司陷于“知错难改”，“船大难掉头”的窘境。据统计，截至2002年底，柯达彩印店在中国的数量达到8 000多家，是肯德基的10倍，麦当劳的18倍。

从传统胶片与数字影像产品市场占有率的比较可以看出，柯达对传统胶片技术和产品的眷恋，以及对数字技术和数字影像产品的冲击反应迟钝，这在很大程度上决定了柯达陷入成长危机的必然。2004年1月，柯达宣布裁员其现有20%的员工，即当时7万名员工中的12 000~15 000人。柯达发言人说：“这是柯达面对现实——从传统的影像业务到数字业务转型中，必须做的事。”

柯达还宣布将出售多项专利技术，柯达CEO彭安东表示，公司已与多位潜在买家就此签署保密协议。预备售出1 100项专利。预计这些专利可为柯达公司带来逾20亿美元的收入。这些专利主要集中在图片成像和处理领域，其中就包括柯达指控苹果和RIM侵犯的图像预览专利。虽然这些专利对于直接改进硬件设备意义不大，但目前市场上的平板电脑和智能手机产品中都或多或少地使用着这些专利，大部分生产厂商都需向柯达缴纳一定的专利使用费。所以，不论是对于普通厂商还是专利官司缠身的苹果，这些专利都有着极大的吸引力，已有拍卖机构给出了30亿美元的拍卖估价。

2）案例分析

作为胶卷时代的王者，柯达曾经最大的优势就是传统胶卷行业中的技术优势和品牌优势，但是曾经的优势在面对全新的数字竞争环境时，变得不再适用。任何企业都不能够依靠曾经的优势保证永久的无忧。

柯达曾经有机会成为引领整个行业进入新时代的领路人，但是对于优势的固守和对原有核心能力的依赖使得公司缺乏求变的勇气。甚至是在公司已经进入生死存亡的关键之时，也难以作出具体转型的决断，一再错失良机。反观当年柯达的竞争对手与手下败将，乐凯胶卷在迎来数码相机时代后，选择在技术相关行业——光学薄膜方向继续发展。2010年以平板显示用光学薄膜为主的膜材料收入同比增长80.5%，占集团总营业收入的19%，利润则占同期集团利润总额的42%，而胶卷收入则为公司营业额的1%至2%。或许，正是柯达曾经骄人的成绩成为制约柯达转型的重要原因。

12.4.2 案例：诺基亚求变——业界环境下的不得已选择①

1）发展历程

它用了10年迅速成长为手机制造业的王者，但仅用3年就成为经典的大公司快速衰落的案例。诺基亚到底发生了什么？这个曾经的手机巨人又将如何走出困境？

在并不遥远的2000年，诺基亚站在世界之巅。差不多10年前，它推出了现代意义上的移动电话。1998年，它历史性地超越摩托罗拉，以27%的份额成为世界最大手机制造

① 程雪军，陈舒毓.诺基亚的困境和启示［J］.企业研究，2012（16）：14.
杨凯.诺基亚，死在优势上的“巨人”？［J］.华东科技，2013（9）：62-63.

商；在Interbrand最有价值品牌榜上，它以第11名排在万宝路后面。到2000年4月，它的市值高达2 500亿美元，是所有欧洲公司中的市值冠军，甚至成为芬兰学者嘲笑美国公司的最犀利武器。

但真正令人惊讶的事儿发生了，仅花了3年时间，美国公司就实现了一场“完美复仇”：2007年6月上市的iPhone重新定义了整个手机业的规则；基于Google Android系统的手机在2008年10月正式推出，仅18个月就成为智能手机里增长最快的。

而诺基亚则成为了商学院案例教学中的反面案例。根据Gartner的数据，在2011年第一季度，诺基亚全球市场份额由上年同期的30.6%跌至25%，创14年新低（如图12-4所示）。iPhone刚上市时，诺基亚达到全球智能手机市场份额的50%，如今降至24%。过去4年里诺基亚市值缩水75%，后起之秀中国台湾智能手机制造商HTC的市值都比其多逾百亿美元。

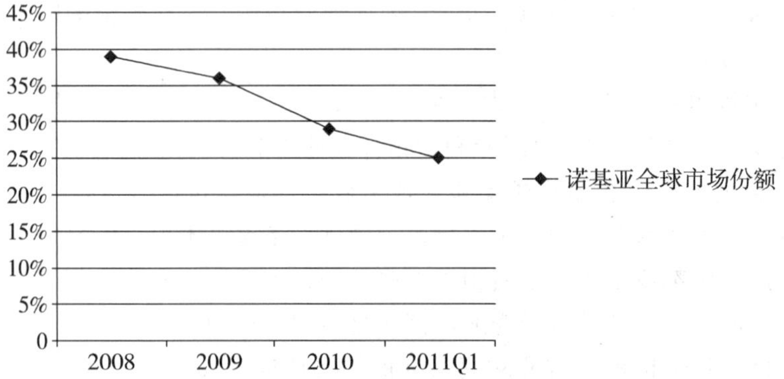

图12-4　诺基亚全球市场份额[①]

所有人都在问，诺基亚到底做错了什么？让我们惊讶的是，很可能正是诺基亚自身的核心优势——成本控制，成为了诺基亚走向衰退的最重要原因。

当前扼住诺基亚咽喉的最重要的两个技术——智能手机以及触屏技术，其实诺基亚早已涉及。在1990年底的时候，诺基亚当时的CEO欧里拉提出，“移动电话就是要把网络放到每一个人的口袋里”的理念，到1996年的时候，诺基亚就推出了智能手机的概念，这比苹果的iPhone早了超过10年，而且早在2004年的时候，他们的内部就已经研发了触控技术，甚至现在当红的3D技术当时诺基亚也已经开始研发了。除了HTC和多普达之外，诺基亚的塞班系统曾经是手机市场上最聪明的存在。由于这种明显的优势，智能手机市场一度被诺基亚占据60%以上。但是市场不可能赋予一个行业永远的技术壁垒，越来越多的企业投入到智能手机的开发之中。苹果的IOS系统经过几代的研发，不论在运行速度，运行质量还是舒适度上都已经远远超过塞班系统，而后起之秀Android系统凭借其开源的特点，吸引了越来越多的厂家加入了Android联盟，并逐渐形成合力，分割手机中级市场。几乎是一夕之间，诺基亚回首曾经的领土，智能手机市场已经基本被瓜分殆尽，曾经E71系列建立的优势已经不复存在，在中国大陆市场，诺基亚依然能够维持持续销量的只剩下中低端市场，而这块蛋糕正在山寨厂商的激烈竞争下不断被挤压。

那到底为什么诺基亚已经在察觉到智能手机美好前景的时候不增加投入，开发一个更

① 数据来源：Gartner。

加人性化更加先进的系统？或者在IOS和Android系统已经上市，夺走它曾经疆土的时候不迅速采取行动，加入其阵营？

答案是诺基亚高效率的企业运作文化，成本控制的思维成了杀死诺基亚、干预其创新的力量。高效率运作的文化和成本控制变成企业创新的绊脚石，因为如果要研发新技术，就要考虑高成本的风险，不愿早点放弃已经落后的塞班系统，只因为它曾经在市场中有高达80%的占有率，虽然诺基亚已经看到了竞争对手在不断蚕食自己的市场份额，开发的产品也很受消费者的喜欢，但是这几年它依然陶醉于自己行业老大的地位。当苹果等崛起，取代自己的时候才如梦方醒，开始联手微软这个合作伙伴，但市场正在不断被瓜分，品牌优势和忠实客户正在流失，诺基亚的前景实在不容乐观。

而诺基亚的成本控制能力，早已成为成功教案。《哈佛商业评论》一篇名为《新兴的诺基亚?》（Emerging Nokia?）的文章说："诺基亚1616型号手机已经成了在新兴市场的成功案例……在供应链、采购与大量生产能力上的强化，让诺基亚能推出这款售价仅32美元的手机，与此同时，类似功能手机的平均售价，在美国与欧洲，分别是206美元与238美元。"诺基亚能做到这点，靠的是高超的设计能力。

手机开发时间平均需要1年的周期，诺基亚1年却可以推出超过50款手机，同一时期，销售的机种超过100种。如果说，一款手机的零件数约为300个，需要50几种不同的零件。诺基亚销售100款手机，却只需要储备500种零件。"其他竞争者（备料量）是它的1.5倍。"一位手机业者说。这让其不仅可降低零件储备成本，也因为零件共用，得以透过庞大的经济规模，降低采购成本。

精密计算，不是没有原因的。诺基亚几乎拥有全世界最复杂的供应链。目前，诺基亚在全球有超过10个生产基地，有50个策略合作伙伴，单在印度，诺基亚就有超过800个维修中心，覆盖412个城镇。每个环节，都必须精确控制风险与成本。

但现在，曾经能够击败对手的利器，却因为固守原有的优势，成为困住诺基亚自己的最大原因，诺基亚在智能手机市场的迟缓反应，正是因为对成本的过度控制、对已有塞班系统的固步自封、对变动环境的视而不见。

临危受命的诺基亚新CEO，赶在2011年结束之前发布了与微软合作的Windows Phone，试图力挽狂澜，拯救对公司一片看衰的预期与呈现颓势的股价。这个业界环境逼迫下产出的早产儿为诺基亚赢得了在Windows Phone领域的专注，但其生态终究不能与IOS或Android相较量，2013年诺基亚手机的销量还比不上之前的一部功能机。2016年，经过对手机业务的评估，诺基亚决定将手机业务分离出去，曾经手机领域的王者黯然离场。

退出手机领域并非诺基亚的终点。2015年4月，诺基亚宣布以156亿欧元的交易价收购阿尔卡特朗讯，布局5G，预备在通信领域施展拳脚。2019年4月，诺基亚5G标准专利声明数达到1 471件，全球占比13%，仅次于华为的17%。到2021年一季度结束，诺基亚在全球市场中拥有的5G商业合同数量已经达到165份，超过爱立信和华为成为全球5G市场的霸主，在新赛道重现昔日手机市场的荣光。

2）案例评述

将诺基亚与柯达对比，它们有着惊人的相似程度。同样是早就已经掌握相关技术、拥有下一次行业发展的入场券，同样是在行业快速转变的过程中被迫应对，同样是被曾经的优势阻挠，阻碍了可能的创新。

高效率的成本控制思维，杀死了诺基亚该有的创新。但如果不靠此强化成本优势，诺基亚又怎能在1992年推出第一支GSM手机后，接着在1997年就成为全球手机霸主？今日，若我们不能再仅依循自己的强项而行，那么又当何以适从？又怎么能知道，自己的强项已经不适用于今日？这真是两难的问题。

当所处的环境已经不断变化，而自己依然因循旧例，只愿意抓住曾经的核心竞争力，却不愿意随着世界改变，这将会成为所有曾经的优秀选手们失败的最重要原因。

过去的管理学教导我们，在战场上，要专注核心，以把握机会消灭对手。但现在的动态竞争理论却是在谈：我们要学会把握机会放弃自己的优势，以创造新优势！诺基亚在手机领域犯的错，就是把自己的优点极大化后，没留余地让自己冒险，最后，成为一百分的输家。

13 司库管理案例

13.1 企业司库之转型篇

随着中国经济与社会信息化进程的加速发展，对企业来说，传统封闭式的资金管理方式已经较难适应管理能力现代化，企业需要加快转型和管理模式的创新，以寻求在循环经济中的领先地位。资金是企业生存和发展的源泉，如何对资金进行有效的管理创新是企业适应数字化经济的必然抉择。在数字化转型的大背景下，应当以建立司库系统为核心，促进企业的财务管理实现变革和突破，对各种资金和金融资源的经营方式和系统进行重构，从而进一步提升资金的高质量管理能力。通过加强商业、业务、财务、法务等多维度融合，推动企业集团管理模式创新与组织运营变革，持续增强企业集团整体价值创造力、核心竞争力及抗风险能力。

司库管理模式是最具优势的资金管理方式，这种模式依托金融资源，运用信息技术，通过财务公司、资金中心等内部机构实现对集团资金的实时监控与优化配置。国资委在2022年发布《关于推动中央企业加快司库体系建设进一步加强资金管理的意见》(国资发财评规〔2022〕1号)，表明司库管理在企业资金管理中占据着至关重要的地位，凸显了构建高效司库体系的迫切性。当前，随着人工智能、区块链、物联网等前沿技术与司库管理的深度融合，创新管理体系迎来了新的发展机遇。这种融合不仅仅是技术层面的升级，更是一种管理理念的革新。司库管理体系的转型，不是对传统模式的修补，而是对资金管理与价值创造周期的深度融合，它涉及金融资源管理、业财融合等多个方面的优化与提升。创新司库管理体系有益于业务与金融活动实现更高效的协同，从而增强整个生态链的价值创造力。这不仅可以提升企业的财务管理水平，更是企业实现可持续发展、达成高质量发展战略目标的关键。

13.1.1 传统资金管理向司库管理的转型

1）理论

作为资金管理的高级形式，司库管理涵盖了收支集中管理、流动性管理、银行账户管理等多个方面，具体包括资金规划、资金分析、外汇管理、投融资管理等内容。相较于传统资金管理，司库管理更重视集中管控和运营优化，以实现资金及信息等资源的最大价值优势。

（1）传统资金管理模式的不足

①缺乏统一平台进行综合管理

在当前的运营环境中，传统资金管理模式已经无法满足集团公司对资金管理的需求。集团公司综合性强、规模及业务量大，传统的资金管理模式无法提供全面的资金规划，而且，由于缺乏有效的信息技术平台支持，传统模式也很难高效地收集和处理信息，无法对整个集团财务管理运作情况进行整合与反馈，因此，企业管理方式必须向自动化、数字化和可视化方向转变。在传统模式下，研发、采购、生产和销售等业务可以通过统一平台进行管理，但业财融合并不充分，系统之间的集成度不高，财务信息的时效性也受到阻碍，进而影响了企业的经营管理效率和决策质量。此外，由于缺乏顶层设计和综合平台对数据进行统一管理，财务管理系统各模块的信息无法有效整合，这不仅加剧了信息孤岛问题，也使得企业在面对日益复杂的市场环境时，难以作出快速、准确的决策。

②风险控制程度不足

在传统资金管理模式中，企业缺乏有效的综合管理体系。财务管理部门通常被视为辅助性职能部门，难以及时接收和获取企业业务信息，仅作为被动的信息接收方，难以对风险进行事前预判。而且，由于缺乏统一管理，各部门对风险的认知水平和识别程度存在差异，无法进行高效的风险管理。此外，如果企业未充分利用数字化进行管理，将难以规划信息系统，以致加剧信息孤岛或重复建设问题，降低资金管理效率。

③无法适应供应链产融结合的发展趋势

在传统模式中，资金管理主要局限于企业内部，然而数字化技术的应用推动着企业、产业和金融之间互联互通，催生出新的产融合作生态。自2021年国家首次提出“创新供应链金融服务模式”的倡议以来，供应链金融的重要性日益凸显。许多科技型企业在产融结合的生态构建方面进行了积极探索，并结合产业数字化的实践，逐步推动供应链的创新。在生态共荣和产融结合的推动下，数字化技术的影响正在不断加深，传统资金管理模式显然难以适应供应链产融结合的新生态和发展趋势，这就要求企业积极构建司库管理体系。

④组织结构不完善，人员素质待加强

随着外部环境和发展阶段的演变，企业的内部组织结构也需要进行调整。在传统资金管理模式中，尽管企业规模在逐步扩大，但由于组织结构的僵化，大多数财务人员只具备单一的专业知识，难以全面了解企业的业务流程，且缺乏运用数字化技术的能力，不利于企业进行财务数字化转型和提高资金的使用效率。因此，要建立司库管理体系，企业需重视人才队伍的建设，提升他们对于业务的理解和信息技术方面的知识技能，更好地满足现代司库管理的需求，推动企业财务管理的现代化和高效化。

（2）司库管理与传统资金管理的区别

① 资金管理范围

在传统的资金管理模式中，资金的分配和使用通常局限于企业内部，以维持企业的日常运营和业务发展为目标。然而，司库管理模式不仅包括对资金流动状态的监控，还涉及为企业战略决策提供支持的多个方面，如决策支持、资本管理和风险管理，兼顾资金管理和资金决策职能。

② 资金管理效率

传统模式下的资金管理通常面临资金资源分散和利用率低下的难题，而司库管理对分散的资金进行统筹安排，提高资金的利用效率，确保资金能够投入到企业的生产和投融资等关键业务中，从而提升整体的资金管理能力。

③ 资金风险控制

传统模式下的风险管理手段相对较为单一，缺乏有效的风险规避策略，导致企业在面临市场波动和不确定性时容易遭受资金损失。而司库管理通过建立一个更加专业和全面的管理体系，能够对潜在的资金管理风险进行提前识别和评估，并结合企业的发展战略，采取相应的风险防范措施，从而有效避免资金管理风险。

（3）司库管理体系建设路径

从司库管理的理念提出至今，司库管理体系建设从最简单的结算型司库转变为满足现代企业发展需求的战略型司库（如图13-1所示）。

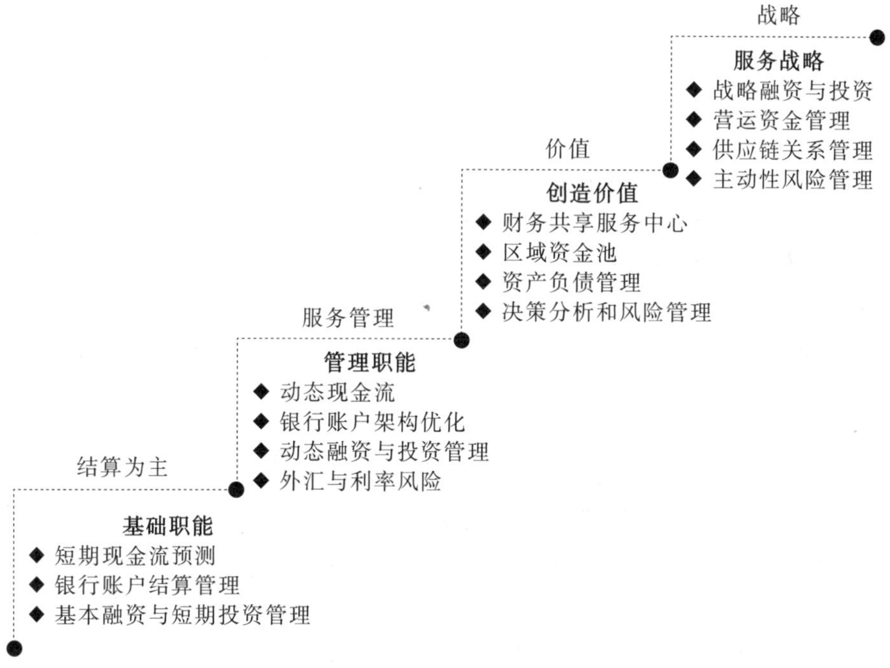

图13-1 司库管理体系建设路径

2）案例：J集团向司库管理模式的转变①

（1）案例背景

J集团成立于2014年末，是一家国资省属旅游公司。集团的业务触及多个领域，包括酒店管理、旅行社服务、旅游交通、旅游地产开发，以及旅游产业供应链金融服务等。集团建立初期，由于大量原行政事业单位的转型并入，其资产分布广泛，规模庞大。这些单位遍布第一、二、三产业，各自业务板块特点不同，在管理上各自为政，没有统一的管理理念和标准，使得集团的资金管理基础相对薄弱。尽管在后续几年中，集团致力于推进标准化财务系统和信息化的建设，资金管理的规范性得到一定提升，但与国务院国资委提出

① 缪雪梅，陈苏琼，韩伟东，等.J集团司库体系建设实践［J］.中国集体经济，2024（3）：91-94.

的司库体系相比，仍有较大差距，主要体现在以下三个方面：

①资金集中管理程度较低

J集团是一家规模庞大的企业，尽管成立时间不长，但已经在新设主体和管理层级方面表现出复杂性。由于转型时间较短，其管理制度体系还不够完善。目前，集团面临的挑战之一是银行账户未能全面归集，这主要是由于部分下属公司拥有开立独立银行账户、使用资金和作出融资决策的权力。

此外，J集团在资金管理方面存在一定的局限性，其资金池归集业务只与部分银行合作，导致归集银行覆盖范围不全面。在资金管理系统的实施方面，目前仅利用了部分商业银行提供的资金池产品功能，实现了部分银行资金的上收，但这个系统并未全面启用，导致资金收支、融资合同管理、业务合同收支、利息计提等关键财务功能与日常财务管理之间存在脱节。

②资金调度使用流程不流畅

a.资金管理权限不够集中

J集团面临着资金管理的挑战，资金分布分散，银行账户众多，导致资金使用和调拨效率低下，并出现了“存贷双高”的问题，即存款和贷款水平都较高，直接影响资金的利用率。

司库管理模式需要各成员单位对资金的使用权和分配权进行一定程度的让渡，以便集团总部统一进行内部调配。然而，这一要求在一些下属单位中遭到了抵触。在合资或控股企业中，股东们并不支持资金归集。对上市公司而言，由于独立性的要求，政策上也不允许资金归集。

在实际管理过程中，各个下属单位可能存在本位主义思想，这些因素加在一起，使得J集团在推进资金归集和管理方面遇到了一系列的难题。

b.资金计划编制不够严谨

资金计划作为司库管理的核心环节之一，对于J集团来说面临着一些挑战。首先，资金计划的编制周期较长，使得计划难以及时响应突发的资金需求。其次，资金计划的编制方法较为粗放，缺乏一套完善的表格体系来收集和整理关键的资金信息，影响计划编制的质量。最后，J集团的资金计划编制仍然依赖于EXCEL表格，没有与整体的财务系统进行有效对接，无法实现线上审批功能。

c.资金计划监管不够严格

在执行资金计划的过程中，J集团采取了一项措施，要求下属单位在提交的资金计划上加盖公章，以保证计划的可信度和严肃性。然而，这一做法实际上影响了计划的时效性，因为额外的盖章程序增加了处理时间。此外，这一措施还导致了另一种后果：为了防止自身资金受到限制，下属单位的总经理们可能会采取保守策略，即多报告支出、少报告收入。

与此同时，J集团的资金管理部门在汇总各公司的资金计划后，面临着一个技术性的挑战：缺乏一个相应的资金信息管理系统。这使得管理部门难以对资金的使用实施强有力的控制和约束，进一步影响了资金管理的精准性。没有高效的信息化支持，资金管理部门无法快速准确地分析和监控资金流动，从而难以实现对资金的精确管理和有效调配。

③资金风险防控能力不高

集团在资金归集方面与商业银行的合作不够广泛，目前，仅与3家银行签订了资金归集协议，并且尚未建立起与银行的直接连接。这导致集团及其下属单位在处理资金操作时，不得不依赖网上银行和U盾，这种依赖性增加了操作风险，比如，U盾的丢失、误操作以及网银密码的错误输入，这些都可能导致U盾被锁定。

此外，J集团的融资活动涉及多家银行，且有大量的有息债务。然而，集团的资金管理体系尚未全面实现信息化，内部财务系统与资金系统、融资系统之间尚未实现全面对接，这增加了管理上的难度。同时，部分成员单位存在擅自开立银行账户、自行开展银行融资的行为，甚至涉及票据开立、违规担保和名股实债等不当金融活动，这些都给集团的资金流动性带来了风险。

④财务人员能力参差不齐

J集团的财务团队存在一些问题，其中，最为突出的是团队成员的专业能力和素质水平参差不齐。尽管财务人员的数量较多，但其专业和学历存在较大差异，导致他们在接受新知识和新思维方面存在不同程度的障碍。在J集团的资金集中管理过程中，选拔人员和干部的标准尚未形成完善的体系，对司库专业人员所应具备的素质认知也不够清晰。目前，财务工作人员大多只擅长基本的账务处理、报表编制、预算管理和现金收付等工作，缺乏更深层次的专业知识和技能。

司库管理亟须具备多元化知识和技能的复合型人才，这些人才不仅需要精通会计、财务管理、金融学、经济学和信息技术等领域的专业知识，还应当具备在资本市场上进行投融资计划制定以及风险识别与控制等方面的实践经验。这样的要求使得司库管理岗位对人才的能力和素质提出了全方位的挑战。

（2）J集团司库体系建设过程

集团通过顶层设计优化方案，牢固树立“安全、集约、精益”核心理念，围绕国资委《关于推动中央企业加快司库体系建设进一步加强资金管理意见》以“提高资金运营效率、降低资金成本、防控资金风险”为核心定位，以资金集中管理为“基石”，以制度体系和信息系统为“支柱”，建立两个结算池（收款结算池、付款结算池），构建资金安全防线，构建面向支持决策和资源配置的司库体系，并匹配相应的政策制度、流程规范，实现资金集约管理。

①搭建集团账户，推动存量资金高效运作

为了更有效地管理银行账户，必须从资金的源头开始，实施严格的管控措施。这包括对账户数量进行管理，确保每一笔资金都能得到合理的控制和使用。

首先，需要强化对银行账户的管控，尤其是在账户的数量上。这意味着要实施分级分类的在线账户管控，确保每一笔资金都能被实时监控和管理。其次，需要归并银行账户的管理功能，实施分级分类的账户管控标准。这样可以有效控制资金账户的开户范围、数量和类型，防止因账户过多或类型不当而导致的资金管理问题。此外，公司还将推行账户在线开立审批流程，确保每一个新开的账户都经过严格的审批。同时，清理低效账户，精减账户结构，以提高账户的使用效率和资金的管理效果。

②建立两个结算池，推动流量资金精益管理

a.建立收付款结算池

资金流入根据业务性质可以分为主营业务收入、其他业务收入以及投融资流入三大类，并设计收款标准流程和收入预测模型，形成收款结算池。另外，收集分析付款订单，设计付款标准流程，形成付款结算池。

b.实施资金收支日排程

为了提高资金管理的效率和精准度，公司采取了一系列措施。首先，以资金收支标准流程为主线，覆盖公司所有经济业务的收付款结算池；其次，按照“以收定支和融资规模最低、时点最优”的原则，制定了现金流量预算的日排程规则。此外，公司通过考虑现有资金存量与待支付资金的优先顺序，确保了支付与收入金额的协调一致。并自动生成资金收支的日排程，科学预测资金流入的时序，保证融资的精准管控和收支排程到日。

③构筑资金安全防线，推动资金安全实时监控

a.事前合规管控

在资金管理新趋势和新要求下，对不符合当前环境的资金管理制度进行整合与修订，形成统一协调的资金管理制度，印发推行涵盖资金归集、结算，银行账户，以及优化配置、投融资管理、资金安全监控等资金业务的管理办法。

b.事中预警监控

围绕银行账户、资金收支、融资管理、运作管理等领域，制定严密的业务流程，严格落实收付款通用标准流程，以及资金支付“两密钥”管理要求，在司库管理系统中，嵌入异常支付和大额支付的检测规则，一旦触发预警，系统将自动拦截支付，从而防止潜在的风险。此外，对于重要岗位、关键领域和核心业务环节，建立有效的监控机制，实现对资金全流程的安全管控。

c.事后常态监督

建立大额资金动态监测，落实国务院国资委关于“运用信息化手段实现中央企业大额资金使用动态监测”的工作部署，依托资金监控系统和财务核算系统，采用数据采集及数据通道同步建设的工作方式，实现实时监督公司资金安全，推动实现资金存量“看得清”，流量“管得住”，风险“控得严”。

（3）J集团司库体系建设成效

为了提升司库管理工作的效率和规范性，J集团结合自身的业务需求，制定了一系列的管理制度规范，涵盖银行账户管理、资金预算编制、融资、资金日常管理以及担保业务等多个方面，为司库管理的运营和执行层面提供了坚实的制度保障。

在司库管理体系中，公司级集团账户体系的建立特别注重资金归集和拨付的效率，力求实现“时差小、沉淀少”的目标。目前，公司的账户都已纳入管控范围，并按照分类管理的原则进行运营。特别是，将集团子公司的资金实时集中到实体资金池，有助于提高资金的使用效率和流动性。在安全管控方面，公司正从传统的人工管理向智能化管理转变。这一转变体现了资金实时监控系统和资金调控平台的初步构建。这两个平台能够及时发现潜在风险隐患，并进行预警提示，以防止风险的发生。此外，公司还定期对预警监控提示的问题进行在线汇总分析，这进一步提升了资金安全管控的能力。通过这些措施，公司能够更好地保护其资金安全，确保资金的有效和高效使用。

3）案例分析

J集团在司库体系建设方面的发展历程为我国企业从传统资金管理模式向司库管理模式转变提供了宝贵的参考。尽管J集团已经建立了初步的司库管理体系，但与国务院国资委提出的功能全面、安全可靠、智能友好、透明度高的司库管理信息系统相比，还存在一

定的差距，这说明J集团的资金管控能力仍需进一步提升。

随着人工智能、大数据、区块链等前沿技术的应用，司库管理也在经历一场智能化的变革。这些创新技术不仅提高了企业对金融资源的管理效率，而且有效降低了潜在的金融风险。尽管司库体系建设在国内还未形成统一的标准，但各企业集团在探索司库管理模式和推动财务管理现代化转型升级方面已经取得显著的成就和宝贵的经验。这些实践成果为整个行业的持续发展和改进提供了重要的参考和启示。

13.1.2 集团型司库向财务公司型司库的转型

1）理论

由于各类企业的产权结构及资金管理目标存在差异，不同企业的司库管理模式并不相同。目前，国内企业集团司库分为以下两种模式：

（1）集团未设立财务公司的司库管理模式

未设立财务公司的司库管理模式有以下特点：首先，在内部组织结构上，集团总部担任司库管理的核心角色，负责总体管理和协调司库相关职能。根据职能分工和垂直化管理的原则，集团会在其成员单位设置专门的司库运营职能部门或职位，以确保司库管理在每个单位得到有效实施。其次，在外部合作方面，企业集团通常会依赖商业银行作为司库金融服务提供商，以满足其司库业务和其他金融服务的需要。这种合作关系有助于企业集团获得专业的金融支持，并提高资金管理的效率。此外，为了适应全球化运营和时效性管理的要求，企业集团可能会在境外设立区域司库中心。这些中心通常拥有适当的独立权限，能够根据所在地的法律和税务环境，进行有效的资金管理和调配。企业集团能够确保其在全球范围内的资金流动和管理符合当地的规定，同时，保持高效的运营效率。

（2）集团设立财务公司的司库管理模式

根据企业集团是否授权财务公司履行司库管理职能，分为集团型司库与财务公司型司库两种管理模式：

①集团型司库管理模式

这种模式下，司库管理通常由集团资金部门负责，涉及政策制定、业务运营、管控实施和考核等多个方面。财务公司作为司库管理体系的关键部分，主要负责提供金融服务，如存贷款、结算等，而非执行管理职能。目前，我国大多数企业集团采用集团型司库管理模式。此模式下，财务公司作为非银行金融机构，其在提供金融服务的同时，可以根据集团的授权履行一部分司库管理或运营职能。

②财务公司型司库管理模式

这种模式下，财务公司扮演着双重角色：一方面作为集团司库的总部职能部门，通过建立集中的司库管理体系，实现集团内部资金的统一调度和运用，提高资金的使用效率，降低资金成本，以及执行总部业务运营管控职能；另一方面，财务公司作为专业的金融机构，具有资金管理和金融服务的专业能力，能够为集团提供更为专业和高效的司库服务。

财务公司型司库管理模式根据不同的司库职能管理情况又可分为两类：一类是垂直管理模式，集团公司可以对财务公司授权，使其履行全部或大部分司库管理职能。在成员企业层面，它们受到总部司库的统一管理，仅需履行必要的经营职能，从而形成垂直化的管理体系。另一类是横向管理模式，在集团总部、区域和成员企业中都设立相对独立的财资管理体系，实行“集团总部+成员企业”的双重管理模式。此模式下，总部司库和企业资金部门一起履行司库管理职能，确保了管理的全面性和灵活性。

2）案例：X集团财务公司的转型之路：建设服务于实体经济的财务公司型司库①

（1）案例背景

X集团财务公司成立于1988年，作为一家经中国人民银行总行批准设立的非银行金融机构，不仅是全国最早一批集团财务公司之一，而且在原银保监会的监管下，获得了经营15项业务的许可。这些业务涵盖了财务融资顾问、信用鉴证相关咨询、代理业务等领域，同时，也包括交易款项的收付、保险代理业务等。作为一家具有独立法人资格的金融机构，X财务公司还提供担保业务、委托贷款及委托投资服务。此外，X财务公司还可以进行同业拆借、发行债券、承销债券等活动，以及对金融机构的股权投资和有价证券投资。它的业务范围还包括为单位成员的产品提供融资租赁服务。虽然如今资产规模已突破百亿元，但与后来成立的一批财务公司相比，其发展速度相对较慢，被后来者赶超。

公司成立的宗旨便是“依托集团、服务集团”，实际上，长期以来资金集中度等指标依然是名列行业前茅的，其外币业务也一直较为突出，拥有陕西省同业首家跨境外汇资金集中运营管理资格。公司组织结构图如图13-2所示，它拥有资金管理部、产业金融部、国际业务部、结算部、计划财务部、风险管理部、网络信息部、稽核审计部、综合办公室等部门。公司如今的任务和参与集团业务的方式主要是以金融服务平台的身份，为集团各成员单位提供财务咨询顾问、“内部银行”服务、投融资服务、票据贴现、融资租赁、外币业务等。

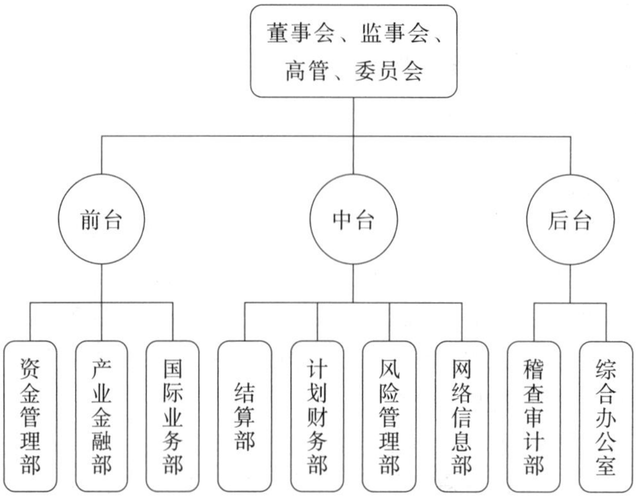

图13-2 X集团财务公司组织结构图

司库是企业为实现企业发展战略、经营目标而开展的与资金活动有关的管理活动（如图13-3所示）。X集团的司库体系仍然是以集团财务部和各单位财务部构建的集团型司库体系，而财务公司则作为金融服务方参与其中，双轨的资金集中管理服务体系导致双方职责常常有交叉和矛盾制约之处，导致许多业务难以开展。例如，集团财务部与财务公司共享信息的效率、集团财务部审批财务计划影响财务公司的结算效率。因此，财

① 中国管理案例共享中心，案例编号：STR-1346。

务公司由执行者转变为管理者，打造集团的财务公司型司库对整个集团的资金效率至关重要，但在现有的司库管理体系中，财务公司并无决策权，那么，未来该如何布局转型，提高资金运作效率呢？

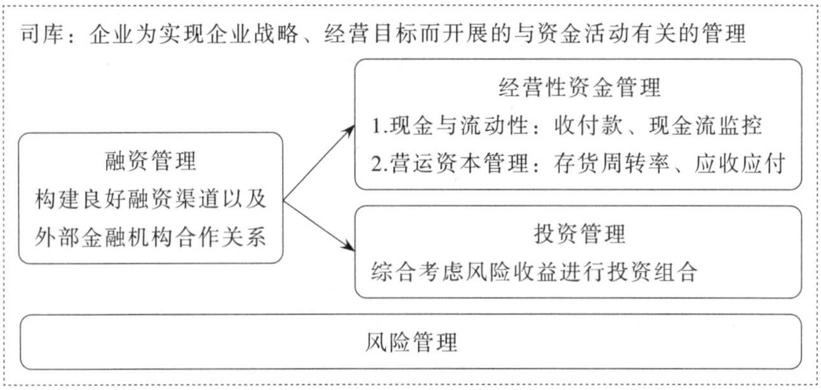

图13-3 司库图示

（2）产融结合平台：为集团战略而服务

作为X集团产融结合的载体——X集团财务公司，多年来虽然一直服务于集团的整体利益，但随着21世纪的经济高速发展，金融越来越不再是制造业、实体经济的附属品，金融和制造业不再脱节，而必须紧密结合在一起。

①困难重重的战略适配之路

虽然服务于集团战略是整体方向，但具体如何布局却成为亟待解决的问题。首先，X集团财务公司无法参与政策制定，只能作为服务方参与行动，导致财务公司的资金管理行为无法真正与战略层面对接。仅靠存贷差创收和提供投行类金融服务，使财务公司在集团定位上成为以创收和服务为主的金融机构利润中心，无权参与司库运营管理、政策制定、管控和考核等环节。这使得财务公司无法进行全面的预算把控，制订集团资金财务计划，因此，在战略层面上想要有所突破并服务于集团战略，显得力不从心。其次，要与集团协同制定战略管理规划，使金融服务与集团战略相一致，需要改变传统业务类型，拓宽和加深业务向国家战略的方向发展，并与集团战略目标和方向对接。然而，由于财务公司规模较小，创新成本较高，同时，受到多重监管的严格限制，银保监会①通常以评级作为试点财务公司新业务的门槛。因此，在拓展业务方面并不容易，必须采取渐进的方式，抓住那些更有利于产业和实体发展、更能服务于X集团经营目标的重点业务类型，优先进行拓展。

②积极主动适配国家战略的财务战略

面对这些问题，X集团提出了积极主动的解决方案。首先，公司要对接国家战略，并重点服务供给侧结构性改革、共建“一带一路”项目和高质量转型发展。为此，X集团财务公司需要主动适应这些要求，将金融业务的重点调整到国家支持的领域和项目上，加大对小微企业的信贷投放力度，推动普惠金融发展，并减税降费，突出主业发展。其次，作为一家大型央企，X集团有着承担社会责任的义务。在现今社会中，金融和财务在经济中的作用越发重要，因此，财务公司有责任发挥自身的作用。财务公司不能永远跟随集团战略执行，而应成为决策者和规划管理者，主动适应国家战略，并在一定程度上引导集团战略。

① 已于2023年重组为国家金融监督管理总局。

适应国家战略的首要任务是围绕X集团的主业展开业务，并紧密依托于集团。X集团的电气、高压等制造业是国家鼓励发展的有利民生的大型制造行业，公司的业务必须依托于集团的主业。财务公司可以利用资金集中管理的条件，协助集团进行资产配置与管理，优先支持与集团主业制造业相关的项目。相比银行，财务公司更熟悉产业链，具有在产业链金融方面的优势，可以为整个供应链上的客户提供服务，成为主业的重要支撑。因此，财务公司应围绕实体经济的产业链和供应链，运用创新金融工具，如资本投资、基金管理、资产管理、产业并购和财富管理等，为主业发展提供支持。

（3）供应链金融：构筑稳固的价值链

①在庞大的产业链上如履薄冰

面对众多的风险敞口和复杂的产业链，X集团必须采取行动以确保内部稳定和持续发展。财务公司作为内部成员的资金归集和结算机构，需要获得供应链金融试点资质，以提供更全面的服务。作为大型央企，X集团拥有庞大的规模和多样化的产品，其上下游产业链复杂且交叉，存在各种风险因素。然而，公司战略很难全面考虑到产业链上的各种风险问题，因此，在巨大的产业链上推进时就如履薄冰。

供应链金融是财务公司未来发展的重要方向，也是发达国家财务公司的特色之一。目前，我国已开始在票据业务和融资租赁方面进行供应链金融试点，并逐步推出各类试点政策，透过评级逐渐开放上下游供应链的支持资质。开展供应链金融是财务公司的特点之一，对于X集团庞大的产业链来说，只有确保每个环节的稳固，才能保证整个集团的稳定。供应链金融不仅可以稳定上下游客户和供应商，还可以规避供应链风险，创造持续的价值。财务公司作为最佳载体，通过制定和执行财务战略，能够稳定产业链中的风险点，推动集团战略朝着正确的方向稳步前进。

②用票据池和融资租赁打造金融生态圈

关于供应链金融扶持，最可行的是票据池贴现和融资租赁。票据池贴现是指财务公司为外部供应商或客户办理票据贴现业务，将应收票据作为标的资产做成ABS或者其他金融产品在资本市场上发行，加速票据变现。通过“票据池”业务，财务公司可以运营和管理产业链中的应收应付票据，提供贴现和背书服务，促进产业链上下游的交易意愿和发展。

融资租赁业务也是财务公司的重点发展领域。集团内部的子公司可以向财务公司或集团内部的租赁公司申请融资租赁，解决资金短缺问题，稳定生产价值链。X集团财务公司通过发展产业链上的融资租赁服务，支持外部中小企业的生存和发展，为成员单位和外部客户、供应商提供融资租赁，缓解资金缺乏和生产链断裂等问题，进一步拓宽和稳固集团的价值链。

上述两种业务类型不仅能为集团和成员单位提供很好的金融服务和支持，加快周转效率，还能改善产业链金融上下游的中小微企业的经营环境，建设一个以X集团为核心的产业链生态圈，同时，契合了国家战略，使X集团积极承担社会责任。

通过价值链分析，财务公司的现金集中管理在内部实现了全环节的流动，提高了各环节之间的资金流动效率。同时，财务公司还通过与其他金融机构和供应链上的客户建立关系，参与外部价值链的价值创造。因此，财务公司应被视为重要的战略部门和环节，是为企业创造价值的关键环节。因此，X集团如果能重视财务公司存在的作用，而非仅仅作为实现利润提供专业辅助的金融机构的话，那么，财务公司的诸多行动都能因此而开展，同时，集团的各种战略也能得到更好的安排。

（4）全面司库化资金管理，助力X集团实体腾飞

当财务公司希望实现上述的集团战略并为产业链提供服务时，首要任务仍然是进行司库体系的改革。时代的趋势导致财务公司逐渐成为集团内外部资金的中枢系统，而X集团的财务公司在司库运营管理方面仍存在不足，仅能为成员企业提供金融服务，与财务公司作为司库管理和金融服务双重功能的愿景不相符。为了更好地服务于集团战略，财务公司应打造一个财务公司型司库，将司库管理纳入财务公司的经营范畴，才是更好地服务于集团战略的前提。

①权限缺失，一切愿景只是泡影

如果无法与集团财务部协调好分工和权限，将导致由于缺乏管理权，使之前的规划难以继续进行，同时，也会影响后续的拓展执行。如果无法获得资金统筹规划和预算等权力，财务公司将无法参与集团的管理规划，也无法实现最初的目标，即使财务公司的财务战略与集团战略相互促进。通过让财务战略支持集团发展，同时，受集团战略的引导，可以实现财务战略对集团发展步伐的支撑。而将集团型司库体系的管理权“夺”过来并非一朝一夕所能成就的，要通过多阶段目标来分步实现，这是一个长期的任务。

②分解目标，建成战略型司库财务公司

要想最终建设成一个司库型财务公司，需要通过几个阶段逐步实现。

第一阶段，公司需专注于核心金融服务业务。对于资金管理部门，应提升资金计划管理能力，探索新的资金流动性管理方式，确保合理配置资金给集团子公司。除满足日常支付需求外，资金计划管理应精细化，用更多资金支持集团产业融资和实体经济，发挥财务公司的功能作用。对于风险管理部门，应配合资金管理部门的改变，利用资金池数据资源，深入探究历史规律。优化金融投融资服务功能需深入挖掘资金池历史存款数据，总结存款周期性变动规律，如波动幅度、高峰时段和资金净流出比率等，建立量化模型测算不同备付比率下资金池流动性风险的发生概率。对于财务计划部门，在完善成员企业账户管理和监控的基础上，协助集团将资金监控与预算管控对接，构建预算管理服务平台，支持资金流规划和集团CFO的决策。通过核心业务系统与预算管理系统的对接，实现线上处理内部计划报送流程，将资金收支预算与结算有机结合。此外，应拓展投融资业务，加强宏观策略研究，准确判断货币政策和利率走向，抓住宽松政策和低利率的时机，协助集团发行债券以降低财务费用，可作为未来产业园建设中除银团贷款以外的另一资金来源，择时对比资本成本，选择更有利集团发展的方式进行融资。

第二阶段，若要深度融入司库管理，X集团财务公司要深度参与到资金规划中，包括资金长中短期规划，也就是要依靠好财务计划部，建立全流程闭环管理“长中短期资金规划”，包括长期资金规划、年度预算、月资金计划、日资金计划，以及现金流分析回顾的全过程。尤其要做好长期阶段性财务计划，例如，中长期融资规划基于战略投入需求来安排发债融资、银团贷款或可转债等融资；年度的战略资金投入计划确定后，将对年度资金预算严格管控；月度资金计划被分解后，也将得到控制，并安排到周计划和日计划。通过对司库业务的资金计划管理，真正实现财务公司的管理本质，极大提高运作效率，将资金真正视为运营要素而非辅助要素进行处理。另外，向规划性财务公司转型还要求X集团财务公司除了满足第一阶段的资金运营执行和投融资服务外，还应当重视自身多元化筹资融

资的规划功能，在财务投资战略与筹资战略上发挥更大的作用：与财务部配合制定好中长期财务计划后，结合制定好的计划和现金预算，计算并合理统筹规划内部融资和外部筹资的金额和渠道，对现金余缺和不足发挥财务公司的金融机构属性和专业的能力，分别采用债务融资、股权融资、银行授信和财政融资等多方渠道以执行筹融资战略，将规划与执行结合在一起，并配合资金管理部和风险管理部对多余资金进行合理投资，将集团内多余资金统一运转起来，降低资金运转效率低下带来的不必要成本，最大化收益。

第三阶段，若要真正实现司库职能，必须承担好司库职责，加强司库业务能力，将重点由金融服务转移到司库管理活动上来。财务公司也一直被认为是集团实施司库管理的最合适平台，其“集团内部属性”有条件成为集团司库管理的“管理职能部门”。所以，未来公司必须承接集团财务部的司库业务，承担起X集团复杂的现金流预测、汇率及利率风险管理、信用风险管理和其他全面风险管理、采购与付款环节把控、销售与收款环节预测、营运资本的流动性管理、执行集团直接融资等各种职责，达成全面的集中管理——收入全面归集，支出全面管控，真正将集团司库体系主要管理职能纳入到财务公司中来，从而改变集团的“财务部型司库”体系，由财务公司承担起现有集团财务部的决策支持层的职责，直接对接和配合各子公司财务部和集团外部机构。

当三个阶段的目标达成时，集团的司库体系正式由集团型司库转变成为财务公司型司库，这将有效解决以往司库体系中各部门重复性劳作、分工不清等问题，促进相关职能部门更加有效紧密地配合，也更有效地配置了资金，并且采用更加集约化、集中化的管理资金体系，搭建更具有效率的资金调度和规划系统平台，并且利用专业化的投资筹资体系和方法，最终得以实现有效降低财务成本费用、提高投资和理财收益，不仅如此，还能通过资金的调度有效推进生产和业务扩展，从而实现集团利益最大化，用财务管理战略为集团战略的布局保驾护航。最终，以财务公司为核心的资金管理与金融服务体系同以集团财务部为核心的财务体系共同承担起服务于集团的顶层战略和业务的重任。当然，真正完成这三个目标还需全公司员工由上至下地付出很大的决心和勇气，道阻且长。

3）案例分析

（1）从财务管理的战略视角来看，X集团财务公司提倡逐步建设以自身为核心的司库管理功能，并深度融入管理体系中，体现了其战略财务管理的理念。这种转型是由传统财务管理向战略财务管理的转型，因为财务公司不仅仅参与战略制定，而且利用财务管理和分析来支持集团战略和产业发展。只有充分发挥专业和金融分析职能的作用，财务公司才能更好地解决集团资金管理中的问题，并为企业规划合理的资金运作模式。所以，财务公司应履行管理职能，真正实现资金管理活动与管理目标的契合，从而使财务公司的资金管理活动对于发展战略、经营目标和财务目标产生真正的相互促进作用。在财务公司的筹资和投资功能方面，通过预算或现金流量预测等方式，对下一年的筹资和融资进行规划和执行，体现了财务管理的战略性。

（2）从价值链视角来看，本案例主要运用内部价值链和行业价值链，只有知道自己身处价值链中什么位置，才能使战略制定合理到位。财务公司的财务管理和资金管理贯穿于价值链的全流程，在行业价值链中又肩负着实施供应链金融的责任，而若要在价值链中游刃有余，需从策略、指标、实施、考核评价等方面进行整合控制，X集团财务公司计划重塑自己的营运资金效率和营运资金管理体系，从而推动价值链运转更有效率，而资金管理的提速也需要价值链整体运转更快，供应商客户回款速度及效率提升。

（3）从供应链金融视角来看，本案例中首先由于供应链、产业链过于庞大，导致集团在其上存在非常多的风险点。而财务公司刚好作为供应链金融实施的新兴类型主体，相对商业银行，对于核心单位、产业、供应链和价值链都有着更深刻的理解，对公司和集团开展的业务更熟悉，因此，采用供应链金融更具有优势，能够快、准、狠地抓住资金短缺的要点、数量和需要在链条中补足的缺陷环节。所以，如果要实行供应链金融，就必须把执行司库管理的权力"夺"过来，才能更好地执行在供应链金融中遇到的统筹、风险管理等问题，也才能在公司整体战略上解决供应链问题。

（4）从资金管理视角来看，本案例中的财务公司原本一直按照常规进行资金集中管理，首先归集资金，资金池运营，再放出资金到各成员单位，当然，资金管理并不局限于提供金融服务，也包括管理监控和业务考评、票据内控流程等活动。而目前公司计划引入司库管理体系，从顶层参与资金管理与司库业务设计，对各成员单位的现金流量进行预算、监控等，希望实现进一步精细化集约化的资金管理，将资金管理做深做广，规划头寸，做好风险管理。

13.2 企业司库之探索篇——资金管理模式

1）理论

资金管理模式是随着企业的成长而不断演变的。对于集团公司而言，选择恰当的资金管理模式是至关重要的。不同企业的资金运营各具特色，因此，在选择资金管理模式时，需要综合考虑企业所处的环境因素。目前，存在七种资金管理模式：

（1）统收统支模式

统收统支模式是一种集中管理现金流的方式，所有现金收入和支出都集中在最高的财务管理部门或主体，如总部或母公司。在此模式下，各地区或部门的营销组织不会单独设立账户，所有的现金收支都通过总部的财务部门进行。现金收支的决策权高度集中在总部经理或其授权代表手中。

（2）拨付备用金模式

拨付备用金模式是一种企业集团或组织内部现金流管理的方法。在这种模式下，企业集团总部或母公司按照一定的期限和金额，向其所属的分支机构或子公司拨付一定数额的现金，作为这些单位日常运营的备用资金。这些备用金是为了保证各分支机构或子公司在总部规定的支出范围内，能够自主地处理日常的业务活动，而不需要每次发生支出时都向总部申请资金。

（3）结算中心模式

结算中心模式是一种企业集团或组织内部资金管理模式，其核心功能是集中处理企业内部各成员之间的资金往来结算、资金调拨和资金运用。通过设立专门的结算中心，企业集团能够实现对资金的高效管理和控制，降低资金成本，提高资金使用效率。

（4）内部银行模式

内部银行模式，是一种在企业集团或大型企业内部设立模拟银行功能的资金管理模式。这种模式下，企业内部设立一个类似于银行的机构，它具备一定的信贷和结算职能，能够在企业内部进行资金的调配和使用。

（5）财务公司模式

财务公司模式，通常指的是企业集团内部设立的专业金融服务机构，它为集团成员提供一系列的财务服务，包括资金管理、融资、投资、信贷、结算等。这种模式下，财务公司作为集团内部的一个独立单位，旨在通过提供专业的金融服务，优化集团内部的资金配置，提高资金使用效率，同时，控制和降低融资成本。

（6）司库管理

在现代企业财务管理中，司库管理模式是一个关键的工具。这种模式不仅包括资金风险管控、汇率风险和流动性风险管理，还承担现金管理、投融资管理等多个职能。这种模式有助于企业更好地应对外部经济环境的变化，提高财务管理效率，降低风险，从而提升企业的核心竞争力。

（7）财务共享中心

财务共享中心是一种基于信息技术的集中管理模式，以集团为服务对象。它通过将企业内部的财务职能标准化、流程化和自动化，提供高效、统一的财务服务。具体来说，财务共享中心主要负责处理企业内部的财务报告、账务处理、税务管理、成本核算、资产管理等重复性、标准化的财务工作。不同的资金管理模式分别有着不同的特点（见表13-1），公司应该根据自身实际情况与发展阶段挑选适合自身的资金管理模式。

表13-1 **各资金集中管理模式比较**

模式	主要职能	优点	缺点
统收统支模式	将下属公司一切现金活动的控制权集中在母公司	减少资金沉淀，提升资金周转效率	降低财务灵活性，主账户增加了连带风险，资金成本上升
拨付备用金模式	集团公司在一定时期内下发一定金额的现金给下属企业	下属企业拥有了一定的经营权	资金灵活度不够
结算中心	办理集团内部各个成员企业下属企业账户之间的资金往来业务	提高收付效率、资金流转更为流畅	融资能力较弱，投资管理手段缺乏
内部银行	信贷，资金结算，资金监管	有助于完善企业管理，增强资本运营，有较高的资金使用效率，提升企业的投融资能力	资金分配不均衡，利率杠杆调控作用不到位，融资渠道较窄
司库管理	资金归集，现金池，资金风险管控，汇率风险、流动性风险管理	管理流程更加顺畅，资金配置更加合理，规避资金风险	目前还未建立有效的司库管理体制
财务公司	投融资，结算管理，账户管理，资金协调，对资金实时监控，信贷中心等	提高资金效率，丰富的金融服务以及投融资服务，对资金实时监控，有效降低资金成本	门槛较高
财务共享中心	资金预算，资金控制，资金考核，资金监督	降低资金成本，提高运作效率，可以向其他公司提供商业化服务	财务人员脱离业务，增加人工成本，增加信息管理成本

2）案例：司库建设新探索：青建财务公司的资金管理之路[①]

（1）公司简介

青建集团财务有限责任公司（以下简称“青建财务公司”）成立于2016年10月26日，是青岛市继海尔、海信、青啤、青岛港之后成立的第五家企业集团财务公司，也是山东省内建筑行业首家获批成立的财务公司。其前身为青建集团的资金结算中心，2016年6月，青建财务公司获中国银保监会筹办批复，于同年10月取得青岛银监局《金融许可证》，11月开业揭牌。青建集团成立于1952年，是全国首批通过房屋总承包特级资质的企业之一，主要从事国内外工程项目建设与投资、资本运营、物流、设计咨询等业务，多年来一直稳居山东省建筑行业第一名。自1983年起，青建集团开始走出国门，开拓国际市场，目前其市场遍布全球30多个国家和地区。

倚靠青建集团这棵“大树”，青建财务公司发展迅速。在宗旨上，公司始终秉持“风险第一，效益第二，规模第三”的原则，将发展的重点放在夯实基础、培训团队、规范化法人治理等方面；在业务上，重点推进原结算中心信贷业务转移至财务公司、大力开展票据业务。公司在集团的大力协助下，在规范公司治理的前提下，始终将提升资金归集度、扩大公司规模作为重点工作。

青建财务公司以内部基础建设为前期发展重点，仅仅用了三年的时间，就使公司各项指标较成立初期有了大幅度提升，成为2016年同期筹立企业中的发展典范，但对比全国平均水平、同区域、集团同行业的财务公司，青建财务公司与之仍有不小的差距。青建财务公司的各项排名在200名左右，说明其规模和盈利水平仍有很大发展空间。

（2）青建财务公司的资金管理

青建财务公司主要是靠吸收存款获得资金，其资金主要用于发放贷款，进行有价证券投资，其业务主要包括存款、贷款、结算、非融资类保函业务、担保、证券投资等。公司业务主要分为四大平台，包括资金归集平台、资金结算平台、金融服务平台，以及资金监控平台，具体业务内容如下：

① 资金归集平台

资金归集是财务公司的基础功能，是将成员单位的资金全部归集到财务公司。资金归集平台利用信息技术，进一步提升其资金创造价值的能力，对增强集团资金集中管理、提高资金使用效率与效益、优化资源配置等方面具有重要作用，并确保集团的资金安全，推动集团资金集约化管理进一步优化。

② 资金结算平台

资金结算业务运行原则是谁的钱、谁审批。资金结算平台主要包括账户管理、结算业务、存款业务、自助电子回单业务、电子对账服务、开立资信证明六个方面。

③ 金融服务平台

青建财务公司金融服务平台以强化企业集团资金的使用效率和集中管理为目的，通过融资、信贷规模化以及投资业务等金融服务，降低资金使用成本，扩大资金收益。青建财务公司的金融服务包括综合授信、贷款业务、票据承兑、票据贴现、买方信贷、非融资类保函、信贷证明、票据池、同业融资业务以及自营投资业务。

---

① 中国管理案例共享中心，案例编号：FAM-0877。

④ 资金监控平台

资金监控作为资金集中管理的重要部分，对于加强资金的安全，提高资金使用效益与效率具有重要意义。财务公司通过构建资金监控体系保障资金安全，提高资金管理水平，致力于做到全范围、全过程监控成员单位的资金活动，及时有效地掌握资金状况和动态，为集团创造价值服务。

（3）现阶段的缺点

青建财务公司在业务范围上覆盖广泛，但其服务仅限于青建集团内部。该财务公司主要依赖集团公司及其成员的资本金和存款作为其主要资金来源。这些资金主要用于为集团公司及其成员提供资金支持，因此，青建财务公司的发展状况与集团的发展状况密切相关，目前的资金管理模式对集团具有较强的依附性。

（4）对集团和财务公司的影响

青建集团所处建筑行业的特性使得青建财务公司目前资金管理中存在资金归集度低的问题，主要原因如下：首先，农民工工资支付账户被明确规定不能由财务公司进行归集，导致资金无法集中。其次，财务公司与外部银行存在竞争关系，外部银行采取保证金的方式将业主的资金留在银行，影响了青建财务公司的资金集中度。最后，政府的PPP项目成立的SPV公司也对青建财务公司的资金集中度产生影响。

青建财务公司资金集中度存在的问题进而引发了集团资金管理的问题：

① 集团资金部分可视

资金集中度低使得集团及各成员单位的资金比较分散，无法达到全局的资金可视，尤其是对于不能集中归集的账户，集团无法实时掌握各成员单位的资金情况。

② 头寸管理精细化不足

因为部分资金无法集中归集，集团无法获取各成员单位的资金账户余额，造成有的企业资金闲置，有的企业急需筹集资金，导致资金的利用效率低，财务费用增加。

③ 境外资金管理尚有欠缺

因为青建集团的业务不仅仅局限于国内，其在国外也开展业务，这便对资金集中管理提出了更高的要求。如若资金管理存在问题，将会造成资源浪费以及资金的使用风险。

3）案例分析

通过以上案例，我们可以发现青建集团目前采用的资金管理模式是财务公司模式。财务公司将企业集团的资金资源进行集中管理，通过内部金融市场的职能，将成员单位的资金集中供给给需求资金的成员单位或用于信贷以促销集团产品。财务公司开业三年以来，在集团资金管理方面取得了一定的成效。然而，随着集团实业日益壮大发展，在资金管理方面逐渐暴露出资金部分可视、头寸管理精细化不够以及境外资金管理不完善等问题。因此，青建集团希望通过司库建设在近期实现全局资金可视化和资源管理集约化。

首先，在实现全局资金可视化方面，集团需要实现对全局资源的可视化管理，包括资金、票据、债务、授信等金融资源。在资金方面，集团及成员单位需要实时可视化管理银行、财务公司和其他金融机构开设的账户，包括本外币、境内外和直联非直联账户。集团和各级单位需要对账户流程和信息进行系统化管理，特别是对非直联账户的余额和明细要能够快速准确地获取，以实时了解资金情况。同样，在票据、债务、授信和集团内外合作伙伴等金融资源的可视化管理方面，也需要进行统一管理，以便司库能够快速了解各类金融资源的情况和统计数据，方便作出相关决策和资金使用安排。

其次，在资源管理集约化方面，将各类金融资源集中管理，通过全局资源集中形成资源共享模式，有效利用和运转集团内部的各项资源，避免成员单位各自为战，初步降低集团整体财务成本，并为未来科学化的资源配置奠定基础。在长远目标方面，司库建设的目标应该是实现科学的全局资源配置，更好地集中和融通境内外资金，同时，使集团所处的产业链上下游企业的资金能够有效运转和利用。这将使金融资源在集团整体层面上更加合理地配置，从而提高资金运营效率、拓宽融资渠道、改善资本结构、节约财务成本以及防范资金风险，实现集团整体利益的最大化，促进集团实业更好发展。通过在产业基础上发展金融，并在金融平台上升级产业，将产业与金融有机结合，实现实体经济与资本市场的紧密互动，充分发挥资本对实业的服务功能，增加实体经济发展的动力和活力，真正实现“产融双驱”。

13.3 企业司库之跨国篇——境外资金与智慧系统

1）理论

随着社会生产力的迅猛发展和技术水平的进步，世界经济已跨越国界，走上了国际经济一体化的道路，实现了生产、经营、销售、技术和资金的国际化。这一全球化趋势通常被归纳为跨国经营和全球化经营。其中，跨国公司的建立是跨国经营的典型形式和成熟标志。跨国公司在全球市场中扮演着重要的角色。它们通过建立全球供应链和销售网络，推动国际贸易和跨境投资的发展。跨国公司能够将产品和服务从一个国家或地区转移到另一个国家或地区，促进了贸易的增长和国际经济合作。

跨国公司在开展境外资金管理时，经常遇到汇率波动、文化和法律法规差异等挑战。由于这些挑战，境外资金管理的进展变得缓慢，具体体现在以下三个方面：第一，跨国公司的业务范围广泛，总部难以对所有境外业务和资金支付情况进行监控和约束，增加了境外资金支付的安全风险。第二，境外资金账户相对分散，涉及多个业务国家和银行，难以及时对账户进行监控。第三，资金账户分布在不同区域，增加了资金集中归集和调度难度，不仅影响境外资金的使用效率，还可能引发存贷双高问题。

在当前技术环境下，司库管理模式正在经历重大变革，尤其是与新兴数字化技术的融合。大数据、云计算、区块链和人工智能等技术的应用，也促使司库管理模式逐步向数字化和智能化转型，发展成智慧司库管理。这种转型不仅提升了司库管理的效率和准确性，还增强了企业对境外资金管理的控制力和应对外部挑战的能力。

2）案例：跨国公司中国化学境外资金智慧司库管理研究①

（1）公司概况

中国化学工程股份有限公司（简称“中国化学”）自2008年成立以来，发展过程中经历多重挑战，在上交所成功上市。中国化学的业务涉及化工、石油、公路、机电、建筑等多个行业领域，并在海外积累了丰富的经验。中国化学在海外接手实施了多项重大工程，如甲醇、炼油石化及聚丙烯项目，这些项目有力地推进了高质量共建“一带一路”。然而，随着公司国际业务的扩展，境外资金管理面临的挑战日益突出。一方面，公司的境

① 唐颖.跨国公司境外资金智慧司库管理研究——以中国化学为例［J］.财会通讯，2024（6）：172-176.

外银行账户数量众多，资金分布广泛且分散，甚至包括一些外汇管制区域，难以对账户进行集中管控。另一方面，公司积极响应“一带一路”倡议，在逐步扩大业务范围时，也面临着不同国家的外汇政策差异、地缘政治环境波动等难题。

（2）境外资金智慧司库管理体系的构建

为了提升集团公司的境外资金管理水平，确保对境外资金的全方位监控、统一调度和集中管理，中国化学正在积极推进司库系统的建设。这一举措遵循了国资委1号文的规定，并以其指导精神为行动指南。中国化学正在加快司库体系建设的步伐，以适应快速变化的财务管理环境。公司早期的国际司库体系，已经展现出财务公司和境外财资中心在管理境外资金方面的不错效果。随着前沿数字技术的不断应用，司库体系的建设与发展迎来了新的机遇。中国化学正在对其现有的国际司库体系进行进一步的优化和升级，通过引入先进的数智技术，构建一个更加智能化的司库管理体系。这一体系的建立旨在有效解决公司在境外资金管理方面遇到的挑战，确保公司能够更好地应对全球化经营的财务需求。

中国化学境外资金智慧司库管理体系框架由七个层级构成，不同层级为中国化学境外资金管理提供了不同的职能作用（如图13-4所示）。

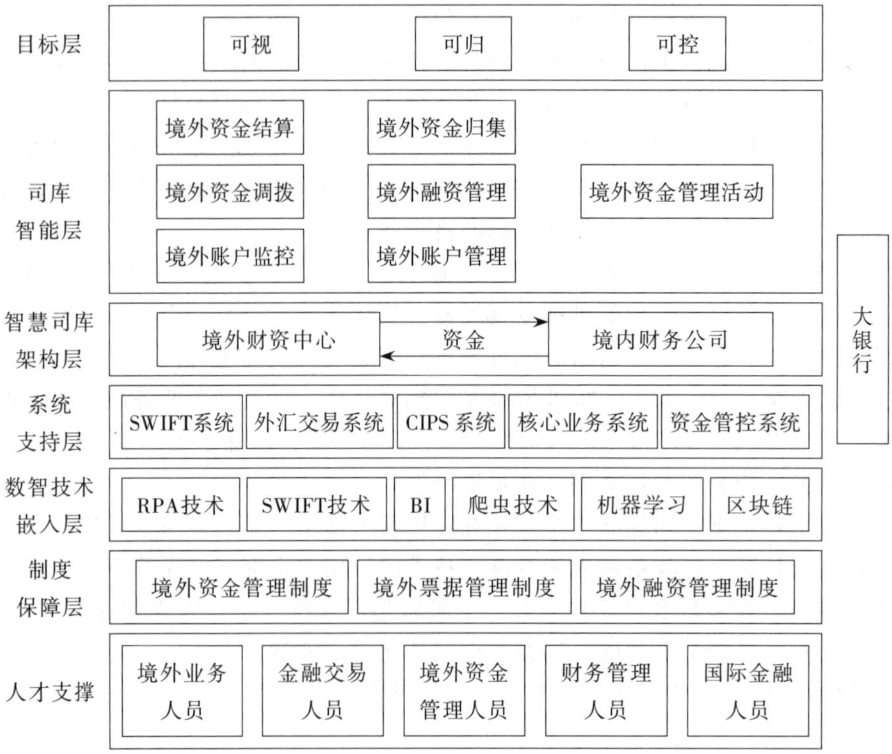

图13-4 境外资金智慧司库管理体系架构图

（3）境外资金智慧司库管理的实施

①推动境外资金账户集中管理

中化工程集团财务有限公司承担着资金监控、结算、归集和金融服务等重任。随着中国化学在海外市场的不断拓展，公司面临着外汇政策不一致、地缘政治环境的波动以及激烈的国际工程承包市场竞争等多重挑战。为此，中国化学成立了专门负责境外资金管理的境外财资中心，即中国化学国际投资有限公司。在决定公司注册地点时，中国化学经过详尽的研究与评估发现香港不仅拥有众多专业资源和宽松的经济政策，而且还提供税收优惠。基于这些优势，中国化学最终决定将公司的注册地设立在香港。此外，公司的海外业务主要集中在共建“一带一路”国家，香港的地理位置便于业务沟通和协调。为了更好地管理公司因海外业务拓展而出现的众多分散账户，中国化学指示境外财资中心对现有的境外账户进行了详细梳理，并在此基础上完善账户管理制度（如图13-5所示）。

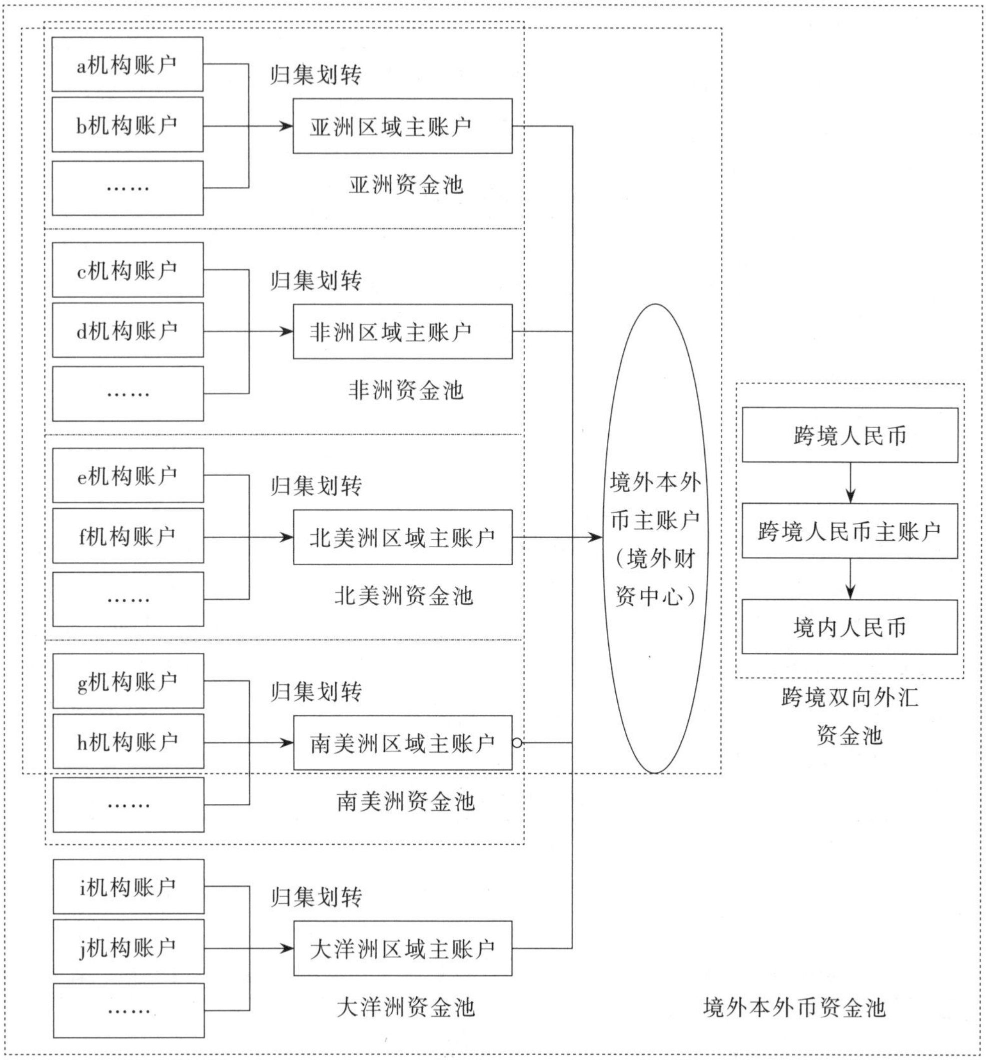

图13-5 中国化学境外资金账户集中图

②境外资金全程监控

表13-2列出了中国化学签署部分海外项目以及涉及的合同金额，境外资金的巨大数目无疑增加了资金的监控难度。为了增强对海外资金的监控，公司利用SWIFT系统，与合作银行自动交换交易数据明细和余额。中化工程集团财务有限公司收集并分析这些数据，每月中下旬输送给中国化学，确保及时了解境外资金状况。财务公司和境外财资中心通过加入SWIFT的银行平台来间接加入该系统，以便高效地收集境外各账户的资金余额和交易明细数据。通过向境外银行发送信息需求报文，中国化学国际投资有限公司能够获取所需的数据。此外，SWIFT系统中集成的区块链技术在境外资金数据传输过程中提供了

防篡改功能，从而显著提高了安全性。更为关键的是，所有境外资金账户的交易记录和余额信息，都被详细地记录在区块链上，这一做法极大地为后续的审计和问责工作提供了便利，同时，也增强了境外资金流动的透明度和控制力。通过这种方式，企业的境外资金管理变得更加安全和高效，为企业的国际业务发展提供了坚实的技术支持。

表13-2 **签署的部分海外项目情况** 单位：亿元

海外项目	合作方	合同额（折合人民币）
煤制汽油和二甲综合体EPC项目	卡塔尔海湾石油有限公司乌克兰分公司	257
赞比亚联合资本30万吨/年化肥项目	中国五环工程有限公司与赞比亚联合资本化肥有限公司	32.7
埃及卡夫拉谢赫综合体房建项目	中化二建集团有限公司	15.51
年产5万吨氢氧化锂联产1万吨碳酸锂项目	中国化学工程第十四建设有限公司与印尼盛拓锂能有限公司	10.1
俄罗斯波罗的海化工综合体项目FEED+EPC总承包合同	波罗的海化工联合有限责任公司	963

数据来源：《中国化学工程股份有限公司关于经营情况简报的公告》。

③实现境外资金的风险实时预警

跨国公司进行海外拓展时难免会遭遇多种风险，如汇率风险（见表13-3）、信用风险、法律风险和操作风险。为了应对这些风险，境外财资中心借助智慧司库管理系统，该系统融合了大数据分析和爬虫技术，能够实时捕捉外汇市场的最新动态，同时，收集公司总部及其下属单位的业务数据。通过对这些综合信息的分析，境外财务和资金管理部门能够编制出详尽的外汇分析报告，并提出相应的管理建议。随后将这些报告和建议提交至公司总部，最大限度减少外汇风险敞口。

表13-3 **公司海外项目汇率风险清单**

海外项目内部风险		海外项目外部风险	
风险类别	风险因素	风险类别	风险因素
资金风险	资金回收风险、资金筹集风险、资金短缺风险、成本超支风险	经济风险	国际经济形态变化、国家经济结构不合理、利率风险、外汇风险、通货膨胀
项目决策风险	责任风险、投标标价风险、项目选择不当风险	政治风险	保护主义倾向、国际关系、政局的稳定、当地政府廉洁信用程度
合同风险	合同履行风险、合同文本风险	社会文化风险	劳动者的文化素质、社会治安的稳定性、语言差异、文化习俗的差异
管理风险	供应商风险、分包商风险、组织协调风险等	法律风险	法规政策的稳定性、法律政策的差异
技术风险	技术方案不合理、新技术工艺使用、新技术标准与规范	自然环境风险	不利的自然灾害、不可抗拒的自然灾害

3）案例分析

中国化学在境外资金管理方面的智慧司库应用取得了显著成效。通过境外财资中心的集中管理，为公司在全球范围内的业务交易提供了资金归集，提高了资金的集中度，为未来的规模效应打下了基础。此外，境外财资中心不仅为多个海外项目提供了资金保障，还为其他项目的融资提供了支持。

境外资金智慧司库的推行，引来了先进的数字技术，可以实时监控账户资金的全过程，这些技术使得资金业务风险预警更加精准。通过智慧司库，中国化学管理层可以集中监控分散的账户，并及时了解账户资金的变动、结余，以及账户的开立、变更和销户情况，避免了信息滞后。此外，智慧司库的灵活调度能力使得境外资金能够更好地支持业务的运行和投融资活动，实现了资金资源的有效配置，并拓宽了境外融资渠道。系统规则程序的应用，减少了一部分烦琐冗余的人工数据采集和处理业务，显著提高了财务工作效率。境外资金智慧司库的运用，还大大提升了资金管理流程的智能化程度，实现了账户资金的实时查看，不受地域和时间的限制。

13.4 企业司库之运行篇

1）案例①

（1）公司简介

中铁十二局集团有限公司是一家国家级的大型建筑业企业，该公司前身为铁道兵第二师，最早可追溯至1940年成立的冀鲁边区回民支队。1984年，部队集体转业并入铁道部，改编为铁道部第十二工程局，1998年进一步改制为中铁十二局集团有限公司。其经营范围广泛，涵盖了铁路、公路、桥梁、市政、地铁、水利水电、机场、电力、通信、信号等多个领域。作为国家一级建筑施工企业，中铁十二局集团拥有丰富的施工经验和技术实力。其设备先进，拥有大型机械设备1 200多台套，设备总值达到8.6亿元。从2020年开始，中铁十二局集团着手构建以集团资金管理中心为核心的“一体五翼”司库体系架构。这一体系以资金管理为核心，以风险控制为基础，并以价值管理为导向，以此确保司库体系的高效和集约运作，从而找到了一条符合企业自身发展的司库建设新路径。

（2）司库体系的组织构架、制度及流程

①结构及功能框架

中铁十二局充分考虑了自身业务特性和管理需求，构建出本集团司库体系的结构并设计了具体功能。其结构和功能框架如图13-6所示。

②运行的组织构架

在组织构架上，集团建立了总部统筹、平台实施、基层执行“三位一体”的司库管理组织（如图13-7所示）。集团司库体系采用一种分层管理的模式，最高决策层是董事会下的司库委员会，负责整个司库体系的统筹和管理。该委员会的最高管理层由董事长、总经理和副总经理组成，并下设办公室，由总会计师领导。在执行层面，集团采用“一体五翼”的组织架构，由资金管理中心负责具体的实施工作，财务部门则主要负责制定政策和规划指导，并由财务共享中心、企业管理部门、投资部门和法律合规部门提供必要的支持

① 张宏亮，纪沐妍，蒋盛煌.大型施工企业司库体系的框架、工具及运行机制——以中铁十二局为例［J］.中国管理会计，2024（1）：59-75.

和协助。基层单位是司库管理的关键执行者，负责实施司库的各项决策流程。为了确保有效管理，集团实施“统一管理、分级授权”，明确了各层的职责和权限，形成了“分工明确、边界清晰、协同融合”的管理机制。通过这种分层次、分职责的管理模式，集团能够确保司库体系的高效运作，支持集团的金融资源管理和风险控制。

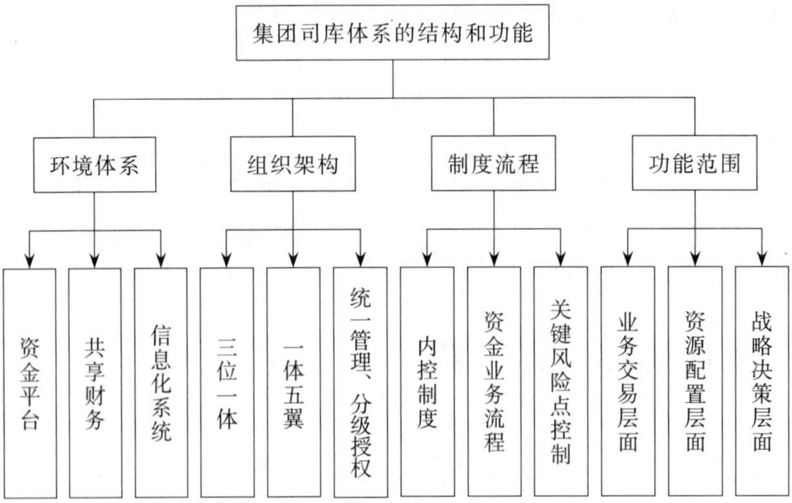

图13-6　中铁十二局司库体系的结构及功能

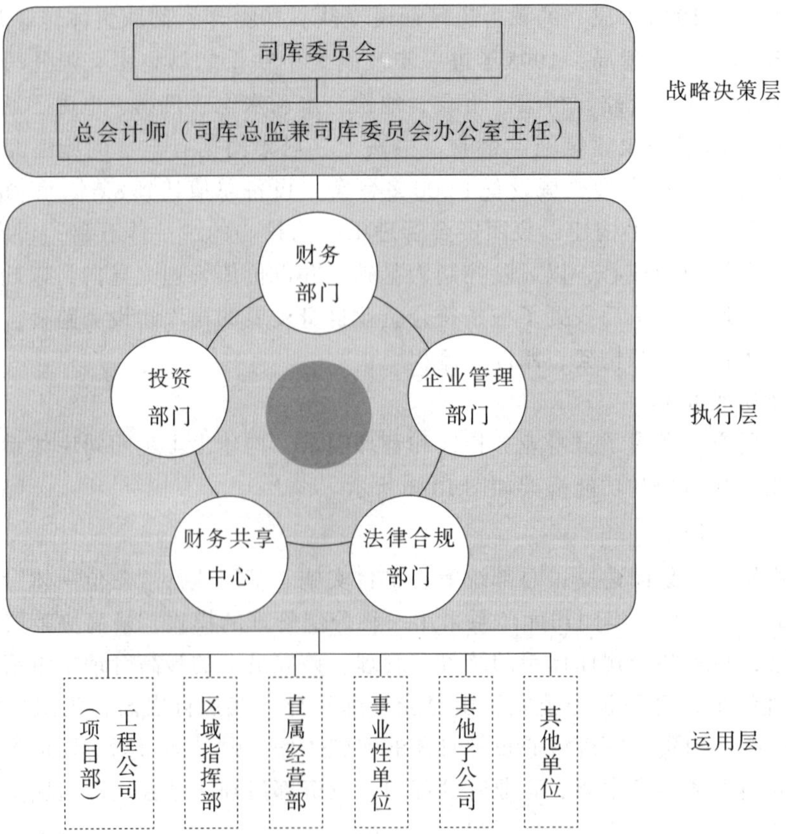

图13-7　司库体系设计与运行的组织构架体系

③运行制度及流程

为确保司库功能的有效运行，必须构建以合规性、风险控制和高效集成为基础的制度流程体系。首先，完善内部资金控制制度，强化内部和风险控制规则的约束，确保制度得到落实。其次，优化资金业务流程，实现资金内部控制的标准化、流程化、信息化和数智化。最后，严格把控关键风险点，利用大数据、人工智能、风险预测预警等，实现对关键风险点的实时监控。

（3）司库体系的运行机制

以司库体系为核心的管理方式需要渗透到业务之中，并在实际操作中得到落实，才能提升管理效果。中铁十二局的司库体系充分运用了前中后台机制，确保了管理的全面性和深入性。同时，它还采用了流程与数据驱动并行机制，使流程和数据成为推动管理运行的双引擎。此外，业财融合协同运行机制的运用，实现了业务与财务的深度整合，提升了协同效应。该体系还注重风险与收益的权衡，采用了风险控制机制来确保风险在可控范围内，同时，通过价值单元机制来优化价值创造。这些机制的综合运用，使得中铁十二局的司库体系运行效果显著提升。

①前中后台机制

中铁十二局的司库体系从业务交易型转向价值创造型的过程，表现为组织行为的重新划分，具体分为前台、中台和后台。在前台，司库主要支持企业经营，包括采购支持、库存支持、施工支持等多方面，以确保业务运作的顺畅。在中台，司库直接参与到企业的业务活动中，包括票据管理、供应链金融管理等内容，这些都是企业日常运营不可或缺的部分。而在后台，财务共享服务中心成为了支撑，通过模型的设置最终实现预测功能，为决策提供支持。这一综合性的司库体系，不仅优化了内部管理，也提升了公司的整体竞争力。

②流程与数据驱动并行机制

流程驱动的关键在于以分工为基础的协同。在这种模式下，流程设计包含一个或多个执行节点，这些节点通常由各个部门和岗位分工组成。每个节点都会指定特定的执行人员，他们根据既定的分工来履行自己的职责，从而将不同的部门协同起来，共同完成一项业务。而数据驱动对企业而言，不仅仅是一种工具或技术的应用，更是一种文化和思维方式的转变。企业需要利用数据来构建全新的工具和能力，让数据成为指导行为和决策的基础。这种转变意味着企业将更加注重数据的收集、分析和应用，以数据驱动的方式来优化流程，提高效率，创造价值。流程驱动与数据驱动的比较见表13-4。

表13-4 **流程驱动与数据驱动的比较**

项目	流程驱动	数据驱动
输入	经营与判断	数据
过程构架	制度设计、流程分析	数据建模、机器学习、模拟
过程特点	设计过程可解释，过程可视化、稳定	训练过程不可见，易出现漏洞
过程控制	人为控制，非自动化	系统控制，可自动化
迭代	迭代慢	可高速迭代
输出	规则体系	决策体系

③业财融合协同运行机制

在传统的业财管理模式中，业务和财务往往是分开进行的，这种模式带来了信息延迟、财务工作量大、成本高以及财务管理力度不足等问题。为了解决这些问题，中铁十二局进行了信息化改革，通过构建财务共享平台和资金管理平台，成功实现了业财融合。随着业务活动的进行，资金流动、人员活动和物流也同时运作，财务信息实时更新并存储在数据库中，确保业务和财务信息的一致性。此外，将许多烦琐的日常核算工作移到业务端，促成业务与财务的紧密结合，即“业务即财务，财务即业务”。这种改革不仅提高了效率，还优化了财务流程，使得中铁十二局在财务管理上更加精准和高效。

④风险-收益权衡机制

风险与收益的平衡是投资和财务决策中的一个核心概念。在作出司库决策时，集团可能面对多种风险，包括财务风险、信用风险、流动性风险以及资金回收风险等。同时，司库管理也能带来多种收益，包括融资成本的降低、机会收益的增加，以及最终的企业整体价值提升。通过综合考虑这些风险和收益，中铁十二局能够确保其司库管理既稳健又高效，从而支持集团的长期发展和价值最大化目标。

表13-5列出了中铁十二局的风险-收益权衡事项，实际中，企业管理者面对多种债务工具、支付结算工具和投资项目的决策时，必须基于风险与收益的平衡进行考量。另外，实现企业价值最大化，不仅要考虑直接的经济效益，还要综合考虑政策环境、市场趋势和社会责任等非经济因素，以实现风险与收益的最优平衡。

表13-5　**中铁十二局风险-收益权衡事项**

权衡事项	类别	风险种类	风险程度	收益类别	收益程度
债务工具类别	权益类	整体负债率风险、流动性风险	低	企业整体价值	低
	负债类		高		高
债务工具期限	长期	流动性风险	低	融资成本	低
	短期		高		高
债务工具性质	贸易类	操作风险、违约风险	低	融资成本	低
	信用类		中		中
	结构类		高		高
支付结算工具	现金支付工具	违约风险、操作风险	低	业务支持与机会收益	低
	信用支付工具		中		中
	供应链金融支付工具		高		高
投资项目	PPP投资	资金收回风险	低	投资收益	低
	通道投资		中		中
	直接投资		高		高

⑤整合机制

集团司库体系通过资金管理平台、共享服务平台、预算体系充分发挥司库对集团业务、资金、信息、供应链的整体机制，发挥司库的整合功能（如图13-8所示）。

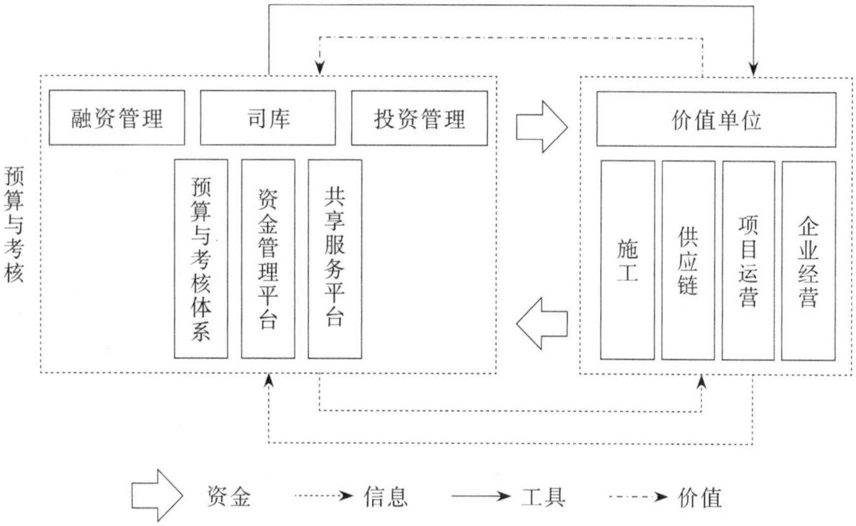

图13-8 司库的运行机制

企业的集团司库体系与各个价值单位之间，存在着资金、信息、工具以及价值的动态流动。这种流动体现在以下几个方面：首先，在资金流方面，司库起到至关重要的作用，对各个价值单元提供充足的资金支持，并规划、指导、监控以及评价资金的使用情况，从而有效提升资金的利用效率。其次，信息流也是司库体系的重要组成部分。价值单元的业务信息通过会计核算和企业资源计划（ERP）系统实时传输至司库，为司库的分析、决策和控制提供基础数据。最后，司库体系还向各价值单元提供丰富的资金和管理工具，旨在提高价值单元的运营效率和价值创造能力，从而发挥司库的价值创造功能。

⑥风险控制机制

集团司库体系的有效运行和功能发挥建立在强大的风险控制机制之上。这一机制涵盖了事前、事中和事后的各个环节，以确保司库体系的高效和安全。

事前阶段，风险控制通过建立制度和流程、识别关键风险点来实现，包括授权分工、不相容职务分离、流程系统化、预算标准的制定以及物理隔离等措施。

事中阶段，利用资金管理系统和财务共享系统，对各部门和业务单位的业务执行情况实时监控。通过大数据技术监管企业运行，对每个业务执行点进行实时监控。事中阶段还涉及与企业外部系统的整合，包括人民银行账户管理系统、金税系统以及上海票据交易所系统等，从而对所属单位账户和票据进行更有效的审核和监控，显著降低操作性风险。

事后阶段，通过监察、内部审计和考核评价等手段，全面检查业务执行和风险控制情况。对于其中产生的问题，提出整改建议，实现风险控制的闭环。

通过风险控制机制，可以确保企业司库体系的平稳运行和高效功能的实现。这一机制涉及事前、事中和事后的各个环节，通过制度建设、流程设定、技术应用和审计监督等多种手段，实现了对风险的有效控制。

（4）运行成效

首先，在非财务方面，中铁十二局显著提高了资金管理、配置和风险控制能力，其搭建的司库体系不仅有效整合了业务与财务、产业与金融，还成功构建了以财务管理为核心、以司库体系为支撑的运营架构。

其次，在财务方面，司库体系的运行使得中铁十二局的企业有息负债综合资金成本率低于同期的一般企业债和公司利率，并为企业节约了内外融资成本（存贷利差）。这一转变使得内部经营主体和其他单位从外部融资转向司库统一融资，存款留在集团内部，从而实现了巨大的利息节约。

2）案例分析

中铁十二局在司库管理领域的成就为行业内其他企业提供了宝贵的借鉴。该集团的融资策略主要基于三个关键因素的成功实施：首先，中铁十二局深入挖掘并充分利用了各种可行的融资渠道和来源。同时，集团积极探索金融创新，采用了资产支持型证券（ABS）和房地产投资信托基金（REITs）等多元化的融资工具，不仅提高了融资的灵活性，还有效分散了融资风险。其次，该集团的司库管理并不只是考虑自身的价值最大化，而是更加注重集团整体价值的提升。集团的核心竞争力在于其强大的业务承接能力和高效率的施工管理，而资金管理则是确保这些核心竞争力得以发挥的关键。因此，司库的主要职责是确保业务的顺利进行，并在此基础上提升整个集团的价值。最后，中铁十二局充分利用了作为中央企业的信誉背书以及地方龙头企业的优势，从而增强了在货币市场上的话语权。中铁十二局紧抓国家利率市场化改革的机遇，加强了与金融机构的谈判能力，确保了集团能够以市场平均利率作为内部目标和考核标准，从而影响了市场定价。

中铁十二局在融资管理上展现出三个突出的优势，为其他企业提供了重要的参考。首先，该集团在追求扩张的同时，始终将风险控制放在首位，确保融资活动不会超出风险红线和成本底线，从而避免了扩张过程中可能出现的严重问题。其次，司库的角色远不止于传统的后台支持，而是扩展到了风险管理、资金融通、资金使用、资源配置以及经营决策等多个关键领域，成为企业运营中不可或缺的一环。最后，中铁十二局坚持根据具体情况来设定风险红线，考虑到建筑施工行业通常需要巨额资金且负债率较高，该集团相应降低了风险红线。而对于资金成本较低的制造业和服务业，则可以设置更高的风险红线。

总结来说，中铁十二局的经验表明，企业在选择和使用融资工具时，应充分考虑自身的行业特性、所有制属性以及规模大小等因素，以此为基础灵活设定风险控制标准。这一策略以市场化为导向，追求价值最大化为原则，有助于企业在融资运作中实现平衡和稳健发展。

14 绿色财务管理案例

14.1 绿色投资案例——富达国际[①]

14.1.1 案例事件

相比国内市场，绿色投资在海外已有相对成熟的体系和实践案例。其中，富达国际一直是国际社会中绿色投资坚定的倡导者和践行者。从实践来看，富达国际自2012年起一直是联合国责任投资原则组织（UN PRI）的签约机构，并承诺到2050年或更早前实现所有投资组合的净零碳排放，到2030年或之前将投资组合中的碳排放量在2020年的基准上减半。在投资层面，将绿色投资考量融入投研过程的每一环节，希望投资不仅仅是为客户创造收益，也能对被投企业和社会产生积极影响。

14.1.2 公司简介

美国富达投资集团成立于1946年，其创始人是爱德华·C.约翰逊二世，总部设在美国波士顿，全球雇员超过5万人，是一家提供多元化金融服务的独立投资公司。富达国际管理大量共同基金，提供资金分配和投资咨询服务，还提供退休服务、财富管理、人寿保险、经纪业务等服务。截至2021年9月30日，富达国际管理的资产达4.2万亿美元，拥有4 000万个投资者。富达国际在2015年波士顿咨询举行的全球50个最具创新能力公司中排名第34位，在2021年荣获Kiplinger杂志的最佳网络券商奖。

富达国际有限公司（简称“富达国际”），创立于1969年，起源于美国富达集团，专为国际市场定制服务。1980年，该公司从其美国母体公司中分离，成为独立运营的实体，现今业务版图遍及全球25个国家和地区，通过设立的众多分支机构开展经营活动。富达国际的股权结构独特，主要掌握在公司管理层、创始家族及高层员工手中，彰显了其深厚的内部合作与承诺。该公司服务范围广泛，涵盖了保险业、财富管理、金融机构、中央银行、主权财富基金及广大个人投资者等多元客户群体。除了核心的资产管理业务之外，富达国际还在多国市场提供针对雇主的福利计划、投资顾问服务及个人客户的投资行政管理和专业指导，展现了其市场的广阔性和丰富度。作为跨国资产管理公司之一，富达国际深耕中国市场二十余载，旨在助力中国投资者实现长远的财务健康与未来愿景。目前，富达国际在中国上海、北京及大连等地的团队已扩容至超过一千名员工，其中，大连的全球能

① 郑梦.美国富达投资集团养老基金ESG投资产品与投资策略［J］.经济研究参考，2022（3）：68-78.

力中心作为其全资机构，发挥着举足轻重的作用，提供从技术支持到运营、财务分析乃至深入研究的全方位服务，体现了公司在人才聚合上的前瞻性布局。富达国际坚持的全内包模式及大连全球能力中心的独立运营，不仅强化了公司的内部协同与效率，也确保了从前端至后端每项职能的卓越执行，这正是其不断创新并为全球客户提供前沿投资解决方案的核心竞争力所在。

14.1.3 富达国际绿色投资的管理目标

1）符合联合国可持续发展目标

投资不仅仅要管理风险，而且要设法对企业和社会产生积极影响。2015年9月，联合国193个成员国在峰会上正式通过17个可持续发展目标，旨在2030年前解决贫困、气候、生物多样性、经济繁荣、和平等全球挑战。富达国际从整体的视角来看待影响力投资，着眼公司所从事的业务，系统性评估其提供的产品或服务带来的影响是否与联合国可持续发展目标一致。

2）获得长期价值回报

富达国际认为，良好的ESG表现是企业长期稳定发展和价值增长的重要基础。通过评估企业在这些领域的表现和潜力，能够识别出更具韧性和成长性的投资标的，为投资者带来长期回报。坚持长期投资策略，超越短期市场波动，关注企业的基本面和长期发展趋势。富达相信，可持续性的企业能够更好地适应未来挑战，如气候变化、资源稀缺和社会变革，从而在长期内提供更稳定的回报。

富达国际设定了明确的可持续发展目标，比如到2050年实现投资组合的净零碳排放，通过设定中期目标并定期审查进度，确保这些目标的实现。富达国际长期以来一直是责任投资的坚定倡导者。在2020年12月12日，适逢《巴黎协定》签署五周年之时，富达国际携手超过30家资产管理规模超9万亿美元的同行，共同许下雄心勃勃的承诺，即不晚于2050年实现其投资组合的净零碳排放目标。为确保这一远大目标的逐步实现，富达国际制定了中期里程碑，并承诺每五年评估一次进展状况，稳步推动其全部资产管理规模向净零碳目标迈进。其对责任投资的承诺可追溯至2012年加入UN PRI，并在2020年取得了所有PRI评估类别中的最高评级A+（见表14-1）。

表14-1　2019年和2020年富达在责任投资原则报告中的得分情况

组别	2019年富达国际评分	2019年中位数	2020年富达国际评分	2020年中位数
策略与企业治理	A+	A	A+	A
上市股票——企业	A+	B	A+	A
上市股票——主动拥有权	A+	B	A+	B
固定收益——非金融企业	A+	B	A+	B
固定收益——主权、跨国及机构债券	A+	B	A+	B
固定收益——金融企业	A+	B	A+	B
固定收益——证券化	A+	C	A+	B

注：负责任投资原则中，2020年的评分是根据PRI对公司提供的截至2019年12月31日的资料作出的。评分等级由E（最低）至A+（最好）。

资料来源：FIDELITY INTERNATIONAL. Sustainability Report 2020［EB/OL］.［2020-07-14］.https：//www.fidelityinternational.com/editorial/article/sustainability-report-2020-anne-richards-aecdae-en5/.

14.1.4 富达国际绿色投资过程

1）富达国际绿色投资理念

富达国际早在2003年就建立了基本的责任投资的理念，出于整合投资理念，于2017年正式将ESG因素纳入投资决策中，并成立了全球首个ESG股票型基金。

在后续几年中，富达积极提升ESG信息披露，扩大责任投资基金的数目，成为行业中的佼佼者。富达在追求利益的同时，致力于为环境（E）、社会（S）和公司治理（G）带来正面影响和价值，与资本市场进行联动，用资金力量解决绿色发展中的问题，全力支持在ESG方面表现好的合作伙伴，努力让这些企业为社会带来更多贡献，形成一个良性循环过程，推动经济社会更好地协调发展。

2）富达国际绿色投资类型及策略

富达国际将绿色投资的理念与企业自身未来的发展相结合，最终决定选择以ESG投资作为集团投资的主要方向。在ESG投资方面，富达国际充分考虑被投企业在环境、社会、治理方面的业绩成效，并选择ESG整合策略。在评估投资机会时，富达国际会系统性地考虑这些ESG因素，确保投资组合对环境和社会有正面影响的同时，也能管理潜在的风险。富达国际强调完善气候相关信息的披露，这对于推动绿色低碳转型至关重要。这些行为不仅是在响应全球对于环境保护和社会责任的呼吁，也在为其实现绿色发展目标铺平道路。富达国际在养老基金产品上，更是将ESG理念贯彻到底。

首先，富达国际认为身为大型投资管理机构应注重长期投资、价值投资，这与ESG在价值观层面上是契合的，二者都是为了践行长期主义。而养老基金管理大量退休储蓄，其投资的公共属性和长期属性与绿色投资或ESG投资关注的长期价值和减少负外部性的理念高度匹配。

其次，富达国际认为，落实ESG理念是资产管理行业的机遇和责任。富达运用自下而上的基本分析投资策略，践行ESG理念，在作出投资决定的过程中，除了考虑财务因素外，亦把环境、社会、公司治理（ESG）因素纳入投资流程中综合考虑，从而更有效地进行风险管理，将财务因素与ESG指标相结合，全面评估投资标的，为企业和投资者带来更稳健的中长期投资回报。绿色投资旨在促进和支持环境可持续性的发展项目。通常专注于减少环境污染、保护自然资源、促进能源效率以及支持可再生能源和其他有助于减轻气候变化影响的技术。

最后，绿色投资包含在绿色金融体系内，而ESG实践与绿色投资的良性互动构成了ESG发展的主旋律，因此，企业良好的ESG实践会吸引更多的资源配置以及绿色金融支持。富达积极履行集团的社会责任，坚持绿色投资，并鼓励和帮助被投资的企业更好地践行其ESG理念，为资本市场的长期良性互动作出了贡献。

富达总公司开发了自己的绿色投资评级体系，对超过3 000家企业的ESG表现进行评估，划分A至E的等级，以便更精确地识别和优先考虑那些在绿色投资方面表现优秀的公司。而富达国际更是组建了专门的ESG专家团队，并在全球部署了180名研究员，采用“自下而上”的方法，详尽分析每一项资产所面临的ESG挑战。基金经理与分析师紧密合作，每年参与超过16 000场公司会议，相当于平均每8分钟就有一场会议，确保对投资对象的ESG表现保持实时的跟踪与评估。富达国际强调与被投资公司的主动沟通和互动，利用其作为股东的地位，通过定期会议、投票和直接对话，鼓励和帮助企业改善ESG表现，解决绿色投资问题。

在实际操作层面，富达国际深知资产管理者必须采取“深度参与”策略来实施ESG（环境、社会与治理）原则，这意味着要积极运用股东权利，与所投资公司展开建设性对话，纠正其在ESG方面的不足，协助它们管理供应链中的潜在风险。例如，富达国际通过深入了解节水和资源循环利用的现状，识别与企业合作改进的领域，以此增强企业的ESG承诺，为公司及投资者创造更优的长期价值。

3）富达国际投后管理

投后管理是富达国际投资实力的重要体现，其核心在于通过正面互动而非仅仅规避不良投资来驱动企业行为的正向变化。富达坚信，通过持续的沟通交流与负责任的投票行为，能够有效促进投资企业在绿色发展路径上的积极转型。具体实践中，富达的行业分析师和投资经理携手投资专家团队，与被投资企业就绿色投资议题开展深度对话，分析师的专业洞察与绿色投资领域的丰富知识相结合，精准识别各企业面对的挑战，助力企业深化对绿色投资议题的认知并优化管理策略。

在此框架下，分析师每季度至少与企业进行一次面对面访问，以维护沟通的连贯性和深度。据统计，仅在2021年，富达国际便与超过1 100家企业进行了1 400多轮积极沟通，累计会议次数接近20 000次，充分体现了其在投后管理上的积极态度和深度介入。

此外，多次行使投票权也是富达投后管理不可或缺的一环，公司视投票为一项权利也是责任。不仅确保参与每一次投票，更对每一次投票决定负责，通过每一次审慎的投票表达对企业的期许与要求。2021年度，富达国际积极参与了4 310次投票事件，用实际行动证明了其作为积极股东的角色与承诺。

4）富达国际绿色投资实践

（1）“E”因素中的产品创新与研发探索

优良的环境管理实践能够赢得绿色金融的青睐和支持。在富达国际的评估框架中，环境管理的优秀不仅仅体现在碳排放削减上，还需考量企业是否严格遵守环境保护法规及能否满足废弃物排放标准。这些都是衡量其绿色发展理念是否坚定的重要标尺。

富达国际自身践行的环境管理原则与其推崇的环境、社会与治理（ESG）理念紧密契合，体现在日常运营中，就是减少资源消耗和废物产生，诸如限制塑料和纸张使用，以及优化办公物资管理，展现出对环境保护的实质性承诺。

为了进一步推动绿色投资，富达国际已设计并推出了五个聚焦于特定绿色发展议题的基金产品。申请进入这些基金的投资企业必须展示出在绿色发展方面取得的成就，或是能为ESG领域增添显著价值。值得注意的是，这五个主题基金中有四个直接关联环境要素，其中两项2021年6月新推出的基金尤为引人注目，见表14-2。这些基金的设立不仅体现了富达国际对环境绿色的深切承诺，也展现了其利用金融资本引导和支持环境友好型企业发展的战略方向，进而促进全球经济向更加绿色低碳的模式转型。

（2）“S”因素中的内涵与外延

富达国际指出，为了加速绿色技术的应用，碳价格需要上升。碳定价作为一种经济激励机制，在推动绿色技术的应用和促进低碳经济转型中发挥着至关重要的作用。当碳价格

表14-2 **富达主题型基金——环境因素**

基金名称	富达环境债券基金（Environmental Bond Fund）	富达环境行动基金（Climate Action Fund）
发行日期	2021年6月15日	2021年6月15日
基金种类	债券型	股票型
年度营运支出百分比	0.45%	1.05%
风险等级	3	6
平均月收益率（过去1个月）	1.16%	8.50%
相关基准指数	彭博巴克莱美国综合债券指数	明晟指数
相关基准指数表现（过去1个月）	1.26%	4.43%

注：晨星公司根据基金过去五年的表现计算出的风险等级，等级由1（风险最低）到10（风险最高）。

资料来源：（1）FIDELITY INTERNATIONAL. Climate action fund monthly fact sheet［EB/OL］.［2021-07-31］.https：//institutional.fidelity.com/app/literature/item/FIIS_FS_66770.html.

（2）FIDELITY INTERNATIONAL. Environmental bond fund monthly fact sheet［EB/OL］.［2021-07-31］. https：//institutional.fidelity.com/app/literature/item/FIIS_FS_66782.html.

上升时，使用化石燃料的成本也随之增加，这促使企业和消费者转向更为环保的选择，包括使用绿色技术。富达国际强调了碳定价是作为推动绿色技术应用和促进低碳经济转型的一种重要手段。通过适当的碳定价机制，可以创造一个激励创新、减少碳排放并推动可持续发展的经济环境。这对于实现全球气候目标以及促进全球经济的长期健康都是至关重要的。

在供应链管理方面，富达致力于提升透明度，降低风险，并采纳绿色采购策略，优先选择环保产品与服务，比如采用视频会议技术减少商务旅行，既提高了业务效率，又降低了碳足迹。富达还开发了供应链风险识别系统，确保供应链管理的“绿色”，并通过《供应商企业社会责任行为守则》要求供应商遵守高标准，如保障劳工权益、禁止童工、确保商品质量等。同时，正推动供应商采纳绿色生产和消费模式，比如使用清洁能源、减少碳排放，旨在通过整条供应链——从设计、采购、生产到使用和回收的全面革新，实现绿色转型，促进资源高效利用和环境保护，引领制造业向更绿色的未来发展。

（3）“G”因素中的量化要求与内控机制

富达国际推出专注于脱碳的政府债券基金也反映出其对绿色投资的重视，并且是其在支持全球向低碳经济过渡方面的重要一步。随着全球对气候变化的关注日益增加，各国政府纷纷制定了减排目标和政策，富达国际认识到，政府债券作为一种金融工具，在支持这些目标方面具有重要作用。这些基金主要投资于那些致力于减少碳排放并推进绿色转型的政府所发行的债券。通过立法支持可再生能源项目，或是实施严格的环保政策来减少工业排放。这一措施不仅支持了政府在脱碳方面的努力，还间接促进了绿色基础设施建设和能源转型项目。随着越来越多的机构和个人投资者转向这类专注于脱碳的基金，它将为各国政府提供更多用于支持低碳经济转型的资金，进而加快全球向可持续发展模式的转变。富达国际的这一举措同样会激励其他资产管理公司也推出类似产品，从而形成行业内的良性竞争，共同推动绿色投资的发展。

在信息透明度方面，富达认识到这是高管薪酬、供应链管理及环境保护等议题的基础。响应全球范围内日益增长的ESG信息披露要求，如德国、意大利等欧盟国家实行的半强制性ESG报告规则，富达自2018年开始，便主动将ESG评级及企业碳足迹信息融入基金季度报告，并携手“碳信息披露项目”及多家第三方ESG评估机构，共同促进责任投资，推动社会的绿色发展进程。这一系列举措不仅提升了富达在绿色投资领域的领导地位，也展示了其在全球范围内对透明度和责任的坚守。

14.1.5 富达国际通过与企业的深度沟通持续改善ESG表现

为了帮助企业持续改进ESG表现从而达成公司的ESG目标，与企业进行深度沟通是投资者可以采取的有效手段。相比采用单纯的负面筛选策略，选择与被投企业进行沟通能够为公司带来有意义的变革，也有助于投资者跟踪其改进情况，并最终为客户创造价值。日本政府养老金投资基金在其2020年ESG报告中公布了一项由东京工业大学（TIT）进行的研究，该研究试图通过实证分析，来衡量投资者与被投企业进行沟通的有效性。作为该研究的参与方之一，富达总公司提供了在2017—2019年间，与117家日本公司开展的、旨在提升企业价值的248次对话的内容及数据。研究显示，投资者与企业的深度沟通有效地改善了公司治理水平，主要证据包括交叉持股占总资产比例的下降以及取消了反收购措施等。

在分析了包括富达国际在内的四家资产管理公司的企业沟通数据后，研究发现机构投资者通过与企业探讨环境和社会议题，能有效改善相关公司在环境和社会因素方面的表现。随着中国企业努力向全球同行看齐，通过深入沟通，投资者可以向企业介绍行业最佳实践，以加快这一进程；反过来，投资人也可以通过对话，更深入地洞悉企业的计划和行动。例如，在2021年和2022年，富达国际曾与中国几家银行进行了一系列的主题性交流，聚焦探究整个行业在绿色金融方面的进展和最佳实践。

塑料污染已成为全球共同关注的议题，是推动生物多样性和建立循环经济的重要部分，富达国际在2021年和9家海外大型消费品生产商进行了关于减塑计划的主题沟通，这些企业每天消耗的塑料高达数千吨。富达国际沟通的多数企业已签署艾伦·麦克阿瑟基金会（Ellen MacArthur Foundation，EMF）的“新塑料经济全球承诺”。该组织中用于衡量循环经济进展的目标和方法与富达所倡导的基本一致。富达国际希望整个行业能统一“循环利用性”定义，企业制定整体减塑目标和策略，全行业通力合作以减少全球塑料污染。

通过和企业沟通发现，许多企业想要实现既定的减塑目标并非易事，但也看到他们正在积极努力减塑，这也和企业自身的净零目标息息相关，比如某企业推出了第一款可回收的没有铝箔的牙膏管并与竞争对手分享了这一技术创新，富达国际对其这一举措十分赞赏，并鼓励其他企业效仿。作为机构投资者，富达国际将保持和这些消费品巨头的持续沟通，敦促这些消费品企业为解决塑料问题采取切实可行的解决方案，同时，也帮助企业实现净零目标。

14.1.6 总结

富达国际亚洲区投后管理部负责人王芳强调，资产管理机构扮演着ESG（环境、社会与治理）理念推广与实践的双重关键角色。富达国际，作为一家资深的机构投资者，视绿色投资为一种策略，旨在通过资本的引导力量，激发企业采纳绿色经营模式。达成这一愿景的关键在于引导资本顺利注入那些展现出色绿色绩效或正积极提升绿色实践的公司之中。富达国际对中国绿色投资领域的长远发展前景持乐观态度，并注意到一个常见的幽默观点——仅当投资回报可观时，讨论ESG才显得合时宜，仿佛它是奢侈品般的理想追求。但富达明确表示，ESG绝非空洞的理想主义，而是实打实地影响着投资回报。展望未来，ESG投资基金或将普及至所有基金产品，这一趋势不仅限于欧洲，因此，掌握并实践ESG投资原则，对中国投资机构与企业而言尤为重要。

14.2 绿色财务风险管理案例——紫金矿业①

14.2.1 紫金矿业简介

紫金矿业成立于1986年，是一家在全球范围内以铜、金、锌等有色金属矿产资源勘查和开发为主的大型矿业集团，注册资本26.33亿元，总部位于福建省。紫金矿业于2000年9月由国有独资企业完成股份制改造，于2003年12月在中国香港联合交易所上市，并于2008年4月在上海证券交易所上市。

紫金矿业主要从事黄金、铜、锌、铅、铁、钼等有色金属矿产资源的勘探、开采、选矿、冶炼和销售。公司拥有丰富的矿产资源储备，在中国15个省（区）和海外13个国家拥有重要矿业投资项目，并且海外铜、金矿产资源储量及产量、利润均超过集团总量的一半。此外，公司还努力推动矿业开发与金融产业的协同发展，已经建立了一系列全球性矿业金融服务支撑平台，如财务公司、香港财资中心和资本投资公司等。

紫金矿业坚持以创新，尤其是科技创新，为核心竞争力，在地质勘查，湿法冶金，低品位、难选冶金矿资源综合回收利用及大规模工程化开发等方面具有丰富的实践经验和强大的技术优势，创立了一系列国际前沿的管理模式，建设提升矿产开发利用率的国家重点实验室，形成一条从勘探、开发、生产全自主创新的产业链。

凭借独特的管理模式和强劲的技术创新能力，在2021年，紫金矿业的资产规模和销售收入超过2 000亿元，为中国经济发展作出重大贡献。除此之外，在2022年《财富》杂志公布的世界500强榜单中，紫金矿业以第407名的成绩成功入榜，同时，也在“中国500强”中排名第53位。这一成绩充分显示出紫金矿业在全球金属矿产行业中的卓越地位，同时，也表明其在中国矿业企业中处于领先地位。

14.2.2 紫金矿业可持续财务风险的识别

紫金矿业作为一家全球知名的矿业公司，在其运营过程中面临着多方面的绿色财务风险。从经济、社会和环境三个角度进行识别和分析，有助于全面理解这些风险，并为制定相应的风险管理策略提供依据。

1）经济角度

紫金矿业作为一家矿业公司，在经营过程中面临着各种经济财务方面的风险。一是市场波动风险，紫金矿业的收入和利润直接受到黄金、铜等金属价格波动的影响。全球经济的不

① 高海霞.重污染企业ESG信息披露的影响效果研究［D］.呼和浩特：内蒙古财经大学，2023.

确定性、货币政策的调整以及市场供需关系的变化都可能导致金属价格的剧烈波动，从而影响公司的财务状况。二是汇率风险，紫金矿业的业务遍布全球，涉及多种货币的交易。汇率的波动可能会影响公司的成本和收入，尤其是在跨国并购和投资活动中，汇率风险尤为显著。三是融资成本风险，随着全球金融环境的变化，融资成本可能上升，这将增加公司的财务负担，特别是在经济下行周期，银行信贷收紧，公司可能面临更高的融资成本。

2）社会角度

紫金矿业作为一家重要的矿业公司，所面临的社会方面的风险是不可忽视的。一是社区关系，矿业活动可能对当地社区产生影响，如环境破坏、土地使用冲突等。这些问题可能引发社区抵制，影响公司的运营和声誉，从而影响财务表现。保障员工的合法权益，提供安全的工作环境，以及合理的薪酬福利，是避免劳工纠纷和提高员工满意度的关键。公司应积极参与社会公益活动，支持当地教育、文化和健康项目，以提升企业形象并履行社会责任。二是品牌声誉，负面事件或舆论危机可能损害公司的品牌形象，导致消费者和投资者信心下降，从而影响销售和股价表现。三是法律合规风险，违反劳动法、环境保护法等法律法规可能导致罚款、诉讼费用和声誉损失，增加公司的财务负担。

3）环境角度

随着《国家环境保护“十二五”规划》《重点流域水生态环境保护规划》《关于加强环境保护重点工作的意见》等环保政策文件的出台，大力发展循环经济，加强资源节约和管理，加大环境保护力度，将环境保护与经济发展有机结合起来以增强可持续发展能力成为企业新的战略发展方向。与此同时，公司所面临的有关环境方面的财务风险也逐渐凸显出来：

一是污染治理成本，矿业生产过程中可能产生废水、废气和固体废物，对环境造成污染。治理这些污染可能需要大量资金投入，增加了公司的运营成本。

二是生态破坏赔偿，矿产开采活动可能导致土地退化、植被破坏和生物多样性丧失。这些环境损害可能需要公司进行赔偿或恢复，增加了额外的财务负担，作为重污染重工业的采矿企业，紫金矿业曾在2010年发生紫金山铜矿湿法厂重大环境污染事故，一度导致紫金矿业陷入低迷期。

三是环保法规变化，环保法规的收紧可能导致公司需要投入更多资金进行环保升级和合规处理，如安装更先进的污染控制设备。这可能增加公司的资本开支和运营成本。

14.2.3 紫金矿业绿色财务风险的评估

企业绿色发展是指企业在实现经济增长的同时，积极推动社会、环境和利益相关方的共同发展。也就是说，企业实现绿色发展涉及经济增长、社会责任承担、环境保护等多方面的目标。因此，本案例通过多准则决策中的多目标决策方法对紫金矿业经营过程中所面临的绿色财务风险进行评估。

2007年，紫金矿业每克矿产金的成本只有57.64元，仅为国内平均水平的45%，紫金矿业的低成本优势让企业的利润一路高涨，但也频繁发生污染事故，尤其是2010年紫金山铜矿湿法厂铜酸性溶液渗漏事件给当地居民生活和环境造成了重大污染和损失，使得紫金矿业深陷污染风波，主要事件时间线见表14-3。

表14-3 **紫金矿业2010年污染事件主要时间线回顾**

时间	事件
2010年7月3日	紫金山铜矿湿法厂的人员发现污水池中污水的水位异常下降，且有废水经排洪涵洞流入汀江干流
7月12日	紫金矿业A股和H股全日停牌，公司发布公告称紫金矿业铜矿湿法厂发生渗漏，有关部门已初步认定此次污染属重大突发环境事件
7月19日	紫金矿业因涉嫌信息披露违规，被证监会立案调查
7月27日	福建省环保厅对紫金矿业董事长陈景河、常务副总裁兼紫金山金铜矿矿长邹来昌分别处以人民币705 997元、449 768元的罚款
7月29日	福建省环境保护厅针对此次污染事件，对紫金矿业处以956.313万元人民币罚款，并责令其采取治理措施，消除污染

资料来源：作者根据紫金矿业相关新闻报道查询整理。

2010年7月3日下午，位于福建省上杭县的紫金矿业集团所属的紫金山铜矿湿法厂，发生铜酸水渗漏事故，9 100立方米的污水顺着排洪涵洞流入汀江，导致汀江部分河段污染及大量网箱养鱼死亡，给当地渔业养殖户造成严重损失，并使得当地水质偏酸性，给当地生活的百姓健康造成了一定程度的威胁。然而，对于此次重大污染事故，紫金矿业没有在第一时间通过公开渠道对外公告，自7月3日发生污水渗漏以来，紫金矿业的股票继续正常交易，并且在这一周交易日里，紫金矿业A股连续上涨，从7月5日的最低价5.64元上涨至7月9日的最高价5.99元，公司不及时公告给投资者造成误导，引起投资者的强烈不满。紫金矿业在7月12日才对外公布此次污染事故，并解释说瞒报污染事故是考虑到要稳定地方大局，维护社会稳定，这种说法显然失之偏颇。2000年水利部就颁布了《重大水污染事件报告暂行办法》，要求确保对重大水污染事件的报告要及时、准确，明确规定“水污染直接损失在10万元以上”的情形必须上报。紫金矿业没有在第一时间向当地环保部门报告污染事故，这引起了社会的巨大舆论反响。最终在2011年2月1日，紫金矿业受到了福建省龙岩市地方人民法院的法律制裁，根据刑事判决结果，紫金矿业的下属子公司获重大环境污染事故罪，同时，对紫金矿业判处罚金3 000万元，并对此次污染事件的相关人员，依据其失职程度和相关法律判处相应的刑事处罚。紫金矿业铜矿湿法厂也被责令无限期停产整顿，显然，此次污染事件对企业的财务绩效造成了不小的影响。下面主要对紫金矿业2010年单季度的营业利润和净利润的变化进行分析。

由图14-1可以看出，紫金矿业受到当年7月份紫金山铜矿湿法厂铜酸性溶液渗漏事件的影响，营业收入在第三季度实现71.56亿元，基本与二季度的71.49亿元相差无几，相应地，营业收入与上年单季度同比增速也在第三季度出现了下降。净利润从二季度的16.54亿元下降到了三季度的13.63亿元，相应地，净利润的同比增速也在三季度发生了急速下降，由43.57%降至21.25%，由此可见，污染事件对紫金矿业当季度的利润造成了一定程度的影响。污染事件导致紫金矿业被取消税收优惠。根据福建省高新技术企业认定管理工作领导小组下发的《关于取消紫金矿业集团股份有限公司高新技术企业资格的公告》，依据《高新技术企业认定管理办法》（国科发火〔2008〕172号）第十五条有关规定，紫金矿业从2010年7月3日起取消高新技术企业资格。由此紫金矿业的企业所得税税率由“高新技术企业”的15%调整为25%。通过紫金矿业2010年年报数据可以看到，紫金矿业2010年的所得税为15.76亿元，比2009年的9.68亿元多缴纳了6亿多元的税款，所得税上涨了62.8%。污染事件导致紫金矿业营业外支出大幅增加，主要为罚款支出、补偿支出和自然灾害净损失。本次汀江重大水污染事故直接经济损失为3 187.71万元人民币。另外，紫金矿业因此次污染事件被福建省环境保护厅罚款956.313万元。报表数据显示，2010年的营业外支出为7.35亿元，比去年的1.84亿元多出5.51亿元，同比增长300%左右。污染事件导致紫金山铜矿湿法厂被责令无限期停产，直到2013年1月25日恢复生产。经过两年的停产，紫金山铜矿湿法厂对其清污分流系统、环保处理设施等61项内容进行了整改，并对其水文地质、矿山安全等环境整改工作进行评价，累计投资8.3亿元进行工程建设及整改。铜矿湿法厂停产的两年间损失了大量的利润，进而影响到公司的财务绩效。如图14-1所示，尽管此次污染事件并没能直接导致当年的净利润下降，但从2012开始出现下降，分析认为，发生污染事件并且延迟公告有毒废水泄漏的信息引起社会舆论的不满，降低了投资者对紫金矿业的信任，公司名声受损，影响到了后续企业的经营业绩，这在污染事故之后几年净利润的下降中可以看出。

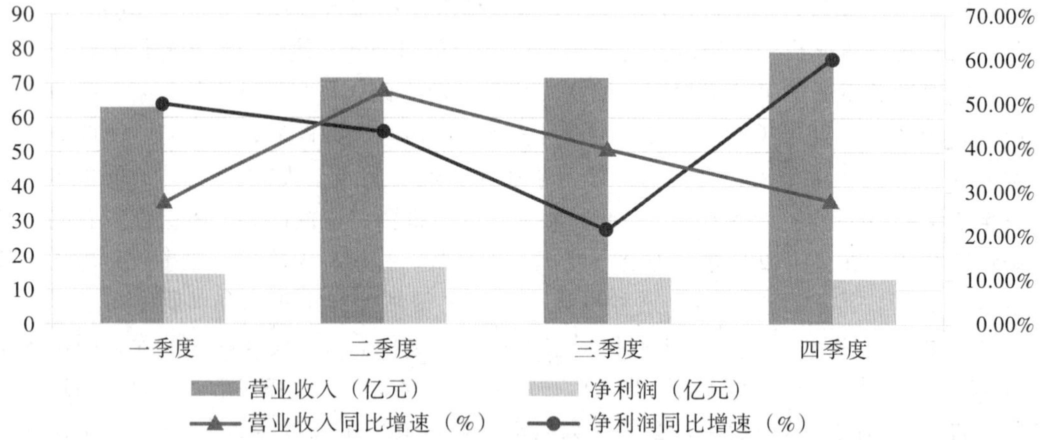

图14-1　2010年紫金矿业单季度营业收入和净利润及其增速变化图

紫金矿业的企业形象在污染事件中受到严重影响。2009年，在中国企业联合会、中国企业家协会联合举办的评选活动中，紫金矿业获得“2009年度中国最诚信企业”称号。另外，根据润灵环球责任报告对企业社会责任报告的评级，紫金矿业2009年润灵环球责任评级得分为49.51分，评级为BBB，在471家发布社会责任报告的上市公司中排名第51名，可见2009年的紫金矿业社会绩效及评价比较良好。然而，“中国最诚信企业”紫金矿业却在2010年发生了重大废水泄漏事件并且没有及时公告，这损害了投资者的利益与信任，同时，汀江的重大污染也给渔业养殖户造成了巨大的损失，紫金矿业的社会形象大打折扣，极大地降低了企业的信誉。相应地，紫金矿业的社会绩效也受到了影响，2010年润灵环球责任评级其社会绩效为39.88分，评级为BB。显然紫金矿业2010年的污染事故给其社会绩效造成了不小的影响。本次的污染事件说明了紫金矿业当时对于环境、社会责任不够重视，缺乏对利益相关者的保护，正是企业ESG意识薄弱导致了事故的发生，最终不仅影响到了企业的财务绩效，还向市场传递出企业没有保护环境、缺乏社会责任担当的信号，破坏了自己的社会形象。

通过对紫金矿业铜酸水渗漏事故所带来的经济、社会、环境方面的影响和风险进行评估，发现污染事件导致紫金矿业营业外支出大幅增加，营业利润和净利润大幅下降，严重影响了企业的正常经营。另外，在社会责任承担层面，紫金矿业在多家ESG评级体系中呈现出得分较低的情况，并且严重损伤到了投资者的利益与信任，间接导致了企业营业利润的下降，对企业实现可持续性发展目标造成了重大影响。在环境保护方面，此次污染事件给当地居民生活和环境造成重大污染和损失，紫金矿业的下属子公司获重大环境污染事故罪，被处罚金3 000万元；紫金矿业对其清污分流系统、环保处理设施等61项内容进行了整改，累计投资8.3亿元，并且被处停业的两年间损失了大量的利润，进而影响到公司的财务绩效。所以，在进行了紫金矿业经济增长、社会责任承担以及环境保护等多目标决策的评估后，我们可以初步认为此次污染事件导致紫金矿业存在巨大的绿色财务风险。

14.2.4 紫金矿业绿色财务风险的控制

紫金矿业在2010年7月3日发生的铜酸水渗漏事故，为公司的可持续发展带来了重大挑战。此后紫金矿业意识到其重要性，开始履行经济、社会和环境方面的职责。本案例主要通过损失控制和风险承担对紫金矿业由于污染事件所面临的绿色财务风险进行分析。

1）经济角度

经历2010年7月的污水泄漏事故后，紫金矿业痛定思痛，加强防渗漏措施，投入了8.3亿元人民币用于重建和升级其安全环保系统，创新设置了在线监控系统。为避免污染事故再度发生，紫金山矿区在环保在线监控系统中设置了一个预警线。该预警线的标准比国家标准更严格。国标要求不能超过9的，紫金矿业把预警线设在6或7。一旦分析报告显示水样超过预警线，系统会短信预警，每个矿区相关负责人便会收到短信，矿区人员立即阻断外排口，内部调查处理，待水质达标后再排放，确保类似事故不再发生。同时，紫金矿业对事故造成的直接经济损失进行了赔偿，并接受了政府的罚款。在加强风险管理方面，紫金矿业设立专门的风险管理部门，负责公司风险的识别、评估、监控和应对，确保公司在面临风险时能够迅速作出反应。同时，企业制定完善的风险管理制度，明确风险管理的责任、流程和应对措施，使全公司形成风险意识，提高风险防范能力。针对市场价格波动带来的风险，紫金矿业通过使用金融衍生品，如期货和期权，进行风险管理，以最大程度地减少市场价格波动对公司利润的不利影响。这种策略既可以帮助公司控制风险，又可以提高公司的整体经济效益，确保了公司的长期可持续发展。

2）社会角度

紫金矿业积极承担社会法律和行政责任，2010年7月污水渗漏事故后，紫金矿业收到福建省龙岩市中级人民法院刑事终审判决书。判决书指出，紫金矿业紫金山金铜矿犯重大环境污染事故罪，判处罚金3 000万元，原已缴纳的行政罚款956.31万元予以折抵，尚须缴纳2 043.69万元，应于此判决生效之日起15日内缴清。其他5名被告人分别被判处三年至三年六个月的有期徒刑（其中部分被告人被判缓刑），并处罚金[①]。紫金矿业在法律和行政责任上的积极承担，有助于减少因其他法律诉讼和行政责任导致的额外财务负担。同时，紫金矿业在社会责任方面进行了投资，包括支持当地教育、卫生和基础设施建设等，以提升企业的社会形象，促进社区的和谐发展。2011年紫金矿业继续执行“上杭县80周岁以上老人生活津贴和孤儿生活补助项目”，为总数将近10 000名老人及孤儿提供定期帮

① 许金明．紫金矿业污水渗漏案终审判决出炉［EB/OL］．［2011-05-04］．https：//m.nbd.com.cn/articles/2011-05-04/558822.html.

扶。2011年8月，紫金矿业和陈景河闽西教育基金会联合赞助50万元，资助上杭县贫困学生。同年9月，紫金矿业特别赞助中国侨联和澳大利亚中国和平统一促进会共同举办的“侨心光明万里情——福建行·龙岩站”活动，使闽西革命老区170名白内障患者重见光明。2000年至2011年十年间，紫金矿业共捐资15亿元，仅2011年紫金矿业的公益捐款就达到2.75亿元。捐资涉及教育、医疗、道路、饮用水等基础设施，救助范围覆盖全国十几个省（自治区、直辖市）的贫困地区，成百上千万个家庭因此受益。不仅是总公司，紫金矿业旗下的各权属公司同样在全国各地播撒善行，资助贫困学子。例如，该公司旗下的青海威斯特铜业2011年向果洛藏族自治州教育捐资120万元、向玛沁县教育捐资100万元，并开展“雏鹰展翅手拉手”助学项目①。紫金矿业通过积极承担社会责任，改善了公众对企业的看法，提升了企业形象和品牌价值，有助于吸引和保留客户，增强投资者的信心，吸引更多的投资，降低融资成本，增加市场份额，从而提高公司的长期盈利能力。在积极履行社会责任的同时紫金矿业与政府和社区建立了良好的关系。在处理未来可能出现的环境事故或社会问题时，可以得到政府和社区的支持和理解，从而降低潜在的财务风险。

3）环境角度

在事件发生之后，紫金矿业按照政府下达的12份整改令，共61项整改内容，全面完成了整改工作。这包括对事故原因的直接整改：导致事故发生原因之一的“PE膜较薄”的问题②；加强了对环境安全法规的学习和执行，确保所有员工都熟悉并遵守相关法规，以防止因管理疏忽导致的环境安全事故；在环境安全工作的持续改进方面，紫金矿业在针对权属矿山和公司的环保情况方面制定了相关的内部审查制度。通过制定并执行《环保生态考核管理制度》《环保生态检查管理规定》《环境秩序管理基本标准》等制度，对公司所有权属企业进行定期的环境审查，并要求权属企业自行开展内部审查，以确保运营项目符合东道国环境法律法规和紫金矿业环境管理体系要求。对于中国境内运营的矿山及冶炼项目，企业内部审查的频率为每月一次，境外运营的矿山及冶炼项目内部审查的频率为至少每季度一次。同时，紫金矿业聘请第三方机构对权属矿山及冶炼企业进行核查。公司ESG报告显示，截至2020年末，公司有92.1%的企业至少每三年进行一次外部核查，89.5%的企业至少每年进行一次外部核查。2021年92.5%的子公司开展了环保审查，近两年有94.3%的子公司已完成至少一次环境影响审查。通过这些措施，紫金矿业展示了其对绿色财务风险控制的承诺，有助于减少未来的环境事故，保护公司的财务健康和声誉

14.2.5 总结

在2010年重大污染事件发生之后，紫金矿业的财务绩效、社会绩效以及环境绩效均受到了一定的影响，此后紫金矿业意识到环境生态保护的重要性，开始履行环境、社会和治理的职责，进行更全面的信息披露，摸索绿色发展的践行之路。2022年，紫金矿业的ESG评级已经处于矿业企业的前列，荣获由新浪财经举办的2022中国企业ESG“金责奖”——年度可持续发展奖，从污染事件频发的矿业企业到中国ESG理念实践的先行者和排头兵，紫金矿业绿色实践的成长之路值得研究，所以，选取紫金矿业作为案例具有一定的代表性。

---

① 廖明生．新华网：紫金矿业10年捐15亿 三次获中华慈善奖［EB/OL］．［2012-07-07］．https：//www.zjky.cn/news/zjnews-detail-92366.htm.

② 孙嘉夏．紫金矿业“7·3”事故回访：投8.3亿重建安环系统 当地政府称水质无问题［EB/OL］．［2013-07-03］．https：//www.nbd.com.cn/articles/2013-07-03/754889.html.

15 数智财务案例

15.1 财务数智化案例——湖北移动①

2022年国资委印发《关于中央企业加快建设世界一流财务管理体系的指导意见》，其中明确指出企业要完善智能前瞻的财务数智体系，统筹制定全集团财务数智化转型规划，建立智慧、敏捷、系统、深入、前瞻的数字化、智能化财务。

中国移动通信集团湖北有限公司（简称“湖北移动”）作为财务数智化转型的央企“国家队”，坚决贯彻党中央、省政府工作要求，以5G网络建设者、5G网络融入百业及各家各户的推广者为使命，将财务数智化作为提能增效的内在要求，积极融入财务数智化浪潮，努力成为财务数智化引领者，构建AI+RPA服务体系，加快财务数智化转型进程。

15.1.1 湖北移动简介

湖北移动成立于1999年，是中国移动通信集团公司（简称“中国移动”）在湖北地区的全资子公司，2002年公司在美国、中国香港等地的资本市场上市，成为省内最大的一家外商投资企业。湖北移动主要负责湖北地区的移动通信网络建设、运营和客户服务工作。公司提供包括4G、5G、宽带等多种通信产品和服务。湖北移动坚持“客户为上帝”的服务理念，致力于为用户提供优质、高效、便捷的通信服务。

15.1.2 湖北移动财务数智化建设背景

（1）顺应时代发展要求

近年来，智能经济已经开始逐渐取代数字经济，这是大势所趋，处在社会变革中的任何企业都无法避免，由此导致的内外环境不确定性增加，给企业带来了更大的管控风险，企业变革势在必行。加之目前的数智化、全球化趋势加剧，企业必须转变传统思维，向数智化思维转型。此外，全球经济增速放缓，企业面临成本上升和需求下降的双重压力，企业也需要通过财务数智化转型优化资源配置，提高运营效率，降低成本。

① 谢鲲，侯帅.基于业财融合的财务数智化转型研究——以湖北移动的实践为例［J］.财政监督，2023（21）：92-98.

万盛欣.数智化转型下企业财务共享模式建设和探索［J］.商业会计，2024（9）：52-55.

邵国勇.中国华电“三型三化551”：世界一流财务体系和能力建设的创新实践［J］.中国管理会计，2022（4）：16-26.

佚名.中国移动通信集团智慧财务管控实践［J］.财务与会计，2022（12）：64-67.

陈虎，郭奕.企业财务数智化发展趋势与转型框架［J］.财会月刊，2024，45（12）：15-21.

陈虎，郭奕.数智化时代的新型财务管理组织体系［J］.财会月刊，2024，45（16）：17-20.

（2）响应国家政策指引

2022年，《国务院关于印发“十四五”数字经济发展规划的通知》部署了八项重点任务，其中明确指出大力推进产业数字化转型，加快企业数字化转型升级，“打造数字经济，赋能产业转型”，增强关键技术创新能力，培育新产业新业态新模式。数字化的重点是数智化，数智化是在数字化基础上的更高诉求，在数智化浪潮下，任何企业都不应固步自封，技术上的革命以及思维与认知的革新，都在数智化的进程中展开。湖北移动积极响应号召，在省通信管理局的带领下，以“网络强国、数字中国、智慧社会主力军”为目标，推进财务数智化转型，加快财务体系优化升级。

（3）传统方式难以满足需求

目前，各行各业都在朝着数字化、信息化发展，这既是对企业财务管理方式的挑战，也为企业财务数智化转型提供了难得的机遇。由于湖北移动内部组织层级较多，各部门之间的信息交流困难，资金管控不足，财务信息系统繁杂，导致资金收益低、风险高，同时，管理成本高。在内外部因素驱使下，湖北移动需要向数智化转型，从而更好地管理企业各项资源，适应当今急速变革的时代，实现企业的财务目标，增强企业的竞争力。

15.1.3 湖北移动财务数智化总体设计

（1）建设框架

湖北移动在财务数智化转型过程中以“1421”财务数智化转型理论（如图15-1所示）为宗旨，旨在提高财务数智化管理水平，提高资金运营效率，降低资金风险，打造前沿、一流财务管理体系，促进高质量发展，为财务数智化浪潮注入新活力、新动能。

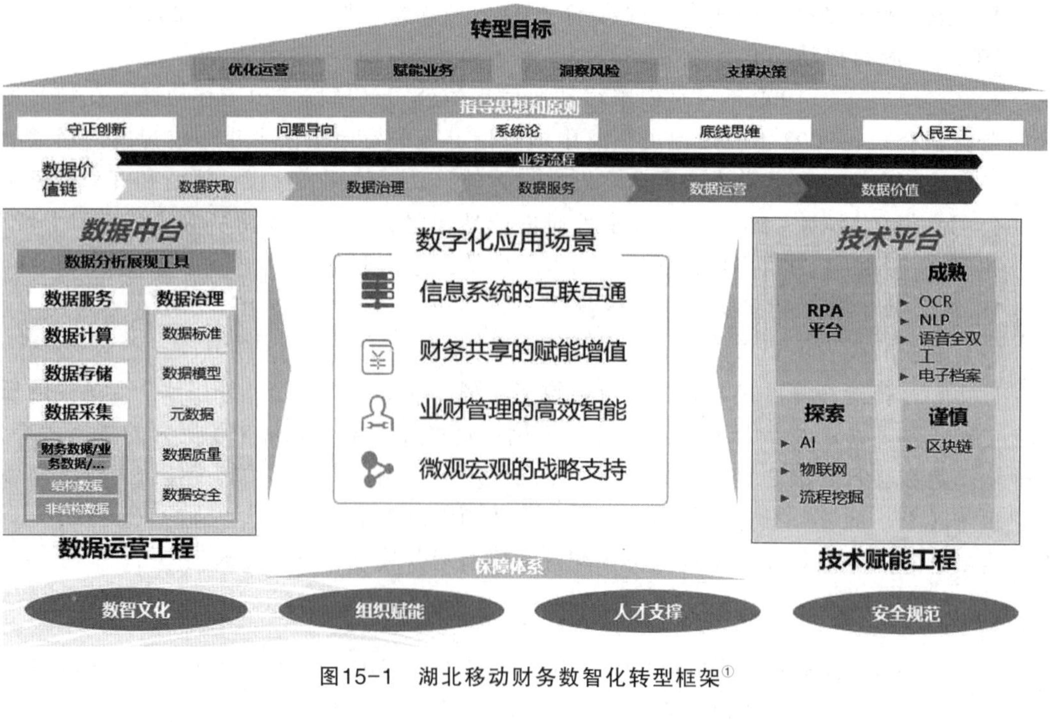

图15-1 湖北移动财务数智化转型框架[①]

① 谢鲲，侯帅. 基于业财融合的财务数智化转型研究——以湖北移动的实践为例［J］. 财政监督，2023（21）：92-98.

①“1”：转型总目标

在财务数智化转型过程中，湖北移动确定了优化运营、赋能业务、洞察风险、支持决策的转型总目标。一是改进财务流程和资源配置，提高工作效率和质量，提高资金利用效率，增强各部门间信息互通能力；二是通过提供必要的资源、技术和知识，使财务部门或员工能够更高效地完成任务、解决问题和推动创新。湖北移动基于“磐匠”数智员工平台，融合AI能力，构建AI+RPA财务服务体系，推动企业财务数智化转型升级；三是识别、评估和控制潜在的财务风险，如市场变化、竞争对手行为、法律合规问题等，以确保财务活动的连续性和稳健性。四是提供财务数据、财务分析和其他信息，帮助财务管理团队作出以事实为基础，高效且实际的财务决策。

②“4”：四大类场景

湖北移动围绕财务数智化转型总目标，计划将数智化实践应用于四类场景：

一是财务信息系统的互联互通，通过提升财务信息系统之间的沟通与协作能力，以实现财务数据共享和财务流程的衔接。

二是财务共享的赋能增值，数智共享数据服务平台在事项会计中台支撑之下，集合全域数据，构建数据指标及价值体系、算法和分析模型，实现不同管理视域的数据指标分析结果展示，通过财务共享中心的数据沉淀，未来帮助企业构建财务数字能力，以数据洞察驱动经营决策，为企业数智化转型赋能。

三是业财管理的高效智能，对于各类业务规则的精准提炼及模型算法，充分发挥智能财务机器人的强大动能，如智能审核机器人、对账机器人、稽查机器人、爬虫机器人、自动收数机器人、报表分派机器人、报告运营机器人等，便捷、高效、智能的作业模式与技术手段推动业财管理迈入发展新阶段。

四是微观宏观的战略支持，在微观层面实现精准决策，在宏观层面指导整体战略布局。

③“2”：两大工程

湖北移动财务数智化转型过程聚焦两大工程，首先是财务数据运营工程，利用财务数据驱动业务，通过收集、处理、分析和应用数据，帮助企业实现财务优化和决策支持。这涉及数据采集、数据清洗、数据分析、数据可视化等多个环节。其次是技术赋能工程，借助先进的技术手段，如云计算、大数据、人工智能等，通过AI+RPA打造企业内部IPA智能财务服务体系，为企业提供财务问题解决方案，以实现业务创新和流程优化。

④“1”：一个保障体系

湖北移动为确保财务数智化转型顺利实现，围绕技术、人才、文化、组织建立了一个安全规范的财务保障体系，提供必要的技术平台、工具和应用，以及相关的技术培训和支持，识别和评估财务数智化转型过程中的风险，并制定相应的预防措施和控制策略，对转型过程进行持续的监控和评估，确保转型进度和质量。

（2）指导原则

以习近平新时代中国特色社会主义思想为指引，紧紧围绕党的二十大精神，坚定不移贯彻落实“十四五”数字经济发展规划，立足新发展阶段、贯彻新发展理念、构建新发展格局，以高质量发展为主题，以数据为关键要素，以数字技术与实体经济深度融合为主线，以“规范、精益、集约、稳健、高效、智慧”为标准，坚持稳中求进、以进促稳、先立后破，锚定建设世界一流财务管控体系的总目标，加快推进财务数智化转型。

①坚持守正创新、融合发展

湖北移动在数智化转型过程中，应当紧紧围绕守正创新，把创新当作第一生产力，坚持高质量发展不动摇，紧紧围绕“优化运营、赋能业务、洞察风险、支持决策”这一转型总目标，顺应时代发展潮流，促进财务升级转型，变革传统体系，不断对财务管理体系进行创新，促进数智技术与财务管理深度融合，立足新发展阶段，贯彻新发展理念，构建新发展格局，积极推进数智化转型，以更加饱满的热情和昂扬的斗志，齐心协力、脚踏实地，持续激发行业高质量发展新动能，奋力推进制造强国和网络强国建设。

②坚持安全底线、问题导向

安全是发展的前提，没有安全的环境，发展就难以持续；发展是安全的保障，通过发展可以提高安全能力。当前世界环境交错复杂，行业内外竞争不断加剧，在数智化转型过程中，湖北移动要增强对风险的感知，严格遵守相关法律法规，恪守边界，加强各项财务活动的监督和管理，确保不发生系统性风险。湖北移动在数智化转型过程中，以其实际存在的问题为着眼点，坚持问题导向，从实际出发，实事求是，对症下药，精准解决企业目前的痛点、难点，建立与企业当前发展状况相适应的数智化转型目标，着手解决企业目前业务赋能不足、资产利用率低以及决策支撑不足等问题，为湖北移动数智化及高质量发展提供坚实有力的支撑。

③坚持系统论观点、人民至上

在财务数智化转型过程中，企业尤其要注意坚持整体观、大局观，避免孤立地、片面地看待企业财务存在的问题，要充分考虑到转型过程中各个环节之间的相互作用、相互影响，制定系统的、整体的财务数智化转型方案，推进业财融合，整合构建结构合理、互联互通、集约高效、安全可控的数智化体系。此外，财务数智化转型坚持人民为中心发展思想，更好地满足人民群众美好生活的迫切需求。

（3）财务数智化建设重点

①加强财务决策支撑

湖北移动要以财务决策的实际性为基础，参与决策从制定到实施的全过程，促进实现数智化转型总目标。一是构建财务预算管理一体化系统，实现项目库建设、预算编制、预算批复、预算执行等规范化管理，并依据集中化部署和大数据应用，为科学研判和精准实施宏观调控提供支持，统一规划和高效利用财务资源，提高财务预算管理和控制的效率。二是搭建智能化财务数据分析平台，智能财务数据分析平台能够处理大量的复杂财务数据，并能够将这些数据进行深入分析和可视化，这对于传统的财务分析工具是不可能实现的。智能财务数据分析平台使用机器学习算法等智能化技术对财务数据进行自动分析，可以帮助企业快速发现潜在的问题和机会。此外，智能财务数据分析平台具有更高的集成度，可以提供实时的财务监控及直观的可视化界面，帮助企业快速理解复杂的财务数据。

②提升财务效率与质量

企业财务数智化建设的主要目的之一便是提高财务人员工作效率，保证财务数据的高质量以及高效运营。企业通过各种智能化应用，实现财务流程的标准化、自动化（如图15-2所示）。

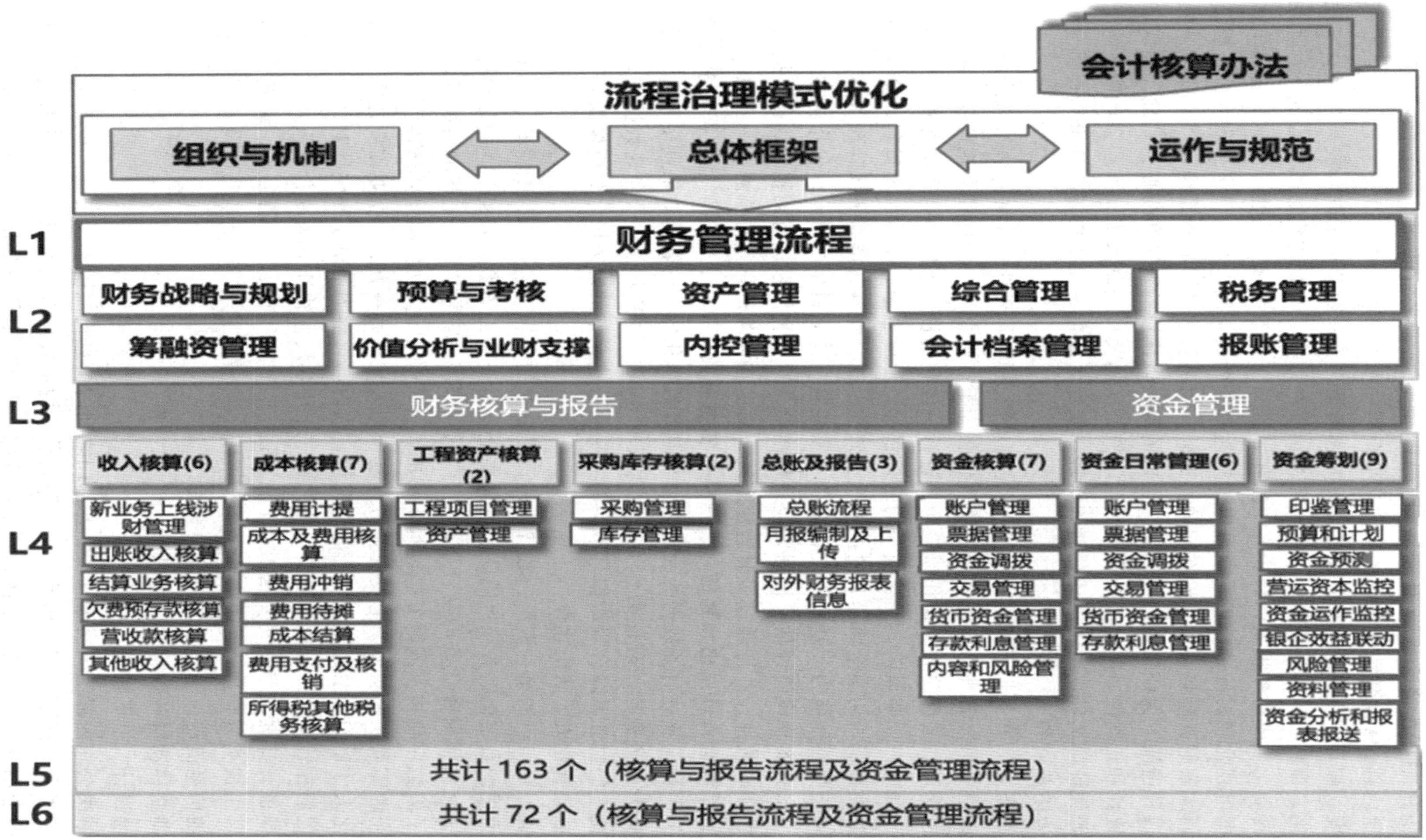

图15-2 财务流程蓝图[1]

① 佚名. 中国移动通信集团智慧财务管控实践［J］. 财务与会计，2022（12）：64-67.

一是构建AI+RPA财务服务体系，利用AI赋能RPA财务流程智能化平台，湖北移动打造了企业内部IPA财务智能服务体系，从平台架构革新、技术创新优化、运营体系变革等多个维度，累计“上岗”110个数智员工需求场景，推动数智员工创新成果应用，实现财务自动化，提高会计信息质量，帮助财务人员提高效率。二是构建财务报表统一管理系统，通过自动化生成财务报表，减少人工操作，提高工作效率和准确性，同时，提供丰富的财务数据可视化和财务分析工具，可以通过直观的图表、图形和表格来呈现和分析财务数据，从而洞察财务趋势，发现潜在问题。此外，财务报表统一管理系统可以消除手动操作中的错误和遗漏，保证报表的准确性。生成的报表以预设的规则和模板为基础，确保了数据的一致性和正确性，降低了错误的风险。三是实施会计信息系统，推动会计档案电子化，将记账凭证等文件以电子形式存储和管理，实现无纸化，便于数据的备份和查阅。

③有效防范财务风险

深化财务数智化风险管理能力，实现完善的财务风险识别、风险评估与风险应对能力。一是以财务风险管理为导向、合规管理监督为重点建立统一的内控合规体系，将风险管理、内控管理、案件防控、操作风险防控进行一体化建设，不断整合风险数据，协同运作，实现“强内控、防风险、促合规”的管控目标，形成全面、全员、全过程、全体系的财务风险防控机制，切实全面提升内控体系有效性。二是完善智能财务风险预警体系，提升财务风险态势感知能力，基于历史数据和专家经验，建立科学的风险评价指标体系，并以算法模型形式实现风险评估，根据风险评价结果，对预警体系进行调整和优化，提高预警的准确性和时效性，并且通过实时监控系统，对潜在风险进行实时监测，一旦风险超过预警阈值，系统会自动发出预警信号。三是夯实财务数据基础，激活监管数据要素潜能。财务数据的质量以及对财务数据的治理能力与财务数智化内控的管控效果直接相关，湖北移动要将提升财务数据治理能力作为有效防范财务风险的着眼点，以合规数据中台为基础，构建统一的财务风险合规数据集市，助力企业搭建完整的财务风险分析模型。

④财务数智化人才队伍建设

人力资源是组织的第一资源，数智化建设是企业的一场深刻变革，既需要一支思路清晰、执行力强的数字化财务项目团队，也需要全体财务员工的参与和实践。一是要造就一批精通数字化且懂财务业务的复合型人才，数智化转型需要将数字化技术与财务深度融合，单单了解数字化技术或财务是远远不够的，推动数智化转型需要优质的复合型人才，一方面，企业需要积极从市场上发现并引进复合型人才，另一方面，企业需要建立自身内部的数智化人才培养体系，充分发掘内部资源，为内部有潜力的员工提供针对性的专门培训，并让他们在转型过程中扮演重要角色，在“干中学”中快速成为复合型人才，实现人员数智化赋能。二是打造财务数智化团队，团队成员取长补短、协调配合，赋能业务发展，促进员工成为复合型人才并不断提升其能力。三是推进财务BP体系建设，积极促进财务业务的信息流动，深化财务跨部门合作。

（4）湖北移动财务数智化推进思路

①顶层设计、上下联动

为了解决公司内部组织层级较多、各部门之间的信息交流困难、资金管控不足以及财务信息系统繁杂等问题，湖北移动在充分调研企业内部各层级联通能力的基础上，借鉴国内外先进企业财务数智化转型案例，制定适合湖北移动的财务数智化顶层设计方案，并且在具体实施过程中，注意统筹规划，不同层级、不同单位相互联动、共同推进，实现企业财务数智化转型的快速推进，助力企业实现高质量发展，有力支撑服务国家战略，有力支撑世界一流企业的建设。

②技改升级、深度融合

湖北移动为保障财务数据的高质量以及切实有效的运营，利用IPA赋能财务数据分析平台，以“磐匠”数智员工能力为基础，促进现有财务系统的革新升级，强化数智融合内驱动力，不断推进业财融合。

15.1.4 湖北移动财务数智化建设实践

（1）推进智能化应用，提升财务能力

湖北移动将智能化应用在各项财务基础业务，提高企业对于财务数据的处理能力，优化财务业务中重复度高、价值低的基础性工作，节省财务人员的时间，提升财务人员工作效率，持续激发组织活力。

①推进核算智能化

在核算领域，湖北移动一是为员工提供全天候智能答疑服务，从智能填报、智能审核、智能入账、智能结算、智能归档、智能预警六个方面提供指导。二是打造企业内部IPA智能财务服务体系，从平台架构革新、技术创新优化、运营体系变革等多个维度，累计“上岗”110个财务数智员工需求场景，在多个领域开展财务机器人建设，目前已建立20个财务机器人流程，涵盖资金、资产、报表、税务、账期五个领域，湖北移动财务领域自动化水平大幅度提高，解决了以往财务处理过程中高重复度、低效率、易出错等痛点，效率相较以往提升约9倍，一年节约工作量3 960人天。三是提升发票智能识别能力以及智慧报账能力，利用IPA与OCR技术，通过发票助手和发票识别功能，实现发票信息自动录入功能，保障单据拍后自动填写，填写后系统自动审查是否有违规数据并进行相应提示，将烦琐、重复的填单工作交给智能化应用，解放员工双手，提升70%工作效率，一年节约工作量4 800人天。

②构建智慧税务

湖北移动通过5G、物联网、移动云等移动技术赋能智慧税务建设，相较于传统纳税方法，智慧税务错误率较低，对于数据的处理能力强，同时，通过智慧税务管理，将税务数据集中化，便于数据的核对，促进了企业的全面信息化管理建设，极大降低了税务管理风险。一方面，湖北移动结合日常的税务风险监测情况，建立内部案例查询窗口，不断沉淀企业内部税务风险知识，吸收其他企业税务风险案例，构造风险提示功能，降低企业税务风险。另一方面，企业要建立办税日历，结合税务机关以及企业自身税务办理时间及相关要求，及时提醒税务人员办税日期，避免由于错过办税日期而导致的相关税务风险。此外，企业将办税日历同纳税申报相结合，记录纳税申报进程，对日期临近业务进行预警。

（2）数智赋能业财管理

湖北移动运用数智化技术将业务与财务深度融合，将业财数据集中化，深入挖掘数据价值，拓展数据可视化广度、深度，不断促进财务数据利用效率的提升，助力湖北移动各项业务的管理和运行。

①搭建财务数据综合分析平台

湖北移动充分利用业财数据集中化的特点，推动财务领域创造更多价值，构建集数据收集、数据处理、数据应用等功能于一体的财务数据综合分析平台。一是以EPR系统、智慧报账系统等系统为基础，整合各个系统的财务数据，并不断进行更新，形成自己的数据中心。二是将数据可视化，通过建立370多项展示指标，使得数据更容易理解与掌握，不断拓展数据可视化的深度，支持企业进行决策。三是借鉴其他先进企业构建数据中台的经验，将财务数据入湖上台，实现数据的集中化管理，并将企业财务数据及其他相关数据进行连接，夯实数据中台的“地基”。

②构建DICT财务管理平台

ICT是IT与CT的融合，是湖北移动的重要业务之一，ICT可以自动化许多任务，减少人工操作，提高工作效率。DICT是在ICT的基础上，加上DT，即大数据，是大数据时代DT、IT与CT的深度融合。一是建立DICT一体化支撑体系，打破信息孤岛、数据孤岛、平台孤岛、能力孤岛，实现核心能力共享、全局数据贯通，做到管理精细化、财务项目化。二是建立DICT业财统一管理平台，实现全流程监管，跨域企业内不同系统收集归纳数据，同时，实时跟踪各项目的执行状况，对项目执行过程中出现的各类风险及时进行提醒与预警，减少风险并大幅度提高效率。

（3）深挖财务数据价值，强化决策支撑

湖北移动在财务数智化建设过程中不断增强对财务数据的处理能力，深化对财务数据的挖掘，通过对财务数据的处理加强企业的预测能力，并以此为依据制定企业的决策方案，将纯粹的业务处理层次转变为决策支持的层次，帮助企业科学决策。

①积极探索完善收入预测机制

湖北移动积极探索完善收入预测机制，致力于提高收入的前瞻性和科学性，提升收入预测的准确性，夯实企业收入工作的基础。一是应用统计分析模型，利用统计分析、时间序列分析、机器学习等工具对收集到的数据进行深入分析，建立收入预测模型。二是开发监控模块，能够实时监控收入的预测值与实际值的偏差，并对关键影响因素进行跟踪，对于导致出现偏差的因素及时进行纠正，保证企业预期收入目标按时完成，促进企业的收入预测水平的提升，为企业的决策提供支撑。

②构建智能财务决策支持系统

为了深度挖掘数据资产的价值，企业需要构建一套全面智能财务决策支持系统，它为财务决策者提供问题分析、模型构造、决策过程模拟以及决策效果评价的决策支持环境，具有财务控制功能、财务分析功能、财务计划（预算）功能、决策支持或辅助决策等功能，一方面，湖北移动利用财务决策支持系统工具开发专用财务决策支持系统，另一方面，企业应当利用自身搭建的财务数据综合分析平台，以强大的财务数据分析能力为基础，为构建智能财务决策支持系统提供支撑（如图15-3所示）。此外，湖北移动应当将财务数据与会计信息处理相结合，形成立体化会计信息体系，从而提升企业的决策能力。

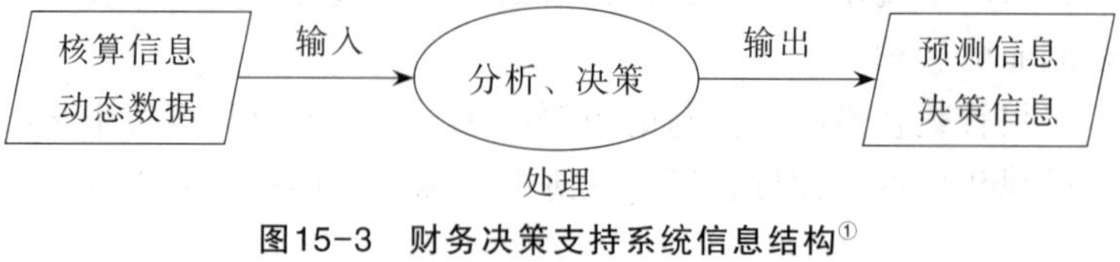

图15-3　财务决策支持系统信息结构[①]

（4）构建智慧财务风控体系

企业构建智慧财务风控主要是指通过运用大数据、人工智能、机器学习等现代信息技

① 图片来源：MBA智库百科。

术来对财务风险进行识别、评估、监控和处置，提高自动控制水平，实现财务内控标准化、流程化、智能化。这一系统集成了多种算法和数据分析模型，能够自动学习、自我优化，为金融机构、企业和其他组织提供实时风险预警和防控手段。

①建设财务风险预警模型

湖北移动制定了“123+N”的智慧财务风控体系，提升企业对于风险的预测能力、应对能力，助力企业实现高质量发展。一是要提高风控信息化程度，利用AI、大数据等技术，按照理风险、建模型、搭平台这三大要求进行建设，将企业内部与省内数据进行连接，实现横跨不同层次、多方面的风险稽核比较，进而对可能存在的财务风险进行追踪、预警并研究出相应的解决方案。二是要形成多层次的财务风险模型，对数据进行溯源，分析风险类型，建立包含舞弊风险、跨期风险以及重复报销风险在内的超过80个风险模型，根据不同风险模型设计不同风险警戒线，超过警戒线便自动对财务人员进行预警，提高财务人员对于财务风险的预判能力。三是实时进行风险预警，湖北移动以全局可视、全程可控、全业可查、全员可行作为原则，实施对于风险的实时分析，使风险管控工作常态化、全面化，通过对财务数据的集中化管理和分析实现对于财务风险的集中监控，提升湖北移动风险识别的快速性和准确性。

②探索全流程全维度全方位财务风控体系

湖北移动立足自身发展目标以及功能定位，打造了“三全”大风控体系，此风控体系的特点为全流程防控、全维度建设、全方位推动，同时，以全面、全员、全过程、全体系的“四全”为要求，确保风险、内控、合规三个体系的有效性。一是开展财务稽核中心标准化建设，基于企业AI集中稽核要求，对集中稽核系统进行改造，实现稽核流程的自动化升级。二是考虑基本资料、政企营销方案、资金管理以及欠费等方面，对资料的完整性、政企营销活动的标准化、资金管理的规范性以及对于欠费追缴的及时性等方面进行稽核，不断提高企业在日新月异的市场中的竞争力。三是搭建智能稽核管理平台，通过OCR识别、文本识别等技术手段，实现业务受理事前、事中、事后的稽核处理，实现闭环稽核流程，大幅度减少稽核工作人员数量（如图15-4所示）。

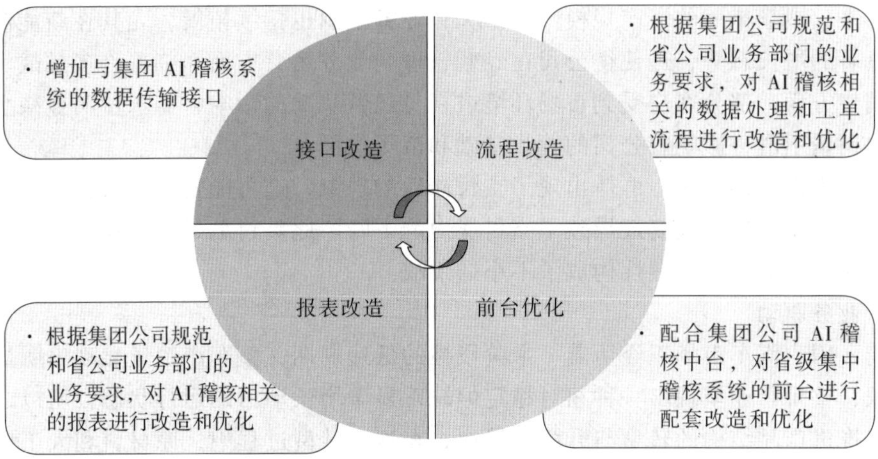

图15-4 湖北移动稽核系统改造流程[①]

① 图片来源：道隆华尔案例中心——湖北移动集中稽核项目案例。

15.1.5 总结

湖北移动为实现企业高质量发展，持续推进财务数智化转型，以“筑基础”“统平台”“谋创新”为财务管控体系发展路径，构建“四位一体”智慧财务管控体系，不断促进财务体系发展，其中，流程平台层对各个财务流程进行优化，实现财务管理流程的规范化、标准化。系统平台层作用于企业不同层次，将企业的业财数据集中化，形成闭环控制，确保各业务流程对规则的遵守，构建企业自身的财务数据资产。能力平台层运用AI、EPR、OCR以及大数据等先进技术，并且随着时代发展进一步增加智能化财务技术，不断提高企业对财务数据的利用效率，深挖财务数据价值，提高预测的前瞻性与准确性。价值平台层通过智慧财务风控体系、财务数据综合分析平台，将数据可视化，拓展财务数据可视化的深度，支持企业进行财务决策，推进湖北移动智慧财务决策建设。

15.2 财务建模案例——威孚集团①

随着疫情的发生和西方贸易保护主义的发展，企业的生产经营销售面临着巨大的不确定性。同时，我国劳动力的低成本优势逐渐削弱，大量消耗资源、不计环境成本的发展模式难以持续，威孚集团正面临着前所未有的挑战，同时，也面临着前所未有的机遇。为了更好地把握市场方向，合理优化资源配置，提升企业的核心竞争力和可持续发展能力，构建一套科学系统，具有前瞻性的财务模型显得尤为重要。

15.2.1 威孚集团发展简介

无锡威孚高科技集团股份有限公司，是国内汽车零部件的著名生产厂商，中国汽车零部件三十强企业。历经60多年的创业发展，现拥有10多家全资和控股子公司，员工7 000余人，于1995年在深圳证券交易所上市，是业绩优良的A、B股上市公司，中国主板上市公司价值100强企业。

15.2.2 威孚集团财务建模的缘由

（1）企业发展

近年来，威孚集团的资产规模不断扩大，业务范围也持续拓展，尤其在新能源领域展现出了显著的增长态势，这使得公司在经营管理与业务运营方面面临着许多挑战。

在销售方面，部分客户受到市场环境或自身经营状况的影响，需求量明显减少，使得公司整体销量下滑，影响着公司的营收基础和市场份额。

在财务方面，部分客户群体出现了支付滞后的现象，这可能是由于其自身资金链的紧张，或者是由于市场环境变迁导致了支付能力的下降。此类付款延迟的现象，导致回款周期延长，对企业运营的稳健性构成了不小的挑战。

（2）业务驱动

当前，国内汽车市场正经历着一个阶段性的低迷周期，整车产销量显现出明显的增长停滞迹象，整个行业呈现出一种相对稳定但缺乏显著增长动力的运行状态。所以，汽车产业正加速推进产品结构的转型与升级。然而，在这一转型过程中，原材料和人工成本的持

① 黄恒刚.基于桑克模式的新能源动力电池材料企业战略成本管理研究［D］.广州：广东技术师范大学，2023. 江苏省财政厅.管理会计工具在高科技企业战略财务转型中的应用探索——以威孚集团为例［EB/OL］.［2022-01-12］.https：//czt.jiangsu.gov.cn/art/2022/1/12/art_82042_10314651.html.

续上涨与产品售价的逐年下滑形成了鲜明的对比，这导致产品的盈利能力呈现出不断下滑的趋势。面对严峻的挑战，汽车产业公司需要更加注重产品布局，优化资源配置，实施战略财务转型。具体到财务建模方面，就需要打造一个综合的财务模型。

(3) 环境需求

随着全球市场竞争格局的持续深化，众多发达国家相继提出了“再工业化”的战略。与此同时，新兴市场国家正经历着产业结构的迅速优化与升级，这一趋势对我国构成了双重的严峻挑战：一方面是应对与发达国家在战略竞争高地的激烈角逐；另一方面是与新兴市场国家在传统市场份额上的激烈竞争。这两大挑战要求我国企业必须采取更加灵活的策略，建设有效的企业财务模型，来应对复杂多变的全球经济环境。

(4) 政策指引

中华人民共和国工业和信息化部正式发布了《制造业质量管理数字化实施指南（试行）》，旨在推动制造业企业深度整合新一代信息技术与质量管理体系，实现质量管理的全面数字化覆盖，从而强化产业链与供应链的质量协同效能，促进整体质量体系的优化升级。实施指南的发布，要求威孚集团聚焦于汽车零部件产业链的核心领域，布局新能源汽车的驱动技术体系，加速推进氢燃料电池技术的研发进程，并强化智能网联技术的研发能力构建。为适应新形势下可持续稳定的发展，威孚集团要建设能推动战略财务转型的财务模型，以确保在新能源与智能网联发展中占据领先地位。

综上所述，威孚集团面临着一系列的挑战，如销量下滑、回款压力加大等问题，这都不利于公司的长期发展。因此，公司需要加快战略财务转型，尽快建设可持续发展的财务模型以应对这些挑战。

15.2.3 财务建模的历程

(1) 基本架构情况与基础

威孚集团财务建模基本架构情况如图15-5所示。

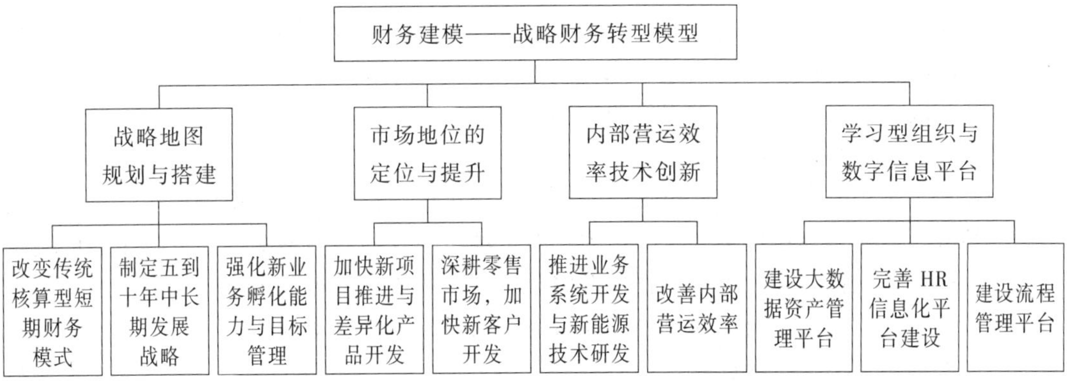

图15-5 威孚集团财务建模基本架构情况[①]

威孚集团是国有控股的上市公司，拥有完善的公司治理结构和完善的采购、生产、销售供应链管理体系和内部控制体系，也建立了智能信息管理系统，包括财务共享中心等，为推行战略财务转型和建设财务模型奠定了良好的基础。

董事长高度重视管理战略财务转型和管理会计工具的推行使用，公司成立了以董事长牵

① 本节中图及表均为作者自制。

头，总经理负责，财务部门组织和各部门第一负责人组成的战略财务转型和管理会计工具推行项目组，制定了具体方案和实施计划，并将公司的行动方案落实到每一个部门和人员。

（2）总体思路

①制定并嵌入长期发展战略

构建涵盖长期发展目标与路径的战略框架，将财务建模作为战略落地的关键工具。摈弃短期财务视角，将战略管理思想融入财务模型，确保资源分配与战略方向一致。利用模型预测功能，识别并把握外部投资合作机会，高效整合战略资源。

②强化市场导向与份额提升

围绕战略客户群体及核心产品，通过财务模型分析市场趋势，制定市场份额提升策略。在模型中设置多情景分析，评估售后市场及海外市场拓展的财务影响，优化资源配置。强化与核心客户的合作关系，通过模型预测合作效益，加速新客户开发与市场渗透。

③提升内部运营效率与技术创新能力

运用财务模型优化内部流程，识别成本节约与效率提升的关键点。将技术创新投入纳入模型，评估新能源技术、电控燃油系统等项目的财务可行性与回报期。通过模型监控项目进展，确保资源有效配置于高潜力项目。

④构建完善的数字信息平台

整合管理体系与风险合规要素于财务模型中，建立风险数据库，增强风险控制能力。优化HR信息化平台与薪酬激励结构，将人才战略纳入财务模型，实现人力资源与财务资源的协同优化。

（3）具体实施步骤

①战略管理与财务建模融合

企业根据平衡计分卡的核心理念构建战略地图，界定财务、客户、内部流程、学习与成长四个维度的关键绩效指标。通过财务模型量化分析这些关键绩效指标，构建可追踪、可衡量的战略执行监控体系。通过模拟不同情境下的财务表现，企业能够更加科学地预测未来财务状况，为战略决策提供坚实的数据支撑。

②市场与份额提升的财务模拟

企业在模型中详细划分目标市场，并基于客户价值分析确定最优市场定位。然后，通过敏感性分析方法，评估价格、策略等因素对市场份额及利润的影响，为市场策略的制定提供精准的数据支持。同时，企业在模型中设置不同的销售渠道和国际市场进入策略，模拟其成本结构、收入模式及潜在风险，为市场布局提供了科学依据。

③内部运营效率与技术创新驱动

在内部管理方面，企业运用作业成本法或时间驱动作业成本法细化成本结构，识别并消除非增值作业，提出有效的成本削减方案。同时，通过建立成本动因分析模型，动态监控成本变动趋势，实现成本管理的精细化与科学化。

在技术创新方面，企业采用实物期权定价模型评估技术创新项目的灵活性与不确定性，确保投资决策的科学性和前瞻性。通过建立项目组合管理模型，平衡短期收益与长期成长潜力，推动了技术创新的持续发展。

为提升财务管理效率与风险控制能力，企业利用云计算、大数据等先进技术构建高效、透明的财务共享中心。同时，企业还建立了风险预警系统，将财务风险、市场风险、运营风险等纳入统一监控平台，通过模型实时评估风险等级并制定应对措施。

为实现人力资源与财务资源的协同优化，企业构建了人力资源价值评估模型。结合薪酬激励制度，企业模拟了不同人力资源配置方案对企业绩效的影响。通过数据分析与评估，企业优化人才结构，为企业的长期发展提供有力的人才保障。

④绩效管理体系构建

企业还建立了财务建模结果的反馈机制，定期回顾模型预测与实际表现的差异，根据差异调整模型参数或策略方向。这种持续改进与反馈机制确保了财务模型的持续优化与迭代，为企业战略管理的执行提供了有力的支持。将财务建模的预测结果转化为实际行动，推动企业的发展和进步。

15.2.4 财务建模的应用流程

（1）全面建立和实施财务共享平台

①财务共享建设目标

构建共享平台的目标是实现对繁复冗余的会计核算职能的有效剥离，推动战略财务与业务财务向风险精控与价值创造导向的深度转型，从以“财务核算中心”逐步提升至对公司经营提供支持的“财务服务中心”。

②财务共享平台建设的心路历程

财务共享平台建设及优化项目的关键时间节点与具体成果见表15-1。

表15-1 **财务共享平台建设及优化项目的关键时间节点与具体成果**

日期	具体内容
2017年7月	确定德勤为项目的合作伙伴
2018年3月	召开项目启动大会
2018年7月	财务管理标准化及财务转型与共享咨询设计两大项目同步完成
2019年1月	首批10家事业部正式上线
2019年6月	覆盖全集团17家事业部，完成上线目标，助力财务转型升级

③财务共享组织架构

威孚集团财务共享组织架构如图15-6所示。

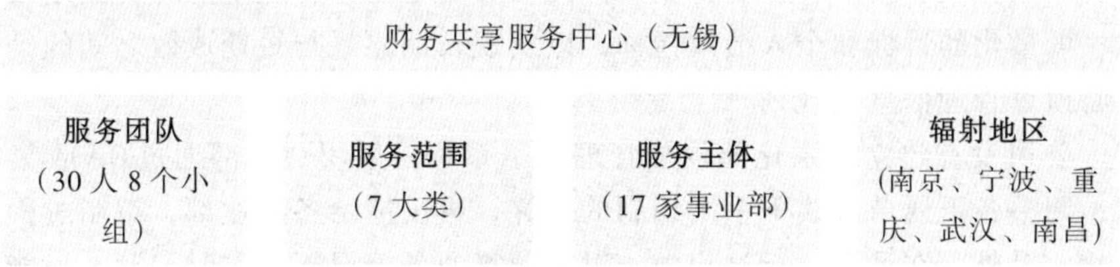

图15-6 威孚集团财务共享组织架构

④税务与审计监管

在开发共享平台的过程中，同步实施金税系统的集成与整合策略，实现增值税销项在线自动开具、打印、分联、盖章一体化，实现进项发票在线抵扣勾选。

同时，平台建设要满足会计控制规范和内外部审计要求，所以，公司邀请会计师事务所也参与了平台设计。审计模式也作了调整，期末审计的方式改变为常驻审计师进行日常会计业务稽核和纳税业务申报，提升效率，缩短审计周期，加速审计流程。

建设财务共享中心过程中，企业十分重视用户对共享服务的体验，设计了调查问卷，并根据调查问卷提出了相应的改进措施（见表15-2）。

表15-2 **财务共享服务体验用户满意度调查**

用户反馈满意度	满意度评分	改进措施
总体满意度	79.18%	持续优化服务，提升用户体验
采购模块满意度	较低	加强数据透明度，全流程可追踪，提升用户熟悉度
审批人满意度	较低	加强业务知识培训，提升问题响应及处理能力

综上所述，共享中心的建设是一项复杂而长远的系统工程，必须“立足服务，以人为本”，需要内外部协同才能完成。财务共享构建过程需深度融入公司运营的各个关键环节，涵盖采购、人力资源和生产制造等九大部门，共同协作于共享中心的规划及实施阶段，共同打造符合威孚集团实际需求的平台。

（2）全面预算管理转型

①制定全面预算管理体系

威孚集团通过制定中长期战略规划及产品路线图、制定经营计划与测算战略目标、制定预算目标的流程，制定了包括预算管理体系、预算管理制度体系、预算管理信息化体系在内的三大全面预算管理体系。

②建设全面预算管理框架

威孚集团构建了一套全面的预算管理框架体系，打造战略、预算、执行、控制、考核的闭环管理系统，同时，建立战略实施进度的监控机制，确保各项措施按既定计划推进。通过精细化的成本控制与费用管理，控制成本费用支出，并预测现金流量和利润，为企业的持续稳健发展提供有力支撑。

③明确预算管理职能职责

威孚集团目前已经基本建立预算管理组织架构，明确了不同管理层级在预算管理流程中的主要职责。通过规范预算日常管理机构的职能来提升预算管理水平。

④建立预算管理绩效指标考核机制

通过明确地分权、授权、衡量各职能部门的战略定位和管理重点，将战略细化到一系列具体的、可量化的目标和个人绩效指标，以实现长期愿景与短期成效之间的动态平衡。

⑤全面预算管理信息化规划

目前，公司没有建立体系化的预算管理电子系统，集团财务部通过OA收集汇总、分析、平衡、调整各下属单位线下手工编制的预算，再反馈给各事业部，编制过程复杂，编制周期较长。另外，在预算执行过程中，对超预算业务情况不能实时控制，只能事后定期分析再进行整改。年末部分绩效指标需要人为判定，绩效评价的公正性有待提升。

因此，集团公司规划搭建全面预算管理系统，规范预算管理流程，编制过程实现自动化，集成预算核算系统，实现预算执行过程的实时控制，防范超预算的违规业务，同时，也可以自动出具分析报表，为公司经营层提供高价值的决策支持。

（3）营运管理转型

①营运管理目标

营运管理是衡量企业内部治理成效的关键指标，直接关系到企业能否在竞争激烈的市场环境中稳固立足并持续成长，很大程度上反映了企业的经营管理水平，是企业生存和发展的基础。公司确立了提升集团营运资金使用效率的公司级项目，并制定了相应的下属层次的管理目标。

②建立集团营运资金管理体系

集团营运资金管理体系中，公司营运管理的日常流程如图15-7所示。

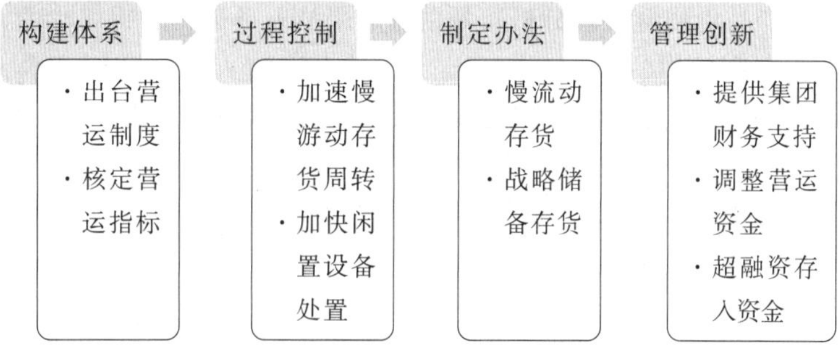

图15-7　公司营运管理的日常流程图

结合各家事业部实际运行情况，创建“营运资金限额核定模型”，并出台《集团营运资金管理制度》，对集团各事业部营运资金进行科学设定，明确了每家事业部的营运资金限额、融资规模等，协助事业部共同提升营运资金使用效率。

③建立商品的安全储备标准

集团财务部以MS共轨类产品钢材库存储备为试点，组织集团采购部、制造质量部和MS物流部等相关部门进行专题探讨，探索集团范围内大宗原材料安全库存建模方式，并提出了一系列改进措施并落实，在保证生产经营的情况下，降低了资金占用率，提高了周转率。

④建设信息化的管理工具

统一存货资金分析口径，开发集团范围统一的库龄分析报表。为确保该项指标的同口径分析，集团财务部将BI存货账龄分析报表在集团内进行了全面推广及优化使用，为后续数据分析、决策分析提供有力依据。

另外，组织事业部对慢流动存货进行评审、认定，在ERP系统中对相应物料进行识别和锁定，从源头进行有效控制，后续跟踪与统计。通过对物料主数据中具有统计功能的“ABC标识”的字段标识，以及将其与上年已经启用的具有锁定功能的“特定工厂的物料状态”字段一起，配置到了BI存货账龄分析报表，从而使慢流动存货的管理更加精细化、更加规范可控。

⑤建立绩效指标考核机制

集团财务部制定了《集团慢流动存货管理办法》和《集团战略储备存货管理办法》等相关制度，集团定期跟踪、分析事业部、子公司慢流动存货处置情况，并对超六个月以上账龄存货进行分析，发现异常情况时可要求其进一步细化分析并反馈原因。

通过近几年的数据对比分析，集团总资产、存货、应收账款及固定资产周转天数等关键指标优化显著，通过绩效考核的落地，强化了慢流动存货管控，加快营运资金的周转速度，提高资金的投资回报，增强企业的筹资能力和偿债能力，提高了公司的经营质量，加强了公司的盈利能力，为后续公司可持续性发展奠定了基础。

（4）战略成本管理转型

通过信息化技术给财务人员建设了一个强大的数据库，公司可以将价值链的管控延伸到最基层的业务端，实行实时监控和管理，实时挖掘有用的信息；通过信息化手段，增强业财融合，实现企业经营中的业务流程、财务会计流程、管理会计流程的有效结合。为实现这一目标，首要任务是调整组织架构，促使财务人员转型为业务分析与管理会计的核心力量，深入理解商务逻辑、模式、目标及政策，并将其转化为精准的信息分析报告。财务人员进一步参与产品价格链管理分析，帮助决策层从财务数据中提炼价值，优化决策过程。

①搭建成本管理架构

搭建起以市场定价为导向的成本管理架构，贯穿产品生命周期，明确各阶段各部门主要成本管理职责。一般来说，在产品成本中的固定成本和变动成本的成本动因默认为销量，也是等同于“本量利分析”的理念。此种产品成本分析模型的转变能够帮助威孚集团的决策者们进行决策、计划和控制。

期间费用是整个企业盈利情况的另一影响因素。威孚集团预算的整个模式发生了较大的改变，从自上而下，转变成了自下而上。也就是说，以前都是总公司下发所有的经济性指标，而现在威孚集团的预算，是由各事业部根据上一年度实际发生的情况，自行编制后，提交给集团总部财务预算管理审核。此项转变，也是与产品成本管理转型的相互呼应。

②成本管理责任分解和落实

总体成本架构及对应的成本管理委员会结构、财务部门在集团和事业部层面的成本管理职责见表15-3、表15-4。

表15-3 **总体成本架构及对应的成本管理委员会结构**

层面	委员会名称	成员构成	组长	副组长	主要职责
集团层面	集团产品成本管理委员会	集团经营层、集团职能部门领导、事业部总经理	集团总经理	集团商务副总、集团营销副总	领导集团成本管理工作，建立健全集团成本管理体系，组织、协调集团各职能部门成本管理工作
事业部层面	事业部产品成本管理委员会	事业部经营层、事业部职能部门领导、事业部制造部门	事业部总经理	事业部财务负责人、事业部营销负责人	领导事业部成本管理工作，建立健全事业部成本管理体系，组织、协调事业部各职能部门成本管理工作

表15-4 **财务部门在集团和事业部层面的成本管理职责**

层面	财务部门角色	主要组成	主要职责
集团层面	集团财务	集团财务人员	搭建集团成本管理体系，依据业务类型统筹梳理事业部的管理方法，为成本管理优化提供建议与支持
事业部层面	事业部财务	事业部财务人员	深入产品，为产品全生命周期的成本提供测算、分析、跟踪等管理支持，协调事业部各职能部门协同推进成本管理的持续优化与改进

③进行产品全生命周期管理试点实验

威孚集团是汽车零部件制造企业，对产品成本管理的重视程度相对较低，主要聚焦于产品功能的实现与满足。这种策略在报价流程上未能形成系统性的报价策略支撑，导致了客户资源的部分流失以及盈利能力的不确定性增加。在制造环节中，标准成本的设定往往过度依赖于历史数据的比对，与行业成本差异水平不对标，导致了对潜在风险的不敏感，也造成了存货、应收账款等各项损失。基于此，集团引进了PCM成本管理的系统理念，自2017年1月份以宁波天力作为试点，进行产品全生命周期的管理。

（5）税务管理转型

①设立集团税务管理目标框架

在大数据背景之下，税务机关对大企业全流程税收风险管理提出了新的要求。威孚集团自2017年开始加入千户集团行列，在近几年执行税务局大企业税收管理要求及实施集团财务共享项目的过程中，建设完善的管理体系、健全的管理制度、有效的组织架构、清晰的考核机制，以及高效的信息系统，使得集团税务管理目标有效实现。

②划定集团税务管理区域及模式

威孚集团目前有17家事业部纳入共享模式管理范围，为提高事业部与属地税务机关的沟通效率，按区域及是否纳入共享将集团税务管理模式分为本地共享税务管理、异地托管税务管理、非共享税务管理三种模式。

③明确集团税务管理组织架构和职能

威孚集团税务管理组织架构和职能见表15-5。

表15-5　**威孚集团税务管理组织架构和职能**

管理部门	核心职能
战略财务	税务制度、政策解读、宣贯培训、税务核算指导、风险提示、税收筹划、税务应对、税务关系
共享财务	税务核算、发票日常管理、税务申报及台账数据、协助税企日常对接
业务财务（共享-本地）	异常纳税分析、特殊涉税业务协调配合、纳税申报、税务关系
业务财务（共享-异地）	日常税务管理（核算、申报及分析）、税务应对、税务关系
业务财务（非共享）	日常税务管理（核算、申报及分析）、税务应对、税务关系
业务部门	各类涉税业务的信息沟通与配合

威孚集团按业务部门、业务财务、共享财务、战略财务四位一体联动模式打造集团税务管理组织架构并安排相应职能。

15.2.5　财务建模取得的成果

（1）财务组织结构持续优化

围绕“智慧财务、价值引领”财务核心战略，公司的财务职能调整为战略财务、业务财务和共享财务三位一体的集团财务管控模式。

财务条线人员成本节约16%，已与领先实践趋同；共享效能的提升，使得业务财务、战略财务的结构均得到优化。另外，通过多种方式培养跨领域、跨专业的复合型人才，既提升了员工的财务专业能力、工作效率，也丰富了员工职业发展、上升通道，又优化完善了财务职能岗位配置，提高了公司经营质量，为智慧财务、价值引领的转型夯实基础。

（2）公司内部交流沟通和协同管理能力提高

共享从表现形式来看就是一场集中化的作业变革，集中之后运用先进的技术手段，规模效应得到了显著提升，从管控与服务层面来说，主要有以下几个方面：

① 共享的集中管理能够保证集团政策、财务管理思路的有效贯彻和执行。

② 管理的标准化统一了不同会计主体的业务记账规则、核算要素与审核规则，使得共享后的标准化程度比之前有较大幅度提升。

③ 在数据方面，财务共享使得业务系统与财务系统有效实现数据对接与校验，使得财务数据与经营数据更加透明、真实、及时，为公司的分析决策提供有效支持。

④ 随项目建设共同成长了一批专业化的IT人才与流程负责人，已成为共享运营团队的核心管理人员，带动共享团队的整体战斗力。

（3）管理数字化和智能化水平显著提高

实现了从销售、采购、生产、成本费用管控、资金管理到总账系统的价值链和实物链的全面数字化和智能化管理。销售应收模块引入了RPA财务机器人，实现了销售开票的全自动化流程。业务管控方面，实现销售价格事前管控，特殊业务权限审批。采购应付模块实现采购业务的订单、收货、发票的全自动三单匹配。总账及营运管理方面，财务报表系统自动生成，出口退税实现线上自动匹配，打通端到端的业务流程，全过程监控，规避退税风险。新增影像系统，实现电子化档案管理，实现凭证与影像、实物票据的相互关联反查。

（4）战略牵引力度加强

威孚集团目前战略段已经实现了或正在推进的“1234”十大效果，具体如下：

1个完善：完善了税务筹划管理体系，深化税务管理转型。

2个统一：统一设备投资经济可行分析模板，统一新产品、常规产品的盈亏可行性分析模板。

3个规范：规范研发费用管理，规范管理费用和销售费用控制，规范集团成本要素的标准化管理。

4个加强：加强慢流动、异地存货管理，加强客户信贷和超信用期控制，加强投资管理，加强人才队伍建设。

15.2.6 总结

威孚集团财务建模源自环境需求、政策指引、业务需求和自身发展四个因素的需求。历经数年构建，该模型融合了战略管理、市场预测、成本控制、技术创新及风险管理等多维度要素。应用流程中，通过建设财务共享平台、预算管理机制、营运管理、战略成本管理和税务管理进行数据收集、情景模拟与决策优化。模型应用后，不仅财务组织结构得到持续优化，公司内部交流和协同管理能力得到提高，还提升了管理数字化和智能化水平，使得战略牵引力度得到加强，为威孚集团的持续成长与竞争力增强奠定了坚实基础。

15.3 数据中台及数据湖建设案例——阿里巴巴①

阿里巴巴作为数据中台和数据湖理念的倡导者和实践者，自2016年以来，在电商、零售、金融、物流、交通、政务等各个政企行业积累了非常丰富和宝贵的实战经验，也深入理解了政企行业在数据标准、数据质量、数据安全、数据治理、数据交换共享、数据价值挖掘等方面存在的普遍问题，数据中台和数据湖建设可解决数据从生产到消费使用过程中遇到的这些问题。在数据中台与数据湖建设与交付过程中，存在专业度要求高、交付过程管控难、交付协同难等挑战，为应对这些挑战并实现数据中台与数据湖建设，阿里巴巴建设了一套相关的方法论、交付标准、交付工具和工作台，用于指导、帮助企业和数据中台服务商建设好数据中台和数据湖。

15.3.1 阿里巴巴发展简介

阿里巴巴集团是1999年创立的以互联网为基础的科技公司。其业务内容非常广泛，涵盖了电子商务、云计算、创新业务等多个领域，旗下拥有天猫、淘宝、优酷、饿了么等众多知名品牌，产品和服务覆盖了国内外的各个领域，包括零售、批发、物流等。阿里巴巴以平台模式为核心，通过构建开放的平台，连接供需双方，并提供多种配套服务，以此赚取佣金费、广告费、技术服务费等。

15.3.2 阿里巴巴的发展阶段

阿里巴巴平台建设经历了四个阶段：单一业务系统、分布式业务系统、业务平台化、业务中台化。

第一个阶段是淘宝建立的早期，业务简单，一个业务系统、几台机器就可以支撑了。这个阶段一开始使用的是PHP的系统。随着业务的发展，逐步改造成了Java技术体系。

第二个阶段，分布式业务系统。阿里巴巴把原来的单一系统拆分成多个高内聚，低耦合的中心化系统。现在大家耳熟能详的用户中心、商品中心、交易中心、店铺中心，就是这个阶段出现的。每个独立的系统可以独立设计、独立接需求、独立发布，整个研发效率和系统稳定性都上了一个台阶。后来，淘宝拆分成立淘宝、天猫和一淘三个独立的事业部。三个事业部的业务决策链路更短，业务发展更快，技术人员数量也快速增长。三个事业部的定位不一样、业务发展方向不一样、业务的管控规则不一样，而且在一些业务规则上可能还相互冲突。我们都知道，在设计业务系统的时候，为了快速应对每天的业务需求变更，很多时候都是通过代码来写业务逻辑的。在业务抽象建模，系统架构的开放性方面都是不足的。这就会导致业务逻辑之间的耦合和相互影响，研发效率大幅下降。在这一阶段，系统架构必须升级。

第三个阶段，业务平台化（“三淘”时期）。平台对每个业务及它们的基础能力进行拆分，隔离业务之间的逻辑。平台化最核心的是利用业务抽象建模解决大部分的共性问题，利用系统架构开放性解决少部分的个性化问题。以交易平台为例的业务中心平台化如

---

① 艾瑞咨询.中国云原生数据湖应用洞察白皮书［R］.艾瑞咨询系列研究报告，2022（4）：51.
艾瑞咨询.中国数据中台行业白皮书（2021）［R］.艾瑞咨询系列研究报告，2021（4）：47.
阿里云.阿里巴巴数据中台实践分享［EB/OL］.［2022-10-25］.https：//developer.aliyun.com/ebook/3221.
阿里云DataWorks团队.全链路数据治理——主动数据治理［EB/OL］.［2023-02-28］.https：//startup.aliyun.com/info/1060987.html.
阿里云.阿里巴巴大数据及AI实战［EB/OL］.［2023-02-23］.https：//max.book118.com/html/2021/0927/8127003031004011.shtm.

图15-8所示。

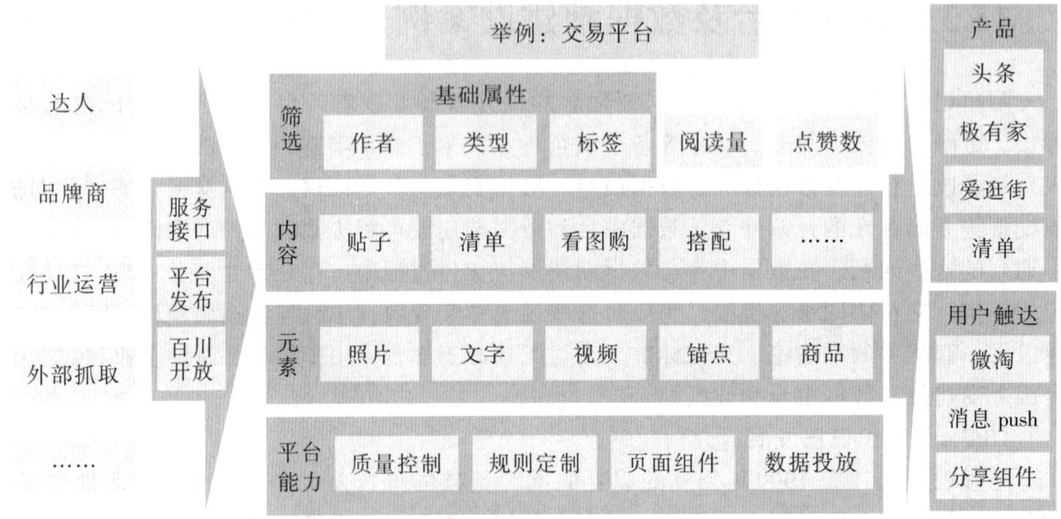

图15-8 交易平台的业务中心平台化[①]

但随着生态复杂度、业务复杂度、系统复杂度的升级，阿里巴巴又遇到了新的问题。平台化解决了领域内部的问题，但是其中每一个业务的执行都是跨领域的，涉及会员、商品、交易、支付、物流、售后等，业务逻辑横跨几十个系统。

这就造成了非常大的挑战，比如说店家卖一件衣服，就会有不同的规则，如商品发布规则、交易规则、营销规则等。这些规则分散在不同的系统中，而且还是相互有关联的。逐渐地，新做一个需求需要一个月或更长的时间，这变成了一个复杂生态的协作问题，而不仅仅是一个技术问题。

为了能将业务逻辑本身与实现逻辑分离，可以将业务逻辑下发给不同的执行系统，引入竞争，方便业务平台的改造升级。阿里巴巴将控制信息从业务平台中抽离到业务中台，以业务身份为主线来进行组织管理和呈现，并以生态角色的视角来重构信息架构。这样的变革对阿里巴巴原来的系统架构提出了更高的要求。

15.3.3 阿里巴巴发展的驱动因素

国务院、发改委、网信办等组织机构印发了“十四五”数字经济发展规划等促进企业建设与发展数据中台、数据湖的指引性政策文件，将数据中台和数据湖定位于企业数字化的重要基础构成。此外，中国人民银行、工信部、国家能源局等机构也先后制定了金融、工业、能源等关键行业的数据中台和数据湖相关发展规划，各单位从不同层次推动着数据中台和数据湖的快速发展。2022年12月出台的《中共中央 国务院关于构建数据基础制度更好发挥数据要素作用的意见》（简称“数据二十条”），为激活数据要素的价值创造和实现提供了基础性制度保障。为了充分发挥数据要素的潜能，企业需要依赖强大的数据管理和处理能力，数据中台和数据湖可提供重要支撑。

15.3.4 概念界定

（1）数据中台概念

数据中台居于前台和后台之间，是企业级的数据共享、能力复用平台，是数字化转型

① 数据来源：阿里中台（大中台小前台）架构详解。

的基础和中枢系统。将企业全域海量、多源、异构的数据整合资产化，为业务前台提供数据资源和能力的支撑，以实现数据驱动的精细化运营。

数据中台狭义上是一种强调资源整合、集中配置、能力沉淀、分步执行的运作机制，是一系列数据组件或模块的集合，指向企业的业务场景。广义上，其更是一种企业组织管理模式和理念，集公司战略、组织架构、技术架构于一体。企业以数据中台为基础，协调和支持各业务部门，拓展商业边界，鼓励新生业务成长发展。图15-9是目前最基础的数据中台架构，可以清楚地看到数据中台的各个层级和具体内容。

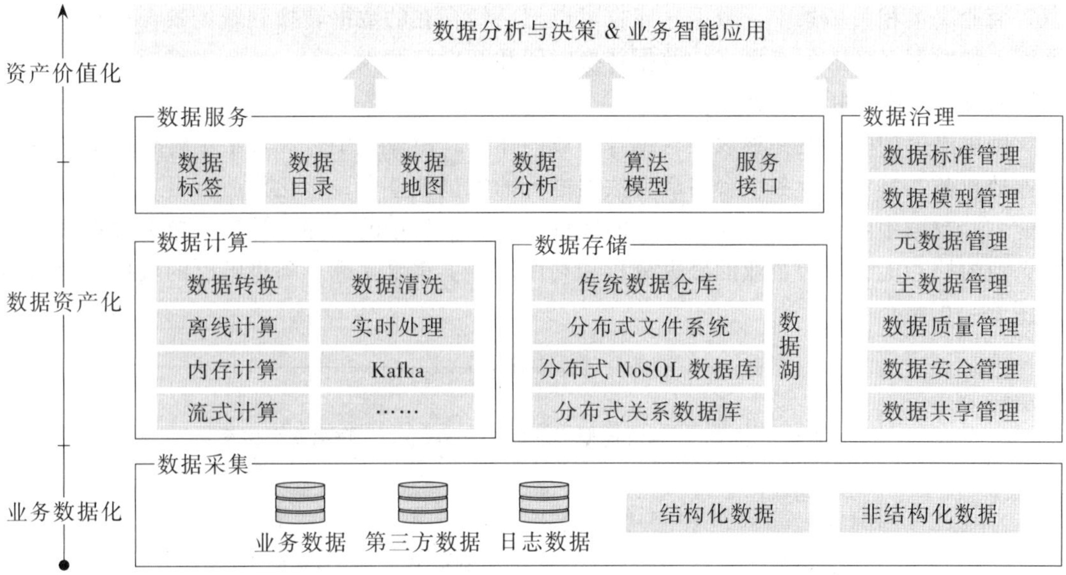

图15-9 数据中台架构[①]

总体来说，数据中台想要打通“数据孤岛”，提高数据价值的策略，是一套可持续“让企业的数据用起来”的机制，通过有形的产品和实施方法论，构建一套持续不断把数据变成资产并服务于业务的机制，数据来自于业务，并反哺业务，不断循环迭代，实现数据可见、可用、可运营，通过数据中台把数据变成一种服务能力，其目标是提供普惠的数据服务。

（2）数据湖概念

数据湖是以集中方式存储各种类型数据，提供弹性的容量和吞吐能力，能够覆盖广泛的数据源，支持多种计算与处理分析引擎直接对数据进行访问的统一存储平台。它能够实现数据分析、机器学习、数据访问和管理等细粒度的授权、审计等功能。数据湖对存取的数据没有格式类型的限制，数据产生后，可以按照数据的原始内容和属性，直接存储到数据湖，无须在数据上传之前对数据进行任何的结构化处理。数据湖可以存储结构化数据（如关系型数据库中的表），半结构化数据（如CSV、JSON、XML、日志等），非结构化数据（如电子邮件、文本、PDF等）以及二进制数据（如图形、音频、视频等）。数据湖涵盖的范围较广，在一些相关功能上与“数据仓库”的概念类似，一些企业的管理、决策者也总是搞不清两者的区别。其实，仅仅从产品应用场景上，数据湖、数据仓库就表现出了明显的不同：

首先，数据湖在功能上可以实现各种类型数据的存储，数据湖中的数据可以是非结构化的、未处理的形态，可以在确定需要使用时才会对数据进行对应的处理与转换；而数据

① 数据来源：中国数据中台行业白皮书（2021）。

仓库则通常存放的是经过处理的、结构化的数据，数据存储的Schema在数据存储之前需要被定义好。

其次，存储到数据湖中的数据通常会按照原始形态直接存储，随着业务和使用场景的发展，会使用不同的计算引擎对已经存储的数据进行分析与处理，数据湖中的数据在一个企业组织中通常会被多个不同应用、系统和部门使用和分析，覆盖的场景广泛并且范围也会动态延展，因此，需要提供更多的灵活性以适应快速变化的应用场景；对于数据仓库中的数据，通常使用场景在数据收集期间就已经明确，数据仓库通常集中在BI、业务、运营等商业决策相关场景中，数据仓库也可以把已经存在的数据转换到新场景，但在灵活性方面不如数据湖，需要有更多的数据转换时间和开发资源投入。

15.3.5 数据中台框架

阿里巴巴的中台是一种双中台结合而成的体系，由业务中台和数字中台合作承担所有企业的业务。其中，业务中台将后台数据进行抽象包装整合，转化为前台可重用共享的核心能力。数据中台导入并储存业务中的数据，在海量数据的存储、计算、包装过程中，构成企业的核心能力。为企业的数据分析和利用提供了重要支撑。阿里巴巴的数据中台框架如图15-10所示。

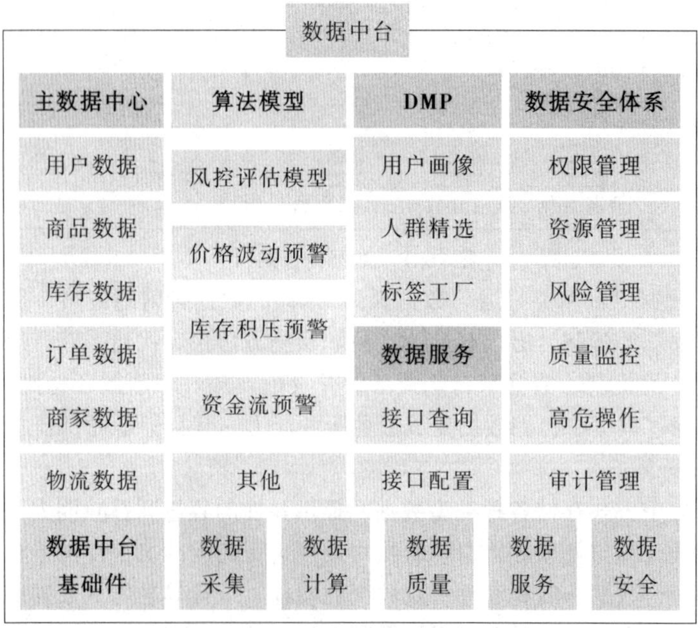

图15-10 阿里巴巴的数据中台架构[①]

（1）主数据中心

主数据中心作为数据中台的重要基础，包含了最基本的几类数据：用户数据、商品数据、库存数据、订单数据、商家数据和物流数据。这几类数据是企业业务经营中最基础的几类数据，也是收集和存放数据最主要的地方。

（2）算法模型

要想将主数据中心的海量数据变成有逻辑、便于利用的数据信息，就需要合理有效的

① 数据来源：阿里中台（大中台小前台）架构详解。

算法。阿里巴巴结合风险评估模型、价格波动预警、库存积压预警等多种算法模型，从海量数据里计算寻找出尽可能多的数据信息，多维度关注客户、企业和商家三方的动态，努力实现准确预测未来市场走向，为企业进一步的发展作重要支撑。

（3）数据管理平台（DMP）

DMP能够通过搜集各种来源的数据，为用户画像，建立详细的客户档案，以此进行有针对性的广告和个性化活动。例如，某用户在某应用中搜索了宠物，DMP将会在客户档案中留下相关信息，并在接下来的广告和个性化活动中为该用户推送宠物的相关内容。

（4）数据安全体系

面对如此庞大海量且涉及隐私的数据信息，管理和维护数据就必须做好安全防护措施。阿里巴巴通过权限管理、资源管理、风险管理等一系列管理措施对数据进行管理和保护。但是，随着科技的不断发展，数据量会越来越大，数据安全体系更需要不断更新换代，以此来更好地维护各方的信息安全。

15.3.6 数据湖框架

数据湖始于Hadoop对大数据的重新定义，2006年，Hadoop第一次在IT领域亮相，承诺通过分布式架构提供以往商用硬件从来没能达到的强大数据存储能力，随后的各发行版本提供了众多开源计算引擎，这些计算引擎中有些操作复杂度较高。与此同时，数据量激增、应用场景的丰富导致Hadoop的问题凸显。因此，越来越多的方案开始向数据湖转型，解决靠单一Hadoop所没能解决的问题。这个过程中，对象存储的发展为数据湖提供了强有力的支撑。对象存储对于文件数量、存储容量没有限制，极大突破了HDFS（Hadoop分布式文件系统）因为NameNode设计机制无法支撑大量小文件的困境。应用无须对小文件进行合并处理，就可以直接存入对象存储系统，系统的响应能力完全不会因为文件数量的增加有任何降低。Hadoop产生后的十多年时间内，是移动应用、智能物联网设备高速发展的阶段，HDFS协议的访问特点，使得此类设备都需要通过中间节点实现数据的中转汇聚与转发，对象存储RESTful协议的便捷性，让移动应用、智能设备在数据产生后，就可以直接上传到存储系统中，可以不再需要任何中间环节。元数据发现与管理是关键能力，对象存储自身的事件机制和与相关Serverless架构的联动，可以在数据产生后，立即生成上传的元数据，并存储到各种元数据管理系统中，支撑后续的数据搜索、查询。阿里云对象存储在近几年已经加入到了Hadoop支持体系中，Hadoop生态的计算引擎可以直接或者通过Connector方式（低版本Hadoop）使用对象存储。更多的云原生计算引擎都可以支持对象存储的访问，为存储在数据湖中的数据的分析与处理提供了更便捷的使用通道。

15.3.7 数据湖建设四个阶段

（1）基础架构阶段

需要整合数据湖基础设施，包括构建高效的数据存储和管理系统，确保数据的安全性和可靠性。同时，需要处理和摄入大量可拓展的数据，采用先进的技术手段进行数据清洗、转换和分析，以满足不断增长的业务需求。另外，还需要完善数据目录管理，建立统一规范的数据分类体系，并制定有效的权限控制机制，以便用户能够快速准确地找到所需的信息资源。

（2）价值挖掘阶段

此阶段中，数据湖的分析能力增强，能从大量杂乱数据中快速提取并分析数据。与此同时，还要优化探索环境，丰富价值发现模型。

（3）协作交互阶段

将EDW与Data Lake进行协作，使其具有对外生产价值输送能力，数据服务和运营管理能力。

（4）成熟运营阶段

此时，数据湖应具有端到端的业务支撑能力，以及稳定的成熟度服务架构，企业也可以凭借数据湖，灵活完善自己的企业运营模式。

虽然目前大多数企业处于前三个阶段的建设和完善过程中，但是一旦进入成熟运营阶段，企业对于数据的把控和利用将会有质的飞跃。

从数据湖的角度来看，数据应用和数据治理应该是相互融合、密不可分的。在阿里巴巴的实际操作中，首先明确数据应用的需求，包括业务方面的需求以及技术方面的需求。其次，在进行数据ETL（抽取、转换、加载）的过程中，逐步形成符合业务要求，并且质量可靠的数据集。同时，还需要建立完善的数据模型和指标体系，并制定相应的质量标准，以确保所处理和使用的数据具有一致性和准确性。

此外，在构建数据湖时也需要强调对原始数据的存储，并注重对这些原始数据进行探索式分析与应用。尽管强调对原始数据灵活处理与利用，但这并不意味着忽视建立良好的数据模型的重要性；恰恰相反，在深入理解业务需求并将其抽象化，能够更好地推动数据湖技术在实践中的有效运用。

总体而言，一个完整而健全的数据湖框架通常包括四个主要组成部分：数据接入、数据存储、数据计算和数据应用。通过大规模采集并存储原始数据，结合高效精准地分析计算后得出结果，并最终将这些结果落实到实际应用中去，才能真正发挥出数据湖在企业财务管理中的作用。如图15-11所示的阿里巴巴数据湖的实际应用，为阿里巴巴处理数据提供了重要支撑。

图15-11 阿里巴巴数据湖实际应用①

① 数据来源：云原生数据湖解决方案蓝皮书。

15.3.8 数据湖框架构成

（1）数据接入

在数据接入方面，需提供适配的多源异构数据资源接入方式，为企业数据湖的数据抽取汇聚提供通道。具体能力如下：

数据源配置——支持多种数据源，包括但不限于数据库、文件、队列、协议报文等。

数据采集——支持对应数据源的采集动作，需完成结构解析、清洗、标准化格式等。

数据同步——支持数据同步到其他数据源，包括必要的清洗、加工、转换等。

数据分发——支持数据的共享分发，将数据以多种形式（对象、API等）发布出来。

任务调度——任务管理、监控、日志、策略等。

数据加工——支持对数据的加密、脱敏、规格化、标准化等加工逻辑。

（2）数据存储

许多企业通常忽略数据积累的价值，数据需要从企业的各个方面持续地收集、存储，才有可能基于这些数据挖掘出有价值的信息，指导业务决策，驱动公司发展。因此，数据湖需要提供的核心能力之一就是存储能力。通过一套数据存储池，可有效解决企业中的数据烟囱问题，提供统一的命名空间，多协议互通访问，实现数据资源的高效共享，减少数据移动。当然，数据在湖中也不能无序存放，这里需要了解数据生命周期的概念。需要根据数据的不同阶段，根据其价值、成本因素，设计可行的存储方案。

（3）数据计算

数据湖需要提供多种数据分析引擎，来满足数据计算需求。需要满足批量、实时、流式等特定计算场景。此外，向下还需要提供海量数据的访问能力，可满足高并发读取需求，提高实时分析效率。

（4）数据应用

在基本的计算能力之上，数据湖需提供批量报表、即席查询、交互式分析、数据仓库、机器学习等上层应用，还需要提供自助式数据探索能力。

15.3.9 发展方向

（1）数据湖的发展方向

根据咨询机构的相关报告，在数据湖上新增的与数据分析相关的功能有望得到更大的丰富。将数据湖和数据仓库良好融合的企业，在实际应用中可以支持更多的业务使用场景，这些场景包括：

①数据存储

存储数据类型多样，可以存储结构化、半结构化、非结构化的各种各样的数据。存储内容的多样性，让数据湖可以覆盖更多类型的系统、终端设备、智能设备产生的数据，让应用场景进一步拓展。

②数据分析

随着数据来源的丰富和分布化，数据将继续呈现出多样化的特点。与此同时，企业对数据分析功能的依赖也在激增。传统的集中数据存储和预定义Schema已经无法满足业务场景快速变化的需求。数据湖可以有效集中存储各类未经过处理、加工的数据，特别是从各种物联网智能设备捕获的数据。通过数据湖对接的各种计算引擎，可以便捷地对集中存储的数据进行批量计算、机器学习、交互式查询。数据湖对于各种计算生态的良好支持可以和新推出的计算引擎更快地对接。

③统一管理

统一管理就是统一数据治理和管理。统一和通用的API接口，让数据湖实现多引擎的统一元数据管理和权限管理。移动应用、智能设备、Hadoop计算生态、云原生服务都可以通过此通用协议进行直接对接。通过数据湖自建的事件机制能够更轻松地完成元数据采集，结合元数据管理数据服务，提升数据整体管理能力，让数据湖不会成为“数据沼泽”。这一特点让数据湖受到互联网、物联网、金融等众多行业的青睐。

（2）数据中台未来的三种趋势展望

①数据中台的实时计算趋势

数据处理向准实时、实时方向发展。传统的数仓设计限于技术体系无法实现实时计算。而采用分布式大数据技术不仅能实现构建PB级别的数据中台，而且还能将实时计算与历史数据结合，实现流批一体开发。满足新一代数据中台强调的数据时效性和分析能力。

数据中台的实时计算技术并不是对原有的业务流程进行再造，而是通过实时数据流与数据仓库指标结合的方式来实现更高效的业务分析。利用实时技术可以快速进行BI分析和业务预警，如实时营销策略、实时风控策略、实时反欺诈。这些场景都可以嵌入实际的业务系统中。

②数据中台上层应用的移动终端化趋势

BI洞察分析是数据中台数据呈现的最重要的方式，现阶段绝大部分的BI呈现都是PC端为主，手机端为辅。互联网由PC端向移动终端发展的一个必然趋势是数据应用也随之移动终端化。这几年，在数字化分析领域，多个BI厂商都发布了移动终端展现的配套产品，但并未在市场上大规模普及，究其原因，既有屏幕尺寸难统一等客观问题，又有移动终端受众场景个性化程度高的问题，因此，数据中台的应用移动终端化必须适应终端的要求。

③数据中台的智能化发展趋势

AI技术最为重要的价值是能为现实场景所用，比如人脸识别的一个典型应用场景是替代密码实现手机登录。构建数据中台之后，企业用户可积累丰富的指标数据，这些数据都是算法和AI依赖的基础。数据中台用户比较普遍的AI应用场景是销量或流量预测，千人千面的推荐算法，营销活动的预测等。这些都是对业务决策提供直接辅助的场景。

受到激烈的市场竞争压力，企业都期望AI计算能在短时间内帮助实现销量增长或成本下降的效果。其实，通过AI算法为一线员工提供数据的便利性使用也是提高生产效率的一大途径。阿里巴巴内部有这样一款数据产品，员工可以向它模糊提问，产品直接回复员工用户所关心的指标数据，降低了数据查询的门槛，方便一线员工的使用。

15.3.10 总结

阿里巴巴集团作为我国数智化发展的开创者和领导者，在数据中台和数据湖建设方面取得了丰硕成果。通过自身理论与大量企业实践相结合，阿里巴巴摸索出了一套完整的数字化转型路径，并将其成功经验分享给政府和其他企业。这些宝贵经验为我国的数智化建设打下了重要基础。

然而，在当前全球发展趋势下，我国数据中台和数据湖建设依然面临着诸多挑战。其中包括技术标准尚未统一、安全隐患以及人才短缺等问题。但与此同时，随着数字经济时代的到来，也带来了许多机遇。

因此，企业需要继续加强技术研发与创新投入，在政策法规允许范围内积极探索并应用先进技术手段，努力推动我国数智化建设迈上新台阶。

16 金融衍生工具案例

16.1 股票衍生金融工具——可转换债券与认股权证

16.1.1 基本理论

1）定义

可转换债券通常指有固定利率的债务工具，其持有人有权利而非义务，用债券和所余全部利息在事先议定日期以事先议定价格向发行者换取事先确定数量的普通股或其他债务工具。可转换债券可以视作一种附有“转换条件”的公司债券。这里的“转换条件”就是一种根据事先的约定，债券持有者可以在将来某个规定的期限内按约定条件转换为公司普通股股票的特殊债券，其实质就是期权的一种变异形式，与股票认股权证较为类似。因此，我们可以把可转换债券视作“债券”与“认股权证”相互融合的一种创新型金融工具。可转换债券兼具债务和股本两种性质，二者密不可分。对投资者而言，该类债券提供了债券所能提供的稳定利息收入和还本保证，也提供了股本增值所带来的好处。因此，这种市场价值下跌潜在风险有限、具有固定收益的金融工具吸引了那些渴望得到较高收益又不希望错过股票升值的潜在收益的投资者。对发行人而言，该类债券提供了在将来以高于现时股价的价格售出股票的可能性，并具有在债券转换前以低成本发行债券的吸引力。如果相应的股票价格没有达到现行的转换价格，可转换债券不会被转换，只要求发行人在到期日偿还发行的本金。这样，发行人的还本付息成本大大低于直接发行债券。所以说，对双方而言，可转换债券既非纯债券，亦非纯股本，而是一种混合金融工具。

认股权证实质上是看涨期权，它是由股份有限公司或第三方发行的可认购其股票的一种期权。认股权证的持有者可以在市场上按市价交易该权证，也可以在一定期限内以事先约定的价格购买标的公司相对应数量的股票。认股权证可以被公司用作筹资的一种特殊的手段，其更广泛的用途是公司对管理层和核心员工实施股权激励。认股权证实质上是一种期权，其持有者在认购股份之前，对发行公司既不拥有债权也不拥有股权，而只是拥有股票认购权。

2）特征

（1）可转换债券的特征

可转换债券的基本特征包括：①债权性。与其他债券一样，可转换债券也有规定的利率和期限。投资者可以选择持有债券到期，收取本金和利息。②股权性。可转换债券在转换成股票之前是纯粹的债券，但在转换成股票之后，原债券持有人就由债权人变成了公司的股东，可参与公司的经营决策和红利分配。这一特性主要体现在可转换债券较低的利率之上。显然，没有股权转换作为吸引，投资者是不可能接受这样的利率的。③期权性。即投资者拥有是否将债券转换为股票的选择权，这是可转换债券的重要标志。转股权是投资者享有的、一般债券所没有的选择权，可转换债券在发行时就明确约定债券持有者可按发行时约定的价格将债券转换成公司的普通股股票。如果债券持有者不想转换，则可继续持有债券，直到偿还期满时收取本金和利息，或者在流通市场出售变现。因而，可转换债券具有转换前属债券、转换后属股票的二阶段特征。对投资者而言，转换前为债权人，享受利息；转换后为股东，获得红利或资本收益。对发行人来说，转换前属债务，转换后属股权资本。

可转换债券的特有特征包括：①可转换债券拥有较普通公司债券低的固定利息。可转换债券的票面利率通常低于一般公司债券的利率，甚至低于同期银行存款利率，因为在债券的投资组合中，除了债券的利息收益外，还附加了股票买入期权的收益部分。一个设计合理的可转换债券在大多数情况下，其股票买入期权的收益足以弥补债券利息收益的差额。②投资者卖出期权。卖出期权也称为投资者之期前回售权，指投资者在某一特定日期按事先约定的价格将债券出售给发行人。一些可转换债券附有回售条款，规定当公司股票的市场价格持续低于转股价达到一定幅度时，可转换债券持有人可以把债券按约定条件出售给债券发行人。卖出期权使投资者得到一份额外保护，也使可转换债券具有更大的吸引力。③发行人赎回期权。由于发行人支付低于普通公司债券的利息，因此，发行人在股价大幅高于转股价的情况下行使赎回权以迫使投资者将可转换债券转换为股票。一些可转换债券在发行时附有强制赎回条款，规定在一定时期内，若公司股票的市场价格高于转股价达到一定幅度并持续一段时间，发行人可按约定条件强制赎回债券。④较低的信用等级和有限避税权利。可转换债券是一种仅凭信用而发行的债券，所评定等级一般比公司发行的不可转换债券要低。目前，我国发行的可转换债券一般有银行作担保，因此，信用评级较高。当公司破产时，可转换债券对资产的索赔权一般都比其他债券靠后，仅优先于公司优先股。可转换债券在转换成公司普通股以前的若干年里，公司所支付的债息可作为固定开支，计入企业的成本，避免缴纳公司所得税，因此，具有“税收抵扣”的作用。⑤可转换债券是一种市场成本较低，对公司股本摊薄性较低的融资工具。由于可转换债券利率低于同等条件和资信的公司债券的利率，因此，其融资成本较低。同时，可转换债券在公司财务上是一种债务，只有行使转股权利，才能转化为公司股票，显然，同直接发行股票相比，可转换债券对公司权益的摊薄被延迟了。

（2）认股权证的特征

认股权证的特征包括：①认股权证和期权一样，其多头方拥有买入标的证券的权利，即持有人只享有权利，不承担相应的义务。其损失上限为获得认股权证的对价，其潜在收益是标的证券价格减去行权价和期权对价的差价。②发行认股权证的公司，如出于纯粹筹资目的，可以通过该权益工具筹资以降低潜在股东与公司管理层之间的信息不对称程度，从而节约融资成本，同时，也可以用于公司成立时对承销商的一种补偿。③认股权证有狭义和广义之分，狭义的认股权证就是公司发行的用于筹资和激励的股本认股权证，广义的认股权证是指备兑权证，即公司之外的证券公司和银行等发行的权证，其发行并不会增加公司股本。④对于投资者来说，认股权证交易的风险有限，其初始投资成本较低，通过给投资者提供杠杆效应的方式实现潜在收益的最大化。

16.1.2 案例：可转换债券在康泰生物制品股份有限公司融资中的作用[①]

1）案例背景

深圳市康泰生物制品股份有限公司（以下简称“康泰生物”）在1988年8月成立，主要业务有生物产品的制造、研发、销售，是高新技术型企业。自成立以来，康泰生物一直专注于疫苗的研发、生产和销售，在疫苗的生产、运营、销售和管理方面积累了丰富的经验。2017年，该企业在创业板上市，着重研究疫苗的生产流程和制造。随着研究的不断深入，康泰生物在疫苗领域已经占据领先地位，拥有大量不同类型的疫苗，具有较大的优势。康泰生物2018年2月在深交所发行了康泰转债，这次资金募集项目为“预填充灌装车间建设项目”和“研发生产楼建设项目”，发行规模为3.56亿元。

（1）融资背景

因为发行有较多限制，所以，截至2017年并没有太多的企业进行可转债融资。2017年，中国证监会发布了限制私募等融资方式的实施细则后，大部分企业都开始进行可转换债券融资，康泰生物就是其中之一。康泰生物发行可转债的目的之一是调整企业的资本结构，债务融资可以使用财务杠杆扩大负债在企业运营中产生的影响，并且，负债率的改变也会带动公司价值变化，实现最大化公司价值以及最佳资本结构。康泰生物使用各方面规则管控转换过程，确保负债率在最佳资本结构比率范围内，保证企业不受到不利影响。把可转换债券换为股票后，其拥有者会变成企业的股东，企业现金流出的债务不属于资本投资的还款范围，可减少企业现金流方面的负担。负债率的降低也动态改变了公司的资本结构。发行可转债目的之二是降低企业融资成本，对康泰生物来说，可转换债券的低利率减少了融资成本，缓解了企业经济方面的压力。同时，计算应纳税所得额时，利息允许税前列支，红利与其不同。所以，债务融资导致未缴纳税款所得额不断降低，使用税盾效应会提高每股税后利润。

（2）可转债基本信息

康泰生物可转换债券的发行规模为3.56亿元，每张债券票面面值100元，债券期限为6年，即2018年2月1日至2024年2月1日，付息方式为每年付息一次。此外，该可转债可以在2018年8月7日至2024年2月1日期间转换，初始转换价格为47.01元/股（见表16-1）。

表16-1 **康泰生物可转债的基本信息**

项目	内容
发行规模	35 600.00万元
债券期限	6年，自2018年2月1日至2024年2月1日
面值	100元/张
付息方式	每一年付息一次
转股期限	自2018年8月7日至2024年2月1日
初始转股价格	47.01元/股

① 本案例部分内容改编自：张晓悦，王艳华. 可转债融资对企业财务状况的影响研究——基于康泰生物的案例分析［J］. 现代商业，2021（11）：178-180.

康泰可转换债券从2018年8月7日开始变成公司的股份，转换金额从47.01元/股变为31.23元/股，同时，康泰生物股票从2019年2月28日开始到2019年3月20日，持续15个交易日的收盘价小于目前转换价（31.23元/股）的130%（40.599元/股）。按照招股说明书的内容“康泰可转换债券”可以使用有条件赎回规定，赎回价格为100.13元/张。2019年5月7日，康泰可转换债券在深圳证券交易所退市。本次赎回可转换债券7 027张，赎回总额703 613.51元，占发行总额的0.1976%。

（3）结果

康泰可转债从发行到转股再到赎回的整个过程持续时间较短。近41%的债券在发行当年转换为股票，未转换为股票的债券于2019年5月7日赎回。整个过程只经历了1年零3个月。此外，康泰生物通过发行可转债优化了公司资本结构，提高了公司的偿债能力和盈利能力，对企业业绩产生了积极的影响。

2）案例分析

（1）可转债发行对公司资本结构和偿债能力的影响

①资本结构

企业发行可转换债券的目的之一是利用可转换债券的特点优化公司的资本结构。恰当的资本结构会促使企业价值不断扩大。该案例主要是对康泰生物的财务指标进行研究，展现可转换债券在资本结构中的作用。康泰生物2016—2019年财务指标的具体情况见表16-2。

表16-2 **康泰生物2016—2019年财务指标** 金额单位：百万元

项目	2016年	2017年	2018年（发行年）	2019年（赎回年）
资本总额	1 600.90	2 210.71	3 336.44	3 952.41
负债总额	865.90	1 139.70	1 503.65	1 198.17
股东权益总额	734.99	1 071.01	1 832.79	2 754.24
股东权益比率	45.91%	48.45%	54.93%	69.69%

表16-2中，康泰生物的总资产从2016年到2019年稳步增长。对资产来源进行研究发现，2016年和2017年，股东权益比率分别是45.91%、48.45%，表明企业资本的主要来源是负债。2018年发行可转换债券后，股东权益比率达到54.93%，2019年提高至69.69%，表明企业资本的主要来源变成所有者权益。2018年发行年度，约41%的可转换债券已转换为股份，在2019年，约99.8%的可转债被转换为普通股，使得在可转债发行的2年中，公司的股东权益比率显著提高。公司资本主要来源从负债变成股东权益，表现出资本结构的完整性，康泰生物使用可转换债券帮助公司资本结构不断完善。

②长期偿债能力

前3年，康泰生物资产负债率高出行业平均水平20%，发行可转换债券后，资产负债率大幅度降低，和行业平均水平齐平。公司销售方式的调整帮助企业降低资产负债率。康泰生物疫苗产品主要有两种：其一是政府公益性疫苗，其二是消费者自费疫苗。第一种大部分使用直销方式，第二种使用分销方式。对康泰生物疫苗产品销售结构进行研究发现，近几年康泰生物直接销售的疫苗收入只占整体收入的10%左右，企业主营业务是自费疫苗。分销模式当中，经销商要向制造商交纳一定的资金进行预订供货。因此，康泰生物资产负债表中有大量预收款项以及其他应付款，促使负债比例不断提高。但是因为国家有关规定，康泰生物的营业模式也开始向直销模式转变，资产负债率不断降低。

同时，发行可转债通常来说会提高企业的资产负债率，但是康泰生物在发行可转债时促使41%的可转债变成了股份。所以，康泰生物的资产负债率在2018年保持不变，2019年股权转换后，大部分负债变成了所有者权益，促使康泰生物负债率大幅度降低，和行业平均值相近。所以，我们认为，可转换债券的发行可以帮助提高企业的长期偿债能力。

③短期偿债能力

在发行可转换债券以前，康泰生物流动比率远远低于行业平均水平，2018年发行可转换债券后，流动比率从2017年的1.27提高到1.79，提高了0.52。2019年，康泰生物的流动比率已经达到2.1，接近行业平均水平3.7。发行可转换债券会增加企业的长期负债，但是对短期负债不会产生作用。同时，筹集的资金也会增加企业的流动资产，促使企业的流动比率不断提高。

与流动比率相比，康泰生物2016—2019年的速动比率更加直观地反映了公司的短期偿债能力。康泰生物的速动比率虽然低于行业平均水平，发行可转换债券后却得到显著提高，和行业平均值不断接近。康泰生物的流动比率和速动比率的差异远远小于行业平均水平之间的差异，表明康泰生物存货在流动资产中的占比较小。发行可转换债券后，货币资金大幅度增加，因此，康泰生物极大概率无法有效利用募集资金，但随着后期资金投入项目建设，这种情况将有所改善。

研究康泰生物偿付能力发现，可转换债券发行后会增强企业的短期偿付能力以及长期偿付能力。

（2）可转债发行对EVA的影响

研究康泰生物公司年报发现，2016年EVA是6 548.82万元，2017年，企业净利润不断提高，EVA高达23 050.07万元。发行可转换债券后，2018年EVA提高到42 994.12万元，2019年已经超过了4亿元，这说明康泰生物发行可转换债券促进了企业的经营业绩。

3）案例启示

对康泰生物年报数据研究发现，发行可转债融资会完善公司的资本结构，增强企业偿债能力以及盈利能力，增加企业的收入。分析康泰生物可转换债券发行过程发现，从发行到转股以及赎回开始，耗费的时长较短，只有1年零3个月。对比其他可转换债券发现，转换花费的时间较少，说明融资过程比较稳定，降低了债券利息，减少了融资成本。同时，缩短转换时间也会减少发行可转换债券对企业绩效产生的不利影响。由于股份的及时转换，对康泰生物的每股收益、发行当年资产负债率以及净资产收益率的负面效果都较小。

通过研究康泰生物发行可转换债券的案例，我们能够得到如下启示：

（1）企业要挑选恰当的时间发行可转换债券，确保发行以及转股成功

我们要明白国家宏观经济不会一直持续增长，而是周期性上下波动，围绕长期发展趋势不断循环。如果企业想成功转换股票，就需要让投资者看到良好的发行动机。当国家宏观经济从底部反弹时，通常会直接影响股票市场，往往是从熊市向牛市过渡的开始，可转

换债券的转换价值与其正股价密不可分。宏观经济和股市传递的积极信号会在一定程度上提高企业的盈利能力，此时可转换债券持有人对企业的未来发展充满信心。在这种积极的经济环境下发行可转换债券，企业可以为未来的股票转换奠定一定的基础。

（2）在条款设计方面，企业需要根据自身的实际情况和股票市场的发展趋势进行合理的设计

可转换债券的发行人通过制定合理科学的发行条款，可以有效控制股价大幅波动的影响。票面利率的设定需要符合公司的市场预期和信用等级情况，除了转股价格要平衡原有股东和新增股东之间的利益冲突等基本的条款外，还可以采用转股价调整条款、赎回条款和回售条款，尤其是向下修正条款来帮助企业实现融资目的。

（3）企业在发行可转换债券期间，经营管理层必须提高经营管理能力

公司管理层的经营管理能力不仅直接表现在公司的收益上，还会间接地影响股票价格。作为公司管理层，应当提高管理水平，为公司实现价值最大化。在可转债存续期间，正股股价的表现很大程度上决定了转股的结果，所以，如果正股价一直维持在较高的水平，投资者就会有强烈的转股意愿。当然，除了受宏观市场环境的影响，公司正股价也由公司的盈利能力决定。发展前景良好、市场价值高的公司可以吸引投资者，从而更好地维护投资者的信任。特别是在市场环境低迷的情况下，如果能向投资者释放足够的利润信息，企业就可以吸引投资者。大股东以身作则、合法合规地管理公司的业务，也是确立市场的信任的必备要求；相反，在可转换期内暴露的经营管理层的丑闻，例如，欺骗投资者的行为，将会引起不安的市场情绪，对维持稳定的股票价格没有任何帮助。

16.1.3 案例：宝安可转换债券发行与转换失败①

1）案例背景

中国宝安集团股份有限公司（以下简称“宝安”）是一个以房地产业为龙头、工业为基础、商业贸易为支柱的综合性股份制企业集团。为筹集业务发展所需要的资金，1992年底宝安向社会发行5亿元可转换债券，并于1993年2月10日在深圳证券交易所挂牌交易。宝安可转换债券是我国资本市场第一只A股上市可转换债券。

2）发行条件

宝安可转换债券发行总额为5亿元人民币，按债券面值每张5 000元发行，期限是3年（1992年12月至1995年12月），票面利率为年息3%，每年付息一次。债券载明两项限制性条款，其中，可转换条款规定债券持有人自1993年6月1日起至债券到期日前可选择以每股25元的转换价格转换为宝安的人民币普通股1股；推迟可赎回条款规定宝安有权利但没有义务在可转换债券到期前半年内以每张5 150元的赎回价格赎回可转换债券。债券同时规定，若在1993年6月1日前该公司增加新的人民币普通股股本，按下列公式调整转换价格：

$$\frac{(\text{调整前转换价格}-\text{股息})\times\text{原股本}+\text{新股发行价格}\times\text{新增股本}}{\text{增股后人民币普通股总股本}}$$

3）发行情况

中国人民银行规定的三年期银行储蓄存款利率为8.28%，三年期企业债券利率为9.94%，1992年发行的三年期国库券的票面利率为9.5%，并享有规定的保值贴补。根据发

① 马忠智，吕益民．可转换公司债券发行与交易实务［M］．北京：人民出版社，1996.

行说明书，可转换债券所募集的5亿元资金主要用于房地产开发和工业投资项目，支付购买武汉南湖机场及其附近工地的土地款及平整土地费，开发兴建高中档商品住宅楼；购买上海浦东陆家嘴金融贸易区土地，兴建综合高档写字楼——宝安大厦；开发生产专用集成电路、生物工程基地建设等。

4）案例分析

（1）宝安可转换债券发行特点

① 溢价转股。可转换债券发行时，宝安A股市价为每股21元左右，转换溢价为20%左右。

② 票面利率较低。3%的票面利率相对于同期的企业债券利率低了近7个百分点，使宝安的资本成本下降了200%，与国外同类企业可转换债券票面利率相比也低了1~2个百分点。

③ 期限较短。宝安可转换债券的期限设计为3年，而其资金投向却主要是超过3年的中长期项目。若债券到期时未能实现转股，而资金投入又尚未有回报，发行公司将面临偿还巨额本金的资金压力。

④ 未规定债券赎回的转股价格上限。虽然按发行条件，宝安有权在最后半年内以每股5 150元的溢价赎回债券，但其转股价格无上限规定，因此，在理论上，债券持有人在2年的可自由转股的期限内，随公司股票价格上涨所能获取的收益不受限制。

⑤ 转股价格的合理调整规定时间限制。按国际惯例，可转换债券的转换价格在当基准股票受诸如分红送股、低价配股、股票分割与合并等影响而人为稀释时，可按既定的规则调整股票价格。但是，宝安可转换债券的设计规定，在可转换债券发行半年内（即1993年6月之前），公司增发新股可按给定的调整公式进行价格调整，而对此段期间以后新发股票的价格调整，发行公告未作说明与规定。实际上，宝安在1993年上半年曾派发股利每股0.9元，并按1：1.3的比例送红股，按上述公式，可转换债券的转换价格调整为每股19.392元①；而在1993年度和1994年度宝安分红方案分别是10送7股派1.22元和10送2.5股派1元，其可转换债券的转换价格则没作相应调整。

（2）宝安存在的问题

宝安可转换债券上述的设计特点，应该归因于当时股票市场持续的大牛市行情和高涨的房地产项目开发的热潮以及宝安可转换债券设计者对转股形势和公司经营业绩过于乐观的估计。从1993年下半年起，由于宏观经济紧缩，股市大规模扩容，由此引发了长时间低迷行情、房地产业进入调整阶段等一系列形势变化，宝安的可转换债券在转股中遇到困难就不足为奇了。

宝安可转换债券从上市到摘牌，转换为股票的共计1 350.75万元。按每股19.392元的转换价格计算，转换为宝安A股691 584股，实现转换部分占发行总额的2.7%。如此低的比率恐怕大大出乎当初宝安可转换债券发行决策者的意料，亦与宝安经营者的意图和最初愿望背道而驰，毫无疑问，宝安可转换债券的转股是彻底失败的。

（3）对宝安的影响

转换失败以及由此带来的巨额资金的偿还给宝安造成的经营压力和负面影响是不言而

① ［（25−0.09）×264 030 000+1×0.3×264 030 000］÷（1.3×264 030 000）=19.392（元/股）。

喻的。在短时间内拿出5亿元左右的现金，对于一个企业来说是相当困难的。据宝安1995年度的财务报告，为了偿还这笔巨资，该公司不得不提前一年着手准备，确保资金到位，其间不得不放弃了许多的投资获利机会。宝安在经营上也被迫作出了很大的调整。这些都成为宝安该年度利润下降的直接原因。但宝安最终经受住了考验，顺利完成了可转换债券的还本付息工作，按期将现金兑付给了宝安可转换债券的持有人，避免了债务违约纠纷的出现，这对于企业的信誉具有积极的作用。

宝安可转换债券的转股虽然是失败的，但对于宝安而言，从总体上看，这次发行可转换债券的尝试并不意味着毫无收获。毕竟宝安可转换债券为该公司提供了利率仅为3%的三年期资金，如果不是完全投资于那些长期性的项目，应该能从这笔低成本资金中获得较高的投资回报。但对投资者来说，损失是确定无疑的。对于以面值认购的投资者，持有宝安可转换债券就有直接的利息损失，而对于那些在宝安可转换债券上市初期从市场上以高于面值甚至以两倍以上的价格购买可转换债券的投资者来说，损失就更大。出现这种结局的原因，除了前面所涉及的诸如股市异常波动、可转换债券设计缺陷等因素外，投资者本身对可转换债券性质的认识不足也是原因之一。投资者在近乎疯狂的投机气氛中，根本不顾及可转换债券本身特定的收益与风险特征，当然，也不可能理会宝安可转换债券设计本身存在的缺陷。因此，当股市下跌风潮渐息之后，随即便是蒙受投资损失，直接反映了投资者投资理念和金融风险意识的不足。

5）案例启示

宝安可转换债券作为中国第一只可转换债券，其产生的过程充满“中国特色”，它是市场化与行政化结合的产物，它的实践为我国证券市场提供了大量的经验与教训，总结这一实践将给后来者提供有益的帮助。

（1）合理设计发行条件

可转换债券发行条件的设计是其能否成功发行与转股的关键，也是发行公司所筹措的资金能否取得最佳经济效益的重要因素。发行条件的设计不仅要使可转换债券具备一定的投资吸引力，还要有助于发行公司提高经济效益，保证财务结构安全，实现其既定筹资目标。

① 合理确定转换价格

可转换债券能否转换，主要取决于预期股票市价是否高于转换价格，而发行公司股票市价受未来市场和公司经营业绩等多方面因素的影响，带有很大的不确定性，因此，转换价格的设计非常关键。一般来说，为了吸引投资者，减少公司风险，转换价格应设计得尽可能低一些，但是，转换价格定得过低，会减少公司融资量，影响现有股东权益。因此，在设计转换价格时，应均衡发行公司和投资者双方的利益，以“双赢”为目标。

② 合理确定票面利率

因为可转换债券票面利率要低于普通债券，从而降低发行公司融资成本，但票面利率过低会使可转换债券吸引力下降，相应增加了发行和转股的风险。公司应根据未来证券市场走势和投资者的目标市场收益率来设计票面利率，使转债风险和收益的组合实现最优。

③ 合理设计赎回和回售条款

设计赎回和回售条款的目的在于当可转换债券的转换价值高于其赎回价格时，可强制将其转换成普通股。在赎回条款中，发行公司可以规定明确的赎回条件，规定当股票市价达到或超过转换价格一定幅度时公司有权赎回可转换债券；在回售条款中，发行公司可以规定较短的回售期和较低的回售价格，以尽量避免这一条款给公司带来巨大风险。

总之，在设计可转换债券时，应当对市场利率状况及趋势、股价及汇率的波动状况、政府经济政策动向，以及国内外通货膨胀和公司长远经营业绩的趋势等一系列复杂多变的因素进行评估，在投资者的收益要求、公司的债务风险承受能力和公司原股东权益三方面找到一个平衡点。这样，才能确保可转换债券发行及转换的成功。

（2）在创新中寻求发展

随着我国可转换债券规模的扩大，迫切需要加强可转换债券品种的创新。这种创新要在学习吸收国际经验的同时，重点分析我国资本市场的具体情况和特殊性，使产品设计更加贴近我国市场的多元化需求。为了满足当前国内公司对于可转换债券的需求，可适当增加境外发行可转换债券的尝试，即到欧洲市场、美国市场去发行。这不仅可以使公司融到资金，而且可使公司的运行和发展跟上国际市场的发展和变化。这也是我国企业走向国际市场的一条良好途径。

毋庸置疑，可转换债券的实践与创新对于拓展上市公司融资渠道、丰富证券市场的品种结构等方面都有不容忽视的积极意义。然而，可转换债券本身是一种相当复杂的派生金融产品，再加上中国的可转换债券市场是一个新兴的市场，它既面临着巨大的机遇，也潜伏着许多隐患，需要努力维护和促进它的发展，使可转换债券在我国的资本市场上展现它特有的魅力，焕发出新的生命力。

16.1.4 案例：美的集团股票期权激励①

1）案例背景

美的集团于20世纪60年代在广州佛山成立。2013年9月，美的以换股合并方式在深圳证券交易所上市。经过近60年的发展，美的已经从一个单一的家电制造商成长为一个综合性集团。通过对行业内关联公司的并购重组，美的逐步成为中国家电行业的知名品牌。美的集团不仅在家电行业享有很高的声誉，而且还借助家电产品的研发和生产经验参与机器人和自动化系统相关产品的研发和制造。基于全球化战略，美的集团在世界许多国家和地区建立了自己的营销网络体系，并借此体系向世界推广自己的品牌。迄今为止，美的在全球拥有近200家子公司、60多家海外分支机构和12个战略业务单位。美的集团在2020年世界500强企业评选中排名第307位，比上一年提升了5位，是中国家电行业为数不多的上榜企业之一。

2）激励方案的基本信息与分析

与家电行业其他公司相比，美的集团实施股权激励计划的历史相对较短。同时，由于家电行业市场竞争的加剧，原有的供需平衡被破坏。现在的用户更喜欢使用具有一定科技含量的家电产品，导致家电行业从传统的价格竞争转变为基于科技实力的竞争，家电企业越来越重视高素质的人才。建设和优化一支完整的高科技人才队伍，可以显著促进家电企业获得行业优势地位。为此，美的集团制定了以经理和核心技术人员为激励对象的股权激励方案。2014年至2020年，美的先后制订实施了七项股权激励方案，激励对象规模逐年扩大。本章节只对前三期股权激励方案进行介绍（见表16-3）。

① 赵嘉琪．美的集团股权激励实施效果评价研究［D］．大庆：黑龙江八一农垦大学，2021.

表16-3 **美的集团股票期权激励计划**

项目	第一期	第二期	第三期
公告时间	2014年1月	2015年3月	2016年5月
参与人数	693人	738人	931人
激励对象	中高层管理人员及业务技术骨干人员	中高层管理人员及业务技术骨干人员	中高层管理人员及业务技术骨干人员
股票来源	定向增发自筹资金	定向增发自筹资金	定向增发自筹资金
股票总数	4 060.2万份	8 430万份	12 753万份
占股本比例	2.41%	2%	1.98%
有效期	5年	5年	5年
行权价格	48.74元	31.54元	21.35元
行权条件	1.较上一年利润增长≥15%； 2.净资产收益率≥20%； 3.年净利润≥三年平均且≥0； 4.个人考核B级以上	1.较上一年利润增长≥15% 2.净资产收益率≥20% 3.年净利润≥三年平均且≥0 4.个人考核B级以上 5.经营单位考评80分以上	1.年净利润≥前三年平均且≥0 2.个人考核B级以上 3.经营单位考评80分以上

（1）第一期激励方案

美的集团股票期权激励方案第一期于2014年2月18日正式实施。选定激励对象691人，发放股票期权4 051.2万份。2015年3月27日，613名激励对象符合考核标准，首次行权派发2 984万股。由于美的集团于2014年4月派发了权益，2015年4月进行了利润分配，最终确定的行权价格为每股17.72元。2016年3月24日，共有559名激励对象达到评估标准，并以相同于首次行权的行权价格发行了2 718.5万股股票。第三次行权于2017年3月29日开始，有514名激励对象符合考核标准，共派发3 751 875股，行权价格调整为每股11.01元。第一期股票期权激励计划已顺利实施，激励目标基本实现。2014年至2016年，净资产收益率不低于20%，净利润同比增长率不低于15%。

从实施效果来看，2014年推出的股票期权激励计划的第一期通过向指定的激励人员分配新发行的股票来筹集员工自有资金。激励对象多为与研发、生产相关的专业人员和中层管理人员。第一期股票期权激励对象的离职率已达到9.83%，但也低于国内16.17%的平均水平，并逐渐下降；第二期离职率总体低于上期，2017年下降至4.97%。第三期的离职率比前两期都低，为3.98%；第五期和第六期的离职率更低，分别为0.98%和0.43%。与限制性股票计划相比，股票期权激励计划的执行时间长，员工覆盖范围更广，可以更好地与公司战略规划相结合。与合伙人计划相比，股票期权激励方案的激励效果相对较好，员工与公司之间的约束力将得到加强。

（2）第二期激励方案

美的集团股票期权激励计划第二期于2015年5月27日正式实施，本期激励对象为733人，以每股30.54元的行权价格派发379万份股票期权。2016年6月1日，629名激励对象符合考核标准，首次行权共分配3 589.5万股。由于美的集团此前已进行分红并计提资本公积，最终确定的行权价格为每股19.56元。2017年6月1日，第二次行权共有577名激励对象符合考核标准，派发3 294万股，行权价格为18.56元。第三次行权于2018年6月4日开始，符合考核标准的激励对象共有550名，派发3 147万股，行权价格调整为每股17.36元。第二期股票期权激励计划已顺利实施，激励目标基本实现。2015年至2017年，净资产收益率不低于20%，净利润同比增长率不低于15%。

（3）第三期激励方案

美的集团第三期股票期权激励方案于2016年6月28日正式实施。确定激励对象为929人，以21.35元的行权价格派发股票期权12 729万份。2017年6月29日首次行权，符合评估标准的激励对象共有887人，派发4 039.5万股。由于美的集团此前已分红，最终确定的行权价格为每股20.35元。2018年7月3日，第二次行权共有840名激励对象达到评估标准，以每股19.15元的行权价格派发3 807.96万股。第三次行权于2019年7月1日开始，符合考核标准的激励对象有735名，共派发3 290.5万股。由于此前已经分红，行权价格调整为每股17.85元。第三期股权激励计划已顺利实施，激励目标基本实现，2016—2018年年均净利润不低于2013—2015年的平均水平。2020年6月5日，公司注销6位考核不合格的激励对象，未行权的股票期权31万份。2021年6月25日，仍有2名激励对象5.4万份股票期权未行权，同年8月30日被注销。

就美的集团前三期股权激励计划的实施情况来看，前三期股权激励已经成功实施，激励对象达到考核标准的比例非常高，美的集团各项绩效指标均达到预定目标，并未发生中止与变动。这表明美的集团股权激励方案的实施过程能够保持稳定运行，表明股权激励方案能够满足预期的激励要求，方案内容已经得到普遍认可和实施。

3）案例启示

（1）股权激励方案应注重股权激励的长期性，必须结合企业内外部环境特点来制定。从长远来看，在股权激励的作用下，美的集团的偿债能力、盈利能力、发展能力都得到了较大的提高。在激励方案的设计中，企业应将眼光放远，充分考虑自身的长期发展战略及未来业绩的特点，集中精力提高企业未来的发展能力和长期效益，从而更好地提高市场竞争力，而不仅仅局限于企业短期的利润。

（2）股权激励的指标设置既要有针对性，又要切合实际，应匹配企业绩效目标。以美的集团为例，该集团目前在整体营运能力方面仍有改进空间。美的可以考虑设定有针对性的营运能力指标，以提高整体资源利用率和综合经济效益。同时，美的集团是一个具有高技术要求的家电制造行业企业，应充分结合市场份额、研发投入等市场绩效目标，根据各期间的要求完善考核指标。股权激励的行权条件直接关系到企业绩效，更能明确激励目的，使企业员工有明确的奋斗方向。

（3）完善股权激励的外部环境条件。放眼激励方案对企业的影响，企业股价的变化不仅受到内部因素的驱动，也难以避免地受到外部环境的影响，这是一种不可抗力的因素。要想使股权激励对企业绩效发挥积极作用，进而使股价的变化更科学、更有效地反映企业绩效的变化，我国应尽快改善外部宏观环境。可考虑加强股权激励信息的监管，加强和完善经理人市场机制，为企业提供更多优秀人才资源，从而减少外部环境对企业绩效的制约，充分发挥股权激励在提升企业绩效中的作用。

16.2 股票衍生金融工具——股指期货

16.2.1 基本理论

1）定义

股指期货是以股价指数为标的物的标准化期货合约，双方约定在未来的某个特定日期，按照事先确定的股价指数的大小，进行标的指数的买卖，实质是对于未来某个时点指数点位的预测。作为期货交易的一种类型，它与普通商品期货交易具有基本相同的特征和流程。1982年2月24日，美国堪萨斯期货交易所推出了世界上第一份股指期货合约，当时被称作价值线综合平均指数的股票指数期货合约。

2）特征

股指期货的特征主要有：①提供较方便的卖空交易条件；②交易成本相对较低；③杠杆比率较高；④股指期货的标的物为相应的股票指数；⑤股指期货报价单位以指数点计，合约的价值以一定的货币乘数与股票指数报价的乘积来表示；⑥股指期货的交割采用现金交割，即不是通过交割股票而是通过结算差价，用现金来结清头寸。

3）功能

股指期货的功能包括价格发现功能、套期保值功能、套利功能、投机功能以及资产配置功能。

（1）价格发现功能

股指期货市场的价格发现功能，是指股指期货市场能更快地反映信息，期货价格的变化领先于现货指数的变化。价格发现其实是一种市场价格反映信息变化的过程，其过程的顺序为当新的信息在市场上产生并扩散时，通过投资者对该新信息的判断以及以心中该资产的理想价格对资产进行买卖的行为，该信息以最快的速度得以反映，从而使得资产的价格达到均衡价格。

（2）套期保值功能

期货市场的一个重要功能是通过套期保值转移投资风险。套期保值功能是指投资者买进或卖出与现货数量相等但交易方向相反的期货合约，以期在未来某一时间通过买进或卖出期货合约，从而补偿因现货市场价格变动所带来的实际损失。股票价格指数期货的这种套期保值功能，会丰富股票市场参与者的投资工具，带动或促进股票现货市场交易的活跃，并减轻集中性抛售对股票市场造成的恐慌影响，对平均股价水平的剧烈波动起到缓解作用。

（3）套利功能

股指期货的套利一般需要的资金量比较大，对交易系统的要求比较高，参与主体一般是机构投资者。由于期货价格与现货价格之间存在着密切的关系，一旦期货价格与现货价格之间出现价格失衡现象，且偏离程度超过交易成本，就产生了套利机会，投资者可以卖出价格高估的一方，同时买进价格低估的一方，并在期货到期日或到期日前期货价格回到均衡价格时，进行反向交易，从中获取无风险利润。

（4）投机功能

投机是股指期货市场中必不可少的一环，投机者频繁地对冲手中的期货合约，承担了套期保值者力图回避和转移的风险，是期货市场正常运营的保证，同时，增加了期货市场的流动性。投机者在价格处于较低时买进期货，使得市场需求增加，导致价格上涨，在较高价格水平时卖出期货，使市场需求减少，导致价格下降，使价格的波动趋于平稳，从而形成合理的价格水平。

（5）资产配置功能

股指期货的交易成本很低，并且具有杠杆效应，能够以小博大，投资者可以拥有的少量资金博得数十倍收益，极大提高了资金的使用效率，从而有利于高效配置资产。股指期货的保证金机制有利于降低投资成本，提高资金的使用效率，T+0交易制度方便投资者及时止损，以更快的速度帮助投资者优化资产配置。

16.2.2 案例：伊世顿公司关于股指期货的高频交易案（2015）[①]

1）案例背景

伊世顿国际贸易有限公司（以下简称“伊世顿公司”），是一家由俄罗斯人扎亚和安东于2012年9月以50万美元在张家港注册成立的外资公司，主要办公地点位于上海。该公司以大宗商品交易为主营业务，业务内容包括现货贸易、期货套期保值，以及活跃的期货市场交易。表面上，伊世顿公司是一家普通的外商独资贸易企业，但它却在我国股指期货市场轰动一时。2015年的伊世顿案使得我国期货市场的早期监管漏洞暴露于众人眼前，伊世顿公司利用先进的技术手段绕过柜台的检查监管，实施幌骗行为，操纵期现市场，一系列手段导致市场出现异常巨幅波动。

无独有偶，伊世顿案与早在2010年发生的美股闪电崩盘事件类似。美股“5·6闪电崩盘事件”的诱因之一是越来越多的期货交易员选择高频交易方式跨市套利交易谋利，最终引发了2010年5月6日美国各资本市场的螺旋下跌。

以非法牟利为目的的高频交易事件严重损害了市场的公平性与有效性。在我国股指期货市场建设的早期，伊世顿公司的行为产生了深远影响，不仅改变了市场监管机制，还促进了相关立法的完善。

（1）事件起因

伊世顿案起因于逃避我国证券期货监管的高频交易。自2013年6月开始，伊世顿公司通过收买华鑫期货公司技术总监金文献，实际控制了一部分期货账户后对这些账户进行了技术伪装，从而绕过监管与中国金融期货交易所系统直接连接，以违规方式入场直接进行交易，同时，通过其银行账户帮助伊世顿公司将所获利益转移至境外。

仅2015年6至7月的短短一个多月时间中，伊世顿公司就凭借高频交易违规操作市场，利用虚假申报、期现联动等手段打压中证500并造成市场恐慌，导致期现市场共振下行，获得非法牟利3亿余元。

（2）事件经过

伊世顿公司的高频交易时间主要集中在2015年的6月1日至7月6日，其凭借违规手段以速度优势实现中证500与沪深300的高频交易。在此期间，伊世顿公司操纵做空沪深300股指期货主力合约对中证500股指期货主力合约，从中非法牟利后，在金文献的协助下，通过地下钱庄以及比特币等多种途径进行洗钱，将非法获得的巨款转移出境，交给公

① 李云璐．股指期货市场高频交易风险——基于伊世顿案例［J］．现代经济信息，2019（10）：336.

司境外的实际控制人。

伊世顿公司实施市场操纵的主要手段可以概括为以下四个方面：

①技术手段绕开柜台检查

在正常的期货交易中，大规模的期货公司通过租赁中金所的服务器以达到减少数据传输时间、为交易提速的目的。然而这种租赁服务器的方法并不能真正实现高效率交易，这是因为在交易中，交易单还需经过期货公司的柜台检查，重点检查交易商是否具有足够的保证金支持，若保证金不足则成为废单。在检查无误之后，交易委托单才流入交易所系统中正式参与交易。正是由于柜台检查这一步骤的存在，交易流程不可避免地存在一定时间上的延迟。该步骤原本是为了防止废单进入交易所系统影响正常交易进行，但在一定程度上也不利于交易信息的快速传递。

正因如此，伊世顿公司寻求技术手段试图绕开柜台检查。由于伊士顿公司自行研发的交易软件并不能获得中金所的认可，为了获得中金所默认许可的交易软件，该公司转而买通金文献，此人通过技术手段将自行开发的系统伪装成中金技术公司开发的飞马交易系统，重新开发对接程序，从而将自行开发的报单非法接入中金所系统中，实现了直连，借此手段对高频交易进行伪装，使得账户组交易可以绕开华鑫期货公司的柜台检查。直接连接中金所的服务器，不仅大幅度缩减了交易系统的时间延迟，甚至能在保证金不足的情况下透支下单，伊世顿公司正是凭借这一优势以远超其他投资者的交易频率，在短时间内非法牟取暴利。

②自买自卖实现幌骗交易

高频交易的技术优势为伊世顿公司的幌骗交易创造了条件。“幌骗”指的是在股票市场或者期货市场交易中虚假报价再撤单的一种行为：即先下单，随后再取消订单，操纵市场价格，产生有利于自己的波动。

通过高频自动交易软件，伊世顿公司在高峰期内以平均每0.03秒一笔的速度快速大批量下单，自买自卖大量成交，伪造市场繁荣的假象，试探其他投资者的反应。投资者往往通过观察买单与卖单的变化来判断市场涨跌趋势。伊世顿公司借羊群效应引诱其他投资者进入交易市场，试探他们的买卖心态，在获取所需信息之后，又凭借技术优势在订单成交前快速撤销订单；而其他投资者并不了解订单在霎时间发生的实际变化情况，仅仅能看到表现在盘面上的结果为分时价大幅抬升或跳水，以及巨量的空单。伊世顿公司煽动市场情绪的目的就此达成，在极短时间内操纵市场价格波动利己。

③期现操纵引发共振下行

股指期货的本质是以股价指数为标的物的标准化期货，具有较强的联动效应，当期货市场被集中做空时必将重创现货投资的信心；而现货市场的跌停板限制也会加重投资者的恐慌，使得投资者疯狂抛售暂未封停的股票，导致抛售狂潮的出现。

考虑到中证500所具有的场内规模小、成分股市值小等特点，伊世顿公司选择首先针对中证500股指期货市场，大量建空仓压低期价，随后又令现货市场的几只权重股跌停以制造市场恐慌。利用期现市场联动引发共振下跌，触发期货市场强行平仓的交易限制，引起另外两种期货暴跌，造成多头穿仓现象，伊世顿便可从中轻易牟利。

④被动做市谋夺非法暴利

相较于中金所500毫秒回报一次的行情切片，实际交易中的情况远比切片数据复杂得多，而普通投资者对这段时间内的真实交易情况一无所知，只能通过切片数据得知最终结果，也就为伊世顿公司操纵市场留下可乘之机。

通过被动做市的手段谋取巨额盈利需要两方面的前提条件：一方面，伊世顿拥有先进的技术手段和设备来保证自己能实现高频次的巨大交易数量，即便每一笔交易中获利微薄，但在海量交易之下，便可获得巨额盈利；另一方面，利用杠杆比例以小额保证金反复进行开仓、平仓，在500毫秒超短时间内快速实现成倍收益。

而伊世顿公司的被动做市策略就是根据中金所每500毫秒对外发布的切片数据，通过技术手段环绕切片数据高频交易，试探出对方的报盘价后选择有利于自己的交易方向以便套利。在超高频次的交易加持之下，短短一个月时间就牟得非法盈利将近4亿元，在2013年至2015年这两年间，伊世顿公司共计牟利20多亿元。

综上所述，伊世顿公司操纵市场的手段可以总结为：首先，买通金文献伪装系统，在绕开柜台检查的同时缩短交易延迟；其次，利用技术优势，以超高频次的交易大量进行自买自卖来试探市场供需，为幌骗交易创造条件；再次，打压中证500制造市场恐慌，利用期现市场联动效应引起市场共振下行；最后，通过被动做市策略，在大量高频交易下牟取非法利益。

（3）事件结果

伊世顿公司在2015年6月到7月短短一个多月的时间内利用高频交易，在侵害其他投资者合法权益的基础上违法获得利润3.893亿元人民币，给我国的股指期货市场乃至整个资本市场的公平性造成了重大损害，严重影响到我国金融市场正常运转的稳定性，最终于2017年被罚没6.9亿元。

2）案例分析

（1）伊世顿实现高频交易牟利的内外条件分析

伊世顿公司能够在中国的股指期货市场上非法实现巨额获利，主要取决于自身和外部两大方面的条件。

在公司内部，伊世顿建立了一个看似独立的账户组。组内的账户在表面上并不相关，实际上由一人操纵，这是实现自买自卖的前提条件。除此之外，公司内部的另一个重要条件是高频交易软件。借助自行开发的程序化自动交易软件，交易员可以在极短时间内频繁进行快捷的申报和撤销交易操作，干扰市场上其他投资者的判断，干扰市场价格发现功能的实现。

除了上述两个内部条件之外，伊世顿能够顺利实施非法行为还依靠三大外部条件。

一是监管体系尚未完善。首先，高频交易及相关的市场操纵行为尚未有明确的定义，导致交易监管存在定性难的问题。其次，当时的法律法规并未明文规定各个交易方的相应义务。相较于有些国家的严格数据要求，中国当时对高频交易记录和审查交易算法、公司背景等数据没有明确规定，这使得一些高频交易运营商利用了这一漏洞。

二是交易制度尚未完善。中国直到2010年才正式推出第一个股指期货产品，由于我国股指期货市场的建设时间很短，导致相关制度的漏洞在当时未能发现并有效修补。

三是投资者理性不足。中国金融市场上个人投资者众多且金融素养普遍不高，很容易跟风效仿。当见到股价大幅下跌时，投资者很容易陷入惶恐情绪中，在短时间内无法理性思考来作出行情判断，往往只能盲目跟风。

（2）高频交易的潜在风险分析

高频交易本身并无好坏之分，它作为一种交易工具，产生影响的优劣最终取决于使用者的意图。然而，伊世顿出于非法牟利的目的，利用高频交易这一工具操纵了市场，从中可以窥见高频交易在市场中确实存在潜在风险。

①监管体系形同虚设

在实际交易中，期货交易商的交易指令必须首先在期货公司的柜台进行检查，以确保在订单进入交易所之前，经销商的保证金充足。场外检查过程将消耗部分交易时间，并在交易系统中形成延迟。

在这种情况下，尽管伊世顿公司自行研发了高频程序化软件参与国内股指期货交易，但也需要期货公司提供的席位才有资格进入交易，于是伊世顿公司通过金文献获得了软件交易入场资格。金文献通过重新开发对接程序，并对高频交易软件进行了技术伪装，绕过了华鑫的柜台检查，实现了伊世顿与交易所服务器的直联，缩短了交易时间，违规进入交易。

②“幌骗交易”迷惑市场

高频交易行为还具有“幌骗交易”的特征。根据相关调查，伊世顿公司的设置程序化的高频交易软件可以自动批量快速下单。

伊世顿高频交易软件以0.03秒一笔的速度大量下单，而其他投资者只能通过中金所每0.5秒反映的行情切片了解市场动态。在此速度优势下，公司大量交易伪造市场的繁荣假象，诱骗其他投资者进入市场后，利用时间差先于对手获取交易信息并迅速选择有利于自己的交易从而获利。

③市场联动螺旋下跌

在全球化趋势之下，资本市场之间的距离被拉近，市场联系也越来越紧密。单个市场指数的异常变化通常会影响其他市场的趋势。高频交易行为由于交易软件的不稳定以及套利的投机性，将会无法避免地增加市场风险，引发联动效应造成金融市场的螺旋式下跌。

2015年7月3日，中金所因程序性交易已经妨碍股指期货正常交易而采取限制交易的措施，这印证了当时股指期货市场大幅下跌对股市的负面影响，两市之间出现了螺旋式下滑效应。

（3）我国三元监管机制弊端分析

目前，我国股指期货市场监管体系是由中国证监会、中国期货业协会和中金所组成的三元监管协调体制。其中，中国证监会主要负责确定机制，而中国期货业协会及中金所实行监管。但在实际操作中，监管工作仍由中国证监会主导。

我国股指期货市场从一开始就由政府组织和控制，但过度监督等现象时有发生。主要原因在于中国证监会的职能过大，其拥有绝对的监管权和独立的处罚权。中国金融期货交易所实际上是中国证监会的下属机构，中国证监会有权直接任免交易所管理层；市场交易规则必须经中国证监会审批，交易所仅是公布相关规则的平台。在目前的市场体系中，中国证监会可以直接对违法行为进行处罚，而无需向法院申请禁令，它可以直接没收从恶意操纵市场行为中获得的所有收益，并处以低于非法收益五倍的罚款。此外，在建立期货市场时，中国证监会已经制定了较为完整的期货部门的规章制度，相关规定覆盖交易所和期货行业协会的监管范围。

3）案例启示

伊世顿案件暴露出了我国证券期货市场对高频交易监管的漏洞，同时，也为改善市场机制提供了思路。

（1）优化监管体系

由于我国股指期货市场的建设时间较短，尚未有足够的时间建立起完备的交易监管体系，在交易中存在可供牟利的漏洞。这就要求中国证监会制定相应规范来约束各期货公司的行为。首先，应规定期货公司提交定期报告以便监管各期货公司的交易情况，特别关注算法编程、下单情况等。其次，应对交易各方在交易过程中的具体行为和相关义务进行明确定义，避免职责模糊。最后，对监管系统进行优化升级，以便识别非法的技术伪装，不定期更新先进的监管技术，避免通过交易所来躲避监管的现象再次发生。

（2）完善公司管理

伊世顿公司能够绕开检查，与华鑫期货公司的内部监管缺陷密不可分。金文献能够仅凭一己之力操作华鑫系统协助伊世顿非法牟利，揭示了期货公司内部管理存在重大漏洞，应及时完善内部管理制度。一方面，各期货公司应建立并完善公司内部监察体系，在关键岗位设置核查监督机制，避免仅由一人实现全局操作的状况；另一方面，应注重员工职业素养的培养，定期开办员工培训，提升业务人员的职业道德素质与风险防范意识。

（3）提高金融素养

我国金融市场个人投资者众多且占比较高，但其金融素养普遍不高，相当一部分个人投资者对金融产品、交易规则一知半解，导致投资盲目性较高。因此，各交易平台应注重金融知识的普及，提升投资者素养，避免跟风交易、盲目投资。

16.2.3 案例：英国巴林银行（1995）

1）案例背景①

（1）巴林银行的发展历程

英国巴林银行是一家有着233年历史的著名银行，是世界首家“商业银行”，业务专长是企业融资和投资管理。由于经营灵活变通、创新，巴林银行很快就在国际金融领域获得了巨大的成功。其业务范围也相当广泛，无论是到刚果提炼铜矿，从澳大利亚贩运羊毛，还是开掘巴拿马运河，巴林银行都可以为之提供贷款。但巴林银行也有别于普通的商业银行，它不开发普通客户存款业务，故其资金来源比较有限，只能靠自身的力量来谋求生存和发展。

1803年，刚刚诞生不久的美国从法国手中购买南部的路易斯安那州时，所有资金就出自巴林银行。1886年，巴林银行发行“吉尼士”证券，购买者手持申请表如潮水一样涌进银行，后来不得不动用警力来维持，很多人排上几个小时，只为了买下少量股票然后伺机抛出。等到第二天抛出时，股票价格已涨了一倍。20世纪初，巴林银行荣幸地获得了一个特殊客户——英国皇室。由于巴林银行的卓越贡献，巴林家族获得了5个世袭爵位，被称为金融市场上的金字塔。这可算得上一个世界纪录，奠定了巴林银行显赫地位的基础。在最鼎盛时，其规模可以与整个英国银行体系相匹敌。

巴林集团主要包括四个部分：①巴林兄弟公司，主要从事企业融资、银行业务及资本

---

① 李富有．国际金融案例［M］．西安：西安交通大学出版社，2008.

市场活动；②巴林证券公司，以从事证券经纪为经营目标；③巴林资产管理有限公司，主要以资产管理及代管个人资产为目标；④该集团在美国一家投资银行拥有40%的股份。

巴林银行从20世纪90年代开始向海外发展，在新兴市场开展广泛的投资活动，仅1994年就先后在中国、印度、巴基斯坦、南非等地开设办事处，业务网点主要在亚洲及拉美的新兴国家和地区。截至1993年底，巴林银行的全部资产总额为59亿英镑，1994年税前利润高达1.5亿美元。1995年2月26日，巴林银行因遭受巨额损失，无力继续经营而宣布破产。

（2）巴林银行的倒闭

巴林银行的倒闭是由该行在新加坡的期货公司交易形成巨额亏损引发的。1992年新加坡巴林银行期货公司开始进行金融期货交易不久，前台首席交易员（也是后台结算总管）尼克·里森即开立了“88888”账户。开户表格上注明此账户是“新加坡巴林银行期货公司的误差账户”，只能用于冲销错账，但这个账户却被用来进行交易，甚至成了里森赔钱的“隐藏所”。

尼克·里森是英国一个泥瓦匠的儿子，从未上过大学，1987年加入摩根士丹利，1989年在伦敦受雇于巴林银行，成为一名从事清算工作的内勤人员，其职责是确保每笔交易的入账和付款。当时，巴林银行越来越多地从事金融衍生业务，里森也参与进来。1992年，他被调职，专事疑难问题的处理，一会儿飞往印度尼西亚建立分公司，一会儿前往东京协助调查内部欺诈的投诉。当新加坡国际货币交易所意图成为亚洲新兴金融业务的中心时，巴林银行也想在此获取一席之地，而里森则受命组织一个团队去实现这一目标。

由于工作出色，里森很快受到银行重用。1992年，里森被任命为巴林银行新加坡支行经理，他的赚钱才能得到了充分的发挥。1993年，年仅26岁的里森已经达到了事业的巅峰，为巴林银行赢得1 000万英镑，占巴林银行当年总利润的10%，颇得老板的赏识和同行的羡慕。

里森于1992年在新加坡任期货交易员时，巴林银行原本有一个“99905”的“错误账户”，专门处理交易过程中因疏忽造成的错误。这原是金融体系运作过程中正常的错误账户。1992年夏天，伦敦总部要求里森另外设立一个“错误账户”，记录较小的错误，并自行在新加坡处理，以免烦扰伦敦的工作。于是，里森又建立了一个在中国文化看来非常吉利的“88888”错误账户。几周后，伦敦总部又要求用原来的“99905”账户来与伦敦总部联系，但这个已经建立的“88888”错误账户，却没有被撤销掉。就是这个被忽略的“88888”账户，日后改写了巴林银行的历史。

1992年7月17日，里森手下一名刚加盟巴林银行的王姓交易员出了一个差错，将客户的20份日经指数期货合约的买入委托误操作为卖出。里森在当晚清算时发现了这笔错误交易，要矫正这个差错就须买回40份合约，按当时收盘价计算，损失为2万英镑，并应报告巴林总部。但在权衡个人利益之后，里森决定利用错误账户“88888”承接40份卖出合约，以使账面平衡。由此，一笔代理业务衍生出了一笔自营业务，并形成了空头敞口头寸。数天后，日经指数上升了200点，这笔空头头寸的损失也由2万英镑增加到6万英镑。里森当时的年薪还不足5万英镑，且先前已有隐瞒不报的违规之举，此时他更不敢向总部报告了。

此后，类似的失误都被记入“88888”账户。里森不想将这些失误泄露，因为那样他就只能离开巴林银行，但账户里的损失数额却像滚雪球一样越来越大。如何弥补这些错误并躲过伦敦总部月底的内部审计以及应对新加坡证券期货交易所要求追加保证金等问题，成了里森头疼的事情。

为了赚回足够的钱来补偿所有损失，里森承担了越来越大的风险。他从事大量跨式交易，因为当时日经指数稳定，所以准备从此交易中赚取期权权利金，但如果运气不好，日经指数变动剧烈，此交易将使巴林银行承受极大损失。里森在一段时日内做得还极顺手。到1993年7月，他已将“88888”账户亏损的600万英镑转为略有盈余。当时他的年薪为5万英镑，年终奖金将近10万英镑，如果里森就此打住，那么，巴林银行的历史也会改变。

其后，市场价格破纪录地飞涨，用于清算记录的电脑故障频繁，等到发现各种错误时，里森的损失已将近170万美元。无路可走的情况下，里森决定继续隐藏这些失误。

1994年7月，“88888”账户的损失已达5 000万英镑。此时的里森成了一个赌徒，他一边将巴林银行存在花旗银行的5 000万英镑挪用到“88888”账户中，一边造假账蒙蔽巴林银行的审计人员。他幻想着以一己之力影响市场的变动，反败为胜，补足亏空。

里森买卖的是一种最简单的衍生金融工具——日经指数225的期货指数。这是日本225种股票的价格指数，类似于美国的道琼斯指数。这种交易并不复杂，里森对价值几十亿美元的日本股票和债券设定一个可随时兑现的赌注，这种方式类似于拉斯维加斯那种被称为“过或不及”的足球赌博，即赌球赛的结果超过或不及某一比分，而里森赌的是日经指数超过或不及某一点数。所不同的是，在美式足球赌博中，如果他输了，只赔掉他的下注；而在期货市场，交易者只需拿出一个很小的比例（这一比例为6%）压在桌上，所有得失可能超出赌注的许多倍。

巴林银行高层自以为没有什么风险，因为里森宣称他所做的巨额买进是根据客户的指令进行的，而且被认为是使用客户的资金。此外，使巴林银行高层感到高兴的是，里森在该行持有的日经指数业务上还赚了一些小钱。巴林银行的一位职员说：“我不想说你有多棒，但这确实是一盘好生意。”巴林银行高层所不知道的是，这些交易是通过私设的“88888”账户进行的，而且不受任何约束，结果是致命的。

1994年12月初前后，里森决定要赌日经指数不会掉到19 000点以下，这似乎是一个安全的下注。日本经济在30个月的萧条后已开始复苏。私设的“88888”账户还有一个便利之处，即里森在伦敦时已学会把现金转入适当的户头，不论是在大阪还是在新加坡，都要求在交易日结束时即时交割交易合同的差额。由于“88888”账户名义上归巴林银行所有，看起来巴林银行似乎自动地进行支付。

1995年1月17日，7.3级地震毁坏了日本神户。以往坚如磐石的日经指数在一周内下跌逾7%。尽管如此，里森在之后的3周内已买进了几千手期指，把宝押在日经指数将稳定在19 000点上。在2月份的头一周，里森赚了1 000万美元，巴林银行高层欣喜若狂，梦想着里森每周都能为他们赚进这么多。但是，金融衍生产品交易的风险和它的收益是对等的，此后里森开始了最后的疯狂，他完全逆市场趋势而动的大额交易使损失越来越大。

没有套头或对冲，也没有另外的押注可以使巴林银行免遭巨额亏损。里森试图买卖日本政府债券，但这又造成新的巨额亏损。显然，巴林银行的财务已经失控，巴林银行总部一直为里森的疯狂举动供给资金，4个星期内达8.5亿美元。

1995年2月23日，是巴林期货的最后一日，这一天，日经指数下跌了350点，而里森却买进了市场中所有的合约，到收市时，里森总共持有61 039份日经指数期货的多头合约和26 000份日本政府债券期货的空头合约，而市场走势和他的操作完全相反，里森带来的损失达到8.6亿英镑，这是巴林银行全部资本及储备金的1.2倍，最终把巴林银行送进了坟墓。

截至1995年3月2日，巴林银行亏损额达9.16亿英镑，约合14亿美元。3月5日，荷兰国际集团与巴林银行达成协议，接管其全部资产和负债，更名为“巴林银行有限公司”。3月9日，此方案获英格兰银行及法院批准。至此，巴林银行233年的历史终于画上了句号。

2）案例分析

（1）股指期货等金融衍生工具交易的亏损分析

巴林银行倒闭缘于其子公司巴林期货新加坡公司因持有大量未经保值的期货和选择权头寸而导致巨额亏损。经调查发现，巴林期货新加坡公司1995年交易的期货合约是日经225指数期货、日本政府债券期货和欧洲日元期货，实际上所有的亏损都是前两种合约引起的。

① 来自日经225指数期货的亏损

自1994年下半年起，里森认为日经指数将上涨，逐渐买入日经225指数期货，不料1995年1月17日阪神大地震后，日本股市持续下跌，里森的投资损失惨重。里森当时认为股票市场对阪神大地震反应过激，股价将会回升。为弥补亏损，里森一再加大投资，在1月16日至26日再次大规模建多仓，以期翻本。其策略是继续买入日经225指数期货，其日经225指数期货头寸从1995年1月1日的1 080份9503合约多头增加到2月26日的61 039份多头（其中，9503合约多头55 399份，9506合约多头5 640份）。据估计，其9503合约多头平均买入价为18 130点，经过2月23日，日经指数急剧下挫，9503合约收盘价跌至17 473点以下，导致无法弥补损失，累计亏损达到480亿日元。

② 来自日本政府债券的空头期货合约的亏损

里森认为，日本股票市场股价将会回升，而日本政府债券价格将会下跌，因此，在1995年1月16日至24日大规模建日经225指数期货多仓的同时，又卖出大量日本政府债券期货。里森在“88888”账户中未套期保值合约数从1月16日2 050手多头合约转为1月24日的26 079手空头合约，但1月17日阪神大地震后，在日经225指数出现大跌的同时，日本政府债券价格出现了普遍上升，使里森持有的日本政府债券的空头期货合约也出现了较大亏损，在1月1日到2月27日期间就亏损了1.9亿英镑。

③ 来自股指期权的亏损

里森在进行以上期货交易时，还同时进行日经225指数期货期权交易，大量卖出鞍马式选择权。鞍马式期权获利的机会是建立在日经225指数小幅波动上的，因此，日经225指数出现大跌，里森作为鞍马式选择权的卖方出现了严重亏损，到2月27日，期权头寸的累计账面亏损已经达到184亿日元。

（2）衍生金融工具面临的风险分析

市场风险又称为价格风险，是指由于基础金融工具（如期货、股票、利率、汇率）价格出现波动，给衍生工具交易商带来收益的不确定性。衍生工具市场风险的特殊性在于：

一方面，衍生工具被用作套期保值的手段对基础工具的市场风险进行管理和规避；另一方面，由于衍生工具的杠杆效应，又放大了市场风险，也就是说，衍生工具的市场风险要大大高于基础工具的市场风险。市场风险是衍生工具最为普遍的风险，它存在于每一种衍生工具之中。不同种类的衍生工具的市场风险各有差异。

巴林银行的巨额亏损是典型的市场风险事件。20世纪90年代日本处于“平成萧条”时期，但巴林银行新加坡支行交易员里森对日本经济的复苏充满了信心，预测日经指数将会大幅上扬，因此，他大量购入日经指数期货。但日本经济并未像里森预测的那样走出低谷，阪神大地震更让日本股市雪上加霜，日经指数不断下滑，使里森的亏损不断扩大，最终将巴林银行推入破产的深渊。

流动性风险主要包括两类：一类是市场流动性风险，即衍生工具不能按照其市场价值被迅速出售所遭受损失的可能性，特别是在市场变化无常的情况下，衍生工具的流动性在一定的时间里是有所变化的。市场流动性风险的大小取决于合约标准化程度、市场交易规模和市场环境的变化。对于绝大多数股指期货来说，由于标准化程度高，市场规模大，交易者可随时根据市场环境变化决定头寸的抛补，流动性风险较小。另一类是资金流动性风险，即交易一方无法将资产变现或取得足够资金，导致合约到期时无法履行支付义务，被迫申请破产，或者无法按照合约要求追加保证金，从而被迫平仓的风险。资金流动性风险还包括交易者因流动资金紧张被迫增加筹资成本的风险，如被迫抛售资产以套取现金而导致的资产损失风险、高息融资造成经营成本大幅度上升的风险等。交易员里森最终无力再次垫付大额保证金，面临被交易所强制平仓的命运。该事件中就存在资金流动性风险的因子。

操作风险是指因衍生工具的交易程序或风险管理操作系统出现问题或人为失误而蒙受损失的风险。操作风险可以划分为两大类：一是指由于内部监管体系不完善、经营管理上出现漏洞、工作流程不合理等，使交易决策出现人为的或非人为的失误而带来的风险；二是指由于各种偶发性事故或自然灾害，如电脑系统故障、通信系统瘫痪、地震、火灾、工作人员的差错等给衍生金融工具交易者造成损失的可能性。由于衍生工具是金融创新工具，且在某种程度上较为复杂，技术操作要求较强，操作风险发生的可能性要大于基础工具等其他金融工具的交易。

实践中，一些操作风险就是由于从事衍生工具的交易人员越权操作或者错误判断市场行情而引起的。巴林银行倒闭的直接原因就是交易员里森越权违规交易日经225指数期货造成巨额亏损。

3）案例启示

巴林银行破产后，英国监管当局进行了全面深入的调查，并于1995年7月18日形成了一份300余页的研究报告《巴林银行倒闭的教训》（Lessons Arising From the Collapse of Barings），对改善跨国银行的内部控制，提高其风险防范能力提出了具体的建议和要求。

该报告指出，巴林银行新加坡支行在风险管理和内部控制方面存在着许多缺陷和不足，主要包括：①前台和后台职能之间未能加以分离。里森能够有效地同时控制交易和清算业务，因而可以从事未经授权的业务并操纵其所从事的交易的数据，以隐瞒巴林银行的管理层。此外，秘密账户被用来隐藏未授权交易的损失。②巴林集团的报告系统存在缺陷。在这个系统中，没有谁对里森在新加坡的活动负有最终的监督责任。③巴林银行管理层没有对里森超出授权的业务产生的高水平盈利提出过质疑，而想当然地认为是里森从事低风险的套期业务产生的。④巴林银行管理层没有对新加坡支行持续性地向母公司及联营公司要求大量资金提出过质疑，也没有对其加以控制或设置限额。在1995年2月底，新加坡支行要求的资金数额迅速上升，在其倒闭之前，拨给新加坡支行的资金达到巴林集团资本的两倍。⑤1994年8月新加坡支行曾接受过内部审计，但巴林银行管理层对内部审计的建议并未迅速加以实施，事实上根本就没有实施。而内部审计实际上指出了新加坡支行在风险管理结构和控制方面存在的许多不足。

巴林银行事件对加强衍生工具风险控制的启示主要有：

（1）企业最高管理层应当增强风险意识，并熟悉衍生工具交易业务，只有这样，才能针对衍生工具业务建立有效的内部控制，并进行有效的监督。

（2）企业应当建立包括衍生工具业务在内的内部控制制度，尤其应当建立严格的职责划分和交易授权、限额控制制度。巴林银行倒闭的根本原因就是其衍生产品交易的内控机制存在严重缺陷，尤其是混淆交易与清算角色。里森在1992年去新加坡后，任巴林银行新加坡支行期货交易部总经理，拥有同时掌控前台交易和后台清算的权力。作为一名交易员，里森的工作是代客户买卖衍生性商品，并替巴林银行从事套利工作，基本上没有太大的风险。因为代客操作，风险由客户自己承担，交易员只是赚取佣金，而套利行为亦只赚取市场间的差价。而通过清算部门每天的结算工作，银行对其交易员和风险部位的情况也可予以有效了解并掌握。不幸的是，里森一人身兼交易与清算二职，从而得以利用秘密账户在未经授权的情况下进行大量衍生品交易。此外，里森从事如此大金额的交易，并且从总部获取大量资金，却从未被怀疑，表明巴林银行缺乏基本的限额控制制度。

（3）企业应当加强内部审计，并注重内部审计结果的落实。有效的内部审计对于维护内部控制系统的正常运行和及早发现问题至关重要。巴林银行事件中，内部审计部门既未能尽到应有的职业谨慎，查出里森的造假行为，也没有对查出来的问题及时予以纠正。

16.3 外汇衍生金融工具

16.3.1 基本理论

1）定义

外汇期权，又叫货币期权，指合约购买方在向出售方支付一定期权费后，所获得的在未来约定日期或一定时间内，按照规定汇率买进或者卖出一定数量外汇资产的选择权。外汇期权是期权的一种，相对于股票期权、指数期权等其他种类的期权来说，外汇期权买卖的是外汇，期权买方在向期权卖方支付相应期权费后获得一项权利，即期权买方在支付一定数额的期权费后，有权在约定的到期日按照双方事先约定的协定汇率和金额同期权卖方买卖约定的货币，同时，期权买方也有权不执行上述买卖合约。

2）种类

按照行使期权的时间是否具有灵活性可以分为美式期权（American option）和欧式期权（European option）。在到期日之前可以行使的外汇期权为美式期权，只能在到期日行使的期权为欧式期权。

按照期权方向不同分为买方期权（call option）和卖方期权（put option）。买方期权又称看涨期权或购买选择权，其购买者（call buyer）支付期权费并取得以某预定汇率购买特定数量外汇的权利，其发售者（call seller/writer）取得期权费并有义务应购买者的要求交割外汇。卖方期权又称看跌期权，其购买者（put buyer）支付期权费并取得以既定汇率出售特定数量外汇的权利，其出售者（put seller/writer）取得期权费并有义务应购买者的要求购买其出售的外汇。

3）特征

（1）外汇期权形式多样，既有场外交易期权（over the counter option，OTC期权），也有交易所场内期权（exchange traded option）。场外交易期权与远期外汇交易类似，其金额、期限和履约价格均由买卖双方根据需要斟酌商定，目前，具有代表性的场外交易期权市场是以伦敦和纽约为中心的银行同业外汇期权市场；交易所场内期权类似于期货交易，期权规格固定统一，在交易所内集中买卖，并可在市场上转让出售。目前，具有代表性的交易所场内期权市场主要集中在费城、芝加哥、伦敦等地。通常情况下，场外交易金额比交易所场内交易金额大得多，也不仅限于几种货币，甚至还包括交叉货币的期权。另外，场外交易期权在期限、交易时间等各方面都具有弹性，因而更适合于那些有特殊需要的客户。

（2）期权业务下的保险费或期权费不能收回。无论是履行合约还是放弃履行合约，期权业务的买方所交付的保险费均不能收回。

（3）外汇期权具有执行合约与不执行合约的选择权，灵活性强。因此，相比较而言，采用期权业务来规避风险要比远期、期货交易彻底得多。比如，买入一笔远期外汇能避免该外汇汇率升值的风险，但当汇率贬值时，它不仅不能回避风险，反而产生了风险，而期权能同时规避汇市升值的风险和享受贬值所带来的好处。

（4）金融机构是期权交易的主要参与者。各主要商业银行、投资银行等金融机构通过场外期权交易向公司、企业出售外汇期权，同时，再从交易所购入相似期权以对冲或规避风险，从而充当了客户之间的桥梁，从中赚取期权费差价利润，也使交易所场外期权和场内期权得以同步发展。

16.3.2 案例：中信泰富（2008）①

1）案例背景

中信泰富的前身——泰富发展有限公司成立于1985年，1986年通过新景丰公司而获得上市资格，同年2月，泰富发行2.7亿股新股予中国国际信托投资（香港集团）有限公司，使中信（香港集团）持有泰富64.7%的股权。自此，泰富成为中信的子公司。

中信泰富的业务集中在中国香港及广大的内地市场，以基建业务为主，包括投资物业、基础设施（如桥、路和隧道）、能源项目、环保项目、航空及电讯业务。中信泰富于香港联合交易所上市，并为恒生指数成分股之一，其最大股东中国国际信托投资（香港集团）有限公司是北京中国国际信托投资公司的全资附属公司。

2006年3月底，中信泰富与澳大利亚的采矿企业Mineralogy公司达成协议，以4.15亿美元收购西澳大利亚两个分别拥有10亿吨磁铁矿资源开采权的公司Sino-Iron和Balmoral

① 张卉，孙健.关于中信泰富澳元期权投资亏损的观察与启示［J］.中国商界（下半月），2009（7）：25-26.

Iron的全部股权。收购之后它将成为中国未来巨大的铁矿石供应商。

中信泰富的大股东是国企中信集团，属红筹股，而香港恒生指数的成分股都属蓝筹股，中信泰富恰是恒指成分股，所以，中信泰富集红蓝于一身，加上澳大利亚的收购项目是目前大洋洲已规划开发的规模最大的磁铁矿项目，中信泰富的资金实力可见一斑。

然而，2008年10月20日，香港恒指成分股中信泰富（00267.HK）突然惊爆，因投资杠杆式外汇产品而巨亏155亿港元（约8.07亿港元的已实现亏损和147亿港元的估计亏损），且亏损可能继续扩大。2008年10月21日，中信泰富股价开盘即暴跌38%，盘中更一度跌至6.47港元，跌幅超过55.4%，当日收报于6.52港元，跌幅达55.1%，累及恒生指数下挫1.84%。按照10月20日停牌前该股收盘价14.52港元计算，中信泰富的总市值为318.4亿港元。目前，估计的155亿港元亏损总额，相当于其总市值的近50%，而其净资产总值为552亿港元，该可能亏损占净资产的比例也已经超过28%。更惨的是，按21日收盘价计算，中信泰富的市值蒸发超过一半，一天之内市值从318.4亿港元暴跌至不足143亿港元。

中信泰富在同日发表的公告中称，为对冲澳元升值风险，锁定公司在大洋洲铁矿项目的开支成本，中信泰富与香港地区的银行签订了四份杠杆式外汇买卖合约，其中三份涉及澳元，最大交易金额为94.4亿澳元，一份为人民币兑美元的汇率挂钩合约。

令中信泰富损失最为惨重的，是其中一份澳元外汇合约。按照合约内容，中信泰富须每月以固定价格用美元换澳元，双方约定2010年10月期满时的汇率为澳元兑美元1:0.87。如果澳元汇率上涨，中信泰富即可赚取与市场汇率的差价，但汇率上涨到一定幅度，合约将自动终止，即盈利上限是锁定的；但如果澳元汇率下跌，根据双方约定的计价模型，中信泰富不仅将蒙受约定汇率与市场汇率的差价损失，而且还受合同约束须加倍买入澳元，其损失也将成倍放大。

由于这一产品的高杠杆性，中信泰富按合同的最高交易金额高达94.4亿澳元，而风险没有下限，在极端情况下，比如澳元兑美元汇率跌至1：0，这94.4亿澳元将全部化为乌有。相比之下，中信泰富的收益则有明确的上限。尽管公告没有披露终止合约机制的汇率触发点，但明确表示，通过这一合约，中信泰富最多只能赚取5 350万美元。

在中信泰富丑闻曝光之前，这类被统称为accumulator（累计期权）的衍生工具已经是让市场人士谈虎色变的一个品种。市场分析师认为，中信泰富之所以签订这一“止赚不止蚀”的合约，一方面可能因为计价模型过于复杂，操作者不能准确对其风险定价，另一方面，这一合约签署时，澳元在稳定的上行通道中，市场汇率应当高于1：0.87，即中信泰富签订合约之初即可赚钱，且看似在相当长的一段时间内并无下跌之虞。

澳元兑美元的汇价当然不可能跌到1：0，但中信泰富涉足衍生品交易，显然亦大大低估了外汇衍生品市场的波幅和凶险程度。自2008年7月，澳元兑美元汇价即一路下滑，最低达到1：0.65。按照中信泰富的公告，自2008年7月1日至10月17日，中信泰富已终止部分当时生效的杠杆式外汇买卖合约，已亏损8亿港元。如澳元维持现价，到合同终止日杠杆式外汇合约亏损达147亿港元，即合约亏损155亿港元。事实上，中信泰富2007年的盈利为108.43亿港元，净资产规模亦不过646.99亿港元。

消息公布之后，中信泰富又被下调信用评级，意味着其债券的违约概率增加。更重要的是，市场信心正在迅速瓦解，贷款银行密切注视中信泰富的动态，交易对手由于担心其破产，也缩减了往来交易额。在各种合力之下，中信泰富已被逼至悬崖边缘。

与之相对应，衍生品巨亏的消息一经披露，中信泰富股价即告暴跌。中信泰富方面仍然力图维持市场信心，公告宣称将按实际情况以三种办法处理这批外汇合约：终止合约、重组合约或继续执行合约至期满。然而，无论哪一种方式，最终都意味着巨额资金的支出。

2）案例分析

（1）内部控制缺陷分析

① 内部环境控制失效

一是法人治理机构不健全，董事会职能虚化。中信泰富严重亏损事件缘于集团财务董事张立宪未经董事局主席批准进行有关外汇交易。中信泰富董事局主席荣智健坦言，有关外汇合同的签订未经过恰当的审批，而且其潜在的风险也未得到正确的评估。公司高管未经董事会批准便擅自作出重大战略决策，显然，中信泰富在公司治理上存在巨大漏洞。二是重大决策缺乏科学性、民主性。中信泰富财务董事是在未授权的情况下边出差边做这项交易的，而且是13家银行一起签单，也没有向董事会、交易银行披露。一个公司的财务董事何以能够如此草率地作出决策？没有作出系统的调查分析，也没有进行必要的风险评估，而且没有得到批准，这不禁让人咋舌。

② 风险意识薄弱

中信泰富买入外汇衍生品是为对冲一个涉及16亿澳元矿业项目的外汇风险，但外汇投资持有90亿澳元，比实际矿业投资额高出四倍多。若汇率不能升到事先约定水平，中信泰富必须定期购入大笔澳元，直到汇率上升到相关水平为止。显然，合约风险是无限的，中信泰富用错了衍生工具。另外，其公告表示有关外汇合同的签订并未经过恰当审批，其潜在风险也没得到评估，说明中信泰富在作出重要决定前并未考虑潜在的最大损失。

③ 控制活动失效，监督缺失

企业对于重大的业务和事项，应当实行集体决策审批或联签制度，任何个人不得单独进行决策或者擅自改变集体决策。据荣智健所说，公司巨亏问题在于财务董事未遵守公司政策，公司本已设立的双重审批制度也未能阻止事件发生，说明中信泰富已有的内控环节形同虚设，约束高管人员的制度欠缺。

④ 管理信息系统不健全，信息交流不通畅

中信泰富在信息披露方面存在严重问题。其一，荣智健在公开信中说道："财务总监周志贤未尽其应有职责，没有将此交易提请董事局主席关注。"其二，对外披露不及时。2008年9月12日的通告称，2007年12月31日以来的财务或交易状况未出现任何重大不利变动，但不过一个月就披露因炒外汇巨亏，而早在9月7日董事局主席荣智健与董事总经理范鸿龄就已知悉。其三，会计信息未得到充分体现。财务董事张立宪在6月底以前也做过类似交易并有盈利，但未在报表中表示，所得利润放在准备金账户而非损益账户，这就没有引起公司管理层对交易风险的足够重视。

（2）外汇累积期权风险分析

外汇累积期权是一种零费用的远期期权，它能够给买者提供比远期外汇市场更加优惠的汇率，但也比远期外汇市场的风险更大。

① 外汇累积期权合约定价不合理可能造成的风险

尽管用B-S期权定价公式可以对外汇累积期权进行一个理论的定价，但是这个价格与实际价格在很多时候有很大的差异，同时，对个别参数的确定不同也会造成较为严重的后果，比如对无风险利率的确定，对波动率的估值。另外，在国际外汇市场中，外汇的定价又与市场实际的供需结构、人为的操作等因素有着直接的关系，这些都对操作外汇累积期权有着很大的影响，可能造成很大的风险。中信泰富所签署的澳元累积期权合约，本质上是中信泰富买入1份有上限封顶的看涨期权（无须付期权费），同时卖出2.5份无下限保护的看跌期权，期限为2年。按照B-S期权定价公式，当执行价格为0.870美元、市场价格为0.970美元、屏障价格为1.016美元、两年汇价波动率为25%、期限为2年、无风险利率为4%时，可计算出1份看跌期权费用为3.5美元，2.5份为8.75美元，即按执行价格0.870美元买入1 000万澳元，如果按屏障价格1.016美元卖出，可获利的146万美元作为卖出2.5份看跌期权的替代费用，但理论上卖出2.5份看跌期权的费用应为875万美元。因此，合约签订之时，1份合约即损失729万美元，15份合约共损失逾1.09亿美元。

② 盲目自信和对走势的误判

任何金融市场都是收益与风险并存的，而贪婪就是造成重大亏损的根本原因。事实上，由于外汇市场价格的剧烈波动，以外汇期货期权交易方式进行套期保值的资金成本过高、以外汇期货期权交易方式进行套期保值因备用资金不足而发生的爆仓导致企业巨亏的案例屡见不鲜。中信泰富之所以能接受这样一个定价极不合理的合约，主要原因是继续看好澳元的大牛市走势，相信美国的次贷危机只能加剧美元的贬值趋势，从而使澳元走势更加坚挺。而实际上，澳元的走强有两大基本因素：其一，从2003年开始的美元大幅贬值是国际大宗生产资料价格大幅上涨的重要原因；其二，发展中国家城镇化和重工业化极大地增加了对大宗生产资料的需求。但是，大宗生产资料价格的持续暴涨使全世界面临严重的通货膨胀局面，使发展中国家经济的高增长不可持续，而美国次贷危机的全面爆发虽然使美国经济遭到重创，但对相对实力偏弱的欧洲、日本打击更大，因此，美元汇价在经济危机中不跌反涨，致使大宗生产资料价格暴跌，从而导致了以出口资源类商品为主的澳大利亚经济雪上加霜，澳元的下跌亦在情理之中。

3）案例启示——加强外汇期权风险管理的建议

（1）完善公司治理结构，加快建立现代企业制度

长期以来，我国企业存在的董事会虚置、经理人过分集权等问题使得内部控制不足、激励和约束机制不明确。中信泰富事件就是一个缺乏有效的公司治理的典型案例。

第一，我国企业要加强外汇期权交易的风险管理，首先要增加独立董事的数量，并使之在重大投资决策等方面作出独立、客观的判断，绝不能由少数人说了算，尽量将风险化解在决策过程当中。保证董事会的独立性是有效监督的重要前提，在稳定组织的内部控制和可持续发展中起到重要作用。

第二，加强内部控制，建立有效制衡的内控体系。中信泰富事件表明，企业只有不断提高内部管理效率，改进公司内部风险控制机制，才能稳步提高公司的治理水平。除了需要一个勤勉、尽责的CEO高度重视风险管理外，企业的重大决策还要经独立的风险管理委员会通过后才能实施。对外汇期权交易最好进行实时监控，防止风险过度放大甚至变得不可控，最好有独立的、专业的、可以越级上报的交易现场监督者。同时，制定衍生品的

风险防范体系，对衍生品的风险进行甄别、计量、报告。

（2）强化外部监管，加大信息披露力度

第一，要推进交易立法进程，为建立责任追究制度、规范衍生品交易提供法律保障。要注意完善监管部门的职责分工，在加强监管的同时给市场创新活动预留空间。另外，有关部门也应尽快建立重大投资决策失误和资产损失责任追究制度，否则这种赌博式投机就不会只是偶然现象。

第二，主要加强以下几方面的外部监管：市场准入监管；持续性监管，主要是对财务报告制度监管、企业流动资金充裕度的监管等；对从事投资业务公司的内控制度进行监管，以保证衍生品监管框架的稳定性、持续性和统一性。

第三，完善信息披露制度。这既是对公司进行市场监督的保证，也是金融市场健康发展的基础。我国尚缺乏一个透明的、可信赖的信息披露体系，监管部门、金融机构和上市公司等都不愿意披露信息，尤其是负面信息。一来是考虑披露成本，二来是怕影响企业的运行，甚至引起市场过激反应。然而，诚实的信息披露，不但可能促使问题尽早解决，还可以防止形成系统性风险，增强投资者对市场的信心。另外，由于现行的财务报表是建立在权责发生制的基础上的，不能也无须对未来可能发生的交易和事项予以确认，即外汇期权交易表外化，无法及早反映可能面临的风险。中信泰富的问题就是在损失发生后一段时间才予以公告的，突然的巨额损失公布必然对市场和投资者信心产生重大冲击，使得股价急剧下跌。

16.3.3 案例：振华港机（2009）①

1）案例背景

2008年，套期保值给中国内地投资者和大型上市公司上了一课。众多上市公司在金融衍生产品上发生巨额亏损，如东航套期保值损失64亿元，江西铜业套期保值巨亏13.6亿元，中信泰富更是亏了186亿港元，但振华港机在套期保值方面却赚了7亿多元。

振华港机是位于上海的世界排名第一的起重机和大型钢结构制造商，主要生产岸边集装箱起重机、轮胎式集装箱龙门起重机、散货装、卸船机、斗轮堆取料机、门座起重机、浮吊和工程船舶以及大型钢桥构件等。

振华港机80%以上的产品用于出口，而汇率变动产生的汇兑损益直接影响公司的利润水平，因此，振华港机专门成立了一个外汇套保小组来规避汇率风险。合同大部分都是外币合同，在人民币大幅升值的背景下，为了锁定收入、锁定利润而做外汇的套期保值，主要是美元和欧元之间的套期保值。

振华港机2008年的公告显示，为了规避2009年汇率风险，按历年惯例，公司根据2009年预估合同和已签合同（约50亿美元）采取外汇套期保值措施，取30亿美元（部分为欧元）锁定为人民币，其余外汇因仍需付进口件、国外费用等，暂不锁定人民币，以保证实现既定产值任务和利润。

据悉，公司2009年锁定19.87亿美元的远期人民币，平均汇率为6.96；锁定6亿欧元的远期人民币，平均汇率为9.95；外汇远期溢价收益5.17亿元。

事实上，对于振华港机而言，套期保值应属于应收账款管理范畴。公司所处的集装箱

---

① 朱国华．部分上市公司“失手”套期保值　振华港机显得独树一帜［N］．上海证券报，2008-11-28．白宝玉．振华港机外汇套保净赚7.32亿　曝巨盈四大秘笈［N］．证券日报，2009-04-17．

起重机行业对产品销售一般分阶段结算货款，货款的结算一般滞后于生产，因此，行业内厂商普遍垫资生产。

随着公司主营业务收入的快速增长，应收账款数额会继续增加，数额较大的应收账款可能影响到公司资金周转速度和经营活动的现金流量。公司产品80%以上外销，部分配件也需要从国外采购，这些贸易多以美元和欧元结算，汇兑损益将直接影响公司利润。作为对策，振华港机重视外汇风险管理政策和策略的研究，保持与经营外汇业务的金融机构紧密合作，通过在合同中安排有利的结算条款以及运用套期保值等手段锁定汇率风险。

在套期保值亏损削弱部分上市公司当期利润之时，振华港机显得独树一帜，而且交易性金融资产还为其净赚了7.32亿元，其中，主要是远期外汇合同带来的非经常性损益贡献。

2）案例分析

振华港机的优势主要体现在以下四个方面：

（1）国内首先成立外汇套保小组

由于经营业务的特殊性，汇率变动产生的汇兑损益将直接影响公司的利润水平。振华港机为规避汇率风险，专门成立了一个外汇套保小组。这个小组由总裁牵头，其次是财务总监，再次是外汇部的经理，还有1~2人是外汇部负责具体操作的经办人员，这4~5个人就组成了外汇套保小组。

外汇套保小组的决策流程主要是：套保小组从负责签合同的经营部得到反馈的相关订单信息，根据及时收集的汇市信息制定相应的套期保值措施，由财务总监提交总裁，最终由总裁定夺。

（2）根据现货交易合同来做套期保值

在经营部报价的时候，财务部要预算毛利率和净利润，套保小组据此来做套期保值，保证收到预算出来的利润。整体来讲，套保小组根据合同收款的进度和订单的整体规模来做套期保值。

振华港机外汇套期保值的规模有两个关键条件：第一个是外币订单的规模；第二个就是汇市波动的程度。在汇市波动风险比较小的时候，振华港机不一定要锁定全部合同金额，早几年就是如此，毕竟做套期保值也有手续费用支出。这几年，由于汇市波动比较大，所以，振华港机就采取了外汇套期保值、保理等措施，主要目的是控制风险、锁定收入。

以前，在欧元和美元之间，振华港机会做套期保值，现在则主要是跟着人民币汇率走。几年之前，振华港机的进口件比例比较大，要用外币去购买，而近几年，振华港机的国产化率提高了，很多原材料都要在国内采购。因而，人民币汇率对公司的影响更大，而且作为在本土上市的公司，收入、利润等各项指标都要用人民币来体现。因此，当人民币汇率波动比较大的时候，公司便会采取相应的措施。

特别是在2007年，振华港机就通过各种财务手段（不全都是远期，还包括采用外币借贷形式）把2008年所有的合同（包括预估合同和已签合同）全部锁定了。只是因为汇市变动较大，公司为了保住这块利润才去做套期保值。

（3）专人盯住三大汇市，不做投机交易

由于2008—2009年外汇市场波动比较大，因而外汇套期保值过程中风险控制的要求也比较高。振华港机的做法是实时跟踪，专人盯着纽约、伦敦、东京外汇市场。由相关的外汇操作人员从银行、汇市收集相关的信息，然后反馈给财务总监，财务总监再反馈给总裁。

此外，振华港机全球性的业务活动是直接跟全球贸易活动相关联的，所以，全球经济的好坏，包括政治上的一些变动，也为套保小组提供了有用的信息。

（4）外汇结算货币以美元为主，以欧元为辅

据了解，振华港机外汇结算以美元为主，以欧元为辅。而在国内一些套期保值巨亏的公司中，中信泰富用的是澳元，其他一些公司用的是日元和新元。

对于振华港机这套结算体系，中国银行一位专业人士认为比较科学合理，因为国际主要结算货币就是美元和欧元，且这两个货币背后的央行都有强大的支撑能力，而澳元、新元、日元相对比较脆弱。

3）案例启示

外汇期货套期保值，是指人们通过外汇期货交易而将汇率锁定于某一特定水平，从而将汇率变动所造成的风险转移出去的行为。其操作程序是：买进或卖出与现货数量相等但交易方向相反的期货合约，以期在未来某一时间通过平仓获利来抵偿因现货市场价格变动带来的实际价格风险。

外汇期货套期保值策略包括：

（1）多头（买入）套期保值

多头套期保值，是指人们先买进一定数量的某种外汇期货合约，于合约到期前再卖出该合约。多头套期保值一般应用于在未来某日期将发生外汇支出的情况，如人们从国外进口商品、出国旅游、跨国公司的母公司向其在国外的子公司供应资金，以及债务人到期偿还贷款等。

其实，简单地讲，外汇期货多头套期保值策略就是“先买后卖”的过程，也就是在预计未来外币要升值时，先买进外汇期货合约，当合约到期时再卖出外汇期货合约，这样可以弥补在现货市场上为购买外汇而多支付的本币。

（2）空头（卖出）套期保值

空头套期保值，是指人们先卖出一定数量的某种外汇期货合约，于合约到期前再买进该合约。空头套期保值一般应用于在未来某日期取得外汇收入的情况，如向国外出口商品、提供劳务、对外投资、到期收回贷款等。

外汇期货空头套期保值策略可以简单地概括为“先卖后买”的过程，即在预计未来外币要贬值时，先卖出外汇期货合约，当合约到期时再买进外汇期货合约，这样可以弥补在现货市场上由于汇率变动而带来的损失。

在实际操作中，外汇期货套期保值很难完全消除由汇率变动带来的损失，但它可以把损失降至最小。除了以上介绍的外汇期货套期保值方法之外，还可以使用其他方法规避外汇风险，如灵活选择结算货币、即期合同法、远期外汇交易法、国际信贷法、外汇期权合同法、借款法等。

16.4 商品类衍生金融工具

商品期货是指标的物为实物商品的期货合约。商品期货历史悠久，种类繁多，主要包

括农副产品、金属产品、能源产品等几大类。

16.4.1 案例：曼氏小麦期货（2010）[①]

1）事件背景

（1）公司背景

曼氏期货（MF Global）前身为英仕曼集团（Man Group PLC.）旗下经纪业务分支曼氏金融（Man Financial），2007年7月从英仕曼集团剥离，以独立公司曼氏期货的名义在纽交所上市，是目前全球最大的期货和期权经纪商之一。目前，曼氏期货为全球13万名客户提供期权和期货合约经纪服务。

（2）人物简介

埃文·杜利，曼氏期货孟菲斯办事处的一名交易员。时年40岁的杜利于2005年11月加入曼氏期货。

2）事件经过

曼氏期货2008年2月28日发布的公告称，一名交易员在未经授权的情况下，违规投资小麦期货，令公司亏损1.415亿美元。据悉，这是农产品市场迄今为止损失最大的流氓交易事件。

埃文·杜利利用电脑系统漏洞“在自己的账户中建立了大量头寸”，他希望在小麦市场“豪赌”一把，但仅仅1天之后“赌局”就宣告结束。而恰巧该公司电脑系统失灵，所以未能阻止其交易发生。事发后，曼氏期货将埃文开除。虽然曼氏期货的损失要比法兴银行小得多，但是曼氏期货首席执行官戴维斯承认，这是一次非常可怕的事件。

埃文显然是押注于小麦价格下跌。有消息显示，在曼氏期货平仓之前，埃文在26日晚6点至27日早上6点的电子交易盘中，用公司的资金在自己的账户里建立了约1.5万份小麦3月和其他月份的空头头寸，这一数字占到交易所公布的当日全部持仓量的3.6%。在该时段的交易中，小麦3月合约价格波动剧烈，最高为12.74美元/蒲式耳，最终以全天次低点10.67美元/蒲式耳报收，5月合约则收于10.79美元/蒲式耳。从后来的损失看，埃文应该是在11美元/蒲式耳左右下单建立了自己的头寸。

然而，市场并没有按照埃文的预期运行。在接下来的交易时段中，3月合约在大幅低开后重新强势上涨，27日上午11点左右已涨至12.85美元/蒲式耳左右，而交易最活跃的5月合约最高涨至13.49美元/蒲式耳，埃文的账户已呈爆仓之势。此时，已于27日一早通过监控系统得知埃文仓位情况的曼氏期货果断平仓，最终将损失控制在1.4亿美元。

当然，从小麦期货后来的走势看，如果曼氏期货能再坚持一下，随着小麦的大跌，损失或许会小一些，甚至有可能盈利。

3）事件结果

虽然事发的根本原因是曼氏期货的IT风险控制系统技术上不够完善，导致交易员下单缓慢。曼氏期货为了保障交易畅快进行而取消了对部分交易员的IT安全限制，埃文·杜利位列其中。但东窗事发最直接的原因还是埃文·杜利在农产品期货大涨的时候逆势做空导致巨额亏损。

在发布巨额损失的消息后，曼氏期货的股价一度大跌19.7%，跌至每股23.51美元。

---

① 刘华.破产的曼氏金融公司内控分析及启示［J］.财务与会计（理财版），2012（2）：49-50.

瑞士信贷银行分析师霍华德·陈称，曼氏期货此次的损失相当于2008年的每股收益减少72美分，几乎是该公司2008年预计利润总额的一半。这位分析师指出，这一事件损害了曼氏期货的良好信誉，使人们质疑其风险管理能力。

16.4.2 案例：深南电（2008）[1]

1）案例背景

深圳南山热电股份有限公司（简称“深南电”）成立于1990年4月，为中外合资股份制企业。公司的经营范围为供电、供热、发电厂（站）建设工程总承包，以及相关技术咨询和技术服务。1993年11月，经深圳市人民政府批准，公司正式改组为股份有限公司。1994年11月，深南电在深交所上市。

自2008年10月17日起，深南电因期权合约问题被深交所停牌。中国证券监督管理委员会深圳证券监管局（简称“深圳证监局”）下发的《关于要求深圳南山热电股份有限公司限期整改的通知》指出，深南电于2008年3月12日与美国高盛集团有限公司的全资子公司杰润（新加坡）私营公司签订的期权合约因未按规定履行决策程序、未按规定及时履行信息披露义务及涉嫌违反国家法律、法规的强制性规定，要求公司限期整改。

深南电10月21日公告称，2008年3月12日深南电有关人员在未获公司授权下与高盛全资子公司杰润公司签订了2份期权合约确认书（见表16-4）。其中，第一份确认书有效期为2008年3月3日至2008年12月31日，由3个期权合约构成：当期限内纽约商业交易所当月轻质原油期货合约的收市结算价的算术平均值（简称“浮动价”）高于63.5美元/桶时，深南电每月可以获得“20万桶×1.5美元/桶”，合计30万美元的收益；当浮动价为62~63.5美元/桶时，深南电每月可获得“（浮动价-62美元/桶）×20万桶”的收益；当浮动价低于62美元/桶时，深南电每月需向杰润公司支付与“（62美元/桶-浮动价）×40万桶”等额的美元。第二份确认书有效期为2009年1月1日至2010年10月31日，也由3个期权合约构成，另外，还规定杰润公司在2008年12月30日18点前有是否执行的选择权。合约内容与第一份确认书类似，不过把行权价上调到66.5美元/桶，期权费调整为1.7美元/桶。

表16-4 **期权合约确认书**

项目		第一份期权合约确认书	第二份期权合约确认书
有效期		2008.3.3—2008.12.31	2009.1.1—2010.10.31
期权1	行权价（美元/桶）	63.5	66.5
	期权费（万美元）	30	34
	标的物	20万桶原油	20万桶原油
期权2和期权3	行权价（美元/桶）	62	64.5
	期权费（万美元）	0	0
	标的物	浮动价>62美元/桶，20万桶原油	浮动价>64.5美元/桶，20万桶原油
		浮动价<62美元/桶，40万桶原油	浮动价<64.5美元/桶，40万桶原油

这两份合约中风险和收益明显不对等，这也为日后的巨额亏损埋下了伏笔。

---

① 陈东坡. 深南电对赌原油 何以会如此受伤［N］. 上海证券报，2008-12-01（A05）.

12月13日，深南电发布公告称，美国高盛集团有限公司的全资子公司杰润（新加坡）私营公司来函宣布终止期权合约交易，其后基于不同的理由，深南电同样宣布终止交易。

之后，也许是为了规避所面临的巨大风险，也许是为了回应深圳证监局的整改要求，深南电经股东大会决议通过出售了其全资子公司香港兴德盛有限公司，这也是深南电为了切割自己与期权合约的法律责任，防止自身因巨额现金流出导致破产而设置的最后一道防线。

2）案例分析

（1）石油期权合约损益分析

以深南电与高盛子公司杰润公司签订的第一份期权合约确认书为例，将一份简单的期权协议拆解成三份来描述，表面上很复杂，但仔细分析可以发现，这份合约就是一份看跌期权，深南电和杰润公司分别是这一看跌期权的卖方和买方，合约双方损益如图16-1所示。

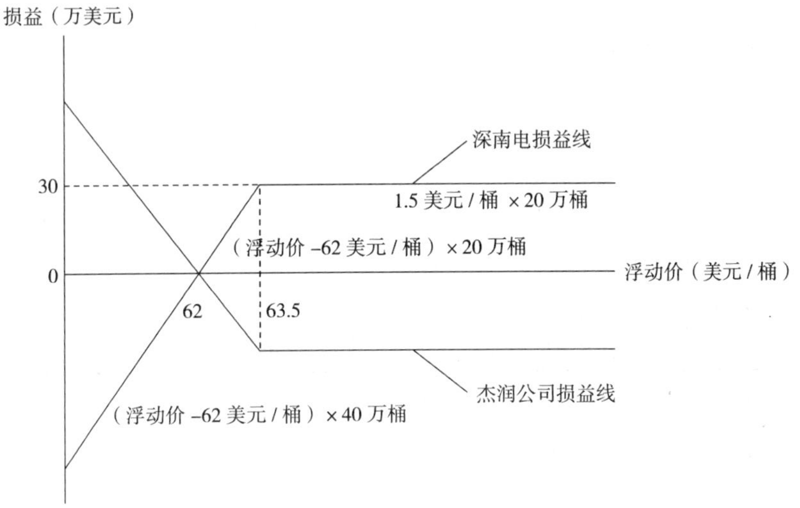

图16-1 合约双方损益示意图

从本质上说，深南电卖出的是两个看跌期权，期权的有效期为10个月，由于合约按月执行，可以看作10份期权组合，合约签署时原油期货价格约为每桶100.75美元。期权1的标的物是20万桶原油，行权价为每桶63.5美元，期权费为30万美元。期权2的行权价为每桶62美元，期权费为0，标的物视油价不同而不同：如果浮动价高于62美元/桶，标的物为20万桶原油；如果浮动价低于62美元/桶，标的物为40万桶原油。当油价高于63.5美元/桶时，两份合约都不会被行权，深南电获得1.5美元/桶的期权费，每月为30万美元。当油价为62~63.5美元/桶时，期权1被行权，此时深南电被要求行权，亏损（63.5元-浮动价）/桶，加上每桶1.5美元的期权费，每桶亏损为（浮动价-62美元）；如果价格低于62美元，期权1和期权2都被行权，深南电每桶亏损为2×（浮动价-62美元）。

与第一份合约不同，第二份合约实际上是一个复合期权，杰润公司对合约具有优先选择权，即只有在国际原油价格有利于杰润公司时选择执行合约，这对深南电来说，其合约几乎没有任何避险功能。假设第二份合约生效，不考虑现货市场影响和其他对冲手段，根据2009年1—10月WTI油价实际数（月平均）和2009年11月至2010年10月的预测数，合约损益情况见表16-5。

表16-5 **第二份合约执行后的损益** 单位：万美元

年份	2009年									2010年
	实际数								预测数	预测数
月份	1	2	3	4	5	6	7	8—10	11—12	1—10
油价	41.74	39.16	48	49.82	59.36	69.68	64.1	>66.5	>66.5	>66.5
深南电	-910	-1 014	-660	-587	-206	34	-16	102	68	340
杰润公司	910	1 014	660	587	206	-34	16	-102	-68	-340

2009年8—10月WTI油价均大于66.5美元/桶（分别为71.05美元/桶、69.41美元/桶和75.73美元/桶），即使2009年11月至2010年10月油价均超过66.5美元/桶，深南电最高可获得544万美元，而2009年1—5月和7月的亏损额共计3 393万美元，亏损相当于收益的6.24倍。

合约签署后，国际原油价格经历了过山车般的大起大落。以纽约商品交易所12月份交货的轻质原油期货为例，2008年7月11日创下147.27美元/桶的历史最高纪录；11月上旬开始跌破62美元/桶，到12月，国际油价已跌至40美元/桶；2009年7月，油价重新达到60美元/桶以上。假设以2008年3—12月WTI油价为基数计算深南电与杰润公司第一份合约的损益（见表16-6），根据合约，从3月到10月，深南电应收到240万美元；油价于10月下旬交易盘中已跌破62美元，深南电在11月和12月两个月共亏损1 008万美元，第一份油品期权合约亏损相当于盈利的4.2倍。

表16-6 **深南电与杰润公司双方损益（2008年）** 单位：万美元

月份	3月	4月	5月	6月	7月	8月	9月	10月	11月	12月
WTI油价	105	113	125	134	133	117	104	77	57.4	41.4
深南电	30	30	30	30	30	30	30	30	-184	-824
杰润公司	-30	-30	-30	-30	-30	-30	-30	-30	184	824

从合约的实际执行情况看，杰润公司付给深南电210万美元（2008年3—9月），划入其他应收款项下的暂收衍生金融工具合同；2008年10月下旬，由于合约披露等方面的原因，证监会要求深南电对两份石油衍生产品对冲合约限期整改；12月13日，合约双方宣布终止交易，使深南电避免了油价下跌的风险，但也丧失了国际信用。

（2）深南电套期保值巨亏原因分析

① 工具选择不合理

作为采购原油型企业，为了转嫁燃料成本上涨的风险，深南电没有选择在期货市场上买入期货合约或者保值意义较大的看涨期权，而选择了风险最大、潜在收益有限的看跌期权，其中很重要的一个原因就是深南电看重的是交易结束前不发生实际成本支出，卖出看跌期权还会收到一定的权利金，从而规避了不能正常调度外汇资金进出境的困扰。客观地讲，一般企业是不会把卖出看跌期权作为基础的保值手段的，而往往是与买入看涨期权相配合。

② 具有明显的对赌性

套期保值的目的是锁定成本和稳定利润，而不是获得更多的利润，强调的是稳定性而不是获利性，但深南电与杰润公司签订的交易合约具有明显的投机获利动机，实质上就是一份对赌协议。深南电作为看跌期权的卖方是在赌未来原油期货价格上涨，而杰润公司作为看跌期权的买方是在赌未来原油期货价格下跌，均违背了套期保值的最终目的。

③ 风险意识薄弱

深南电在交易合约中锁定了自己的盈利空间且风险不可控，形成了一个“盈利有限、风险无限”的油价对赌的结构性期权协议，这种结构违背了套期保值交易对等的原则。据双方签订的“赌约”，当原油价格上涨高于62美元/桶时，深南电能赚取非常有限的固定收益，但当油价跌至62美元/桶以下时，其付出的损失则将成倍放大。

④ 过分依赖国外金融机构

在这场油价赌局里，高盛至少扮演了三个角色——预测家、投机商和对赌方。预测家角色由高盛的研究部门扮演；投机商角色由高盛旗下的投机基金公司扮演；对赌方由高盛旗下专事提供对赌协议的杰润公司扮演。深南电签订的交易合约，在开始策划的过程中，高盛是帮助深南电进行套期保值，深南电处于方案需求者的地位，高盛则处于咨询服务的地位，双方之间是服务与被服务的关系。但进入交易条款时做的方案却是投机和对赌性的，当游说和咨询服务提供完之后，高盛成为深南电的交易对手。这种对手位置和性质的转变与错位，很难保证交易的公正性。

⑤ 进行衍生品场外交易

近年来，国内一些企业在海外期权交易中发生亏损的一个普遍原因是选择在场外市场进行交易，而且尤以场外期权交易为重要领域。企业对衍生品场外交易的记账和披露均很少，由于无法准确发现交易对手的风险敞口，企业面临的风险进一步增大。

16.5 综合案例

16.5.1 案例：中航油事件[①]

1）案例背景

（1）中航油发展历程

1993年5月26日，中国航油（新加坡）股份有限公司（简称“中航油”）的前身“中国航空油料运输（新加坡）私人有限公司”在新加坡注册成立。1997年7月，中航油母公司中国航油集团公司委派集团副总经理陈久霖任中航油总经理。1998年开始，中航油正式参与中国进口航油的采购工作。同年，中航油被新加坡政府授予“特许石油贸易商”资格。1999年起，中航油依托航油采购业务开拓国际石油贸易业务，贸易品种包括航空油、汽油、柴油、石脑油、燃料油、原油和石化产品等；贸易区域从中国扩展至东盟、远东和美国，并且实现多种贸易方式的交叉运营。截至2001年底，中航油已经发展成为一个以航油采购为主、拥有一定国际石油贸易规模、在本区域石油市场享有一定知名度的石油贸易公司。

---

① 王君彩，王保平，罗乐.事件回放——从辉煌到没落［J］.会计师，2005（6）：30-31.
李明辉.从巴林银行案和中航油事件看衍生工具的风险控制［J］.当代经济管理，2006（4）：92-98.

2001年12月6日，中航油成功地在新加坡交易所主板挂牌上市，公开发行股票1.44亿股，筹集资金8 000万新元，成为首家完全利用自有资产在海外上市的中资企业。在招股说明书中，中航油的石油贸易涉及轻油、重油、原油、石化产品和石油衍生品等五个部分。公司的核心业务是航油采购，公司交易的衍生品包括期货互换和期货交易。公司发展至2002年，从一个纯贸易公司转型为集石油实业投资、国际石油贸易和进口航油采购为一体的工贸结合型的实体企业，并且将石油实业投资、国际石油贸易和进口航油采购作为三足鼎立的经营战略，逐渐成为“中资企业在海外的一面旗帜”。

2004年12月1日，中航油对外发布了一则令世界震惊的公告：这家新加坡上市公司因石油衍生产品交易总计亏损5.5亿美元（约合45亿元人民币）。净资产1.45亿美元的中航油因此严重资不抵债，已向新加坡最高法院申请破产保护。曾经是中国企业海外投资尖兵的中航油，就此从辉煌走向了没落。

（2）事件的始末

就在中航油如日中天之时，却在期权交易中错误地调整交易策略，卖出买权并买入卖权，导致公司期权盘位到期时面临巨额亏损。

2002年3月20日，中航油进行第一次背靠背石油期权交易。在此之前，公司只为套期保值目的开展期货和互换交易。

2003年3月28日，由中航油交易员纪瑞德执行了公司的第一笔投机期权交易，中航油开始从事投机性期权交易。

在2003年第三季度前，中航油由于对国际石油市场价格判断准确，购买看涨期权，产生了一定利润。在判断2004年国际油价将会下跌后，中航油和日本三井银行、法国兴业银行、英国巴克莱银行、新加坡发展银行和澳大利亚麦戈利银行等机构签订了卖出石油看涨期权的场外合同，每桶38美元。2003年年底，中航油共卖出了总量为200万桶的期权合约。

2004年第一季度，国际油价飙升，中航油持淡仓。由于交易员纪瑞德和卡尔玛在头3个月继续卖空，而石油价格一路上涨，到3月28日，公司已经出现580万美元账面亏损。为求收复失地，中航油加大投资增持淡仓。

2004年第二季度，国际原油价格持续走高的行情使中航油潜在亏损增至3 000万美元。为避免出现账面亏损，中航油采取了展期和无限开放头寸的办法来掩盖当期账面亏损，押赌石油价格下跌。

从7月到9月，随着油价的上涨，中航油唯有继续加大卖空量，整个交易已成狂赌。到2004年10月，中航油持有的期权总交易量已达到5 200万桶之巨，远远超过了公司每年实际进口量。这些合约分散在2005—2006年的12个月份。其中，2006年为3 412万桶，占总盘位的79%。但是，跨过10月，纽约交易所的油价在突破每桶50美元之后继续上行，中航油从当年每桶38美元出货调整到2006年的平均每桶43美元，此时已觉势如骑虎，且因现金流耗尽而身陷绝地。

到2004年10月10日，中航油原油期货合约为5 200万桶，而国际原油期货价格已达55美元/桶历史新高，账面亏损达到1.8亿美元。公司现有的2 600万美元流动资金、原准备用于收购新加坡石油公司的1.2亿美元银团贷款，以及6 800万美元应收账款，全部垫付了保证金。此外，还出现8 000万美元保证金缺口需要填补。

10月20日，中航油集团为筹资补仓，通过德意志银行新加坡分行配售15%的中航油股份，集资1.08亿美元。

10月26日，中航油在期权交易中最大的对手日本三井能源风险管理公司正式发出违约函，催缴保证金。

10月27—28日，中航油因被迫在美国西得克萨斯轻质原油（WTI）55.43美元/桶的历史高价位上实行部分斩仓，账面亏损第一次转为实际亏损1.32亿美元。

10月29日，巴克莱资本开始追债行动，要求中航油偿还2 646万美元的到期债务。

11月8日，中航油再度被逼斩仓，又亏损1亿美元。

11月9日，三井能源风险管理公司加入追债行列，追讨7 033万美元的到期债务。

11月17日，英国渣打银行追讨1 443万美元的到期债务，并指出如果未能在12月9日收回欠款，将起诉并向法院申请中航油破产。

11月25日，中航油所持有的最后一批合约被平仓，总亏损合计高达3.81亿美元，而债权银行陆续追债，合计追讨债务2.48亿美元。雪上加霜的是，该公司同时已违反法兴银行牵头的1.6亿美元银团贷款的有关条款，同样面临被清盘的危机。

面对越来越难把握的局面，中航油集团着手向主管部门请示，国有资产监督管理委员会（简称“国资委”）最终决定不对中航油进行无原则救助，使中航油的资金链断裂。截至2004年11月29日，中航油亏损总额高达5.5亿美元，陈久霖向新加坡法院申请破产保护，并于次日终止了所有原油期货交易。

中航油事件属典型的公司内部控制失灵案例。作为在新加坡上市的公司，中航油理应具有完善的风险管理体系；作为曾经名噪一时的“明星”企业，中航油理应建立起合理的内部控制制度；作为新加坡“56家透明度最高的企业”之一，中航油也应具有优秀的信息沟通与披露机制。然而，就是这样一家理应很稳健的绩优公司，却在石油衍生品交易中出现如此重大的失败，其深层原因值得研究。

2）案例分析

中航油衍生工具管理失控的主要表现有：

(1) 控制环境：总裁权力难受约束

中航油事件的直接表现是总裁陈久霖的权力缺乏相应的约束机制。陈久霖一直独立于中国航油集团公司班子的领导之外，集团公司派出的财务经理两次被换，集团公司却没有约束办法。从内部控制的角度看，这是一个很奇怪的现象。内部控制制度的基本特征就是在赋予相应管理人员权力的同时设计相应的机制对其权力进行制约，从而引导其按照组织目标的要求进行管理。

为什么总裁的权力很难或根本受不到制约呢？也就是说，内部控制体系为什么难以制约公司总裁的权力呢？

①内部控制难以逾越公司治理界限

内部控制解决的是公司内部权力制衡的问题，公司总裁的权力则是靠公司治理的体系来制约的。但是，陈久霖作为中航油总经理，同时兼任中国航油集团公司副总经理，并且从任命程序来看，陈久霖先被监管部门任命为集团副总经理，而后兼任中航油总裁。企业作为一个组织，对于权力划分应有明确的边界，公司高级领导层一旦分工明确，就要各担其职，各负其责。陈久霖作为集团公司副总经理，同时担任中航油总裁，理所当然地在集团公司层面分管中航油事务。所以，陈久霖在中航油的权力难受制约也就容易理解了。值得注意的是，中国航油集团公司总经理兼中航油董事长为何不能制约陈久霖非理性的管理行为呢？原因可能有二：一是集团公司总经理无暇顾及中航油具体事务，采用充分放权和授权的方式，并且一旦这样的氛围形成，集团公司其他副总经理也难以逾越自身管理权限实施监督行为；二是集团公司总经理出于对陈久霖的信任而不过多干涉中航油具体业务。

在这样的背景下，中航油的公司治理体系实际难以真正发挥内部控制系统的外延功能。实际上，中航油的公司治理体系放在中国航油集团公司的层面来看，就应发挥集团公司投资业务的内部控制功能。但是，由于中航油的公司治理体系与内部控制主体存在重叠，导致内部控制无法有效制约权力主体的管理行为。

②管理层曾经的成功会限制组织对其个人的约束

公司内部控制系统的一个重要功能就是保证公司业务的合法性。中航油自2003年获得国家有关部门批准并经中国航油集团公司授权，开始从事油品套期保值业务。这一业务是合法的，但在此期间，陈久霖擅自扩大业务范围，从事石油衍生品期权交易。

中航油（新加坡）事件发生后，中国航油集团公司总经理、集团派驻中航油的董事李永吉、顾炎飞以及财务部主任林中山均声称，在2004年10月份中航油总裁陈久霖正式向集团公司汇报期货亏损前，他们并不知悉中航油在开展投机性衍生品交易。但是，事实极有可能是集团公司默许中航油开展此项非法业务，原因在于中航油对整个集团公司价值贡献是非常突出的，而陈久霖曾经的成功也促使管理者相信他可以从投机业务中赚取更大利润。

另一个值得注意的问题是，陈久霖既然在中航油已经取得了成功，为何还要冒如此巨大的风险？这一方面可能与企业的激励制度相关，更重要的是陈久霖曾经的成功极大巩固了个人的信心，并使其从中获得了巨大的成就感。

（2）目标制定：中航油目标与母公司战略不符

2004年COSO发布的《风险管理框架》将风险控制和战略目标纳入内部控制体系，较1992年提出的《内部控制—整体框架》丰富了内涵。它对公司风险给予了更多的重视，以目标设定、事项识别、风险评估和风险反应四个内部控制要素解决公司战略落实过程中的风险控制问题。事项识别帮助管理层对那些将会对企业产生影响的潜在事项进行深入认识，通过事项识别可能出现的风险之后，就要考虑风险出现的可能性和带来的影响，也就是进行风险评估。在评估了相关的风险后，企业管理者就要确认如何应对，选择那些能够把风险控制在风险容忍度范围之内的应对措施。所以，目标制定、事项识别、风险评估和风险反应是一个系统整体，缺一不可。

目标设定是事项识别、风险评估和风险反应的前提，也是企业获得成功的关键，而各种事项识别和风险评估技术又可以应用到战略制定过程中。企业明确的战略定位是约束企业短期行为和长期行为的重要规范，事关企业的命运。如果缺少了明确的战略定位，企业管理层在识别和评估风险并采取行动方面，就有可能产生盲目性。那么，中航油在目标设定上的做法如何呢？

① 公司业务体系及其结构难以体现公司战略

中航油是中国航油集团的控股子公司。中国航油集团主营业务如图16-2所示。

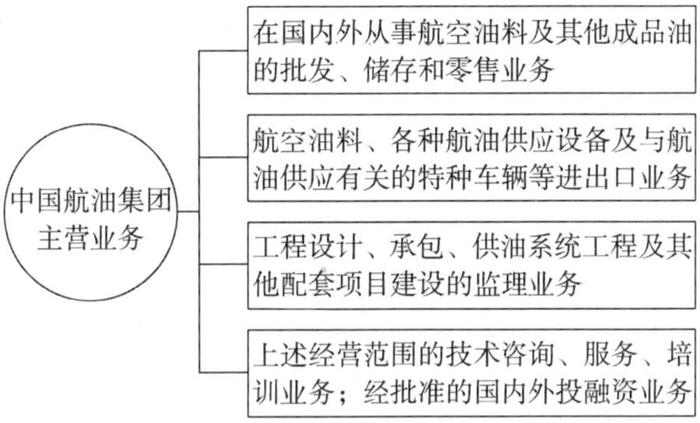

图16-2 中国航油集团主营业务

集团公司的官方网站明确说明，集团的战略是“以航油业务为核心，积极开展相关多元化业务，面向国际，通过资本运作、资源整合、品牌经营和集团化运作，实现持续、快速、健康增长，用五年时间将中国航油建设成为具有国际竞争力的跨国航油集团”。可见，国际化是中航油集团发展成为跨国航油集团的重要一步。从业务结构上看，中航油在集团内部主要承担航油采购业务，并在此基础上积极开拓国际石油贸易。中航油自陈久霖担任总裁以来，即致力于完成集团对公司的定位，经过几年努力控制了集团公司几乎全部的燃油进口，而进口燃油在中国民航燃油市场中占有约三分之一的比例，基本实现了集团公司的战略构想。

但是，中航油除燃油进口外，还从事其他高风险的业务，尤其是金融衍生品交易。公司在2000—2003年年报中对该业务进行了如下描述：“公司利用金融衍生工具的目的是降低市场风险，另外，在出现有利时机时公司也可能运用金融衍生工具进行投机获利。”

根据这一说法，金融衍生品交易并非中航油的战略发展重点，而主要是作为避险手段的。但中航油实际操作却与这一定位不符。表16-7显示，公司自2002年后，金融衍生品交易在公司利润结构中所占比重越来越大，到2003年高达39.23%，这就为中航油2004年的危机爆发埋下隐患。

表16-7 2000—2003年中航油金融衍生品交易情况 金额单位：美元

年份	2000年	2001年	2002年	2003年
衍生品交易利润（美元）	-12 372 000	-6 935 000	706 000	26 323 000
税前总利润（美元）	16 182 000	44 478 000	54 641 000	67 097 000
衍生品交易利润占税前总利润比重（%）	—	—	1.29	39.23

②利润取代战略而成为公司的目标

中航油以利润作为自身追求的唯一目标，忽视了集团公司对其业务结构的定位和要求。利润导向决定了中航油为实现利润而不断扩大期货投机交易。在2004年中航油的利润结构中，原先的核心业务（如中国进口航油采购和国际石油贸易）仅仅占到总利润的16%，而公司依靠投资获得的回报则已经占到公司税前盈利的68%。也就是说，中航油的大部分盈利是靠在期货市场上炒作石油期货而来的。此时，期权交易已不是套期保值、规避风险的途径，而成为获取利润进行风险投机的工具。

为何中航油会采用利润导向的公司业务体系呢？这是由于集团公司对中航油的考核指

标以利润为主导，而中航油高级管理层的薪酬又与公司利润挂钩，陈久霖报酬的87%与公司盈利挂钩。在这样的考核与激励体系下，惩罚机制与奖励机制高度不对等，风险由公司承担，而收益则由个人享有，因此，中航油高级管理层采用高风险的业务体系结构也就易于理解了。

（3）事项识别：期权业务的风险在哪里

事项识别是指对企业过去和未来的潜在事项以及事项发生的趋势进行计量。通过事项识别，管理层对那些影响企业的潜在事项进行深入认识。对于机会，要在企业战略目标制定过程中加以考虑；对于风险，要在风险评估和风险应对中加以分析。缺少了事项识别，可能会导致企业对机会和风险认识不足，从而丧失机会或对风险应对不足。

从期权交易中所获得的收益主要有两个来源：从长期来看，收益来自标的物商品价格的波动；从短期来看，可通过准确判断同类期权交易者的投资行为攫取利润，相应地，其他期权交易者会遭受损失。相反，商品期权交易的风险也主要来自这两个方面。因此，中航油石油期权交易的风险主要来自两个事项：一是石油价格波动引起的期权价格波动；二是自身投资行为被其他交易者了解的程度或准确判断的概率。

①石油价格波动带来的风险

中航油清醒地认识到石油价格波动会带来投资的风险，以及可能从中获取的利润。但是，由于陈久霖缺乏石油衍生品交易的专业知识，他采用了聘用交易员并加以授权的方式进行专业投资，当然也较易在专业上对其形成依赖，事后被证明这一信任或依赖正是亏损越来越大的根源。这意味着，在公司投资业务管理中，尤其应避免采用信任并授权的方式，而应将其纳入内部控制体系中来。在公司管理实践中，往往会出现高级管理层缺乏专业知识进行科学判断的情形，此时应避免采用完全授权给个别人的方式，而应在公司内部建立起内部控制的有效流程，避免对个别专业人士过分依赖。

②公司交易信息的保密工作

中航油没有识别出自身交易行为信息泄露这一风险事项。中航油参与期权交易的10位交易员分别来自澳大利亚、日本、韩国等，全是外籍交易员。如此重大的交易机密却掌握在国外人士的手中，这样一方面给交易信息的保密工作带来了一定的困难，另一方面很可能导致交易机密的泄露。

（4）风险评估：风险容忍度一目了然

通过事项识别确认可能出现的风险之后，就要考虑风险出现的可能性和带来的影响。风险评估可以帮助企业管理者更清楚地认识事项带来的风险，以便在管理过程中采取适当的应对措施。

中航油在清醒地认识到标的物价格波动带来的投资风险这一事项后，鉴于自身缺乏相应的专业知识，也缺乏相应风险评估的能力，因此，委托安永会计师事务所制定了《风险管理手册》。手册明确规定了公司衍生品交易不同损失额度的申报审批制度以及最终的止损限额。可见，公司对风险容忍程度的控制还是有着清醒的认识的。遗憾的是，这一认识并没有转化为面临投资损失时的管理行动。

（5）风险反应：外聘机构设计方案缺乏内控

在评估了相关的风险后，企业管理者就要确认如何应对这些风险，选择能把风险控制在风险容忍度范围之内的应对措施。只有制定和选择应对风险的有效措施，才能帮助组织在风险真正来临时不至于自乱阵脚。

中航油在制定风险反应措施时，具体做法是采取依靠外部力量的办法。公司聘请在内部控制方面有独到之处的安永会计师事务所编制《风险管理手册》及《财务管理手册》，明确规定了相应的审批程序和各级管理人员的权限，通过联签的方式降低资金使用的风险。虽说安永制定的《风险管理手册》比较先进，并且符合国际石油公司的通常做法。但是《风险管理手册》是2002年制定的，由于当时中航油尚未开展期权业务，所以，该手册中并没有包含期权交易的具体条款。虽然《风险管理手册》中规定了公司衍生品交易的最高风险不得超过500万美元、对所有产品敞口仓位的限量设定为200万桶，但并没有制定超过限额和仓位的切实有效的应急机制，如越级汇报、强制平仓、贸易员和风险控制员必须离职等。

在风险管理措施制定的过程中，当自身不熟悉相关业务时，借助外部力量是必要的。但是，因公司投资业务面临的风险十分重大，风险反应方案设计完全依赖某一外部机构，有悖内部控制的基本原理。在方案设计外包过程中，可考虑引入竞争机制，聘请多家外部机构进行独立设计，并综合其意见，设计出较为完善的风险反应方案。

（6）控制活动：投资风险控制机制未落到实处

控制活动是帮助保证风险反应方案得到正确执行的相关政策和程序，是根据事前制定的应对方案而进行的事中控制，通常包括两个要素：确定应该做什么的政策和影响该政策的一系列程序。中航油根据《风险管理手册》应可控制大部分投资风险，但实际操作中诸多控制环节都存在失灵现象。内部控制制度在执行环节缺乏必要的保障措施。

①绕开董事会开展高风险业务

根据《风险管理手册》的规定，引进新业务产品时，必须在一个委员会和总裁推荐下获得董事会批准后，才能进行交易。但是，中航油在开展期权交易业务时，对于这种风险很高的交易业务，管理层却绕开董事会自行开展新业务。从新业务引进开始，中航油管理层就已经突破了内部控制制度的规定。为什么面对明文规定的内部控制措施，管理层敢于人为逾越，而中航油却没有具体的措施进行约束和限制呢？这可能主要缘于高级管理层既是内部控制制度的设计者（或享有内部控制制度的设计权），又是内部控制制度的执行者，因此，一旦内部控制制度在执行过程中对高级管理层权威带来影响甚至是给其工作带来不便，极易在执行过程中被“重新设计”。制度相应成为一纸空文，相关的控制程序也难以真正执行。

②无视止损规定继续展期投资

当中航油期权交易亏损580万美元后，实际已经突破了《风险管理手册》规定的亏损限额。根据手册的规定，此时应立即平仓止损，但是陈久霖却同意展期。个人的决策凌驾于制度的规定之上，从事实上否定了相关的内部控制程序。至此，中航油旨在帮助确保不超过交易限额的控制活动被人为突破。在中航油的期权投资中，高级管理层承担了几乎所有的关键决策，而其决策的依据在很大程度上是个人的判断，并不是制度要求的集体决议。公司的内部控制制度并没有把基于“人治”的个人决策转变为汇集智慧的集体决策，因此，当个人决策出现重大失误时，内部控制无力改变决策结果。

③缺少制止违规操作的应急机制

内部控制可以保证个体行为与公司利益的一致性。当个人行为违背风险管理制度的规定时，如果存在相应的制止违规操作的应急机制也可以使内部控制机制重新启动，及时叫停危险操作。但是，中航油恰恰缺少这种机制。首先，《风险管理手册》没有体现我国关于限制从事期权这类高风险业务的规定；其次，《风险管理手册》只规定了最高风险不得超过500万美元、对所有产品敞口仓位的限量设定为200万桶，并没有制定应急机制。应急机制的缺失无法将相应的责任赋予相关的个人，也就不存在广泛制约与控制。

④风险管理委员会未履行风险提示职责

中航油虽然按照《风险管理手册》设立了风险管理委员会，但是委员会并未如手册中规定的那样实际履行其风险提示的职责。在公司开始期权这项新产品交易时，风险管理委员会没有进行任何必要的分析和评估工作；交易开始后，未能对期权交易设置准确的限额，也未能准确地报告期权交易；在期权交易挪盘时，风险管理委员会未能监督执行相关的交易限额，或者未能控制公司的超额交易。在2004年1—6月挪盘期间，风险管理委员会未提出建议，未提出挪盘增加了公司的风险，也未建议斩仓止损。另外，中航油的交易员也没有向公司其他人员提醒各种挪盘活动的后果和多种可能性。风险管理委员会专司风险控制，但当出现重大的失职时管理层却从未追究，可见风险管理委员会的风险评估受管理层决策影响严重。管理层未界定为风险的事项，风险管理委员会也不确定为风险，无须进行风险提示。

⑤集团公司止损决策迟缓

中航油危机发生后，迅速地斩仓也可以在仅发生较小损失时结束中航油的冒险之旅，减少投资损失。但是，集团迟缓的决策错失了几次减少损失的斩仓时机，直接导致了公司损失的扩大。根据陈久霖的说法，事件发生后，中航油也曾向BP、富地、维多等国际石油公司和中海油等国内企业寻求救助，其中，BP提出了两个将损失控制在2亿美元以内的方案。经过长时间的谈判和清盘，在11月陈久霖就谈判结果向集团公司请示时，迟缓的决策再一次使中航油危机及时止损的可能性彻底丧失。尽管集团公司高级管理层否认因自身决策延缓导致损失扩大，但从实际结果来看，要么是集团公司缺乏对子公司的控制（属不作为），要么是集团公司决策机制滞后（属缓作为），无论哪种情形，集团公司的责任都不容推卸。

（7）信息与沟通：滞后虚假的信息

信息是控制的基础，既可为内部管理人员及时选择控制措施，又可为外部利益相关者制定决策提供依据。但是，在中航油事件的整个过程中，信息存在严重的失真和滞后。信息和沟通不畅一方面使董事会难以知悉公司业务的真相，无法对公司的财务风险作出预警，另一方面使外部投资者受虚假财务信息误导而作出错误的投资决策，带来损失。中航油事件中暴露出来的问题主要体现在对董事会报告机制的不健全和对外信息披露虚假滞后。

①对董事会报告机制的不健全

中航油的日常报告机制不健全，管理层有意隐瞒业务情况而不向董事会及时报告。在涉足期权业务之初，管理层就未向董事会报告高风险业务开展情况。在其后的一年多时间里，董事会始终处于被蒙蔽的状态，没有发觉管理层正在进行的交易，对于交易中蕴含的高风险更是没有任何认识和体察。2004年年初，期权交易开始出现亏损，但管理层依然未履行报告职责，《风险管理手册》关于汇报期权交易亏损的规定更是未得到丝毫重视。随着油价一路攀升，期权交易的亏损额迅速扩大，中航油管理层不是把相关情况及时报告给董事会或按照公司风险管理规定应对风险，而是一而再、再而三地展期扩大盘位。不难想象，中航油对董事会的报告机制实际成为了选择性报告机制，只有管理层无力应对风险、需要董事会或集团公司支持时，才会紧急报告，平时无危机时则报而不告。

②对外信息披露虚假滞后

不仅是对内报告机制存在问题，中航油对外信息披露的问题也十分严重。公司在前期的经营过程中业绩辉煌，信息披露自然没有太多问题，其透明性堪称楷模。但是，期权交易出现亏损后，中航油对外公布的报表中却没有相关的披露。

更为严重的是，2004年11月中航油期权业务已经出现巨额账面亏损，甚至在无力支付保证金而不得不向集团公司求援时，公司在对外公布的第三季度报告中依然没有披露真实的财务状况和经营情况，继续大唱利好，拒不承认公司亏损实情。在此之前的2004年第一季度报告、中期报告也采取了相同的策略，始终隐瞒期权交易潜在的或已发生的亏损，坚称“公司处于盈利”。此事直到2004年11月底由于独立董事的介入才将真相公布于众。

中航油这一连串虚假披露的做法在一定程度上得到了母公司的支持。母公司知悉中航油巨亏情况后，明知公司处于高风险状态，依然隐瞒真相，以股份减持的理由向一批基金出售了15%的中航油股份，所筹得的1.8亿美元悉数贷给中航油用作期权交易补仓。

另外一个耐人寻味的细节是，中航油进行期货交易的历史由来已久，甚至可以追溯到1997年，根据公司对外披露的年报可以看出其成果斐然。然而，直到2003年6月，中航油才获得中国证监会关于中国公司在海外从事期货交易的资格认定，且只能从事套期保值。此前，中航油便一直在违规开展衍生品交易，在此之后，中航油违规进行期权交易的操作依然没有停止。

对于中航油的违规操作和虚假信息，内部控制体系始终未发出任何警示。针对这些情况，公司管理层肯定是心知肚明的，但却未向外部公布，正如普华永道发布的调查报告所指出的，中航油公司弥漫着一种保密的文化。换一种角度而言，则是信息与沟通在内部控制体系中形同虚设。

（8）监督：名存实亡的内部监控

在公司业务的正常进行中，监督应当贯穿始终，形成一个持续的过程。对于内部控制体系存在的重大缺陷或问题应当及时上报，以便公司管理层和董事会知晓。中航油在衍生品领域中进行的交易一直属于违规操作，但是却始终没有受到内部控制机制的限制。究其原因，主要是董事会监管不力和内部审计的失职。

①董事会未履行其监管职责

集团公司主要通过委派董事对子公司进行事中的监控。在中航油董事会成员中，除了来自公司外部的独立董事，其他执行董事和非执行董事主要由集团公司委派，但他们同时在集团公司身居要职，没有强烈的需求和愿望去更多、更深入地了解海外公司的经营情况和财务状况，他们明显没有履行应有的监管职责。这也正是许多国有企业所面临的共同问题。被委派到海外子公司的董事在制度上缺乏有效行使职能的机制，董事变成形式上的监管。由此产生的严重后果就是集团公司对子公司的监管失控。

②内部审计未起作用

审计委员会主要履行事后控制职能，通过内部审计对公司存在的重大失控和风险作出提示。该委员会不受总经理制约以保证董事会的知情权和干预权。但是，中航油内部审计却形同虚设，没有定期向审计委员会报告，而且报告内容重复，敷衍了事。未能履行监督作用还在其次，更为值得关注的是，内部审计报告使人错误地认为公司的内部控制措施运行良好。这种特殊的现象与中航油特殊的内部控制体系有关。董事会疏于履行其监管职责，使得内部审计既无法得到支持，也找不到负责的对象，只可能是流于形式。

17 行为财务案例

17.1 行为财务在公司融资活动中的运用

17.1.1 经理人非理性行为对公司融资的影响

1）过度自信

过度自信的经理人认为自己可以管好大规模的资金，这也导致他们往往在资本市场中作出非理性融资行为。过度自信的经理人一般会高估投资收益，而低估投资风险，认为自己能够获得超过别人的收益，而不会承担超过别人的损失。在这一心理作用的驱使下，他们在制定扩张决策时，只会乐观地看到自己投资项目的高收益，而不考虑其可能带来的风险以及企业经营状况等客观条件的约束，由此导致企业的盲目融资，高速扩张。

2）从众行为

从众心理体现在两类人身上，即投资者与公司经理人。当一个投资者从股票市场上赚了一笔钱后，这个“示范效应”就会吸引大量的投资者积极跟进，大量地进行股票买进交易。于是，投资者的从众行为产生了。大量从众投资，使得证券市场上股票价格被高估。上市公司的决策者会利用这种情况，通过IPO、配股、增发等最大限度地提高公司的融资额。由于公司的决策者在融资时，考虑的仅仅是使融资额达到最大这一融资目的，没有考虑公司的资本结构、经营管理等方面的因素，导致了基于传统财务理论的非理性融资行为的发生。而当这种非理性行为通过资本市场传递到其他同类公司时，其他公司看到的只是该企业高额的融资额，以及融资后低财务压力下的悠闲，于是他们也开始跟进融资，也作出了非理性的融资决策。因此，上市公司出现了权益融资的从众行为，表现为上市公司集中性的上市、增发、配股等现象。

3）认知偏差

在资本市场中，由于融资者存在对自己的管理能力、投资项目收益率和风险、筹资成本等的认知偏差，上市公司经常发生一些非理性的融资行为。有些时候，即使这些管理者认为他们是在最大化公司的价值，而事实上由于对自己决策的认知偏差，他们不能认识到自身的非理性行为。这样，经理人认为他们已经在做“正确”的事情了，但市场表现出来的是非理性的决策。认知性偏差种类较多，主要包括“易获得性偏误”、“代表性偏差”与“锚定和调整偏差”。

由于客观存在的信息不对称，使得融资者（一般指上市公司）处于股票市场中的优越地位，而过于集中的股权进一步扩大了上市公司单独决定财务政策的优势，上市公司能够凭借其绝对优势通过增加股权融资的方式来获取融资收益，这也使得上市公司具有极强的融资倾向，这种优势地位强烈的融资倾向使存在认知偏差的管理者作出非理性的融资决策。

4）损失厌恶

损失厌恶是指投资者倾向于厌恶偏离参照点的任何一小点风险或损失的现象。对于融资者来说，融资者在现实决策过程中同样是损失厌恶的，即融资者不仅关心当前的融资选择可能带来多少预期收益，更关心这项融资行为是否比其他替代性选择带来更大的预期效用。特别是在经理人的报酬是基于公司净资产的情况下，经理人更喜欢选择降低公司风险的项目。当决策者发现这种非理性的行为后，由于决策者承担了责任并且不愿意接受现有损失，就不会中止净值为负的项目，他们会继续投资。

另外，这种损失厌恶还会表现在当其他筹资者通过市场筹集到资金时，鉴于市场能提供资金的有限性，担心优质的资金资源被其他人融走之后，自己融资时会受到影响而发生损失，也导致了上市公司不根据自身的具体情况参与资本市场的融资，而是更多地表现为不顾自身的财务状况，只要有融资的机会立即进行融资。

17.1.2 案例：团购网融资危机①

1）资本市场的“羊群效应”

许多大型团购网站纷纷出现大规模裁员、大范围拖欠商家货款、大规模缩减区域站点、大量付费用户被商家拒绝服务的现象，而且这种现象还在迅速蔓延。为什么在美国已经成为一个商业模式的“团购”在国内几乎折戟沉沙？其中一个不容忽视的原因就是再度呈现“羊群效应”的资本，驱动反复呈现“狼群效应”的中国年轻创业者采取了轻率而不可逆的发展策略，从而让整个行业恶化。

资本的“羊群效应”在国内并不罕见。一个原因就在于，简单套用看上去成熟的“定理”。其中一个被广泛相信的定理是：只要拿到市场占有率第一，就可以得到定价权。在团购行业，正是这一点引导了一系列公司高速启动、急速扩张。在这一定理的指导下，18个月内，这个行业以不可思议的速度烧掉了成吨的美元。

2011年的中国团购行业，是资本的“羊群效应”非常鲜明的一年。在许多公司都发生着类似的事情：资本督促团队迅速烧钱，把CEO的KPI（关键绩效指标）集中在销售额上。这个行业的“销售额”包含95%以上需要下个月立即付掉的“代收款”。这一尖锐的事实被不可思议的月环比增长模型所掩盖。

中国的团购网站处于烧钱期，还是发展的初级阶段，盈利模式缺乏差异化，竞争需大量后期投入，短期内很难盈利。团购行业的软、硬件设施都不是十分完善，用户黏度、诚信问题、亏损问题都有待解决。虽然有些团购网站达到了纳斯达克上市的硬性规定，但仍面临着制约行业发展的种种因素。

自2010年以来，知名团购网站颇受资本青睐，频频获得风险投资资金。与之前狂投广告不同的是，近期获得融资的团购网站大都宣布要将资金用于提升自身的管理、服务水平，扩大规模等，而对于广告的投放比较慎重。事实上，一年来团购行业的盈利情况并没

① 王乐鹏，王颖，李春丽.团购网站行业性亏损的原因分析及对策研究［J］.市场论坛，2011（10）：54-55.

有令风险投资商感到满意。

随着资本市场进入寒冬，风险投资商追捧热潮退却，网络团购企业融资瓶颈凸显。现在团购网站大都靠着第一轮的融资在艰难地维持运营。如果团购网站没有风险投资商的继续支持，将不得不缩减一些次要的支出。虽然说团购网站销售过亿元，但团购网站同商家的分成利只有10%，总利润根本不够负担繁重的广告费、运营费。表17-1和图17-1是部分团购网站融资情况统计。

表17-1　**国内部分团购网站融资统计一览表**

名称	融资来源	时间	金额
拉手网	泰山天使	2010年4月	100万美元
	泰山天使、欧洲团购网站DailyDeal创始人、金沙江创投	2010年6月10日	500万美元
	金沙江等创投	2010年6月17日	500万美元
	特纳亚投资、西北风险投资、金沙江创投	2010年12月	5 000万美元
	麦顿投资、金沙江创投	2011年4月	1.11亿美元
大众点评网——点评团	红杉资本	2006年1月	未透露
	谷歌	2007年5月	未透露
	挚信资本、红杉资本、启明创投、光速创投	2011年4月26日	1.1亿美元
	第四轮融资	2012年	6 000万美元
	腾讯	2014年	4亿美元
	腾讯、淡马锡控股、万达集团和复星集团	2015年	8.5亿美元
24券	硅谷投资人天使投资	2009年9月	未透露
	天使投资	2010年5月26日	数百万元人民币
	A轮	2011年2月	数千万美元
	B轮	2011年7月26日	数千万美元
F团	未透露	2010年6月	数额巨大
	三井创投	2011年4月29日	500万美元
满座网	凯鹏华盈	2010年9月	1 000万美元
	凯鹏华盈、摩根大通	2011年6月28日	5 000万美元
美团网	红杉资本	2010年8月	1 000万美元
	红杉资本	2010年10月	2 000万美元
	红杉资本	2011年3月4日	数千万美元
	阿里巴巴、北极光、华登国际以及红杉资本	2011年7月5日	5 000万美元
	未透露	2014年12月22日	7亿美元

续表

名称	融资来源	时间	金额
美团网	腾讯、DST、挚信资本、红杉中国、高瓴资本、今日资本、中金公司、淡马锡控股、安大略省教师退休基金会、卡氏中国基金、高达投资、方正和生投资	2016年1月19日	33亿美元
	华润创业联和基金	2016年07月18日	亿元及以上美元
	腾讯、红杉中国、Coatue Management、Tiger老虎基金（中国）、挚信资本、GIC新加坡政府投资公司、中国-阿联酋共同投资合作基金、加拿大养老金投资	2017年10月19日	40亿美元
团宝网	未透露	2010年4月20日	220万美元
	未透露	2010年12月	2.3亿元人民币
阿丫团	盟动力天使投资	2010年5月2日	1 320万元人民币
	山西财团	2010年6月18日	1.1亿元人民币
窝窝团	澳大利亚电讯	2010年2月	1亿美元
	鼎晖、天佑、清科等	2011年5月25日	2亿美元
酷团网	浙商创投	2010年5月27日	1 000万元人民币
	万嘉创投	2010年6月9日	800万元人民币
聚美优品	红杉资本	2011年3月	1 000万美元
	红杉资本	2012年1月1日	未透露
	泛大西洋投资	2014年5月11日	1.5亿美元
	熙金资本	2016年3月1日	未透露

数据来源：团800团购导航。

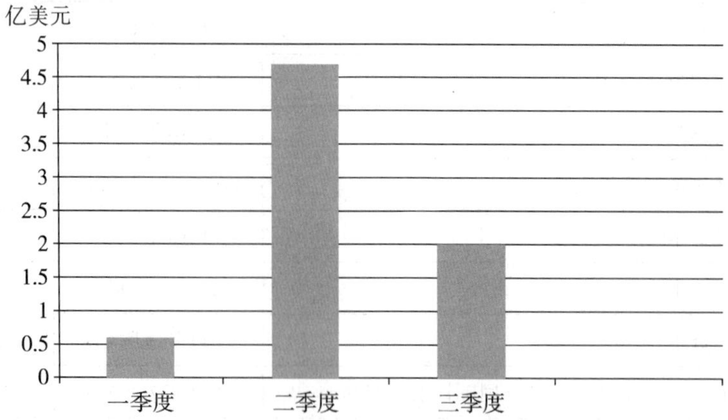

图17-1　部分团购网站融资情况统计

2）盲目扩张——以窝窝团为例

窝窝团于2010年3月份上线，属于国内较早进入团购市场的网站。但在其后激烈的竞争中，明显落后于拉手网、美团网、糯米网等，属于第二梯队。据艾瑞咨询发布的2011年3月份中国团购网站排行榜，在“日均覆盖人数”“月度总访问次数”“访问到下单转化率”三个不同指标的评价排名前十名中，均没有窝窝团的名字。

2011年5月，窝窝团高调宣布首轮融资将达2亿美元，但是在11月14日的媒体沟通会上，窝窝团CEO徐茂栋确认，窝窝团在全国35个五线城市开始进行“人员优化”，整体裁员幅度在500人左右。短短半年内发生如此巨变，不得不发人深省。

（1）巨额融资风波

窝窝团高调宣布首轮融资将达2亿美元，是团购业内单笔融资的最大规模。此外，窝窝团还将成为“第一家正式进入上市轨道的中国团购企业”。但仅仅是融资额度，就引起外界诸多质疑。2010年10月，美团网获得红杉资本2 000万美元投资；2011年4月，拉手网宣布完成C轮融资共计1.11亿美元；大众点评网也称获得第三轮融资超1亿美元并将其用于团购业务，但均不及窝窝团此次的融资额。

窝窝团最初对外宣布这一消息时，声称融资将来自高盛，而《每日经济新闻》记者就此事采访高盛时，其相关负责人表示，对此事不作评论，但又建议记者应当继续关注这条消息，真相会得到澄清。

在2011年5月25日的新闻发布会上，窝窝团改口说，资金来自鼎晖、天佑、清科等，但拒绝透露各家投资的具体额度。

虽然徐茂栋称“窝窝团的资金没有任何问题，我们的融资额在业内是数一数二的，足够维持公司的正常运营和广告投放”，但融资难是导致团购网站倒闭或缩减规模的重要因素之一。受国际环境的影响，风险投资商对于团购网站的投资也都比较谨慎。

（2）盲目扩张的后果

几个月前，团购网站最惹眼的新闻是窝窝团从拉手网大量“挖角”的消息，一转眼，却是秋风萧瑟、紧缩入冬之象。团800团购导航最新统计资料显示，目前国内已有超过300家的地方团购网站倒闭。

有果必有因，2011年初，各家团购网站不仅大打广告战、挖角战，还纷纷在三、四线城市跑马圈地，开设分站。团购消费专家、团800团购导航联合创始人胡琛在接受《证券日报》记者采访时表示，窝窝团走的是收购中小团购网站的策略，人员快速激增至5 500人，这对团购网站而言是个非常庞大的数字，并且从团购网站扩张的成效来看，团购网站还不太适合三、四线城市的经济环境以及当地居民的消费习惯。现在团购网站的精力应该以一、二线城市为样板，做透做精，再将成熟经验推广至三、四线城市。

胡琛认为，行业的盲目扩张其实也与行业内竞争过于激烈有一定的关系。广告战、挖角战轮番上阵。宣传的同质化使得广告的意义不大，由于优质商户和消费者购买力有限，一、二线城市市场已经趋于饱和。团购网站没有做过精准分析就将触角伸向中小城市，认为提前进入就能圈地为王。当几家大的团购网分站遍地开花的时候，“羊群效应”凸显，其他团购网站唯恐落后，也纷纷在中小城市开设分站争抢优质商户，盲目扩张与行业风气有分不开的关系。

团购行业的恶性竞争在于企业为了能够扩大市场份额，不断削弱利润率、不断增加销售人员。一方面，此举导致行业平均利润持续下降，行业发展沦为资本运作游戏；另一方面，发展战略设计不合理，盲目拓展市场份额，在部分三线城市布局导致企业拓展趋势反而成为企业的财务负担。

团购行业前期增长太快，业绩上涨空间已经被消化得差不多了，现在发展遇到了瓶颈期，加之裁员、诉讼、倒闭这些负面消息成了目前团购行业的关键词，所以，风险投资商都是处于观望的状态，对于B轮融资相对谨慎。而众所周知的是，如今团购网站的运营压力非常大，没有风险投资商的支持，缩减人员编制是其开源节流的无奈之举。

17.1.3 案例：过度自信酿福记败局①

2009年10月19日，备受推崇的内地送餐服务业巨头福记食品（01175.HK）突然向香港高等法院提出清盘申请，引发关注。研究发现，没有证据显示福记的业务扩张速度和扩张模式存在问题，福记失败的根源出在了融资方式上，这最终应归咎于福记管理层的过度自信。

1）福记的发展历程

（1）通过资本市场实现高速增长，福记独特的商业模式获资本青睐

1999年，福记食品创始人魏东辞去公职，与妻子姚娟在苏州创办福记好世界。2000年1月1日，公司首家中餐馆——苏州新区中餐馆以福记品牌开展业务，自此，福记便一直扩充中餐馆业务。2001年，福记开始在上海扩展中餐馆业务，并于7月1日开设上海浦东中餐馆；2002年8月，公司拓展业务范围，推出上海送餐业务，很快，福记发现国内的送餐市场广阔，其后公司就一直扩充送餐服务等业务。与当时为人熟知的丽华快餐的经营模式不同，福记选择了向写字楼送餐，进入当时尚未被开发的工业配餐市场，并成为通用汽车等诸多五百强企业的工作餐供应商。随着送餐业务的增加，2003年10月27日，福记在上海又增设了另一家中餐馆——上海浦西中餐馆。

2003年5月，公司在苏州开展送餐业务，同年，福记成为中国餐饮行业中首家通过HACCP国际认证的企业。随后，福记先后在上海和苏州成立了孙桥中央加工中心和苏州中央加工中心，凭借对中央加工中心及中餐馆的管理经验，福记迅速发展为一家专业的食品及送餐服务连锁经营商，为各企业及普通大众提供食品及餐饮服务。至此，通过创新和竞争，福记已经完全进入了现代化餐饮行业的核心领域，在专业化、标准化和信息化方面处于领先地位。

福记的餐饮连锁经营模式和业务快速增长很快吸引了风险投资商的关注，2004年，福记与法国里昂信贷银行结成战略合作伙伴共同开发大陆食品加工市场，核心业务涉及食品生产、食品加工、团体供餐、福记家厨、超市等领域。公司于2004年12月17日在香港联交所主板挂牌上市。

（2）运用上市募集资金扩充产能，股价收益率远超大盘

公司在联交所主板上市时，含超额配售部分总共发售股份1.15亿股，募集资金约3.25亿港元。根据招股说明书，募集资金约0.45亿港元用作山东、浙江及海南成立大型源头采购及初加工中心；约1.12亿港元用作松江、无锡及深圳成立加工中心；约0.38亿港元用作上海及无锡成立中餐馆；约0.6亿港元用作上海及苏州成立方便食品门市；约500万港元

① 王正位．福记可转债“馅饼”为何变成了“陷阱”[N]．新财富，2010（6）．

用作销售及营销活动；余下的0.28亿港元用作未来业务发展和一般运营资金。

上市募集的资金对公司的发展起到了推动作用。福记2005—2006年度中报显示，截至2005年10月，福记上市还未满一年，该公司就通过摩根大通发行6.2亿港元可换股债券，2010年到期。福记号称该笔可转债得来的现金，一半用作兴建食品加工中心，另一半作为营运资金。中央加工中心的设立极大地增加了福记的产能，截至2005年11月，福记的产能已经达到上市前的8.7倍以上。按照公告的规划，福记将继续动用余下新股发行款（约1.95亿元人民币）实施增长策略。

市场对福记的增长策略也报以热烈的掌声，自上市之日起，截至2005年9月中旬，福记股票累计持有收益率达139%，而同期的恒生指数累计收益率仅为7.6%，福记的超额收益率达到131.4%。资本市场中的投资者在福记身上获得了高额收益，而福记则利用资本市场提供的资金实现了快速增长，双方相得益彰。

（3）初试可转债，“一石多鸟”

市场的正面反馈进一步刺激了福记的扩张。2005年8月，福记公告称，集团决定在上海嘉定新建一个中央加工中心，以更好地配合集团的增长策略，应对国内不断增长的送餐服务需求，同时，也有助于集团进军教育界的送餐服务市场。

按照福记和嘉定区人民政府之间的沟通协商，公司预计在2005年底可获批土地使用权，预计土地购买费为7 000万元。公司计划拿到土地使用权之后的1年内完成嘉定加工中心的工程，预计总成本约为3.5亿元，同时，随着集团规模的扩大，公司需要2.6亿元来扩充一般运营资金。但是，福记当时的资金并不足以支持这个投资计划，为了获得资金支持，福记再次把目光投向了资本市场。

2）福记对资本市场的运用

（1）一用可转换债券

福记决定向市场发行可转换债券，该决议于2005年8月1日的股东大会得到通过。2005年9月27日，福记通知联交所股票停牌，并向市场公告：公司将以JP摩根为承销商，发行面值本金总额为6亿港元、到期日为2010年9月30日的可转换债券，初步换股价为10.253港元，除按年利率5.75%计算拖欠付款利息外，债券不附利息。如果这笔可转债按照换股价10.253港元全部换为股票，债券将转换为5 852万股股份，占公司经扩大已发行股本的11.68%。

公告一出，福记股票在第二天开盘时应声而跌，跌幅达4.42%。截至2005年9月，福记的总资产约为9.1亿港元，负债约为1.6亿港元，此笔可转债发行后，福记将面临50%的负债率，如果此笔可转债不能顺利转股，福记将面临巨大的还债压力。更何况，截至2005年9月26日，公司股价为9.05港元，按照此价格计算，换股价还有13.29%的溢价，按此前20个交易日的平均价格来计算，更有22.79%的溢价，可转债不能转股的风险不容忽视。

但是，市场随即又对股价的下跌进行调整，在随后的5个交易日里股价持续上升，累积回报率重新超过了恒生指数。2005年10月14日，此次福记可转债（简称“JPM转债”）按照预定计划成功发行，并于10月17日在联交所交易。这一次，股价再次下跌，从10月12日到17日，股价由每股9.1港元跌到8.1港元，累积跌幅达10.5%。而与股价下跌形成鲜明对比的是，投资者对可转债的认购非常踊跃，在福记2005年年报中，有过这样的描述："于2005年10月发行五年零息可换股债券的所得款项净额约为578 800 000港元，投资者反应踊跃，足以证明他们对福记现有业务和本集团未来前景充满信心。"

事实上，福记的业绩也的确没有让投资者失望，在资本市场资金的支持下，截至2006年3月31日的会计年度，福记的营业额达到近7.97亿元，较上一个会计年度上升75.2%；而年内的净利润达到2.52亿元，较上一个会计年度上升52.0%；每股基本盈利达到0.565元，而上一个会计年度的每股盈利为0.498元，上升幅度达13.5%。

飙升的业绩令股市投资者疯狂，福记股价从2005年10月14日的每股8.4港元起步，至2005年11月8日，仅仅用了14个交易日就在盘中突破了可转债的换股价10.253港元，最高达到10.45港元，而同期恒生指数下跌5.7%。福记股价之后更是一度飙升到每股20港元。截至2006年3月31日，福记股价收于每股16港元，这几乎是可转债发行时股价的两倍，远远超过了换股价。

事实上，福记的股价表现得如此卓越，以至于福记可转债的持有者都按捺不住心中喜悦，纷纷将可转债实施换股。2005年11月25日至2006年3月31日期间，福记因按兑换价兑换本金总额为5.2亿港元的债券而发行及配发合计5 072万股新股，发行完成后，截至2006年3月31日，2010年未偿还债券本金额已减至8 000万港元。同时，截至2006年3月31日，福记的债务总额（包括银行贷款及未转换的2010年债券）合计3.03亿元，股东权益总额为14.46亿元，按照该结果计算，福记的资产负债率约为21.0%（2005年同期为21.9%），和当初刚发行可转债时的50%的资产负债率相比大幅回落，财务上仍然稳健。发行可转债时预期的不利情况均未出现，当时对于股票市场的消极反应似乎是多虑了。

因此，总的来说，福记本次可转债的发行极为成功，一方面从市场上募集了大量的资金，另一方面又避开了沉重的债务负担，更为有利的是，采用可转债的方式募集资金，比直接发行股票省下13.3%的成本（按照公告，以可转换债券发行前一天，即2005年9月26日，每股9.05港元的股价计算）。

（2）二用可转换债券

截至2006年9月，福记位于杭州及无锡的新地区分销及加工中心已完成兴建，并分别于2006年9月及预期于2007年第三季度投产，这两个加工中心的成立令福记日产量又增加30万份。经营规模的不断扩大又进一步刺激了可转债持有人的换股行为，截至2006年9月，又有1 000万港元的债权转换为股权，JPM转债未偿还本金额已减至7 000万港元。

伴随着福记业务的进一步扩张，管理层决定进一步提高产能以及物流实力，因此，希望扩展在北京的业务，初步打算在北京成立新地区分销及加工中心。同时，福记还希望进一步加强垂直综合业务模式，因此，需要提升位于山东临朐、山东寿光及浙江宁波的现有采购及初步加工中心的产能，并在江苏无锡成立一个新的采购及初加工中心。经过初步预算，改善及成立新中央加工中心的估计成本约14.73亿元（约合14.30亿港元），但是截至2006年8月31日，福记可用的现金及现金等价物只有约6.02亿元（约合5.84亿港元），资金缺口达8.71亿元（约合8.45亿港元）。鉴于第一次可转债的成功发行，尝到了甜头的福记管理层再一次把目光投向可转债。

2006年10月10日，福记董事会发布公告：2006年10月9日，福记食品与牵头经办人

UBS订立认购协议，福记按面值发行本金总额为8亿港元的可转换债券。福记还向UBS授出一项期权——按面值再认购本金总额最高为2亿港元的可转换债券，该期权可于截止日期后30日或之前任何时间一次或多次悉数或部分行使。UBS于2006年10月9日全面行使期权，据此，福记本次可转债本金总额将为10亿港元。这次公告同时声明，本次可转债除按年利率5%计算拖欠付款利息外，债券不附利息。此外，债券持有人将有权于2006年12月20日至2009年10月25日的任何时间，将持有的债券按初步换股价17.51港元转换为股份。如果这些债券全部换股，则可换为5 711万股股份，这相当于福记已发行股本的11.35%，并相当于福记经扩大发行股本的10.19%。

按照2006年10月9日的收盘价格计算，此次可转债（简称"UBS转债"）的溢价为26%，远高于福记初次发行可转债的溢价率，按此前20个交易日的平均价格来计算，更有27.1%的溢价。公告一出，如同上次一样，股价再次应声而跌。从2006年10月9日的每股13.9港元跌至2006年10月19日的每股12.9港元，跌幅超过7%。

但是，此后股价再次一路上行，尤其是在2006年11月9日福记第二次可转债成功发行之后4个交易日之内，公司股价从每股14.16港元迅速攀升到16港元，涨幅超过12%。此后，股价总体呈现上升趋势，截至2006年11月30日，福记股价收于每股18港元，已经超过了本次可转债的换股价。截至2007年3月31日，福记的业绩也再创新高，全年营业额近12亿元，比上个会计年度增长50.5%。年度利润也达到近3.5亿元，比上年增长38.5%。福记的股价也因此迭创新高，截至2007年3月30日，福记股价收于每股24.55港元，远远超过了UBS转债的换股价17.51港元。在股价的刺激下，JPM转债（换股价于2006年8月15日经调整变为10.125港元）剩余的7 000万港元债券全部实施了换股。但是，截至2007年3月30日，并无UBS债券兑换为公司的新普通股。也正是UBS转债没有换股，导致福记在2007年会计年度的资产负债率高达72.4%。

不过，2007年会计年度之后，福记的业务仍在快速扩张。送餐业务除了机构送餐、校园送餐之外，又开始朝展览及项目送餐扩展，2007年4月至10月，福记取得上海两家大型展览中心的送餐合约。同时，2007年4月福记食品又签订了两份2008年北京奥运会的送餐服务合同，成为这项全球体育盛事的指定食品送餐服务供应商之一。客观地说，这项荣誉是对福记的优质食品和服务品质作出的肯定，它有助于提升福记的品牌和声誉，同时，也有利于公司把业务范围扩展至北京以及中国其他地区。

2007年6月，福记的送餐业务又扩展到铁路送餐业务，开始为7所铁路局开往10个省市的24趟短途及长途列车提供送餐服务。由于铁路系统的发展已成为中国运输基建不可或缺的一部分，同时又是《中华人民共和国国民经济和社会发展第十一个五年规划纲要》的重点之一，因此，福记认为该项业务有望大幅增长。

这一时期，福记业绩及股价依然表现不俗。从2007年4月至2007年9月底，营业额达7.8亿元，同比增长46%；而期间净利润达2亿元，同比增长14%。在这些利好的消息刺激下，福记的股价迭创新高，2007年6月达到每股29.2港元。截至2007年9月底，福记股价收于23.4港元。股价的上升，刺激了UBS转债的换股行为，截至2007年9月30日，共有本金总额5.28亿港元的UBS转债成功换股。部分可转债的成功换股大大减轻了福记的债务负担，截至2007年9月30日，福记的资产负债率下降到33.9%，财务风险再度下降。

（3）三用可转换债券

鉴于此前福记各项业务都很成功，福记决定继续扩展盈利来源。经过一番市场调研，福记把目光投向了主题餐厅业务。福记市场调研认为，西式饮食概念在中国日益流行，开展西餐厅业务将扩大自己的收入来源。于是，经过一番市场筛选，福记最终把目标锁定于天宝公司。天宝是一家投资控股公司，主要经营金汉斯连锁自助餐厅，具有德国休闲迷你酿酒特色，分店遍布国内超过24个城市。金汉斯连锁自助餐厅主要提供自制德国鲜酿啤酒及巴西自助烧烤，福记认为自己可以利用中央采购、加工及分销中心为金汉斯餐厅采购食材及原材料，因此，收购天宝可能会为之带来巨大的协同效应。鉴于这种预期，福记管理层决定收购天宝已发行股本的60%。

根据福记和天宝达成的协议，福记本次收购需要8亿港元。另外，随着福记规模越来越大，福记现有中央加工中心的持续发展和改进所需要的运营资金越来越多，而且为了满足餐饮业对其服务的需求，还需要建造新中央加工中心和餐厅，基于这些预期，可能需要更大量的运营资金和投资基金。但是福记的现金不足3.5亿元，显然不足以支持这一投资计划，为了募集这些资金，福记第三次把目光投向可转债。

福记发布公告，于2007年10月11日，福记食品与牵头经办人花旗订立认购协议，福记按面值发行本金总额为13.15亿元的可转换债券。此外，与UBS债券一样，福记此次向花旗授出一项期权——按面值再认购本金总额最高为1.85亿元的可转换债券，该项期权可于截止日期后30日或之前任何时间一次或多次悉数或部分行使。花旗和UBS一样迅速全面行使期权，据此，福记本次可转债本金总额将为15亿元。这次公告同时声明，可转债除按年利率5.0%计算拖欠付款利息外，债券不附利息。债券持有人将有权于2007年11月28日至2010年10月11日的任何时间，将持有的债券按初步换股价32.825港元转换为股份。如果这些债券全部换股，则可换为4 716万股股份，这相当于福记已发行股本的8.72%，并相当于经扩大发行股本的8.02%。

按照2007年10月11日的收盘价每股25.25港元计算，此次可转债的溢价高达30%，按此前20个交易日的平均价格来计算，溢价更是高达35.5%。2007年10月18日，福记第三次成功发行可转债（简称“花旗转债”），当日股价也并未与上两次般大起大落，仅有小幅波动。但是，10月22日可转债上市交易时，福记股价开始大幅下跌，2个交易日的累积跌幅超过17%，连续7个交易日的累积跌幅近25%。

在花旗转债发行期间，于2007年10月17日及22日，很可能受到股价波动的影响，金额总额为1 000万港元的UBS债券又兑换为公司普通股。至此，福记共有本金总额5.38亿港元的UBS转债成功换股。2007年11月1日，福记宣布收购天宝交易完成，此后天宝成为福记占60%权益的非全资附属公司。在收购的消息刺激下，福记的股价由每股19.5港元回升至20.5港元。

在资本市场支持下，迅速扩张再次让福记的经营收获颇丰。福记2008年年报显示，在过去的一个会计年度里面，营业额再创新高，达到近20亿元，比上年增长近60%；年度利润也达到近4.3亿元，比上年增长22.5%。但是，这一次业绩的高速增长并没有像前两次那样刺激股价的飙升，相反在福记发行花旗转债之后，次贷危机的冲击波已经传导至中国的资本市场，受股市系统性风险的影响，福记的股价一路下行。在花旗转债上市之后，截至2008年3月31日，并无UBS转债（兑换价于2008年1月18日调整至17.18港元）和花旗转债换股。受此影响，福记的账面债务负担变重，资产负债率达到90.4%。

尽管2008年福记的财报显示其业绩有大幅提升，但是金融危机对中国企业的影响开始显现，宏观环境的恶劣使得福记依靠可转债融资现金流支持高成长的模式受到严峻考验。从2004年到2008年，福记的投资现金流支出一直处于高速增长状态。事实上，研究福记过去的现金流量表很容易发现：一方面，尽管福记的经营现金流在持续增长，但是增长速度较慢，且绝对数额较小；另一方面，福记的投资现金流支出却在大幅上升——实际上，福记几乎把大部分能用的现金流都用于投资支出，而支持投资支出的主要力量来源于福记的融资现金流。

在2008年资本市场环境总体变差的情况下，福记的股价在2008年1月就跌破了UBS转债的转股价，此后更是一路下行，因此，福记从资本市场融资的能力也大打折扣。此外，福记仍有许多在建的项目急需后续资金的投入，例如，福记2007—2008年度末账下在建工程达19.7亿元，福记在第一季度电话会议上指出，2008—2009年度资本开支在7亿元左右；同时，福记2008年3月31日公布的年报显示，福记在一年内需要偿还的银行贷款额将近2.7亿元，需要支付的应付款项近3.5亿元（其中，应付账款近1.3亿元），当年总债务达到30亿元，货币资金却仅有10.9亿元，但是从2008年的金融环境来看，福记90.4%的资产负债率要应对这些开支显得力不从心。

福记窘迫的财务状况严重影响公司经营，为了应对资金短缺，福记不得不压缩成本。在2007年4月福记和铁道部合作给动车组配餐之时，曾为铁路送餐业务大量招人（光动车组项目就招了800多人），由于受资金短缺的影响，当福记争取到给奥运会场馆送餐机会的时候，福记不得不节约成本——没有再为奥运会项目大量招人，而是直接调用铁路送餐业务的原班人马。福记还开始拖欠工人工资，据福记部分员工向媒体介绍，福记从2008年4月开始拖欠工人工资，尽管一直让工人加班，但是一直没有支付加班费，保险也一直没给交，劳动合同也一直没有签。

“只让马儿跑，不给马吃草”，福记拖欠工人工资的直接结果是员工积极性降低，进而使得服务质量大打折扣。由于工作人员精力有限，给动车组送餐的工作质量开始下降，于是铁道部对福记亮出黄牌，要求福记下车整改，与此同时，福记的不少其他业务也被迫处于停滞状态。遗憾的是，在奥运会结束之后，福记的动车组送餐业务仍没能得以恢复。对工资的拖欠以及运营不佳使得员工对福记的归属感丧失殆尽，福记的中层员工大量离任，并纷纷另起炉灶。这些另起炉灶的员工不仅使公司运营中断，更关键的是他们带走了福记的大量客户，公司的运营受到更大程度的冲击。福记的厂门口很快聚集了前来要账的供货商。

福记股价与可转债互动，陷入恶性循环，而在资本市场上，福记股票遭遇摩根大通的大幅减持。2007年11月15日，摩根大通曾以每股18.96~18.98港元在场内增持267.46万股福记食品，进而令持股比例从8.66%升至9.15%，但进入2008年以来，摩根大通就一路减持，2008年3月份以来的减持作价区间在每股11.10~13.50港元，远低于当初增持作价。摩根的割肉减持诱发福记股价大幅跳水。

2008年9月初，福记发布公告，公告信息显示，集公司秘书、合资格会计师、财务总监及授权代表等多项职能于一身的吴国才因私人理由辞去相关职务，尽管公司强调吴国才与公司董事会之间并不存在任何意见分歧，但是这一消息在资本市场上的冲击仍然不可避免。在吴国才离任之后，2008年9月29日，摩根大通申报减持130万股福记食品，令其持股比例由7月28日的5.26%降至4.87%。在金融风暴的影响下，可转债使福记股价陷入恶性循环，股价越跌，换股的希望越渺茫，福记需要现金还债的可能性就越高，财务风险就越大，投资者抛售福记股票的动力就越强，股价进一步下跌。就在摩根大通申报降低仓位的4个交易日后，福记食品的股价开始了加速下跌，最低点达每股3港元，跌破了上市招股价每股3.1港元。至11月底，股价跌至每股2.3港元——这让剩余UBS转债换股的可能性变得更为渺茫。

虽然后来福记的股价略有回升，并在2009年达到每股7.6港元，但这距离UBS转债调整后换股价17.51港元和花旗转债换股价32.825港元相距甚远。于是UBS、花旗经手发行的两批可转债换股无望，变成实实在在的债务，前者在2009年11月9日到期，尚余4.62亿港元要按其本金额的118.549%赎回；后者的15亿元将于到期日2010年10月18日按其本金额的107.3399%赎回。此外，福记2008—2009年度中报显示，截至2008年9月30日，福记银行贷款的总额为4.5亿元，其中一年内到期的贷款为3.5亿元，另外还有0.8亿元的应付账款。眼见UBS转债也变成了结结实实的债务，而福记的货币资金只有10.6亿港元，还未考虑福记已签下的庞大工程合约。至此，资金短缺、业务停滞、运营不佳、员工流失、客户流失等所有财务困境的特征如教科书般体现在了福记身上。

为了应对财务困境，福记停止股息派发，并于2009年4月和8月通过两次交易亏本出售了旗下天宝公司金汉斯连锁餐厅业务，分别套现2.67亿港元和3.3亿港元，这虽然解决了短期流动性问题，但相对于总债务而言仍是杯水车薪。此时福记的存亡，关键在于能否及时取得融资，但从停止派发股息、变卖家当套现可见，情况并不乐观。于是，为了防止资产的进一步流失，福记不得不在2009年10月20日发布公告：已于19日向中国香港高等法院提出清盘申请。至此，一颗耀眼的餐饮业新星黯然陨落。

3）失败根源——管理层过度自信

福记为何败？福记申请清盘以来，在餐饮界引起了普遍讨论。“福记的问题就出在了融资上，扩张的速度已经超出了自己可以管控的范围。”当时的中国烹饪协会秘书长冯恩援表示。这话只对了一半，并没有证据显示福记的业务扩张速度和扩张模式存在问题。福记选择了一个具有广阔发展空间并高速成长的业务领域，这一点是毋庸置疑的。而且，自成立以来，福记的扩张一直受到了资本市场的欣赏——从最初的风险资本到后来的股市飙升都无疑体现了这一点。此外，从福记近年的业绩来看，福记的营业额和净利润都一直呈现增长状态，即便是金融危机严重的2008年中期，福记的2008—2009年度中报仍显示，截至2008年9月30日的半年，福记营业额达14亿元，比上年同期增长78%，净利润达2.7亿元，比上年同期增长38%。

再拿福记收购天宝公司金汉斯连锁餐厅业务来看，福记的投资眼光也绝对一流。金汉斯属于低端的主题餐厅，在经济危机下，生意几乎不受影响，反而略有增长。2007年11月，福记斥资8亿元购入金汉斯六成股份时，估计当年金汉斯的纯利充其量只有5 000万~6 000万元，然而当2009年福记折价出售该股份给第三方投资者时，金汉斯的年纯利却已经增长至1.09亿元，而且有进一步增长的良好前景。若非福记现金周转出现问题，估计福记管理层也不会如此“忍痛割爱”。

福记管理层的过度自信酿成败局，福记的失败的确是融资出了问题，更确切地说，是出在了融资方式上，这最终应归咎于福记管理层的过度自信。当公司股价偏高时，可以利用市场情绪发行股票——行为公司金融的研究早就指出了这一点。实际上，在2007年股市高涨之时利用市场情绪的公司不乏其例，例如，与发行花旗转债几乎是同期融资的北京控股，就在2007年9月闪电配售36亿港元的股票，事后证明，北京控股的决策是正确的。事实上，2007年9月次贷危机的全球化影响已经初见端倪，福记此时仍然选择转债而非股票的融资方式，无疑表明公司管理层对福记的未来过于自信。

福记管理层的过度自信从福记的三次转债上也能看得出来。从福记三次可转债融资来看，可以归结出三个特征：第一，募集资金额越来越高，从第一次的JPM转债6亿港元，到UBS转债的10亿港元，再到花旗转债的15亿港元，不仅金额越来越大，而且增加幅度也越来越大；第二，福记三次转债的溢价越来越高，发行JPM转债时的溢价为13%，到花旗转债时，溢价已经达到30%；第三，转债的期限越来越短，JPM转债期限为5年，但后两次转债的期限已经缩短为3年。

募集资金额越来越高和溢价越来越高很容易理解，是公司管理层对福记的前景十分看好，而期限越来越短也是表明公司管理层的自信。众所周知，可转债的本质是一个公司债券加一个看涨期权，转债的到期日也正是该看涨期权的到期日。根据期权原理，在其他条件既定的情况下，期权的期限越长，则期权的价值越大；公司发行可转债成功之后，面临着现有股东和持有转债的潜在股东之间的利益分配问题，期限越长，则相当于分配给潜在股东的利益越大，公司故意缩短转债的期限，其本质相当于迫使转债持有人早日换股，把剩余的利益留给自己。因此，福记发行可转债的上述三个特征正是福记管理层对公司经营过度自信的表现。

但是，事情总是有两面性的。在股价节节上升的时候，"发行转债—股价上升—转债换股"这个循环似乎可以成为融资必胜的方程式，借钱可以永远不还，缩短期限能节约成本。但是，在可转债换股之前，可转债仍是债务，欠债要还钱——这是硬性约束，从这一点上考虑，缩短转债期限则意味着转债成功换股的可能性更小，因此，公司陷入财务困境的可能性更高，但福记的管理层显然忽视了这一点。

福记管理层过于自信还体现在公司三次转债从未出现向下修正条款上。作为管理层，适度自信可能是必需的，否则公司便不可能成立；但是如果在公司经营过程中从来只看乐观的一面，而不关注可能出现的悲观情况，那么，公司走向危机只是早晚的事情。作为福记的管理层，可以自信地看好福记的市场与经营能力，但是绝对不可以忽视宏观经济的风险，遗憾的是，福记的三次转债中从未考虑过可能会出现的资本市场系统性风险，也从未考虑过基于市场系统风险的换股价修正问题。

事实上，福记上市价为每股3.3港元，当时恒生指数为14 000点，而福记清算前股价为每股7.6港元，恒生指数为20 600点。即使在财务困境的影响下，福记的表现也显著胜过大盘。但福记却不得不为自己的过度自信付出清盘的沉重代价。福记最终每股7.6港元的股价也表明外部投资者仍看好福记的发展前景。魏东在2008年年报上表示："本人欣然看见集团业务经过多年投入资本后，现已由投资期进入收成期，我们对于业务的未来发展充满信心。"但遗憾的是，收获尚未开始，过度自信酿成的"财务困境风暴"便把果实扫荡得一片狼藉。

17.2 行为财务在公司投资活动中的运用

17.2.1 经理人非理性行为对公司投资的影响

1）沉没成本效应

在财务管理投资决策中，沉没成本是指已经发生、不会被以后的决策改变的成本。即使是经验丰富的经理人，也很难避免由沉没成本造成的决策失误。当项目发生实际亏损之后，决策者很可能由于厌恶浪费资源而倾向风险偏好以避免确定的损失，或者出于损失回避心理，同时，为了维护自己的声望，会迟迟不愿意终止这一项目，以期待着该项目将来能够扭亏为盈；相对于成功的项目来说，财务经理往往会将更多的资金投向自己在其中负有重要责任的失败项目，以期望能够证明决策的正确性。但是，沉没成本的规模不会改变经理人确认偏差和追加投资的倾向，经理人在决策中的特定角色才是重要的。经理人会因深厚的感情而不愿意放弃投资，即使项目已经显示出不好的趋势，他们仍倾向于把困境视为暂时现象或归因于外部原因。

2）嫉妒

嫉妒是扭曲投资行为的另一因素。嫉妒是指人们不只是关心他自己的消费量，还关心作为参照物的其他人的消费量。当自己的消费量超过其他人时，其的效用增加；反之，效用减少。嫉妒能够影响投资行为的原因在于，尤其对于大型公司来讲，总部无法以命令的方式分拨资金，各分部的经理往往有过度投资的倾向，以此来贮藏资源或是把自己与其他的经理区别开来。在总部资源有限的情况下，这种过度投资的现象更为严重，因为一个分部经理如果过度投资，就能减少其他分部经理所能动用的资源。这是由于嫉妒而产生的自然的报复行为。各分部面临的投资机会差异性越大，“嫉妒”的浪费就越大。

3）后悔厌恶

后悔厌恶使人们不愿接受现有的损失，决策者由于承担了责任就会不愿马上终止项目，他们往往倾向于继续投资，因为他们会觉得并使他人也觉得困难只是暂时的。同时，人们更喜欢那些前后一致、连续型的决策者，因此，对于一个项目，决策者会“善始善终”。另外，这种后悔厌恶还表现在管理者的风险规避上。如果管理者是风险规避的，在管理者的报酬是基于公司净资产的情况下，更喜欢选择降低公司风险的项目。总之，经理人的损失厌恶和后悔厌恶对公司投资决策具有重要的影响，产生对沉没成本的眷顾和恶性增资的非理性的投资决策。

17.2.2 案例：中航油[①]的行为财务视角分析

1）事件经过

中国航油（新加坡）股份有限公司总裁陈久霖曾经是企业界的一颗明星，他带领中航油走出困境，走向世界，创造了骄人的业绩。然而，2004年12月，中航油因从事投机性石油衍生品交易，导致亏损5.54亿美元，向新加坡证券交易所申请停牌，并宣布向当地法院申请破产保护，成为继巴林银行破产以来最大的投机丑闻之一。

中航油公司成立于1993年，由中央直属大型国企中国航空油料集团公司控股，总部

① 中航油的期货投资，载中南大学行为金融学精品课网站.
陆宇建，张继袖，吴爱平．“中航油”事件的行为金融学思考［J］．软科学，2007（4）：56-60.

和注册地均位于新加坡。公司成立之初经营十分困难，一度濒临破产，后在总裁陈久霖的带领下，一举扭亏为盈，几乎100%垄断中国进口航油业务，并从单一的进口航油采购业务逐步扩展到国际石油贸易业务，并于2001年在新加坡交易所主板上市。通过一系列的海外收购活动，公司已成功从一个贸易型企业发展成工贸结合的实体企业，实力大为增加，市场区域已扩大到东盟、远东和美国等地。短短几年间，公司净资产增长了700多倍，股价也是一路上扬，市值增长了4倍，一时成为资本市场的明星。

公司经营的成功为其赢来了一连串声誉，新加坡国立大学将其作为MBA的教学案例。公司总裁陈久霖被世界经济论坛评选为“亚洲经济新领袖”，陈久霖还曾入选“北大杰出校友”名录。2003年，《求是》杂志曾发表调查报告，盛赞中航油是中国企业走出去战略棋盘上的过河尖兵。在以市场机制成熟、监管体系严格著称的新加坡证券市场，中航油被评为2004年新加坡最具透明度的上市公司。

为了对石油现货风险进行规避，经国家有关部门批准，中航油在取得中国航空油料集团公司授权后，自2003年开始做油品期货套期保值业务，但中航油的期货业务显然远远超出了套期保值的范围。

2003年下半年：公司开始交易石油期权（option），最初涉及200万桶石油，陈久霖对国际石油市场判断准确，购买看涨期权，出售看跌期权，获得了一定的利润。

2004年1月：陈久霖看跌石油价格，抛售石油看涨期权，并买入看跌期权。但世界石油价格反转上扬，使公司账面出现浮动亏损580万美元，公司期望油价能回跌，决定延期交割合同，即买回期权以关闭原先盘位，同时出售期限更长、交易量更大的新期权。

2004年6月：随着油价持续升高，公司的账面亏损额增加到3 000万美元。公司决定再延后到2005年和2006年才交割，交易量再次增加。

2004年10月：油价再创新高，公司此时的持仓达5 200万桶石油，账面亏损再度增大。

10月10日：面对严重资金周转问题的中航油，首次向母公司呈报交易和账面亏损。为了追加保证金，公司已耗尽近2 600万美元的营运资本、1.2亿美元银团贷款和6 800万元应收账款资金。账面亏损高达1.8亿美元，另外还有8 000万美元的额外保证金尚未支付。

10月20日：母公司提前配售15%的股票，将所得的1.08亿美元资金贷款给中航油。

10月26日和28日：公司因无法补加一些合同的保证金而遭逼仓，蒙受1.32亿美元实际亏损。

11月8日至25日：公司的期权合约继续遭逼仓，截至25日，实际亏损达3.81亿美元。

12月1日：在亏损5.5亿美元后，中航油宣布向法庭申请破产保护令。

事件发生后，陈久霖仍然坚持自己的信念，并认为自己的决策最终将是正确的，只是因为行动实施不到位，才没有出现预想的结果。他对中航油落败的耿耿于怀仍大于自责和反思，他一再表示“假如再给我5 000万美元，我就翻身了”。

2）基于行为财务视角的分析

（1）确认偏差

2003年4月，中国航油集团成为第二批国家批准的有资格进行境外期货交易的国有企业。经国家有关部门批准，中航油在取得中国航空油料集团公司授权后，自2003年开始做油品期货套期保值业务。在此期间，时任中航油总裁的陈久霖擅自扩大业务范围，从事风险极大的石油衍生品（石油期权）交易。2003年，中航油曾正确判断了油价的上升走势，买入看涨期权，并出售看跌期权，从中赚了钱。小试牛刀，旗开得胜，陈久霖在期权投机中尝到了甜头。也可能正是因为初试告捷，才酿成了2004年投资失败的大祸。

行为财务学理论认为，人们有一种寻求支持某个假设证据的倾向，这种证实而不是证伪的倾向被称为“确认偏差”。陈久霖将初试期权投机交易获利这一偶然发生的事件的概率分布当作总体的概率分布，夸大它的代表性，使陈久霖形成了一个较强的信念——期权交易能够比较容易地赚钱。一旦这一信念形成，陈久霖就倾向于不再关注那些支持或否定该信念的新信息，而是盲目地陷入自己不熟悉的业务，并在发生巨额损失时不能自拔，反而进一步扩大投资，从而造成更大的损失。陈久霖正是犯了行为财务学理论所称的确认偏差的认知错误。

（2）过度自信与损失厌恶

中航油总裁陈久霖擅自扩大公司业务范围，从事原油衍生品投机交易本身就是在冒险，而非按照国家避险的初衷行事。即使从事期权交易，从套期保值业务的相关要求来看，负责为国内航空公司提供燃料油的中航油也只可能买多，而不是卖空，并且应在交易的数量和期限上与国内航空公司燃料油的供应情况相匹配。

2004年1月，陈久霖看跌石油价格，抛售石油看涨期权，并买入石油看跌期权。然而，2004年第一季度世界石油价格反转上扬，使中航油账面出现浮动亏损（至2004年3月28日，账面浮动亏损达到580万美元）。因是上市公司，为使季报过关，中航油总裁陈久霖在由7人组成的公司风险管理委员会的会议上接受了头寸展期方案，即买回看涨期权以关闭原先盘位，同时出售期限更长、交易量更大的新看涨期权。中航油期权持仓进一步剧增。2天后公布的年报显示，中航油2003年盈利3 289万美元，股价冲至每股1.76新元高位。

与此同时，油价继续上涨，至2004年6月，公司账面浮动亏损已达3 000万美元。此时，公司风险管理委员会多数意见仍是继续持仓展期，尽管这样做已超过《国有企业境外期货套期保值业务管理办法》中规定的只许交易12个月的上限，但陈久霖仍然采纳了此方案。

从2004年初，中航油一直错误地看跌油价，先后3次大幅度实施头寸展期方案，放大看空期权盘。至2004年10月10日，账面浮动亏损已达1.8亿美元。这一过程表现出以陈久霖为中心的公司风险管理委员会的过度自信与损失厌恶倾向。

①过度自信

陈久霖过度自信与认知失调的心理倾向的由来还得从头说起。1993年，中国航油集团成立了海外“贸易手臂”——中航油，主要负责我国民航进口航油的采购与运输。但中航油经营了4年，一直亏损。1997年，陈久霖临危受命，任中航油总裁，当时中国航油集团只给他30万美元的启动资金。陈久霖开始了艰难创业。在海外打拼7年，大力并购，使中航油从一个烂摊子跃居为世界第八大航油供应商。陈久霖饱尝了成功的喜悦。也正是这一成功，使陈久霖过度自信与认知失调。

2004年10月10日，中航油浮动亏损已达1.8亿美元。公司现有的2 600万美元流动资金、原准备用于收购新加坡石油公司的1.2亿美元银团贷款，以及6 800万美元应收账款，全部投入市场用于弥补保证金，但仍有缺口8 000万美元。弹尽粮绝之时，陈久霖正式向集团公司总部报告，请求资金支持。在由集团其余6名主要领导参加的党政联席会议上（陈久霖当时还兼任集团公司副总经理），陈久霖要求集团给予资金支持的请求得到了支持。集团公司的补仓支持恰恰导致了中航油损失的扩大，用更大的错误来掩盖本来可以纠正的小错误，使陈久霖过度自信与认知失调的心理进一步加剧。

陈久霖甚至在2006年3月20日被宣判前最后一次接受记者采访时仍说："我认为自己是一个敢于承担责任的人，我觉得我尽自己的能力去负责任了。"过度自信与认知失调的心理直到此时还溢于言表。

②损失厌恶和期望理论

2004年10月，中航油期权总持仓已达5 200万桶，其中，2006年到期3 412万桶，而该公司每年进口量约为1 500万桶。此刻代表世界石油行情之一的WTI油价在突破每桶50美元之后继续上行。2004年10月26日，因收到正式违约函催缴保证金，中航油被迫部分斩仓，账面浮动亏损第一次转为实际亏损1.32亿美元。2004年11月8日，公司再度被迫斩仓，又亏损1亿美元。面对越来越难以控制的局面，中航油的母公司中国航油集团的高层仍在救与不救之间徘徊。中航油对油价走势的错误判断，一意孤行地放大期权盘，不断在市场中"加注"，妄想能将前面的损失完全弥补。结果是"总想解套反而套得更深"，这反映了人们在面临亏损时并非"风险厌恶"而是"风险追逐"的行为倾向。

17.3 综合案例

案例：海尔智家财务激励[①]

1）背景分析

海尔作为全球大家电行业的领导者和全球智慧家庭解决方案的引领者，成立于1984年，前身是青岛电冰箱总厂。1989年，经中国人民银行青岛市分行批准募股事宜，由青岛市体改委正式批准，在对青岛电冰箱总厂改组的基础上，以定向募集方式设立股份有限公司。

海尔最为人熟知的故事莫过于张瑞敏的"砸冰箱"事件。1985年，时任厂长的张瑞敏收到顾客反馈冰箱质量问题，突击检查仓库，发现仓库中不合格的冰箱还有76台，于是他决定把不合格冰箱当众全部砸掉。一柄大锤，伴随着那阵阵巨响，真正砸醒了海尔人的质量意识。借此机会，海尔将"要么不干要干就要争第一"作为企业发展理念，推动员工从心底重视生产质量。1984年至1991年，历时七年，海尔专心致志做冰箱，产品逐渐以高质量畅销于市场。1991年12月20日，在青岛市市委、市政府的支持下，合并了青岛

---

① 参见海尔2020年年度报告；海尔智家2010—2020社会责任报告。
海尔官网（http：//smart-home.haier.com/cn/gsls/）。
安岩．特色业绩评价模式选择——海尔"人单合一"[J]．纳税，2018，12（30）：255.
朱泓朋，张敏瑞，顾顺业，等．股票期权激励计划实施的动因与效果分析——以青岛海尔为例［J］．中国集体经济，2020（33）：110-111.
侯晓林．新平衡计分卡模型在公司战略变革评价中的应用研究——基于海尔的案例分析［J］．企业研究，2015（4）：53-59.

电冰柜总厂和青岛空调器总厂，成立海尔集团，进入了多元化发展的战略阶段。而那一柄著名的“海尔大锤”，也于2010年3月27日被中国国家博物馆正式收藏为国家文物。

1993年，海尔在上海证券交易所正式上市交易。上市后，海尔持续更新迭代，把握行业机遇，不断扩展业务范围，壮大商业版图，涉及电冰箱、洗衣机、空调、电热水器、家居集成等各个方面。1999年，海尔将目光放到了广阔的海外市场，提出了“走出去、走进去、走上去”的“三步走”战略，将海尔品牌推向国际高度，进行国际化经营。海尔通过外部整合，即并购的方式实现发展，便于其获得现成资产。2015年，公司收购集团海外白电资产，包含2个控股公司，26家运营公司，基本完成全球布局。2016年6月，海尔基本收购完成通用电气家电业务与资产，进一步拓展全球业务空间。

经过30多年的发展，海尔在数码、通信等多个领域大胆开拓，形成包括中国智慧家庭业务、海外智慧家庭业务和其他业务在内的三大业务布局，主营白色家电研发、生产和销售以及渠道综合服务业务，为用户提供一站式智慧家庭成套解决方案。根据权威市场调查机构欧睿数据，公司连续12年蝉联全球大型家用电器品牌零售量第一名。2009年至2020年，海尔品牌制冷设备、洗衣设备的零售量在全球大家电品牌中分别连续13年和12年蝉联第一。

2）案例分析：海尔智家不同阶段下的激励手段

（1）企业价值

为了实现企业价值的提升，海尔对员工进行了短期的薪酬激励，创造性地使用了“人单合一双赢”模式激励员工工作，把员工转变为自主经营体，其本质就是以员工为中心，搭建员工创新的平台。2005年，张瑞敏首次提出“人单合一”这一概念。“人”是指海尔的员工，“单”表面上是“订单”，本质上是用户需求和用户价值。“单”不是由上级指配，员工被动完成；而是“抢来的”；此外，“单”还是动态优化的，而非封闭固化的。“人单合一”的基本含义是，每个员工都应直接面对用户，创造用户价值，并在为用户创造价值中实现自己的价值分享，其本质是驱动员工主动寻求用户，主动承接高单，主动创造价值。员工从过去被动地听从领导指挥、完成领导确定的目标，变成和领导一起听用户的指挥、创造用户需求，共同完成为客户创造价值的市场目标。员工的薪酬不是传统的由上级进行评价、支付薪酬，而是来自用户评价、用户付薪；为了能够获得更高的薪水，员工会更加积极主动地工作。海尔的这种自主经营体的激励模式可以帮助员工积极进取，通过自身的努力实现生活的改善，体会自我价值的实现，实现与企业的共享共赢。

（2）社会责任

海尔集团创始人、董事局主席张瑞敏曾说：“海尔应像海，为社会，为人类作出应有的贡献。只要我们对社会和人类的爱‘真诚到永远’，社会也会承认我们到永远，海尔将像海一样得到永恒的存在。”企业不是孤立地存在于社会上，无论是什么企业都有其对应的“甲方”和“乙方”。企业不可只关注股东群体的利益，也需要承担起社会责任，对不同的利益团体进行激励活动，从而促进整个社会的和谐发展。自2010年开始，海尔已经连续十年公布其社会责任报告，向投资者展示其社会责任与担当。为了实现对顾客、内部发展、财务和学习成长四个方面的结合统一，海尔使用平衡计分卡的方式促进其社会责任的履行。

除了常规的财务角度，海尔在顾客角度坚持差异化战略，既要注重质量也要做好售后服务。“用户就是上帝”在海尔不是一句空话，而是实实在在看得到的服务行动。海尔人的目标是，如果用户选择了海尔，那么就要让用户毫无后顾之忧。随着时代的进步，青岛海尔的服务也发生了转变——过去，青岛海尔在用户选择公司的产品后提供服务；现在，通过个性化定制、网上设计等服务方式，青岛海尔在用户表达需求时即已开始服务。2020年，海尔智家客户投诉解决率为100%。

在内部运营维度，海尔注重与供应商的战略合作关系，在“共同设计”理念下，海尔和供应商在产品设计方面进行深入合作，互相提供技术和方案支持，减少了研发过程中的重复支出，降低了双方的成本。模块化生产是制造企业未来发展的必然趋势，而海尔早已利用这个趋势，打破企业与供应商之间的边界，通过订单整合和共同设计，建立了开放共赢的供应商关系。持续推进企业自身海外战略的同时，青岛海尔还积极整合全球资源，实现中国企业与各国优质供应商的协同发展。长期以来，青岛海尔与全球多国的多家大型企业保持着良好的合作关系，如美国的霍尼韦尔（Honeywell）、巴西的恩布拉科（Embraco）、日本的松下电器（Panasonic）等。

在学习成长方面，海尔对员工的身心进行全力呵护，为了让员工没有后顾之忧，全身心地投入到工作中去，公司员工活动协会举办了包括篮球、足球、羽毛球、摄影等比赛，组织员工积极参与企业外的文化活动。2010年海尔帆船代表队（空调组队）荣获青岛市首届职工帆船比赛第二名，完美展现了海尔人的团队及拼搏精神。海尔还特别开辟了海尔论坛和员工沟通平台“海尔和我”，以增强公司员工之间的互动沟通，解决员工实际问题。这些体系的建立使员工在紧张的工作之余得到了精神上的充实，帮助员工提升自身竞争力，增强了员工对企业文化的认同，形成对员工的精神激励，提高了员工的凝聚力。2010年更是借助上海世界博览会的契机资助员工进行参观，实现视野的拓展。

（3）可持续发展

可持续发展强调企业不拘泥于短时间的成本高低，而是实现长期的发展，承担环境责任，实现绿色发展的远景目标，在这一点上，海尔作为典型的制造业企业，在满足其基础的经营需求的基础上，将重点逐渐转向绿色制造，在节能减排方面作出的努力亦是不可忽视的。根植于“绿色产品、绿色企业、绿色文化”理念。

①股权激励

为了企业能够实现其长远发展的经营目标，获得更高的收益，海尔实施了财务激励措施，其中最值得关注的便是其股权激励方式。股权激励可以促进被激励人员更多关注公司长期表现，弥补公司长期激励制度的缺失，促进企业长期稳定发展。因此，股权激励在资本市场中经常被使用。但是在中国，股权激励方式的发展历史并不长——真正推行股权激励的行为始于2006年实行的《上市公司股权激励管理办法》。2009年，海尔明确了海尔电器作为海尔集团白色家电旗舰的战略地位，因此，自2009年至2017年，海尔一共推出了四次股权激励计划。这一行为在顺应时代发展的同时很好地激励了管理者的工作积极性，帮助企业更好地实现其价值，不仅实现其经营管理的目标，更重要的是激励企业核心员工注重长期技术创新，促进产品绿色化生产，实现企业可持续发展、提供社会效益的目的。

2009年5月，青岛海尔推出首期股票期权激励计划，激励对象包括董事、高级管理人员、公司及子公司核心技术人员共49人，以达到其“更高效、更持续的回报”的目的；为了扩大激励对象范围，2011年1月31日，海尔实施了第二期股权激励计划，拟授予激励对象1 080万份股票期权，使激励对象的行为与公司发展战略保持一致，增强公司竞争实力；2012年5月3日，海尔健全不同利益团体之间的利益共享、风险共担机制，其第三期股权激励计划拟授予公司核心技术人员共222名激励对象共计2 600万份股票期权；2014年4月11日，青岛海尔启动第四次股权激励计划，计划将4 764万份股票期权授予董事、高级管理人员、核心技术人员，共计455人。

海尔智家持续不断地进行股权激励计划，并且激励规模逐渐扩大，从第一次的49人到2021年的400人，被激励对象范围不断扩大，从最初的高层管理者群体逐渐“下沉”到公司及子公司的核心技术人员，推动更多员工将关注重点逐渐转向企业技术创新，形成企业核心竞争力，助推企业克服“短视”问题，实现其产品的绿色可持续发展。

②ESG管治

ESG即环境、社会和公司治理。良好的ESG管治在保障企业稳定运营、应对突发性危机的同时，在把握时代机遇、进一步促进绿色发展等方面具有重要意义。

2020年，海尔在治理层、管理层与执行层搭建体系化ESG管治架构，激励公司注重环境保护和节约能源。公司董事会设立环境、社会及管治委员会（ESG委员会），代表董事会对海尔ESG相关事宜进行全面监督并履行相关ESG管治职责。各ESG职能部门和业务板块最高管理者组成环境、社会及管治执行领导小组（ESG执行领导小组），统筹、协调与指导各ESG职能部门共同推进ESG管理工作的有效落地，并向ESG委员定期汇报工作进展。此外，海尔发布了《海尔集团商业行为准则》，监督指导公司ESG相关工作开展。海尔围绕“商业道德、可持续产品、可持续运营、包容及多元化、社区参与”五个维度，制定ESG策略，指导其在全球运营中开展ESG管理工作。结合公司运营特点，海尔积极响应联合国可持续发展目标（SDGs），将重点议题放在了绿色产品、能源使用、气候变化、碳排放等方面。2020年总体单台废弃物产生较2019年同比下降6.74%，实施“绿色设计、绿色制造、绿色经营、绿色回收”的海尔4-Green（4G）战略。

3）案例启示

企业处于不同的成长阶段，其经营侧重点也会有不同的倾斜。企业的领导者不仅追求高薪酬，更追求精神满足，希望得到社会承认，在企业发展的不同阶段将其自我实现外化为企业不同的行为，形成企业在不同生命周期阶段的差异性追求。海尔以冰箱起家，作为中国最早上市的公司之一，最初的生产经营均以提高企业价值为主，也就是最大程度地实现股东的利益。为此，海尔公司进行了多方面的努力，为了能够促使企业员工积极工作，为企业创造更大的价值，海尔在其不断摸索、成长的过程中，创新地提出了“人单合一”的管理理念，以用户为中心，兼顾员工成长，激发员工的内在动力，使得激励活动不再仅仅局限于企业生存层面，为用户创造价值时亦实现了自身价值。安岩认为，“人单合一”理念形式上是一种传统模式，但实际上却是一种创新模式，它将内部评价与外部评价相结合，组织评价和自我评价相结合，实现了过程评价、模式更新，使得这种顺流程、多环节的业绩评价能够适应企业面对的新挑战。

随着企业不断发展壮大，在海尔已经成功跻身为世界一流、全球闻名的大企业之际，社会对企业的期许也在逐渐“升级”，单纯企业价值的提升已经不能满足经济生活的需求。海尔的社会责任愿景是：将社会责任理念与集团发展战略、核心价值观相结合，打造海尔特色企业社会责任管理战略，将是助力企业成为受人尊敬的品牌、并迈向可持续发展的必由之路。为此，海尔利用平衡计分卡的方式，从财务、顾客、内部发展和学习成长等不同角度进行延伸拓展，助力其实现社会责任。

为了实现企业的可持续发展，海尔必须想办法克服掉一般薪酬激励所存在的忽视长期绩效的问题，因此，股权激励方式应运而生。现如今，海尔已经实施了四期股权激励计划，核心员工的股权激励计划仍在持续推行，已经成为一种“常态化”的激励手段。朱泓朋、张敏瑞在对进行了股权激励之后的海尔进行分析后也认为，股权激励计划在留住企业高管方面取得了较为明显的效果。此外，作为行业领军，海尔也主动承担起企业可持续发展的责任，在“碳中和”的国际背景下，积极探索可持续发展方式，通过ESG架构对公司整体的绿色发展能力进行持续的监督与改进，激励企业打造绿色生态，主动搭建环境管理体系，追求绿色产品、绿色企业、绿色文化的理念，并在近年不断加大绿色投入，践行环境保护。